J Zentner

Glockenrufe zum Hause Gottes oder ein Jahrgang

Evangelien-Predigten

J Zentner

Glockenrufe zum Hause Gottes oder ein Jahrgang Evangelien-Predigten

ISBN/EAN: 9783743308275

Hergestellt in Europa, USA, Kanada, Australien, Japan

Cover: Foto ©Lupo / pixelio.de

Manufactured and distributed by brebook publishing software
(www.brebook.com)

J Zentner

Glockenrufe zum Hause Gottes oder ein Jahrgang Evangelien-Predigten

Glockenrufe zum Hause Gottes

oder

Ein Jahrgang Evangelien-Predigten.

Von

J. Zentner, evang.-luth. Pastor,

Ueberſetzer von: "Way of Salvation in the Lutheran Church," „Heilsweg."

———

Zum Druck befördert für die lutheriſche Kirche in Amerika.

Columbus, Ohio:
Druck des Lutheriſchen Verlags.
1890.

Vorrede.

Jedermann, der mit dem kirchlichen Leben bekannt ist, wird wohl zugeben, daß neben der mündlichen Predigt des öffentlichen Gottesdienstes auch gedruckte Predigten am Platze sind. Da sind Betagte, Kränkliche, Krüppel, für welche es schwer oder ganz und gar unmöglich ist, dem öffentlichen Gottesdienste beizuwohnen. Ein Predigtbuch kann Solchen gute Dienste leisten. Auch sind die Familienväter noch nicht ausgestorben, die ihrem Gesinde am Sonntag Nachmittag oder bei sonstigen Gelegenheiten eine Predigt vorlesen, welch schöne Sitte namentlich Denen anzuempfehlen ist, die keine Kirche in der Nähe haben. Und oftmals schon hat ja auch ein Ungläubiger ein Predigtbuch in die Hand bekommen und ist dadurch für Gott und Sein Reich gewonnen worden.

Ersatz für die Predigt des öffentlichen Gottesdienstes soll ein Predigtbuch nur dann sein, wenn man durch triftige Gründe vom Kirchgang abgehalten wird, sonst aber soll es nur zur Wiederholung des in der Kirche Gehörten dienen und den Zweck haben, den Leser beständig zur Theilnahme am öffentlichen Gottesdienste aufzufordern und anzutreiben.

An guten, ja vortrefflichen, Predigtbüchern haben wir keinen Mangel. Nur sind die meisten derselben im Auslande geschrieben, also in Verhältnissen entstanden, die von den hiesigen ganz und gar verschieden sind, weßhalb sie auch unseren hiesigen Leuten nie ganz Das sein können, was gute Predigten sein sollen. Das bürgerliche und kirchliche Leben dieses Landes ist ganz anders gestaltet als das der alten Heimath draußen. Dort wird man, so zu sagen, in den Verband der Kirche hineingeboren, und die vom Staat versorgte Kirche verlangt nicht so die persönliche Theilnahme des Einzelnen am Kirchenwesen, wie es hierzulande der Fall ist. Hier muß Jedes mit eingreifen, vom Kind in der Sonntagsschule an bis hinauf zum Hausvater. Kirchbau, Erhaltung des Gemeindewesens, Wohlthätigkeitsanstalten, Predigererziehung, Mission: Dazu ist die Mithilfe jedes Einzelnen nöthig. Belehrung über alles Dies und Aufforderung zur Mitarbeit daran ist Aufgabe der Predigt, und auch gedruckte Predigten müssen von solchem Geist durchdrungen sein.

Nachstehende Predigten sind meiner pastoralen Wirksamkeit an hiesigen Gemeinden entwachsen, in oben angegebenem Sinn und besprochenem Zweck ausgearbeitet und vor lutherischen Gemeinden gehalten worden.

Auf gelehrten Stil machen sie keinen Anspruch. Sie wollen dem gewöhn= lichen Volke dienen. Sollten sie in gelehrte Hände fallen, so bittet der Ver= fasser um schonende Nachsicht und mildes Urtheil.

So möge denn dieses schlichte Predigtbuch unter Gottes Schutz und Segen seinen Weg durch die lutherische Kirche dieses Landes antreten, das Reich Gottes helfen bauen und recht vielen Seelen zum Segen gereichen! Das ist der Wunsch des Verfassers.

Mahanoy City, Pa., am Reformationsfeste 1889.

Inhaltsverzeichnis.

Erster Advent.

Matth. 21, 1—9.

Da sie nun nahe bei Jerusalem kamen, gen Bethphage an den Oelberg, sandte Jesus Seiner Jünger zween und sprach zu ihnen: Gehet hin in den Flecken, der vor euch liegt, und bald werdet ihr eine Eselin finden angebunden und ein Füllen bei ihr; löset sie auf und führet sie zu Mir. Und so euch jemand wird etwas sagen, so sprechet: Der Herr bedarf ihr, sobald wird er sie euch lassen. Das geschah aber alles, auf daß erfüllet würde, das gesagt ist durch den Propheten, der da spricht: Saget der Tochter Zion: Siehe, dein König kommt zu dir sanftmütig, und reitet auf einem Esel und auf einem Füllen der lastbaren Eselin. Die Jünger gingen hin und thaten, wie ihnen Jesus befohlen hatte, und brachten die Eselin und das Füllen und legten ihre Kleider drauf und setzten Ihn drauf. Aber viel Volks breitete die Kleider auf den Weg; die andern hieben Zweige von den Bäumen und streueten sie auf den Weg. Das Volk aber, das vorging und nachfolgete, schrie und sprach: Hosianna dem Sohne David! Gelobet sei, der da kommt in dem Namen des Herrn! Hosianna in der Höhe!

1. **Wir feiern heute den ersten Advent.** Mit demselben beginnt ein neues Kirchenjahr. Denn neben und in dem bürgerlichen Jahre, das mit Januar anfängt und mit Dezember schließt, haben wir ja als Christenleute auch ein Kirchenjahr. Aber während das bürgerliche Jahr in vier Zeiträume — Frühling, Sommer, Herbst und Winter — eingetheilt wird, zerfällt das Kirchenjahr nur in zwei: die Festhälfte und die festlose Zeit. Grenzscheide zwischen beiden Hälften ist der Trinitatissonntag.

2. **Aus dem ersten Theil des Kirchenjahres** — der Festhälfte — ragen die drei Hauptfeste: Weihnachten, Ostern und Pfingsten hervor. Diese sind ihrer Bedeutung nach die Hauptpfeiler unseres Glaubens. Das erste verkündigt uns, daß der längsterwartete Erlöser nun in die Welt eingetreten sei; das zweite, daß derselbe, nachdem Er

durch Seinen Stellvertretungstod am Kreuze die Sünden der
Welt getilgt, als Fürst des Lebens Sich vom Grabe erhoben
und der Menschheit ankündigt, daß der himmlische Vater Sein
hohepriesterliches Versöhnungsopfer zu Gunsten der Menschheit
angenommen habe; und das dritte schenkt den Heiligen Geist,
der in den Herzen der Menschen Erkenntnis der Sünden wirkt,
Verlangen nach Erlösung weckt, Christi Werk erklärt und dem
bußfertigen, gläubigen Sünder die Erlösungsgnade zueignet,
wodurch derselbe sich seiner Versöhnung mit Gott bewußt wird
und die Ueberzeugung gewinnt, er sei ein Kind Gottes.

3. Dem Weihnachtsfeste geht die Adventszeit
mit ihren vier Sonntagen voran. In derselben soll
die Christenheit — jedes Jahr aufs Neue — auf Weihnachten:
das Gedächtnisfest von Christi Geburt, vorbereitet werden,
wie auch auf das erste Weihnachten — Christi Kommen in die
Welt — die Menschheit, ins Besondere Israel, vorbereitet
wurde. Advent heißt ja Ankunft — in kirchlichem Sinne: An=
kunft Christi. Aufs Kommen des Erlösers, des Messias, haben
die vier Jahrtausende des alten Testaments hingewiesen. Aufs
Weihnachtsfest, das die Thatsache von Christi Geburt — Seinem
einstigen Kommen in die Welt — immer wieder neu belebt,
weisen die vier Adventssonntage mit ihren entsprechenden Evan=
gelien hin. Namentlich ist das der Fall mit dem ersten Advents=
sonntag und dem Evangelium, das die Kirche an diesem Sonntag
betrachtet. Es ist die Erzählung von Christi Einzug in die
Stadt Jerusalem, was dieses Evangelium — nämlich das heu=
tige — enthält.

4. Der Einzug Christi in Jerusalem ist ein
Abbild Seines Kommens in die Welt bei Seiner
Geburt. Deshalb sieht auch der Evangelist Matthäus darin
die Weissagung des Propheten Sacharia: „Saget der Toch=
ter Zion: Siehe, dein König kommt zu dir!"—Sach.
9, 9 — erfüllt. Und so soll uns auch das Evangelium des
ersten Adventssonntages, jedesmal wenn es wiederkehrt, daran
erinnern, daß der im alten Testamente verheißene Messias im
neuen Bunde wirklich gekommen sei — in der Person Jesu
Christi. Und von diesem Kommen Christi ist uns Sein Einzug
in die Stadt Jerusalem ein Abbild.

So wollen wir denn heute als am ersten Advent mit ein=
ander betrachten

Christi Einzug in Jerusalem als ein Abbild Seines Kommens in die Welt.

Dabei wollen wir sehen

I. wie Gott das Kommen Seines Sohnes in die Welt den Menschen zum Voraus ankündigen ließ; und

II. fragen, zu welchem Zwecke Er kam.

Wir sehen

I. wie Gott das Kommen Seines Sohnes in die Welt den Menschen zum Voraus ankündigen ließ.

1. Vier Tausend Jahre hindurch ließ Gott das Kommen Seines Sohnes ankündigen. Man nennt solche Ankündigungen die messianischen Weissagungen. Diese beginnen mit dem Eintritt der Sünde in die Welt beim Sündenfall. Gleich nach dem Sündenfall, als Gott dem Menschen die Strafe für die Sünde zuerkannte, kündigte Er ihm auch das Kommen eines Erlösers an. Herrlich lautet diese erste messianische Weissagung, die auch schon das Paradies-Evangelium genannt wurde. Gott sagt zur Schlange: „Ich will Feindschaft setzen zwischen dir und dem Weibe, und zwischen deinem Samen und ihrem Samen. Derselbe soll dir den Kopf zertreten, und du wirst Ihn in die Ferse stechen." 1. Mose 3, 15. Und so fest hatte diese Verheißung in den Herzen unserer ersten Eltern Wurzel gefaßt, daß, als Eva ihren ersten Sohn gebar, sie glaubte, derselbe sei der verheißene Erlöser schon; weshalb sie ihn auch Kain, d. h. Waffe, nannte. Lamech hieß seinen Sohn Noah, d. h. Trost; „denn," sprach er, „dieser wird uns trösten in unserer Mühe und Arbeit auf Erden, die der Herr verflucht hat." 1. Mose 5, 29. Er glaubte, sein Sohn sei der Verheißene. Abraham erhielt von Gott die Zusicherung, daß Der, durch welchen alle Völker gesegnet werden sollen, Einer seiner Nachkommen sein werde. Jakob, der auch Israel heißt — als er vor seinem Tode seine Söhne segnete, — sah im Geiste das ihm und seinen Vätern angekündigte, von ihnen und von ihm erwartete Heil aus den Nachkommen seines Sohnes Juda hervorgehen. Wenn Moses bei seinem Abschied von Israel zu demselben sagt: „Einen Propheten, wie mich, wird der Herr, dein Gott, dir erwecken, aus dir und deinen Brüdern, dem sollt

ihr gehorchen," 5. Mose 18, 15 — so meint er damit den Ver=
heißenen, den Messias. Als David dem Herrn ein Haus bauen
wollte, so durfte er zwar Solches nicht thun, erhielt aber von
Gott die Zusage, daß der Messias aus seinem Geschlechte kommen
werde. 2. Sam. 7, 12. 13. Zu Ehren dieses hohen Nachkom=
men hat David freudenvoll die Saiten seiner Harfe gerührt und
gesungen von Dem, der „sein Sohn und auch sein Herr" sein
sollte. Ps. 110. Und stufenweise, immer klarer und be=
stimmter, reden die Propheten, die großen und die kleinen,
von dem Messias, nennen Ihn „des Herrn Zweig", den „Jung=
frauensohn", „Immanuel", „den Allerverachtetsten und Unwer=
thesten"; bestimmen den Ort Seiner Geburt und die Art Seines
Todes: bis Zacharias in seinem Lobgesang sagen konnte:
„Gelobet sei der Herr, der Gott Israels; denn Er
hat besuchet und erlöset Sein Volk. Und hat uns
aufgerichtet ein Horn des Heils, in dem Hause
Seines Dieners David," Luc. 1, 68; und bis der greise
Simeon, das Jesuskind auf den Armen haltend, getrost aus=
rufen konnte: „Herr, nun lässest Du Deinen Diener
im Frieden fahren, wie Du gesagt hast; denn
meine Augen haben Deinen Heiland gesehen." Luc.
2, 29.

　　1. Das Kommen Christi war aber nicht nur in den
messianischen Weissagungen ausgesprochen, sondern war auch
dargestellt und vorgebildet in dem jüdischen Got=
tesdienst. Die Stiftshütte und der Tempel mit ihren Prie=
stern und Opfern, ihren Einrichtungen und Festen: Alles Dies
sollte hindeuten auf Den, der sein würde Priester und Opfer zu=
gleich, den Johannes der Täufer später bezeichnete mit den
Worten: „Siehe, das ist Gottes Lamm, welches der
Welt Sünde trägt." Joh. 1, 36.

　　Da war dann erfüllt die ganze, lange Reihe der Verhei=
ßungen vom Kommen des Messias in die Welt; da war dann
erschienen das Wesen von allem dem, was die Opfer vorgebildet
hatten. Das drückt auch ein Liederdichter gar schön aus, wenn
er sagt:

„Was der alten Völker Schaar Höchster Wunsch und Sehnen war,
　Und was sie geprophezeit, Ist erfüllt in Herrlichkeit."
„Zions Hilf und Abrams Lohn, Jakobs Heil, der Jungfrau Sohn,
　Der wohl zweigestammte Held Hat sich treulich eingestellt."

II. Zu welchem Zweck kommt der Zionskönig?

Das wird uns klar, wenn wir uns erkundigen, zu welchem Zwecke Er nach Jerusalem einzog. Die Evangelisten belehren uns darüber.

1. Jesus zog in Jerusalem ein, um daselbst Sein Werk zu vollenden, um deswillen Er in die Welt gekommen war: zu leiden und zu sterben. Diesen Zweck hatte Er Seinen Jüngern, die Ihn auf Seiner letzten Reise hinauf nach Jerusalem begleiteten, sogleich beim Beginn der Reise mitgetheilt, wenn Er sagt: „Sehet, wir gehen hinauf nach Jerusalem, und es wird Alles vollendet werden, das geschrieben ist durch die Propheten von des Menschen Sohn. Denn Er wird überantwortet werden den Heiden; und Er wird verspottet und geschmähet und verspeiet werden; und sie werden Ihn geißeln und tödten; und am dritten Tage wird Er wieder auferstehen." Luc. 18, 31.

Wir wissen die Ereignisse, die sich bei Seinem Einzuge zutrugen. Es sind uns bekannt die Thränen, die Er geweint, als Er der Stadt ansichtig wurde, und wir wissen auch, warum Er sie geweint. Sein Klagewort, das sich Seinem beklommenen Herzen entrang, enthält den Grund Seiner Thränen: „Jerusalem, Jerusalem, die du tödtest die Propheten und steinigest, die zu dir gesandt sind. Wie oft habe Ich deine Kinder versammeln wollen, wie eine Henne versammelt ihre Küchlein unter ihre Flügel; aber ihr habt nicht gewollt. Siehe, euer Haus soll euch wüste gelassen werden." Matth. 23, 37.

Christi Kampf im Garten Gethsemane, Sein geheimnisvolles Seelenleiden, Sein dreimaliges Beten, Sein angstvolles Ringen mit dem Tode bis zu Seinem heldenmüthigen Ergebungswort: „Vater, nicht Mein, sondern Dein Wille geschehe!" Luc. 22, 42. zeigen uns den Anfang Seines Leidens; Sein Verhör vor dem geistlichen und weltlichen Gericht in Israel mit dem Richterspruch des Hohenpriesters: „Er ist des Todes schuldig!" die Mißhandlung und Schmach, der Spott und Hohn, was Alles Er vor Pilati Stuhl zu erleiden hatte; Sein Hinausgang nach Golgatha, beladen mit der Bürde des Kreuzes; Sein Kampf am Kreuz bis zu Seinem erhabenen Siegesruf: „Es ist vollbracht!" — Alles Dies schildert den Endzweck Seines Kommens in die Welt, den Zweck Seines Einzuges in Jerusalem: zu leiden und zu sterben; und zwar: für die Sünden der Menschen. So ist Er „das Lamm Gottes, das der Welt Sünde trägt" geworden, und hat der Welt den Heilsbrunnen der Erlösungsgnade eröffnet, aus dem jeder Sünder nehmen kann Gnade um Gnade. Darum gilt Israel: Siehe, dein Messias ist da! Freue dich, Tochter Zion, dein König ist gekommen! — der Erfüller des Gesetzes, das Ende der Weissagung, das Wesen der levitischen Vorbildung.

2. Christus, der Sohn Gottes, ist aber nicht bloß einst gekommen: Er ist noch da. Obgleich Er einst auf Golgatha starb und nach Seiner Auferstehung vom Oelberge aus gen Himmel fuhr, so will er Jahr für Jahr, Sonntag für Sonntag, bei Seinem neutestamentlichen Zion Einzug halten und Seinen Segen mitbringen. So hat Er verheißen, ehe Er gen Himmel fuhr: „Siehe, Ich bin bei euch alle Tage, bis an der Welt Ende." Matth. 28, 20. Daher gilt noch heute der Psalmenruf: „Machet die Thore weit, und die Thüren der Welt hoch, daß der König der Ehren einziehe!" Ps. 24, 9.

3. Einst, bei Seinem ersten Kommen, erschien der Herr in sichtbarer Gestalt, ward als Kind geboren, war als zwölfjähriger Knabe im Tempel, lebte, wirkte und starb auf Erden, und wird auch einst wiederkommen in sichtbarer Gestalt „zu richten die Lebendigen und die Todten" — bei Seiner letzten Erscheinung auf Erden. Aber mittlerweile kommt Er fortwährend unsichtbarerweise in Seinen Gnadenmitteln: im Worte Gottes, in Taufe und Abendmahl. Dieses Kommen, das sogenannte zweite Kommen des Herrn, beginnt immer wieder aufs Neue mit jedem Kirchenjahrsanfang.

4. Daher gilt der Adventsruf: „Machet die Thore weit!" jeder christlichen Gemeinde, jeder Familie, jedem Glied des neutestamentlichen Reiches Gottes. In den Gemeinden will Er Einzug halten und neues Leben bringen in die Herzen der Hirten und der Herden. Jeder Familie, die Ihn aufnimmt, will Er zum Segen gereichen, will die Familie umschaffen zu einem lieblichen Heim und zu einer Wohnstätte des Friedens. Jedes Herz, das sich Ihm erschließt, will Er erneuern und heiligen, daß es werde ein „Tempel Gottes des Heiligen Geistes."

5. Jerusalem war nicht gerüstet, als der Herr einzog und konnte fragen: „Wer ist der?" Bist du, Gemeinde, bereit, deinen Heiland, der Sich heute anmeldet, mit Seinem Wort und Sakrament zu dir zu kommen, aufzunehmen? Bist du gerüstet und sehnsuchtsvoll, auch in diesem Kirchenjahre wieder zu hören die großen Thaten Gottes, die dir Jesum als den Gekreuzigten und Auferstandenen vorführen, und dich speisen und tränken zu lassen mit Christi Leib und Blut zur Vergebung deiner Sünden? Wenn dies der Fall ist, so bewillkomme den an der Pforte des Kirchenjahrs stehenden, um Einlaß bittenden Zionskönig, wie einst Laban Elieser bewillkomnete: „Komm herein, du Gesegneter des Herrn; warum stehest du draußen?" 1. Mose 24, 31.

6. Darum, wenn in diesem neuen Kirchenjahre am Sonntag die Glocken vom Kirchenthurme herab rufen: Komm! komm! komm! so laß sie nicht vergeblich rufen. Und wenn an den großen Festtagen die Gemeinde sich um den Abendmahlsaltar schaart, so fehle auch du nicht. Nimm aber auch den Segen des Sonntagsgottesdienstes mit nach Hause ins Familienleben hinein, damit auch dort Jesus einkehre und dein Haus umschaffe zu einer Hütte Gottes bei den Menschen.

7. So möge uns auch dieses angefangene Kirchenjahr werden ein Jahr des Heils in Kirche, Schule, Haus und Herz. Und sollte dieses Kirchenjahr unser letztes auf Erden sein, so wird dann auch, wenn wir die Gnadengüter der Kirche gläubig und getreu benützt haben, in Erfüllung gehen: „Von dem Hause in die Schule, von der Schule in die Kirche und von der Kirche in den Himmel."

Einstweilen wollen wir getrost singen:

„Wie soll ich Dich empfangen? Und wie begegn' ich Dir?
O aller Welt Verlangen! O meiner Seelen Zier!
O Jesu, Jesu, setze Mir selbst die Fackel bei,
Damit, was Dich ergötze, Mir kund und wissend sei."

„Dein Zion streut Dir Palmen
Und grüne Zweige hin,
Und ich will Dir in Psalmen
Ermuntern meinen Sinn.
Mein Herze soll dir grünen
In stetem Lob und Preis
Und Deinem Namen dienen,
So gut es kann und weiß."

Amen.

Zweiter Advent.

Luk. 21, 25–36.

Und es werden Zeichen geschehen an der Sonne und Mond und Sternen, und auf Erden wird den Leuten bange sein und werden zagen, und das Meer und die Wasserwogen werden brausen. Und die Menschen werden verschmachten vor Furcht und vor Warten der Dinge, die kommen sollen auf Erden; denn auch der Himmel Kräfte sich bewegen werden. Und alsdann werden sie sehen des Menschen Sohn kommen in der Wolke mit großer Kraft und Herrlichkeit. Wenn aber dieses anfängt zu geschehen, so sehet auf und hebt eure Häupter auf, darum, daß sich eure Erlösung nahet. Und Er sagte ihnen ein Gleichniß: Sehet an den Feigenbaum und alle Bäume; wenn sie jetzt ausschlagen, so sehet es an ihnen und merket, daß jetzt der Sommer nahe ist. Also auch ihr, wenn ihr dies alles sehet angehen, so wisset, daß das Reich Gottes nahe ist. Wahrlich, ich sage euch: Dies Geschlecht wird nicht vergehen, bis daß es alles geschehe. Himmel und Erde werden vergehen, aber Meine Worte vergehen nicht. Aber hütet euch, daß eure Herzen nicht beschweret werden mit Fressen und Saufen und mit Sorgen der Nahrung, und komme dieser Tag schnell über euch; denn wie ein Fallstrick wird er kommen über alle, die auf Erden wohnen. So seid nun wacker allezeit und betet, daß ihr würdig werden möget, zu entfliehen diesem allen, das geschehen soll und zu stehen vor des Menschen Sohn.

Man unterscheidet ein d r e i f a c h e s Kommen Christi.

Unter dem e r s t e n Kommen versteht man Christi Kommen in die Welt bei Seiner Geburt, sammt Seinem Leben auf Erden, Seinem Leiden und Sterben, bis zu seiner Himmelfahrt. Dieses erste Kommen Christi war ein s i c h t b a r e s.

Sein z w e i t e s Kommen umfaßt die Zeit, die liegt zwischen Seiner Himmelfahrt und Seiner Wiederkunft am Ende der Welt, „zu richten die Lebendigen und die Todten." Dieses Kommen Christi ist ein u n s i c h t b a r e s. Er kommt in demselben zu den Seinen in Seinen Gnadenmitteln: Wort und Sakrament.

Christi d r i t t e s Kommen ist Seine Wiederkunft am Ende

(8)

der Welt zum Zweck des Schlußgerichtes. Dieses dritte oder letzte Kommen Christi ist, wie das erste, ein sichtbares, nur mit dem Unterschiede, daß Er dann nicht erscheinen wird in Armuth und Niedrigkeit, wie das erste Mal, sondern als königlicher Richter, in Herrlichkeit und Macht.

Die alttestamentliche Zeit war die Vorbereitungszeit auf Christi erstes Kommen. Das zweite Kommen Christi — das Kommen in Seinen Gnadenmitteln — ist die Vorbereitungszeit auf Sein drittes Kommen.

Der erste Advent hat uns an Christi erstes und zweites Kommen erinnert, da er uns gezeigt, daß der im Alten Testamente verheißene Erlöser, der im Adventsevangelium Zionskönig genannt wird, im neuen Bunde gekommen sei in der Person Jesu Christi, um durch Sein Leben, Leiden und Sterben den Menschen die Erlösungsgnade zu schaffen, die nach Seiner Anordnung in Seinen Gnadenmitteln den Menschen angeboten und mitgetheilt werden soll, was ja geschehen ist und noch geschieht, seit Christi Himmelfahrt, und geschehen wird die ganze Zeit seines unsichtbaren — zweiten — Kommens hindurch, bis ans Ende der Welt.

Die christliche Kirche von alten Zeiten her schon hat es im Gebrauch gehabt, daß am zweiten Advent von Christi letztem Kommen in die Welt — von Seinem Kommen zum Gericht — gepredigt werden soll. Auch wir wollen diesem ehrwürdigen Gebrauche folgen und so mit einander reden über

Christi drittes oder letztes Kommen, oder Christi Kommen zum Weltgericht.

Wir wollen sehen

I. wie wir die Behauptung, daß Christus wieder kommen werde, zu richten die Lebendigen und die Todten, beweisen können;

II. was für Zeichen Christi Wiederkunft vorangehen werden; und

III. was die Christenheit aller Zeiten aus der Lehre von der Wiederkunft Christi und den ihr vorangehenden Zeichen lernen kann.

Wir wollen sehen

I. wie wir die Behauptung, daß Christus wieder kommen werde, das Schlußgericht zu halten, beweisen können.

1. Wir können die Behauptung, daß es ein Schlußgericht am Ende der gegenwärtigen Welt-

ordnung gebe, und daß Christus, der Sohn Got=
tes, dabei der Richter sein werde, beweisen durch
Stellen aus dem Alten und Neuen Testament und
aus den Bekenntnissen unserer Kirche. Schon von
Henoch, dem Siebenten von Adam her, den Gott, weil er ein
göttliches Leben führte, zu Sich nahm, wird uns im Briefe Judä
berichtet, daß er geweissagt habe: „Siehe, der Herr kommt
mit viel Tausend Heiligen, Gericht zu halten über
Alle und zu strafen alle ihre Gottlosen, um alle
Werke ihres gottlosen Wandels, damit sie gott=
los gewesen sind, und um all das Harte, das die
gottlosen Sünder wider Ihn geredet haben.“
Juda 14—15. Psalm 9, 9 lesen wir: „Er wird den Erd=
boden recht richten“, und Jes. 66, 15: „Siehe, der
Herr wird kommen mit Feuer und Seine Wagen
wie ein Wetter, daß er vergelte im Grimm Sei=
nes Zornes, und Sein Schelten in Feuerflam=
men, denn der Herr wird durch das Feuer richten,
und durch Sein Schwert alles Fleisch.“ Daniel
(7—10) sah in jenem Gesichte: „Das Gericht ward gehal=
ten, und die Bücher wurden aufgethan.“ Jesus
sagt — Joh. 5, 27: „Der Vater hat dem Sohne Macht
gegeben, auch das Gericht zu halten, darum, daß
Er des Menschen Sohn ist.“ Apostelg. 17, 31 be=
zeugt Paulus die Athenern: „Gott hat einen Tag ge=
setzt, auf welchem Er richten will den Kreis des
Erdbodens mit Gerechtigkeit, durch einen Mann,
in welchem Er es beschlossen hat.“

Paulus tröstet seine Gemeinde zu Thessalonich (1 Thess.
4, 16) also: „Denn Er Selbst, der Herr, wird mit
einem Feldgeschrei und Stimme des Erzengels
und mit der Posaune Gottes herniederkommen
vom Himmel.“ Und die Offenbarung Johannis
schließt mit den Worten: „Ja, komm, Herr Jesu.“

Hauptbeweise aber für Christi Wiederkunft zum Gerichte
sind enthalten in den markerschütternden Worten, die Jesus zu
Seinen Jüngern redete, als Er auf dem Oelberge saß und von
dem Untergange Jerusalems, von der Zerstörung des Tempels
und von dem Ende der Welt weissagte, wohin auch unser heuti=
ger Text gehört. Erinnern wir uns an die ernsten Gleichnisse,
die Er dort aussprach, in welchen Er das Weltende bei Seiner
Wiederkunft und das darauffolgende Schlußgericht schildert.

Und von den Engeln, die bei der Himmelfahrt Christi zugegen waren, heißt es, daß sie zu den Himmelfahrtszeugen, den Jüngern, sagten: "Dieser Jesus, welcher von euch ist aufgenommen gen Himmel, wird kommen, wie ihr Ihn gesehen habt gen Himmel fahren." Ap. 1, 11.

Der Herr verbürgt die Wahrheit Seiner Worte durch den Zusatz: "Himmel und Erde werden vergehen, aber Meine Worte werden nicht vergehen," d. h. werden gewißlich erfüllt werden.

Die Apostel und die ersten Christen, wie wir dies auch in den Briefen der Apostel finden, hielten so fest und bestimmt an der Wiederkunft Christi, ihres Herrn, daß sie glaubten, sie würden Sein Kommen noch erleben. Die Hoffnung, Er werde bald kommen, war für sie der größte Trost in ihren vielfachen Leiden.

Auch die Kirchenväter, Schüler der Apostel, und alle rechtgläubigen Kirchenlehrer bis herauf auf unsere Zeit, hielten fest an diesem Artikel des christlichen Glaubens, an der Hoffnung der Christenheit: Christus werde wiederkommen am Ende der Welt, um alle Menschen zu richten. Und so haben wir auch in unserem Glaubensbekenntnis den Satz: Von dannen Er kommen wird, zu richten die Lebendigen und die Todten. Auch in Artikel 17 der Augsburgischen Confession heißt es:

1. Auch wird gelehrt, daß unser Herr Jesus Christus am jüngsten Tage kommen wird, zu richten, und alle Todten auferwecken, den Gläubigen und Auserwählten ewiges Leben und ewige Freude geben, die gottlosen Menschen aber und die Teufel in die Hölle und ewige Strafe verdammen."

2. Beweis dafür, daß Gott einst die Welt richten wird, sind uns auch manche Vorgänge in der alt- und neutestamentlichen Geschichte des Reiches Gottes auf Erden, in der Geschichte der Völker und einzelner Menschen. Wenn Jehova den Menschen, der Sein Gebot übertreten, aus dem Paradiese weist, das Feld zu bebauen, das ihm Dornen und Disteln tragen solle, und ihn verurtheilt, im "Schweiße seines Angesichtes" zu arbeiten, bis zu seinem Tode, den er als "Sold der Sünde" erleiden solle; wenn Gott das abgefallene Menschengeschlecht, das sich von "Seinem Geiste nicht wollte strafen lassen," durch die Sündflut dahinrafft; wenn Gott Sodom und Gomorra, deren Sünden so groß waren, daß ihr Geschrei zum Him-

mel hinauf drang, Strafe fordernd, durch Schwefel und Feuer
zerstört; wenn die Erde ihren Mund aufthut und Korah und
seine ungehorsame Rotte verschlingt; wenn Israel, da es
immer den Irrweg wollte, durch die Heiden von ihrem schönen
Heimatslande weggeführt wird, und ihre Hauptstadt,
sammt dem Tempel, in Trümmer fällt; wenn die Juden der
Fluch trifft, den sie durch Jahrhunderte langen Ungehorsam,
Bosheit und Hartnäckigkeit, die in der Verwerfung des Messias
ihren Höhepunkt erreichte, herauf beschworen, und der Tempel
das zweite Mal fällt, sammt der heiligen Stadt, und sie
zerstreut werden in alle Welt, wo sie heimatlos umherirren, ohne
eigenen König und Staat, ohne Opfer und einheitlichen jüdischen Gottesdienst: sind diese Vorgänge nicht Gerichte Gottes
im Kleinen und Beweise dafür, daß, wie Gott solche Genossen-
schaften und Völker gerichtet hat, Er einst auch richten
werde Alle Völker und Alle Menschen?

Und ist nicht Pharaos Untergang im rothen
Meere; ist nicht das plötzliche Sterben, das Gott in Sanheribs Heer, das Jerusalem belagerte, ausbrechen ließ; ist
nicht Nebukadnezars Wahnsinn, womit ihn Gott schlug für
sein stolzes Wort: „Das ist die stolze Babel, die ich
erbaut habe!" und jenes: „Gewogen und zu leicht
erfunden!" das in jener furchtbaren Nacht eine unsichtbare
Hand dem Belsazar an die Wand schrieb? und das sich auch
erfüllte: — sind solche Vorgänge nicht auch Gottesgerichte? Und
wenn die verschiedenen gewaltigen Reiche der alten Zeit
eins nach dem andern in ihre eigenen Trümmer zusammenfielen
wie Kartenhäuser, in die der Wind hineinbläst: — sind das nicht
Anzeichen, Vorboten und Abbilder von dem großen letzten Weltgerichte, bei welchem alle Völker versammelt sein werden, um ihr Urtheil zu hören von dem König aller Könige, dem
Richter aller Richter?

Oder wenn jetzt schon die Sünde ihre Frucht trägt und
den Baum, der sie reift zu Grunde richtet; wenn Der, dem der
Besitz irdischen Gutes sein Gott ist und bleibt, und er in hart-
herzigem Geiz in seiner Verstocktheit dahinstirbt, ohne Besitz dessen, „das weder Motten noch Rost fressen, und die Diebe nicht
nachgraben noch stehlen"; wenn dem Flucher, dem Zauberer,
dem Meineidigen der Misbrauch des heiligen Namens Gottes
an seinem Gewissen, Leib und Leben heimbezahlt wird; wenn,
was der Sabbathschänder am Sonntag erworben, dem Besitzer
wieder unter den Händen zerrinnt; wenn der ungehorsame,

störrige, leichtsinnige Sohn den Lohn seines Starrsinnes und seiner Leichtfertigkeit von seinen eigenen Kindern empfängt: wenn
der Ehebrecher und Wohllüstling, nachdem er den Kelch der
Freuden ausgetrunken, und ihn das Leben anekelt, nun selbst
Hand an sich legt; kurz: wenn der Frevler, der Lasterdiener,
der Verbrecher, der Leichtsinnige, der Ungläubige, der Gottlose,
erntet, was er gesäet, erntet, hier schon in der Welt, die saueren
und bitteren Früchte seiner Sündensaat: — ist das nicht auch
ein Gericht Gottes?

So vollzieht sich das Gericht Gottes e i n s t w e i l e n an den
einzelnen Völkern und Personen, wie wir solches in der Schrift
und in der Weltgeschichte finden, und wie es uns das Alltagsleben lehrt, anzeigend, vorbereitend und herbeiführend das letzte
Gericht, das der Weltenrichter halten wird am Ende der Welt-
zeit — Christus, der Sohn Gottes — über Lebendige und Todte.
Nun wollen wir auch sehen

II. was für Zeichen der Wiederkunft Christi zum Gericht
vorangehen werden.

Wenn der Christenheit auch die genaue Zeit, wann das
Weltgericht gehalten werden soll, nicht mitgetheilt ist, s o   g i b t
C h r i s t u s   i n   d i e s e r   S e i n e r   W i e d e r k u n f t s -   u n d
G e r i c h t s a n k ü n d i g u n g   d o c h   a l l g e m e i n e   Z e i c h e n
a n , an denen die genauen Beobachter allezeit — wenigstens im
Allgemeinen — sehen können, wie viel Uhr es ist an der Welt-
uhr Gottes.

1. „E s   w e r d e n   Z e i c h e n   g e s c h e h e n   a n   d e r   S o n n e
u n d   M o n d   u n d   S t e r n e n.“   Da die ungläubigen und leichtsinnigen Menschen in ihrem überklugen Wahnwitz vorgeben, die
Sonne scheine noch immer, wie in alten Zeiten, und der Mond
und die Sterne ständen noch am Himmelszelt, wie zur Zeit unserer Väter, und sich einbilden, es werde so in alle Ewigkeit fortgehen: so wird Gott gerade an diesen in die Augen fallenden
Weltkörpern Z e i c h e n   eintreten lassen, d i e   J e d e r m a n n
s e h e n   m u ß.   Gott hat ja auch sonst schon große Thaten Seines Reiches an diese Weltkörper geschrieben.   Sonne und Mond
standen einst stille, damit Israel den Sieg über seine Feinde vollenden konnte.   Josua 10, 12. 13.   Ein Stern wars, der den
Weisen die Geburt des „Königs der Juden“ anzeigte und sie nach
Bethlehem geleitete.   Die Sonne hüllte sich in Dunkelheit über
der schrecklichen That, die die Juden auf Golgatha begingen, in
der Kreuzigung Christi.   Deutlicher werden diese Zeichen an
anderen Stellen beschrieben, etwa Matthäi 24, 29: „S o n n e

und Mond werden ihren Schein verlieren, und die Sterne werden vom Himmel fallen, und die Kräfte des Himmels werden sich bewegen." Und Ap. 2, 20: „Die Sonne soll sich verkehren in Finsterniß, und der Mond in Blut, ehe denn der offenbarliche Tag des Herrn kommt."

2. „Das Meer und die Wasserwogen wer= den brausen." Wenn du am Meeresufer stehst, so hörest du jetzt schon das Brausen des Meeres, und bei Sturm ist das Toben der Meereswogen jetzt schon erschrecklich; aber dieses ge= wöhnliche Brausen und Toben des Meeres wird weit übertrof= sen werden von den Stürmen, die herrschen werden kurz vor der Wiederkunft Christi. Die werden so außerordentlich und so auffallend sein, daß jedes menschliche Wesen den Eindruck be= kommen muß, daß ganz außerordentliche Ereignisse bevorstehen.

3. Auf Erden wird den Leuten bange sein und werden zagen." Auch jetzt schon ist den Menschen bei außerordentlichen Anlässen und Ereignissen bange. Die Nacht schon mit ihrer Finsternis macht uns bange, ein Gewitter mit seinem Wetterleuchten und seinen Blitzen erschreckt uns; Son= nen= und Mondsfinsternisse versetzen uns in eine unheimliche Stimmung; Seuchen und ansteckende Krankheiten, plötzliche Todesfälle flößen den Sterblichen Furcht ein; Kriegsgeschrei und Kriege verbreiten Schrecken in Staat, Kirche und Familie jetzt schon, wann nur immer sie unter den Menschen wüthen: aber tausendmal größer wird die Furcht und Angst und der Schrecken sein, wenn jene von Christo angegebenen Schreckens= boten und unheilverkündenden Naturereignisse eintreten werden, und jedes menschliche Wesen sie wird ansehen müssen als Vorbo= ten noch schrecklicherer und furchtbarerer Ereignisse. Dies drückt Christus auch aus, wenn er sagt: „Und die Menschen wer= den verschmachten vor Furcht und Warten der Dinge, die da kommen sollen auf Erden; denn auch der Himmel Kräfte sich bewegen werden."

Ein Volk aber wird sicherlich die Wiederkunft Christi erle= ben, nämlich das Volk Israel. Denn das meint Jesus im Text, wenn Er sagt: „Dies Geschlecht wird nicht vergehen, bis daß es Alles geschehe."

4. Und wenn die Noth der Menschen, ihre Angst und ihr Schrecken; wenn insonderheit die Verfolgung der Gläubigen des Herrn aufs Höchste gestiegen sein wird; wenn das Toben der Elemente im Weltall seinen höchsten Grad erreicht haben

wird: „Dann werden sie sehen des Menschen Sohn kommen in der Wolke, mit großer Kraft und Herrlichkeit." Der, der einst in die Welt gekommen war als ein hilfloses Kind, in der Welt gewandelt hatte wie ein anderer Mensch, Der, den die Menschen wie einen Auswurf ans Kreuz gehängt, Der wird erscheinen in Macht und Herrlichkeit, als König, als Richter der Welt!

III. wollen wir nun auch noch sehen, was die Christenheit aller Zeiten aus der Lehre von der Wiederkunft Christi zum Gericht und an den derselben vorangehenden Zeichen lernen kann.

1. Jesus will durch die Vorherverkündigung von Seinem letzten Kommen Seinen Gläubigen Trost zusprechen, den sie wohl allezeit bedürfen, namentlich in den großen Trübsals- und Verfolgungszeiten, die Christi Wiederkunft vorangehen werden. Darum spricht Christus: „Wenn aber dieses anfängt zu geschehen, so sehet auf und hebet eure Häupter auf, darum, daß sich euere Erlösung nahet." Und Er verdeutlicht der Christen Hoffnung am Feigenbaum, dessen Ausschlagen und Blühen anzeige, daß der Sommer nahe sei und daß die angegebenen Zeichen, wenn sie einst sich ereignen würden, bedeuteten, daß die Verfolgungszeiten und die Trübsalstürme der Christen ein Ende haben und ihre Erquickungszeiten beginnen würden. Während das Kommen Christi unter den Gottlosen Schrecken und Furcht verbreitet, dürfen die Gläubigen froh ihre Häupter emporheben, weil Der kommt, der ihr Freund, ihr Bräutigam ist, der die Seinen nicht bloß aus den großen Nöthen der Schlußkämpfe mit dem Unglauben erlöst, sondern sie zu der Freude führt, die Er ihnen bereitet, verheißen und in den schönsten Bildern und Gleichnissen vorgebildet hat. Dann ist erfüllt Psalm 126.

2. Der Herr will aber die Christen nicht bloß trösten, sondern will sie auch warnen, damit sie nicht gleichgiltig, nachlässig oder leichtsinnig würden und so das himmlische Kleinod verscherzten. Diese Warnung gibt Er in den Worten: „Hütet euch, daß eure Herzen nicht beschweret werden mit Fressen und Saufen und mit Sorgen der Nahrung." Unmäßigkeit im Essen und Trinken einerseits und heidnisches Sorgen bezüglich der irdischen Güter andererseits sind die Haupthindernisse der christlichen Wachsamkeit und Zucht und können es veranlassen,

daß die Menschen vom Tode oder vom Kommen Christi so unvorbereitet überrascht werden, wie die Leute bei der Sündfluth,
von denen es heißt: „Sie aßen und tranken, sie frei-
eten und ließen sich freien und achteten es nicht,
bis die Sündfluth kam und nahm sie Alle
dahin." Darum fügt Jesus auch die Mahnung bei: „So
seid nun wacker allezeit und betet, daß ihr
würdig werden möget zu entfliehen diesem Allem, das geschehen soll und zu stehen vor des
Menschen Sohn." Wachsam sollen die Gläubigen sein
und sich wachsam halten, in stetem Gebetsumgang mit Christo
bleiben, und so mit offenen Augen und gefaßt das Kommen
Christi erwarten, damit sie mit versöhntem Gewissen und dem
Bewußtsein der Gotteskindschaft getrost stehen können vor des
Menschen Sohn, der dann Gericht halten und Sein endgiltiges
Entscheidungswort aussprechen wird.

    3. Noch leben wir in Gnadenzeit; noch haben
wir Gelegenheit, uns vorzubereiten und uns auf das Kommen
Christi im Tode oder auch beim letzten Gericht zu rüsten. Daß
der Herr einst wiederkommen wird, „zu richten die Lebendigen
und die Todten", haben wir aus der Schrift gezeigt. Daß
Seiner Wiederkunft besondere Zeichen und auffallende Naturereignisse vorangehen werden, glauben wir, da Gott von Alters
her Seine Wundermacht in der Natur und der Geschichte der
Völker bewiesen, und Er auch die angekündigten sicherlich eintreten lassen wird. Wann der Herr kommen wird, ist uns
Menschen nicht geoffenbaret. Aber, daß Er einst sicherlich kommen wird zum Weltgericht, und daß Er uns schon bei unserem
Tode vor Sein Gericht stellen wird: das ist gewiß. Die Hauptsache ist die, daß wir, wenn Er kommt, bereit seien und als
Gläubige erfunden werden. Darum wachet; denn ihr
wisset nicht, welche Stunde euer Herr kommen
wird."

    „Er kommt zum Weltgerichte, Zum Fluch dem, der Ihm flucht;
    Mit Gnad und süßem Lichte Dem, der Ihn liebt und sucht.
    Ach komm ach komm, o Sonne, Und hol' uns allzumal
    Zum ew'gen Licht und Wonne In Deinen Freudensaal!"

                                                   Amen.

Dritter Advent.

Matth. 11, 2-10.

Da aber Johannes im Gefängnis die Werke Christi hörete, sandte er seiner Jünger zween und ließ Ihm sagen: Bist Du, der da kommen soll, oder sollen wir eines andern warten? Jesus antwortete und sprach zu ihnen: Gehet hin und saget Johanni wieder, was ihr sehet und höret. Die Blinden sehen und die Lahmen gehen, die Aussätzigen werden rein und die Tauben hören, die Todten stehen auf und den Armen wird das Evangelium gepredigt. Und selig ist, der sich nicht an Mir ärgert. Da die hingingen, fing Jesus an zu reden zu dem Volk von Johanne: Was seid ihr hinausgegangen in die Wüste zu sehen? Wollet ihr ein Rohr sehen, das der Wind hin und her wehet? Oder was seid ihr hinausgegangen zu sehen? Wollet ihr einen Menschen in weichen Kleidern sehen? Siehe, die da weiche Kleider tragen, sind in der Könige Häusern. Oder was seid ihr hinausgegangen zu sehen? Wollet ihr einen Propheten sehen? Ja, Ich sage euch, der auch mehr ist, denn ein Prophet. Denn dieser ist's, von dem geschrieben stehet: Siehe, Ich sende Meinen Engel vor Dir her, der Deinen Weg vor Dir bereiten soll.

1. Nach unserem heutigen Evangelium finden wir Johannes den Täufer im Gefängnis. Ins Gefängnis war er gekommen seines muthigen Zeugnisses wegen, das er vor dem Könige Herodes ablegte indem er zu ihm sagte: „Es ist nicht recht, daß du deines Bruders Philippi Weib habest." Gerne hätte ihn Herodes und noch mehr seine boshafte Gattin Herodias getödtet, „aber er fürchtete sich vor dem Volk; denn sie hielten ihn für einen Propheten." Matth. 14, 5. Darum mußte er sich mit der Einkerkerung Johannis begnügen.

Aus diesem Gefängnisse heraus schickt Johannes zwei seiner Jünger zu Jesu, Ihm die Frage vorzulegen: „Bist Du der da kommen soll, oder sollen wir eines Andern warten?" Warum thut Johannes das? Was ist der Grund davon? Wir wollen sehen.

2. **Johannes hatte Jesum getauft und dabei Gottes Stimme gehört:** „Dies ist Mein lieber Sohn, an dem Ich Wohlgefallen habe." Matth. 3, 17. Er hatte Ihn auch seinen Jüngern gezeigt mit den hinweisenden Worten: „Siehe, das ist Gottes Lamm, welches der Welt Sünde trägt." Joh. 1, 29. Vor dem Volke hatte er selber bezeugt, daß er Jesum vor Seiner Taufe nicht gekannt habe, aber bei der Taufe habe er Ihn erkannt; denn Gott hätte ihm vor derselben mitgetheilt: „Ueber welchen du sehen wirst den Geist herabfahren und auf Ihm bleiben, derselbige ist es, der mit dem Heiligen Geist tauft. Und ich sah es und zeugte, daß Dieser ist Gottes Sohn." Joh. 1, 33. 34. Daraus ersehen wir, daß Johannes der Täufer Jesum als den Sohn Gottes, als den erwarteten Messias der Juden, erkannt und Ihn als solchen seinen Jüngern und dem Volke bezeichnet hatte.

3. **Johannes wird aus seiner Wirksamkeit herausgerissen und ins einsame Gefängnis gesetzt.** Jesus tritt auf und beginnt Seine Wirksamkeit, wie wir es in unserem Evangelium lesen. Auf der Hochzeit zu Kana verrichtet Er Sein erstes Wunder. Er hält Seine Bergpredigt, verkehrt mit den Menschen als der freundliche, liebevolle Prophet von Nazareth, thut Gutes an Klein und Groß, Reich und Arm, Freund und Feind und bewegt Sich unter Israel als der Mann des Friedens. Und dort im Gefängnisse sitzt Johannes und wartet auf die Erfüllung dessen, was er im Auftrage Gottes Israel verkündigt und angedroht hatte: „Es ist schon die Axt den Bäumen an die Wurzel gelegt; welcher Baum nicht gute Früchte bringt, wird abgehauen und ins Feuer geworfen." „Er wird Seine Tenne fegen und wird den Waizen in Seine Scheune sammeln, und die Spreu wird Er mit ewigem Feuer verbrennen." Luc. 3, 9. 17. Nichts von dem Allen geschieht. Die unfruchtbaren Bäume stehen noch, grünen und blühen. Herodes, schon längst dem menschlichen und göttlichen Gerichte verfallen, steht noch in Amt und Würde; das Otterngezüchte, die Schlangenbrut der Pharisäer ist noch nicht entlarvt und vernichtet; die Spreu des leeren, hohlen jüdischen Religionswesens ist noch nicht gesondert von dem Waizen der Bußfertigen, die am Jordan ihre Sünden bekannt und getauft worden waren; noch beherrschen und unterdrücken die Römer das Volk Israel, obgleich der Held aus Judas Stamm da ist. Warum schlägt Der nicht alle Stolzen, Ungerechten und Heuchler zu Boden? Warum gebraucht Er die Axt nicht, die alten,

knorrigen Stämme, die nichts taugen, sondern nur hindern, umzuhauen? Warum läßt Er nicht Feuer vom Himmel fallen — wie Elias that — die Gottesverächter zu vernichten? Warum reinigt Er die Tenne Israels nicht von der werthlosen Spreu der verknöcherten Formjuden ohne Geist und Leben und von den stolzen, übermüthigen heidnischen Unterdrückern? Warum stellt Er das erwartete Reich Israel, das seine Feinde besiegt, nicht her?

4. Die Art und Weise, wie Jesus wirkt, ist ihm zu sanft, zu friedlich, zu langsam; die kann er nicht verstehen. Sein Glaube, daß jener Jesus, den er getauft und dann als das Lamm Gottes bezeichnet hatte, der Messias sei, stand unerschüttert fest. Gerade sein fester und gewisser Glaube, daß Er der Messias sei, von dem er die Herstellung des neuen Reiches Gottes erwartete, schuf in ihm die Sehnsucht, dieses Reich Gottes so schnell als möglich herbeigeführt zu sehen. Daß es so langsam kam, brachte ihn in Anfechtung und Besorgnis.

5. Aber in dieser seiner Anfechtung wendet er sich an den rechten Mann, an Jesum Selbst. Jesus tadelt ihn nicht, sondern gibt ihm durch die zwei abgesandten Jünger die geforderte Antwort, eine Antwort passend zur Frage und namentlich zum Grund, aus welchem die Frage gekommen war. Er weist ihn hin auf Seine Thaten, die Johannes bei seiner Bekanntschaft mit den alttestamentlichen Weissagungen erkennen sollte als solche, wie sie vom Messias gemäß der Propheten erwartet wurden.

6. Es wird uns eine Genugthuung sein, wenn wir uns einige dieser Weissagungen ansehen.

7. Wenn Jesaias von dem glückseligen Zustande der Kirche des neuen Testaments redet, so sagt er: „Alsdann werden der Blinden Augen aufgethan werden, und der Tauben Ohren werden geöffnet werden." Jes. 35, 5. Und an einer anderen Stelle: „Denn zur selbigen Zeit werden die Tauben hören die Worte des Lichts, und die Augen der Blinden werden aus dem Dunkel und Finsternis sehen, und die Elenden werden wieder Freude haben, und die Armen unter den Menschen werden fröhlich sein in dem Heiligen Israels." Jes. 29, 18. 19. Ebenso Jes. 61, 1. 2: „Der Geist des Herrn ist über Mir, darum hat Mich der

Herr gesalbet. Er hat Mich gesandt, den Elen=
den zu predigen, die zerbrochenen Herzen zu
verbinden; zu predigen den Gefangenen eine
Erledigung, den Gefangenen eine Oeffnung;
zu predigen ein gnädiges Jahr des Herrn, und
einen Tag der Rache unseres Gottes; zu trösten
alle Traurigen."

8. Dem Johannes, der diese Aussprüche der
Propheten, diese Weissagungen auf den kom=
menden Messias, wissen mußte, läßt nun Jesus
als Antwort auf seine Frage: „Bist Du, der da
kommen soll, oder sollen wir eines Andern war=
ten?" als Antwort sagen: „Die Blinden sehen, und
die Lahmen gehen; die Aussätzigen werden rein,
und die Tauben hören; die Todten stehen auf,
und den Armen wird das Evangelium gepredigt.
Und selig ist, der sich nicht an Mir ärgert."

Aus dieser Antwort sollte Johannes erkennen, daß, weil
Jesus gerade Das thue, was die Propheten von dem Messias
geweissagt, Er darum auch der Verheißene sein müsse. Ebenso
mußte Johannes auch wissen, daß wenn die Propheten von
Wundern reden, die der Messias thun werde, solche Wunder
nicht nur leiblich, sondern auch geistlich zu verstehen seien. Auch
mußte dem Johannes aus seiner Wirksamkeit her bekannt sein,
daß die geistliche Umwandlung eines Menschen, noch vielmehr
eines Volkes, Zeit brauche, so daß man nicht erwarten könne,
daß die glückseligen Zustände der messianischen Zeit plötzlich da
sein würden, sondern daß die Herbeiführung derselben noch
langer, anstrengender Arbeit bedürfte. Auch sollte Johannes
wissen, daß Gott, von Dem es heißt: „Er ist barmherzig,
und gnädig, und geduldig, und von großer
Gnade und Treue," 2. Mose 34, 6, auch den Gottlosen
und Verächtern noch Gnadenzeit gibt, und dann erst erfüllt:
„Welcher Baum nicht gute Früchte bringt, wird
abgehauen und ins Feuer geworfen, Luc. 3, 9;
und: „Er wird Seine Tenne fegen, und wird den
Weizen in Seine Scheune sammeln, und die
Spreu wird Er mit ewigem Feuer verbrennen."
Luc. 3, 17.

9. Daher sehen wir auch in dem Evange=
lium, wenn der Herr leibliche Wunder verrich=
tete, Er dabei einen höheren Zweck als leibliche

Heilung, Auferweckung, oder Speisung im Auge hatte: Sein Zweck war ein höherer — ein geistlicher. Nicht bloß leiblich wollte Er die Augen öffnen, die Ohren aufthun, die Zungen lösen, den Aussatz heilen, sondern geistlicherweise wollte Er sie sehen lehren: sie sollten in Ihm den Verheißenen sehen; geistlicherweise sollten sie hören lernen: sie sollten ihre so lange verschlossenen Ohren Ihm zuneigen und von Ihm hören „Worte des Lebens". Nicht bloß die Aussätzigen im Volk will Er rein machen von ihrem Aussatz, sondern ganz Israel will Er erlösen von allen ihren Sünden. Und nicht bloß einige Geheilte sollen Ihn loben und preisen und anerkennen als den Sohn Davids, sondern ganz Israel soll es thun. Das war der Zweck Seiner Predigt und Seiner Wunder; und auf diese Weise wollte Er Sein Reich bauen.

10. Und heute noch hat die Predigt Seines Evangeliums und die ganze Arbeit der christlichen Kirche auf Erden denselben Zweck: nämlich jene geistlichen Wunder zu bewirken: Geistliches Sehen, geistliches Hören, geistliche Reinigung und geistliches Auferstehen — nämlich von den Sünden.

In diesem Sinne nun wollen wir jetzt mit einander reden über:

Christi Antwort an Johannes den Täufer auf dessen Frage: „Bist Du, der da kommen soll, oder sollen wir eines Andern warten?"

I. Die Blinden sehen.

II. Die Lahmen gehen.

III. Die Aussätzigen werden rein.

IV. Die Tauben hören.

V. Die Todten stehen auf.

VI. Den Armen wird das Evangelium gepredigt.

VII. Und selig ist, der sich nicht an Mir ärgert.

I. Die Blinden sehen.

1. Solcher Fälle kommen im Leben Jesu viele vor. Luc. 18, 35 lesen wir von einem Blinden bei Jericho, den Jesus durch Sein Allmachtswort sehen machte. Joh. 9 wird uns von einem Blindgebornen berichtet, den Jesus

nach dem Teich Siloah schickte, sich zu waschen, und von woher
derselbe sehend zurückkam.

Von dem Blinden bei Jericho heißt es nach seiner Heilung:
„Er folgte Jesu nach und pries Gott." Und von dem Blindge=
bornen lesen wir, daß er, nachdem er sehend geworden war, auf
Jesu Frage: „Glaubst du an den Sohn Gottes?" und nachdem
er vernommen hatte, daß Jesus derselbe sei, antwortete:
„Herr, ich glaube."

Aus dem Nachfolgen und dem Lobpreis jenes Ersteren und
aus dem Glauben dieses Letzteren geht hervor, daß diese beiden
Blinden nicht bloß von ihrer leiblichen, sondern auch von ihrer
geistlichen Blindheit geheilt wurden.

2. Geistlichblind war ganz Israel im All=
gemeinen. Das zeigt ihr hartnäckiges Widerstreben, das
dieses Volk schon zur Zeit des alten Bundes kennzeichnete, und
welcher Charakterzug auch so deutlich hervortritt in ihrem Ver=
halten gegen den Herrn, als Er unter ihnen lebte und wirkte.
Trotz Seines reinen, flecklosen Wandels, dem sie Nichts anhaben
konnten, trotz Seiner erhabenen Reden, Urtheile, Aussprüche
und Wunder, das Alles sie Ihm als einem von Gott Gekomme=
nen lassen und lobend anerkennen müssen, stoßen sie sich an der
Krippe, an Nazareth und am Kreuz. „Mit sehenden Au=
gen sehen sie nicht." Jes. 6. In dieser Blindheit über=
lieferten sie auch den Herrn in die Hände der Heiden. In die=
ser Verblendung riefen sie sich vor Pilati Richterstuhl mit den
frevelhaften Worten: „Sein Blut komme über uns
und über unsere Kinder!" das Gericht Gottes herab.
Nur Einzelne aus Israel ließen sich durch den Herrn die Augen
öffnen und erkannten in Ihm den von Gott gesandten Messias,
den Sohn Gottes. Johannes, ein Jünger Jesu, bekennt:
„Wir sahen Seine Herrlichkeit, eine Herrlichkeit als des einge=
bornen Sohnes vom Vater voller Gnade und Wahrheit." Joh.
1, 14. Und ein anderer Jünger, Petrus, rief aus: „Herr, wohin
sollen wir gehen, Du hast Worte des Lebens; und wir haben
geglaubt und erkannt, daß Du bist Christus, der Sohn des
lebendigen Gottes." Joh. 6, 68.

3. Auch heute noch gibt es viele geistlich
Blinde. Wohl sehen sie diese schöne Welt mit all dem Herr=
lichen und Großen in ihr, aber in ihrer Verblendung kommen
sie nicht so weit, daß sie in allem Diesen die Hand eines allmäch=
tigen Weltschöpfers und Weltregierers erblicken. Wohl sehen
sie mit ihren leiblichen Augen das Leben und Treiben der Men=

sehen, aber sie sehen nicht, daß die Welt im Argen liegt und eines Heilandes bedarf.

Wohl sehen sie ihren eigenen Lebenslauf; aber sie sehen nicht die große Gnade und Barmherzigkeit Gottes, die sie gesegnet und getragen hat mit großer Geduld und Langmuth; sehen nicht die vielfachen Irrwege, die sie gegangen und noch gehen; sehen nicht ein, daß, wenn sie so fortfahren, sie dem zeitlichen und ewigen Verderben entgegengehen. Und so tappen sie umher in der geistlichen Blindheit des religiösen Leichtsinns, des Aberglaubens, des Unglaubens und eingebildeten Glückes, bis ihnen, vielleicht durch schwere Heimsuchung Gottes, die Augen aufgehen und sie noch gerettet werden, wie ein Brand aus dem Feuer. Manchen gehen die Augen zu spät auf, wie es beim reichen Mann der Fall war, von dem es im Evangelium heißt: „Als er aber in der Hölle und in der Qual war, hob er seine Augen auf." Luc. 16, 23.

4. Allen solchen Geistlichblinden will der Herr die Augen öffnen mit Seinem Evangelium. Und wenn dann solchen Geistlichblinden die Augen aufgegangen sind, wie ganz anders erscheint ihnen dann dieselbe Welt, dieselbe Menschheit, dasselbe eigene Leben. Von der Schöpfung haben sie dann dieselbe Ansicht, die David hatte, als er begeistert ausrief: „Herr, wie sind Deine Werke so groß und viel! Du hast sie alle weislich geordnet, und die Erde ist voll Deiner Güter!" Psalm 104, 24. In ihrem eigenen Leben sehen sie jetzt die gnädige Hand Gottes, die sie führt im Kleinen und im Großen das Heil der Seele bezweckend. Nun sehen sie auch das Reich Gottes, das Gott in diese Welt hineingebaut hat als eine Rettungsanstalt für das sündhafte Menschengeschlecht. Und über Alles ist ihnen nun die heilige Schrift kein unverständliches, verschlossenes Buch mehr: ein Stern nach dem andern, ein Licht nach dem andern geht ihnen auf; deutlicher und immer deutlicher wird ihnen deren Inhalt, bis sie das Morgenroth anfänglicher göttlicher Ahnung an der Hand der Gnadenmittel hineinführt in den hellen Tag klarer Selbsterkenntnis und Gotteserkenntnis.

II. Die Lahmen gehen.

1. Ohne Christum sind die Menschen lahm; mit Ihm können sie gehen leiblich und geistlich. Die Gichtbrüchigen, die Wassersüchtigen, die Lahmen, die Krüppel mußten zu Jesu getragen werden. Nachdem sie durch

Jesum geheilt worden waren, konnten sie selber gehen, ohne Hilfe der Menschen oder Krücken.

2. **Ohne die wahre Erkentnis des menschlichen Elendes**, der wahren Bestimmung des Menschen, der Nothwendigkeit der Reinigung von Sünden durch Christi Blut, sind die Menschen träge und lahm zum Guten: träge zum Gebet, zum Lesen der Schrift, zur Theilnahme am heiligen Abendmahl, zur Arbeit im Reiche Gottes.

3. **Ist ihnen aber einmal durch Christum auf ihre Buße und Glauben hin geistliche Hilfe widerfahren**, so kommt Leben in ihr Herz und in ihre Glieder; die natürliche Trägheit des Herzens zum Guten weicht, die Pflege der Religion in Herz, Haus und Kirche wird ihnen Bedürfnis; und hat man sie vorher nöthigen und treiben müssen, so thun sie jetzt alles Dies gern und mit Freuden.

III. **Die Aussätzigen werden rein.**

1. **Ja, so lesen wir im Evangelium.** Als Jesus vom Berge, auf welchem Er die Bergpredigt gehalten hatte, herabging, heilte Er einen Aussätzigen. Matth. 8, 2. Der Evangelist Lucas berichtet uns von zehn Aussätzigen, die Jesus heilte. Luc. 17.

2. **Den geistlichen Aussatz haben alle Menschen an sich**, nämlich die Erbsünde, die da ausbricht in die Eiterbeulen der Thatsünden. Von der ganzen Menschheit gilt, was Jesaias von Israel sagt: „Von der Fußsohle bis aufs Haupt ist nichts Gutes an ihm, sondern Wunden und Striemen und Eiterbeulen." Jes. 1, 6.

3. **Wir wissen aber auch, daß Christus in Seinem Blute der ganzen Menschheit ein Reinigungsmittel für ihren Sündenaussatz anbietet;** und wer es annimmt und anwendet, den erklärt dieser neutestamentliche Hohepriester für rein. „**Das Blut Jesu Christi, des Sohnes Gottes, macht uns rein von aller Sünde.**" 1. Joh. 1, 7.

Nur Diejenigen, die dieses Mittel annehmen und anwenden, werden rein. Wer es nicht annimmt, verbleibt in seinem Sündenaussatz und somit auch ausgeschlossen von der Gemeinschaft Gottes und der Seinen, sowohl in dem Gnadenreiche auf Erden als auch in dem Herrlichkeitsreiche im Himmel. „Das sollt ihr aber wissen, daß kein Unreiner Erbe hat an dem Reiche Christi." Eph. 5, 5.

IV. Die Tauben hören.

1. **Ja, so berichten uns die Evangelisten.**
Marci 7 lesen wir von einem Taubstummen, dem Jesus Sein
„Hephata" zurief und ihm die Ohren aufthat und auch die
Zunge löste.

2. **Tauben Ohren hatten die Propheten
schon gepredigt:** tauben Ohren predigte Christus der
Herr; um Stephani durchs Herz gehenden Worte nicht zu
hören, hielten sich die Juden die Ohren zu. Ap. 7, 56.

3. **Die aber, die auf Jesu Wort hörten,** Seine
Bergpredigt, Seine Gleichnisse sich zu Herzen gehen ließen, die
hörten von Ihm Worte des Lebens und der Kraft, und Seine
Jünger, die Seinem Rufe Folge leisteten, erhielten in Ihm
einen Lehrer, dem kein Lehrer gleicht, einen väterlichen Freund
und geistlichen Führer, der sie zum ewigen Leben leitete.

4. **Wohl hat Mancher gute Ohren,** hört aber
doch nicht auf Das, was gut ist. Er hört nicht auf die Stimme
des Gewissens, auch nicht auf die des Wortes Gottes; er hört
nicht auf das Warnen wohlmeinender Freunde und auch nicht
auf das Bitten der Angehörigen. Der Sohn ist taub für die
Mahnung des Vaters, die Tochter für das Bitten der Mutter.
Der Lasterdiener hört die Kirchenglocken weder am Sonntag,
noch am Festtag und geht seine bösen Wege, bis der Ton der
Todtenglocke und die Worte der Leichenpredigt sein durch den
Tod geschlossenes Ohr treffen, es sei denn, daß er noch vorher
das „Hephata" der göttlichen Heimsuchung durch sein Gewissen
und seinen Geist dringen läßt, und er dann mit Saulus demüthig fragt: „Herr, was willst Du, daß ich thun soll?" Ap.
9, 6. Drum: „Wer Ohren hat, zu hören, der höre."
Matth. 13, 9.

V. Die Todten stehen auf.

1. **Ja, das bestätigen die Evangelisten.**
Dort am Stadtthor zu Nain steht der todte Jüngling von seinem Sarge auf und fängt an zu reden. Luc. 7. Dort ruft
der Herr Jairi Töchterlein auf der Todtenbahre zu: „Mägdlein, Ich sage dir, stehe auf!" und sie steht auf. Dort kommt
auf Christi Gebot Lazarus aus dem Grabe, in dem er vier
Tage lang todt gelegen, hervor und kehrt in sein Haus zurück.

2. **Mancher besitzt wohl kräftiges leibliches
Leben,** aber er ist geistlich todt; er hat keinen Sinn für das

Reich Gottes und bekümmert sich auch nicht für das Heil seiner Seele. Ein Todter denkt nicht: auch er denkt nicht darüber nach, was die wahre Bestimmung des Menschen ist; ein Todter empfindet nicht: auch er fühlt nicht die freundliche Sonne der Wohlthaten Gottes, und auch nicht den Regen und den Winter der göttlichen Heimsuchungen.

3. Wie aber Jesus dort Todte aufgeweckt hat und einst auch alle Todten leiblicherweise auferwecken wird, so will Er auch heute noch alle Geistlichtodten herausrufen aus der Todtengruft des Leichtsinnes, des Unglaubens und der geistlichen Trägheit, daß sie aufstehen aus der Finsternis und Todesnacht zum seligen Osterlichte, das Leben bringt und den Frühling eines neuen Lebens herbeiführt.

VI. Den Armen wird das Evangelium gepredigt.

1. Auch Das bestätigen die Berichte der Evangelisten. Die Könige, die Hohen, die Reichen, die Vornehmen wollten nichts von Jesu wissen, auch nichts von Seinen Aposteln. Fischer vom See Genezareth, Leute aus den Dörfern, Leute geringen Standes schlossen sich an Ihn an. Der Heilsweg, den Er in Seiner Bergpredigt und in allen Seinen Reden darlegte, lehrte und forderte, war den Reichen und Hohen zu enge. Die Armen, die Lahmen, die Krüppel, die waren es, die dem liebevollen, herablassenden, freundlichen Meister nachfolgten. Und wenn je ein Reicher kam, so mußte er zuerst arm werden am Geist, ehe er in die Nachfolge Jesu eintreten konnte. Mancher kehrte noch an der Schwelle um, und ging wieder zurück, wie der reiche Jüngling. Dem reichen Zachäus aber, der geistlich arm geworden war, konnte der Herr sagen: „Heute ist diesem Hause Heil widerfahren." Luc. 19, 9.

2. Wie es zur Zeit Jesu und Seiner Apostel war, so war es allezeit im Reiche Gottes, und so ist es noch: „Den Armen wird das Evangelium gepredigt." Matth. 11, 5. Leibliche Armuth führt Manchen auch zur geistlichen Armuth, während die Reichen, die Alles in Hülle und Fülle haben, oftmals Gottes und Seines Reiches, der Ewigkeit und des Himmels vergessen. Damit stimmt auch Paulus, wenn er sagt: „Nicht viel Weise nach dem Fleisch, nicht viel Gewalt ge, nicht viel Edle sind berufen, sondern was thöricht ist vor der Welt, und was schwach ist vor der Welt, das hat

Er erwählet." 1. Corinth. 1, 27. Auch Jesaias weissagt dasselbe von dem Messias: „Er hat Mich gesandt, den Elenden zu predigen." Jes. 61, 1.

3. Die Behauptung Christi bewahrheitet sich auch namentlich in dem Kirchenwesen dieses Landes. Die arbeitende Klasse besetzt unsere Sonntagsschulen und unsere Sonntagsgottesdienste. Aus derselben Klasse beziehen die Gemeinden auch in der Regel die Lehrer für die Sonntagsschule und die Glieder für den Kirchenrath, und in den meisten Fällen auch die jungen Männer, die sich dem Predigtamte widmen. Und dieselbe Klasse ist es, die Kirchen baut, bezahlt und unterhält. Dieselbe Klasse ist es, die auch Etwas übrig hat für die Wohlthätigkeits= und Erziehungsanstalten und die Missionen der Kirche.

Den Geistlicharmen verheißt der Herr in der Bergpredigt Sein Gnadenreich auf Erden und Sein Herrlichkeitsreich im Himmel.

VII. Und selig ist, der sich nicht an Mir ärgert.

1. Die Juden ärgerten sich und stießen sich an Jesu: an Seiner Niedrigkeit, Seiner Armuth, Seiner Armsünderreligion. Die Heiden — die eingebildeten Griechen und die stolzen Römer — thaten Dasselbe. Daher schreibt auch Paulus: „Wir aber predigen den gekreuzigten Christus, den Juden ein Aergernis und den Griechen eine Thorheit." 1. Corinth. 1, 23. 24.

2. Wer sich aber nicht an Ihm ärgert, sondern Ihn annimmt, so wie Er Sich uns anbietet in Seinem Wort und Sakrament, der ist selig: hier schon auf Erden, wo die Kirche Jesu noch in Armuth und Niedrigkeit einhergeht und einst im Himmel, wo sie als die triumphirende verklärt sein wird in Pracht und Herrlichkeit.

3. Möchten nun auch in diesem neuen Kirchenjahre durch die Predigt des Evangeliums von Christo recht vielen Blinden die Augen aufgehen, daß sie Christum erkennen als ihren Heiland und Erlöser, Gottes Wort gern hören, thätigen Antheil nehmen an der Arbeit des Reiches Gottes als lebendige Glieder desselben und so, obwohl vielleicht arm an irdischen Gütern, doch reich werden in Gott. Wir wissen:

„Er ist gekommen, Er,
　　Auf den die Väter harrten,
Und länger dürfen wir
　　Nun keines Andern warten,
Er, der Propheten Wunsch,
　　Den Könige so gern
Sehn wollten, Er ist da,
　　Wir haben Ihn zum Herrn!"

Amen.

Vierter Advent.

Joh. 1, 19-28.

Und dies ist das Zeugnis Johannis, da die Juden sandten von Jerusalem Priester und Leviten, daß sie ihn fragten: Wer bist du? Und er bekannte und leugnete nicht, und er bekannte: Ich bin nicht Christus. Und sie fragten ihn: Was denn? Bist du Elias? Er sprach: Ich bin's nicht. Bist du ein Prophet? Und er antwortete: Nein. Da sprachen sie zu ihm: Was bist du denn? daß wir Antwort geben denen, die uns gesandt haben. Was sagest du von dir selbst? Er sprach: Ich bin eine Stimme eines Predigers in der Wüste: Richtet den Weg des Herrn, wie der Prophet Jesaias gesagt hat. Und die gesandt waren, die waren von den Pharisäern und fragten ihn und sprachen zu ihm: Warum taufest du denn, so du nicht Christus bist, noch Elias, noch ein Prophet? Johannes antwortete ihnen und sprach: Ich taufe mit Wasser, aber Er ist mitten unter euch getreten, den ihr nicht kennet. Der ist's, der nach mir kommen wird, welcher vor mir gewesen ist, deß ich nicht werth bin, daß ich Seine Schuhriemen auflöse. Dies geschah zu Bethabara, jenseit des Jordan, da Johannes taufete.

An den Jordan hinaus führt uns unser heutiges Evangelium. Dort zeigt es uns Johannes den Täufer, und zwar heute in Unterredung mit den Gesandten der Juden von Jerusalem, die geschickt worden waren, ihn zu fragen, wer er sei. Denn Johannes hatte einen solchen Zulauf von Leuten, die da kamen, seine Bußpredigten zu hören und sich von ihm taufen zu lassen, daß es den Pharisäern und und Schriftgelehrten zu Jerusalem auffiel, und sie aus Neugierde, Aengstlichkeit und heimlichem Neid Boten abschickten, um über diesen Mann und sein Wesen Erkundigungen einzuziehen. Dadurch bekam Johannes Gelegenheit, sich vor allem Volk auszusprechen über seine Person und den Zweck seines Predigens und Taufens und ebenso auch Zeugnis abzulegen zu Gunsten Dessen, Dem er den Weg bereiten sollte. Ein herrlicher Zug geht durch die Antwort Johannis, nämlich der wahrer, herzlicher Demuth, in welcher er selber Nichts sein will und alle Größe und Ehre Dem zuwendet, Der nach ihm kommen werde, und Den er dem Volke bezeichnet als „das Lamm, welches der Welt Sünde trägt."

Somit wollen wir heute mit einander hören

Das zweifache Zeugnis Johannis des Täufers.

Und zwar

I. sein Zeugnis von sich selbst, und

II. sein Zeugnis von Jesu.

Wir hören

I. sein Zeugnis von sich selbst.

„Und dies ist das Zeugnis Johannis, da die Juden sandten von Jerusalem Priester und Leviten, daß sie ihn fragten: Wer bist du? Und er bekannte und leugnete nicht, und er bekannte: Ich bin nicht Christus."

1. Traurig sah es in jener Zeit in Israel aus, sowohl in weltlicher als religiöser Beziehung. Israel wohnte wohl im Lande seiner Väter, aber es hatte keinen eigenen König, sondern stand unter römischer Herrschaft. In Rom regierte Kaiser Tiberius, Nachfolger des Kaisers Augustus, und in Judäa der König Herodes im Auftrage des Kaisers. Wenn man bemerkt, daß dieses Land dasjenige war, das Gott den Erzvätern für ihre Nachkommen als Eigenthum verheißen, das Er dem Volke Israel auch gab, das Land in welchem ein David, ein Salomo, ein Hiskia regierten, und jetzt — von heidnischen Königen beherrscht! so möchte man ausrufen: welche Schmach! welche Demüthigung für Israel!

2. Und doch war diese schmachvolle und demüthigende Thatsache gerade das Anzeichen der Erscheinung des wahren Königs Israels. Denn so sagt der sterbende Erzvater Jakob von seinem Sohne Juda und dessen Nachkommen: „Es wird das Scepter von Juda nicht entwendet werden, noch ein Meister von seinen Füßen, bis daß der Held komme; und demselben werden die Völker anhangen." 1. Mose 49, 10. Das heißt: Das Scepter oder die königliche Würde werde so lange dem Stamme Juda verbleiben, bis der rechte Held käme; wenn sie aber Juda würde genommen sein, so daß Israel keinen eigenen König mehr haben

würde, dann erscheine der rechte König, dem Israel und die Heiden anhangen würden. Diese Weissagung war jetzt erfüllt. Israel hatte keinen eigenen König mehr. Der Messias, der rechte König Israels, konnte jetzt erwartet werden.

3. Der religiöse Zustand Israels war nicht minder traurig. Israel war in verschiedene Sekten gespalten. Da waren die Pharisäer, die wohl fest hielten am väterlichen Gesetz und es gegen die Vermischung mit fremden Elementen zu schützen suchten, aber darin fehlten, daß sie um das Gesetz noch einen Zaun menschlicher Satzungen machten, an diesem Zaun hängen blieben und das Gesetz selbst mißachteten und vernachlässigten. In ängstlicher Beobachtung dieser Menschensatzungen wurden sie heuchlerisch und selbstgerecht, so daß Johannes und später auch Jesus nicht viel bei ihnen ausrichten konnten. Neben ihnen war die Sekte der Sadducäer. Das waren Leute, die alles leugneten, was sie nicht mit den Augen sehen und mit den Händen greifen konnten. Sie leugneten das Vorhandensein eines Gottes, eines Teufels, der Engel; leugneten das Fortbestehen der Seele nach dem Tode des Körpers, die Auferstehung und das Gericht.

Außer diesen zwei Sekten gab es noch die Sekte der Zeloten oder Einsiedler.

Das gemeine Volk war unwissend und vernachlässigt an Leib und Seele und seufzte tief unter der Last der Unterdrücker.

4. Da auf einmal steht jener Johannes am Jordan, auffallend und fremd nach Erscheinung und Auftreten, streng und unerbitterlich die Sünden strafend bei Hoch und Nieder. Tausende strömen hinaus, den Wundermann zu sehen und zu hören; massenweise lassen sie sich taufen.

Was Wunder daher, wenn Israel sich fragt: Wer ist dieser Mann? Ist er nicht vielleicht der längsterwartete Messias, oder Elias, oder sonst einer der Propheten? Vielleicht erbarmt sich Gott unserer Knechtschaft, unserer zerrissenen Zustände und schickt uns den längstersehnten Messias, oder doch dessen Vorboten, den Elias, oder sonst einen dem Messias vorangehenden Propheten. Die Obersten der Juden — eifersüchtig, daß jener Mann keiner der Ihrigen, kein von ihnen angestellter Lehrer ist — sind bestürzt und schicken Boten, um der Sache auf den Grund zu kommen, den Mann vielleicht auf ihre Seite zu gewinnen und wenn nicht — ihn zu stürzen. Daher kommen ihre

Gesandten von Jerusalem zu Johannes an den Jordan und fragen: „Wer bist du?"

Johannes, der wohl wußte, daß in dieser Frage die andere: „Bist du Christus?" enthalten war, gibt als ein treuer Diener Gottes die feste und bestimmte Antwort: „Ich bin nicht Christus." Als die Gesandtschaft die weitere Frage stellte: „Bist du Elias?" antwortete er ebenso bestimmt: „Ich bin es nicht." Und als sie wissen wollten, ob er ein Prophet, oder der von Mose verheißene große Prophet sei, verneinte er auch Dies.

4. Daraus ersehen wir, daß die Obersten zu Jerusalem wohl bekannt waren mit der Hoffnung Israels, daß ein Messias kommen sollte, an den Zeichen der Zeit auch wohl merkten, die Zeit Seiner Erscheinung könnte nicht mehr ferne sein. Auch zeigen sie, daß sie Mosis Weissagung von einem großen Propheten ganz richtig mit dem Messias oder dessen Vorboten in Verbindung setzten, und ebenso des Propheten Maleachi Ankündigung von dem Wiederkommen des Propheten Elias auf einen dem Messias vorangehenden Boten bezogen. Die beiden betreffenden Stellen heißen: „Einen Propheten, wie mich, wird der Herr, dein Gott, dir erwecken, aus dir und aus deinen Brüdern, Dem sollt ihr gehorchen." 5. Mose 18, 15. Und Maleachi 3, 1: „Siehe, Ich will Meinen Engel senden, der vor Mir her den Weg bereiten soll. Und bald wird kommen zu Seinem Tempel der Herr, Den ihr suchet, und der Engel des Bundes, Deß ihr begehret. Siehe, Er kommt, spricht der Herr Zebaoth." Sammt Maleachi 4, 5: „Siehe, Ich will euch senden den Propheten Elia, ehe denn da komme der große und schreckliche Tag des Herrn."

Auch das Volk sah diese Weissagungen in ähnlicher Weise an. Lucas berichtet, daß „das Volk im Wahn war, und dachten in ihrem Herzen von Johanne, ob er vielleicht Christus wäre." Lucas 3, 15. So dachten auch die Jünger. Denn als sie mit Jesu vom Verklärungsberg herabgingen, fragten sie Ihn: „Was sagen denn die Schriftgelehrten, Elias müsse zuvorkommen?" Matth. 17, 10.

5. All diesen Wahn und Irrthum schneidet Johannes ab mit seinem bestimmten Bekenntnis: „Ich bin nicht Christus; ich bin nicht Elias." Die Juden hätten wohl so viel Erkenntnis haben sollen, um zu wissen, daß Elias nicht persönlich vom Himmel kommen würde, sondern daß jene Weissagung vergleichungsweise zu nehmen sei.

Damit aber die Gesandten der Obersten Israels genau wüßten, wer er sei, gibt er ihnen auf ihre letzte Frage, mit der sie ihn bestürmen, eine so klare und deutliche Antwort, daß sowohl sie selbst, als auch die, die sie gesandt hatten, ihm von ganzem Herzen hätten zufallen müssen, wenn es ihnen um die Wahrheit zu thun gewesen wäre. Aber dies war nicht der Fall. Sie drangen in ihn mit der Frage: „Was bist du denn? daß wir Antwort geben denen, die uns gesandt haben. Was sagst du von dir selbst?" Johannes sprach: „Ich bin eine Stimme eines Predigers in der Wüste: Richtet den Weg des Herrn, wie der Prophet Jesaias gesagt hat." Diese Erklärung hätte sie gewinnen sollen. In jener Stelle ist in den lieblichsten Worten angegeben, daß Gott Sich Seines Volkes in Gnaden erbarmet habe und Sich dessen in Gnaden annehme. So heißt es dort: „Tröstet, tröstet mein Volk, spricht euer Gott. Redet mit Jerusalem freundlich, und prediget ihr, daß ihre Ritterschaft ein Ende hat: denn ihre Missethat ist vergeben: denn sie hat zwiefältiges empfangen von der Hand des Herrn, um alle ihre Sünde. Es ist eine Stimme eines Predigers in der Wüste: Bereitet dem Herrn den Weg, machet auf dem Gefilde eine ebene Bahn unserm Gott. . . . . . Denn die Herrlichkeit des Herrn soll offenbar werden, und alles Fleisch mit einander wird sehen, daß des Herrn Mund redet." Jes. 40, 1—5. Da Johannes sich auf diese Stelle bezog, und da sein reines Leben und ernstes Wirken den Stempel der Aechtheit und Wahrheit trugen, hätten sie seinen Worten Glauben schenken, Buße thun und sich verbereiten sollen auf die Offenbarung des Herrn, auf das Kommen des Messias. Anstatt dessen aber verhärten sie sich, und Christus selbst mußte ihnen später vorwerfen: „Ihr habt gesandt zu Johanne, und er bezeugte die Wahrheit. Er war ein brennend und leuchtend Licht; ihr aber wolltet euch eine Stunde freuen in seinem Licht." Joh. 5, 33. 35. „Johannes, der Täufer, ist gekommen, und aß nicht Brot und trank keinen Wein: so sagt ihr: Er hat den Teufel." Luc. 7, 33. Und als Jesus die Frage an sie stellte: „Woher war die Taufe Johannis? War sie vom Himmel, oder von den Menschen?" antworten sie in ihrer Verstocktheit: „Wir wissen es nicht." Matth. 21, 25. 27.

6. Von sich selbst wollte Johannes sagen, daß er nichts weiter sei, als ein Werkzeug in der Hand Gottes, und daß er als solches seine eigene Person in den Hintergrund zu stellen habe, um Den zu verherrlichen, der nach ihm kommen werde. Wir bewundern diese Demuth. Er selbst wollte

gar Nichts sein; der Herr sollte alles sein. Dies ist ganz gegen
die gewöhnliche Gesinnung des Menschen. Der Mensch möchte
gewöhnlich gerne alle Ehre allein haben und unabhängig sein
von Gott. Johannes aber ist demüthig. Das kommt ihm bei
seiner Arbeit gut zu statten. Diese Demuth stellt ihn auf festen
Boden zum Wirken. Denn in derselben kommt er als Diener
und Bote eines Stärkeren und Höheren als er selber war und
konnte daher auf mehr Erfolg rechnen. Diese Demuth bezeichnet
ihn als einen rechten Diener Gottes. So ging auch David nicht
auf eigene Kraft dem Goliath entgegen, sondern im Namen des
Gottes Israel, des Herrn Zebaoth. So begab sich auch Paulus
nicht in seinem eigenen Namen in die Heidenwelt hinaus, sondern im Namen Jesu. In Dessen Namen trug er die Fahne
des Kreuzes hinaus nach Kleinasien, Athen und Rom. So trat
Luther nicht nach eigenem Vornehmen vor Kaiser und Reich in
Worms. Daher konnte er auch getrost und muthig ausrufen:
„Gott helfe mir!" Gerade die rechte Demuth schafft Helden.
Derselbe Petrus, der sagt: „Was sehet ihr auf uns, als hätten
wir Diesen wandeln gemacht, durch unsere eigene Kraft oder
Verdienst?" ist es, der fest und furchtlos behauptet: „Man muß
Gott mehr gehorchen als den Menschen." Ap. 3. und 4. Wie
klein und gering erscheinen gegen diese Männer die stolzen, hoch-
müthigen Juden, die in Allem ihre eigene Ehre suchten. Wie
nothwendig bedürfen auch wir dieser Demuth, die in allem Arbeiten und Geben nichts Anderes sucht und verlangt als dem
Herrn dienen, Seinen Willen thun und Ihn verherrlichen.
Unser Wahlspruch muß immer sein: „Nicht uns, Herr, nicht uns,
sondern Deinem Namen gib Ehre, um Deine Gnade und Wahrheit." Ps. 115, 1.

    Nun wollen wir auch hören

    II. Was Johannes zeugt von Jesu.

    1. Zum Zeugnis von Jesu wurde Johannes
getrieben durch dieselben Gesandten, die ihn
zum Zeugnis von sich selbst veranlaßt hatten.
Nachdem er in seinen Antworten auf ihre Fragen in Abrede gestellt hatte, daß er Christus, Elias oder ein Prophet sei, kommen
sie mit der eigentlichen Absicht, mit der sie bei ihm erschienen
waren, heraus, indem sie ihn fragen: „Warum taufest du denn,
so du nicht Christus bist, noch Elias, noch ein Prophet?" worauf
Johannes die feierliche Antwort gibt: „Ich taufe mit Wasser,
aber Er ist mitten unter euch getreten, den ihr nicht kennet.
Der ist, der nach mir kommen wird, welcher vor mir gewesen

ist, deß ich nicht werth bin, daß ich Seine Schuhriemen auflöse." Dazu gehört noch, was Lucas berichtet: „Ich taufe euch mit Waffer, es kommt aber ein Stärkerer nach mir. . . . . . Der wird euch mit dem Heiligen Geist und mit Feuer taufen," Luc. 3, 16, was auch Christus selbst vor Seiner Himmelfahrt bestätigt, wenn Er zu Seinen Jüngern sagt: „Denn Johannes hat mit Waffer getauft; ihr aber sollt mit dem Heiligen Geist getauft werden, nicht lange nach diesen Tagen. Ap. 1, 5.

2. **Damit bezeugt Johannes, daß der Messias bereits da sei.** Johannes will sagen: Er ist bereits gekommen, Er lebt bereits unter euch, und wenn ihr Ihn wirklich kennen lernen wollt, so kann euch recht bald Gelegenheit dazu gegeben werden. Daß es aber den Juden nicht so sehr darum zu thun war, zu wissen, ob der Messias da wäre, und wie sie Ihn kennen lernen könnten, sondern den Johannes sein anzuklagen, weil er, ohne den Auftrag der Obersten zu Jerusalem zu haben, taufte, sehen wir an dem Haffe, mit dem sie dem Heiland, als Er offenbar unter sie getreten war und Sich ihnen als den Messias zu erkennen gab, entgegentraten und Ihn schließlich verwarfen.

3. **Auch uns gilt dieses Johanneszeugnis:** „Er ist mitten unter euch getreten"; und von so Manchen, leider, auch: „Den ihr nicht kennet." Wie manches Kirchenjahr hindurch ist Er schon unter uns gestanden, Sich mit uns bekannt zu machen, unser Helfer und Freund zu werden, und wie Manchem ist Er bis auf den heutigen Tag ein fremder Mann geblieben! Man hat den Adventsruf gehört: Der Heiland kommt! Man stand unter dem Weihnachtsbaum und schaute die Lichter an, dachte aber nicht an das Licht der Welt, das alle dunkeln Herzen erleuchten will. Man hörte die Predigt vom Kreuz, aber man that nicht wahrhaft Buße, und ist in geistlichen Sachen noch so unwissend wie jener Nicodemus im Evangelium. Viele haben nöthig, sich auch zu strafen wie Jesus die Emausjünger strafte: „O ihr Thoren und trägen Herzens, zu glauben allem dem, das die Propheten gesagt haben; mußte nicht Christus solches leiden und zur Seiner Herrlichkeit eingehen?" Luc. 24, 25. 26. Allen Denen, welche den Heiland noch nicht kennen, melde ich heute die angenehme Kunde: Er ist mit dem Beginne des Kirchenjahres aufs Neue mitten unter euch getreten. Stellt euch nur hin an Seine Krippe, wenn wir Weihnachten feiern, und beschauet euch das Jesuskind! Tretet nur hin unter Sein Kreuz und an Sein Grab und lernt: „Also hat Gott die Welt geliebet, daß Er Seinen eingebornen Sohn gab, auf daß Alle, die an Ihn glauben,

nicht verloren werden, sondern das ewige Leben haben." Joh. 3, 16.

4. Wenn Johannes in seinem Zeugnis beifügt, daß Der, der nach ihm kommen werde, mit Feuer und dem Heiligen Geist taufen würde, so sehen wir dies in herrlichster Weise am Pfingstfeste erfüllt, an welchem Tage unter Sturm und Feuer der Heilige Geist über die Jünger Christi ausgegossen ward und in ihnen jene herrlichen Wundergaben wirkte, von denen uns in der Pfingst- und späteren Apostelgeschichte berichtet wird. Denselben Heiligen Geist, wenn auch nicht in demselben Maße wie bei den Jüngern, gibt der Herr auch uns. Er läßt uns denselben zukommen durch die Taufe und durch Sein Wort. Und: „Derselbige Geist gibt Zeugnis unserm Geist, daß wir Gottes Kinder sind." Röm. 8, 16.

5. Das herrlichste Zeugnis aber von Jesu legt Johannes am nächsten Tage vor allem Volke ab. So berichtet der Text: „Des andern Tages siehet Johannes Jesum zu ihm kommen, und spricht: Siehe, das ist Gottes Lamm, welches der Welt Sünde trägt." Nachdem Johannes dem Volke Israel seine Sünden schonungslos aufgedeckt, dieselben an den Zöllnern, Soldaten, Pharisäern furchtlos gerügt, zeigt er ihnen auch den Weg, auf dem sie ihrer Sünden los werden, Vergebung derselben erlangen könnten: Er weist sie hin zu dem Lamm Gottes, das der Welt Sünde trage. Am Stamm des Kreuzes hat Christus das gethan. Schade nur, daß Israel diesen Kreuzträger verwarf! Aber trotzdem erschallt' die Predigt vom Lamm Gottes noch heute.

Mancherlei sind die Texte, die im Laufe des Kirchenjahres in der Kirche zu erklären sind; aber alle Thatsachen, die die großen Festtage und Sonntage der Festhälfte von Advent bis Trinitatis, und die Trinitatissonntage, vom ersten bis zum letzten, verkündigen, beruhen auf dem Johanneszeugnis: „Siehe, das ist Gottes Lamm, welches der Welt Sünde trägt."

6. So verschieden auch die Menschen sein mögen, nach Alter, Stand, Bildungsstufe, Herzenszustand, Gewissensbeschaffenheit: Das Heil Aller wurzelt in dieser Thatsache. Das Kind in der Wiege und der Greis am Stabe; der Ununterrichtete und der Gelehrte; der Arme, der sein Brot bettelt, oder darum arbeitet, und der Millionär, der sein Geld kaum zu zählen vermag; der Unterthan und der Gebieter; der Sünder, der mit seiner Buße erst des Christen Lauf beginnt und

der seinem Ziele nahe gekommen, vollendete Gotteskämpfer, wie Paulus: Alle bedürfen Eins und Dasselbe: Das Lamm Gottes, welches der Welt Sünde trägt — Jesum Christum, den Gekreuzigten. Womit sollte sich der Traurige, der Kranke, der Sterbende trösten, wenn er Nichts wüßte von dem rechten und wahren Kreuz- und Sündenträger, Jesu Christo, aus dessen Wunden und Tod Jedem Heil, Leben und Seligkeit zufließt?

Darum werden auch die Propheten und die Apostel nicht müde, der Welt den Sohn Gottes in dieser Eigenschaft — als leidendes und sterbendes Lamm Gottes — zu schildern. Denken wir nur an des Propheten Jesaias herrliche Schilderung von dem Werk des Messias als des Lammes, das zur Schlachtbank geführet wird. Jes. 53. Das Passahlamm, das die Juden an ihrem Osterfeste schlachteten, die blutigen Opfer, die die Juden im Tempel dem Herrn darbrachten: Alles dies waren nur Vorbilder von jenem Lamme Gottes. Es wird euch Allen gewiß von großem Nutzen sein und euch zu besserem Verständnis der Erlösung führen, wenn ihr euch vertieft in die Stellen des Alten Testaments, in welchem von diesem Lamme Gottes die Rede ist.

7. Wohlan denn! Die Adventszeit geht zu Ende; die Vorbereitungszeit ist vorbei; Weihnachten ist nahe; der Heiland steht vor der Thür. Was willst du thun? Folge dem Rathe Johannis: Thue Buße über deine Sünden und gehe zu Jesu, damit Er sie wegnehme! So haben es Johannis Jünger gemacht und haben es selig bekannt: „Wir haben den Messias gefunden!"

So möge auch in diesem Kirchenjahre wieder durch alle Predigten, die wir in unserem Gotteshause hören werden, durchtönen das Zeugnis Johannis von Jesu:

„Siehe, das ist Gottes Lamm, welches der Welt Sünde trägt!" Amen.

Auf Weihnachten.

Lucas 2, 1-14.

Es begab sich aber zu der Zeit, daß ein Gebot von dem Kaiser Augustus ausging, daß alle Welt geschätzet würde. Und diese Schatzung war die allererste und geschah zur Zeit, da Cyrenius Landpfleger in Syrien war. Und jedermann ging, daß er sich schätzen ließe, ein jeglicher in seine Stadt. Da machte sich auf auch Joseph aus Galiläa, aus der Stadt Nazareth, in das jüdische Land, zu der Stadt Davids, die da heißt Bethlehem, darum, daß er von dem Hause und Geschlechte Davids war, auf daß er sich schätzen ließe mit Maria, seinem vertrauten Weibe, die war schwanger. Und als sie daselbst waren, kam die Zeit, daß sie gebären sollte. Und sie gebar ihren ersten Sohn, und wickelte Ihn in Windeln und legte Ihn in eine Krippe; denn sie hatten sonst keinen Raum in der Herberge. Und es waren Hirten in derselbigen Gegend auf dem Felde bei den Hürden, die hüteten des Nachts ihrer Heerde. Und siehe, des Herrn Engel trat zu ihnen, und die Klarheit des Herrn leuchtete um sie, und sie fürchteten sich sehr. Und der Engel sprach zu ihnen: Fürchtet euch nicht! siehe, ich verkündige euch große Freude, die allem Volk widerfahren wird; denn euch ist heute der Heiland geboren, welcher ist Christus der Herr, in der Stadt David. Und das habt zum Zeichen: Ihr werdet finden das Kind in Windeln gewickelt und in einer Krippe liegen. Und alsbald ward da bei dem Engel die Menge der himmlischen Heerschaaren, die lobten Gott und sprachen: Ehre sei Gott in der Höhe, und Friede auf Erden, und den Menschen ein Wohlgefallen!

1. Der Herr kommt! hat es vier Sonntage hindurch geheißen; der Herr kommt! war das Losungswort der Adventszeit. Der Herr ist da! heißt es heute! Der Herr ist geboren! ist das Losungswort des heutigen Tages, des Christtages oder Weihnachtsfestes. Denn also lautet die himmlische Kunde, die der Engel in der ersten Christnacht den Hirten auf Bethlehems Feldern zurief: „Fürchtet euch nicht; siehe ich verkündige euch große Freude, die allem Volk widerfahren wird; denn euch ist heute der Heiland geboren, welcher ist Christus der Herr, in der Stadt Davids."

2. Weihnachten ist der Geburtstag Jesu; und recht und billig ist es, daß die Christenheit ihn festlich begehe. Denn das Weihnachtsfest ist das Fest aller Feste, Hauptfest im ganzen Kirchenjahr. Ohne Weihnachten hätten wir keinen Charfreitag, keine Ostern, und kein Pfingsten. Denn allen diesen Festtagen liegt der in der Welt erschienene Heiland zu Grunde; um Ihn bewegt sich das ganze Kirchenjahr mit seiner Heilsverkündigung.

3. Geburtstagsfeste sind gewöhnlich Freuden= feste, wenigstens für die, denen die betreffende Person näher steht. Warum sollte nicht auch das Geburtstagfest Christi ein Freudenfest sein? und das um so mehr, da Jesus Gemeingut Aller Menschen ist, Alle Menschen angeht, nicht bloß eine Nation, ein Volk, einen Stamm. Denn der Weihnachtsengel bezeichnet die Christfreude als eine allgemeine Freude, wenn er sagt: „Die Allem Volke widerfahren wird."

Und so lasset mich heute zu euch reden über:

Weihnachten — ein Freudenfest.

Das sehen wir, wenn wir hinblicken

I. auf den Weihnachtstrost: „Fürchtet euch nicht!"

II. auf die Weihnachtsgabe: „Euch ist heute der Heiland ge= boren.

Weihnachten ein Freudenfest. Das sehen wir, wenn wir hinblicken

I. auf den Weihnachtstrost: „Fürchtet euch nicht!"

1. Furcht ist in jedem Menschenherzen vor= handen, namentlich so lange es nicht mit Gott versöhnt ist. Wir nehmen dies an allen Menschen nach dem Sündenfall wahr; und es zeigt sich solche Furcht in mancherlei Art und Weise. Die heilige Schrift und das Alltagsleben bestätigen Dies. Das böse Gewissen, das zugestandene oder auch geleugnete Bewußtsein der menschlichen Sündhaftigkeit und die jedem Menschen innewoh= nende Ahnung von Gottes Strafgerechtigkeit über alles Unhei= lige und Sündhafte sind der Grund von solcher Furcht. Vor dem Sündenfalle fürchteten sich die ersten Menschen vor Gott nicht, sondern verkehrten mit Ihm wie Kinder mit ihrem Vater. Nach dem Sündenfalle fürchteten sie sich. Denn so heißt es: „Und Gott, der Herr, rief Adam und sprach: Wo

bist du? Und Adam sprach: Ich hörte Deine
Stimme im Garten, und fürchtete mich; darum
versteckte ich mich." 1. Mose 3, 9. 10. Jakob, als er von
seinem Schlaf erwachte, in welchem er im Traume die Himmels=
leiter gesehen, mit Gott oben darauf, fürchtete sich, weil er
glaubte, dort sei Bethel, eine heilige Stätte, wo Gott wohnt.
1. Mose 28, 17. Das Volk Israel am Berge Sinai fürchtete
sich, dem Berge sich zu nahen und sprachen zu Mose: "Rede
Du mit uns, wir wollen gehorchen: und laß
Gott nicht mit uns reden, wir möchten sonst
sterben." 2. Mose 20, 13. Ja sogar, als Moses vom Berge
Sinai herabkam, nachdem er dort mit Gott geredet hatte, und
die Haut seines Angesichts davon glänzte, fürchtete sich das
Volk Israel vor ihm, so daß er in der Folge, wenn er mit dem
Volke reden wollte, eine Decke vor sein Angesicht hängen mußte.
2. Mose 34, 30. Gideon fürchtete sich, da ihm klar ward, er
habe einen Engel gesehen; und Gott mußte ihn trösten:
"Friede sei mit dir! fürchte dich nicht; du wirst
nicht sterben." Richter 6, 23. Der Prophet Jesaias,
nachdem er jenes erhabene Gesicht gesehen — Jehova auf einem
erhabenem Stuhl und Seraphim über Ihm — rief aus: "Wehe
mir, ich vergehe: denn ich bin unreiner Lippen:
denn ich habe den König, den Herrn Zebaoth
gesehen mit meinen Augen." Jes. 6, 5. Sein Geist
war erschüttert von dem Lobpreis der Seraphim: "Heilig,
heilig, heilig ist der Herr Zebaoth; alle Lande
sind Seiner Ehre voll. Jes. 6, 3. Von Zacharias,
als ihm der Engel Gabriel im Tempel erschien, heißt es: "Er
erschrak, und es kam ihm eine Furcht an." Luc.
1, 12. So auch von Maria, als ihr der Engel die Geburt Jesu
ankündigte, heißt es: "Sie erschrak." Luc. 1, 29. Als
Saulus auf seinem Wege nach Damaskus von jenem himmli=
schen Lichte umleuchtet ward, fiel er erschrocken zur Erde. Ap.
9. Ja auch von Johannes in der Offenbarung, als er alle jene
Herrlichkeit sah—den Menschensohn unter den sieben Leuchtern—
heißt es: "Er fiel nieder wie ein Todter." Offenb.
1, 17.

2. Bei tausend Gelegenheiten nehmen wir
diese Scheu und Furcht des Menschen vor dem
Ueberirdischen, dem Himmlischen, wahr, nament=
lich wenn dasselbe plötzlich an den Menschen herantritt. Schon
außerordentliche Naturereignisse und Naturerscheinungen erzeu=

gen im Herzen des Menschen Furcht und Schrecken. Wenn schwarze Gewitterwolken am Himmel heraufziehen und sich unter Donner und Blitzen entladen, wenn bei Erdbeben die Erde erzittert: erschrecken die Menschen und fürchten sich. Wenn ein Mensch durch den Tod plötzlich dahingestreckt wird; wenn eine ansteckende Krankheit die Menschen massenhaft in des Todes Staub legt: da durchbebt Furcht die Bewohner solcher Länder.

3. Warum? Was ist die Ursache? Die allgemeine Sündhaftigkeit des Menschen, herrührend von der Erbsünde und das Bewußtsein der daraus entspringenden Thatsünden; das Gewissen, das den Menschen stets der Sünde zeiht und ihn fortwährend aufmerksam macht auf den großen Unterschied zwischen dem gefallenen sündigen Menschen und dem heiligen, gerechten Gott, und in ihm immerdar wach hält die jedem Menschen innewohnende Ahnung vor Gottes Strafgerechtigkeit.

4. Diese Furcht vor Gott ist bei allen Menschen vorhanden. Bei denen, die noch kein Gesetz Gottes kennen gelernt haben, ist es das Gewissen, das die Menschen auf ihre Sündhaftigkeit aufmerksam macht, und so diese Furcht erzeugt. Bei Denen mit Gesetz ist es das Gesetz, das Erkenntnis der Sünde und Furcht vor Gott bewirkt. Röm. 3, 20. Bei dem Gläubigen wandelt sich diese knechtische Furcht in kindliche Furcht um, wobei er sich der Versöhnung durch Christum und seiner Gotteskindschaft getröstet, aber kraft seines gottgeheiligten Gewissens seine Sündhaftigkeit, Schwachheit und anklebende Sünde einerseits und Gottes Größe, Majestät und Heiligkeit andererseits nur desto deutlicher sieht. Aber seine Furcht hat keinen Schrecken vor Gott mehr, sondern beruht auf kindlicher Liebe. „Ihr habt nicht einen knechtischen Geist empfangen, daß ihr euch abermals fürchten müßtet; sondern ihr habt einen kindlichen Geist empfangen, durch welchen wir rufen: Abba, lieber Vater!" Röm. 8, 15.

5. Jene natürliche Furcht, die jedem menschlichen Wesen innewohnt, und jene knechtische Furcht, die das Gesetz erzeugt, will der Weihnachtsengel mit seinem tröstenden Zuruf: „Fürchtet euch nicht!" vertreiben und entfernen, aber bringen will er jene kindliche Furcht vor Gott als dem durch Christum versöhnten Vater. Und wie Solches geschieht, wollen wir sehen, wenn wir hinblicken

II. auf die Weihnachtsgabe: „Euch ist heute der Heiland geboren."

1. Ja, das ist die herrliche Weihnachtsgabe: der Heiland geboren! Allerdings, nicht Jedem erscheint diese Thatsache als eine große Gabe, als ein so preiswürdiges Geschenk. Wenn Einer eine unerwartete Erbschaft macht, ein Haus oder Grundstück theuer verkauft, eine einträgliche Stelle erhält, seine Kapitalien gut anlegen kann: das sind ihm Thatsachen und Güter, die ihn zur Freude veranlassen. Ja, Mancher schätzt eine herrliche Mahlzeit mit köstlichen Gerichten und Getränken höher als die Weihnachtsgabe vom himmlischen Vater: die Geburt eines Heilandes.

2. Woher kommt das? Was ist der Grund davon? Solche Leute wissen nicht, daß sie einen Heiland nöthig haben, daher hat Er für sie keinen Werth, daher unterschätzen sie Seine Wichtigkeit für die Menschen. Wenn Menschen aber einmal ihren sündhaften, verderbten und verdammungswürdigen Zustand einsehen, ihre sichere Verwerfung vor Gott und ihr ewiges Verlorensein erkennen, dann ist ihnen die Ankündigung eines Heilandes — eines Retters von der Sünde, eines Seligmachers — eine willkommene Botschaft, und die Gabe selbst eine werthvolle, ja eine unbezahlbare.

3. Daher ließ Gott auch die Geburt Seines Sohnes den Menschen auf Erden anmelden als eine Thatsache der Freude: Siehe, ich verkündige euch große Freude! So wurde sie auch von den Personen, die in der Weihnachtserzählung erwähnt werden, aufgenommen. Froh eilen die Hirten vom Felde nach Bethlehem, um die von den Engeln ihnen bezeichnete Freude an Ort und Stelle zu sehen; und nachdem sie das erreicht, breiten sie freudigen Gemüthes die selige Botschaft weiter aus. So auch die Weisen aus dem Morgenlande, die ihrer Freude durch herrliche Geschenke Ausdruck geben. Und der greise Simeon im Tempel ruft freuderfüllt aus: „Herr, nun lässest Du Deinen Diener in Frieden fahren, wie Du gesagt hast; denn meine Augen haben Deinen Heiland gesehen."

4. Gar Manchem ist Jesus, während Er auf Erden wandelte, ein Heiland, ein Retter, an Leib und Seele und so ein Gegenstand der Freude geworden: wenn Er den Blinden Sehkraft, den Tauben Gehör, den Aussätzigen Gesundheit, den Todten Leben

und den Sündern Vergebung der Sünden schenkte. Das sehen wir an dem Lobpreis, den Ihm solche Erretteten darbrachten.

5. Und damit auch du die Thatsache der Geburt Christi als eine Freude verursachende ansehen und die himmlische Weihnachtsgabe als eine werthvolle recht hochschätzen möchtest: Prüfe dein eigenes Herz und Leben nach dem Gesetze Gottes, und wenn du dann an deine Brust schlagen und bekennen mußt: „Gott sei mir Sünder gnädig!" oder mit Paulus ausrufen mußt: „Wer wird mich erlösen von dem Leibe dieses Todes?" so wirst du dann recht froh sein, daß du auch mit Paulus dazusetzen kannst: „Ich danke Gott, durch Jesum Christum unsern Herrn." Röm. 7, 24. 25.

6. Dann wirst du dich auch mit inniger Begierde und sehnsüchtigem Verlangen in die Geschichte der Geburt Christi vertiefen, die sie begleitenden Thatsachen und Umstände mit lebendiger Theilnahme verfolgen und auch das Kind in der Krippe schätzen lernen als eine wichtige Person, als eine große Gabe Gottes. Es ist dir dann jenes Kind der Erretter von der Sünde und dem Reiche der Finsternis: der Seligmacher. Du wirst dann verstehen lernen, was Johannes der Täufer meinte mit seinem Hinweis: „Siehe, das ist Gottes Lamm, welches der Welt Sünde trägt!" Es wird dir dann erscheinen, als ob über jener elenden Krippe in himmlischgoldenen Buchstaben geschrieben stände: „Also hat Gott die Welt geliebet, daß Er Seinen eingebornen Sohn gab, auf daß alle, die an Ihn glauben, nicht verloren werden, sondern das ewige Leben haben." Joh. 3, 16. Du wirst dann dieses Kind in Seinem Lebenslaufe weiter verfolgen, und in dem aus Ihm herangewachsenen Manne erkennen den von Gott gesandten Erretter der Menschen. Du wirst Ihn verstehen in Seinem geheimnisvollen Seelenkampf in Gethsemane, und wenn du im Geist Ihn das Kreuz hinaustragen siehst nach Golgatha, so wirst du zu der Ueberzeugung kommen, daß du bekennst: Ja, das hat der Weihnachtsengel gemeint mit seiner Verkündigung: „Euch ist der Heiland geboren!" und wirst daraufhin deuten was der Prophet Jesaias sagt: „Er ist um unserer Missethat willen verwundet und um unserer Sünde willen zerschlagen; die Strafe liegt auf Ihm, auf daß wir Frieden hätten, und durch Seine Wunden sind wir geheilet." Jes. 53, 5.

7. In diesem Sinn ist das Weihnachtsfest ein Freu=
denfest für Alle. Denn die durch Christum geschaffene Er=
lösung soll allen Menschen zu Gute kommen, und soll daher auch
allen Menschen verkündigt werden. Als Freudenfest lassen wir
Weihnachten schon äußerlich erscheinen; wir beschenken uns
gegenseitig, schmücken unsere Wohnungen, Sonntagsschulzimmer
und Kirchenräume festlich aus. Aber wie Manches wird bei
solchen Bescherungen übersehen und hat Niemanden, der es be=
schenkt. Dem Armen, dem Waisen, dem Fremdling, dem Ver=
lassenen deckt Niemand einen Weihnachtstisch.

An der himmlischen Weihnachtsgabe, von welcher unsere
Christgeschenke nur Anzeichen und Abbilder sind, haben Alle
Theil: Junge und Alte, Arme und Reiche, Kranke und Ge=
sunde, Unglückliche und Glückliche, Ungelehrte und Gelehrte,
Menschen jeden Ranges und jeder Gemüthsbeschaffenheit. Nie=
mand ist ausgeschlossen.

8. Wohlan denn, ihr Kinder, freuet euch dieses herrlichen
Tages, dieses prächtigen Schmuckes und dieser ausgebreiteten
Gaben, und wisset, Alles Dieses will hinweisen auf die größte
aller Gottes= und Weihnachtsgaben, den Heiland: „Euch ist
heute der Heiland geboren!"

Freut euch, ihr Armen, und fasset es: An dieser himm=
lischen Weihnachtsgabe habt ihr so viel Theil wie die Reichen.

Ihr Reichen vergesset nicht, daß, wenn ihr auch sonst Alles
besitzet, hättet aber keinen Heiland, so fehlte euch das größte Gut.
Denket auch an das Sprüchwort: „Vergiß der Armen nicht,
wenn du einen fröhlichen Tag hast." Sirach 25, 4.

Und die Kranken, die an dem fröhlichen Weihnachtsjubel in
der Familie, an den Festgottesdiensten in Sonntagsschule und
Kirche nicht theilnehmen können: auch in euer Krankenzimmer
trägt's der Schall der Weihnachtsglocken: „Euch ist heute
der Heiland geboren!" Denn: „Fürwahr, Er trug
unsere Krankheit und lud auf Sich unsere Schmer=
zen. Und durch Seine Wunden sind wir geheilet."
Jes. 53.

Verlassene, Waisen, Wittwen, verzaget nicht: „Euch ist
der Heiland geboren!" und Er ist Aller Freund, Aller
Tröster und der beste Freund.

9. Wie könnten wir aber Weihnachten feiern, fröhliche,
glückliche Weihnachten feiern, ohne an unsere Waisen im Wai=
senhause und ohne an unsere Missionen im Heidenlande zu den=
ken! Wollen wir nicht auch unser Scherflein dazu beitragen,

daß den Kindern, die keine leiblichen Eltern mehr haben, doch auch eine christliche Erziehung zu Theil werde? Wollen wir nicht auch mithelfen, daß unsere Missionare in ihrer schwierigen Arbeit versorgt und unterstützt werden können?

Möchten wir aber, über Alles, selber den uns geschenkten Heiland mit Seiner rettenden Gnade von ganzem Herzen und gläubig annehmen und dadurch des himmlischen Vaters Kinder werden, so daß wir, in kindlicher Liebe zu Ihm aufblickend, getrost sagen können: „Abba, lieber Vater!" Dann werden wir die Weihnachtsgabe des himmlischen Vaters hochschätzen, für die Zwecke Seines Reiches gerne geben und auch unsere Kräfte williglich in Seinen Dienst stellen.

Drum wollen wir heute mit Freuden einstimmen in den Gesang unserer Kinder:

O du fröhliche,
O du selige,
Gnadenbringende Weihnachtszeit!
Welt ging verloren,
Christ ward geboren,
Freue, freue dich, o Christenheit!

Amen.

Sonntag nach Weihnachten.

Luk. 2, 22—40.

Und da die Tage ihrer Reinigung nach dem Gesetz Mosis kamen, brachten sie Ihn gen Jerusalem, auf daß sie Ihn darstelleten dem Herrn; wie denn geschrieben stehet in dem Gesetz des Herrn: Allerlei Männlein, die zum ersten die Mutter bricht, soll dem Herrn geheiligt heißen, und daß sie gäben das Opfer, nach dem gesagt ist in dem Gesetz des Herrn, ein paar Turteltauben oder zwei junge Tauben. Und siehe, ein Mensch war zu Jerusalem mit Namen Simeon: und derselbe Mensch war fromm und gottesfürchtig und wartete auf den Trost Israels, und der Heilige Geist war in ihm; und ihm war eine Antwort geworden vom dem Heiligen Geist, er sollte den Tod nicht sehen, er hätte denn zuvor den Christ des Herrn gesehen und kam aus Anregen des Geistes in den Tempel. Und da die Eltern das Kind Jesus in den Tempel brachten, daß sie für Ihn thäten, wie man pflegt nach dem Gesetz. Da nahm er Ihn auf seine Arme, und lobete Gott, und sprach: Herr, nun lässest Du deinen Diener im Frieden fahren, wie du gesagt hast; denn meine Augen haben deinen Heiland gesehen, welchen Du bereitet hast vor allen Völkern; ein Licht zu erleuchten die Heiden, und zum Preis deines Volks Israel. Und Sein Vater und Mutter wunderten sich des, das von Ihm geredet ward. Und Simeon segnete sie und sprach zu Maria, Seiner Mutter: Siehe, Dieser ist gesetzt zu einem Fall und Auferstehen Vieler in Israel und zu einem Zeichen, dem widersprochen wird, und es wird ein Schwert durch deine Seele dringen, auf daß vieler Herzen Gedanken offenbar werden. Und es war eine Prophetin, Hanna, eine Tochter Phanuel, vom Geschlechte Aser, die war wohl betaget und hatte gelebt sieben Jahre mit ihrem Manne nach ihrer Jungfrauschaft und war nun eine Wittwe bei vier und achtzig Jahren, die kam nimmer vom Tempel, diente Gott mit fasten und Beten Tag und Nacht. Dieselbige trat auch hinzu zu derselbigen Stunde und preisete den Herrn und redete von Ihm zu Allen, die auf die Erlösung zu Jerusalem warteten. Und da sie es alles vollendet hatten nach dem Gesetz des Herrn, kehrten sie wieder in Galiläam zu ihrer Stadt Nazareth. Aber das Kind wuchs und ward stark im Geist, voller Weisheit, und Gottes Gnade war bei Ihm.

1. Die heilige Schrift ist ein Lehrbuch für Alt und Jung und für einen jeden Stand und Beruf. Sie gibt Unterricht, Lehre und Warnung durch einzelne Spruchverse und ganze Lehrkapitel, aber auch durch Vorführung einzelner Personen, deren Verhalten und Thun, Charakter und Wesen sie uns schildert. Die gottseligen Personen stellt sie uns als Vorbilder des Glaubens, frommen Lebens, oder auch seligen Sterbens dar. Die gottlosen Personen führt sie uns als abschreckende Beispiele vor Augen und zeigt uns an denselben nicht selten das schreckliche Ende der Gottlosen. Namentlich ist die Weihnachtsgeschichte reich an Vorbildern der Gottseligkeit und Frömmigkeit.

2. Auch unser heutiges Evangelium, das noch zur Weihnachtsgeschichte gehört, führt uns solche frommen Personen vor, von welchen wir viel Gutes lernen können. Da sind die Eltern Jesu, die in frommem Gehorsam thun, was das Gesetz Israels von ihnen verlangt. Da ist der greise Simeon und die betagte Hanna, deren gottseliges Leben und hoffender Glaube gekrönt wird mit der Freude, den langersehnten Heiland sehen zu dürfen. Da ist über Alles das Jesuskind Selbst, das mit Seinem Wachsthum im Geist, mit Seiner Zunahme an Weisheit ein Vorbild für alle unsere Kinder sein soll.

Und so wollen wir heute

die frommen Personen, die bei der Darstellung Jesu im Tempel gegenwärtig waren

uns näher anschauen und sehen, was wir von ihnen lernen können.

Dabei richten wir unser Augenmerk

I. auf die Eltern Jesu;

II. auf das betagte Prophetenpaar;

III. auf das göttliche Kind.

Wir blicken hin

I. auf die Eltern Jesu.

1. Um das Ganze zu verstehen, müssen wir uns klar werden, was es mit der Darstellung für eine Bewandtnis hat. Es war Gesetz in Israel, daß das

erste Söhnchen, das Eltern geboren wurde, wann es 40 Tage
alt war, öffentlich in den Tempel gebracht werden mußte. Das
hieß man Darstellung. Bei dieser Darstellung mußte ein
Lösegeld entrichtet und ein Opfer gebracht werden. Das Lösegeld war für das Söhnchen und das Opfer für die Mutter und
hieß Reinigungsopfer.

2. Diese Einrichtung stammt von dem Auszuge
Israels aus Egypten. Dort hatte Gott die Egypter durch
das Sterben der Erstgeburt an Menschen und Vieh für ihre
Hartnäckigkeit und ihren Unglauben gestraft, dagegen Israel ver-
schont. Aus Dankbarkeit dafür und zum Andenken an diese gnädige Verschonung sollte Israel von dort an alle männliche Erstgeburt an Menschen und Vieh Gott weihen oder heiligen. Die
Erstgeburt des Viehes sollte Ihm geopfert werden, und der erst-
geborne Sohn jedes israelitischen Ehepaares sollte ein Gottge-
weihter sein und Gott am Heiligthum dienen.

Da sich aber Gott später den ganzen Stamm Levi zum
Dienst am Heiligthum auswählte, so gab Er die Erlaubnis, daß
Eltern ihren erstgebornen Sohn mit Geld loskaufen oder „lösen“
konnten, was Jesu Eltern hier thun und zu gleicher Zeit auch
das für jede Mutter vorgeschriebene Reinigungs- oder Dankopfer
darbringen.

3. Was wir aus dem Gesagten lernen können,
ist der Gehorsam der Eltern Jesu gegen das Gesetz
Gottes. Ohne Weigern gehen sie nach Jerusalem, geben das
Lösegeld für das Kind und bringen das Dankopfer für die
Mutter. Aehnliches wird uns auch von den Eltern Johannis
des Täufers berichtet: „Sie gingen in allen Geboten
und Satzungen des Herrn untadelig.“ Luc. 1, 6.

4. Denselben Gehorsam sollten auch die Glieder des neuen Bundes an den Tag legen und in Gehorsam den Anordnungen und Einrichtungen der christlichen
Kirche nachkommen, und zwar sollten sie Solches thun nicht gezwungen oder widerwillig, sondern gerne und freudig. Wie
man im alten Testamente den Sabbath heiligte, dadurch, daß
man sich an dem zum Gottesdienste bestimmten Platze einfand
und am Gottesdienste theilnahm, so sollten es die neutestamentlichen Bundesglieder auch halten. Wie die Israeliten es
nicht versäumen durften, an den drei großen Festen — Osterfest, Pfingstfest und Laubhüttenfest — nach Jerusalem zur gemeinsamen Festfeier zu gehen, so sollte auch an den christlichen

Festtagen kein Christ ohne guten Grund von Gottes Haus wegbleiben. Wie dort im Alten Testamente kein Elternpaar es vernachlässigen durfte, ihre Söhnchen am achten Tage in die Gemeinde Israels aufnehmen zu lassen, so sollten auch christliche Eltern ihren Kindlein die Taufe nicht Jahrelang vorenthalten und so Gefahr laufen, daß dieselben ungetauft sterben. Dasselbe gilt auch von der Konfirmation, vom heiligen Abendmahl und von der Theilnahme am Gemeindewesen überhaupt. Wie im alten Testamente jeder Jude, wo er auch war, sich als Glied des Judenthums betrachtete und sich seiner Pflicht nicht entzog, so sollte im neuen Bunde kein Christ außerhalb der christlichen Gemeinschaft leben, sondern Glied einer christlichen Gemeinde sein und darin seine Pflicht thun.

5. Aber wie viele Tausende unserer hier lebenden Landsleute, die ihrem Glauben in der alten Heimath gemäß unsere Glaubensgenossen sind, schließen sich nie einer christlichen Gemeinde an; lassen ihre Kinder nicht taufen, nicht im christlichen Glauben unterrichten, nicht konfirmiren, und leben so, sammt ihren Kindern, außerhalb des Christenthums. Wenn alle Diejenigen, die in ihrer Jugend in der alten Heimath christlich auferzogen wurden, hier ihr christliches Leben fortsetzten, so würde sich die Zahl der christlichen Gemeinden und der Kirchen verdoppeln. Damit Solches geschehe, dazu soll uns das Beispiel der alttestamentlichen frommen Israeliten und unter anderen auch das Beispiel der Eltern Jesu oder auch der von Johannes dem Täufer dienen.

Wir sehen uns auch an

III. das betagte Prophetenpaar.

1. Eine herrliche Gestalt ist dieser greise Simeon; und herrliche Dinge werden uns von ihm berichtet: „Er war fromm und gottesfürchtig und wartete auf den Trost Israels." Billigerweise können wir ihn Jenen beirechnen, von denen wir vorhin gehört haben, daß sie uns zum Vorbilde „wandelten in den Geboten und Satzungen des Herrn." Ja noch mehr als Dies können wir von ihm behaupten. Er gehörte zu Denen, die wohl wußten, daß einst der Erfüller des Gesetzes kommen werde, Der, von dem alle Opfer nur Vorbilder seien, und auf welchem die Hoffnung Israels beruhe. Das sehen wir aus dem Zeugnis, das der Evangelist ihm gibt: „und wartete auf den Trost Israels." Zum Ver-

ständnis des alttestamentlichen Gesetzes, der Opfereinrichtung und der messianischen Weissagungen half ihm der Heilige Geist, womit ihn Gott begabt hatte.

2. In diesem festen Glauben, daß einst der Trost Israels sicherlich kommen würde, steht der greise Simeon für alle Gläubigen der Jetztzeit da als ein Vorbild zu ihrem Festhalten an den Verheißungen Gottes, die sich auf das Wiederkommen Christi und die Seligkeit im Himmel beziehen. Jahrtausende lang war der Trost Israels verheißen gewesen, und es hatte lange gewährt, bis Er erschien: Simeon war an Dessen Kommen nicht verzweifelt. So sollen auch die Christen an dem, was Jesus in Seinen Reden und Gleichnissen den Seinen versprochen hat, festhalten und nicht daran zweifeln, wenn sich die Erfüllung auch lange verzieht. So ist uns Simeon ein Vorbild im gläubigen Hoffen auf die Erfüllung der Verheißungen Gottes.

3. Und, „wer glaubt, wird nicht zu Schanden." Das sehen wir auch an Simeon. „Ihm war eine Antwort geworden von dem Heiligen Geist, er sollte den Tod nicht sehen, er hätte denn zuvor den Christ des Herrn gesehen." Gott hatte ihm auf irgendwelche Weise versprochen, er solle noch in seinem Leben mit leiblichen Augen den Messias sehen. Das glaubte Simeon. Und Gott hielt auch Wort. An dem Tag, an welchem Joseph und Maria das Jesuskind in den Tempel brachten, um Es dem Herrn darzustellen, trieb der Geist Gottes den Simeon in den Tempel. So ward dem Simeon das ihm von Gott gegebene Versprechen erfüllt. Mit welchen Gefühlen und Empfindungen wird der ehrwürdige Greis dem Jesuskinde sich genaht und es auf seine Arme genommen haben! So manche Propheten und Könige hatten begehrt, den Verheißenen zu sehen; aber sie hatten alle die Augen schließen und zu ihren Vätern gesammelt werden müssen, ohne daß ihr Wunsch erfüllt worden wäre. Ihm, dem Simeon, sollte solch großes Glück und hohe Ehre zu Theil werden! Kein Wunder, daß sich sein Geist so königlich freut, und sein Herz sich ergießt in einen seligen, erhabenen Lobgesang, aus dem wir sehen, daß, wer im Leben mit Gott durch den Glauben und den Heiligen Geist verbunden war, auch selig und im Frieden abscheiden kann.

Simeon ist nun willens gerne zu sterben, da er weiß, daß der Trost Israels, der Messias, erschienen und so die Hoffnung der Väter erfüllt sei. So hoch schlägt er das Gekommensein des Messias an, daß er jetzt keinen Wunsch auf Erden mehr hat, und nun gerne die Welt verlassen will.

4. Klar und deutlich hatte er den Zweck des Lebens Christi auf Erden aufgefaßt. Er wußte, daß Jesus aus Israel kommen würde und daß diese Bevorzugung dem Volke Israel zum Lobe gereiche. Aber er wußte auch, daß Christi Werk auf Erden, das Heil, das Er schaffen würde, nicht bloß Israel, sondern Allen Völkern zu Gute kommen werde, denn er nennt Ihn „ein Licht zu erleuchten die Heiden.“ Auch die Heiden, meint er, sollen herbeikommen und sich mit Israel der Erlösungsgnade freuen.

5. Wer wie Simeon zum Hause Gottes kommt, getrieben von dem Geiste Gottes, der findet auch wie er, Jesum; wenn er Ihn auch nicht mit leiblichen Augen sieht, wie es Simeon vergönnt war, so sieht er Ihn mit dem Auge des Glaubens. Jesum kann man in Allem, was im Gottesdienste geschieht, finden: im Beten, Singen, in der Predigt, im Abendmahl; aber nur dann, wenn man mit dem Simeonswunsch kommt, Jesum zu sehen. Kommst du aus andern Gründen, so siehst du nur äußere Form, und dein Herz bleibt leer. Wie Simeon hat schon mancher Christ seither in lebendigem Glauben die Augen geschlossen und ist im Frieden heimgegangen zu den selig Vollendeten im obern Heiligthum.

6. Auch die Prophetin Hanna, die in unserm Texte erwähnt wird, dürfen wir mit Fug und Recht den Gläubigen der Geburtszeit Jesu beizählen. Nur Dinge der Gottseligkeit werden hier von ihr erzählt. Die langen Jahre ihres Wittwenstandes hatte sie im Dienste Gottes zugebracht, Handreichung geleistet, wo es nöthig war und die Echtheit ihres Glaubens mit der That bewiesen. Und daß sie denselben Glauben und dasselbe Verständnis von dem Werk des Erlösers hatte wie Simeon, erhellt aus der Angabe im Text: „Dieselbige trat auch hinzu zu derselbigen Stunde und pries den Herrn und redete von Ihm zu Allen, die auf die Erlösung zu Jerusalem warteten.“

7. An dieser Hanna haben alle Wittwen ein Beispiel und ein Vorbild der Gottseligkeit. Und, Gottlob, es gibt auch heutiges Tages noch fromme Frauen, Wittwen und Jungfrauen, die sich im Reiche Gottes nützlich machen, die mithelfen am Gemeindewerk und auch ihre Kräfte

leihen zur Arbeit auf den entfernteren Gebieten des Reiches
Gottes — der Mission. Gar lieblich nehmen sich unter den
Männergestalten im alt- und neutestamentlichen Reiche Gottes
gottselige Frauengestalten aus, wie etwa: die um den Samuel
bittende Hanna; die Mutter Jesu — die demüthige Magd des
Herrn; die frommen Frauen, die dem Heiland nach Jerusalem
nachfolgten; eine Tabea mit ihrer edeln Liebe zu den Armen;
eine Lydia, der der Herr das Herz aufthat, und die die erste
Christin in Europa wurde. Eine große Anzahl frommer
Frauengestalten — die mit Recht Glaubensheldinnen genannt
werden — bietet die Geschichte der Kirche: eine Monika —
Mutter des Kirchenvaters Augustinus — und Andere, die zur
Zeit der Christenverfolgungen — wo Männer im Angesicht der
Qualen ihrem Glauben abschworen — fest auf ihrem Glauben
beharrten und Blutzeuginnen wurden. Denken wir an die
vielen Frauen und Jungfrauen, die im Dienste der Mission
stehen und mit großer Selbstverleugnung sich des weiblichen
Geschlechts annehmen; oder an die Diakonissinnen, die in Spi-
tälern und Familien mit hingebender Selbstaufopferung die
Kranken pflegen um Gottes willen. Und zum Preise Gottes
sei gesagt: auch in diesem Lande hat die Kirche diesen Zweig
christlicher Thätigkeit in Angriff genommen und hat darin den
Anfang gemacht mit der Anstellung von Diakonissinnen am
deutschen Hospital zu Philadelphia und der Errichtung eines
Mutterhauses zur Ausbildung von Diakonissinnen daselbst.

Weibliche Arbeit kann an der Förderung des Gemeindewesens viel mithelfen, und an den Wohlthätigkeitsanstalten und
am Missionswerk Großes ausrichten.

Wohlan denn Mütter, Wittwen, Jungfrauen, auch ihr seid
gewürdigt, mitzuarbeiten am Werk des Herrn! Niemand hat
nöthig müßig gehen und zuzusehen, wie Andere arbeiten. Die
Kirche hat auch euere Gebete und eure Mithülfe nöthig.

Wir schauen nun auch hin

III. auf das göttliche Kind.

1. Neben den menschlichen Vorbildern des Gehorsams,
des Glaubens und der Gottseligkeit wollen wir das göttliche Kind, das Jesuskind, nicht vergessen; denn das
Jesuskind ist die Hauptperson in der ganzen Erzählung. Um
dieses Kindes willen waren Joseph und Maria nach Jerusalem
in den Tempel gekommen. Um dieses Kindes willen sind
Simeon und Hanna im Tempel so froh; um dieses Kind dreht
sich Alles, was dort im Tempel geschieht, und dieses Kind sollte

auch fernerhin der Mittelpunkt des Reiches Gottes auf Erden sein. Das deutet Simeon auch in seiner Anrede an: „Siehe, Dieser wird gesetzt zu einem Fall und Auferstehen Vieler in Israel und zu einem Zeichen, dem widersprochen wird, auf daß Vieler Herzen Gedanken offenbar werden." Dies ist auch reichlich in Erfüllung gegangen. Als Jesus in Israel auftrat und Sein Werk begann, da wurden die Gedanken der Herzen offenbar: die Einen fielen Ihm zu, die Anderen wandten sich von Ihm ab, ja, gegen Ihn. Denen, die sich gegen Ihn wandten, gereichte ihre Feindschaft gegen Jesum zu ihrem eigenen Fall; siehe das an Judas Ende und an Israels Untergang überhaupt. Denen aber, die Jesum mit Seiner freundlichen Botschaft annahmen, gereichte solche Annahme zum Auferstehen aus ihren Sünden und zum Bewußtsein der Kindschaft bei Gott. Das behauptet auch Johannes: „Wie Viele Ihn aber aufnahmen, Denen gab Er Macht, Gottes Kinder zu werden, die an Seinen Namen glauben." Joh. 1, 52. Nicht bloß zu Jesu Zeiten, nicht bloß zur Zeit der Apostel, sondern bis auf den heutigen Tag ist Simeons Aussage wahr: „Jesus ist ein Zeichen dem widersprochen wird." Ap. 28, 22.

2. Auch Paulus stimmt dem bei. So lesen wir 1. Korinth. 1, 23: „Wir aber predigen den gekreuzigten Christum, den Juden ein Aergernis und den Griechen eine Thorheit. Denen aber, die berufen sind, beide Juden und Griechen, predigen wir Christum, göttliche Kraft und göttliche Weisheit." Wo die Lehre Jesu verkündigt wird, da scheiden sich die Menschen: ein Theil nimmt sie an, ein anderer Theil verwirft sie. Einst aber wird der Herr diese Scheidelinie, die die Menschen durch ihren Glauben oder Unglauben, ihre Annahme oder Verwerfung des Evangeliums selbst gezogen haben für alle Ewigkeit bestätigen — beim Gericht. Diejenigen, die Ihn im Glauben angenommen und in Folge davon das Bewußtsein ihrer Gotteskindschaft im Herzen tragen, wird er in den Erbschaftsbesitz— das ewige Leben—einführen. Diejenigen, die Ihn in jüdischem Aergernis oder heidnischem Unglauben verworfen haben, wird Er auch verwerfen und ihnen den Ort des Verderbens zuweisen, den sie sich selber gewählt.

Gott schenke uns Alle den kindlichen Gehorsam der Eltern Jesu, den festen Glauben des Simeon und den demüthigen Arbeitssinn der Hanna. Für unsere Kinder wünschen wir das, was der Evangelist vom Jesuskinde schreibt: „Das Kind

wuchs und ward stark im Geist, voller Weisheit; und Gottes
Gnade war bei Ihm," so daß sie hier brauchbare Erdenbürger
und einst selige Himmelsbürger werden möchten.

> „Herr! laß uns auch gelingen,
>   Daß einst wie Simeon,
> Ein jeder Christ kann singen
>   Den süßen Schwanenton:
> „„Wir werden nun im Frieden
>   Die Augen zugedrückt,
> Nachdem ich schon hienieden
>   Den Heiland hab erblickt.""

Amen.

Neujahrspredigt.

Pfalm 90, 12.

Herr, lehre uns bedenken, daß wir sterben müssen, auf daß wir klug werden.

1. Der Psalm, aus dem unser Text genommen ist, stammt von M o s e s. Moses schrieb ihn während der vierzigjährigen Wanderung des Volkes Israels durch die Wüste. Israel war gegen Gott ungehorsam gewesen, darum strafte Er sie mit vierzigjährigem Umherwandern in der Wüste, während welcher Zeit alle Israeliten, die beim Auszug aus Egypten über zwanzig Jahre alt gewesen waren, sterben mußten. Als in Folge davon Moses dieses Geschlecht dahinsterben sah, wurde sein Herz über die Nichtigkeit und Hinfälligkeit des menschlichen Lebens von Trauer und Schmerz bewegt, und dieses Trauer- und Schmerzgefühl drückt er in den Worten dieses Psalmes aus.

2. Solches Trauer- und Schmerzgefühl kommt auch u n s an, wenn wir den Wechsel der Jahre wahrnehmen und dabei an das Dahinsterben so Vieler im Laufe eines Jahres denken. Auch das dahingeschwundene alte Jahr hat seine Opfer gefordert, Familien gelichtet und die Zahl der todten Bewohner der Gottesäcker vermehrt. Und im angefangenen Jahre wird es auch nicht anders gehen. Manche, die dieses Jahr beginnen, werden es nicht beschließen können, sondern vor Jahresschluß dorthin gerufen werden, wo keine Zeit mehr sein wird.

3. Da aber so Viele keine derartigen Gedanken aufkommen lassen, sondern leichtfertig dahinleben, ohne an das Ende ihrer Lebenszeit zu denken, so wäre es vielleicht heute, am Anfange eines neuen Jahres, am Platze, nachzudenken über Tod, Ewigkeit und Gericht, welche drei Gegenstände im engsten Zusammenhange mit einander stehen. Davon handelt auch unser Textesvers.

Somit will ich heute mit euch reden über

(55)

Den tiefen Ernst des Jahreswechsels.

Dabei wollen wir hinblicken

I. auf die Thatsache des Sterbenmüssens; und dann sehen

II. welche Lehre wir aus dieser Thatsache ziehen sollen.

Wir blicken hin

I. auf die Thatsache des Sterbenmüssens.

1. Nichts in der Welt ist klarer als diese That=
sache. Blicke um dich her; siehe hinein in deine eigene Fami=
lie und in die Kreise, die dir am nächsten liegen. Du erinnerst
dich an manches einstige Familienglied, an Eltern, Kinder, Ge=
schwister, Ehegatten. Einst lebten sie mit dir in deiner Fami=
lie, aber sie sind durch den Tod von dir genommen worden. So
gerne du auch gewollt, du konntest sie nicht halten; sie mußten
sterben, weil es Gott so wollte. Und wie viele deiner Verwand=
ten und Freunde, wie viele Mitgemeindeglieder, die am Sabbath
den Herrn mit dir an derselben heiligen Stätte anbeteten; wie
viele Mitbewohner unserer Stadt hast du ihrem Namen nach
und ihrer Gestalt nach noch im Gedächtnis, aber sie selber sind
nicht mehr da: sie sind geschieden. Und wo sind die Geschlechter
der Menschen, die vor uns die Erde bewohnten? Sie sind alle
vom Schauplatz dieser Welt abgetreten. Nichts konnte die Macht
des Todes abhalten, kein Geld, keine irdische Macht; vor des
Todes Hauch sanken sie dahin, wie die Getreidehalme vor der
Sense des Schnitters.

2. Und diesen Tod mit seiner unwiderstehlichen Macht
wird auch in Zukunft kein Erdenbewohner abhalten können.
Der Tod findet einen Jeden. Er erlöst den Leidenden von sei=
nen Schmerzen und entreißt den Glücklichen seinen Freuden;
den Armen entledigt er der geringen Bande, die ihn an diese
Welt knüpfen und stürzt den König von seinem Thron. Er
haucht das Kind in der Wiege tödtlich an und nimmt dem
müden Greise den Wanderstab aus der zitternden Hand. Wo
du auch wohnen magst, in der Hütte, oder im Palast, in der
heißen, kalten oder gemäßigten Zone: der Tod spürt dich auf
und vergißt dich nicht. Jedem Menschen ist an die Stirne ge=
schrieben: „Du bist Erde und sollst wieder zur Erde
werden." 1. Mose 3, 19.

3. Die Thatsache des Sterbenmüssens hat sich bei uns auch
im verflossnen Jahr bewahrheitet. Tag für Tag sahen wir

den schwarzen und weißen Leichenwagen mit seinem schweigen=
den Gefolge durch unsere Straßen hinausziehen, dem Ort der
Todten zu, und manche dieser Leichenzüge haben an unserem
Gotteshause Halt gemacht und eingekehrt in der geistlichen Her=
berge, um Trost, Aufmunterung und Mahnung zu hören. Kin=
der und Eltern, Söhne und Töchter, Gatten und Gattinnen,
Junge und Alte, sind auch im verflossenen Jahre der Bewohner=
schaft der Todtenstadt beigefügt worden.

4. Auch in dem angefangenen Jahre wird es nicht
anders gehen. Welche von uns es treffen wird, wissen wir nicht;
und wie viele Jahreswechsel wir noch mitmachen werden, ist uns
auch unbekannt: Aber Eins wissen wir, daß Einmal unser letztes
Neujahr auf Erden kommen wird, daß uns Einmal der Tod auf
die Schulter klopfen und gebieten wird, ihn zu begleiten. Und
wenn Das in diesem Jahre geschähe, wärest du bereit?

Darum wollen wir auch sehen

II. welche Lehren wir aus der Thatsache des Sterbenmüs=
sens ziehen können.

1. Das zeigt Moses in unserm Textvers an, wenn er sagt:
„Lehre uns bedenken, daß wir sterben müssen.“
Man sollte allerdings glauben, daß es nicht nöthig sein sollte,
die Menschen zu ermahnen, an die Thatsache des Sterbenmüssens
zu denken, da sie das Werk des Todes alle Tage vor Augen
sehen. Aber gerade, weil das Sterben allgemein ist, und weil
man es alle Tage vor Augen sieht, versäumt es der Mensch, sich
gehörig darüber zu besinnen und zu bedenken, was es auf sich
hat, was davon abhängt, und daß die Reihe auch an ihn kom=
men werde. Er lebt so in seinem gewohnten Gang dahin; steht
Morgens auf, geht an seine Arbeit und legt sich Abends wieder
zur Ruhe. So geht es Woche für Woche, Monat für Monat,
Jahr für Jahr. Man freut sich mit den Fröhlichen und weint
mit den Weinenden; man ißt und trinkt; man sammelt und
erwirbt; wenn ein Mitmensch mit Tod abgeht, „geht man ihm
zur Leiche“; vom Gottesacker heimgekommen, wirft man sich
wieder auf seine Berufsgeschäfte und denkt nicht, daß solcher
Lebensgang auch einmal ein Ende haben und unsere Lebensuhr
auch einmal abgelaufen sein könne. Mancher würde vielleicht
heilsame Gedanken fassen, wenn er sich die Thatsache des Ster=
benmüssens jeweils vergegenwärtigte. Vielleicht käme bei ihm
als Ergebnis seines Nachdenkens das heraus, was Moses im
Textwort mit seinem Beisatz: „Auf daß wir klug werden,“ an=
zeigt.

2. Was verstehen wir unter diesem „klug werden?"
Manche denken sich so klug, daß sie sich über Got=
tes Wort und die Lehre des Christenthums stellen.
Sie glauben an keine Ewigkeit, an kein Gericht, an kein Fortle=
ben der Seele nach dem Tode des Körpers; über Alles verleug=
nen sie das Vorhandensein eines lebendigen Gottes und leben
dahin nach dem Grundsatz: „Lasset uns essen und trin=
ken; denn morgen sind wir todt." 1. Cor. 15, 32. In
diesem gleichsam thierischem Zustande verharren sie, bis der Tod
sie ereilt. Wie solche Menschen sich selbst betrügen, lehrt uns
das Evangelium vom „reichen Mann und armen Lazarus".
Luc. 16, 19.

3. Andere kommen im Drang der Geschäfte des irdi=
schen Berufes gar nicht so viel zur Ruhe, daß sie nur ans Ster=
ben denken. Sie lassen sich von ihrer Berufsarbeit so einneh=
men, daß sie gar keine Zeit finden, sich um das Heil ihrer Seele,
und um Religiöses überhaupt, zu kümmern. So gehen sie in
ihrer irdischen Berufsarbeit ganz und gar auf, bis der Tod
kommt und spricht: „Bis hierher und nicht weiter."

4. Leuten dieser und der vorhergehenden Klasse soll bei
dieser Gelegenheit gesagt sein, daß die rechte, wahre Klug=
heit die ist: anzunehmen die Lehre der Schrift hinsichtlich der
Unsterblichkeit der Seele und des zukünftigen Gerichtes in der
Ewigkeit und nicht zu denken, sich von solchen Dingen erst über=
zeugen zu wollen, wenn der Tod einmal eintritt: denn dann ist
es zu spät! Sodann wisse, daß, wenn der Tod dich plötzlich
übereilen würde, du, ohne mit Gott versöhnt zu sein, nicht bereit
wärest vor Gott zu treten. Denn in den Himmel geht kein
Unreiner ein, (Eph. 5, 5.) und unrein ist Jeder, der nicht
mit Gott versöhnt ist. Mit Gott aber kann Niemand
versöhnt werden außer durch Christum. Denn: „Es ist in
keinem Andern Heil, ist auch kein anderer Name
den Menschen gegeben, darinnen wir sollen selig
werden als allein der Name Jesus." Ap. 3, 12. Dem=
nach ist Das die rechte Klugheit, daß sich der Mensch auf dem in
Gottes Wort vorgeschriebenen Wege mit Gott versöhne, nämlich,
sich als einem armen Sünder durch Christi Blut seine Sünden
vergeben lasse und dadurch Frieden mit Gott sammt der Gewiß=
heit der Kindschaft bei Gott erlange. In dieser festen Gewißheit
und Lebensgemeinschaft mit Gott ist der Mensch in solcher Fas=
sung und Stimmung, daß ihn der Tod stets bereit findet, sei es,
daß er plötzlich an ihn herantrete, oder sich ihm auf dem langsa=

men Wege langwieriger Krankheit oder des gemächlichen Alters nahe: Der Herr findet stets an ihm einen thätigen, gläubigen, wachenden Knecht. Das ist rechte Klugheit.

5. Würden wir nicht einen Menschen unklug, unvorsichtig, ja thöricht nennen, wenn er wüßte, er habe eine Reise zu machen, rüstete sich aber auf solche Reise gar nicht, früge auch nicht, welchen Weg die Reise gehe, und was das Ziel der Reise sei? So unklug und thöricht — und tausendmal mehr — ist Derjenige, der sieht, daß Alle Menschen sterben müssen, sich aber nie frägt, wohin es nachher gehe, und was mit dem Sterben zusammenhänge.

6. Wenn Menschen beim Übergang aus einem alten in ein neues Jahr an die Flucht der Zeit, an das schnelle Dahineilen unseres Lebens und an den Tod denken, dann werden sie auch Neujahr feiern nicht im Leichtsinn des Fleisches, nicht in Narrentheidingen, nicht in Ball und Tanz und abgeschmackten Narrenaufzügen, sondern als Christen, denen solches Gebahren kindisch und sündlich erscheint.

7. Bedenke: Jedes Neujahr ist ein Meilenstein an deinem Lebensweg, der dir anzeigt, daß du wieder einen Abschnitt an demselben zurückgelegt hast. Zähle die Meilensteine, an denen du bereits vorbeigegangen bist, und wisse, daß einmal auch der letzte kommen wird. Und wenn der diesjährige der letzte wäre! Hast du dich auch schon besonnen, wo es dann hinginge? Gings hinein in die himmlische Heimath, wo man nicht mehr wandert und pilgert? Solche Fragen wären geeignete Neujahrsfragen und rechte Früchte gesegneter Neujahrsbetrachtung.

8. Dunkel und unbekannt liegt das neue Jahr vor uns; was es uns bringen wird, und was es uns nehmen wird, wissen wir nicht; Eins aber wissen wir: Nehmen wir Den als Begleiter, dessen Namenstag wir heute feiern, Jesum, Immanuel, Gottmituns, so sind wir auf alle Fälle geborgen, ob es zu Leid oder Freud, zum Leben oder zum Tode geht.

So wollen wir denn festen Schrittes, aber auch getrosten Muthes, in das neue Jahr eintreten, in demselben unsern irdischen Berufspflichten getreulich obliegen, aber nie außer Acht lassen, daß wir auf Erden nicht zu Hause sind, sondern unsere rechte Heimath droben im Himmel ist, wie uns der Hebräerbrief ermahnt: „Wir haben hier keine bleibende Stätte, sondern die zukünftige suchen wir." Hebr. 13, 14.

Und damit wir ja unsere himmlische Berufung nicht versäumen und unsere himmlische Heimath gewiß erlangen, wollen wir nicht vergessen, was Moses in unserem heutigen Textvers sagt: „Herr, lehre uns bedenken, daß wir sterben müssen, auf daß wir klug werden!"

„Meine Lebenszeit verstreicht, Stündlich eil' ich zu dem Grabe;
Und wie wenig ist's vielleicht, Das ich noch zu leben habe?
Denk', o Mensch, an deinen Tod, Säume nicht, denn Eins ist Noth!"

Amen.

Sonntag nach Neujahr.

Matth. 2, 13-23.

Da sie aber hinweg gezogen waren, siehe, da erschien der Engel des Herrn dem Joseph im Traum und sprach: Stehe auf und nimm das Kindlein und Seine Mutter zu dir und fleuch in Egyptenland und bleib allda, bis ich dir sage; denn es ist vorhanden, daß Herodes das Kindlein suche, dasselbe umzubringen. Und er stand auf und nahm das Kindlein und Seine Mutter zu sich bei der Nacht und entwich in Egyptenland, und blieb allda bis nach dem Tode Herodis; auf daß erfüllet würde, das der Herr durch den Propheten gesagt hat, der da spricht: Aus Egypten habe Ich Meinen Sohn gerufen. Da Herodes nun sahe, daß er von den Weisen betrogen war, ward er sehr zornig und schickte aus und ließ alle Kinder zu Bethlehem tödten und an ihren ganzen Gränzen, die da zweijährig und darunter waren, nach der Zeit, die er mit Fleiß von den Weisen erlernt hatte. Da ist erfüllet, das gesagt ist von dem Propheten Jeremia, der da spricht: Auf dem Gebirge hat man ein Geschrei gehöret, viel Klagens, Weinens und Heulens. Rahel beweinte ihre Kinder und wollte sich nicht trösten lassen; denn es war aus mit ihnen. Da aber Herodes gestorben war, siehe, da erschien der Engel des Herrn dem Joseph im Traum in Egyptenland und sprach: Stehe auf und nimm das Kindlein und Seine Mutter zu dir und zeuch hin in das Land Israel, sie sind gestorben, die dem Kinde nach dem Leben standen. Und er stand auf und nahm das Kindlein und Seine Mutter zu sich und kam in das Land Israel. Da er aber hörete, daß Archelaus im jüdischen Lande König war, anstatt seines Vaters Herodes, fürchtete er sich, dahin zu kommen, und im Traum empfing er Befehl von Gott und zog in die Oerter des galiläischen Landes, und kam und wohnete in der Stadt, die da heißt Nazareth, auf daß erfüllet würde, das da gesagt ist durch die Propheten: Er soll Nazarenus heißen.

1. Unser heutiges Sonntagsevangelium ist die Fortsetzung der Geschichte von den Weisen aus dem Morgenlande, die in der christlichen Kirche am Epiphanienfest betrachtet wird. In jener Geschichte sehen wir einige vornehme, gelehrte Heiden aus dem fernen Osten nach

Jerusalem wandern, den neugeborenen König der Juden zu sehen, da ihnen ein Stern, den sie im Morgenlande gesehen, angezeigt, daß ein solcher geboren wäre. Auch lernten wir aus jener Erzählung, daß die Weisen, von Herodes belehrt, nach Bethlehem gingen und in dem Jesuskinde den neugeborenen König der Juden fanden. Ebenso wissen wir, daß der König Herodes den Weisen hinterlistigerweise den Auftrag gab, falls sie das Kind fänden, wieder zu ihm zu kommen und ihm solches anzuzeigen, damit er auch hingehen könne, Demselben seine Verehrung darzubringen. Wohl ist uns bekannt, daß das nur Verstellung war, und daß er die Weisen nur gebrauchen wollte, den „neugeborenen König der Juden" in seine Gewalt zu be= kommen, um ihn zu vernichten.

2. Aber unser heutiges Evangelium zeigt uns, daß Gott im Regimente sitzt und spricht: „Beschließet einen Rath, und werde nichts daraus." Jes. 8, 10. In herrlicher Weise errettet er das bedrohte Jesuskind, macht alle Anschläge der Feinde zu nichte, ja räumt die Feinde selbst aus dem Wege und läßt sie untergehen.

3. Der Schutz, den Gott in dieser Erzählung den Seinen angedeihen ließ, und das Gericht, das Er an den Feinden Seines Reiches übte, ist vorbild= lich und wiederholte sich seitdem in mannigfacher Weise. Darum gilt auch hier: „Was aber zuvor geschrieben ist, das ist zur Lehre geschrieben; auf daß wir durch Geduld und Trost der Schrift Hoffnung haben." Röm. 15, 4.

Somit wollen wir heute nach Anleitung unseres Textes mit einander reden über die Wahrheit:

Gott sitzt im Regimente und führet Alles wohl!

Drei Thatsachen sollen uns das beweisen:

I. Gott verhindert die Feinde an der Ausführung ihrer Pläne;

II. Gott macht die Feinde unschädlich;

III. Gott zeigt den Seinen den Weg zur Rettung.

I. Gott verhindert die Feinde an der Ausfüh= rung ihrer Pläne.

1. Das wird uns klar aus unserer Erzählung. Die Weisen hatten das Jesuskind gefunden und in demselben „den neugeborenen König der Juden" angebetet und beschenkt.

Sie wären jetzt wohl, dem Auftrag des Herodes gemäß, nach Jerusalem zurückgekehrt, um dem Könige die Kunde davon zu bringen: aber—da kam die Warnung von Gott, „sie sollten sich nicht wieder zu Herodes lenken." Derselben leisteten sie auch Folge: „Und zogen durch einen andern Weg wieder in ihr Land." Auch Joseph empfängt den Auftrag: „Nimm das Kindlein und Seine Mutter zu dir und fliehe nach Egyptenland." Und wie die Weisen ist auch er gehorsam.

2. Geheim und listig hatte Herodes seinen Mordplan angelegt. Den Weisen verbirgt er seine wahre Absicht und glaubt, dieselben, ohne daß sie es wissen, zur Durchführung seines Planes, des Kindes habhaft zu werden, benützen zu können. Kein Mensch war da, der die Weisen gewarnt hätte. Aber wenn auch kein Mensch in der Welt — außer Herodes selbst — den Plan wußte: Gott im Himmel war er bekannt. Und wenn kein Mensch die Weisen warnen konnte, so schickt Gott Seine himmlischen Diener. Ihm stehen alle Mittel zu Gebot. Und noch ehe Herodes an die Ausführung seines schwarzen Planes denken konnte, war der Gegenstand seines Hasses, das unschuldige Opfer, in Sicherheit. Und so erfüllt sich Psalm 2, 1—4: „Warum toben die Heiden, und die Leute reden so vergeblich? Die Könige im Lande lehnen sich auf, und die Herren rathschlagen mit einander wider den Herrn und Seinen Gesalbten und sprechen: Lasset uns zerreißen ihre Bande, und von uns werfen ihre Seile. Aber Der im Himmel wohnet, lachet ihrer, und der Herr spottet ihrer."

3. So wie Herodes Haß hegte gegen den neugeborenen König der Juden, sich einen Plan ausdachte, denselben aus der Welt zu schaffen und sich vornahm, seine böse Absicht durch heuchlerische, äußerliche Freundlichkeit zu erreichen: so haben es Viele nach ihm gemacht. Der Teufel bei Christi Versuchung handelte ähnlich. Und wie oftmals kamen die Feinde Jesu in falscher Freundlichkeit, mit Lobhudeleien, und mit andern fein angelegten Plänen zu Ihm, um Ihn zu täuschen und zu Fall zu bringen! Oftmals thaten im Laufe der christlichen Kirche die Feinde des Reiches Gottes Aehnliches. Mit List wollten die heidnischen Verfolger die Christen zum Abfall bewegen. Mit List wollten die Irrlehrer ihre falsche Lehre dem reinen Evangelium beimischen. Mit

heuchlerischer Freundlichkeit wollte man die Reformatoren zum Widerruf herbeiziehen, während schon der Dolch geschärft, das Gift gemischt und der Scheiterhaufen errichtet war. Und heute noch wird Heuchelei und List angewandt von Mächtigen, von Falschgläubigen, von Ungläubigen, von Sektenleuten, um der Kirche Gottes und dem wahren Glauben zu schaden. Aber der Gott, der den Weisen Seinen Auftrag gab, und dem Jesuskinde in Egypten einen sichern Bergungsort anwies; der Gott, der des Herodes Mordplan zu Nichte machte: der ließ auch Seine wahren Bekenner allezeit den feinen Schlingen der Feinde entrinnen. So gab Er Luther einen Schutzort auf der Wartburg des Churfürsten und ließ Andere der Seinen in ähnlicher Weise den Feinden entgehen. Oftmals erfahren die Seinen erst die Gefahr, in der sie schwebten, wenn diese bereits vorüber ist. Gott vereitelt auch die bösen Absichten und Pläne der Feinde Seines Reiches und Seiner Kinder dadurch, daß Er Seine Feinde verblendet oder auch ihre Schwerter gegen einander kehrt.

II. Gott macht die Feinde unschädlich.

1. Nicht bloß verhindert Gott die Feinde Seines Reiches und der Seinen an der Ausführung ihrer geheimen, bösen Pläne: Er macht sie, wenn sie in ihrem bösen Wesen fortfahren, auch ganz und gar unschädlich, entweder dadurch, daß Er sie ihrer Macht beraubt, oder dadurch, daß Er sie sterben läßt.

Dies Letztere war bei Herodes der Fall. Anstatt durch das Ausbleiben der Weisen von seinem mörderischen Plan abzustehen und in sich zu gehen, wird er nur desto boshafter und grausamer und schreckt nicht zurück von dem Vergießen so vielen unschuldigen Blutes, und verewigt so seinen Namen auf so schreckliche Weise — durch den „Kindermord zu Bethlehem." Nun aber war das Maaß seiner Sünden voll. Bald darauf konnte der Engel des Herrn dem Joseph in Egypten die Botschaft bringen: „Sie sind gestorben, die dem Kinde nach dem Leben standen." Und wie gestorben! Bei lebendigem Leibe faulte er und Würmer fraßen an seinem Körper. Aber Buße that er nicht. Jedoch war er nun unschädlich gemacht und aus dem Wege geräumt.

2. Siehe dasselbe an Pharao am rothen Meer; an Sanherib, der Jerusalem belagerte; an Kaiser Julian, der die Christen verfolgte und der in der Schlacht fiel

mit dem Ausruf: „So hast Du doch gesiegt, Du Nazarener!"
Mancher, der da meinte, mit seiner irdischen Macht, mit seinen
Soldaten, dem Reiche Gottes den Todesstoß geben zu können,
ist seither gestorben, aber das Jesuskind und Seine Kirche lebt
noch. Die römische Kirche mit Papst, Bischöfen, Priestern, Königen und Fürsten drangen oftmals mit großer Macht auf das
kleine Häuflein Protestanten ein, es zu unterdrücken: doch —
sie durften es nicht thun, und die Kirche mit der reinen Lehre
lebt heute noch. Manche Gelehrte und Weise dieser Welt haben
ihre Federn in Witz und Spott getaucht, um die Lehre von dem
„neugebornen König der Juden" zu widerlegen: Doch — auch
sie sind gestorben und verschollen, und die Lehre von dem Gekreuzigten und Auferstandenen wird in Hunderten von Sprachen verkündigt. Große Redner sind aufgetreten und haben
den Mund voll genommen gegen das Wort Gottes und das
Christenthum: ihre Leiber liegen im Grab, und ihre gottlosen
Zungen sind eine Speise der Würmer geworden; aber — das
Wort Gottes und das Christenthum leben noch und blühen,
und grünen und bringen Frucht. Gott gegenüber sind alle
diese mächtigen und weltklugen Goliathe nur winzige Zwerge,
die ein einziger Hauch Seines Mundes zu Boden werfen und
ein einziges Wort der Wahrheit zum Schweigen bringen kann.
Und wenn auch heute noch neben so mancher Kirche Gottes der
Teufel seine Kapelle hinbaut, so sind oft solche Teufelskapellen
schon längst wieder in Ruinen zerfallen, wenn auf Gottes Kirche
erst recht das Kreuzeszeichen golden zum Himmel empor ragt.

Und einst wenn allen christusfeindlichen Machthabern das
Schwert aus der Hand gesunken, den Verfassern antichristlicher
Schriften die Feder entfallen und allen Christusspöttern die
Zunge auf immer gelähmt sein wird, dann wird jener „neugeborne König der Juden" — Christus, der „da ist und der da
war", „der Anfang und das Ende", Off. 1, 8, — noch leben,
und wird Sein Ruhm erschallen durch aller Himmel Himmel
als des Lammes, das würdig ist zu nehmen Preis, Ehre und
Kraft; Off. 4, 11, „und alle Seine Feinde werden gelegt sein zum Schemel Seiner Füße." Ps. 110, 1.

III. Den Seinen zeigt Gott den Weg zur Rettung.

1. Die Weisen warnt Gott, „sie sollten sich
nicht wieder zu Herodes lenken." Es war nöthig, daß
sie Gott gehorsam waren. Sie erwiesen sich auch als gehorsam.

„Sie zogen durch einen andern Weg wieder in ihr Land." Auch Joseph bekam, durch den Engel von Gott gesandt, die nöthige Weisung, wie er mit dem Jesuskinde und Dessen Mutter dem Verfolger Herodes entrinnen könne. Es war nöthig, daß Joseph der Weisung folgte. Und der Evangelist berichtet, daß Joseph dies that: „Und er stand auf und nahm das Kindlein und Seine Mutter zu sich, bei der Nacht, und entwich in Egyptenland, und blieb allda bis nach dem Tode Herodis." Es war eine große Glaubensprobe für die Eltern Jesu, nach Egypten zu reisen, ohne zu wissen, wie lange sie dort, im fremden Lande, bleiben müßten, ob sie je wieder heimkehren dürften. Doch sie bestanden die Probe und gingen als echte Abrahamskinder getrost den Weg des Gehorsams. Ihr Glaubensgehorsam wurde auch gekrönt. Denn — endlich kam der Gottesbote mit der frohen Kunde: „Sie sind gestorben, die dem Kinde nach dem Leben standen. Stehe auf und nimm das Kindlein und Seine Mutter zu dir und ziehe hin in das Land Israel."

3. Wie hier Joseph, wie einst Noah, als ihm Gott befahl, eine Arche zu bauen, und als sie fertig war, ihn hineingehen hieß: wie diese Männer Gott gehorsam waren und so der Gefahr entgingen, so ist es auch heutzutage noch nöthig, daß Die, die aus irgendeiner Noth errettet werden, in irgendwelcher Gefahr beschützt werden wollen, Gott gehorsam seien, auf Seinen Wink achten, Seinen Willen erforschen, Seinen Weg kennen lernen und diesem Wink folgen, diesen Willen thun und diesen Weg gehen. Anders kann ihnen nicht geholfen werden. Wer seinen eigenen Weg geht, der wird zu Schanden; wer aber den Weg Gottes geht, der erfährt auch Gottes Hilfe.

3. Allerdings, Gottes Wege fordern manchmal Selbstverleugnung und geduldiges Warten; aber wenn die Wartezeit, die Trauerzeit, vorbei ist, tönt die Erlösungskunde nur desto angenehmer, und ist die Freude nach der Trauer nur desto willkommener.

4. Dankerfüllt verläßt Noah die Arche, in der er ein ganzes Jahr der Befreiung entgegen geharrt und begrüßt mit Freuden den Regenbogen der göttlichen Treue. Freudvoll und glücklich wendet Joseph mit den Seinen dem Lande der Fremdlingschaft den Rücken und kehrt in das Heimathsland zurück.

5. Mögen auch wir zur Zeit der Noth in gläubigem Gehorsam und hoffender Geduld den Weg Gottes gehen, damit Gott auch uns helfen und erretten könne.

Einst dürfen auch wir Egypten — das dieser Fremdlingsschaft verlassen und eingehen in das Land Israel — das Kanaan, das droben ist.

6. Einstweilen aber wollen wir gerne und willig unser Kreuz tragen, wäre es auch noch so schwer, und getrost und muthig den Weg Gottes gehen, im Kleinen und im Großen, bis wir einst am Grab unser Kreuz ablegen dürfen, und bis uns einst der Weg des Glaubens und des Gehorsams einführt in das Land der himmlischen Ruhe, wo kein Leid und kein Geschrei und keine Schmerzen mehr sein werden, sondern ewige Freude und Wonne.

> „Wie wird uns sein, wenn endlich nach dem schweren,
>   Doch nach dem letzten ausgekämpften Streit
> Wir aus der Fremde in die Heimath kehren
>   Und einziehn in das Thor der Ewigkeit!
> Wenn wir den letzten Staub von unsern Füßen,
>   Den letzten Schweiß vom Angesicht gewischt,
> Und in der Nähe sehen und begrüßen,
>   Was oft den Muth im Pilgerthal erfrischt.“

Amen.

Epiphanienfest.

Matth. 2, 1—12.

Da Jesus geboren war zu Jerusalem im jüdischen Lande, zur Zeit des Königs Herodes, siehe, da kamen die Weisen vom Morgenlande gen Jerusalem und sprachen: Wo ist der neugeborne König der Juden? Wir haben Seinen Stern gesehen im Morgenlande und sind gekommen, Ihn anzubeten. Da das der König Herodes hörete, erschrak er, und mit ihm das ganze Jerusalem. Und ließ versammeln alle Hohepriester und Schriftgelehrten unter dem Volk, und erforschete von ihnen, wo Christus sollte geboren werden. Und sie sagten ihm: Zu Bethlehem im jüdischen Lande. Denn also stehet geschrieben durch den Propheten: Und du Bethlehem im jüdischen Lande bist mit nichten die kleinste unter den Fürsten Juda; denn aus dir soll mir kommen der Herzog, der über mein Volk Israel ein Herr sei. Da berief Herodes die Weisen heimlich und erlernete mit Fleiß von ihnen, wann der Stern erschienen wäre; und wies sie gen Bethlehem, und sprach: Ziehet hin, und forschet fleißig nach dem Kindlein, und wenn ihrs findet, saget mirs wieder, daß ich auch komme und Es anbete. Als sie nun den König gehört hatten, zogen sie hin. Und siehe, der Stern, den sie im Morgenlande gesehen hatten, ging vor ihnen hin, bis daß er kam und stand oben über, da das Kindlein war. Da sie den Stern sahen, wurden sie hocherfreut, und gingen in das Haus und fanden das Kindlein mit Maria, Seiner Mutter, und fielen nieder und beteten Es an und thaten ihre Schätze auf und schenkten Ihm Gold, Weihrauch und Myrrhen. Und Gott befahl ihnen im Traum, daß sie sich nicht sollten wieder zu Herodes lenken. Und zogen durch einen andern Weg wieder in ihr Land.

1. Wir haben heute einen Festtag, nämlich das Epiphanien= oder Erscheinungsfest. Dasselbe fällt in diesem Jahre gerade auf einen Sonntag. Man nennt es auch das Christfest der Heiden. Waren die Anbeter des Jesuskindes an Weihnachten aus den Juden gewesen, so sind es heute Heiden, die den „neugebornen König der Juden" suchen und finden und Demselben ihre Huldigung darbringen. Man heißt sie die Weisen aus dem Morgenlande. Wundersam und göttlich ist

(68)

die ganze Erzählung. Ein Stern veranlaßt die Weisen, ihre Heimath zu verlassen, den „neugebornen König der Juden" zu suchen. Ein heimtückischer König und jüdische Schriftgelehrte müssen ihnen Dessen Geburtsort nennen. Nachdem sie gefunden, was sie gesucht, weist sie Gott Selber an, auf dem Ihm wohlgefälligen Wege wieder in ihr Land zu ziehen.

2. Seitdem haben nicht bloß Einzelne, sondern ganze Völker denselben Weg gemacht wie diese Weisen und haben an der Krippe zu Bethlehem und unter dem Kreuz zu Jerusalem nicht bloß den König der Juden, sondern den Heiland aller Völker — den Weltheiland, gefunden. Wenn es auch nicht immer auf so außerordentliche, wunderbare Weise geschah wie dort; wenn es auch nicht ein Stern des Himmels war, der den Weg zeigte, wie es dort geschah, so war es doch stets derselbe Zug des Vaters zum Sohne, gemäß dem das Herz der Menschen keine Ruhe hat, bis es sie findet bei Dem, der sagt: „Kommet her zu Mir Alle, die ihr mühselig und beladen seid, Ich will euch erquicken. So werdet ihr Ruhe finden für euere Seele"; Matth. 11, 29; und war es stets die Sonne der Gerechtigkeit, die in Jesu Christo Selbst der Welt aufging und als ein Licht zu erleuchten die Heiden aus den Propheten und dem Evangelium hervorleuchtet und Jeden, der so aufrichtig, ernstlich, anhaltend und gläubig sucht wie die Weisen, nach Bethlehem und Jerusalem weist.

Um das Belehrende, Ermunternde und Tröstliche aus dieser lieblichen Erzählung herauszufinden, lasset uns diesen Morgen mit einander betrachten

Den Besuch der Weisen aus dem Morgenlande zu Bethlehem.

Dabei wollen wir sehen

I.   was sie zu diesem Besuche veranlaßte;

II. was ihnen unterwegs begegnete;

III. was bei diesem Besuche für sie herauskam.

Wir sehen

I.   was sie zu diesem Besuche veranlaßte.

1. Das ersehen wir aus der Frage der Weisen selbst, die sie, in Jerusalem angekommen, dem König Herodes vorlegten: „Wo ist der neugeborne König der Juden? Wir haben Seinen Stern gesehen im Morgen-

land und sind gekommen, Ihn anzubeten." Den neugebornen König der Juden wollten sie sehen! Das klingt überraschend und wundersam; denn sie kommen ja von dem heidnischen Morgenlande, von einem Lande östlich von Palästina, östlich vom Lande der Juden gelegen. Mag man nun unter diesem Morgenlande Arabien, Mesopotamien, oder Persien verstehen: Jedes dieser Länder war von heidnischen Völkern bewohnt. Somit kommen sie aus einem heidnischen Lande. Woher aber wissen sie, daß dem Volk der Juden ein junger König geboren werden sollte? Darauf können wir antworten, daß auch manche Heidenvölker jener Zeit mit der Hoffnung Israels bekannt waren. Denn während der Blüthezeit Israels kamen oftmals Gesandte auswärtiger Völker nach Jerusalem und konnten so Kunde von der jüdischen Religion mit nach Hause bringen. Und während sich Israel in der babylonischen Gefangenschaft befand, hatten die dortigen Völker reichlich Gelegenheit, die Religion der Juden, namentlich auch deren Messiashoffnung, kennen zu lernen. Denken wir z. B. an Daniel, Esra und Nehemia, und an ihre hohe Stellung und großen Einfluß in Babel zu jener Zeit. Daher können wir es als sicher annehmen, daß all die Völker, die mit Israel in Berührung gekommen waren, von Israels Hoffnung hörten und Dies auf ihre Nachkommen forterbten, so daß, als dieses Heil kam, und eine außerordentliche Erscheinung sich zeigte, diese Völker dieselbe mit der Erfüllung jener Hoffnung in Verbindung setzten.

2. Diese außerordentliche Erscheinung war ein Stern, den diese Männer am Himmel sahen. Welcher Art dieser Stern war, ob es ein sonst bekannter Stern mit einem außerordentlichen Zeichen, oder ein ganz neuer Stern war, den man vorher noch nicht gesehen hatte, ist uns von dem Evangelisten nicht berichtet, und ist auch nicht nöthig zu wissen. Jene Weisen, die Sternkundige waren, Magier, wie man sie nennt, sahen in jenem Stern so viel, daß sie nach ihrem Wissen und ihrer Erfahrung urtheilten, daß er etwas Außerordentliches war, und weil sie gewohnt waren, Außerordentliches in der Sternenwelt mit großen Ereignissen auf der Erde oder unter den Menschen in Verbindung zu bringen, so verknüpften sie — und ganz gewiß unter göttlicher Leitung — dieses Außergewöhnliche mit der Verwirklichung von der Hoffnung Israels — der Geburt eines jungen Königs — auf welches Ereignis, als auf ein sehr wichtiges, sie ohne Zweifel schon längst gewartet hatten.

3. Von solchen Weisen — Sternkundigen oder Magiern — lesen wir öfters im alten Testament. Gott gebrauchte sie und ihre Wissenschaft, den Menschen unbekannte Dinge oder Zukünftiges zu verkündigen. So lesen wir von Bileam, von Daniel und Andern. Wo solche Wissenschaft in den Händen gottesfürchtiger Männer war, bediente sich Gott derselben zu Seinen Zwecken, und war sie dann den Zwecken des Reiches Gottes förderlich. Wo solche Wissenschaft aber in „vorwitzige Kunst" ausartete, da wurde sie in den Händen abergläubiger Menschen Satanswerk, und trat dann dem Reiche Gottes feindselig und hinderlich entgegen. Ap. 13 u. 19. Gott aber, der auch Seine Feinde zu den Zwecken Seines Reiches gebrauchen kann, benützte auch sie — oft gegen ihren Willen.

Da die Sternseher und Weisen zu Babel des Königs Nebucadnezars Traum nicht angeben und deuten konnten, und deshalb alle diese Leute getödtet werden sollten, suchte man auch Daniel und seine Freunde, um sie zu tödten, woraus man sieht, daß auch Daniel ein solcher Weiser war. Seiner bediente sich Gott, mittelst Wissenschaft und besonderer außerordentlicher Offenbarung, jenen heidnischen Gewalthabern und Völkern zu beweisen, daß der Gott Israels der allein wahre Gott sei. Daniel 2.

Den Bileam, einen Weisen, zwingt Gott, gegen dessen Auftrag und Willen, dem Volke Gottes Gutes zu weissagen: „Es wird ein Stern aus Jakob aufgehen, und ein Scepter aus Israel aufkommen; aus Jakob wird der Herrscher kommen." 4. Mose 24, 17. 19. Solche Aussprüche aus Heiden Mund im heidnischen Lande; solche Bekanntschaft mit Israels Hoffnung konnte sich leicht unter heidnischen Völkern fortpflanzen, und ist es daher gar kein Wunder, daß, als jener Stern aus Jakob in Christi Geburt wirklich erschienen war, und jener außerordentliche Stern am Himmel sich zeigte, die Weisen jene Sternweissagung des Bileam mit der Geburt eines Herrschers für Israel in Verbindung brachten.

Wie dem auch sei; Eines wird uns klar: Gott benützt hier einen Stern, gottesfürchtigen Heiden die Geburt Christi anzuzeigen und sie an die Geburtsstätte zu bringen. Gott gebraucht allerlei Mittel, Sich den Menschen zu offenbaren und ihnen Seinen Willen und Seine Befehle mitzutheilen. Er sendet Seine himmlischen Diener — die Engel; Er beauftragt die Propheten; Er redet zu den Menschen durch Gesichte und Träume; mit Noah redet Er durch den Regenbogen, mit Israel am Berge Sinai

durch Blitz und Donner. Auch sonst waren oft große Ereignisse
in der Welt von besonderen Naturerscheinungen begleitet. Am
Ende der Welt werden — nach Christi eigener Weissagung —
Zeichen an den Himmelskörpern und außerordentliche Erschei=
nungen in der Natur eintreten, Christi Kommen zum Gericht
anzukündigen.

4. Aber obgleich Sich Gott jedes Mittels zu
Seinem Zweck bedienen kann, so wäre es thöricht,
wenn wir auf solche außerordentliche Offenba=
rungen warten wollten, damit Er uns Seinen
Willen mittheile oder uns helfe. Wir haben „Mosen
und die Propheten" und das Evangelium dazu: das geoffen=
barte Wort Gottes, das uns Gottes Willen vollkommen mit=
theilt. Das soll uns genügen. Der Verfasser des Hebräer=
briefes schreibt: „Nachdem vor Zeiten Gott manchmal
und mancherlei Weise geredet hat zu den Vätern
durch die Propheten: hat Er am letzten in diesen
Tagen zu uns geredet durch den Sohn." Hebr. 1, 1.
Der Sohn hat persönlich zu den Menschen geredet, und densel=
ben den Willen des himmlischen Vaters mitgetheilt. Und die=
ses Alles ist in Seinem geschriebenen Wort enthalten. An die=
ses sind wir Menschen gebunden. Wir haben kein Recht, auf
andere Offenbarungen zu warten. Auf dieses geschriebene
Wort — damals nur das Alte Testament — werden auch die
Weisen in unserm Texte hingewiesen.

Und so wollen wir sehen

II. was den Weisen unterwegs begegnete.

1. Sie setzten Jerusalem mit ihrer Frage in
Schrecken. „Wo ist der neugeborne König der Ju=
den? Wir haben Seinen Stern gesehen im Mor=
genlande, und sind gekommen, ihn anzubeten."
Ganz richtig urtheilten die Weisen, wenn sie Jerusalem als das
Ziel ihrer Reise sich dachten. Denn das war von alten Zeiten
her die Hauptstadt der Juden, der Sitz der Könige dieses Volks.
Dort muß ja die Wiege des neugebornen Judenkönigs stehen.
Und doch — welchen Schrecken verursachte ihre Frage! „Da
das der König Herodes hörete, erschrak er, und
mit ihm das ganze Jerusalem." Herodes zittert für
seine Krone, die ohnedies nicht mehr fest auf des grausamen
Tyrannen Haupte saß. Sein böses, durch Blutschuld belastetes
Gewissen erschrickt bei der Nachricht von einem neugebornen

Judenkönig. Und doch ist dieser neugeborne König der Juden
Der, der später vor Pilati Stuhl bekennt: „Mein Reich ist
nicht von dieser Welt." Joh. 18, 36. Aber der Herr=
scher, den nur Gewalt und Grausamkeit auf dem Thron erhält,
sieht auch in den kleinsten Dingen Gefahr und fürchtet überall
Verrath.

Auch die Bürgerschaft Jerusalems geräth in Schrecken.
Jahrtausende lang hatte Israel auf diesen „König der Juden"
gewartet — auf Israels Heil, den Helden aus Juda. Jetzt ist
Er da; die Hauptstadt erschrickt! Jerusalem und das ganze
jüdische Volk überhaupt war in jener Zeit so verweltlicht, so
gleichgiltig und todt, unter dem Druck der Fremdherrschaft auch
so furchtsam, daß sie lieber im alten Geleise der gewohnten Un=
terthänigkeit und in dem gewohnten verknöcherten religiösen
Zustande verbleiben wollten, als sich zu etwas Neuem zu erheben
und vielleicht noch kämpfen zu müssen. Daher empfängt Jeru=
salem die Weisen mit derselben Gleichgiltigkeit, die wir an
Israel in Egypten wahrnehmen, als Moses vor seiner Flucht
sich ihrer annehmen wollte. „Moses meinte, seine Brüder soll=
ten es vernehmen, daß Gott durch seine Hand ihnen Heil gäbe;
aber sie vernahmen es nicht." Ap. 7, 25. Israel wollte lieber
bei den Fleischtöpfen Egyptens in der Sklaverei sitzen, als durch
Anstrengung und Kampf das Erbe ihrer Väter erobern und frei
sein.

2. Und so ist es heute noch. Die Menschen wollen lie=
ber in ihrem alten bequemen Zustande bleiben, ungestört im
Schlaf des Leichtsinns, der Gottlosigkeit, der Sicherheit, der Träg=
heit und des Geizes fortmachen, als sich zu neuem Leben und
neuer Thätigkeit aufraffen. Werden sie dann einmal von einem
treuen Zeugen des Herrn von der Kanzel aus etwas gerüttelt
und geschüttelt, so fahren sie erschreckt auf, wie ein plötzlich ge=
weckter Schläfer, und — murren. Der Sündendiener will nicht
gestört sein und will seine Sünden nicht genannt haben. Und
hat der Zeuge noch den Muth, nebst dem Herzen und Leben sei=
ner Gemeindeglieder auch noch die Tasche derselben anzugreifen,
da erwacht der Demetrius, (Ap. 19, 24.) der Goldschmid, und
wehrt sich mit aller Macht fürs Alte und Gewohnte und den
angenehmen Frieden! Da ist dann die alte, gebrechliche Kirche
den Reichen—deren eigene Häuser aber palastmäßig eingerichtet
sind—noch lange gut genug: „man kann ja Gott überall anbe=
ten", heißt es dann. Wird zur Unterstützung der Erziehungs=,
Missions= und Waisenanstalten aufgefordert, so fallen Reden,

wie etwa: „Wer Pastor werden will, soll dafür bezahlen; er
schlägt es ja reichlich wieder heraus." „Und die Mission! die
ist ja so weit von uns entfernt; das Geld könnte ja unterwegs
verloren gehen, oder vielleicht entwendet werden." „Und die
Armen! die sollen auch arbeiten und hätten früher sparen sollen;
und wofür zahlen wir denn die Armensteuer?" „Und wenn wir
arme Waisen haben, so sind ja die Armenhäuser da; nach diesen
wird ja so viel Geld geschickt." Sie selbst aber haben in ge-
wohntem Geiz oder Luxus jahraus jahrein keinen Cent für sie.
„Und die Jugend noch besonders in einer Gemeindeschule unterrichten lassen? Das ist zu kostspielig." Aber die Jugend in
die Tanzschule schicken, mit ihnen zu Ball und Theater gehen,
ihnen theure Maskenkostüme kaufen, sie für eitle, seelenverder-
bende Gesellschaft herzustutzen und herauszuputzen: da spart man
nicht; das ist nicht zu kostspielig! Und ist der Zeuge auf der
Kanzel und Seelsorger in der Gemeinde nicht zufrieden, so gibt
es ja allerlei Mittel, ihn zum Schweigen zu bringen. Und als
das höflichste wählt man gewöhnlich das, dessen sich die Gergesener gegen den Herrn bedienten: „Und sie baten Ihn,
daß Er von ihrer Grenze weichen wollte." Matth.
8, 34. Anstatt vom Sündenschlaf zu neuem Leben und zu
christlicher Thätigkeit aufzuwachen, entledigt man sich des Wek-
kers und schläft weiter — nach der Gewohnheit.

3. Den Weisen zeigt in Jerusalem die Schrift
den Weg nach Bethlehem, dem Ziele ihrer Reise.
Der König Herodes versammelt die Hohenpriester und Schriftgelehrten der Juden, um von ihnen zu erfahren, wo sie dächten,
daß dieser junge König der Juden würde geboren worden sein.
Und diese jüdischen Schriftgelehrten und Priester wissen gut
Bescheid in den Schriften der Propheten; denn sie sagen: „Zu
Bethlehem im jüdischen Lande. Denn also stehet geschrieben
durch den Propheten." Daraus ersehen wir, daß wenn sich Gott,
wenn es nicht anders sein konnte, auch jeweils außerordentlicher
Mittel bediente, um den Menschen Seinen Willen und Befehl
mitzutheilen, Er aber doch stets noch außerdem die Betreffenden
auf den gewöhnlichen Weg der Mittheilung Seines Willens und
Heiles, nämlich auf den Gebrauch der von Ihm verordneten
Gnadenmittel — Wort und Sakrament — hinwies. Die Weisen hatten schon in jenem Stern von „dem neugebornen König
der Juden" gelesen. Aber Gott lenkt ihren Weg noch nach
Jerusalem, damit sie dort durch die regelmäßigen Lehrer und
Priester aus der Schrift als dem Worte Gottes über den Weg

nach Bethlehem Weisung erhalten sollten. So hatte auch Saulus auf dem Wege nach Damaskus wohl jene Erscheinung gehabt, aber doch schickt ihm Gott noch den Ananias, ihn zu belehren und zu taufen. Der Hauptmann Cornelius zu Cäsarien — obwohl schon als Heide „fromm und gottesfürchtig" und obgleich ihm bereits ein Engel erschienen war — mußte noch den Petrus holen lassen, um von ihm das Wort von Jesu dem Gekreuzigten und Auferstandenen zu hören und getauft zu werden. Dem Kämmerer aus Mohrenland schickt Gott den Philippus, damit er ihm den von Jerusalem mitgebrachten Propheten Jesaias erkläre.

4. So ist es auch heute noch nötig, und ist es so Gottes Ordnung, daß man, um das Jesuskind zu finden, die Schrift zu benützen hat, dort hingehen muß, wo der Tempel ist, wo die Schriftgelehrten sind, wo man die Propheten erklärt. Das ist der gewöhnliche Weg Gottes, auf dem Er den Menschen zum Heile führen will: „So kommt der Glaube aus der Predigt; das Predigen aber durch das Wort Gottes." Röm. 10, 17. Und obwohl Gott Seinen Namen auch in das Firmament — wie überhaupt in die Natur — geschrieben hat, so kannst du solchen Namen dort nur lesen und verstehen lernen durch Benützung des Wortes Gottes. Auch wenn Gott zu den Menschen auf die außerordentliche Weise Seiner Gerichte redet, so verstehen sie auch diese Sprache nur mit Hilfe und im Lichte der Schrift. Darum, nach Jerusalem! zum Tempel! wo die Schriftgelehrten — zum Reiche Gottes gelehrt — Mosen und die Propheten erklären und die Suchenden nach Bethlehem weisen.

Doch ist es nicht genug, den Weg zum Heil zu wissen; man muß ihn auch gehen, und ihn gehen mit aufrichtigem Herzen und willigem Gehorsam: Nur dann gelangt man in den Besitz des Heils.

Das sehen wir, wenn wir fragen

III. was bei dem Besuch der Weisen zu Bethlehem herauskam.

1. Sie fanden das Jesuskind: „Und sie gingen in das Haus, und fanden das Kindlein mit Maria, Seiner Mutter." In Jerusalem hatten sie den Namen des Ortes gehört, wo nach den Schriften der Propheten der erwartete „König der Juden" geboren werden sollte. Nun war es nötig, auch an diesen Ort hin zu gehen. Obwohl sie schon lange gewandert waren, lassen sie sichs doch nicht verdrie-

ßen, noch weiter zu reisen. Man ist so gleichgiltig in der Juden Hauptstadt bezüglich der Angelegenheit, die sie von so weit her nach Jerusalem gezogen hatte, daß man ihnen nicht einmal einen Begleiter mitgibt. Alles das aber entmuthigt sie nicht. Sie halten sich nun an die in Jerusalem empfangene Belehrung. Und — gaben ihnen die Vertreter der Juden keinen Wegweiser mit, so schickt ihnen Gott einen, nämlich den Stern, den sie in ihrer Heimat gesehen hatten. Der sollte der äußere Führer sein, bis sie das Ziel ihrer Reise erreicht haben würden.

2. Die Hohenpriester und Schriftgelehrten wußten die Weissagung und konnten von den Weisen hören, daß die hauptsächlichste derselben nun erfüllt sei; aber sie sind zu weltlich, zu gleichgiltig und zu stolz, um sich näher nach der Sache zu erkundigen: sie gehen nicht nach Bethlehem. Ihr Wissen half ihnen nichts. Die Weisen wußten nicht Viel von Jesu; aber was sie wußten, wandten sie getreulich an. So ist es auch heute nicht genug, mit Gottes Wort bekannt zu sein: man muß es auch befolgen; es ist nicht genug, den Weg zum Leben zu wissen: man muß ihn auch gehen. Und Gott bringt auch Diejenigen zum Ziel, die nicht gerade tiefes Wissen besitzen, wenn sie nur mit Dem, „was sie haben", getreu sind. „So ihr solches wisset, selig seid ihr, so ihr es thut." Joh. 13, 17.

3. Und was fanden die Weisen in Bethlehem? Ein Kindlein in geringer, armseliger Umgebung. Aber aus Allem, was sie gehört und gesehen, hatten sie — trotz der gleich= giltigen Aufnahme in Jerusalem—die Ueberzeugung gewonnen: das ist der neugeborne König der Juden. Sie stoßen sich nicht an des Kindes geringer Umgebung und dessen Niedrigkeit, son= dern glaubten fest, daß sie am Ziel ihrer Reise seien und daß sie Den gefunden, den sie gesucht. Was für ein glückliches Glau= bensbewußtsein, welch selige Freude mag ihren Geist durchdrun= gen haben, als sie vor dem Kinde niederknieten und es anbete= ten! Solche Ehre brachten sie Ihm nicht bloß dar als einem zukünftigen Könige, sondern als einem göttlichen Wesen, so daß ihre Huldigung als eine gottesdienstliche Verehrung anzusehen ist. Trotz des Kindes Niedrigkeit ahnen diese Weisen in dem Jesuskinde was später ein Jünger Jesu mit vollem Ver= ständnis und Bewußtsein ausgesprochen hat: „Und wir sehen Seine Herrlichkeit, eine Herrlichkeit als des ein= gebornen Sohnes vom Vater, voller Gnade und Wahrheit." Joh. 1. 4.

Die Juden und Heiden stießen sich an Seiner Niedrigkeit, an der Krippe und dem Kreuz. Auch heutiges Tages gibt es noch ähnliche Leute. Daher hat Pauli Wort immer noch seine Anwendung: „Wir aber predigen den gekreuzigten Christum, den Juden ein Aergernis und den Griechen eine Thorheit. Denen aber, die berufen sind, beides Juden und Griechen, predigen wir Christum, göttliche Kraft und göttliche Weisheit." 1. Kor. 1, 23. 24.

4. Die Weisen brachten dem Jesuskinde ihre Gaben dar. „Und sie thaten ihre Schätze auf, und schenkten Ihm Gold, Weihrauch und Myrrhen." Wie herrlich sind dadurch einige alttestamentliche Weissagungen erfüllt worden; etwa: „Die Könige am Meer werden Geschenke bringen, die Könige aus Reich Arabien und Seba werden Gaben zuführen;" Pf. 72, 10; oder: „Sie werden aus Seba alle kommen, Gold und Weihrauch bringen, und des Herrn Lob verkündigen." Jes. 60, 2. Obgleich diese hier genannten Geschenke königliche Geschenke sind, Geschenke, die Könige geben und Könige empfangen, so muß nicht gerade daraus folgen, daß es Könige waren; jedenfalls waren es Leute von Rang; und freigebig waren sie gewiß. Jene theueren Gaben waren ihnen nicht zu kostspielig, sie dem Jesuskinde zu schenken.

Auch erkennen wir daraus die weise, vorsorgende Güte Gottes. Bald mußten sich die Eltern Jesu nach Egypten flüchten; und da kam ihnen das von den Weisen geschenkte Gold gut zu statten.

Auch hier können wir von den Weisen lernen. So wie sie dem Heilande ihre Gaben darbrachten, so soll es auch uns treiben, für die Zwecke Seines Reiches das Unsrige beizutragen. So lange das Reich Gottes auf Erden ist, so lange ist es nöthig, dasselbe mit irdischen Mitteln zu unterstützen. So will es Gott haben. So war es zur alttestamentlichen Zeit schon. Die Weisen gaben ihre Geschenke aus dankbarer Freude, weil sie Jesum gefunden hatten. Und wenn wir Jesum gefunden haben, und Ihm das Opfer kindlichen Glaubens, des Weihrauches herzlichen Gebetes und der Myrrhen reuevoller Buße darbringen: dann fällt es uns auch nicht schwer, irdische Gaben zur Gründung und Ausbreitung Seines Reiches als Dankopfer fröhlich auf Seinen Altar zu legen.

5. „Sie zogen durch einen andern Weg wieder in ihr Land." Ihr Zweck ist erreicht; sie haben das Jesuskind gefunden; dem Drang ihres Herzens ist entsprochen; ihr Sehnen ist gestillt. Es muß ihnen zu Muthe gewesen sein, wie dem Kämmerer aus Mohrenland, nachdem er von Philippus getauft worden war; von ihm heißt es: „Er zog aber seine Straße fröhlich." Ap. 8, 37.

Aber wie sie den Herweg im Gehorsam gegen Gott und Seiner Leitung gemacht hatten, so sollen sie in demselben Gehorsam auch den Heimweg machen. „Und Gott befahl ihnen im Traum, daß sie sich nicht sollten wieder zu Herodes lenken." Wenn auch — außer Herodes — Niemand auf Erden den schwarzen Mordplan des Tyrannen wußte: Gott wußte ihn, und beginnt hier, denselben zu vernichten. Die Weisen belehrt Er, nicht mehr zu Herodes zurück zu gehen, sondern einen andern Weg zur Heimreise einzuschlagen. Sie sind gehorsam; und gewiß mit noch vollerem Verständnis als auf dem Herweg. Und wenn wir auf unserer Reise durch die Welt in gläubigem Gehorsam gegen Gott auch den Heiland gefunden haben und zum Frieden der Seele gelangt sind, dann können auch wir einst fröhlich den Heimweg — den nach der obern Heimath antreten. Dort werden wir dann die Wege, die Gott in diesem Leben mit uns ging, in voller Klarheit und vollem Licht erkennen. Bis dahin beten wir:

„Jesu geh voran
Auf der Lebensbahn,
Und wir wollen nicht verweilen,
Dir getreulich nachzueilen;
Führ uns an der Hand
Bis ins Vaterland."

Amen.

Erster Sonntag nach Epiphanien.

Luc. 2, 41-52.

Und Seine Eltern gingen alle Jahre gen Jerusalem auf das Osterfest. Und da Er zwölf Jahre alt war, gingen sie hinauf gen Jerusalem, nach Gewohnheit des Festes. Und da die Tage vollendet waren,
und sie wieder zu Hause gingen, blieb das Kind Jesus zu Jerusalem,
und Seine Eltern wußtens nicht. Sie meinten aber, Er wäre unter den
Gefährten, und kamen eine Tagereise und suchten Ihn unter den Ge-
freundten und Bekannten. Und da sie Ihn nicht fanden, gingen sie
wiederum gen Jerusalem und suchten Ihn. Und es begab sich nach
dreien Tagen, fanden sie Ihn im Tempel sitzen, mitten unter den Lehrern, daß Er ihnen zuhörete und sie fragete. Und alle, die Ihm zuhöreten, verwunderten sich Seines Verstandes und Seiner Antwort. Und da
sie Ihn sahen, entsetzten sie sich, und Seine Mutter sprach zu Ihm:
Mein Sohn, warum hast Du uns das gethan? Siehe, Dein Vater und
ich haben Dich mit Schmerzen gesucht. Und Er sprach zu ihnen: Was
ists, das ihr Mich gesucht habt? Wisset ihr nicht, daß Ich sein muß in
dem, was Meines Vaters ist? Und sie verstanden das Wort nicht, das
Er mit ihnen redete. Und Er ging mit ihnen hinab und kam gen Nazareth und war ihnen unterthan. Und Seine Mutter behielt alle diese
Worte in ihrem Herzen. Und Jesus nahm zu an Weisheit, Alter und
Gnade bei Gott und den Menschen.

Nach unserem heutigen Evangelium finden wir
Jesum als zwölfjährigen Knaben im Tempel. Es ist
das die einzige Geschichte, die wir aus der Jugendzeit Jesu wissen. Von Seiner Darstellung im Tempel an als ein Kindlein
bis zu dieser Begebenheit haben uns die Evangelisten Nichts
berichtet. Es war auch nicht nöthig. Es war hinreichend, daß
die Engel den Hirten Seine Geburt ankündigten, und daß Ihn
jene betagten Gläubigen im Tempel — Simeon und Hanna —
als „den Heiland", „als ein Licht zu erleuchten die
Heiden, und zum Preis des Volkes Israels" den bei
der Darstellung Anwesenden bezeichneten. Und es genügt uns,
von dem Jesusknaben — der von dort an in dem geringen Na-

(79)

zareth aufwächst, bis Er bei der Taufe durch Johannes Sein Lehramt antritt — das zu wissen, was Lucas am Schlusse der Darstellungsgeschichte bemerkt: „Aber das Kind wuchs, und ward stark im Geist, voller Weisheit; und Gottes Gnade war bei Ihm." Luc. 2, 40. Zwischen der Geschichte von Seiner Darstellung und Seiner Taufe durch Johannes steht dann im heutigen Evangelium diese liebliche Erzählung von Jesu Besuch im Tempel zu Jerusalem in Begleitung Seiner Eltern, Maria und Joseph, beim Osterfest.

Von jeher hat man dieses Evangelium angewandt, um Grundsätze für christliche Erziehung daraus abzuleiten. Und auch wir wollen heute Solches thun.

Somit lasset mich heute zu euch reden über

Den Besuch des zwölfjährigen Jesusknaben im Tempel zu Jerusalem bei Gelegenheit des Osterfestes in Begleitung Seiner Eltern.

Dabei wollen wir sehen, was wir zum Zweck der Erziehung der Jugend daraus lernen können; und zwar

I. christliche Eltern;

II. deren Kinder.

I. Was können christliche Eltern bezüglich der Erziehung ihrer Kinder aus dieser Erzählung lernen?

1. Bekräftige die religiöse Unterweisung, die du deinen Kindern angedeihen lässest, durch dein persönliches, thatsächliches Beispiel.

„Die Eltern Jesu gingen alle Jahre gen Jerusalem auf das Osterfest." Es war Gesetz in Israel, daß alle erwachsenen männlichen Glieder des Volkes jedes Jahr drei Mal — nämlich an den drei hohen Festen: Osterfest, Pfingstfest und Laubhüttenfest — im Tempel zu Jerusalem zu erscheinen hatten. 2. Mose 23, 14—17. Diesem gottseligen Gebot kommt auch Joseph in seiner Frömmigkeit getreulich nach. Und da auch die Frauen an solchem Hinaufgehen nach Jerusalem und den Festgottesdiensten daselbst theilnehmen durften, so ließ es sich die fromme Maria nicht nehmen, ihren Gatten dorthin zu begleiten. Solch regelmäßige Theilnahme an den religiösen Festen des ganzen Volkes im Nationalheiligthum zu Jerusalem schließt aber bei Leuten wie Joseph und Maria auch die Pflege der Religion zu Hause, in ihrer Familie, und in der Synagoge am Sabbath in sich. Denn die großen Thaten Gottes, die sie bei solchen Gelegenheiten im Tempel hörten, mußten doch gewiß auch einen Nachklang und eine Nach= wirkung haben in die Heimathsgemeinde und Heimathsstättte hinein. Somit dürfen wir als bestimmt annehmen, daß diese gläubigen Israeliten auch in ihrem Heimathsstädtchen, Naza= reth, zu den Sabbathsgottesdiensten in der Synagoge sich ein= gestellt haben werden, und ebenso, daß sie auch des Hausgottes= dienstes werden gepflegt haben. Wir können uns die Eltern Jesu, namentlich nach allem dem, was wir aus der Geburtsge= schichte Jesu von ihnen gehört haben, gar nicht anders denken.

2. Aus diesem gottseligen Zuge der Glaubenspflege im Tempel, in der Synagoge und in der Familie, wie wir Solches bei Jesu Eltern als gläubigen Israeliten wahrnehmen, können christliche Eltern lernen. Und zwar vorerst den Grund= satz: Die religiöse Pflege zu Hause ist ein wesentlicher Theil eines rechtschaffenen glücklichen Familienlebens und namentlich auch einer ersprießlichen christlichen Er= ziehung. So meint auch Josua, wenn er zu Israel beim Abschied sagt: „Ich aber und mein Haus wollen dem Herrn dienen.“ Jos. 24, 15. Zur Zeit der Patriarchen war der Hausvater auch der Hauspriester. Und das ging auf die Juden über, und hat sich auch auf die neutestamentliche Zeit vererbt. Geschichten aus dem Leben Jesu lassen uns da und dort Familiengottesdienste sehen, namentlich aber stellt uns die Geschichte der Apostel und ihre Briefe oft und eindringlich die „Hausgemeine“ um den Hausaltar versammelt vor Augen. Philemon 2. Und kann man sich etwas Schöneres, Herrlicheres und Segensreicheres denken als eine Familie, in der man nicht nur mit einander arbeitet, nicht nur mit einander des Tages Last und Hitze trägt, sondern auch mit einander Gottes Wort liest, christliche Lieder singt und mit einander betet! Das ist die Würze des Tages, das festeste Band, das die Familie zu= sammen hält, das Salz, das die Familie vor Fäulnis bewahrt. Wenn je, so gilt es von der Familie, was die Alten gesagt haben: „Bet’ und arbeit’, Gott segnet zu Seiner Zeit!“ Und: „Morgensegen, Abendsegen ist Tagessegen auf allen Wegen.“ Eine glückliche Familie, in der man des Hausgottesdienstes pflegt! So haben es auch unsere Väter gehalten.

Aber die Pflege des Hausgottesdienstes ist nicht nur ein wesentlicher Theil eines glücklichen Familienlebens, sondern auch ein wesentlicher Theil einer rechtschaffenen, ersprießlichen christlichen Erziehung. Daß auch Kinder von religiösen Dingen wissen sollen, ersehen wir aus der Anordnung Gottes, daß Kinder durch die Beschneidung im alten und durch die Taufe im neuen Bunde Glieder des Reiches Gottes werden sollen. Auch ist aus Schrift, Geschichte und dem Alltagsleben hinlänglich bekannt, daß Religion das beste Hilfsmittel der Erziehung und auch die allein sichere Grundlage derselben ist. Von Abraham sagt der Engel des Herrn: „Ich weiß, er wird befehlen seinen Kindern nach ihm, und seinem Hause nach ihm, daß sie des Herrn Wege halten, und thun, was recht und gut ist.“ 1. Mose 18, 19. Moses ermahnt Israel bei seinem Abschiede, als er ihnen das Gesetz Gottes noch einmal wiederholt: „Und diese Worte, die ich dir heute gebiete, sollst du zu Herzen nehmen, und sollst sie deinen Kindern einschärfen, und davon reden, wenn du in deinem Hause sitzest, oder auf dem Wege gehest, wenn du dich niederlegest oder aufstehest.“ 5. Mose 6, 6. 7. Paulus rechnet es Timotheus als einen großen Vorzug an, daß er mit der Schrift bekannt war, wenn er sagt: „Weil du von Kind auf die heilige Schrift weißest, kann dich dieselbige unterweisen zur Seligkeit, durch den Glauben an Christum Jesum.“ 2. Tim. 3, 15. Diese und andere Stellen der Schrift beweisen deutlich, daß es der Wille Gottes ist, daß Kinder in religiösen Dingen unterrichtet werden sollen. Schon die Natur des alten Bundes verlangte, daß der heranwachsende Israelite mit dem bekannt gemacht wurde, was dieser Bund in sich schloß. Und im neuen Bunde versprechen die Eltern oder Taufpathen für das Kind schon bei dessen Eintritt in das Reich Gottes, dasselbe im Christenthum zu unterrichten oder unterrichten zu lassen. Dem stimmt auch Paulus bei, wenn er schreibt: „Ihr Väter zieht euere Kinder auf in der Zucht und Vermahnung zum Herrn.“ Eph. 6, 4. Mit dieser Zucht und Vermahnung soll so frühe wie möglich der Anfang gemacht werden. So lange das Kind noch auf der Mutter Schooß sitzt, oder auf des Vaters Knieen sich wiegt, soll es die ersten Gebetchen, Sprüchlein, Liederverschen lernen und mit den Hauptgestalten der biblischen Geschichte bekannt werden. Im Elternhause soll es die ersten seligen Eindrücke bekommen von unserem allerheiligsten Glauben. Das gibt dir eine wundersame Macht über dein Kind, mit der du es im Erziehungsgang leichter leiten kannst als mit irgend einem anderen Mittel. Damit pflanzest du deinem Kinde eine Ehrfurcht vor dir ein, die ihm zeitlebens bleibt, aus welcher von selbst fließt: „Die Eltern in Ehren halten, ihnen dienen, gehorchen, sie lieb und werth halten." Der Glaube an Gott und Schrift, eingepflanzt in das Kindesherz, schafft in dem Kinde eine Seelen- und Geistesverwandtschaft mit den gläubigen Eltern, die für die Erziehung mehr Werth hat und mehr ausrichtet als Geld und Putz und Strenge.

3. Wo in einer Familie häusliche Religionspflege statt= findet, da reiht sich auch als nothwendige Folge der Be= such des Hauses Gottes mit seiner Sonntagsschule für die Jugend und seinem Gottesdienst für Alle an. Aber der An= fang zu Allem dem muß in der Familie gemacht werden.

4. Aber nicht nur als Hilfsmittel zur Erziehung, sondern auch, und hauptsächlich, als Grundlage christlicher oder wah= rer Erziehung soll die Religion bei der Erziehung und Ausbil= dung der Jugend gepflegt werden, damit daraus herauswachsen tüchtige Bürger des Staats, brauchbare Glieder der christlichen Kirche auf Erden und glückliche Erben des Reiches Gottes im Himmel.

Recht und billig ist es, daß unsere Kinder in weltlichen Fächern unterrichtet werden und sich die Fertigkeiten und Kenntnisse aneignen, die sie im bürgerlichen Leben nöthig ha= ben, welche Stellung sie auch später darin einnehmen mögen. Aber alle diese Fertigkeiten, Fähigkeiten und Kenntnisse haben nicht den ganzen, vollen Werth und Nutzen, wenn sie nicht Religion zur Grundlage haben, und zwar nicht bloß die Kenntnis derselben, sondern das gläubige, selbstbewußte Leben darin. Der Landmann, auf dem Felde, der Handwerker in sei= ner Werkstätte, der Gelehrte in seinem Lehrstuhl, der Richter im Gerichtshause, der Diener in seinem Dienst, der Reiche in seinem Besitz: ist noch einmal so viel werth mit Religion, mit lebendi= gem Glauben an den in der Schrift geoffenbarten Gott als ohne das. Ohne das wird der Landmann selbst zur harten Erdscholle, der Handwerker zur todten Maschine, der Gelehrte zum Narren, der Richter zum käuflichen Beuger des Rechts, der Diener zum ränkevollen Augendiener, der Reiche zum gefühl= losen Anbeter des Mammons. Wenn solche Leute aber außer= dem, was sie für ihren Stand und Beruf äußerlich befähigt, auch lebendige Christen sind, wie ganz anders, vollkommener und treuer können sie ihrer Berufspflicht obliegen, und wie viel

Gutes können sie im Reiche Gottes ausrichten! Und was weltliche Gelehrsamkeit, geheiligt durch wahren Glauben an Gottes Wort, im Dienste der Kirche ausrichten kann, sehen wir an Paulus, an Luther und an vielen anderen Werkzeugen des Herrn. Irdische Gaben, irdischer Besitz, irdische Stellung, irdisches Wissen hat nur dann seinen vollen Werth, seinen vollen Nutzen, wenn der Glaube an Gottes Wort die Grundlage dazu bildet. Dieser Glaube macht gute, getreue Bürger des Staates, redliche Beamten des Gemeinwesens, und gibt auch Muth, zur Vertheidigung des Vaterlandes Gut und Blut daranzusetzen. Beispiele solcher Art kannst du sowohl aus der Geschichte Deutschlands als auch aus der der amerikanischen Freistaaten herausfinden.

5. Ueber Alles aber macht dieser Glaube selige Himmelsbürger. Und das müssen Eltern bei der Erziehung ihrer Kinder hauptsächlich im Auge haben. Unsere Kinder müssen Jesum kennen lernen, Dem sie schon von der Taufe her angehören, damit sie an Seiner Hand dem Himmel zuwandern. Das ist das höchste Ziel, das wir Eltern bei der Erziehung unserer Kinder im Auge haben sollen. Wenn du bei deinem Sterben deinem Kinde auch Tausende hinterlassen könntest, es in hoher, geehrter Stellung erblicktest, so hätte das Alles nicht viel Werth, wenn du nicht auch die Ueberzeugung haben könntest: Mein Kind ist ein Christ!

6. Um aber diesen Zweck zu erreichen ist das Reden, das Ermahnen, das Unterweisen nicht genug: das persönliche Beispiel, das thatsächliche Vorangehen und Mitgehen muß dazu kommen. Das war dabei in unserer Textgeschichte; und auch wir sollen es nachahmen. Von den Eltern Jesu wird im Text behauptet, daß sie alle Jahre nach Jerusalem zum Osterfest gingen, und daß sie, als der Jesusknabe zwölf Jahre alt war, ihn auch mitnahmen. Also: zuerst gingen sie allein, und dann nahmen sie den Jesusknaben mit; in beiden Fällen gingen sie. Daraus können alle Eltern eine wichtige Lehre zur Nachahmung ziehen, nämlich die des regelmäßigen Kirchenbesuches. Wenn Eltern keine Kinder haben, so hindert sie gar Nichts, den Gottesdienst regelmäßig zu besuchen. Sind kleine Kinder da, so können Vater und Mutter abwechseln, namentlich da wir auch Abends Gottesdienst haben. Das Kirchengehen der Eltern prägt sich dem Gedächtnisse der Kinder unauslöschbar ein. Aber nicht bloß sollen die Eltern den sonntäglichen Gottes-

dienst besuchen, sondern — sobald es sein kann — auch die Kinder
dazu anhalten. Aber auch die Kinder sollen nicht allein gehen,
nicht bloß geschickt werden, sondern die Eltern sollen auch mit=
gehen. In die Sonntagschule magst du sie schicken, wenn du
nicht selbst mitgehen kannst, aber zur Predigt nimmst du am
Besten das Kind bei der Hand und gehst mit. Dann weißt du,
daß dein Kind dort ist, weißt, wie es sich aufführt, und über
Alles weißt du, daß es etwas hört von „dem Einen was
noth ist“ für Alte und Junge. Durch deinen Kirchen=
besuch — allein und mit deinem Kinde, — gibst du Gott,
Seinem Worte und Seinem Reiche die Ehre, und
darfst dich sicherlich auch der Verheißung Gottes getrösten: „Wer
Mich ehret, den will Ich auch ehren.“ 1. Sam. 2, 30.
Dein Kind wird auch Gott, Sein Haus, Sein Wort und Sein
Reich viel eher und bleibender lieb gewinnen, wenn du ihm als
Vater und Mutter in diesem Stücke vorangehst. Hausgottes=
dienst und Kirchengottesdienst gehen Hand in Hand, das Eine
treibt zum Andern als Frucht.

7. Die schöne Sitte des Kirchengehens, die in
der alten, trauten Heimath so treulich gepflegt
wird, haben Viele unserer eingewanderten Deut=
schen verlernt und vergessen. Die Kinder läßt man
vielleicht noch taufen, weil es so Sitte ist, oder weil man mit
seinen Freunden einmal einen Schmaus haben will, oder weil,
nachdem man lange genug gewartet hat, das Kind plötzlich
krank geworden ist, und man es doch nicht ungetauft sterben
lassen möchte — um der Leute willen. Die allerwenigsten Kin=
der hierzulande werden in ihrem ersten Lebensjahre getauft;
die meisten sind bei ihrer Taufe älter; manche wachsen wild
auf wie Heidenkinder, werden nicht getauft und nicht konfirmiert
und treten oft so in die Ehe; manche würden nie, wenigstens
nicht als Kinder getauft werden, wenn sie Gott nicht einmal
hätte krank werden lassen. Manche Eltern sehen Jahrzehnte hin=
durch keine Kirche inwendig und gehen nie zum heiligen Abend=
mahle, bis sie vielleicht auf dem Todesbette liegen und glauben,
nach einem leichtsinnigen, gottvergessenen Leben durch den Ge=
nuß des Abendmahls sich noch schnell für den Himmel geschickt
machen zu können. Obwohl gewiß Mancher schon auf dem
Sterbebette durch aufrichtige Buße und gläubigen Abendmahls=
genuß Schächersgnade erlangt hat und gerettet worden ist,
wie ein Brand aus dem Feuer, so hat es doch auch bei Manchem
schon geheißen: Zu spät! Die Sinne schwanden zu rasch; und
der Geist entfloh, ehe geistliche Hilfe noch eintreffen konnte.

Und so ist schon manche Seele unvorbereitet abgerufen worden. Regelmäßiger Kirchenbesuch und Abendmahlsgang hätte Solches verhindert.

8. Was wollen aber solche Seelen zu ihrer Entschuldigung vor Gott vorbringen? Betrachte einmal die Sache beim wahren Lichte. Denke zuerst daran, wie sorgfältig wir in der Heimath, in Haus, Schule und Kirche unterrichtet und zum regelmäßigen Kirchenbesuch und Abendmahlsgenuß angehalten worden sind. Gewiß, was Wissen betrifft, stehen wir Deutsche in der Religion in diesem Lande oben an. Als Deutsche haben wir in religiösem Wissen fünf Pfunde; aber mancher wickelt sie ins Schweißtuch des Leichtsinns, des Unglaubens und der Genußsucht. Man schließt sich allen möglichen Gesellschaften an und läßt es sich dabei viel kosten, aber einer Kirchengemeinde tritt man nicht bei. Dazu hat man kein Geld und keine Zeit. Wie viel könnten Manche dieser Leute dem Reiche Gottes nützen, wenn sie sich Kirchengemeinden anschlössen, nicht nur mit ihren Mitteln, sondern mit ihren Gaben und Kenntnissen. So wie unsere Gemeinden organisiert sind und ihr Werk betreiben, ist Raum und Gelegenheit zur Mitarbeit für jedes Talent. Wenn nun aber Einer, der in der Heimath eine tüchtige, auf christlichen Grundsätzen beruhende, Erziehung genossen hat, hierzulande dieses alles in den Wind schlägt und nicht anwendet, der Kirche den Rücken kehrt, dahinlebt ohne Gott und dahinstirbt in seinem Leichsinn trotz aller Gelegenheit zum Guten: Kann ein solcher sich vor Gott entschuldigen? Ihm wird gelten: „Der Knecht, der seines Herrn Willen weiß und hat sich nicht bereitet, auch nicht nach Seinem Willen gethan, der wird viele Streiche leiden." Luc. 12, 47.

9. Eine andere Lehre noch können Eltern aus unserer Textgeschichte zum Zweck der Kindererziehung herausnehmen. Nämlich die: Ueberwache dein Kind allezeit und überall mit elterlichem Scharfsinn und Weisheit.

Im Texte finden wir: „Und da die Tage vollendet waren, und sie wieder zu Hause gingen, blieb das Kind Jesus zu Jerusalem, und Seine Eltern wußten es nicht." Wenn sich auch die Eltern des Jesusknaben in allen Stücken fest auf ihr Kind verlassen konnten — wie auch Sein längeres Verbleiben im Tempel kein Ungehorsam war — so müssen wir ihnen doch eine gewisse Unachtsamkeit, für welche sie auch schwer büßen mußten, zuschreiben. Diese Unachtsamkeit liegt in dem Ausdruck: „Und Seine Eltern wußten es nicht."

10. Eltern sollen immer wissen, wo ihre Kinder sind, und was sie thun. Wie manche Eltern lassen ihre Kinder in deren freien Zeit sich aufhalten, wo sie wollen und Kameradschaft pflegen, mit wem sie wollen. Man denkt nicht an die verderblichen Plätze, wo das Kind sieht und hört, was es nicht sehen und hören soll. Man denkt nicht an Pauli Wort: „Böse Geschwätze verderben gute Sitten." 1. Kor. 15, 33. Darum überzeuge dich stets, wo dein Kind ist, und mit wem es umgeht, ehe es angesteckt wird von der vergiftenden Seuche, die im Finstern schleicht und am hellen Mittag verdirbt. Gib ihm gute Gesellschaft.

11. Sieh auch nach, was dein Kind, wenn es heranwächst, liest. Um es vom Lesen werthloser oder gar schädlicher Blätter und Bücher abzuhalten, verschaffe ihm — zur Unterhaltung und zur Bereicherung seiner Kenntnisse — gute Blätter und gute Bücher. Sei nicht zu sparsam in dieser Hinsicht. Gib ihm das Beste, was Kunst und Literatur bieten, so weit es deine Vermögensverhältnisse erlauben. So kannst du am Leichtesten das Werthlose und Schädliche abhalten. Das Beste nur ist gut genug für die Jugend.

12. Ungehorsam, Ausschreitungen, Strafbares behandle mit elterlicher Weisheit, die elterliche Strenge, die auch in Gottes Wort geboten ist, nicht ausschließt. Auch dafür haben wir einen lehrreichen Zug im Text. „Und Seine Mutter sprach zu Ihm: Mein Sohn, warum hast Du uns das gethan? Siehe, Dein Vater und ich haben Dich mit Schmerzen gesucht;" und weil sie die Antwort ihres Sohnes nicht verstand: „Und Seine Mutter behielt alle diese Worte in ihrem Herzen." Ihre Frage enthielt einen wohlberechtigten, mütterlichen Vorwurf. Die Antwort ihres Sohnes ist ihr für jetzt zu hoch; aber sie ahnt das Göttliche darin, und daher findet sie es in mütterlicher Weisheit für das Beste, es in ihrem Herzen weiter zu erwägen und zu überlegen. So muß auch unsere Elternweisheit uns lehren, was in betreffenden Fällen nöthig ist, Verweis, Mahnung, Strafe oder Stillschweigen.

Nun wollen wir auch sehen

II. was unsere Kinder aus unserem heutigen Sonntagstext lernen können.

Ich denke, es sind zwei Züge, die ihr, Kinder, beim Jesus-knaben in unserer Erzählung wahrnehmen und von Ihm lernen könnet. Der erste Zug ist Seine innige Liebe zum Tem-pel und Worte Gottes; und der andere Seine Unter-thänigkeit und Sein Gehorsam gegen Seine Eltern.

A. Seine innige Liebe zum Tempel und Worte Gottes.

1. Des Jesusknaben Liebe zum Tempel und Worte Gottes ersehen wir aus der Thatsache: „Und da die Tage vollendet waren, und sie wieder zu Hause gingen, blieb das Kind Jesus zu Jerusalem, und Seine Eltern wußten es nicht." Ebenso aus des Knaben Antwort auf Seiner Mutter vorwurfsvolle Frage: Wisset ihr nicht, daß Ich sein muß in Dem, das Mei-nes Vaters ist?" Das Osterfest bei den Juden währte sieben Tage. Während dieser sieben Tage war Jesus mit Seinen El-tern im Tempel und machte Alles mit, was dort geschah; hörte zu wann die Priester die Geschichte des Auszuges Israels aus Egypten und der Anordnung des Osterlammes verlasen, wann die Sänger und das Volk Psalmen sangen, und der Hohepriester das Volk segnete. Diese Ostergottesdienste gefielen dem Jesus-knaben so gut, daß Er auch, als die regelmäßigen Osterfeierlich-keiten vorbei waren, wiederum, aus freien Stücken, zum Tempel ging. Daß Er dies that, war kein Ungehorsam gegen Seine Eltern, sondern nur Gehorsam gegen Seinen himmlischen Vater, gegen Gott, Dessen Wille war, daß Er es thun sollte. Und Jesus mußte in allen Stücken dem Willen Seines himmlischen Vaters gehorsam sein, auch wann die Menschen es nicht verstan-den, oder wenn es auch gegen deren Willen und Ansicht ging. Daher sagt Jesus zu Seinen Eltern, nachdem sie Ihn ängstlich gesucht und aufgefunden hatten: „Wisset ihr nicht, daß Ich sein muß in Dem, das meines Vaters ist?" Er meinte, sie sollten wissen, daß Er außer ihnen und über ihnen, auch Sei-nem himmlischen Vater gehorsam sein müsse, und daß der Wille Seines himmlischen Vaters vorgehen müsse. So blieb Er noch länger als die Andern im Tempel — im Hause Seines himmli-schen Vaters.

2. So sollt auch ihr, Kinder, das Haus Gottes, die Kirche, lieb haben und gerne da hingehen. Vorerst ist für euch die Sonntagschule da. Da soll es euch hintreiben, daß ihr es zu Hause nicht mehr aushalten könnt, wann es Zeit zum Gehen ist. Gerne sollt ihr Gehen, und es soll nicht nöthig sein, daß eure Eltern euch treiben müssen. Auch dürft ihr Antheil

nehmen am Gottesdienste der großen Leute, wenn ihr euch gut
betragt; und herrlich klingen euere jungen Stimmen zwischen
denen der alten Leute. Und wie Jesus noch zu besonderer Un=
terweisung zu den Schriftgelehrten ging, so soll es euch auch eine
Lust sein, in den Konfirmandenunterricht zu gehen, wo
ihr die beste Gelegenheit habt zum Zuhören und Fragen. Das
sind die besten Plätze für die Jugend. David denkt auch so,
wenn er sagt: „Herr, ich habe lieb die Stätte deines
Hauses und den Ort, da deine Ehre wohnet. Pj.
26, 8. „Ein Tag in Deinen Vorhöfen ist besser, denn sonst tau=
send.“ Pj. 84, 11.

3. Wer die Kirche lieb hat als das Haus Gottes,
der hat auch das Wort Gottes lieb. Das sehen wir
auch bei Jesu. Gottes Wort war es, was Er dort im Tempel
hörte während der Festtage; Gottes Wort war es, das Ihn auch
nach den Festtagen zum Tempel hinzog: Gottes Wort war der
Gegenstand des Unterrichts und Gesprächs als Ihn Seine Mut=
ter fand „sitzend mitten unter den Lehrern, daß Er
ihnen zuhörte und sie fragte.“ Und gerade nach Die=
sem steht als Ergebnis Seiner Liebe zu Gottes Wort und Be=
schäftigung mit demselben das herrliche Wort: „Und Alle,
die Ihm zuhöreten, verwunderten sich Seines Ver=
standes und Seiner Antwort.“ Wenn Jesus kraft Sei=
ner göttlichen Natur auch Alles wußte, Sein Wissen, Seine
Weisheit auch vollkommen war, so mußte Er doch, nach Seiner
menschlichen Natur, die Er im Stande Seiner Erniedrigung
angenommen hatte, wie andere Kinder Alles lernen und stufen=
weise zunehmen an Erkenntnis und Weisheit, gerade so wie Er
körperlich wuchs und zunahm an Alter und leiblicher Gestalt.

4. So sollt auch ihr, Kinder, Gottes Wort lieb
haben. Denn es lehrt auch euch eueren himmlischen Vater
kennen, der euch durch euere Eltern alles Gute zukommen läßt.
Gottes Wort stellt euch Jesum vor als den großen Kinderfreund,
der, als Er auf Erden lebte, die Kinder lieb hatte und sie heute
noch liebt. Gottes Wort ist enthalten in den Gebeten, den
Liedern, den biblischen Geschichten der Sonntagschule und in
allem dem, was ihr im Gottesdienste der Großen sehet und
höret. Und wenn ihr diese schönen Gelegenheiten zum Lernen
benützet, so werdet auch ihr zunehmen — so wie ihr äußerlich
wachset — an geistlichem Verständnis, an göttlicher Weisheit
und Gnade. Darum befolget was Luther sagt: „Wir sollen

Gott fürchten und lieben, daß wir die Predigt und Sein Wort
nicht verachten, sondern dasselbe heilig halten, gerne hören und
lernen."

B. Des Jesusknaben Unterthänigkeit und Gehorsam
gegen Seine Eltern.

1. Der zweite Zug, den ihr beim Jesusknaben
wahrnehmen und nachahmen könnet ist Seine
Unterthänigkeit und Sein Gehorsam. Obgleich Jesus
wußte, daß Er der Sohn Gottes war, und daß Er des himm=
lischen Vaters Willen auszuführen hatte, so war Er Seinen
Eltern unterthan und gehorsam in allen irdischen Dingen und
in allen Angelegenheiten, die mit Seinem Gehorsam gegen Gott
übereinstimmten. Und als Er bereits am Kreuze hing, gedachte
Er noch liebevoll Seiner Mutter, wenn Er zu ihr, auf Seinen
Jünger Johannes blickend, sagt: „Siehe daß ist dein
Sohn!" und auf sie hinschauend: „Siehe, das ist deine
Mutter!"

2. So sollt auch ihr, eueren Eltern unterthan
und gehorsam sein. Und zwar soll das kein „Muß" sein,
sondern soll aus Liebe geschehen. Und ich glaube, daß wenn
ihr regelmäßig zur Sonntagschule, zum Konfirmandenunterricht
und zur Kirche gehet und da Gottes Wort lernet, ihr auch wisset
was Alles ihr eueren Eltern verdanket: dann muß ja die Unter=
thänigkeit und der Gehorsam gegen die Eltern von selbst kom=
men — aus Liebe. Die traute Heimath, die sorgenlose Jugend=
zeit, Nahrung und Kleidung, Unterricht in weltlichen und geist=
lichen Dingen: Alles das verdankt ihr, nächst Gott, eueren
Eltern. Nicht nur soll euch das traurige Loos ungehorsamer
Söhne, von denen uns die heilige Schrift berichtet — wie etwa
das Loos der zwei Söhne Eli's, des Absalom oder des verlornen
Sohnes — zur Unterthänigkeit und zum Gehorsam gegen euere
Eltern treiben, sondern vor Allem kindliche Dankbarkeit und
Liebe. Und wenn ihr das thut, habt ihr selbst den Nutzen
davon, so lange ihr klein seid, und auch wenn ihr herangewachsen
und groß geworden seid. Sonst wäre ja Gottes Wort nicht
wahr; denn das sagt: „Ehre Vater und Mutter, denn das
ist das erste Gebot, das Verheißung hat." Und dieses Ver=
heißungsgebot heißt: Du sollst deinen Vater und deine
Mutter ehren, auf daß dir's wohl gehe, und du
lange lebest auf Erden." Das erklärt Luther also: Wir
sollen Gott fürchten und lieben, daß wir unsere

Eltern und Herren nicht verachten, noch erzürnen, sondern sie in Ehren halten, ihnen dienen, gehorchen, sie lieb und werth halten." Und so wollen wir Alle bitten:

> „Gott! sende deinen Segensstrahl
> Eltern und Kindern allzumal;
> Halt sie verbunden in der Zeit,
> Verbunden in der Ewigkeit!"

Amen.

Zweiter Sonntag nach Epiphanias.

Joh. 2, 1—11.

Und am dritten Tage ward eine Hochzeit zu Cana in Galiläa, und die Mutter Jesu war da. Jesus aber und Seine Jünger wurden auch auf die Hochzeit geladen. Und da es an Wein gebrach, spricht die Mutter Jesu zu Ihm: Sie, haben nicht Wein. Jesus spricht zu ihr: Weib, was habe ich mit dir zu schaffen? Meine Stunde ist noch nicht gekommen. Seine Mutter spricht zu den Dienern: Was er Euch saget, das thut. Es waren aber allda sechs steinerne Wasserkrüge gesetzt, nach der Weise der jüdischen Reinigung, und gingen in je einen zwei oder drei Maaß. Jesus spricht zu ihnen: füllet die Wasserkrüge mit Wasser. Und sie fülleten sie bis oben an. Und Er spricht zu ihnen: Schöpfet nun und bringets dem Speisemeister. Und sie brachtens. Als aber der Speisemeister kostete den Wein, der Wasser gewesen war (und wußte nicht, von wannen er kam, die Diener aber wußtens, die das Wasser geschöpfet hatten), rufet der Speisemeister dem Bräutigam und spricht zu ihm: Jedermann giebt zum ersten guten Wein, und wenn sie trunken worden sind, alsdann den geringern; du hast den guten Wein bisher behalten. Das ist das erste Zeichen, das Jesus that, geschehen zu Cana in Galiläa, und offenbarte Seine Herrlichkeit. Und Seine Jünger glaubten an Ihn.

1. Nach unserem heutigen Evangelium finden wir Jesum bei einer Hochzeit, in dem Städchen Kana in Galiläa. Wer die Brautleute waren, ist nicht angegeben, ist auch nicht nöthig; wer aber dabei war, ist uns zum Theil berichtet, nämlich: Jesus und Seine Jünger und Seine Mutter. Das ganze Ereignis ist uns geschildert von „Einem, der dabei war", und der den Eindruck, den er dabei bekam, am Schlusse des Textes mit den Worten angibt: „Jesus offenbarte Seine Herrlichkeit", an welches Ereignis er gewiß auch dachte, als er den Gesammteindruck schilderte, den Jesu Leben überhaupt auf ihn machte, wobei er die herrlichen Worte gebrauchte: „Wir sahen Seine Herrlichkeit, eine Herrlichkeit, als des eingeborenen Sohnes vom Vater, voller Gnade und Wahrheit." Joh. 1, 14.

2. Zwei Gegenstände sind es, welche in dieser Erzählung unsere Aufmerksamkeit auf sich ziehen; nämlich zuerst die Thatsache, daß Sich Jesus bei einer Hochzeit befindet, und dann die Angabe, daß Er bei derselben Sein erstes Wunder verrichtet. Daraus, daß Jesus bei einer Hochzeit anwesend ist und Theil nimmt an dem, was vorgeht, ersehen wir, daß Er die Ehe billigt, und, weil die Ehe von Gott eingesetzt ist, sie damit als eine gottgeordnete Einrichtung anerkennt. Dadurch, daß Er dort ein Wunder thut, und so den Brautleuten aus der Noth hilft, bezeugt Er, daß er den Eheleuten besonders freundlich und gnädig sein wolle.

Nach diesen beiden Geschichtspunkten lasset mich diesen Morgen zu euch reden über:

Jesus auf der Hochzeit zu Kana

und daraus den Schluß ziehen

I. daß Jesus durch Seine Anwesenheit auf der Hochzeit zu Kana die Ehe als einen von Gott eingesetzten Stand anerkennt;

II. daß Jesus durch Sein dort verrichtetes Wunder bezeugt, daß Er den Eheleuten besonders gnädig sein wolle.

Wir sehen

I. das Jesus durch Seine Anwesenheit bei der Hochzeit zu Kana die Ehe als einen von Gott eingesetzten Stand anerkennt.

1. Was versteht die heilige Schrift unter dem Begriff „Ehe"? Das wird uns am Besten klar, wenn wir uns der Worte erinnern, mit denen Gott der Herr die Ehe einsetzte. Und diese lauten: „Und Gott der Herr sprach: Es ist nicht gut, daß der Mensch allein sei, Ich will ihm eine Gehilfin machen, die um ihn sei." 1. Mose 2, 18. Weiter wird uns in demselben Kapitel berichtet, daß Gott dies auch wirklich that, nämlich ein Weib bauete und sie dem Mann zuführte. Dies fand im Paradiesgarten statt. So sehen wir, daß Gott Selbst die Ehe eingesetzt und angeordnet hat. Er Selbst bauete das Weib und zwar zu dem vorher ausgesprochenen Zweck, daß sie des Mannes Gehilfin sei; Er Selbst führte sie zu diesem Zweck dem Adam zu. Somit ist die Ehe noch ein Erbe aus dem Paradies — das einzige außer dem Sabbath. Gott hat in Seinem Worte diese Einrichtung nie widerrufen;

daher gilt sie noch bis auf diesen Tag und wird gelten so lange Gottes Wort gelten wird. Christus hat Sich in Seinen Unter=redungen mit den Pharisäern — Matth. 19 und Marci 10 — über diesen Gegenstand auf jene Einsetzungsworte Gottes im Paradiese berufen und in Seinem Ehescheidungsverbot dort den Eheschluß als eine Verbindung bezeichnet, die Gott Selbst vollzieht: **Was nun Gott zusammen gefüget hat,** das soll der Mensch nicht scheiden." Matth. 19, 6. Auch Paulus, wenn er in seinen Briefen von dieser Sache handelt, stützt sich auf jene Paradieseworte und auf Christi Aussprüche. Mit der That bestätigt Christus Seine Ansicht dadurch, daß Er auf der Hochzeit zu Kana anwesend ist, an den Vorgängen dort theil=nimmt, zum Besten der Brautleute ein Wunder — und noch dazu Sein erstes Wunder — thut. Dadurch, daß Gott Selbst die Ehe anordnete und diese Anordnung und Einsetzung auf Seine Ansicht: „Es ist nicht gut, daß der Mensch allein sei", gründete, gab Er jedem Menschen die Erlaubnis, ehelich zu werden; ja, wenn man den Zusammenhang dieser Worte betrachtet, ist es Sein Wunsch, Wille und Rath, daß jeder Mensch das thue, weil es für den Menschen nicht gut sei, allein zu sein, da Gott „wohl wußte, was im Menschen war."

2. Daraus geht hervor, daß kein Mensch in der Welt, und wäre er auch der Mächtigste, das Recht hat, einem anderen Menschen die Ehe zu verbieten, oder sich selbst aus gottwidrigen Gründen derselben zu enthalten. Und es hat sich allezeit bewiesen, daß, wo man gewaltsamerweise Andere oder sich selbst dieses dem Menschen von Gott gegebenen Rechts beraubte, Gott Recht hat, wenn Er sagt: „Es ist nicht gut, daß der Mensch allein sei." Die traurigen, schmählichen Folgen des Cölibats bei Sekten mit selbsterwählter Heiligkeit und der Priester in der römischen Kirche sind bekannte Thatsachen und haben dem Christenthum nur unordentliches Wesen und Schande gebracht.

Wenn sich ein Mensch natürlicher Gründe wegen oder auch, um Gott besser dienen zu können, ohne die Ehe zu verachten oder zu glauben, eheloses Leben sei vor Gott ein Verdienst, freiwillig der Ehe begibt und ledig bleibt, so hat die Schrift nichts dagegen. Wenn aber ein Mensch aus Bequemlichkeit, aus Geiz, oder um nicht an Eine Frau gebunden zu sein, keine Ehe eingeht, so ist das gegen Gottes Ordnung. Daß es aber Viele dieser Art gibt, das zeigen die vielen unehelichen Kinder, die ihre Väter nicht kennen, weil diese zu träge oder zu geizig sind, Frauen und Kinder zu versorgen, oder zu thierisch und ausschweifend, um bei Einer und derselben Frau zu verbleiben. Als Gott die Ehe einsetzte, da war es Ein Mann und Eine Frau, die Er zusammensprach und denen Er Seinen Segen verhieß. „Habt ihr nicht gelesen, daß der im Anfang den Menschen gemacht hat, der machte, daß Ein Mann und Ein Weib sein sollte." Daraus erkennen wir die Anordnung Gottes, daß die Ehe nur zwischen zwei Personen stattfinden soll. Damit ist der Vielweiberei gleich von Anfang an und für alle Zeiten das Urtheil gesprochen worden. Und es ist gewiß einer der größten Schandflecken, den die Vereinigten Staaten an sich haben, daß man die Mormonen duldet. Wenn auch diese Polygamisten ihr Unwesen mit Beispielen aus dem alten Testament zu begründen und zu beschönigen suchen, so wissen wir, daß es in allen jenen Fällen, auf welche sie sich stützen, nicht nach Gottes Willen oder auf Gottes Erlaubnis hin geschah, daß jene betreffenden Männer der Schrift also handelten. Auch waren die Folgen davon niemals gut.

Nur die Ehe zwischen Zwei Personen ist die von Gott angeordnete; und diese nur billigte und erkannte Jesus an; nur diese versteht Paulus als die gottwohlgefällige Ehe; und nur eine solche ist bis auf den heutigen Tag die allein schriftgemäße.

3. Was verlangt nun die Schrift von christlichen Ehegatten, von dem Mann und auch von der Frau?

Die Pflichten des Mannes gegen seine Gattin erkennen wir am deutlichsten aus Pauli Anweisung: „Ihr Männer, liebet euere Weiber, gleichwie Christus auch geliebet hat die Gemeinde und hat Sich Selbst für sie gegeben." Eph. 5, 25. „Seid nicht bitter gegen sie." Col. 3, 19. „Ihr Männer, wohnet bei ihnen mit Vernunft und gebet dem weiblichen, als dem schwächsten Werkzeuge seine Ehre, als auch Miterben der Gnade des Lebens, auf daß euer Gebet nicht verhindert werde." 1. Petri 3, 7. Auch Gott gibt in dem Einsetzungswort der Ehe schon dem Manne seine Pflicht gegen die Gattin an, wenn Er sie als „Gehilfen" bezeichnet. Und Luther legt das Ehegebot so aus: „Und ein Jeglicher sein Gemahl liebe und ehre." Aus allem Dem ragen zwei Anweisungen für die Männer hervor, und wenn sie diese befolgen, dann thun sie Alles, was von christlichen Ehemännern verlangt werden kann. Diese Anweisungen sind enthalten in den beiden Wörtern: „lieben und ehren". Jedermann weiß, daß ein Mann gewöhnlich nur Diejenige heirathet, die er lieb hat. Diese Liebe, in welcher er sich mit seiner Braut ehelich verbunden hat, soll er bewahren. Und wenn er Dies thut, so kommt Alles recht; dann folgt jede andere Anweisung der Schrift die Ehemänner betreffend von selbst. Der Mann wird seine Frau ehren, hochachten, sie nicht als Sklavin, sondern als Gehilfin behandeln, und wenn sie auch ihrer Stellung gemäß sich gerne ihm in allen Stücken unterordnet, so wird er ihren Rath und ihre Ansicht würdigen und schätzen, ja, wenn er es für gut findet, befolgen. Er wird ihre Schwächen und Mängel nicht vor Andern bloslegen, sie nicht vor Andern herabsetzen: denn, weil sie seine Hälfte ist, würde er sich dadurch nur selbst schänden. Er wird nicht bitter gegen sie sein, wenn er etwa glaubt, von ihr beleidigt worden zu sein; nicht hart, wenn sie krank ist, nicht unvernünftig in seinen Zumuthungen. Er wird sie, was Nahrung und Kleidung betrifft, gerne versorgen; es wird ihm nicht einfallen, seine Liebe einer anderen Frau zuzuwenden. Wie Einer als Bräutigam denkt, seine Braut sei die Vorzüglichste, die Schönste und Beste von Allen: so soll er auch als Ehemann denken und handeln. Dann wird sich eine pflichtbewußte Frau nie zu beklagen haben. Diese Liebe aber muß die echte und wahre sein; nicht eine fleischliche, niedrige und gemeine, sondern eine höhere, edlere, eine Liebe, in der du in deiner Gattin eine Miterbin des Himmels siehst, die an deiner Hand und unter deiner christlichen Pflege durchs Reich Gottes hienieden zum Himmelreich droben erzogen werden soll. Nur diese Liebe hält Stich; jede andere bricht, wenn es zum Punkt kommt, zum Punkt des Opferbringens und der Selbstverleugnung. Nur Ehen dieser Art sind im Himmel geschlossen; nur diese „Liebe höret nimmer auf."

Aber auch die Gattin soll diese Gesinnung theilen. Dann versteht sie das Wort des Herrn „Gehilfin" und die Vorschrift Pauli: „Die Weiber seien unterthan ihren Männern als dem Herrn, denn der Mann ist des Weibes Haupt, gleichwie auch Christus das Haupt der Gemeine." Eph. 5, 22. 23. Jede Braut sieht mit kindlicher Zutraulichkeit und liebevoller Hingebung zu dem Bräutigam als zu ihrem Beschützer auf; neben ihm weiß sie sich sicher und geborgen. Diese kindliche Hingebung, dieses liebevolle Zutrauen soll sie ihrem Manne bewahren, dann kann sie an der Seite eines christlichen, verständigen und pflichtbewußten Gatten ein trautes Heim haben. Auf dieser Grundlage wird sie ihrem

Gatten gerne dienen, ohne sich als Sklavin zu erscheinen; wird
ihn gerne als Haupt des Hauses anerkennen, ohne sich gedemü=
thigt und unglücklich vorzukommen. In dieser jugendlichen
Liebe wird sie auch mit dem Gatten Nachsicht haben, wenn er in
sorgenvoller Arbeit und vom Umgang mit verschiedenerlei Men=
schen ihr verstimmt und hitzig erscheint; ja, sie wird auch mit
seinen Fehlern und ihr unliebsamen Gewohnheiten Nachsicht und
Geduld haben, und ihn nicht durch eigensinnige Hartnäckigkeit
nur noch mehr reizen und abstoßen. Vielmehr wird sie ihn
durch liebevolle Milde und freundliches Zuvorkommen zu gewin=
nen suchen, so daß er bei ruhiger Ueberlegung nicht anders kann,
als das Weib seiner Jugend und Wahl lieb haben.

4. Wenn Ehegatten nach diesen Schriftgrund=
sätzen und Schriftanweisungen ihren Ehestand füh=
ren, dann sind sie auch so glücklich, sich nie in persön=
lichem Interesse nach den Gesetzen der Ehescheidung erkundigen
zu müssen. Weil aber nicht alle darnach leben, so ist es nöthig,
daß wir auch von dieser Angelegenheit reden. So wollen wir
auch sehen, was die Schrift von der Ehescheidung lehrt. Nach
der Schrift ist der Ehebund ein lebenslänglicher und kann nur
durch den Tod eines der Gatten aufgelöst werden. Nur in
Einem Fall erlaubt die Schrift Ehescheidung, nämlich bei that=
sächlichem Ehebruch eines der Gatten. Die weltlichen Gesetze
haben im Laufe der Zeit noch mancherlei Ehescheidungsgründe
aufgestellt; der eine Staat mehr, der andere weniger. Und in
Folge davon ist das Scheiden zweier Ehegatten so leicht gewor=
den, daß unzählige Ehescheidungen vorkommen, so viele, daß es
eine wahre Schmach für christliche Völker ist, die als solche den
Ehestand von der Schrift ableiten. Diese vielen Ehescheidungs=
gründe und die Leichtigkeit, eine Scheidung zu erlangen, haben
im Laufe der Zeit das lockere Leben geschaffen, das das häusliche
und bürgerliche Leben aller Klassen und Schichten durchfressen
hat. Denn die Ehe ist ein Hauptpfeiler des bürgerlichen und
staatlichen Lebens. Wenn dieser Pfeiler angenagt wird und
endlich bricht, fällt der Staat in sich selbst zusammen, wie ein
Haus, dessen Stützbalken morsch geworden sind. Manche Länder
haben schon solche Beispiele geliefert.

Darum sollen die Ehegatten, Männer und Frauen, Alles
versuchen, zu tragen, zu dulden, zu warten—ein Jedes in seinem
Theil — zu leiden, wenn es sein muß, zu vergeben aber jeden=
falls, ehe sie an Ehescheidung denken, und es soll ihnen immer
in den Ohren nachtönen das feststehende, felsenfeste Wort, das

sie bei ihrer Verheirathung hörten: „Was nun Gott zusammengefügt hat, das soll der Mensch nicht scheiden." Matth. 19, 6.

5. Eine Hauptbedingung zu einer glücklichen Ehe ist auch das rechtmäßige, ehrenhafte Eintreten in die Ehe. Wenn junge Leute mit reinem Gewissen und unverletzter Keuschheit in die Ehe treten können, sich einander kein unsittliches Vergehen vorzuwerfen haben, so ist von Vorne herein Viel gewonnen. Das Gegentheil bietet sogleich von Anfang an — und fortwährend — einen Gegenstand und eine Ursache des Unfriedens und wachsender Entfremdung.

Wo man aber in Gottesfurcht und Gottseligkeit in den Ehestand tritt, darf man sich auch Gottes Segens und Seines besonderen gnädigen Wohlgefallens getrösten. Auch das lernen wir aus unserem heutigen Sonntagsevangelium. Somit lasset uns sehen

II. Wie Jesus durch Sein auf der Hochzeit zu Kana verrichtetes Wunder bezeugt, daß Er den Eheleuten besonders gnädig sein wolle.

1. Wir lesen, daß Jesus bei der im Text benannten Hochzeit ein Wunder verrichtete, nämlich aus Wasser Wein machte. Jesus that dieses Wunder erst, als es nöthig war. Daraus können Leute, die in die Ehe treten wollen, oder sich bereits darin befinden, Viel lernen.

Damit Jesus Hochzeitsleute segnen könne, muß Er zur Hochzeit eingeladen werden. So heißt es auch im Text: „Jesus aber und Seine Jünger wurden auch auf die Hochzit geladen." Hätten jene jungen Hochzeitsleute Jesum nicht eingeladen, so wäre Er nicht dort gewesen, und hätte ihnen dann auch nicht aus ihrer Verlegenheit helfen können. Demnach ladet vor Allem Jesum zur Hochzeit. Dazu gehört vorerst, daß man die Ehe als eine religiöse, kirchliche Einrichtung, als Stütze und Grundpfeiler des Staates, ansieht, aus welcher Ansicht die Nothwendigkeit der kirchlichen Einsegnung von selbst erfolgt. Sodann, lasset es bei den Hochzeitsfeierlichkeiten, die der kirlichen Einsetzung folgen — bei den Hochzeitsessen — so zugehen, wie es Christenleuten, die den göttlichen Ursprung der Ehe und den Ernst des Lebens kennen, zusteht. Man darf dabei essen und trinken und sich freuen, aber es ist nicht nöthig, zu fressen und zu saufen und zu tanzen. Man denkt gewöhnlich, das gehöre zu einer Hochzeit, aber dem ist nicht so. Der Teufel hat das der Hochzeitsfeier angehängt,

weil er überall seine Kapelle hinbaut, wo Gott Seine Kirche ge=
baut hat. Wenn ihr im Geist die Hochzeitsfeier begonnen habt
— in der Kirche oder im Hause — so lasset euch nicht durch
bösen Gebrauch und verdorbene Sitte dazu treiben, daß ihr sie
im Fleisch vollendet durch unordentliches Saufgelage, das oft
Zank und Streit bringt, gleichsam, als ob der Teufel dadurch
noch dem kirchlichen Segen sein Amen beifügen oder sein
Siegel auf den Trauschein zu drücken hätte. Habt keine Angst,
daß ihr, wenn ihr Jesum einladet, euch nicht freuen dürstet!
Nein, dann erst recht, aber als Menschen und Christen!

Rechtschaffenen, christlichen Eheleuten, verheißt und gibt
Gott Seinen Segen nach Leib und Seele. Das sehen wir schon
beim ersten Menschenpaare, das Gott Selbst zusammenführte.
„Gott segnete sie", heißt es dort und wies ihnen das Para=
dies zum Wohnplatz und die Früchte der Erde zur Nahrung an,
und in ihrer kindlichen Gemeinschaft mit Ihm sollten sie sich
glücklich wissen. Aehnlich will Gott immer noch christliche Ehe=
leute in ihrem Hausstande segnen. Er will ihnen und ihren
Kindern das tägliche Brot schenken, ihnen Gesundheit verleihen
zur Erfüllung ihrer Berufspflichten. Und wie einst das erste
Paar sein höchstes Glück in der Gemeinschaft mit Gott fand, so
will Gott heute noch fromme Eheleute wissen lassen, daß sie auch
mit Ihm in glückseliger Gemeinschaft stehen können, durch Gebet
und Gottes Wort. So will Gott den Eheleuten leiblichen und
geistlichen Segen verleihen. Demnach verliert man Nichts, wenn
man Jesum zur Hochzeit einladet und im Ehestande beibehält.

Aber nicht nur im Allgemeinen ist es gerathen, Gott mit
in den Hausstand hinein zu nehmen, nein, es kommen Fälle,
wo wir Ihn ganz besonders nöthig haben. Ein solch besonderer
Fall trat ein auf der Hochzeit zu Kana. Für jenes Brautpaar
war er demnach sogleich am Anfang ihres Hausstandes nöthig.
Und wenn es auch nur eine Verlegenheit war, so wissen wir,
wie unangenehm solch öffentliche Verlegenheiten sind, und wie
dankbar man für die Aushilfe aus solchen Verlegenheiten ist.
Jesus macht durch ein Wunder Wein aus Wasser und hilft da=
durch jenen Hochzeitsleuten aus ihrer Noth. Damit zeigt Er an,
daß Er dem Ehestande besonders gnädig sein wolle.

2. Dasselbe will der Herr heute noch thun,
will heute noch wunderbarerweise Hilfe schaffen, wann es nöthig
ist. Aber wir müssen Seine Stunde abwarten.

So vollauf haben wir nicht immer, wie am Hochzeitstag:
Das Mehl im Cad und das Oel im Krug wird auch einmal all.

Man singt nicht immer Hochzeitslieder: es kommen auch Zeiten, wo man Angstrufe herauspreßt, wie „Vater, ist's möglich, so gehe dieser Kelch von mir", und wo man Trauerlieder singt. Wenn dann einmal die Noth an deine Hausthür klopft, Krankheit bei dir einkehrt, oder wenn du am Sarg eines lieben Kindes, der Gattin oder des Gatten stehen mußt, siehe, da hilft, da tröstet gar Nichts als Gott und Sein Wort, Niemand als der Heiland, Der auch das Erdleid empfunden. Aber welche Trostlosigkeit dann, wenn du Ihn einst gar nicht zu deiner Hochzeit geladen oder wieder verloren hättest! Denn nur Er gibt hinreichenden Trost fürs Herz; Menschentrost ist ja ohnedies nur so oben darauf; in den meisten Fällen eine Eierschale ohne Dotter. Gottes Wort aber ist heilsamer Balsam für ein verwundetes Herz; denn es verheißt ein ewiges Leben. Und für Die, die noch mit der Erdennoth kämpfen, kann Er heute noch, wenn es sein muß, und wenn Seine Stunde gekommen ist, aus Wasser Wein machen und Brot schaffen in der Wüste und Errettung aus Gefahr, wie einst vor Zeiten. Allerdings, oft müssen wir lange warten, bis Seine Stunde kommt; aber: Er kennt die rechten Freudenstunden, Er weiß wohl, was uns nützlich sei; Wenn Er uns nur hat treu erfunden Und merket keine Heuchelei, So kommt Er, eh' wir's uns versehn Und lässet uns viel Guts geschehn.

Wie jene Brautleute und Hochzeitstheilnehmer zuerst den geringeren Wein trinken mußten und erst nachher den guten erhielten, so haben die Gläubigen des Herrn gewöhnlich auch zuerst den bittern Thränenwein mancherlei Anfechtung und Trübsal zu genießen, bis ihnen Gott einst nach überstandenem Erdleid den Freudenbecher himmlischer Wonne reichen wird.

Möchten alle Eheleute und alle Diejenigen, die in den Ehestand treten wollen, das, was Gottes Wort von diesem Stande lehrt, zu Herzen nehmen und befolgen! Das wäre ein Segen für Familie, Staat und Kirche.

> „Wie schön ist's doch, Herr Jesu Christ,
> Im Stande da Dein Segen ist,
> Im Stande heilger Ehe!
> Wie steigt und neigt sich Deine Gab
> Und alles Gut so mild herab
> Aus Deiner heilgen Höhe,
> Wenn sich An Dich
> Junge halten
> Gleich den Alten,
> Die im Orden
> Eines Standes einig worden."   Amen.

Dritter Sonntag nach Epiphanias.

Matth. 8, 1-13.

Da Er aber vom Berge herabging, folgte Ihm viel Volks nach. Und siehe ein Aussätziger kam und betete Ihn an und sprach: Herr, so Du willst, kannst Du mich reinigen. Und Jesus streckte Seine Hand aus, rührete ihn an und sprach: Ich will's thun, sei gereiniget. Und alsbald ward er von seinem Aussatz rein. Und Jesus sprach zu ihm: Siehe zu, sag es Niemand; sondern gehe hin und zeige dich dem Priester und opfere die Gabe, die Moses befohlen hat, zu einem Zeugnis über sie. Da aber Jesus einging zu Capernaum, trat ein Hauptmann zu Ihm, der bat Ihn und sprach: Herr, mein Knecht liegt zu Hause und ist gichtbrüchig und hat große Qual. Jesus sprach zu ihm: Ich will kommen und ihn gesund machen. Der Hauptmann antwortete und sprach: Herr, ich bin nicht werth, daß Du unter mein Dach gehest, sondern sprich nur ein Wort, so wird mein Knecht gesund. Denn ich bin ein Mensch, dazu der Obrigkeit unterthan und habe unter mir Kriegsknechte; noch wenn ich sage zu einem: Gehe hin, so geht er, und zum andern: Komm her, so kommt er, und zu meinem Knechte: Thue das, so thut er's. Da das Jesus hörete, verwunderte Er Sich und sprach zu denen, die Ihm nach. folgeten: Wahrlich Ich sage euch, solchen Glauben habe Ich in Israel nicht gefunden. Aber Ich sage euch: Viele werden kommen vom Morgen und vom Abend und mit Abraham und Isaak und Jakob im Himmelreich sitzen; aber die Kinder des Reichs werden ausgestoßen in die äußerste Finsterniß hinaus; da wird sein Heulen und Zähneklappen. Und Jesus sprach zu dem Hauptmann: Gehe hin, dir geschehe, wie du geglaubt hast. Und sein Knecht ward gesund zu derselbigen Stunde.

Zwei Geschichten, von denen jede ein Wunder enthält, führt uns unser heutiger Text vor Augen. Die eine ist die Heilung eines Aussätzigen, die andere die Heilung des gichtbrüchigen Knechtes des Hauptmannes zu Kapernaum. Der Herr verrichtete diese Wunder, als Er von dem Berge herabging, auf dem Er die Bergpredigt gehalten hatte. Beide Erzählungen haben einen gemeinsamen Zug, der bei beiden so auffallend und herrlich hervortritt; nämlich der feste, überzeugte

Glaube in den beiden Personen, denen Jesus Seine Hilfe widerfahren ließ: dem Aussätzigen und dem Hauptmann. Von dem Aussätzigen heißt es: „Er sprach: Herr, so Du willst, kannst Du mich wohl reinigen;" und von dem Hauptmanne: „Er antwortete und sprach: Herr, bin ich nicht werth, daß Du unter mein Dach gehest; sondern sprich nur ein Wort, so wird mein Knecht gesund." Daher begreifen wir es leicht, daß Jesus einem Jeden dieser Bittenden alsobald Seine Hilfe angedeihen ließ. Namentlich muß dem Herrn die zweite Gestalt im Text bezüglich des Glaubens wohlgefallen haben—der Hauptmann; denn ihm spendet der Herr das herrliche Lob: „Wahrlich, Ich sage euch, solchen Glauben habe Ich in Israel nicht gefunden."

Damit bezeichnet Jesus den Hauptmann als einen Nichtisraeliten, und nimmt Anlaß, von Denen zu reden, die einst vom Morgen und vom Abend kommen werden, um mit den Gläubigen Israels im Himmelreich zu sitzen. Ein herrliches Exempel dieser Art haben wir an diesem Hauptmann. Seine Gestalt wollen wir uns heute vergegenwärtigen. Und obgleich wir Alle in der christlichen Lehre besser unterrichtet sind als er, so können wir doch von ihm, der gleichsam noch ein Heide war, Alle noch Viel lernen. Somit lasset mich euch heute vorstellen

Den Hauptmann zu Kapernaum.

Drei Züge sind es, die uns unsere Erzählung an ihm erkennen läßt:

I. seine herzliche Liebe gegen seinen Knecht;

II. seine aufrichtige Demuth vor dem Herrn;

III. sein fester Glaube an den Helfer in Israel.

Der erste Zug, den wir an den Hauptmanne betrachten wollen, ist

I. seine herzliche Liebe gegen seinen Knecht.

1. Die Liebe des Hauptmanns zu seinem Knecht ersehen wir aus der Thatsache, daß er für denselben zu Jesu geht, um bei Ihm Hilfe für ihn zu suchen, da er krank war; oder auch, wie uns Lukas berichtet, daß er die Aeltesten der Juden zu Jesu sandte, Ihn zu bitten, daß Er käme und seinen kranken Knecht gesund machte. Luc. 7, 3.

Des Hauptmannes herzliche, theilnehmende und mitfühlende
Liebe zu seinem kranken Knechte leuchtet aufs Prächtigste heraus
aus seiner Bitte an den Herrn: „Herr, mein Knecht liegt
zu Hause und ist gichtbrüchig und hat große Qual.‟
Aus der Beifügung: „Und hat große Qual‟, merkt man,
daß ihm die Krankheit seines Knechtes bekannt war, nicht bloß
von dessen ordinanzmäßiger Krankmeldung her, sondern aus
eigener Anschauung. Gewiß hatte er ihn in seinem Kranken=
zimmer besucht, war persönlich an seinem Krankenbette gestan=
den und seine Schmerzen selbst angesehen. Dadurch war er zu
solchem Mitleiden bewegt worden, daß er sich vorgenommen, so=
bald jener Krankenheiler wieder nach Kapernaum käme, zu Ihm
zu gehen und Ihn zu bitten, seinen kranken Knecht gesund zu
machen. Und so kann der Evangelist berichten: „Da aber
Jesus einging zu Kapernaum, trat ein Hauptmann zu Ihm und
bat Ihn.‟

2. Dies Alles haben wir um so höher anzu=
schlagen, als dieser Hauptmann ein Heide und
Soldat war.

Dieser Hauptmann war ein Heide. Wir wissen, das Palä=
stina, das Land der Juden, zu jener Zeit eine römische Provinz
war, und zur Aufrechthaltung der Ordnung unter den Juden in
manchen Städten römische Besatzung lag, so zu Kapernaum, zu
Cäsarien, zu Jerusalem und an anderen Orten. Da in den meisten
Städten des heiligen Landes Judenschulen waren, so hatten diese
römischen Soldaten Gelegenheit, mit dem Glauben der Juden
bekannt zu werden. Auch kamen sie sonst mit den Juden und
deren religiösen Gebräuchen in Berührung. An manchen Plät=
zen bestand zwischen diesen Soldaten und den Juden ein recht
freundschaftliches Verhältnis; ja, manche dieser Römer nahmen
den Glauben der Juden zum Theil an, wie hier der Hauptmann,
und in Cäsarien der Hauptmann Cornelius. Es bedurfte später
nicht vieler Mühe, solchen Männern ins Gnadenreich der christ=
lichen Kirche hineinzuverhelfen. Auch hatte der Hauptmann im
Text gewiß bereits Manches von Jesus gehört. Denn wir lesen,
daß Jesus sich oft in Kapernaum aufhielt und daselbst viele
Wunder verrichtete, daher diese Stadt auch Seine Stadt genannt
wird. Matth. 9, 1.

Daraus können wir sehen, wie viel Gutes ein Gläubiger
durch sein Beispiel nützen kann. Durch stille, fleißige und ge=
treue Ausübung deiner Berufspflicht, durch Mäßigkeit, durch
frommen Wandel und, wenn es sein muß, auch durch gerades,

offenes und muthiges Zeugnis kannst du deinen Glauben auf
Andere verpflanzen und vererben. Jedes Kirchengebäude, jeder
Sonntag, jeder Kirchengang ist schon eine Predigt an und für
sich, wie die Judenschulen und der Sabbath der Juden eine Pre-
digt und ein Zeugnis waren für die heidnischen Soldaten im
Lande Palästina.

3. Die innige Theilnahme und herzliche
Liebe, die der Hauptmann zu Kapernaum gegen seinen kranken
Knecht an den Tag legte, kann allen Herrschaften
zum Vorbild dienen. Manche Herrschaften sind unfreundlich, hart, lieblos, ja grausam gegen ihre Dienstboten.
Sie zeigen ihnen keine freundliche Miene und geben ihnen kein
wohlwollendes Wort, als ob Das ihrem Herrschaftsstand Ab-
bruch thäte; sie laden ihnen zu schweres und zu anhaltendes
Arbeiten auf, haben kein Mitleid mit ihnen, wenn sie krank
sind, geben ihnen nicht genügende Vergütung für ihre Arbeit
und nicht hinreichende Nahrung. Herrschaften sollen wissen,
daß ihre Dienstboten auch Menschen und keine Thiere sind, keine
todten Maschinen, sondern lebendige Menschen, die auch Gefühl
haben; ja Miterlöste durch Christum sind, die als solche Anspruch machen können auf christliche Behandlung. Die Herrschaften sollen ihre Dienstboten mehr als Glieder der Familie
ansehen, sie auch theilnehmen lassen an den Freuden des Hauses,
vor Allem auch an dem Hausgottesdienst der Familie, sie sollen
ihnen während der Woche auch etwas freie Zeit gönnen und
ihnen — namentlich am Sonntag — Gelegenheit geben, den
Gottesdienst zu besuchen. Auch sollen sie Einsicht haben, wenn
ihre Dinstboten krank sind, sollen sie pflegen oder pflegen lassen.
Solche Behandlung, Theilnahme und Liebe schafft bei pflichtbewußten Knechten und Mägden Anhänglichkeit und Treue. Dieser Ansicht ist auch Paulus, wenn er sagt: „Ihr Herren,
was recht und gleich ist, das beweiset den Knechten, und wisset, daß ihr auch einen Herrn im Himmel habt. Col. 4, 1.

4. Dies gilt gewiß auch den Arbeitgebern und
Vorgesetzten in den Fabriken, an den Eisenbahnen und
sonstigen Arbeitsplätzen. Mancher persönliche Haß, manche
Grausamkeit wird da an Arbeitern und Arbeiterinnen ausge-
übt und dadurch Bitterkeit erzeugt, die dann zu den unglückseligen Arbeiteraufständen den Zündstoff liefert.

Wenn Diejenigen, die die arbeitende Klasse beschäftigen,
seien es einzelne Kapitalisten, oder auch Gesellschaften, sich nur

auf den Standpunkt der Menschlichkeit und Billigkeit stellten, oder nur zur Hälfte Das befolgten, was Gottes Wort ihrem Stande zuschreibt, so würde sich wenigstens der bessergesinnte Theil nie zu Arbeitsausständen oder Gewaltmaßregeln hinreißen lassen.

5. Aber gewiß muß hier auch das Verhalten der Dienstboten gegen ihre Herrschaften und der Arbeiter gegen ihre Arbeitgeber zur Sprache kommen. Auch davon redet unser Text. Der Hauptmann gibt seinen Knechten folgendes Zeugnis: „Wenn ich zu einem Kriegsknecht sage: Gehe hin, so geht er; und zum andern: Komm her, so kommt er; und zu meinem Knechte: Thue das, so thut ers." Gewiß hätte der Hauptmann nicht so herzliche Liebe zu seinem Knechte haben können, wenn derselbe nicht gehorsam und pflichtgetreu gewesen wäre. Und manche Herrschaft würde wohl auch heutiges Tages ihren Dienstboten mehr Liebe erweisen und mehr Freundlichkeit erzeigen, wenn diese mehr willigen Gehorsam und mehr aufrichtige Pflichttreue an den Tag legten. Aber viele Knechte und Mägde sind nicht williglich gehorsam, sondern gehorchen nur, weil sie müssen; sie verrichten ihre Arbeit nicht mit dem Bewußtsein, daß Gott ihre Werke sieht und daß sie einst vor Ihm Rechenschaft über dieselben abzulegen haben, sondern sind Augendiener und Schmeichler; wenn unbewacht und allein, sehen sie nicht auf den Nutzen der Herrschaft, sondern auf ihren eigenen. Dasselbe gilt auch von den Arbeitern und Angestellten in Fabriken und an Eisenbahnen. Allen Untergebenen, wen sie auch über sich haben mögen, gilt daher das Exempel der Knechte unseres Hauptmannes im Text. Und wenn sie es nachahmen, so werden sie wohl auch hie und da Herren und Arbeitgeber finden, wie der Hauptmann zu Kapernaum einer war. Solcher Ansicht ist auch Paulus, wenn er schreibt: Ihr Knechte, seid gehorsam in allen Dingen eueren leiblichen Herren, nicht mit Dienst vor Augen, als den Menschen zu gefallen, sondern mit Einfältigkeit des Herzens und mit Gottesfurcht. Alles, was ihr thut, das thut von Herzen, als dem Herrn und nicht den Menschen. Col. 3, 22. 23. Beispiele von treuen Knechten bietet uns auch sonst die heilige Schrift. Z. B. Elieser, der Knecht Abrahams, 1. Mose 24; Joseph bei Potiphar, 1. Mose 39; Naemanns Sklavin, 2. Kön. 5, 3 und Andere.

6. Des Hauptmanns herzliche Liebe haben wir

auch darum so hoch anzuschlagen, weil er Soldat war. Denn beim Soldatenleben wird zwischen Vorgesetzten und gewöhnlichen Soldaten nicht viel Liebe geübt. Befehl und Gehorsam — das sind die zwei Punkte, um die sich da Alles dreht. Wollen oder Nichtwollen — kommt da gar nicht in Betracht. Desto lieblicher ist deshalb unser heutiges Soldatenevangelium, weil wir in demselben von einem Hauptmann lesen, der gegen seine Untergebenen — Kriegsknechte und Hausknechte — Liebe übte, und wir auch als bestimmt annehmen dürfen, daß sie den vom Hauptmann hier beschriebenen Gehorsam nicht gezwungen, sondern williglich geleistet haben.

Alle Vorgesetzten jeden Ranges beim Militär, alle Herrschaften, die Dienstboten haben, alle Arbeitgeber, die Leute beschäftigen; alle Soldaten, alle Dienstboten, alle Arbeiter können aus diesem Evangelium lernen: die Ersteren herzliche Liebe gegen ihre Untergebenen; die Letzteren willigen Gehorsam und treue Pflichterfüllung gegen ihre Vorgesetzten.

Ein anderer nicht minder lieblicher Zug, den wir an dem Hauptmann zu Kapernaum wahrnehmen, ist

II.   seine aufrichtige Demuth vor dem Herrn.

1. Die aufrichtige, ungeheuchelte Demuth des Hauptmanns erkennen wir deutlich aus dem herrlichen Wort, das er zu Jesu sagte: Herr, ich bin nicht werth, daß Du unter mein Dach gehest." Und schöner noch lautet es, wenn wir die Umstände dazu in Betracht ziehen, unter denen er dieses Wort aussprach. Diese Umstände sind, wenn man den Bericht, den der Evangelist Lucas (Kap. 7.) von diesem Ereignis gibt, dazu nimmt, folgende: Als der Hauptmann hörte, Jesus käme nach Kapernaum, sandte er die Aeltesten der Juden von Kapernaum Ihm entgegen, Ihn zu bitten, Er möchte kommen und seinen kranken Knecht gesund machen. Da dann Jesus mit diesen Aeltesten sich dem Hause näherte, kam den Hauptmann ein solches Gefühl und Bewußtsein seiner Unwürdigkeit an, daß er den Kommenden einige Freunde entgegen schickte, Jesu in seinem Namen zu sagen: „Ach Herr, bemühe Dich nicht, ich bin nicht werth, daß Du unter mein Dach gehest, darum ich auch mich selbst nicht würdig geachtet habe, daß ich zu Dir käme." Da aber Jesus dennoch Sein Kommen fortsetzte, so machte sich der Hauptmann selber auf, Jesu zu begegnen. Und da begab es sich dann, daß er vor Jesu selbst jenes Zeugnis der

Demuth ablegte: „Herr, ich bin nicht werth, daß Du unter mein Dach gehest." Matth. 8, 8.

Diese Demuthsäußerung überrascht uns; denn sie kommt aus eines Heiden Mund; ein Soldat spricht sie aus; ein Mann, der bei seinen Stadtgenossen als Wohlthäter bekannt war. Es gehörte dieser Mann dem stolzen Volke der Römer an, das sich gar Viel einbildete auf seine große Weltmacht. Es war dieser Mann ein militärischer Befehlshaber, und bei solchen Leuten findet man gewöhnlich mehr eingebildeten Hochmuth und Rangstolz als Demuth. Es war dieser Mann ein allbekannter Wohlthäter, der viel Gutes gethan hatte. Die Aeltesten der Juden, die er zuerst zu Jesu geschickt hatte, geben ihm das Lob: „Er ist es werth, daß Du ihm das erzeigest: Denn er hat unser Volk lieb, und die Schule hat er uns erbaut." Luc. 7, 4. 5. Nichts von römischem Machtgefühl, Nichts von Soldatenstolz, Nichts von Verdiensthochmuth finden wir an diesem edeln Manne, nur ungeheuchelte, aufrichtige Demuth.

2. Daraus können wir Alle Etwas lernen. Niemand hat nöthig, auf irgend Etwas stolz zu sein, sei es Geld, Rang, körperliche Schönheit, oder auch Verdienste, die man sich um Staat, Kirche, Schule, oder sonst gemeinnützige Zwecke durch Arbeit oder Geschenke erworben hat. Vor Gott gilt weder Reichthum noch Rang Etwas: Alle sind vor Ihm nur arme Sünder. Und wie schnell ist Schönheit und Körperkraft geschwunden! Und was Verdienst um Andere betrifft, spiegle dich in jenem heidnischen Hauptmann, der den Juden ihre Schule erbaut hatte, aber sich Nichts darauf einbildete. Es soll Niemand von uns glauben, geleisteter Dienste wegen, natürlicher Gaben wegen, Reichthums wegen, gemachter Geschenke wegen, nun auch in der Gemeinde befehlen und herrschen zu dürfen. Damit würden die Andern betrübt werden, wie die zehn Jünger sich zurückgesetzt sahen, als die Söhne Zebedäi, — Jakobus und Johannes — durch ihre Mutter sich das Sitzen zur Rechten und Linken des Herrn erbitten lassen wollten. In der Gemeinde haben wir es nur mit Gliedern zu thun, die alle gleiche Rechte haben, seien sie reich oder arm, begabt oder unbegabt, und es wird von jedem Gliede erwartet daß es gewissenhaft seine Pflicht thue, ein jedes nach seinen Gaben und seinem Vermögen. Der Vermögliche soll nicht bloß so viel geben wie der Arme oder Mittelmann, sondern gemäß seinem Vermögen. An jenem Gotteskasten bemerkte Jesus, daß die Reichen Viel

einlegten, aber Er ſchätzte auch der Wittwe zwei Scherflein hoch, weil ſie nicht mehr hatte. Arme dürfen auch Scherflein geben. Wenn aber ein Reicher auch bloß ein Scherflein geben wollte, ſo wäre das nicht recht. Denn: „Welchem Viel gegeben iſt, bei dem wird man auch Viel ſuchen; und welchem Viel befohlen iſt, von dem wird man Viel fordern.“ Luc. 12, 48.

3. Wie herrlich wäre es doch, wenn wir in un= ſeren Gemeinden hie und da ſolche Hauptleute hätten, wie jener im Evangelium, die uns Schulen und Kirchen erbauten! Leute mit ſolchem ſelbſtloſen Wohlthätigkeitsſinn ſind in jeder Gemeinde willkommen. Und damit wir ſehen, daß ſolche Demuth den Menſchen nicht herab= würdigt, ſondern ihn erhöht, ihn ſogar zu einem Helden macht, laſſet mich euch auf noch einen Zug hinweiſen, den wir bei un= ſerem Hauptmann wahrnehmen. Das iſt

III. ſein feſter Glaube an den Helfer in Iſrael.

1. Dieſen feſten Glauben erſehen wir aus des Hauptmanns Wort an den Herrn: „Sondern ſprich nur ein Wort; ſo wird mein Knecht geſund. Denn ich bin ein Menſch, dazu der Obrigkeit unterthan, und habe unter mir Kriegsknechte; noch wenn ich ſage zu einem: Gehe hin, ſo gehet er; und zum an= dern: Komm her, ſo kommt er; und zu meinem Knecht: Thue das, ſo thut ers.“ Auch aus Jeſu Verhalten und Ausſpruch erkennen wir dieſen feſten Glauben; denn Mat= thäus ſchreibt: Da das Jeſus hörte verwunderte Er Sich und ſprach zu denen, die Ihm nachfolgten: Wahrlich Ich ſage euch, ſolchen Glauben habe Ich in Iſrael nicht gefunden.“ Der Hauptmann war der Anſicht, daß ein Wort, von Jeſu geſprochen, hinreiche, ſeinen Knecht geſund zu machen; ſolche Kraft traute er Ihm zu. Sei= ner Anſicht nach ſollte es nicht nöthig ſein, daß Jeſus käme und Mittel anwendete, oder den Kranken berührte. Dieſe Kraft ſetzte er in den Herrn, weil er Ihn für den Meſſias der Juden hielt, von Dem er wußte, daß Derſelbe mehr als ein gewöhn= licher Menſch ſein würde. Wenn auch ſein Glaube an Jeſum als den Sohn Gottes noch nicht ſo klar war, wie der des Petrus, als er bekannte: „Du biſt Chriſtus, der Sohn des lebendigen Gottes,“ Matth. 16, 16, ſo geht aus Allem hervor, daß er Jeſum nicht bloß für einen Propheten hielt, ſondern daß er etwas ahnte von der Gottheit, die in Jeſu war, weshalb er auch glaubte, Jeſus ſei unumſchränkter Gebieter, während er ſelbſt der Obrig=

keit unterthan sei. Das ist es, was ihm solche Hochachtung vor Jesu einflößte, ihn so demüthig machte und ihn so Viel von Ihm erwarten ließ. Der Hauptmann glaubte, daß der vor ihm stehende Jesus der von den Juden erwartete Messias sei. In diesem Glauben übertraf er viele Juden. Diese hatten so manche Thaten und Wunder gesehen und Seine herrlichen Reden gehört und glaubten doch nicht an Ihn. Selbst von Capernaum mußte Jesus wehmüthig ausrufen: „Und du Kapernaum, die du bist erhoben bis an den Himmel, du wirst bis in die Hölle hinunter gestoßen werden." Matth. 11, 23.

2. Jesus machte alle Hilfe, die Er den Menschen angedeihen ließ — leibliche und geistliche — vom Glauben abhängig. Der Aussätzige am Anfang unseres Textes zeigte seinen Glauben an den Herrn in den Worten an: „Herr, so Du willst, kannst Du mich wohl reinigen." In der Erzählung von der Heilung eines Gichtbrüchigen zu Kapernaum heißt es: „Da nun Jesus ihren Glauben sah, sprach Er zu dem Gichtbrüchigen: Sei getrost, deine Sünden sind dir vergeben." Matth. 9, 2. Zu Jairus spricht Er: „Glaube nur!" Die zehn Aussätzigen, die Er zu dem Priester schickte, mußten glauben; der Blindgeborne, den Er nach dem Teich Siloah sandte, mußte glauben. Das kananäische Weiblein mußte glauben. Und wie oftmals spricht Christus zu den Hilfesuchenden: „Dein Glaube hat dir geholfen." Diesen Glauben fordert der Herr heute noch von einem Jeden, der leibliche oder geistliche Hilfe verlangt. In Nahrungsnoth, in Lebensgefahr, in Krankheit, sollen wir Ihm zutrauen, daß Er heute noch Brot schaffen kann, wie damals in der Wüste, heute noch Seine Hand zur Rettung bereit hat, wie Er sie einst auf dem Meer dem sinkenden Petrus entgegenstreckte; daß Er heute noch der Krankheit Einhalt gebieten kann, wie damals, als Er auf Erden wandelte. Und da sollen wir auch, wie der Hauptmann, glauben, daß, wenn Jesus auch nicht in Person erscheint, uns fühlbar anrührt und hörbar Heilungsworte ausspricht, Er uns doch helfen könne.

3. Auch fürs Geistliche können wir den Hauptmannsglauben brauchen. Da haben wir unsere zwei Sakramente, Taufe und Abendmahl, mit den äußeren Zeichen: Wasser und Wort, Brot und Wein. Wie großen Kampf kostet es Manchen zu glauben: „Die Taufe wirket Vergebung der Sünden, erlöset vom Tode und Teufel, und gibt die ewige

Seligkeit Allen, die es glauben, wie die Worte und Verheißung Gottes lauten." Wie schwer kommt es Manchen an zu glauben und es der göttlichen Allmacht zuzutrauen, daß wir im heiligen Abendmahle mit und unter dem Brot und Wein Christi Leib und Blut empfangen. Alle Solche beschämt der Hauptmann in unserem Evangelium, der fest glaubte, Jesus könne von der Ferne aus, ohne jegliches Mittel seinem Knechte helfen; und wir haben im Sakrament noch dazu sichtbare Zeichen, die wir mit den Augen wahrnehmen und mit der Zunge fühlen können und an welchen wir einen Anhalt haben.

4. Weil nun der Hauptmann solch festen Glauben bewies, so wurde er auch nicht zu Schanden; der Herr krönt seinen Glauben mit der Zusicherung: "Gehe hin, dir geschehe, wie du geglaubt hast." Und "was der Herr sagt, das geschieht, und wo Er gebietet, da steht es da." Die Hilfe folgt auf des Herrn Wort: "Und sein Knecht ward gesund zu derselbigen Stunde."

5. Dieser ganze Vorgang veranlaßt Jesum hinauszublicken auf die herrliche Zeit, in welcher auch die Nichtisraeliten herbeikommen würden, um theilzunehmen am Heile Israels und zu wohnen in den Hütten Sems. Diesen Hinausblick zeigt Er an in dem majestätischen Wort: "Viele werden kommen vom Morgen und vom Abend und mit Abraham und Isaak und Jakob im Himmelreich sitzen." Wie herrlich hat sich dieses prophetische Wort bis jetzt schon erfüllt und geht immer noch mehr in Erfüllung, bis "die Fülle der Heiden eingegangen sein wird." Röm. 11, 25. Immer weiter dringen die Boten des Friedens mit dem lieblichen, gnadenbringenden Evangelium vom Heilande der Welt.

6. So wäre denn heute diese herrliche Hauptmannsgestalt vor uns gestanden. Möchten wir Alle die herrliche, menschenfreundliche Liebe dieses Mannes nachahmen, auch so selbstlos und demüthig werden wie er, und vor Allem festiglich glauben, daß Jesus Christus der Sohn Gottes, der Messias der Juden und Heiland aller Menschen ist. Möchten auch wir uns in aller Noth und Trübsal an Jesum wenden, von Ihm allein Hilfe erflehen und erwarten mit dem festen und gewissen Glauben an Seine allmächtige Hilfe, wie wir es bei diesem Hauptmanne sehen.

"Wer an Ihn glaubt, wird nicht zu Schanden werden." Röm. 10, 11. Amen.

Vierter Sonntag nach Epiphanias.

Matth. 8, 23-27.

Und Er trat in das Schiff, und Seine Jünger folgeten Ihm. Und siehe, da erhob sich ein groß Ungestüm im Meer, also daß auch das Schifflein mit Wellen bedeckt ward; und Er schlief. Und die Jünger traten zu Ihm, und weckten Ihn auf und sprachen: Herr, hilf uns, wir verderben! Da sagte Er zu ihnen: Ihr Kleingläubigen, warum seid ihr so furchtsam? Und stand auf und bedräuete den Wind und das Meer, da ward es ganz stille. Die Menschen aber verwunderten sich und sprachen: Was ist das für ein Mann, daß Ihm Wind und Meer gehorsam ist?

1. Das Kapitel, dem unser heutiges Evangelium entnommen ist, kann mit Recht ein Kapitel der Wunder genannt werden. Viele Wunder sind uns darin berichtet. Unter anderen die Heilung des Kranken zu Kapernaum, die Heilung der zwei Besessenen in der Gegend der Gergesener und die Stillung des Sturmes in unserem heutigen Text.

2. In unserem heutigen Evangelium wird uns erzählt, daß Jesus mit Seinen Jüngern in ein Schiff getreten sei, um über das galiläische Meer — auch See Genezareth genannt — hinüber zu fahren. Plötzlich habe sich ein Sturmwind erhoben, der die Jünger in Furcht und Schrecken gesetzt. Jesus aber, den die Jünger aus Seinem Schlafe aufgeweckt, habe den Sturm mit Seinem Wort gestillt.

3. Das ist eine liebliche und herrliche Erzählung, die uns einerseits wohl den Kleinglauben der Jünger vor Augen stellt, andererseits aber auch die majestätische Allmacht Jesu Christi, des Sohnes Gottes, zeigt.

4. Man hat von jeher diese Geschichte bildlich gedeutet und sie angewandt auf die christliche Kirche. Nach dieser geistlichen Deutung versteht man unter dem Schiff die Christenheit, unter dem Meer die Welt, unter dem Sturm die Widerwärtigkeiten, von denen die christliche Kirche oftmals heimgesucht wird, und unter dem Stillen des Sturmes die göttliche

(111)

Hilfe, die der Herr Seiner Kirche immer wieder zu Theil werden läßt.

Darnach lasset mich heute zu euch reden über:

Die Fahrt Jesu mit Seinen Jüngern über das galiläische Meer ein Bild der christlichen Kirche.

Dabei nehmen wir wahr

I. das Eintreten des Sturmes nach kurzer Fahrt;
II. die allmächtige Wunderhilfe in der höchsten Noth.

Wir betrachten

I. das Eintreten des Sturmes nach kurzer Fahrt.

1. Kaum war der Herr mit Seinen Jüngern zu Schiffe gestiegen, kaum hatten sie die Segel gelichtet, da erhob sich schon der Sturm, der die Jünger in Furcht und Schrecken setzte, da sie meinten, sie würden jetzt im Sturm „verderben".

Aehnlich ging es auch mit der christlichen Kirche, die unter jenem Schifflein und dessen Insaßen — Jesu und Seinen Jüngern — abgebildet ist. Kaum hatte sich das Häuflein der Gläubigen in Jerusalem zu einer Gemeinde zusammengethan, so brachen auch schon die Stürme über sie herein. Petrus und Johannes werden wegen der Heilung des Lahmen am Tempel und wegen ihres muthigen Zeugnisses ins Gefängnis gesperrt. Ap. 3. Ein schrecklicher Sturm brach über die Muttergemeinde zu Jerusalem herein, als „Saulus schnaubte mit Drohen und Morden wider die Jünger des Herrn" und „Wohlgefallen hatte am Tode des Stephanus." Ap. 8 und 9. Den Jakobus — Johannis Bruder — tödtet der König Herodes mit dem Schwert, und fängt auch den Petrus, „um ihn nach Ostern dem Volke vorzustellen." Ap. 12. Denken wir an die vielen Trübsale und Leiden, die Paulus auszuhalten hatte von Juden und Heiden, zu Land und zu Wasser; vergegenwärtigen wir uns die vielen Christenverfolgungen zur Zeit der römisch-heidnischen Kaiser, in denen das Blut der Christen in Strömen floß: so können wir sehen, daß sich gewaltige Stürme an das Schifflein der christlichen Kirche heranwälzten und drohten, dasselbe zu verschlingen.

Auch das Mittelalter mit seinen Religionskriegen, die Reformation mit ihren Kämpfen, die Mission der Neuzeit mit ihren Feinden und Hindernissen im Heimathsland und auf dem

Missionsfelde, bezeugen es, daß das Schifflein der Kirche Christi stets umgeben war von Noth und Gefahr, und daß immer — zu einer Zeit mehr, zu einer andern Zeit weniger — Stürme es rüttelten und schüttelten und die Insaßen des Schiffleins erschreckten.

2. Mancherlei Art scheinen die Urheber dieser Stürme und verschiedenerlei deren Ursachen gewesen zu sein; aber im Grunde genommen hatten alle Diejenigen, die je gegen die Kirche Jesu Christi aufgetreten sind — ganz abgesehen in welcher Gestalt oder Form es geschah — nur einen Beweggrund: Haß gegen Christum. Damit stimmt auch Paulus, wenn er sagt: „Wir predigen den gekreuzigten Christus, den Juden ein Aergernis, und den Griechen eine Thorheit." 1. Corinth, 1, 23. Als man Petrus und Johannes der Heilung des Lahmen und ihres Zeugnisses wegen vor die Hohenpriester führte und sie verhörte, da hieß es: „Und sie riefen die Apostel und geboten ihnen, daß sie sich allerdings nicht hören ließen, noch lehreten in dem Namen Jesu." Ap. 4, 18. Und als sie kurz darauf, weil sie sich diesem Entscheid nicht fügen wollten, wieder als Angeklagte vor demselben Gericht standen, warfen ihnen ihre Richter vor: „Haben wir euch nicht mit Ernst geboten, daß ihr nicht solltet lehren in diesem Namen? Und sehet, ihr habt Jerusalem erfüllt mit euerer Lehre und wollt dieses Menschen Blut über uns führen." Ap. 5, 28. Und alle späteren Verfolgungen der Christen, namentlich die Widerwärtigkeiten und Leiden, die Paulus zu erdulden hatte, gingen aus derselben Ursache hervor: aus dem Hasse gegen Jesum Christum den Gekreuzigten. Auf demselben Grund beruhten die Christenverfolgungen durch die römischen Kaiser.

Auch den Schriften, die manche Heiden gegen das Christenthum schrieben, um es zu bekämpfen, und den feindlichen Angriffen der christlichen Lehre, die oftmals von unlauteren Geistern innerhalb der christlichen Kirche selbst gemacht wurden — wie uns Solches im Laufe der Kirchengeschichte berichtet wird — liegt dieselbe Ursache zu Grunde. Ebenso finden wir es in der Missionsgeschichte der Neuzeit: Die Juden spotten und lästern heute noch, wenn sie von dem Gekreuzigten hören; und die stolzen Heiden und die fanatischen Muhamedaner wollen sich nicht beugen unter eine Religion, die einen Gehenkten anbetet.

Auch die Feinde des Reiches Gottes, die sich in der heu-

Ev.-Pr.—8

tigen Christenheit finden, haben keinen andern Grund für ihre Abgeneigtheit gegen das Christenthum, als den Haß gegen Christum den Gekreuzigten. Sogar so manche Gemeinde= streitigkeiten kann man auf denselben Grund zurückführen: auf die Abneigung gegen Christum und die Verwerfung Seiner Buße fordernden Gnade. Das ersehen wir aus Pauli Be= hauptung: „Denn es wird eine Zeit sein, da sie die heilsame Lehre nicht leiden werden, sondern nach ihren eigenen Lüsten werden sie ihnen selbst Lehrer aufladen, nach dem ihnen die Ohren jücken; und werden die Ohren von der Wahrheit wen= den, und sich zu den Fabeln kehren." 2. Tim. 4, 3. 4.

Aber in all solchen Gefahren, Nöthen und Stürmen, denen die Kirche ausgesetzt war, durfte sie immer wieder Gottes Hilfe und Rettung erfahren. Auch das ist uns in unserer Textge= schichte abgebildet. Und demnach dürfen wir auch hinblicken

II. auf die allmächtige Wunderhilfe des Herrn in der höchsten Noth.

1. Groß war bei jenem Sturm der Schrecken und die Angst der Jünger des Herrn, wie es bei Mee= resstürmen zu geschehen pflegt; wenn die Elemente toben und wüthen; wenn die Schiffsreisenden keine Hoffnung auf Rettung mehr haben, sondern jeden Augenblick gewärtig sein müssen, von den Wellen verschlungen und so plötzlich vor Gottes Rich= terstuhl gefordert zu werden. Da dringt bei Manchem die langunterdrückte Gewissensstimme wieder durch; da beugt man= cher stolze und verhärtete Sünder seinen Nacken und seine Kniee und faltet, zum ersten Male wieder nach langer Zeit, seine Hände und ruft den allmächtigen Gott um Hilfe an. Und auch der Gläubige fühlt bei solchen Gelegenheiten den Ernst des Augenblicks, und auch ihn mag Furcht und Schrecken anwan= deln; aber im Gebet zu Gott findet er sich bald wieder zurecht. So sehen wir es auch bei den Jüngern. Der plötzliche Sturm erschreckte sie; sie sehen sich schon am Rande des Verderbens, des Untergangs, und in der Ueberraschung denken sie nicht daran, daß ihr Schifflein gar nicht untergehen könne. da ja Jesus darinnen war. Oder, wenn sie an Ihn dachten, so konn= ten sie es nicht begreifen, daß Er schlief, Sich gar nicht um sie kümmerte, sondern sich unthätig und theilnahmlos verhielt.

2. Wie dem auch sei: der Herr muß sie tadeln, muß sie „Kleingläubige" nennen. Daraus geht hervor, daß ihr Glaube nicht so stark war, wie es Jesus erwarten konnte;

sie hatten ihren Glauben an Ihn als den göttlichen Helfer nicht
verloren, aber sie hatten Furcht, Zagen und Schrecken an den
Tag gelegt, was nicht nöthig gewesen wäre und womit sie
ihrem Herrn keine Ehre machten. **Er aber weiß Rath
und bringt Hilfe.** „Der Herr stand auf, bedrohte den
Wind und das Meer; da ward es ganz stille." Hier ist Der,
dem alle Elemente unterthan sind; „wo Er spricht, da geschiehts, und wo Er gebietet, da steht es da." Pf. 33, 9. Er
ist Derselbe, der einst vor Israel her das Meer theilte und es
in der Wüste versorgte mit Manna und Felsenwasser und es
mittelst der Wolken- und Feuersäule bis ins heilige Land geleitete.

3. **Was der Herr hier an Seinen Jüngern gethan, das hat Er seit jener Zeit an Seiner Kirche
und an einzelnen Gläubigen oftmals wiederholt.**
Die Apostelgeschichte berichtet uns herrliche Thaten Seiner allmächtigen Wunderhilfe und gnädigen Errettung. Denken wir
nur an die wunderbare Errettung des Petrus aus dem Gefängnisse des Herodes. Kein Mensch war da, der den Petrus
vom Tode hätte erretten können. Da schickt Gott Seinen
Engel, der ihn befreit, trotz der Wache, der Ketten und der
eisernen Thüren.

Und wie oftmals war die Kirche Gottes in Gefahr
unterzugehen, wie oftmals schlugen die Wellen der Ungläubigen, der Falschgläubigen, der Sektierer und Schwärmer hoch
und mächtig an das Schifflein der wahren Kirche: aber es ging
nicht unter. Und wenn es auch manchmal schien, als schliefe
der Herr, als wolle Er Seine Gemeinde im Stich lassen: Plötzlich, unerwartet und herrlich brach die Hilfe hervor und machte
das Schifflein seiner Kirche wieder flott. Denken wir nur an
die Zeit der großen Christenverfolgungen, da es manchmal
schien, als ob die ganze Kirche ausgerottet werden würde.
Doch — sie blieb am Leben trotz der Ströme von Märtyrerblut, die flossen. Und wie kam der Herr der wahren Kirche so
wunderbar und mächtig zu Hilfe zur Zeit der Reformation und
des 30jährigen Krieges! Wie oft hing das Leben der Missionare und der Missionen an einem Faden, und schon triumphir-
ten die Heiden über ihren Sieg: da erschien noch im letzten
Augenblick Hilfe und die Missionare und ihr Werk waren gerettet.

Wie oftmals hat es schon im Leben der Gemeinden
erschienen, als ob die Bosheit, Lüge und Ungerechtigkeit die
Oberhand gewönne: aber Gott in Seiner Weisheit und All-

macht lenkte Alles wieder in die richtigen Bahnen, und es bewährte sich: „Die Rechte des Herrn behält den Sieg." Pf.
118, 16.

Auch wie manche Seele stand schon im Sturm und Kampf
persönlicher Anfechtung, Kleinglaubens, Zweifels bezüglich ihrer
Sündenvergebung und Kindschaft bei Gott und rief mit dem
Propheten: „Ich vergehe, denn ich bin unreiner Lippen!" Jes.
6, 5, oder mit Paulus: „Ich elender Mensch, wer wird mich
erlösen von dem Leibe dieses Todes?" Röm. 7, 24. Aber
Gott läßt auch das Glaubensschifflein nicht untergehen
und verhalf jederzeit den aufrichtig nach Vergebung und Ueberzeugung Suchenden zum Licht und zum Sieg, so daß solche an-
gefochtenen Seelen es jenem großen Glaubenskämpfer getrost
nachsprechen durften: „Ich danke Gott durch Jesum Christum
meinen Herrn;" Röm. 7, 25, und sich den göttlichen Trost zueignen konnten: „Ich, Ich tilge deine Uebertretung um Meinet-
willen; und gedenke deiner Sünden nicht." Jes. 43, 25. Wie
Gott einst die Arche mit Noah und den Seinen sicher durch
der Sündflut Wellen geleitete und sie auf Ararat landen ließ;
und auch hier der Jünger Schiff unter Jesu Obhut und Macht
unbeschadet das jenseitige Ufer erreichte; so wird Gott auch das
Schifflein Seiner Kirche durch die Wellen des Meeres
dieser Welt, durch die Stürme und Unwetter der feindseligen
Machthaber weltlicher Reiche, durch Brandungen des Unglaubens und Falschglaubens, sicher durchführen und es einst ein-
laufen lassen in den Hafen des ewigen Friedens, drüben am
jenseitigen Ufer des Meeres dieser Welt.

4. Darum, mögen auch die Wellen der Trübsal an uns
herankommen, in leiblicher oder geistlicher Noth, im Leben der
Familie, der Gemeinde, oder auch der christlichen Kirche: wir
wollen niemals verzagen noch verzweifeln, sondern stets
aufblicken zu Dem, der auch jetzt noch am Steuerruder sitzt und
das Schifflein Seiner Kirche und all der Seinen zum sicheren
Hafen führen wird.

Lasset uns allezeit gläubig beten:

> „Erhalt in Sturm und Wellen
> Der Kirche heilig Schiff,
> Und laß es nicht zerschellen
> An Sand und Felsenriff;
> Daß wir nach deinen Regeln
> Durchschiffen diese Zeit,
> Und einst mit frohen Segeln
> Einziehen zur Ewigkeit."

Amen.

Fünfter Sonntag nach Epiphanias.

Matth. 13, 24-30 und 36-43.

Er legte ihnen ein ander Gleichnis vor und sprach: Das Himmelreich ist gleich einem Menschen, der guten Samen auf seinen Acker säete. Da aber die Leute schliefen, kam sein Feind und säete Unkraut zwischen den Weizen und ging davon. Da nun das Kraut wuchs und Frucht brachte, da fand sich auch das Unkraut. Da traten die Knechte zu dem Hausvater und sprachen: Herr, hast du nicht guten Samen auf deinen Acker gesäet? woher hat er denn das Unkraut? Er sprach zu ihnen: Das hat der Feind gethan. Da sprachen die Knechte: Willst du denn, daß wir hingehen und es ausgäten? Er sprach: Nein, auf daß ihr nicht zugleich den Weizen mit ausraufet, so ihr das Unkraut ausgätet. Lasset beides mit einander wachsen bis zur Ernte, und um der Ernte Zeit will ich zu den Schnittern sagen: Sammelt zuvor das Unkraut und bindet es in Bündlein, daß man es verbrenne; aber den Weizen sammelt mir in meine Scheuren. Da ließ Jesus das Volk von Sich und kam heim. Und Seine Jünger traten zu Ihm und sprachen: Deute uns dieses Gleichnis vom Unkraut auf dem Acker. Er antwortete, und sprach zu ihnen: Des Menschen Sohn ist es, der da guten Samen säet. Der Acker ist die Welt. Der gute Same sind die Kinder des Reichs. Das Unkraut sind die Kinder der Bosheit. Der Feind der sie säet, ist der Teufel. Die Ernte ist das Ende der Welt. Die Schnitter sind die Engel. Gleichwie man nun das Unkraut ausgätet, und mit Feuer verbrennet: so wird es auch am Ende dieser Welt gehen. Des Menschen Sohn wird Seine Engel senden; und sie werden sammeln aus Seinem Reich alle Aergernisse, und die da Unrecht thun, und werden sie in den Feuerofen werfen: da wird sein Heulen und Zähnklappen. Dann werden die Gerechten leuchten, wie die Sonne, in ihres Vaters Reich. Wer Ohren hat zu hören, der höre!

1. Unser heutiges Sonntagsevangelium enthält ein Gleichnis. Man heißt es gewöhnlich „das Gleichnis von dem Unkraut unter dem Weizen." Dasselbe gibt uns ein Bild der christlichen Kirche. Wie man auf einem Weizenacker gewöhnlich zwischen dem Weizen auch Unkraut sieht, so befinden sich auch auf dem Acker der sichtbaren christlichen Kirche

neben Guten auch Böse, neben den „Kindern des Reichs" auch „Kinder der Bosheit."

2. Und wie die Knechte in diesem Evangelium diese Thatsache nicht verstehen konnten und meinten, das Unkraut ausreißen zu müssen, so hat schon mancher treue Arbeiter im Reiche Gottes sich über solche Dinge den Kopf zerbrochen und sich gefragt und Gott gefragt, was mit dem Unkraut anzufangen sei. Damit man wisse, was damit zu thun sei, hat Christus, der das Gleichnis gegeben, auch die Erklärung desselben dazu= gesetzt. Und da auch wir über diesen wichtigen Gegenstand Be= lehrung haben möchten, so wollen wir diesen Morgen an der Hand dieser Erklärung Christi mit einander reden über

Das Gleichnis von dem Unkraut unter dem Weizen.

Wir wollen dabei

I. sehen, daß sich auf dem Ackerfeld der christlichen Kirche wirklich Un= kraut findet; und

II. lernen, was damit zu thun sei.

Wir wollen

I. sehen, daß sich auf dem Ackerfeld der christlichen Kirche wirklich Unkraut findet.

1. Unkraut auf dem Weizenacker sahen die Knechte im Gleichnis. So heißt es: „Da traten die Knechte zu dem Hausvater und sprachen: Herr, hast Du nicht guten Samen auf Deinen Acker gesäet? woher hat er denn das Unkraut?" Und in der Erklä= rung des Gleichnisses sagt Jesus: „Das Unkraut sind die Kinder der Bosheit." Solches Unkraut unter dem Wei= zen, solche Kinder der Bosheit neben und zwischen den Kindern des Reiches finden wir sowohl in dem alttestamentlichen als in dem neutestamentlichen Reiche Gottes. Unter den Bewohnern der Arche Noahs — die ja auch ein Bild der christlichen Kirche ist — war ein Kind der Bosheit: der Spötter Ham. Unter dem Volke Israel — dem Volke Gottes — in der Wüste war die gottlose Rotte Korah. Unter den zwölf Jüngern Jesu war das „Kind des Verderbens" — Judas Ischarioth. In der ersten christlichen Gemeinde zu Jerusalem, von der es heißt: „Sie war Ein Herz und Eine Seele"; Ap. 4, 32; war ein heuchlerischer Ananias. Auch hatten die Reformatoren viel zu leiden von den Kindern der Bosheit im eigenen Lager. Und wo ist eine einzige

kirchliche Gemeinschaft — heiße sie Synode, Conferenz, Gemeinde, oder sei es die Hausgemeinde, die Familie — die frei wäre von Unkraut oder Kindern der Bosheit? Oftmals schon haben fromme Leute in gutem Sinne gemeint, sie müßten sich ausscheiden von den Bösen, den Ungläubigen, den Halbgläubigen in der sichtbaren christlichen Kirche und eine Gemeinschaft bilden, die aus lauter Gläubigen, aus lauter Reichskindern bestehe. Manche haben das auch schon gethan und haben sich von dem vermeintlichen Babel ausgeschieden. Aber auch sie konnten solche Reinigung und Scheidung von dem Unkraut nicht vollkommen durchführen, und das Unkraut zeigte sich immer wieder, nur in anderer Gestalt und Form.

2. **Und welch buntes Gemisch von Gut und Bös bilden unsere Gemeinden!** Abgesehen davon, daß die Glieder derselben verschieden sind nach Herkommen, Stand und Bildung, ist bei denselben oft ein offenkundiger Unterschied der Lehransichten, des persönlichen Glaubensstandes und der davon abhängenden Theilnahme an der Gemeindearbeit vorhanden.

Da haben wir eine Klasse todter Namenchristen, die sich durch Heuchelei und Eigennutz in die Gemeinden eingeschlichen haben, Leute, welche die Gemeinde — vielleicht um deren Einflusses oder auch um deren Geldbeitrages willen — aufgenommen hat und beibehalten zu müssen glaubt. Darunter sind oft Ungläubige, Leichtsinnige und Nachlässige — lauter Leute, die sich von Wort und Sakrament ferne halten und sich nur insofern an der Gemeindearbeit betheiligen, als sie das Gute hindern und wahren Fortschritt hemmen. Da ist eine andere Klasse; man könnte sie wohl die der halben Christen nennen, die da meinet, Gottesdienst und Weltdienst mit einander vereinigen und mit einander genießen zu können. Am Sonntag gehen sie zur Kirche und am Montag zum Ball und sonstigen Weltvergnügen, und finden Das ganz in der Ordnung. Da sind wieder andere Gemeindeglieder, die gerne an den Gottesdiensten theilnehmen, aber ihr Geld so lieb haben, daß sie um dessenwillen, wenn es ihnen möglich ist, so manches christliche Gemeindeunternehmen im Keime ersticken oder solchen Unternehmungen stets hindernd im Wege stehen, so daß die Gemeinde nicht ausrichtet, was sie ohne solche Leute ausrichten könnte und würde. Alle solche Gemeindeglieder sind mehr oder weniger Unkraut; und solche Leute sind eben einmal da.

3. Dieselbe Thatsache tritt uns in unseren eigenen Familien entgegen. Auch da finden wir Unkraut neben dem

Weizen, Kinder des Reiches neben Kindern der Bosheit, und zwar in Einer und Derselben Familie, unter der geistlichen und leiblichen Pflege Derselben Eltern. Neben dem gottseligen Abel steht sein gottloser Bruder Kain, der zum Brudermörder wird. In der Familie des Patriarchen Jakob sind neben dem frommen Joseph seine gottvergessenen Brüder. Neben dem gottergebenen Samuel in der Stiftshütte zu Silo wachsen die bösen Buben des Eli — Hophni und Pinehas — auf. David hatte einen Salomo und einen Absalom. Und wie manche Eltern haben neben einer Anzahl frommer Kinder, die zu ihrer Freude und zu ihrem Trost aufwachsen, einen ungehorsamen, störrigen Sohn, der die Wege des verlorenen Sohnes geht, oder eine ausgeartete Tochter, die ein Nagel an der Mutter Todtenlade wird.

So sehen wir Unkraut neben dem Weizen, Kinder des Reiches neben Kindern der Bosheit auf dem Acker der christlichen Kirche, wo wir auch hinblicken: in kirchlichen Gemeinschaften jeder Art und auch in Familien.

4. Und sollten auch wir, wie die Knechte im Gleichnis verwundert fragen: „Woher hat er denn das Unkraut?" so antwortet auch uns der Hausvater: „Das hat der Feind gethan." Wer dieser Feind ist, gibt Christus in der Erklärung dieses Gleichnisses an mit den Worten: „Der Feind, der sie säet, ist der Teufel."

Ja, Das hat der Feind gethan! und er hat es gethan, „da die Leute schliefen." Er ist der Urheber alles Bösen in der Welt: er ist der Vater aller Kinder der Bosheit. Als Adam und Eva nicht Acht hatten auf Gottes Gebot, da säete er den Unkrautssamen des Zweifels und des Ungehorsams in ihr Herz. Und Jahrhunderte und Jahrtausende hindurch im alt- und neutestamentlichen Reiche Gottes, bis auf den heutigen Tag hat er seine vergiftende Drachensaat ausgestreut, welche leider reichlich aufging und üppig wuchs. Kein Mensch stand ihm zu hoch und war ihm zu fromm: er hat sich an Jeden gewagt. Priesterherzen und Heiligthümer hat er vergiftet und entheiligt, Könige mit eitler Lust bethört und Schmach und Elend über Völker gebracht. Die engsten Bande des Lebens, die der Familie, hat er zerrissen und Ehegatten, Eltern und Kinder in Schande und Unglück gestürzt. In den Jüngerkreis schlich er sich ein und umstrickte das Herz eines Jüngers mit Geiz, der ihn an den selbstgemachten Galgen brachte. In der ersten christlichen Gemeinde richtete er Unheil an; falsche Lehre und Sektirerei schmuggelte er in die christliche Kirche ein und verursachte dadurch Spaltungen und Trennungen. Und von den Streitigkeiten, Uneinigkeiten, der Weltförmigkeit, der Trägheit in unseren Gemeinden ist er der alleinige Ursächer: Er säet den Samen zu diesen Früchten in die Herzen während die Menschen achtlos sind, und bearbeitet sie durch seine Helfershelfer, Leute wie die Pharisäer, Judas, oder auch Demetrius der Goldschmied.

Wenn aber dann das Unkraut da ist und wächst, die Kinder der Bosheit da sind in Haus und Gemeinde und sich brüsten und schaden: was soll man damit thun, was damit anfangen? Das wollen wir jetzt gemäß Christi Erklärung zu beantworten suchen.

Und so wollen wir

II. lernen, was mit dem Unkraut unter dem Weizen zu thun sei.

1. Im Gleichnisse lesen wir: „Da sprachen die Knechte zu dem Hausvater: Willst du denn, daß wir hingehen und es ausgäten? Er aber sprach: Nein, auf daß ihr nicht zugleich den Weizen mit ausraufet, so ihr das Unkraut ausgätet."

In weltlichen Reichen, die nach weltlichen Gesetzen regiert werden, muß ausgegätet, ausgerissen und bestraft werden. Paulus sagt: Die Obrigkeit trägt das Schwert nicht umsonst, sie ist Gottes Dienerin, eine Rächerin zur Strafe über den, der Böses thut. Röm. 13, 4. Auch auf dem Acker deines eigenen Herzens darfst du herzhaft das Messer der Zucht ansetzen und die Unkrautspflanzen der Lust, des Weltsinnes und aller bösen Begierden und Wünsche ausgäten und ausschneiden. Auch auf dem Acker deiner Familie sollst du ausgäten und reinigen in allem Ernst und gemäß Salomos Sprüchwort: „Thorheit steckt dem Knaben im Herzen, aber die Ruthe der Zucht wird sie ferne von ihm treiben." Sprüche 22, 15. Auch in jeder christlichen Gemeinde soll Zucht geübt werden bezüglich der Lehransichten und des Lebenswandels der Gemeindeglieder. Dazu fordert uns Christus Selbst und auch der Apostel Paulus auf. Matth. 18, 15—17. sagt Christus: „Sündiget dein Bruder an dir, so gehe hin und strafe ihn zwischen dir und ihm allein. Höret er dich, so hast du deinen Bruder gewonnen. Höret er dich nicht, so nimm noch

einen oder zwei zu dir, auf daß alle Sache bestehe
auf zweier oder dreier Zeugen Mund. Höret er
die nicht, so sage es der Gemeine. Höret er die
Gemeine nicht, so halte ihn als einen Heiden und
Zöllner." Aehnliche Anordnungen hat Paulus gegeben und
hat auch darnach gehandelt. Bezüglich des Blutschänders in
der Gemeinde zu Korinth schreibt Paulus: Auf daß, der das
Werk gethan hat, von euch gethan würde. Darum
feget den alten Sauerteig aus. So Jemand ist,
der sich lässet einen Bruder nennen, und ist ein
Hurer, oder ein Geiziger, oder ein Abgöttischer,
oder ein Lästerer, oder ein Trunkenbold, oder ein
Räuber: Thut von euch selbst hinaus, wer da böse
ist. 1. Korinth. 5. An Leuten dieser Art soll in einer jeden
christlichen Gemeinde Kirchenzucht geübt werden, und ist Solches
namentlich hier zu Lande nöthig, wo da die Gemeinden sich
selber zu regieren haben. Denn, ist die Gemeinde krank und
unlauter, so kann auch nichts Gesundes und Lauteres von ihr
erwartet werden. Läßt man freisinnigen Unglauben auf=
kommen; duldet man falsche Lehre hinsichtlich des Wortes
Gottes und der Sakramente; unterdrückt man nicht den
Schwarm= und Sektengeist im Erstehen; läßt man Nachlässig=
keit im Kirchenbesuch und in der Theilnahme am heiligen Abend=
mahle ungerügt einreißen; tritt man der Weltförmigkeit nicht
streng entgegen; verkündigt man nicht den ganzen Rath Gottes
zur Seligkeit und vergißt das Gesetz Gottes und die Buße: so
rächt sich das schrecklich, und zwar an Haupt und Gliedern. Es
geht dann mit einer Gemeinde, wie es mit einem Obstbaume
geht, der nie „ausgeputzt" wird. Die Krone wird nach und
nach von den wilden, unechten Aesten so durch= und überwachsen
und vom Ungeziefer so umwoben, daß sie nach und nach abstirbt
und dieses Absterben auch dem Stamm und der Wurzel mit=
theilt.

2. Nur die Predigt des Wortes in seiner Rein=
heit und Lauterkeit gemäß unseren Bekenntnisschriften, die
weise, aber furchtlose Anwendung der in Gottes Wort vorge=
schriebenen Kirchenzuchtsregeln, schützt vor solchem Schick=
sal. Kein in Lehre oder Leben Unlauterer oder Pflichtverges=
sener, Ungläubiger oder Falschgläubiger sollte Stimmrecht aus=
üben dürfen, wenn es sich um Lehrfragen oder Kirchenämter
handelt, und am Allerwenigsten sollten solche Leute im Kirchen=
rathe sein dürfen. Geld und ähnliche Dinge sollten in geist=

lichen Angelegenheiten nie entscheiden. Auch soll der Pastor
genau wissen, wer das Sakrament des Altars genießt und als
ein treuer Seelsorger die Theilnehmer überwachen.

Aber alles Dies — das Predigen des Wortes Gottes,
das Spenden des Abendmahls, das Ordnunghalten in der Gemeinde, die Anwendung und Ausübung der Kirchenzuchtsregeln
— muß geschehen in Beachtung des Raths, den der
Hausvater im Gleichnis den Knechten, die ihn
wegen des Ausgätens befragten, gab: „Nein, auf
daß ihr nicht zugleich den Weizen mit ausraufet,
so ihr das Unkraut ausgätet.“ Wenn Kirchenzucht im
eigentlichen, engeren Sinne des Wortes nöthig ist, so bieten die
beiden Stufen der Ermahnung, die der Bitte und Belehrung,
wie sie uns Matth. 18, 15 angibt, dem Pastor und den Kirchenräthen Zeit und Gelegenheit genug, den Irrenden mit freundlicher Schonung und erbarmender Liebe zu tragen und duldend
und hoffend zu warten, ob er möchte „rechtschaffene Früchte der
Buße“ bringen. Und ein von der Gemeinde Ausgeschlossener
hat noch immer das Recht am öffentlichen Gottesdienste theilzunehmen, wodurch er sich bessern und zur Wiederaufnahme befähigen kann.

Viel Weisheit gehört dazu, das Unkraut von
dem Weizen, das diesem oft ähnlich sieht, zu unterscheiden und in Zuchtfällen so zu handeln, daß man mit
dem Unkraut nicht auch den Weizen ausraufe. Durch un-
besonnenes, leidenschaftliches, voreiliges Verfahren ist in Angelegenheiten dieser Art schon oft gefehlt und viel geschadet worden. Die Sünde muß gestraft werden, aber dem Sünder muß
Zeit und Gelegenheit gegeben werden, sich zu bessern und Buße
zu thun: der Sünder soll nicht vernichtet werden. Als die
Jünger Feuer vom Himmel fallen lassen wollten auf die Samariter, strafte sie Jesus mit dem Wort: Wisset ihr nicht
welches Geistes Kinder ihr seid? Luk. 9, 55. Der
Herr gab dem Lästerer Saulus Zeit: und es wurde ein Apostel
aus ihm, der mehr arbeitete als die Andern Alle.

So soll man auch in christlichen Gemeinden die
Schwachen, Fehlenden, ja die Boshaften, mit Weisheit, Dul-
dung und Schonung behandeln, so lange es äußerst möglich ist
und es ohne wirklichen Schaden für die Gemeinde geschehen
kann. Dabei ist aber nicht nöthig, daß man solche Leute in
Aemtern und Würden lasse, wo sie nach Belieben und von
Amteswegen schaden können. So sagt auch Paulus und lehrt
uns Luthers Beispiel und Anweisung.

3. Aber trotz alles· Predigens, Bittens und Mahnens, trotz der treuesten Seelsorge und weisesten und gewissenhaftesten Kirchenzucht bleibt immer noch Unkraut auf dem Weizenacker der christlichen Kirche und der einzelnen Gemeinden derselben, bleiben immer noch Kinder der Bosheit neben Kindern des Reiches. Und Gott in Seiner unerforschlichen Weisheit läßt Beides neben einander wachsen. So sagt der Hausvater im Gleichnis: „Lasset beides mit einander wachsen bis zur Ernte." Dadurch haben die Bösen Gelegenheit durch Lehre aus Gottes Wort und das gottselige Beispiel der Guten sich zur Buße und zum Glauben zu kehren. Und den Guten, den Reichskindern, kann der Unglaube, der Falschglaube und das gottlose und trostlose Treiben der Kinder der Bosheit zum abschreckenden Beispiel dienen und sie im Glauben und gottseligen Leben bestärken. Wie den edeln Fruchtbäumen, so gibt Gott auch den Unkrautspflanzen Zeit zum Reifen ihrer Früchte. Und wenn die reif sind, dann hält Er Ernte.

4. Wie es bei solcher Ernte zugeht, ersehen wir aus unserem Gleichnis und dessen Erklärung durch den Herrn: „Und um der Ernte Zeit will Ich zu den Schnittern sagen: Sammelt zuvor das Unkraut und bindet es in Bündelein, daß man es verbrenne; aber den Weizen sammelt Mir in Meine Scheune." „Die Ernte ist das Ende der Welt. Die Schnitter sind die Engel. Gleichwie man nun das Unkraut ausgätet und mit Feuer verbrennet, so wirds auch am Ende der Welt gehen. Des Menschen Sohn wird Seine Engel senden; und sie werden sammeln aus Seinem Reich alle Aergernisse und die da Unrecht thun, und werden sie in den Feuerofen werfen; da wird sein Heulen und Zähnklappen."

Daraus sehen wir, daß die Mischung zwischen Unkraut und Weizen, Kindern der Bosheit und Kindern des Reichs auf dem Acker der christlichen Kirche nicht ewiglich fortbestehen wird. Es kommt einmal eine Zeit der Scheidung, eine „Zeit der Ernte." Die Früchte der Satanssaat — das Unkraut, die Kinder der Bosheit — werden geschieden werden von der Gottessaat — dem Weizen, den Kindern des Reiches.

5. Ein Schreckensort — der Feuerofen: „Da ihr Wurm nicht stirbt, und ihr Feuer nicht erlischt." Jes. 66, 24. Das das Ziel des Unglaubens, des Falschglaubens, der Heuchelei und des hartnäckigen Widerstandes gegen Gottes Gnade und Gottes Geist. Schreckliches, aber selbster-

wähltes Loos. Aber, selige Wonne in den „himmli=
schen Scheunen", in der Wohnung des Friedens, für Die,
die sich als Kinder des Reiches hienieden von den Kindern der
Bosheit nicht haben irre machen oder anstecken lassen, sondern
treu geblieben sind und ausgehalten haben bis ans Ende!
Dort — und dort erst — ist eine reine Gemeinde ohne „Fle=
ken oder Runzeln", dort erst eine Gemeinde von lauter
Heiligen und von vollkommenen Heiligen.

Das das Ziel des Glaubens, des Leidens, und eines
in Gott geführten Lebens!

So wollen wir uns denn durch das Unkraut auf dem Acker
der christlichen Kirche nicht irre machen lassen, sondern geduldig
und getrost weiter arbeiten, namentlich aber darauf sehen, daß
wir das Unkraut auf unserem Herzensacker ausrotten, so daß
wir einst am großen Erntetag als guter Weizen erfunden und
in die himmlische Scheune gesammelt werden mögen.

Das walte Gott in Gnaden! Amen.

Sechster Sonntag nach Epiphanias.

Matth. 17, 1—9.

Und nach sechs Tagen nahm Jesus zu Sich Petrum und Jakobum und Johannem, seinen Bruder, und führete sie beiseits auf einen hohen Berg; und ward verklärt vor ihnen, und Sein Angesicht leuchtete, wie die Sonne, und Seine Kleider wurden weiß, als ein Licht. Und siehe, da erschienen ihnen Moses und Elias, die redeten mit Ihm. Petrus aber antwortete und sprach zu Jesu: Herr, hie ist gut sein. Willst Du, so wollen wir drei Hütten machen, Dir eine, Mosi eine, und Elias eine. Da er noch also redete, siehe, da überschattete sie eine lichte Wolke. Und siehe, eine Stimme aus der Wolke sprach: Dies ist mein lieber Sohn, an welchem Ich Wohlgefallen habe, den sollt ihr hören. Da das die Jünger höreten, fielen sie auf ihr Angesicht und erschracken sehr. Jesus aber trat zu ihnen, rührete sie an und sprach: Stehet auf und fürchtet euch nicht. Da sie aber ihre Augen aufhoben, sahen sie niemand, denn Jesum alleine. Und da sie vom Berg herabgingen, gebot ihnen Jesus und sprach: Ihr sollt dies Gesicht niemand sagen, bis des Menschen Sohn von den Todten auferstanden ist.

1. „Wir sahen Seine Herrlichkeit, eine Herrlichkeit als des eingebornen Sohnes vom Vater, voller Gnade und Wahrheit." So schreibt Johannes, der Jünger Jesu, (Joh. 1, 14) einer von den drei Jüngern, die gewürdigt waren, das mitzuerleben und mit leiblichen Augen anzuschauen, was uns unser heutiges Evangelium vor Augen führt: Die Verklärung Christi. „Denn wir haben nicht den klugen Fabeln gefolgt, da wir euch kund gethan haben die Kraft und Zukunft unseres Herrn Jesu Christi; sondern wir haben Seine Herrlichkeit selbst gesehen. Da Er empfing von Gott Ehre und Preis, durch eine Stimme, die zu Ihm geschah von der großen Herrlichkeit dermaßen: Dies ist Mein lieber Sohn, an dem Ich Wohlgefallen habe. Und die Stimme haben wir gehöret vom Himmel gebracht, da wir mit Ihm waren auf dem heiligen Berge." 2. Petri 1, 16—18. So berichtet ein anderer der drei Zeugen der Verklärung Christi — Petrus.

Dieser erhabene Vorgang ist Inhalt unseres heutigen Evangeliums.

2. Obgleich Jesus durch Seine Menschwerdung Sich Seiner himmlischen Herrlichkeit für die Zeit Seines Erdenlebens entäußert hatte, so daß sie durch Seine menschliche Gestalt gleichsam verborgen oder zugedeckt war — wenngleich auch in Seinem Erdenleben mit der menschlichen unzertrennlich verbunden — so machte Christus doch hie und da von Seiner himmlischen Herrlichkeit und göttlichen Majestät Gebrauch, und durchleuchteten die Strahlen Seiner Gottheit doch jeweils Seine irdische Knechtsgestalt. Und wer Augen hatte zu sehen, konnte solche Herrlichkeit wahrnehmen.

3. In unserer heutigen Erzählung wird uns von einer Begebenheit berichtet, bei welcher die göttliche Herrlichkeit Jesu Seine menschliche Gestalt sichtbarlich, vor Menschen, ganz vollkommen durchdringt und übergießt, und die dabei Anwesenden gewürdigt werden, Ihn so zu sehen, wie Ihn die Engel im Himmel sehen. Kein Wunder daher, daß Simon Petrus im Anblick solcher Herrlichkeit und im Genuß solcher Wonne entzückt ausrief: „Herr, hier ist gut sein!"

4. Und auch wir, wenn wir den Herrn auch nicht mit unsern leiblichen Augen sehen dürfen, können Ihn doch sehen mit dem Auge des Glaubens: in Seinem Wort und Sakrament. Ja, einst, wenn wir das Kleid der Leiblichkeit abgelegt haben werden und der Schleier der Zeitlichkeit von unseren Augen gefallen sein wird, werden wir auch gewürdigt sein, Ihn in demselben Zustande zu sehen wie hier Seine Jünger; dann werden wir Ihn sehen, wie Er ist." 1. Joh. 3, 2.

Damit unsere Hoffnung auf diese Seligkeit gestärkt und unsere Sehnsucht darnach vermehrt werde, wollen wir diesen Morgen mit einander betrachten

Die Verklärung Christi.

Dabei wollen wir sehen

I. wie sie geschah;
II. was sie uns lehrt.

Wir sehen

I. wie sie geschah.

1. „Und nach sechs Tagen nahm Jesus zu Sich Petrum, und Jakobum, und Johannem, seinen Bruder und führte sie

beiseits auf einen hohen Berg." Jesus hatte Seine Jünger alle
lieb. Aber d i e s e d r e i hier genannten überragten die andern
an geistlicher Erkenntnis, namentlich an der Erkenntnis Seiner
Messias- und Gottessohnschaft. Und so konnte Er sie auch
Manches sehen und erfahren lassen, was die andern noch nicht
verstanden haben würden. So sehen wir diese drei den Heiland
begleiten in die Todtenkammer in des Jairus Haus; auch nahm
der Herr sie mit hinein in den Garten Gethsemane, und ließ sie
in allernächster Nähe Zeugen Seines Seelenkampfes sein, während die anderen acht Jünger etwas ferner zu bleiben hatten;
und auch hier sind sie Diejenigen der Zwölfe, die der Herr mit
Sich auf den Berg hinauf nimmt, um sie Seine Herrlichkeit sehen
zu lassen.

2. Der Herr allein wußte, w a r u m E r S e i n e A u s -
w a h l s o t r a f. Waren es ihre persönlichen Gaben, oder waren
es die verschiedenen Wirkungskreise, in denen sie später thätig
sein sollten: Der Herr allein wußte es. Aehnliches findet heute
noch statt. Denn die Gaben der Einzelnen sind verschieden:
Einer hat fünf Pfunde, ein Anderer zwei, und ein Dritter nur
ein Pfund. Auch Paulus redet im ersten Corintherbrief im
zwölften Kapitel von solchen Dingen. Er legt dort den Corin-
thern dar, daß Gott Seinen Gläubigen mancherlei Gaben und
Kräfte gegeben und ihnen demgemäß mancherlei Aemter über-
wiesen habe, wie solche Verschiedenartigkeit auch am menschlichen
Leibe stattfinde. Wie aber an diesem menschlichen Leibe keines
der Glieder seine ihm angewiesene Funktion aufgeben könne,
ohne dem ganzen Leibe zu schaden, und keines der Glieder sich
über seine Stellung und Aufgabe beklagen oder sich über ein
anderes erheben könne: so soll auch jedes Glied des Leibes
Christi, jedes Glied des Reiches Gottes, oder insonderheit jedes
Glied einer Gemeinde, mit seinen Gaben und seiner Stellung
demüthig zufrieden sein und — hoch oder nieder, wichtig oder
weniger wichtig hingestellt — am Gemeindeorganismus seine
Pflicht thun um Gottes, um des Meisters willen —zum gemeinsamen Besten. „Denn gleicherweise, als wir in einem Leibe viele
Glieder haben, aber alle Glieder nicht einerlei Geschäfte haben:
Also sind wir viele Ein Leib in Christo aber unter einander ist
einer des andern Glied, und haben mancherlei Gaben, nach der
Gnade, die uns gegeben ist." Röm. 12, 4–6. Und wer da
wissen will, wie man das vollbringen könne, der stelle sich in den
Kreis der Jünger Christi und befolge die Lektion, die sie — da
sie sich gestritten hatten, wer von ihnen der größeste wäre—von
ihrem göttlichen Meister annehmen mußten: „Wahrlich, Ich sage

euch, es sei denn, daß ihr euch umkehret, und werdet wie die Kinder, so werdet ihr nicht in das Himmelreich kommen." Matth. 18, 3. Wenn man Dies in den christlichen Gemeinden befolgte, so würde man Niemanden seiner hervorragenden Gaben und Stellung wegen beneiden, Niemanden seiner untergeordneten Stellung wegen verachten, und sich selbst als weder bevorzugt oder hintangesetzt ansehen, sondern in gottseliger Treue dem Herrn auf dem Posten dienen, den Er uns angewiesen, und auf demselben verbleiben, bis Er uns ablöst.

3. „Der Herr," heißt es im Text, „führte Seine Jünger beiseits auf einen hohen Berg." Es hat Gott gefallen, viele Seiner großen Thaten auf Bergen geschehen zu lassen. Berge spielen eine wichtige Rolle sowohl in der alt= als neutestamentlichen Heilsoffenbarung. Auf dem Berge Ararat ließ Gott die Arche Noahs anlanden am Ende der Sündfluth. Auf dem Berge Morija baut Abraham einen Altar, um seinen Sohn darauf zu opfern, durch welche Begebenheit Christi Aufopferung am Kreuz vorgebildet wird. Auf dem Berge Sinai gibt Jehova Sein Gesetz. Vom Berge Nebo aus darf der Mann Gottes Mose das Land der Verheißung überschauen. Und wer von euch kennt nicht den Berg Zion, einen der Berge Jerusalems mit seiner Davidsburg? Wie oft rührt David seine Harfe zu Ehren Zions! „Der Thau fällt herab vom Berge Hermon auf die Berge Zion." Ps. 133. Und die Christenheit verbindet die Verklärung Christi mit dem Berge Tabor so enge, daß wir uns von Kind auf diesen Berg denken als den, auf welchem der Herr in weißem Lichtgewande von Seinen Jüngern gesehen ward. Den Todtenhügel Golgatha mit seinem Kreuze, an dem der Sohn Gottes zur Erlösung der Menschheit stirbt und den Himmelfahrtsberg — Oelberg, von wo aus der Herr nach vollbrachter Erdenarbeit wieder heimging zum Vater, um verklärt zu werden mit der Klarheit, „die Er beim Vater hatte, ehe die Welt war": welchem Christen, welchem Kinde wären diese Namen unbekannt! Ein Berg ist es auch, auf dem Das geschieht, was uns in unserem Texte erzählt wird: die Verklärung Christi.

Der Grund, warum der Herr zu diesem Vorgang einen Berg gewählt hat, läßt sich leicht denken. Er wollte heraus aus dem ungläubigen, halsstarrigen Volk, das von allem Dem Nichts verstanden hätte; wollte allein sein mit Denen, die Zeugen des Vorganges sein sollten; und Er wollte Sich ja in die Verklärung hinein beten: „Er ging mit Petrus, Jakobus und

Johannes auf einen Berg, zu beten." Luc. 9, 28. Und zum Gebet zog Sich der Herr auch sonst gerne auf den „Berg" zu=rück, um da, ungestört vom Weltlärm, mit Gott, Seinem himm=lischen Vater, verkehren zu können.

4. „Und Er ward verklärt vor ihnen, und Sein Angesicht leuchtete wie die Sonne, und Seine Kleider wurden weiß, als ein Licht." Das ist der Glanzpunkt dieser herrlichen Er=zählung. Seine Körpergestalt wurde von himmlischem Lichte so durchdrungen, daß dieses Licht aus Seinem Angesichte her=ausleuchtete, wie die Sonnenstrahlen aus der Sonne, ja sich sogar Seinen Kleidern mittheilte, so daß sie glänzten wie der Schnee oder wie ein Licht. Hatte schon Mosis Angesicht ge=glänzt, davon daß er mit Gott auf Sinai verkehrt hatte, wie vielmehr mußte Dies beim Sohne Gottes, der geradezu die „Sonne" und das „Licht" genannt wird, der Fall sein!

Oftmals schon hatten die Jünger bei ihrem Meister die göttlichen Strahlen Seiner Gottheit durchleuchten sehen: wenn Er bei Wundern Seine Herrlichkeit offenbarte, oder auch beim Gebet, und wenn Er gewaltig predigte — wie in Seiner herr=lichen Bergpredigt oder in Seinen lieblichen Gleichnissen. Aber noch nie hatten sie Ihn so von himmlischem Lichte durch=drungen, so von majestätischer Herrlichkeit durchleuchtet gesehen, wie Er dieses Mal vor ihnen stand. Wohl ist's dieselbe be=kannte liebe Gestalt, aber von solchem Lichtmeer umgossen, als ob sie einer anderen höheren Welt angehöre.

5. Aber die Herrlichkeit sollte noch erhöhet werden; der Jünger Staunen sollte noch vergrößert werden — nämlich durch das Hinzutreten von Personen aus der heiligen Vorzeit: „Und siehe, da erschienen ihnen Moses und Elias." Und Lukas schreibt: „Die erschienen in Klarheit." Moses und Elias — zwei ehrwürdige Gestalten aus der Geschichte Israels: Moses, jener Kraftmann, der als Gottes Diener, dessen Volk aus der Knechtschaft Egyptens führte und auf dem Berge Sinai aus der Hand Gottes das Gesetz empfing und es Israel über=mittelte; der dieses Volk hindurchgeleitete durch die Wüste bis an die Grenze des Landes der Verheißung und dann als ein Mann, dessen Augen nicht dunkel geworden waren, und dessen Kraft nicht verfallen war, auf dem Berge Nebo starb. 5. Mose 34. Elias, jener Eiferer um das Gesetz des Herrn, der im Namen Gottes vor den König Ahab zu Samaria hintrat und jene lange Dürre und Theurung ankündigte; der auf dem Berge Karmel den Altar Jehovas baute, von welchem das

durch ihn von Gott erbetene Feuer vom Himmel das Opfer verzehrte, durch welche That Gott dem Volke Israel zeigte, daß Er — und nicht Baal, — Gott sei; Elias, den Gott auf „feurigem Wagen mit feurigen Rossen bespannt", zum Himmel auffahren ließ. 2. Könige 2, 11. Diese zwei ehrwürdigen Repräsentanten des Gesetzes und der Propheten gesellen sich zum Staunen und zur Freude der Jünger zu dieser kleinen anbetenden Gemeinde, um mit dem Herrn zu reden. Lukas sagt: „Sie redeten mit Ihm von dem Ausgang, welchen Er sollte erfüllen zu Jerusalem." Luk. 9, 31. Also von Seinem Leiden und Sterben reden sie mit Ihm. Beide wußten von der ungeheueren Gesetzesschuld, die auf der Menschheit lastete und mußten daher mit Freuden auf den Sohn Gottes hinblicken, der willig war, zu leiden und zu sterben, um dadurch jene Gesetzesschuld zu tilgen.

6. Diese große Herrlichkeit, dieser himmlische Glanz, dieser erhabene Vorgang versetzt Petrus in einen solch seligen Zustand, daß er freudig erregt ausruft: „Hier ist gut sein!" und Hütten bauen will, um für immer dort zu bleiben. Doch er sollte erfahren, daß es auf Erden noch keine bleibenden Seligkeitshütten gibt, und daß diese empfundene Wonne nur ein Vorschmack von der ewigen Freude im Lande der ewigen Hütten gewesen sei. Die lichte Wolke und die himmlische Stimme: „Dies ist Mein lieber Sohn, an welchem Ich Wohlgefallen habe, Den sollt ihr hören," schlägt ihn und seine Mitjünger nieder. Und von dem Herrn aus ihrem Schrecken herausgerufen, sehen sie sich wieder in der reellen Wirklichkeit: Moses und Elias verschwunden, und — „Jesus allein" noch da. Und mit Dem müssen sie nun wieder von dem Berge der Verklärung hinab unter das ungläubige und hartnäckige Israel, ja noch mehr, von Taborshöhen müssen sie auch mit ihrem Meister nach Gethsemane und müssen Ihn dort in Seiner tiefsten Erniedrigung und Seinem größten Seelenkampf sehen. Auch sie selbst mußten sich erst durch selbstverleugnende Arbeit und schwere Kämpfe im Reiche Gottes erproben, bis sie dann hinein durften in jenes Land, wo es ewige Wohnungen und ewige Freuden gibt.

Und damit nicht Jemand denken möchte, uns wäre nichts Aehnliches wie den Jüngern beschieden, wir hätten keinen Theil an solcher Verklärungsherrlichkeit wie die Jünger im Text, so wollen wir sehen

II.   Was uns die Verklärung Christi lehrt.

1. Wie Jesus Seine Jünger auf jenen Berg hinaufführte, um ihnen Seine Herrlichkeit zu zeigen, so will Er auch uns an Plätze und Stätten führen, an denen auch wir Seine Herrlichkeit sehen sollen, und wenn wir auch nicht gewürdigt sind, sie mit leiblichen Augen zu schauen, so wollen wir gerne hinter die Jünger zurücktreten und uns einstweilen mit dem Sehen des Glaubens zufrieden geben und getrost auf die Zeit des Schauens im Lande der himmlischen Heimath warten.

2. In den Evangelien sehen wir Sein ganzes erhabenes, herrliches Lebensbild von der Krippe bis zum Kreuze, von Seinem ersten selbstbewußten Messiaswort: „Wisset ihr nicht, daß Ich sein muß in dem, das Meines Vaters ist," bis zu Seinem siegreichen Schlußruf: „Es ist vollbracht!" Dort wandelt Er unter Israel, Er, der Heilige, Reine unter den Unheiligen und Sündern: Er Selbst aber bleibt unbefleckt. Der Satan setzt Ihm zu, greift Ihn wiederholt an: aber Er geht als Sieger hervor. Seine Feinde stellen Ihm nach, um Ihn in Seiner Rede zu fangen: aber sie müssen sich immer beschämt zurückziehen. Und Einer aus der Sekte Seiner Feinde muß Ihm das Zeugnis geben: „Du bist ein Lehrer von Gott gekommen; denn Niemand kann die Zeichen thun, die Du thust, es sei denn Gott mit ihm." Joh. 3, 2. Dort wandelt Er unter Seinem Volk und thut Gutes, legt Seine segnende Hand auf die Kranken und heilt sie, und mit Seinem allmächtigen Wort ruft Er die Todten und weckt sie auf. Er ist es, von dem Petrus sagen konnte: „Welcher keine Sünde gethan hat, ist auch kein Betrug in Seinem Munde erfunden." 1. Petri 2, 22.

3. Jeder Gottesdienst im Hause des Herrn bringt dich in die beglückende, erhebende Nähe deines verklärten Heilandes: die Predigt, das Gebet, der Gesang wollen dir dazu helfen. Und wenn der Abendmahlsaltar gedeckt ist, und du an demselben Christi Leib und Blut genießen darfst, so trittst du dadurch in eine noch innigere, ja die innigste Gemeinschaft mit deinem verklärten Heilande. Und wie dort auf dem Verklärungsberg die Jünger mit ihrem Meister und den beiden Gläubigen aus dem seligen Jenseits eine liebliche Gemeinde ausmachen, so soll ja auch bei unsern Gottesdiensten und bei unserer Abendmahlsfeier das Band gemeinsamer Liebe zu Demselben Heilande Alle umschlingen. Neid, Eifersucht und Haß: alle diese Sünden und Untugenden, die dem Gläubigen noch ankleben, sollen schwinden beim Anblick des hei-

ligen, reinen Lebensbildes Christi, der selbstlos, nur Andern dienend, Sich aufgeopfert hat.

Und wenn du allein, im stillen Kämmerlein, im Gebet mit deinem Heilande verkehrst, da betest du dich auch hinein in Seine beseligende Nähe und Gemeinschaft.

4. Aber wie es den Jüngern erging, die den verklärten Heiland in jener Pracht und Schöne auf Tabors Höhen schauen durften, und dann wieder herab und in selbstverleugnende Arbeit, ja in Leiden und Trübsal hinein mußten, so ergeht es auch uns. Von den seligen Andachtsstunden im Hause Gottes, von der beglückenden Nähe des Abendmahlsaltars, von dem ungestörten Gebetsverkehr mit Gott im Kämmerlein ruft uns unsere irdische Pflicht wieder in die Welt mit ihrem Lärm, ihrem Haß und Neid, ihrer Noth und Versuchung hinein. Wer an den Stätten der Anbetung Gottes — im Tempel Gottes bei der Predigt des Wortes und dem Genusse des heiligen Abendmahles, oder auch beim Gebete im stillen Kämmerlein — die Herrlichkeit, Reinheit und Majestät des Herrn mit den Augen des Glaubens geschaut und Dessen beseligende Nähe mit gläubigem Herzen empfunden hat, der kehrt von solchen heiligen Stätten immer wieder getrost und gehorsam an seine Berufspflicht zurück. Auch wenn ihn sein Meister nach einem leidensvollen Gethsemane und einem schmerzensreichen Golgatha führte, so folgte er ohne Murren. Dazu stärkt ihn die gläubige und sichere Hoffnung, einst im Lande der himmlischen Verklärung mit Jesu und allen Gläubigen auf ewig vereint zu werden.

Das ist das Ziel unseres Glaubens und Hoffens. Nach dieser Seligkeit sehnt sich unser unsterblicher Geist. Ohne diese Aussicht wäre unser Erdenleben öde, traurig, freud- und hoffnungslos, und wir wären die bedauernswerthesten Geschöpfe der Erde: aber mit derselben ist es eine Freude zu leben und auch ein Glück zu sterben. Denn der Tod ist dem Gläubigen die Thüre zu den „ewigen Hütten.“

> „Dort strahlt von ferne Glanz und Pracht
> Dem blöden Aug' entgegen.
> Dort, wo ein ew'ger Frühling lacht,
> Wo tausendfacher Segen
> Das Chor vollend'ter Seelen füllt
> Und völlig ihr Verlangen stillt:
> Dort wünsch' ich mir zu wohnen.“

Amen.

Septuagesima.

Matth. 20, 1-16.

Das Himmelreich ist gleich einem Hausvater, der am Morgen ausging, Arbeiter zu miethen in seinen Weinberg. Und da er mit den
Arbeitern eins ward um einen Groschen zum Tagelohn, sandte er sie in
seinen Weinberg. Und ging aus um die dritte Stunde, und sahe andere
an dem Markte müßig stehen, und sprach zu ihnen: Gehet ihr auch hin
in den Weinberg, ich will euch geben, was recht ist. Und sie gingen hin.
Abermals ging er aus um die sechste und neunte Stunde, und that gleich
also. Um die elfte Stunde aber ging er aus und fand andere müßig
stehen und sprach zu ihnen: Was stehet ihr hie den ganzen Tag müßig?
Sie sprachen zu ihm: Es hat uns niemand gedinget. Er sprach zu
ihnen: Gehet ihr auch hin in den Weinberg, und was recht sein wird,
soll euch werden. Da es nun Abend ward, sprach der Herr des Weinbergs zu seinem Schaffner: Rufe den Arbeitern und gieb ihnen den Lohn
und hebe an an den Letzten, bis zu den Ersten. Da kamen, die um die
elfte Stunde gedinget waren, und empfing ein jeglicher seinen Groschen.
Da aber die ersten kamen, meinten sie, sie würden mehr empfahen, und
sie empfingen auch ein jeglicher seinen Groschen. Und da sie den empfingen, murreten sie wider den Hausvater und sprachen: Diese letzten
haben nur eine Stunde gearbeitet, und du hast sie uns gleich gemacht,
die wir des Tages Last und Hitze getragen haben! Er antwortete aber
und sagte zu einem unter ihnen: Mein Freund, ich thue dir nicht
Unrecht. Bist du nicht mit mir eins worden um einen Groschen?
Nimm, was dein ist, und gehe hin. Ich will aber diesen letzten geben
gleich wie dir. Oder habe ich nicht Macht zu thun, was ich will, mit
dem Meinen? Siehest du darum scheel, daß ich so gütig bin? Also
werden die letzten die ersten, und die ersten die letzten sein; denn Viele
sind berufen, aber Wenige sind auserwählt.

1. Der heutige Sonntag heißt Septuagesima. Dieser
Sonntagsname ist ein lateinisches Zahlwort und
heißt auf Deutsch: der siebenzigste. Damit soll gesagt sein, daß, in runder Zahl ausgedrückt, der heutige Sonntag der siebenzigste Tag vor Ostern sei; der nächste Sonntag —

Sexagesima — der sechzigste; der Sonntag nachher — Quin-
quagesima — der fünfzigste und so abwärts gezählt bis zum
Osterfest. Diese Sonntagsnamen deuten demnach alle auf
Ostern hinaus, und — weil es kein Ostern geben kann ohne
Charfreitag — auch auf die Passionszeit.

2. Wenn wir an die Bedeutung von Passion
und Ostern denken — daß uns nämlich Christus durch
Seinen Tod und Seine Auferstehung die freie Gnade vor Gott
erwarb — so sehen wir, daß die Kirche auf den heutigen Sonntag ein sehr passendes und wohlgeeignetes Evangelium gewählt
hat — das Evangelium mit dem „Gleichnis von den Arbeitern
im Weinberg", über welches man wohl als Motto schreiben
könnte: „Aus Gnaden seid ihr selig geworden, und dasselbige
nicht aus euch; Gottes Gabe ist es; nicht aus den Werken,
auf daß sich nicht Jemand rühme." Eph. 2, 8. 9. Denn der
Lohn, den die Arbeiter in diesem Gleichnisse empfangen, ist
nicht verdienter Lohn, sondern Gnadenlohn.

3. Veranlassung zu diesem Gleichnis gab
Simon Petrus, der Jünger des Herrn. Es war nämlich
kurz vorher jener reiche Jüngling beim Herrn gewesen und
hatte mit Ihm über die Frage unterhandelt, was er thun müsse,
um das ewige Leben zu erlangen. Nach längerer Unterredung
hatte ihm der Herr den Bescheid gegeben: „Gehe hin, verkaufe,
was du hast, und gibs den Armen, so wirst du einen Schatz im
Himmel haben; und komm und folge Mir nach." Matth. 19,
21. Auf diese Forderung hin war der reiche Jüngling betrübt
weggegangen, weil er sich von seinen Gütern nicht hatte trennen
können. Daraufhin stellte Simon Petrus in gewisser Selbstüberhebung — da er und seine Mitjünger jener Forderung
nachgekommen zu sein glaubten — die Frage an den Herrn:
„Siehe, wir haben alles verlassen und sind Dir nachgefolgt;
was wird uns dafür?" Matth. 19, 27. Jesus, der Seine
Jünger wohl kannte, hatte Geduld mit ihrer geringen Erkenntnis, strafte sie nicht, sondern gab ihnen als Antwort dieses
Gleichnis, worin er alle Menschen zu fleißiger Arbeit im Reiche
Gottes auffordert, aber den Lohn dafür als Gnadenlohn hinstellt. Und da auch wir mit der Arbeit im Reiche Gottes zu
thun haben, so wird es gewiß von Nutzen sein, wenn wir uns
dieses Gleichnis näher ansehen.

Somit lasset uns mit einander betrachten:

Das Gleichnis von den Arbeitern im Weinberg,

und dabei hinblicken

I.　auf den Weinberg mit seiner Arbeit und seiner Frucht;

II.　auf die Arbeiter, ihre Berufung und ihren Lohn.

Wir blicken hin

I. auf den Weinberg mit seiner Arbeit und seiner Frucht.

1. Schon im alten Testamente hatte Gott Sein Reich mit einem Weinberge verglichen, insofern das Volk Israel dieses alttestamentliche Reich Gottes ausmachte. Man dachte sich den Weinberg als mit einem Zaun oder einer Steinmauer umgeben, mit einem Wächterthurm und einer Weinkelter darinnen. So war das Volk Israel durch das Gesetz, das ihm Gott am Berge Sinai gab, gleichsam umzäunt. Die Stätten des Heiligthums — Stiftshütte und Tempel — waren der Wächterthurm, von welchem aus die Priester das Volk überschauen und überwachen sollten. Und dort war auch die Kelter — die Altäre als Stätten der Anbetung und der Darbringung von Opfern. Durch strenges Halten am Gesetz und genaues Abgesondertbleiben von den umwohnenden Heiden; durch getreue Ueberwachung des Volkes von Seiten der Priester; durch regelmäßiges Hinaufgehen des Volkes ins Heiligthum; durch frommes Anbeten daselbst und durch gewissenhaftes Darbringen der vorgeschriebenen Opfer gaben sie als Weinstöcke — gab das Volk Israel als Weinberg — (Gott — dem Weinbergsherrn — die Früchte. Aber, obgleich das alte Testament viel Herrliches von diesem Weinberg zu erzählen weiß, so muß es doch auch durch den Propheten klagen: „Er brachte Heerlinge." Jes. 5, 2.

2. Im neuen Bunde versteht man unter dem Weinberge im Gleichnis die christliche Kirche, sowohl die Kirche in den Ländern, in welchen sie schon lange eingebürgert ist — wie Europa und Amerika — als auch die Missionskirche auf den auswärtigen Gebieten, wo unsere Missionare die christliche Kirche erst gründen. Große und wichtige Arbeitsgebiete enthält diese christliche Kirche, dieser neutestamentliche Weinberg. Da sind vorerst unsere Gemeinden mit ihren verschiedenen Arbeitskreisen: außer der eigentlichen Arbeit des Pastors die Sonntagsschule, Wohlthätigkeitsvereine — Wai-

senvereine, Missionsvereine, Krankenvereine, Armenvereine — Werktagsschule. Da ist das wichtige Arbeitsfeld — die Familie mit ihrer Jugend, die auferzogen werden soll „in der Zucht und Vermahnung zum Herrn."

3. Und wenn der Herr die Arbeit im Reiche Gottes mit der Arbeit in einem Weinberge vergleicht, so hatte Er guten Grund dazu. Er wollte damit sagen, die Arbeit in Seinem Reiche sei eine mühevolle, mit viel Anstrengung und Selbstverleugnung verbunden. Wir sehen das an der Arbeit, die an einem Weinberge geschieht. Vom ersten Anfang des Frühjahrs an bis zum äußersten Ende des Spätjahrs muß der Weingärtner mit aller Macht seine Kräfte und Geduld anstrengen vorerst mit dem Anlegen des Weinbergs und sodann mit der Pflege desselben. Der wilde Boden muß zuerst urbar gemacht werden; die jungen Weinstöcke müssen gesetzt, an Pfähle gebunden und jeweils beschnitten werden. Der Weinbergsboden selbst muß alle Jahre mehrmals von Unkraut gereinigt werden. Kurz: die Anlage und die Pflege eines Weinbergs kostet viel Mühe, Anstrengung und Zeit.

4. So erfordert es auch viele Mühe und anhaltende Arbeit bis eine Gemeinde angelegt ist, der Anfang zu einem Gemeindewesen gemacht ist. Der Pastor muß die Leute in ihren Wohnungen oder bei ihren Geschäften aufsuchen, muß mit ihnen reden, wie der Hausvater im Gleichnis that, als er ausging, Arbeiter in seinen Weinberg zu miethen. Ein Gotteshaus muß beschafft werden; die Theilnehmer am Werk müssen auf den Grund einer guten Gemeindeordnung zu einer Gemeinde organisiert werden. Viel selbstverleugnende Geduld kostet es, bis jeder der Mithelfer auf seinen Posten gestellt ist, bis die Gottesdienste und das Abhalten der Sonntagsschule in regelrechter Ordnung vor sich gehen, mit einem Worte: bis eine Gemeinde gegründet und in Thätigkeit gesetzt ist.

5. Auch eine bereits eingerichtete Gemeinde erfordert Arbeit: sie muß gepflegt werden. Zu solcher Pflege gehört die Predigt des Wortes Gottes und die Spendung der heiligen Sakramente; auch die Handhabung christlicher Zucht und Ordnung bei Alt und Jung, damit keine Auswüchse und kein Unkraut aufkommen können; ebenso das Ueberwachen der einzelnen Glieder und der ganzen Gemeinde, damit der Zaun um die Gemeinde nicht zerrissen werde und

keine Zerstörer von Außen her eindringen können. Da darf der Wächter im Weinbergsthurm nicht schläfrig oder nachlässig sein, sonst dringen die Feinde ein, wie bei Israel.

6. **Auch die geistliche Pflege einer Familie kostet viel Mühe und Arbeit.** Da gibts zu mahnen, zu bitten, zu strafen, zu lehren, zu beten, von Morgens früh bis Abends spät, am Sonntag und Werktag, damit die Familiensetzlinge gerade wachsen und der Familienweinberg rein bleibe. Da erfordert es viel Weisheit, Umsicht und Geduld von Seiten der Wächter und Pfleger der Familie, damit die Familienweinstöcke keine Heerlinge bringen, sondern genießbare Trauben: Gottesfurcht — der Weisheit Anfang.

Und blick hinein in die Waisenhäuser, in die Krankenhäuser; blick hin auf die Missionsgebiete, welche die verschiedenen Kirchengemeinschaften in Angriff genommen haben und bearbeiten: all diese Arbeit erfordert viel Mühe, Kraft, Geduld und Selbstverleugnung.

7. **Bei der großen Mühe und Anstrengung, welche die Arbeit im Reiche Gottes kostet, ist dann die Aussicht auf Früchte Aufmunterung und Trost.** Und diese Früchte reifen und zeigen sich im Weinberg des Reiches Gottes ebenso gut wie in einem Weinberg, wo wirkliche Reben stehen und wirkliche Trauben wachsen. Wenn im Herbst die Rebstöcke mit weinreichen Trauben beladen sind, so ist der Weinzüchter für seine Arbeit in Kälte und Hitze belohnt. So ist es auch im Reiche Gottes. Wenn die Gemeinde zunimmt an Gliederzahl; wenn die Gemeindeglieder immer mehr begründet werden im Glauben, der Liebe und der Hoffnung; wenn das kirchliche Leben gedeiht und die Gemeinde mehr und mehr heranwächst zur Theilnahme an der Arbeit im Reiche Gottes, sei es im engeren Gebiet der Gemeinde oder auch auf dem entfernterliegenden Felde der einheimischen und ausländischen Mission, des Erziehungswesens und allgemeiner Wohlthätigkeit: so freut sich der Arbeiter am Gemeindeweinberg und alle Diejenigen, die ihm bei der Arbeit beistehen.

Wenn die Kinder des Hauses den Eltern gehorsam sind und aufwachsen in der Furcht des Herrn: so ist das für die Eltern eine große Freude, ein wirklicher Lohn und eine kräftige Aufmunterung in dem mühesamen Beruf der Kindererziehung.

Wenn Waisenkinder in den Rettungshäusern fröhlich gedeihen, als ob sie unter der Pflege ihrer leiblichen Eltern stünden; wenn Solche, die krank in das Spital eingetreten sind,

dasselbe gesund und dankbar verlassen; wenn fremde Ankömm=
linge, die im Emigrantenhaus Aufnahme gefunden und dadurch
vor mancherlei Gefahren bewahrt geblieben und so sicher an den
Ort ihrer Bestimmung gelangt sind; wenn durch die Gebete
und die Gaben thätiger Christen die Erziehungsanstalten der
Kirche gute Fortschritte machen, unsere Missionare auf ihren
Posten ungehindert vorwärtsschreiten können: so ist das in
allen diesen Fällen reiche Belohnung, große Freude und anspor=
nende Aufmunterung für die an Ort und Stelle verwirkenden
Arbeiter als auch für die von der Ferne her helfenden Mitbeter
und Mitarbeiter.

Nun lasset uns auch hinblicken

II.   auf die Arbeiter, ihre Berufung und ihren Lohn.

1.   Soll ein Weinberg Früchte bringen, so muß
darin gearbeitet werden: soll aber gearbeitet werden, so
müssen auch Leute da sein, die die Arbeit thun. Das wußte
auch der Hausvater in unserem Gleichnis. Denn er „geht aus,
Arbeiter zu miethen in seinen Weinberg.“ Und damit er ja
solche fände und gewönne, geht er fünf Mal aus, solche zu suchen.
Er geht aus Morgens, um die dritte Stunde, die sechste Stunde,
die neunte Stunde und um die elfte Stunde des Tages. Das
ist nach unserer Zeitrechnung Morgens um sechs Uhr, neun Uhr,
zwölf Uhr Mittags, Nachmittags drei Uhr und Abends fünf Uhr.

2.   Gott der Herr sorgte immer dafür, daß Er
Arbeiter in Seinem Weinberg hatte. In Seinen
alttestamentlichen Weinberg berief er den ganzen Stamm Levi.
Derselbe sollte Ihm dienen am Heiligthum. Und wenn es
nöthig war, so berief Sich Gott noch außerordentlicherweise
Männer, wie und wann Er sie in jedem einzelnen Fall bedurfte.
Solche Männer waren die Propheten, deren Namen und Wirken
uns die Geschichte des Volkes Israels angibt.

Zur Anlage des neutestamentlichen Weinberges, oder mit
anderen Worten, zur Gründung des neutestamentlichen Reiches
Gottes, sandte Gott Seinen eigenen Sohn. Die Art und Weise,
wie dieser Seine Arbeit that, ist uns in den Evangelien klar
und deutlich beschrieben. Und in der Apostelgeschichte und den
Briefen der Apostel haben wir ausführlichen Bericht von der
Wirksamkeit der Jünger und Apostel, die Gott durch Jesum
Christum als Arbeiter in den neutestamentlichen Weinberg be=
rufen. Auch seit den Zeiten der Apostel und der Kirchenväter
bis herauf auf unsere Tage hatte Gott stets Arbeiter in Seinem

Reiche. Aber auch uns will Er haben. Auch wir sollen uns in Seinen Dienst stellen, und auch uns lädt Er ein und will Er anstellen zur Mitarbeit, und Er thut es auf verschiedene Art und Weise und zu verschiedenen Zeiten. Das zeigt uns auch unser Gleichnis.

2. Wenn wir den Tag, an welchem der Haus= vater fünf Mal ausging, Arbeiter in seinen Wein= berg zu miethen, auf die Lebenszeit des Menschen an= wenden, so können wir jene fünf Ausgänge und Einladungen des Hausvaters ansehen als verschiedene Thatsachen und Vor= kommnisse in unserem Leben, wodurch wir auf ganz besondere Weise in die Nachfolge Jesu und zu thätiger Theilnahme an der Arbeit Seines Reiches aufgefordert und eingeladen werden. Am Morgen unseres Lebenstages schon hat uns der treue, wohlmei= nende Hausvater in Seinen Weinberg hineingepflanzt: am Tauf= steine, unter der Pflege der Eltern und durch christlichen Unter= richt in Schule und Kirche sollten wir als Setzlinge gedeihen und zu kräftigen Weinstöcken heranwachsen. Wenn dann die heran= gewachsene Jugend vor dem Konfirmationsaltare steht und von dem Pastor ermahnt und aufgefordert wird, ihre Leibes= und Seelenkräfte dem Herrn zu weihen und Ihm ihr Lebenlang an= zuhören: so ist das ein zweiter Ruf vom Hausvater—von Gott —an den Menschen. O, daß die Konfirmanden aus Allem, was im Konfirmandenunterricht und bei der Konfirmation ge= schieht, den Ruf Gottes heraushören möchten: „Gieb Mir, Mein Sohn, dein Herz; und laß deinen Augen Meine Wege wohlgefallen." Sprüche 23, 26. Wiederum, wenn junge Leute ihren eigenen Hausstand gründen, tritt der Hausvater vor das Brautpaar hin und lädt sie in Seinen Weinberg, in Sein Reich ein. Mit anderen Worten, Er mahnt und bittet sie, ihren Ehestand und ihr Familienwesen nach Seinem Wort einzu= richten und zu führen und bei der Arbeit, die der Hausstand er= fordert, das Reich Gottes nicht zu vergessen. Möchte jedes Brautpaar aus der Hochzeitspredigt und dem Hochzeitsformu= lare die Worte Josuas heraushören und zu Herzen nehmen: „Ich aber und mein Haus wollen dem Herrn dienen." Jos. 24, 15.

3. Und weil sich so Viele im Hausstand in die Welt mit ihren Sorgen und Gütern verirren und nur an ihr Geschäft, an Gelderwerb, an Häuserbauen denken, als lebten sie nur um dieser Welt willen und ewig, dabei aber ihr eigenes Seelenheil und das Reich Gottes ver=

nachläßigen oder ganz vergessen: so schickt Gott in solche ver=
weltlichte Haushaltungen und gottvergessene Menschenleben oft
außerordentliche Boten in Gestalt besonderer Heimsuchungen,
damit sie es ihnen predigen sollen: „Der Mensch lebt nicht vom
Brod allein, sondern von einem jeglichen Wort, das durch den
Mund Gottes gehet." Matth. 4, 4. Daran sollen sie auch
erinnert werden, wenn die Abnahme der Körperkraft und das
Bleichwerden der Haare ihnen andeutet, daß es dem Abend des
Lebens zugeht und der Feierabend mit raschen Schritten herbei=
kommt.

4. Ja, der gute Hausvater, der gute Gott, „der
nicht will, daß Jemand verloren werde, sondern daß sich Jeder=
mann zur Buße kehre," 2. Pet. 3, 9. tritt in der elften
Stunde — in der letzten Lebensperiode — nochmals vor den
Menschen hin — wenn der Greis am Stabe dahinwankt und
sich fremd fühlt unter dem jungen Geschlechte seiner Nachkom=
men — und bittet ihn, falls er sein Leben hindurch ein geist=
licher Müßiggänger gewesen, wenigstens den Rest seines Lebens
noch — die letzte Stunde vor Sonnenuntergang — dem Dienste
des Herrn zu weihen. In der Stille des Wittwenstübchens,
im Lehnsessel oder auf der Gartenbank sitzend, soll es der betagten
Wittwe und dem Greis noch recht klar werden: „Wir haben
hier keine bleibende Stätte, sondern die zukünftige suchen wir";
Hebr. 13, 14 oder auch: „Herr, bleibe bei uns; denn es will
Abend werden, und der Tag hat sich geneiget." Luc. 24, 29.

5. Wie mancher junge Mensch hat den Ruf des
guten Hausvaters, der in der harmlosen schönen Jugendzeit, am
goldenen Morgen seines Lebentages, an ihn erging, überhört
oder in den Wind geschlagen und steht im Begriff, der Welt und
ihrer Lust anstatt Gott zu dienen, oder thut solches schon. Ist
ein solcher hier, der stehe stille, besinne sich und vernehme den
Ruf des Hausvaters: „Arbeite in Meinem Weinberg!" Denn
die Welt vergeht mit ihrer Lust! Und wie mancher Jüngling
hat schon Lebensfeierabend machen müssen, ehe er ins Mannes=
alter kam. Was wolltest du thun, wenn Solches dich träfe?

6. Und sind Hauseltern hier, die wohl in ihrem
irdischen Lebensberuf fleißig und getreu sind, das Reich Gottes
aber nur so als Nebensache betrachten und ihre Kinder auch nur
zu dieser Gesinnung großziehen, die mögen heute von dem Hei=
lande lernen: „Sammelt euch Schätze, da sie weder Motten
noch Rost fressen, und da die Diebe nicht nachgraben, noch
stehlen." Matth. 6, 20; und: „Was hülfe es dem Menschen, so

er die ganze Welt gewönne, und nähme doch Schaden an seiner
Seele?" Oder was kann der Mensch geben, daß er seine Seele
wieder löse?" Matth. 16, 26. Bedenket, daß euer Lebens=
abend auch früher kommen kann, als ihr es vermuthet. Auch
der starke Eichbaum wird oft vom Wind umgerissen, und mancher
kräftige Mann sinkt in Sarg und Grab, ehe er sich's versieht.

7. Und, ach! wie mancher Greis läßt auch noch
seine letzte Gnadenstunde dahinschwinden ohne Buße, ohne
Glauben, ohne Vorbereitung auf die andere Welt, und tau=
melt im geistlichen Leichtsinn oder in seiner Herzensbärtigkeit
ins Grab als Einer, der sein Leben in geistlichem Müßiggang
zugebracht hat. Wie will ein Solcher sich drüben verantworten
und ausweisen?

8. Darum, wer von Euch, Jung oder Alt, bisher
müßig gestanden ist am Markte des Lebens, Nichts
gethan hat für das Heil seiner Seele, seinen Herzensweinberg
hat überwuchern lassen mit Unkraut, bösen Gewohnheiten und
Sünden; wenn Einer groß und alt geworden ist und noch
Nichts gethan hat für seine Kirche und das Reich Gottes um
uns her: der wache heute auf und erschrecke und lege von heute
an Hand ans Werk mit Beten, Arbeiten und Geben. Nach=
holen allerdings kannst du und sollst du auch Nichts, aber
wenigstens die Zeit, die dir Gott noch schenken wird, nutzbar
anwenden, damit du am Lebensfeierabend nicht als geistlicher
Müßiggänger dastehst und vergeblich gelebt hast. Die Zeit
wartet nicht; sie eilt mit Riesenschritten. Benütze sie, ehe sie
verflogen ist!

9. Einst kommt der Feierabend, sowohl für die
Welt und die Völker, als auch für den einzelnen Menschen; für
den Einen früher, für den Andern später, je nachdem ihn Gott
aus dem Leben ruft. Mit dem Feierabend erscheint auch die
Ablösung oder Ausbezahlung des Lohnes. Und wenn der
Hausvater im Gleichnis den Ausspruch thut: „Die Ersten wer=
den die Letzten, und die Letzten die Ersten sein," so können wir
das recht wohl verstehen, wenn wir an das Volk Israel denken,
das der Herr zu allererst — vor jedem anderen Volk — berief,
und welches doch jetzt von späterberufenen Völkern im wahren
Glauben und fleißiger Arbeit im Reiche Gottes übertroffen wird;
oder, wenn wir uns Heidenvölker vergegenwärtigen, die am An=
fang dieses Jahrhunderts noch in Finsternis und Todesschatten
saßen, aber das Licht des Evangeliums, das ihnen die Missionare
brachten, annahmen, und jetzt die schläfrige Christenheit im Mut=

terlande durch lebendigen Glauben, thätige Liebe und selbstver=
leugnende Treue weit überragen.

Und Mancher, der noch in der elften Stunde — gleichsam
wie ein Brand aus dem Feuer — gerettet worden ist, geht als
ein demüthiger, gläubiger, begnadigter Sünder ins Paradies
Gottes, während Andere, die frühe schon ins Reich Gottes hin=
eingesetzt wurden, durch Schläfrigkeit, Weltsinn oder eingebil=
dete Selbstgerechtigkeit verloren gehen.

10. Lohn bekommen Alle, die im Reiche Gottes ge=
arbeitet haben; denn Gott läßt die Menschen nicht umsonst
arbeiten. Jeder bekommt den Lohn, um den er gearbeitet hat.
Wer aus freier Lust und Liebe, aus innerem Antrieb und Dank=
barkeit gegen Gott im Reiche Gottes thätig war, der bekommt
den Gnadenlohn — die ewige Seligkeit — als Geschenk aus
Gottes Hand. Wer es als eine Gnade angesehen hat, im
Weinberge Gottes thätig sein zu dürfen, und es als eine Gnade
ansieht, in die ewige Seligkeit zu gelangen, der erhält die Se=
ligkeit als ein Gnadengeschenk. Diejenigen aber, die unter
stetem Seufzen und vorwurfsvollem Murren über die viele und
schwere Arbeit, die sie für Gott und Sein Reich thun, ihre Thä=
tigkeit im Reiche Gottes ausüben, erhalten zwar auch ihren
Lohn, aber nur ihren Groschen, um den sie gedient haben, nicht
den Gnadenlohn, die ewige Seligkeit. Nach Lob, nach Aner=
kennung, vielleicht auch nach irdischem Vortheil haben sie ge=
hascht; das wird ihnen in dieser Welt zu Theil; auch sonst der
irdische Segen, den das Arbeiten in Gottes Reich jedem Arbei=
ter gewährt: aber Das ist Alles; den Gnadenlohn — die ewige
Seligkeit — erhalten sie nicht, weil die Seligkeit nicht verdient,
sondern als Geschenk aus Gnaden verliehen wird.

11. Demnach kommt es bei der Arbeit im Reiche
Gottes nicht auf die Länge der Arbeitszeit, auch
nicht auf die Beschaffenheit der Arbeit — leichter oder schwerer
— sondern auf die Gesinnung an, mit der man arbeitet, ob aus
Lohnsucht oder aus freier Liebe und demüthiger Dankbarkeit.
Wie viele der Arbeiter an unseren Gemeinden und deren Abthei=
lungen werden dadurch gerichtet! Wie mancher meint, er müsse
mehr gelten als ein Anderer, weil er schon länger an der Ge=
meinde mitarbeitet und schon mehr als ein Anderer gegeben hat.
Wenn Jeder bedächte, daß es Gnade ist, wenn uns die Augen
geöffnet werden, wenn wir mithelfen und mitarbeiten und mehr
geben können und dürfen als Andere, so fiele dadurch manche
Eifersucht, mancher Zwist und Streit weg.

12. Es soll aber auch Niemand denken, mit seinem Eintreten ins Reich Gottes warten zu wollen, bis er alt ist, in der Meinung, Gott rufe ja auch um die elfte Stunde noch, und dann wolle er folgen. Wisse, nicht Jeder kommt ins Alter, und du verlierst Nichts, sondern gewinnst unendlich Viel, wenn du Gott von Jugend auf dienst und Ihm treu bleibst bis ins Alter hinein, oder bis Er dich eben zum Feierabendmachen ruft. Beneide Keinen, der erst nach einem Leben voll Sünden und Laster und Gottentfremdung, noch im letzten Rest seines Lebens zu Gott kommt und von dem guten himmlischen Vater auch noch wie du als armer Sünder angenommen, mit demselben Kindesrecht und mit dem Gnadenlohn im Himmel beschenkt wird.

Wohlan denn, arbeiten wir getrost weiter im Weinberge des Herrn, ein Jeder an dem Platz, an den ihn der große Weinbergshausvater gestellt, bis wir einst am Feierabend abgelöst werden!

Möge es allezeit unser Wahlspruch sein, was Jesus Sich zum Maßstabe vorsetzte: „Ich muß wirken die Werke Deß, der Mich gesandt hat, so lange es Tag ist; es kommt die Nacht, da Niemand wirken kann." Joh. 9, 4. Amen.

Sexagesimä.

Luc. 8, 4-15.

Da nun viel Volks bei einander war und aus den Städten zu Ihm eilten, sprach Er durch ein Gleichnis. Es ging ein Sämann aus, zu säen seinen Samen; und indem er säete, fiel etliches an den Weg und ward vertreten, und die Vögel unter dem Himmel fraßens auf. Und etliches fiel auf den Fels, und da es aufging, verdorrete es, darum, daß es nicht Saft hatte. Und etliches fiel mitten unter die Dornen, und die Dornen gingen mit auf und erstickens. Und etliches fiel auf ein gut Land, und es ging auf und trug hundertfältige Frucht. Da Er das sagte, rief Er: Wer Ohren hat zu hören, der höre! Es fragten Ihn aber Seine Jünger und sprachen, was dieses Gleichnis wäre. Er aber sprach: Euch ists gegeben zu wissen das Geheimnis des Reichs Gottes, den andern aber in Gleichnissen, daß sie es nicht sehen, ob sie es schon sehen, und nicht verstehen, ob sie es schon hören. Das ist aber das Gleichnis: Der Same ist das Wort Gottes. Die aber an dem Wege sind, das sind die es hören; darnach kommt der Teufel und nimmt das Wort von ihrem Herzen, auf daß sie nicht glauben und selig werden. Die aber auf dem Fels sind die, wenn sie es hören, nehmen sie das Wort mit Freuden an, und die haben nicht Wurzel; eine Zeitlang glauben sie, und zu der Zeit der Anfechtung fallen sie ab. Das aber unter die Dornen fiel sind die, so es hören und gehen hin unter den Sorgen, Reichthum und Wollust dieses Lebens und ersticken und bringen keine Frucht. Das aber auf dem guten Lande sind die das Wort hören und behalten in einem feinen, guten Herzen und bringen Frucht in Geduld.

1. Auch heute wieder haben wir ein Gleichnis als Sonntagsevangelium. Man nennt es gewöhnlich das Gleichnis vom Sämann. Ein ähnliches Gleichnis bot uns das Evangelium des fünften Sonntags nach Epiphanien — das Gleichnis vom Unkraut unter dem Weizen. Dort wollte uns der Herr zeigen, daß der Acker der christlichen Kirche neben und unter dem Weizen auch Unkraut — Kinder der Bosheit — habe, und uns auch Lehre und Anweisung geben, wie solche Bosheitskinder zu behandeln seien.

2. In dem heutigen Evangelium will uns Jesus auf die Thatsache aufmerksam machen, **daß das Feld**, das ein geist= licher Sämann zu bearbeiten, zu besäen und zu pflegen hat, **nicht von gleicher**, sondern von verschiedener Beschaffen= heit sei, und daß derselbe Same, von demselben Sämann ausgesät, nicht überall denselben Erfolg habe, sondern nur auf dem vierten Theil des Ackerfeldes Früchte trage. Dieser Umstand soll uns veranlassen, weiter über dieses Gleichnis nach= zudenken, und das um so mehr, da auch wir Sämannsarbeit im Reiche Gottes verrichten. Somit wollen wir heute unter dem Beistande Gottes betrachten:

Das Gleichnis vom Sämann

und dabei hinblicken

I. auf den Sämann und seinen Samen;
II. auf das Ackerfeld und dessen Verschiedenartigkeit.

Wir wollen hinblicken

I. auf den Sämann und seinen Samen.

1. „Es ging ein Sämann aus, zu säen seinen Samen." **Unter diesem Sämann verstehen wir zunächst un= seren Heiland Jesum Christum Selbst.** Er war der beste, der geschickteste und der treueste Sämann, den es je im Reiche Gottes gab. Sämann war Er, als Er am Ufer des Sees Genezareth saß und jener versammelten Volksmenge die Geheimnisse des Himmelreiches in Gleichnissen erschloß. Sä= mannsarbeit hat Er verrichtet die ganze Zeit Seiner Lehramts= thätigkeit hindurch von Seiner herrlichen Bergpredigt an bis zu Seinem Schlußruf am Kreuz: „Es ist vollbracht!" In den Familien, die Er Seines Besuches würdigte, in den Schulen und im Tempel, wo sich das Volk versammelte, in der Wüste, wo Ihn die Volksmenge aufsuchte, auf den Straßen, wo Er mit Menschen zusammentraf: überall und allezeit, wo und wann sich nur Gelegenheit darbot, streute er den göttlichen Samen des Wortes Gottes aus. Und als bereits am Kreuz Seine Hände und Füße befestigt waren und Er mit dem Tode rang, da ließ Er noch herrliche, kräftige und fruchtbare Weizenkörner auf den blutigen Boden von Golgatha fallen: Seine heiligen sieben Worte. Allerdings, als Er von der Welt schied, waren die Früchte Seiner Aussaat nur senfkornartige Anzeichen, aber

Er wußte — und hatte es so angekündigt — daß der Pfingst=
regen bald erscheinen und Alles zum fröhlichem Wachsthum be=
leben würde.

2. Nachdem der Herr Sich zur Rechten Seines himmli=
schen Vaters gesetzt, traten Seine von Ihm bestellten
Apostel als Säleute in Seine Arbeit ein. Sie hat=
ten sich den Auftrag ihres göttlichen Meisters wohlgemerkt:
„Gehet hin und lehret alle Völker und taufet sie im Namen des
Vaters und des Sohnes und des heiligen Geistes. Und lehret
sie halten alles, was ich euch befohlen habe." Matth. 28, 19.
20. Diesem Auftrage suchten sie auch getreulich nachzukommen.
Dort am ersten neutestamentlichen Pfingstfeste steht Simon
Petrus in Jerusalem vor jenen Tausenden und streut, gestärkt
durch den heiligen Geist, die Samenkörner des Wortes — Weis=
sagung und Erfüllung — in die Herzen der Menge, und hatte
das Glück, den Samen sogleich aufgehen, treiben, sprossen,
grünen und Früchte tragen zu sehen. Dort geht ein anderer
Sämann, der große Heidenapostel Paulus, die engeren Gren=
zen des heiligen Landes überschreitend, hinüber nach Kleinasien
und Europa und wirft mit vollen Händen — „denn die Liebe
Christi dringet ihn also" — den herrlichen Samen des Evange=
liums unter Juden und Heiden. Und unter seiner kräftigen,
selbstverleugnenden Sämannsarbeit ergrünen auf dem Boden
des abgestorbenen Judenthums und in den Wüsten und Einöden
der Heidenvölker liebliche Felder zu reichlicher Frucht. Die Ge=
schichte der christlichen Kirche zeigt uns, daß Gott, auch in
den dunkelsten Zeiten, da „des Herrn Wort theuer war
und wenig Weissagung," 1. Sam. 3, 1, allezeit Seine Säleute
hatte und es dabei oft wundersam zuging. Auch heute noch
hat Er Säleute; denn das Aussäen ist immer noch nöthig;
und auch uns will Er zu solcher Arbeit gebrauchen.

3. Da sind es vor Allem die Pastoren, die Diener am
Wort, die Sämannsarbeit zu verrichten haben. Sie sollen „als
Schriftgelehrte, zum Himmelreiche gelehrt," Luc. 13, 52, aus
dem reichen Schatze des Wortes Gottes herausnehmen Altes
und Neues, Gesetz und Evangelium, und das Wort Gottes aus=
säen in die Herzen von Alt und Jung, immer und allezeit, wo
und wann sich Ort und Gelegenheit dazu bietet, und sie sollen
es thun ohne Furcht und ohne Ansehen der Person. Auch sollen
sie sich nicht entmuthigen lassen, wenn der Same nicht sogleich
aufgeht. Wie auf des Landmannes Herbstsaat der Winter mit
seinem Eis und Schnee fällt, und erst, nachdem die Frühlings=

sonne die Eisrinde geschmolzen, diese Saat aufgeht: so muß auch der Prediger des Evangeliums oft lange warten, bis die Eisrinde des Unglaubens, des Weltsinnes und des Leichtsinnes, die die Menschenherzen oft einhüllt, unter des Heiligen Geistes Zucht und ernster Heimsuchung, schmilzt, und es Frühling wird im Menschenleben, und der erstorben geglaubte Same aufgeht und rechtschaffene Früchte der Buße bringt. Oftmals sterben wir Pastoren auch über der Sämannsarbeit weg und haben weder Keim, noch Halm, noch Aehren gesehen. Ein anderer Pastor tritt in das Feld, setzt die Arbeit fort und sieht Aehren und Frucht. Zum Troste für die Ersteren und zu dankbarer Demuth für die Letzteren sagt Christus zu Seinen Jüngern: „Dieser säet, der Andere schneidet. Ich habe euch gesandt zu schneiden, das ihr nicht habt gearbeitet; Andere haben gearbei= tet, und ihr seid in ihre Arbeit kommen." Joh. 4, 37–38. Und Paulus: „Ich habe gepflanzet, Apollo hat begossen; aber Gott hat das Gedeihen gegeben." 1. Cor. 3, 6.

     4. Aber es soll Niemand glauben, daß nur die Pastoren Säleute seien und Sämannsarbeit zu verrichten haben; auch Ihr, ein Jedes von euch, darf sich solchen Titel zueignen und theilnehmen an solcher Arbeit. Ihr Eltern habt nicht bloß das Recht dazu, sondern die heilige Pflicht. Ihr sollt die jugendlichen Herzen euerer Kinder besäen mit dem guten himm= lischen Samen, dadurch daß ihr euere Kinder beten lehrt, sie einführt in die heilige Schrift indem ihr ihnen die lieblichen Geschichten des alten und neuen Testamentes vorerzählt, ihnen die herrlichen Gestalten der Bibel in Bild und Wort vor Augen führt. Ihr Eltern sollt die ersten Lehrer euerer Kinder sein. So hat es Gott geordnet. „Frühe säe deinen Samen" sagt der Prediger Salomo (11, 6); und Moses zu Israel: „Diese Worte, die ich dir heute gebiete, sollst du zu Herzen nehmen. Und sollst sie deinen Kindern einschärfen und davon reden, wenn du in deinem Hause sitzest, oder auf dem Wege gehest, wenn du dich niederlegest, oder aufstehest." 5. Mose 6, 6. 7. Wenn ihr Eltern diese Pflicht versäumet, so versäumet ihr euere Hauptpflicht.

     5. Und als Gemeindeglieder vergesset nicht, daß Jedes auch das Recht — ja die Pflicht — hat, am Werke der Sonntagsschule mitzuhelfen. Da ist ein wichtiges Saatfeld, und es soll Niemand gering davon denken. Jedes Verschen, das die Kinder da lernen, jeder Katechismusartikel, der ihrem

Gedächtnis eingeprägt wird, jede biblische Geschichte, die sie da
hören, jedes geistliche Lied, das sie singen lernen: ist ein Samenkorn, das zu seiner Zeit aufgeht. Fleißige, geschickte und
getreue Sämannsarbeit in der Sonntagsschule gethan, bereitet
ersprießliche und gesegnete Arbeit in der Gemeinde vor, und
sollte darum als ein wichtiger und nothwendiger Theil der
Gemeindearbeit angesehen werden.

6. Und wenn die Glieder des Kirchenrathes ihre
Pflicht verstehen und sie auch thun, so können sie als Gehilfen
des Hauptsämanns an der Gemeinde segensreich wirken. Wenn
sie mit demselben nicht Hand in Hand gehen, so fällt zweierlei
Samen auf einen und denselben Boden, und darauf ruht kein
Segen: denn es geht dann zweierlei Saat auf.

Ja ein jedes Glied der Gemeinde soll in Wort und That
mithelfen, daß dem guten Samen, der im Gottesdienst ausgestreut wird, kein Hindernis in den Weg gesetzt werde. Und
wenn du einen frommen, gottseligen Lebenswandel führst und
dadurch Gott und deiner Gemeinde Ehre machst, so ist das auch
ein Beitrag zur thatsächlichen Sämannsarbeit.

Sind aber auch die Säleute noch so fleißig, geschieht die
Arbeit auch noch so getreulich, und wird bei solcher Arbeit auch
nichts Anderes als nur Gottes Wort benützt, so dürfen wir nie
erwarten, daß aller Same aufgehe und zur Frucht gelange.
Das sehen wir in unserem Gleichnis. Der Grund davon liegt
in der verschiedenen Beschaffenheit des menschlichen Herzens,
oder mit dem Gleichnis zu reden, in der Verschiedenartigkeit des
Ackerbodens, auf welchen der Sämann seinen Samen zu säen
hatte.

Und so wollen wir hinblicken

II. auf das Ackerfeld und seine Verschiedenheit.

1. Davon lesen wir im Text Folgendes: „Und indem er
säete, fiel etliches an den Weg und ward vertreten, und die
Vögel unter dem Himmel fraßen es auf.“ Und: „Die aber
an dem Wege sind, das sind, die es hören: darnach kommt der
Teufel und nimmt das Wort von ihrem Herzen, auf daß sie
nicht glauben und selig werden.“ Denken wir uns in
einen Gottesdienst hinein. Es wird gepredigt. Das
Aussprechen der Worte ist das Ausstreuen des göttlichen Sa-
mens. Mancher sitzt unter den Zuhörern und hört den Schall
der Worte mit seinen leiblichen Ohren, aber sein Geist, seine

Verständniskraft ist nicht dabei: es fehlt das geistliche Hören. Anstatt an den Sinn der Worte zu denken und sich denselben angreifen und zu Herzen gehen zu lassen, denkt er an ganz andere Dinge; vielleicht betrachtet er sich die Leute oder rechnet in seinem Kopf die Ausgaben und Einnahmen der vergangenen Woche zusammen und macht seine Pläne für die neue Arbeits= woche. Vielleicht kam ihm auch gerade Einer, dem er nicht besonders hold ist, auf seinem Kirchengang in den Weg, oder ein Solcher sitzt in seiner Nähe, und darum kann er seiner Aufregung nicht Meister werden. Oder es ärgert ihn, daß der Pastor gerade heute vom Geiz redet, oder von der Versöhnlich= keit, oder von dem Laster der Trunksucht und der Ausschwei= fung. Wer kann sie alle zählen, diese Vögel, die die Leute mit in die Kirche hineinbringen, oder die ihnen der Satan nach= schickt, sie am rechten Hören des Wortes zu hindern, oder — wenn je ein gutes Samenkorn ins Ohr gefallen ist, es weg= zuschnappen, ehe es den Herzensgrund erreicht hat.

2. Mancher hat noch in einem andern Sinn ein Wegbodenherz. Einst in der Jugend hörte Einer Gottes Wort in Kirche und Schule gerne. Sein Herz war weich und empfänglich. Aber in leichtsinniger, gottloser Gesell= schaft verlernte und vergaß er das Alles oder warf es als kin= disch und veraltet von sich. Sein Herz hat sich nach und nach verhärtet. Kalter Unglaube und eisige Gleichgültigkeit hüllt es ein. Aber Gott hat allerlei Mittel und Wege, solche Hülle zu brechen oder solche Eisrinde zu schmelzen, so daß vielleicht dann der in der Jugend ins Herz gesäte Same aufgeht. Hast du ein weiches, empfängliches Herz, oder ist dasselbe dem hart= getretenen Wegboden gleich?

3. Eine andere unfruchtbare Bodenart bezeich= net der Herr, wenn Er von dem felsichten oder stein= nichten Boden redet. „Und etliches fiel auf den Fels; und da es aufging, verdorrte es, darum daß es nicht Saft hatte.“ Und: „Die aber auf dem Fels, sind die, wenn sie es hören, nehmen sie das Wort mit Freuden an; und sie haben nicht Wurzel; eine Zeitlang glauben sie, und zu der Zeit der Anfechtung fallen sie ab.“ Die Evangelien, die Apostelgeschichte, die Kirchenge= schichte, insonderheit die Missionsgeschichte, sind voll von Bei= spielen solch wetterwendischer Leute, die dem Herrn eine Zeit= lang zugethan waren, vielleicht an Ihn gläubig geworden waren, dann aber wieder von Ihm abfielen. Der Eine konnte sich

nicht von seinen Gütern trennen und kehrte deshalb dem Herrn
den Rücken. Der Andere fürchtete sich vor den Menschen und vor
dem Kreuz und zog die Ruhe und Bequemlichkeit der todten Welt
dem verfolgten Christenglauben vor. Und welcher Arbeiter an
christlichen Gemeinden—namentlich in diesem freien Lande, in
welchem die Gemeindeglieder selber ihr Gemeindewesen zu grün=
den und zu erhalten haben—hat es nicht schon aufs Schmerzlichste
empfunden, ein wie großer Nachtheil und Schaden es für das See=
lenheil der Betreffenden als auch für das Gemeindewesen ist, daß
es Wetterwendische gibt—Leute „die eine Zeitlang glauben und
zur Zeit der Anfechtung abfallen. Mancher macht einen schönen
Anfang im Glaubensleben und in der Betheiligung am Ge=
meindewesen; da, plötzlich, geht ihm Etwas gegen seine Ansicht:
er soll eine böse Gewohnheit ablegen, seinen ihm zukommenden
Theil an den Gemeindeausgaben tragen, sich der Mehrzahl
fügen. Aber er kann sich nicht selbstverleugnen, und hat sein
Geld zu lieb: und so fällt er zum Schaden seiner Seele und
zum Nachtheil der Gemeinde ab und wendet der Kirche den
Rücken.

4. Eine dritte unfruchbare Bodenart führt
der Herr an, wenn Er von dem dornichten Boden
redet. „Und etliches fiel mitten unter die Dornen; und die
Dornen gingen auf und erstickten es.“ „Das aber unter die
Dornen fiel, sind die, so es hören, und gehen hin unter den
Sorgen, Reichthum und Wollust dieses Lebens und ersticken
und bringen keine Frucht.“ Zu dieser Klasse gehören solche
Christen, die da meinen, Gottesdienst und Weltdienst, Gottes=
liebe und Weltliebe mit einander vereinigen zukönnen. Was
sie am Sonntag im Gottesdienst Gutes hören, das wird durch
das Jagen und Rennen nach Geld und Gut, Lust, Freude und
Vergnügen die Woche hindurch wieder unterdrückt und erstickt.
Sie nehmen am Gemeindewesen und an den Gottesdiensten
Theil, aber auch an allen anderen Unternehmungen, die Augen=
lust, Fleischeslust und hoffärtiges Leben zum Zweck haben.
Und die Erfahrung lehrt, daß aus dem Christenthum solcher
Leute nie etwas Rechtes wird. Ihr Sinn, ihr Eifer und ihre
Kraft ist stets getheilt; und so ist auch ihr Herz. Und gewöhn=
lich siegt der Weltsinn. Oder mit dem Gleichnis zu reden:
die Dornen ersticken den guten Samen. Eine große Anzahl
unserer Gemeindeglieder gehören zu dieser Klasse, und das ist
der Hauptgrund des langsamen Fortschritts im rechten Glau=
bensleben, in der reinen Lehre unserer Kirche, in der schriftge=

mäßen Kirchenzucht und namentlich der Grund der immer mehr zunehmenden Verweltlichung der Gemeinden bezüglich kirchlicher Gebräuche und der Beschaffung von Mitteln zu kirchlichen Zwecken.

5. Doch, damit der Sämann nicht verzage, redet Jesus auch noch von einer guten Bodenart, von gutem Lande, auf dem der ausgesäte Same gedeiht und reichliche Frucht bringt. So heißt es im Gleichnis: „Und etliches fiel auf ein gut Land, und es ging auf und trug hundertfältige Frucht." Und: „Das aber auf dem guten Lande, sind die das Wort hören und behalten in einem feinen, guten Herzen und bringen Frucht in Geduld." Auch Leute dieser Art werden uns in der Schrift genannt und geschildert. Jene aus den Zuhörern Petri am Pfingstfest, von denen es heißt: Da sie aber das hörten, gings ihnen durchs Herz, und sprachen zu Petro und zu den andern Aposteln: Ihr Männer, lieben Brüder, was sollen wir thun?" Ap. 2, 37, gehörten dazu: Cornelius zu Cäsarien, der zu Petrus sagt: „Nun sind wir alle hier gegenwärtig vor Gott, zu hören Alles, was dir von Gott befohlen ist." Ap. 10, 33; die Purpurkrämerin Lydia, welcher der Herr das Herz aufthat, daß sie darauf Acht hatte, was von Paulo geredet ward, waren Leute dieser Art.

Aus diesen Beispielen geht hervor, daß Leute dieser Klasse solche Zuhörer sind, die zum Hause Gottes kommen mit innerer, herzlicher Begierde, Gottes Wort zu hören, es rein und lauter zu hören: die auch Willens sind, sich demselben unterzuordnen und auf die Bedingungen, die es zum Seligwerden stellt, einzugehen, nämlich auf die Forderung von Buße über die Sünden und Glauben an den Sünderheiland. Manchmal müssen die Menschen, bis sie solche Zuhörer des Wortes werden, durch viel Trübsal und Noth gehen, wie auch der Prophet sagt: „Anfechtung lehrt aufs Wort merken." Jes. 28, 19. Es ist für die Prediger des Evangeliums ein großer Trost zu wissen, daß sie in ihren Gottesdiensten trotz Wegboden-, Felsengrund- und Dornenfeldherzen auch Zuhörer mit wohlvorbereitetem, empfänglichem Herzensboden haben, die ihnen das Wort abnehmen, es auch annehmen, anwenden und verwerten: Leute, die befolgen: „Selig sind, die Gottes Wort hören und bewahren." Luc. 11, 28.

Freuen wir uns nun, daß auch wir Säleute sind, und ein Jedes von uns im Reiche Gottes thätig sein darf. Seien wir fleißig und getreu! und unsere Arbeit wird nicht vergeblich sein.

Vergessen wir aber auch nicht, daß unsere Herzen selbst zugleich
ein Ackerfeld sind, das der Herr durch Seine Kirche mit dem
göttlichen Samen besäen will, damit sie Früchte bringen für
Zeit und Ewigkeit.

> „Drum: „Wer Ohren hat, der höre doch
>   Und prüfe sich ohn' Heucheln,
> Dieweil es heute heißet noch;
>   Hier muß sich keiner schmeicheln!
> Die Zeit vergeht, das Ende naht;
>   Fällt auf kein gutes Land die Saat,
> So mußt du ewig sterben!"

Amen.

Quinquagesima.

Luc. 18, 31–42.

Er nahm aber zu Sich die Zwölfe und sprach zu ihnen: Sehet, wir gehen hinauf gen Jerusalem, und es wird alles vollendet werden, das geschrieben ist durch die Propheten von des Menschen Sohn. Denn Er wird überantwortet werden den Heiden, und Er wird verspottet und geschmähet und verspeiet werden, und sie werden Ihn geißeln und tödten, und am dritten Tage wird er wieder auferstehen. Sie aber vernahmen der keines, und die Rede war ihnen verborgen, und wußten nicht, was das gesagt war. Es geschah aber, da Er nahe zu Jericho war, saß ein Blinder am Wege und bettelte. Da er aber hörte das Volk, das durch hin ging, forschete er, was das wäre. Da verkündigten sie ihm, Jesus von Nazareth ginge vorüber. Und er rief und sprach: Jesu, Du Sohn David, erbarme Dich mein! Die aber vorne an gingen, bedräueten ihn, er solle schweigen; er aber schrie viel mehr: Du Sohn David, erbarme Dich mein! Jesus aber stand stille und hieß ihn zu Sich führen. Da sie ihn aber nahe bei Ihn brachten, fragte Er ihn und sprach: Was willst du, daß Ich dir thun soll? Er sprach: Herr, daß ich sehen möge. Und Jesus sprach zu ihm: Sei sehend, dein Glaube hat dir geholfen. Und alsbald ward er sehend und folgte Ihm nach und pries Gott. Und alles Volk, das solches sahe, lobete Gott.

1. Schon in den frühesten Zeiten der christlichen Kirche hat man die Einrichtung getroffen, die sieben Wochen vor Ostern dem besonderen Gedächtnisse des Kreuzestodes Jesu Christi unseres Heilandes zu widmen. Am Anfang dieser sieben Wochen sind wir mit dem heutigen Tage angekommen. Es heißt der heutige Sonntag Quinquagesima, was so viel sagen will als der fünfzigste Tag vor Ostern. Man nennt diese sieben Wochen gewöhnlich die Passions- oder Leidenszeit. Vom Leiden Christi, das in Seinem Tod am Kreuze seinen Höhepunkt erreichte und seinen Abschluß fand, soll in den christlichen Kirchen diese sieben Wochen hindurch die Rede sein. Und es ist auch nothwendig, daß Solches geschieht, einerseits darum, weil nur in Jesu Leiden und Tod das Heil der Menschheit beschlossen liegt, andererseits

darum, weil dem Menschen Nichts schwerer wird zu verstehen als Jesu Leiden und Tod. Das sehen wir auch an den Jüngern Jesu. Obgleich ihnen Jesus Sein bevorstehendes Leiden und Sterben wiederholt und deutlich angekündigt hatte, heißt es von ihnen doch: „Sie aber vernahmen der keines, und die Rede war ihnen verborgen, und wußten nicht, was das gesagt war." Luc. 18, 34.

2. Und wenn es auch von uns Christen nicht gelten kann und darf, was Paulus von den Juden und Griechen bezüglich des gekreuzigten Christus sagt: „Wir aber predigen den gekreuzigten Christus, den Juden ein Aergernis und den Griechen eine Thorheit:" 1. Cor. 1, 23; so ist uns doch allezeit ein tieferes Verständnis des Leidens und Sterbens Christi hoch vonnöthen. Dazu will uns das heutige Sonntagsevangelium behilflich sein, und mit demselben die ganze Passionszeit, die wir mit dieser Woche beginnen.

3. Im heutigen Evangelium kündigt der Herr den Jüngern Sein Leiden und Sterben an. Der Herr gibt Das in kurzer Zusammenfassung oder Uebersicht. Die Betrachtung derselben soll uns zur Frage veranlassen, wie wir die Passionszeit segensreich anwenden können, namentlich, um den Tod Christi besser verstehen zu lernen, und um persönlich geistlichen Segen daraus zu ziehen. Und so lasset uns heute die Frage zu beantworten suchen:

Was gehört zu gesegneter Passionsfeier?

Zwei Antworten wollen wir darauf geben:

I. Mache dich aus der Schrift mit Dem bekannt, der nach der Weissagung der Propheten leidet und stirbt.

II. Eigne dir persönlich das Heil zu, das Er der Menschheit durch Sein Leiden und Sterben erworben hat.

I. Mache dich aus der Schrift mit Dem bekannt, der nach der Weissagung der Propheten leidet und stirbt.

1. Die Passionszeit hindurch wird in den christlichen Kirchen die Leidensgeschichte Jesu gelesen und erklärt. Man begleitet im Geist den leidenden Heiland von einer Station zur andern, von Seinem Einzug in Jerusalem an bis zu Seinem Tod am Kreuze. Beim Lesen der Lei-

densgeschichte begegnet man oft Stellen, die aufs alte Testament
zurückweisen, wobei Worte stehen wie: „Das geschah aber Alles,
auf daß erfüllet würde, was gesagt ist durch den Propheten."
Matth. 21, 4. Im Garten Gethsemane sagt Jesus zu Petrus:
„Wie würde aber die Schrift erfüllet?" Und von Jesus am
Kreuz heißt es: „Darnach, als Jesus wußte, daß schon Alles
vollbracht war, daß die Schrift erfüllet würde, spricht Er: Mich
dürstet." Luc. 19, 28. Auch in unserem heutigen Texte, in
welchem Jesus den Jüngern Sein bevorstehendes Leiden ankün=
digt, spricht Er: „Und es wird Alles vollendet werden, das ge=
schrieben ist durch die Propheten von des Menschen Sohn."
Daraus ersehen wir, daß die Geschichte von Jesu Leiden und
Sterben in engster Beziehung steht zu Dem, was die Propheten
von des Menschen Sohn geschrieben haben. Ja, wir mögen
sagen: Sie ist die Erfüllung von Dem, was die Propheten von
dem Leiden und Sterben des Messias geweissagt haben. Somit
wird man auch wohl die Leidensgeschichte nur dann recht verste=
hen, wenn man sich bekannt macht mit Dem, was in den Schrif=
ten der Propheten von Christi Leiden und Tod geschrieben steht.
Und das ist gleichsam die Vorbereitung auf die Passionszeit.

2. Daß ein Heiland kommen sollte, die Welt
zu erlösen, hatte Gott im Paradiese schon, gleich
nach dem Sündenfalle, unseren ersten Eltern,
Adam und Eva, verheißen. Diese Verheißung wurde
den Erzvätern — Abraham, Isaak und Jakob — erneuert und
näher bestimmt. Dem Könige David wurde versprochen, daß
der Messias aus seinem Geschlecht kommen solle. Deutlicher
noch reden die Propheten zur Zeit der Könige Judas, der baby=
lonischen Gefangenschaft und des Wiederaufbaus des Tempels,
bis hinaus zum letzten alttestamentlichen Propheten — Maleachi.

3. Unter all den Weissagungen dieser Propheten
bezüglich des Leidens Christi ist die herrlichste, deutlichste
und erhebendste die, welche wir im 53. Kapitel des Je=
saias finden. Sie ist wohl werth, daß sie jedes Gemeindeglied
zur Vorbereitung auf die Passionsfeier aufmerksam und betend
durchforsche. Dort siehst du den Allerverachtetsten und Un=
werthesten, vor dem man das Angesicht verbirgt; hörst aber
auch zu deinem Troste: „Fürwahr, Er trug unsere Krankheit,
und lud auf Sich unsere Schmerzen. Er ist um unserer Misse=
that willen verwundet, und um unserer Sünde willen zerschla=
gen. Die Strafe liegt auf Ihm, auf daß wir Friede hätten,
und durch Seine Wunden sind wir geheilet." Dort kannst du

lesen von dem Lamme Gottes, das Sich willig zum Opfer gibt. „Da Er gestraft und gemartert ward, that Er Seinen Mund nicht auf, wie ein Lamm, das zur Schlachtbank geführt wird, und wie ein Schaf, das verstummet vor seinem Scherer und seinen Mund nicht aufthut."

Nimm noch den 22. Psalm. Höre darin den Messias klagend ausrufen: „Mein Gott, Mein Gott! warum hast Du Mich verlassen?" Die einzelnen Umstände von des Messias Leiden am Kreuz sind dort aufs Genaueste und Deutlichste beschrieben.

4. Dann lerne auch die Vorbilder auf Christum im alten Testamente kennen, in denen Christus und Sein Erlösungswerk abgebildet ist. Denke da zunächst an die Erhöhung jener Schlange in der Wüste durch Moses, welche Begebenheit der Herr Selbst erklärt, wenn er zu Nikodemus sagt: „Wie Moses in der Wüste eine Schlange erhöhet hat, also muß des Menschen Sohn auch erhöhet werden." Joh. 3, 14. Lies auch noch in den Büchern Mosis, was dort geschrieben steht von den Thieropfern, die Israel in der Stifts=hütte und später im Tempel zu Jerusalem darzubringen hatte. Vergiß dabei nicht den Umstand, den der Schreiber des Hebräer=briefes als alttestamentlichen Opfergebrauch, — gemäß 2. Mose 30, 10 — vom Allerheiligen der Stiftshütte erwähnt: „In die andere (Hüttenabtheilung) aber ging nur ein Mal im Jahr allein der Hohepriester, nicht ohne Blut, daß er opferte für sein selbst und des Volks Unwissenheit." Hebr. 9, 7. Wenn du dich dann mit diesen und andern messianischen Weissagungen und Vorbildern des alten Testaments bekannt gemacht hast, so wird es dir von doppelter Wichtigkeit sein, wenn du die Ge=schichte des Leidens und Sterbens Christi — wie uns solche die Passionszeit hindurch vorgelesen wird, oder wie wir sie heute aus Jesu Mund in kurzer Zusammenfassung vor uns haben — hörst und dieselbe mit den alttestamentlichen Weissagungen und Vorbildern vergleichst.

5. „Sehet, wir gehen hinauf gen Jerusalem, und es wird Alles vollendet werden, das geschrieben ist durch die Propheten von des Menschen Sohn." In Jerusalem sollte Alles Dies erfüllet werden. Dort stand der Tempel mit seinen Opferaltären und seinem Allerheiligen. Dort war der Hohe=priester, der durch die Darbringung von Opfern Israel zu ver=söhnen hatte. Dort soll Jesus Selbst das Opfer sein, wie Jo=hannes sagt: „Siehe das ist Gottes Lamm, welches der Welt

Sünde trägt." Und mit Seiner Aufopferung sollen alle Opfer
in Israel aufhören.   Denn: „Er hat Ein Opfer für die Sünde
geopfert, das ewiglich gilt." Hebr. 10, 12.   Und wie der alttestamentliche Hohepriester jährlich Ein Mal, am großen Versöhnungstag, in das Allerheilige ging, um die Bundeslade mit
Opferblut zu besprengen, so ging Jesus, als der rechte Hohepriester, durch Seinen Tod, Seine Auferstehung und Seine Himmelfahrt in das Allerheilige Gottes und brachte nicht Thierblut
dar zur Versöhnung der Menschheit, sondern Sein eigenes Blut.
„Christus ist nicht eingegangen in das Heilige, so mit Händen
gemacht ist; sondern in den Himmel selbst, um zu erscheinen vor
dem Angesicht Gottes für uns.   Auch nicht, daß Er Sich oftmals
opfere, gleichwie der Hohepriester gehet alle Jahre in das Heilige
mit fremdem Blut." „Christus ist Ein Mal geopfert, wegzuneh-
men Vieler Sünden."   Hebr. 9, 24—28.

    6. Und das Alles soll gemäß der Ankündigung
Jesu auf folgende Weise geschehen: „Er wird überantwortet werden den Heiden; und Er wird verspottet, und
geschmähet, und verspeiet werden; und sie werden Ihn geißeln
und tödten; und am dritten Tage wird Er wieder auferstehen."
Diese Worte führen uns in die Mitte der Leidensgeschichte hinein.   Die Vertreter Israels — das geistliche und weltliche Gericht: die Hohenpriester und die Aeltesten — führen Jesum, den
sie zum Tod verurtheilt hatten, vor den Richterstuhl des Landpflegers Pontius Pilatus, damit er das Todesurtheil an Ihm
vollstrecke.   Und wenn wir an Das denken, was sich vor Pilatus zugetragen hat, an das schmähliche Verhalten Israels, an
der Soldaten rohe Handlungsweise und an den schimpflichen
Kreuzestod: so sehen wir Christi Vorherverkündigung wörtlich
erfüllt.   Welche Erniedrigung und Schmach für den Reinen
und Heiligen, vor einem solchen gewissenlosen und gottlosen
Richter wie Pilatus zu stehen!   Siehe den Schmerzensmann
dort auf dem Hochpflaster mit dem Purpurkleid an und der
Dornenkrone auf seinem Haupte und höre den römischen Landpfleger spöttisch Israel zurufen: „Sehet, welch ein Mensch!"
„Sehet, das ist euer König!"   Gehe auch mit Ihm in den
Palast des Königs Herodes und siehe dessen gottvergessenes
Verhalten gegen den Herrn: „Aber Herodes mit seinem Hofgesinde verachtete und verspottete Ihn, legte Ihm ein weißes Kleid
an und sandte Ihn wieder zu Pilato." Luc. 23, 11.   Welche
Schmach für Ihn, „der keine Sünde gethan und in deß Mund
kein Betrug erfunden ward," 1. Pet. 2, 22, neben Barabas —

einem Gefangenen, einem Sonderlichen vor Andern, der um
Aufruhrs und eines Mords willen war ins Gefängnis gewor=
fen — gestellt und ihm vom Volk nachgesetzt zu werden! Sehen
wir der grausamen, entehrenden Geißelung durch die rohen
Kriegsknechte zu und beachten deren frechen Spott: „sie beug=
ten die Kniee vor Ihm, und spotteten Ihn und sprachen: Sei
gegrüßet, lieber Judenkönig! und gaben Ihm Backenstreiche.“
Sehen wir Ihn, wie Er, beladen mit des Kreuzes Bürde, zwi=
schen zwei Uebelthätern hinaus geführt wird nach der Schädel=
stätte Golgatha! Versetzen wir uns im Geist nach jener durch
Ihn geheiligten Stätte! Den schmachvollen Tod am Kreuze
hat man für Ihn bestimmt. Und am Schandpfahl noch über=
häuft Ihn das Volk, die Hohenpriester und Aeltesten und auch
sogar einer der mit Ihm gekreuzigten Uebelthäter mit Spott.
Gerade so, wie es Jesaias in seinem 53. Kapitel und David in
seinem 22. Psalm geweissagt haben. Wie einen Auswurf der
Menschheit läßt man Ihn am Kreuze zwischen Himmel und Erde
verbluten und Sein Leben aushauchen.

7. Und wenn du jetzt eine Vergleichung an=
stellen willst: Er ist der Schlangentreter, der Gesegnete
Abrahams, das Heil Jakobs, der Held aus dem Stamme Juda,
der Sohn Davids, das Lamm, zur Schlachtbank geführt, und
das Schaf, das verstummet vor seinem Scherer, das vollgültige
Sühnopfer für die Menschheit, das Lamm Gottes, das der Welt
Sünde trägt. Er ists, den der Herr Selber meint, wenn Er
zu Nikodemus sagt: „Und wie Moses in der Wüste eine
Schlange erhöhet hat: also muß des Menschen Sohn erhöhet
werden.“ Und zwar darum: „Auf daß Alle, die an Ihn
glauben, nicht verloren werden, sondern das ewige Leben
haben.“

Siehe, das ist Der, der nach der Weissagung der Propheten
leidet und stirbt.

Das Alles aber ist darum geschehen, daß Er der Mensch=
heit ein Heiland würde, Sie errettete von ihrer Sünde, und
Alle, die da glaubten, selig machte.

Und so können wir unserer ersten Antwort auf die Frage,
was zu gesegneter Passionsfeier gehöre, noch die beifügen:

II. Eigne dir persönlich das Heil zu, das Er der Mensch=
heit durch Sein Leiden und Sterben erworben hat.

1. Der einzige und alleinige Zweck des Lei=
dens und Sterbens Christi ist die Erlösung der
Menschen von der Sünde und Allem Dem, was mit

der Sünde zusammenhängt — Tod und Hölle.
Diesen Zweck hat Jesus auch erreicht. Durch Sein reines Leben,
durch Sein schuldloses Leiden und Sterben hat Er ein Lösegeld
erworben, das hinreichend ist, die Sündenschuld der ganzen
Menschheit aller Zeiten zu decken, der Gerechtigkeit Gottes
Genüge zu leisten, und so die Menschheit loszukaufen von der
Herrschaft des Teufels und der Finsternis, worein sie durch den
Sündenfall gestürzt worden war. So lehrt es auch unser
Katechismus im zweiten Glaubensartikel: „Der mich verlornen
und verdammten Menschen erlöset hat, erworben und gewonnen
von allen Sünden, vom Tode und von der Gewalt des Teufels,
nicht mit Gold oder Silber, sondern mit Seinem heiligen,
theuren Blut, und mit Seinem unschuldigen Leiden und Sterben." Daraus ersehen wir, daß durch Jesum das Heil für die
Menschheit erworben, die Erlösungsgnade geschaffen wurde und
zwar dazu, daß die Menschen dadurch gerettet und selig werden
sollen.

2. Dazu aber ist nöthig, daß sich ein Jeder
diese Erlösungsgnade, dieses Heil, diese Vergebung der Sünden persönlich zueigne. Wo das nicht
geschieht, da kannst du hundert Mal die Passionsfeier mitmachen
und doch verloren gehen. Der Weg zur persönlichen Aneignung des Heils wird uns in unserem Texte in der Geschichte von
der Heilung des Blinden bei Jericho gezeigt. Von demselben
wird uns erzählt, er sei dort am Wege, wo Jesus vorbeiging,
gesessen und habe gebettelt. Als er gehört, daß Jesus vorüber-
ging, habe er, trotz der Abmahnung des Volkes, fort und fort
gerufen: „Jesu, Du Sohn Davids, erbarme Dich meiner!"
Auf die Frage des Herrn, was er wolle, habe er geantwortet:
„Herr, daß ich sehen möge." Daraufhin habe Jesus zu ihm
gesagt: „Sei sehend! dein Glaube hat dir geholfen." So
sei der Blinde sehend geworden, Jesu nachgefolgt und habe
sammt dem Volke Gott gepriesen und gelobt. So erzählt
unser heutiges Evangelium.

3. Das Verhalten des armen, blinden Bett-
lers zeigt uns den Weg zur persönlichen Aneignung des Heils in Christo, zum persönlichen Theilhaft-
werden der Erlösungsgnade. Dieser Mann wußte, daß er arm
war und blind; schämte sich nicht zu betteln und hielt gläubig
und unermüdet an, den Herrn um Oeffnung seiner Augen zu
bitten. So mußt auch du zu allererst zur Einsicht und Ueberzeugung kommen, daß du arm bist. Du hast vielleicht im

leiblichen Alles, was du brauchst und noch mehr als das: hast du aber keine Vergebung der Sünden und kein Bewußtsein der Gotteskindschaft und keine gewisse Hoffnung aufs ewige Leben, so bist du doch arm, und kannst nicht reich werden, außer du nimmst an die freie Gnade Dessen, der da arm geworden um unsertwillen.

Ebenso mußt du auch erkennen, daß in geistlichen Dingen alle Menschen blind sind und nicht wissen, was des Menschen Zweck und Ziel auf Erden ist, noch viel weniger den Weg kennen, auf welchem der Mensch sein Ziel erreiche, nämlich — selig werde. Der erste Schritt zur Erlangung des ewigen Lebens wäre demnach der, daß du die natürliche, und so auch deine eigene, Blindheit erkennst. Dann aber auch, daß du zum rechten Meister gehest, daß dir deine Augen geöffnet werden.

4. Zu diesem Doppelzweck ist gerade jetzt die Gelegenheit: denn wie einst dort, so heißt es auch jetzt: „Jesus von Nazareth geht vorüber." Er geht an uns vorüber zu Seinem Leiden. Und wie einst Seine „Zwölfe", so will Er uns im Geiste Alle mitnehmen an die Stätten Seines Leidens bis hinaus nach Golgatha, und will uns Alles sehen lassen, was Er leidet, und was es Ihn kostet, uns das Heil, die Gnade zu erwerben.

5. Und in der That, wenn wir unseren Heiland auf Seiner letzten Reise nach Jerusalem begleiten, mit Ihm gehen von Gethsemane, wo Er Seinen geheimnisvollen Seelenkampf kämpft, nach dem Palaste des Hohenpriesters, wo Er sich muthvoll ausweist als den Sohn Gottes zur Rechten Gottes und ankündigt, daß Er einst kommen werde in den Wolken des Himmels; wenn wir mit Ihm gehen nach Gabbatha und Pilati spöttisches Vorstellungswort: „Sehet welch ein Mensch!" vernehmen, wenn wir Ihn auf Seinem letzten schweren Gang, auf Seinem Todesgang, begleiten und im Geist unter Seinem Kreuze stehen bleiben, Ihn sehen, wie Er leidet, ringt und kämpft: dann müssen gewiß auch uns die Augen aufgehen, und das Räthsel Seines Todes muß uns gelöst sein wie jenem Hauptmanne unter Christi Kreuz, der an seine Brust schlagend ausruft: „Wahrlich, dieser ist Gottes Sohn gewesen;" Matth. 27, 54; und Jeder von uns wird dann auch selbstbewußt, bußfertig und demüthig bekennen:

> „Ich, ich und meine Sünden,
> Die sich wie Körnlein finden

Des Sandes an dem Meer,
Die haben dir erreget
Das Elend, das Dich schläget,
Und deiner Martern ganzes Heer."

6. **Aber Das ist noch nicht genug,** wie es bei jenem Blinden nicht hinreichte, daß er von seiner Blindheit und Armuth überzeugt war. Du mußt auch — wie jener Blinde — mit festem Zutrauen und Beharren rufen: Jesu, Du Sohn Davids, erbarme Dich meiner! Und wenn du Dies thust, in solcher Demuth, Beständigkeit und solchem festen Glauben wie jener blinde Bettler, dann öffnet dir der Herr auch deine Augen, daß du deine Armuth, Unwürdigkeit und dein Elend siehst, aber auch Seine stellvertretende Gnade, die dich reich und sehend und glücklich machen will auf Erden und einst selig im Himmel.

Durch solche Buße und solchen Glauben eignest du dir das Heil in Christo, die Erlösungsgnade, persönlich zu, aber auch nur so hast du wirklichen persönlichen Nutzen von der Passionsfeier.

7. **Wenn ihr den Anforderungen,** die wir uns auf unsere Frage, was zu einer gesegneten Passionsfeier gehöre, als Antwort gegeben haben, **nachkommt, so habt ihr gewiß keine Zeit und auch keine Lust, euch mit sogenannten Fastnachtsnarrentheidingen abzugeben.** Solche Dinge müssen euch dann geradezu als Spott auf die ernste Feier der Passion erscheinen. Im Gegentheil werdet ihr euch befleißen, jedem Passionsgottesdienst beizuwohnen, und zwar mit tiefster Andacht, herzlichster Buße und innigstem Glauben an das Lamm Gottes „das der Welt Sünde trägt," von dem die Kirche seit Jahrhunderten singt:

„O Lamm Gottes, unschuldig
Am Stamm des Kreuzes geschlachtet,
Allzeit funden geduldig,
Wiewohl Du warest verachtet!
All' Sünd' hast Du getragen,
Sonst müßten wir verzagen,
Erbarm' Dich unser, o Jesu!"

Amen.

Invocavit.

Matth. 3, 13-17; 4, 1-11.

Zu der Zeit kam Jesus aus Galiläa an den Jordan zu Johannes, daß Er Sich von ihm taufen ließe. Aber Johannes wehrete Ihm, und sprach: Ich bedarf wohl, daß ich von Dir getauft werde; und Du kommst zu mir? Jesus aber antwortete und sprach zu ihm: Laß jetzt also sein; also gebühret es uns, alle Gerechtigkeit zu erfüllen. Da ließ er es Ihm zu. Und da Jesus getauft war, stieg Er bald herauf aus dem Wasser; und siehe, da that sich der Himmel auf über Ihm. Und Johannes sahe den Geist Gottes, gleich als eine Taube, herab fahren, und über Ihn kommen. Und siehe, eine Stimme vom Himmel herab sprach: Dies ist Mein lieber Sohn, an welchem ich Wohlgefallen habe. Da ward Jesus vom Geist in die Wüste geführt, auf daß Er von dem Teufel versucht würde. Und da Er vierzig Tage und vierzig Nächte gefastet hatte, hungerte Ihn. Und der Versucher trat zu Ihm und sprach: Bist Du Gottes Sohn, so sprich, daß diese Steine Brot werden. Und Er antwortete und sprach: Es stehet geschrieben: Der Mensch lebet nicht vom Brot allein, sondern von einem jeglichen Wort, das durch den Mund Gottes gehet. Da führete Ihn der Teufel mit sich in die heilige Stadt und stellete Ihn auf die Zinne des Tempels und sprach zu Ihm: Bist Du Gottes Sohn, so laß Dich hinab; denn es stehet geschrieben: Er wird Seinen Engeln über Dir Befehl thun, und sie werden Dich auf den Händen tragen, auf daß Du Deinen Fuß nicht an einen Stein stoßest. Da sprach Jesus zu ihm: Wiederum stehet auch geschrieben: Du sollst Gott deinen Herrn nicht versuchen. Wiederum führete Ihn der Teufel mit sich auf einen sehr hohen Berg und zeigte Ihm alle Reiche der Welt und ihre Herrlichkeit und sprach zu Ihm: Das alles will ich Dir geben, so Du niederfällst und mich anbetest. Da sprach Jesus zu ihm: Hebe dich weg von Mir Satan; denn es stehet geschrieben: Du sollst anbeten Gott, deinen Herrn, und Ihm allein dienen. Da verließ Ihn der Teufel, und siehe da traten die Engel zu Ihm und dieneten Ihm.

„Was Adam verdorben, hat Christus erworben." So schreibt der fromme Gottesmann Johannes Arndt

(163)

in seinem „Wahren Christenthum." Damit hat er den ganzen Inhalt der heiligen Schrift ausgedrückt: Sünde und Gnade. Adam hat die Sünde in die Welt gebracht und dadurch das Paradies verloren; Christus hat die Schuld der Sünde getragen und dadurch ein neues Paradies — das der Gotteskindschaft im Gnadenreich auf Erden und der vollkommenen Gemeinschaft mit Gott in Seinem Herrlichkeitsreich im Himmel erworben. Jener heißt auch der erste Adam und Christus der zweite.

2. Diese beiden Thatsachen führen uns zwei Orte von sehr verschiedener Beschaffenheit vor Augen: den schönen Paradiesgarten, in dem der erste Adam versucht wurde; und die öde Wüste, in der Christus, der zweite Adam, Seinen Versuchungskampf zu bestehen hatte. In beiden Fällen aber war des Versuchers Absicht dieselbe, nämlich Verleitung zum Ungehorsam. Adam aß von der verbotenen Frucht — war so ungehorsam — und die Sünde war geboren. Bei ihm erreichte der Versucher seine Absicht. Auch bei dem Herrn wollte er Solches bezwecken; auch Ihn wollte er von dem Weg des Gehorsams auf den des Ungehorsams verleiten. Nach dem Willen des himmlischen Vaters sollte der Herr durch Arbeit, Kampf, Leiden und Sterben die Welt erlösen. Der Satan versprach Ihm die Herrschaft über die Welt ohne Mühe und Arbeit. Der Herr aber — der zweite Adam — verblieb auf dem Ihm verordneten Gehorsamsweg; und so erreichte der Versucher bei Ihm seine Absicht nicht. Eine dreifache Gehorsamsprobe hatte der Herr hier zu bestehen. Ja, Sein ganzes Leben war ein solcher Kampf. Aber Er blieb „gehorsam bis zum Tod am Kreuze". Der erste Adam ward besiegt; der zweite Adam errang den Sieg. Jener mußte sich seines Schuldbewußtseins wegen vor Gott flüchten, vor Diesem aber mußte Satan fliehen als vor einer sieggekrönten himmlischen Majestät. Den ersten Adam treibt der Cherub aus Eden; den zweiten bedienen Engel des Himmels von Gott gesandt.

2. Wie Adam versucht wurde, wie Jesus Selbst Sichs gefallen lassen mußte, versucht zu werden, so werden auch die Gläubigen des Herrn versucht, damit offenbar werde, ob sie auf Gottes Wegen bleiben oder davon abweichen. Daher ist Christi Versuchungskampf vorbildlich für alle Seine Gläubigen. Und weil Er jenen Versuchungskampf für uns kämpfte und für uns bestand, so daß wir von dort an

den Satan als einen überwundenen Feind ansehen dürfen, so ist Sein Kampf unser Kampf und Sein Sieg auch unser Sieg.

Somit wollen wir heute zu beweisen suchen:

Wie Christi Versuchung in der Wüste ein Abbild sei von dem Versuchungs= und Glaubenskampf des Christen in der Welt.

Dabei wollen wir unser Augenmerk richten

I. auf die Vorbereitung zum Kampfe;

II. auf den Kampf selbst;

III. auf den Sieg nach dem Kampf.

1. Die Vorbereitung zum Kampfe.

Jesus war auf den Versuchungskampf, den Er in der Wüste zu bestehen hatte, vorbereitet worden durch Seine Taufe am Jordan und durch Sein vierzigtägiges Fasten in der Wüste.

1. „Um alle Gerechtigkeit zu erfüllen": um Sich in die von Gott geordnete Johannistaufe zu fügen; um Seinem sündigen Volke an Seiner sündlosen Person vorbildlich und stellvertretend die Nothwendigkeit einer Reinigung von Sünden darzustellen, hatte Er Sich von Johannes am Jordan taufen lassen. Bei Seinem Heraussteigen aus dem Wasser hatte sich der Himmel geöffnet, und eine Stimme vom Himmel herab hatte gesprochen: „Dies ist Mein lieber Sohn, an welchem ich Wohlgefallen habe." Und Johannes hatte den Geist Gottes herabfahren sehen gleich als eine Taube und über Ihn kommen. Dieses göttliche Zeugnis Seiner Gottessohnschaft und diese himmlische Salbung mit dem Heiligen Geiste war die öffentliche Weihe zu Seinem Messiasamte, das Er jetzt beginnen und durchführen sollte — als Prophet, Priester und König. Diese Gotteszusage und Gottesgabe sollte Ihn stärken zu dem Kampfe, in den Er nun geführt werden sollte.

Mit diesem Bewußtsein, mit dieser Gottesgabe ausgerüstet stand er nun da als der Held aus Judas Stamm, gewappnet, den Kampf mit dem Satan aufzunehmen, und das durch denselben geraubte Gut — die Menschheit — wieder zurückzuerobern und dem rechtmäßigen Eigenthumsherrn, Gott, zurückzubringen. Schön ist solcher Kampf vorgebildet in Davids Kampf mit Goliath, den er, sein eigenes Leben daran wagend, besiegte, und das Königreich Israel gründete. So besiegte der

Herr den Satan, den Goliath der Sünde, und gründete das neutestamentliche Reich Israel, das Er königlich beherrscht, sitzend zur Rechten des himmlischen Vaters.

2. Aber nicht bloß Seine Taufe, sondern auch Sein vierzigtägiges Fasten in der Wüste gehört zu Seiner Vorbereitung auf den Versuchungs= kampf. Dadurch daß Er das menschliche Bedürfnis des Essens in den Hintergrund treten ließ, den Körper dem Geist unter= warf, konnte Sein Geist ungehinderter mit Gott, Seinem himmlischen Vater, im Gebet verkehren. So waren diese vier= zig Tage Seines Fastens in der Wüste auch zugleich eine Zeit ernsten und besonderen Gebetes. Denn, obgleich das ganze Leben unseres Heilandes auf Erden ein stetes, ununterbrochenes Gebet, ein steter, ununterbrochener Umgang mit Gott, Seinem himmlischen Vater, war, so erwähnen uns doch die Evangelisten besondere Gebetszeiten, in denen Sich Jesus absichtlich in die Einsamkeit zurückzog, um daselbst zu beten. So nach der Speisung der fünftausend Mann, da Er einen Berg bestieg, „Er alleine;" ebenso dort im Garten Gethsemane, wo Er Sich auch noch von Seinen drei Jüngern trennte, um allein zu beten. Auch diese vierzig Tage Seines Fastens in der Wüste verbrachte Er mit Gebet zu Gott, in stiller Sammlung und gottgeheilig= tem Nachdenken über Seine Taufe und Sein Messiaswerk. So stand Er denn auch, als der Versucher zu Ihm trat, da als ein nüchterner und gesammelter Mann, bei Dem das Fleisch Nichts vermochte über den Geist.

3. Wie Jesus durch Seine Taufe und das, was dabei geschah, geweiht und vorbereitet wurde auf Seinen Messiasbe= ruf, so haben auch wir Christen unsere Weihestun= den, durch welche wir geheiligt und vorbereitet werden sollen auf die späteren Kämpfe des Lebens, die Versuchung des Teu= fels, der Welt und des eigenen bösen Herzens. Durch unsere Taufe, wobei uns durch Wasser und Wort Gottes der Heilige Geist mitgetheilt wird, werden wir gewappnet gegen die An= griffe des bösen Feindes. Bei unserer Confirmation ziehen wir gleichsam die Waffenrüstung eines Kämpfers für Gottes Reich an und schwören den Fahneneid als Streiter Jesu Christi. Jeder Sonntags= und Festtagsgottesdienst, jeder Abendmahls= gang ist eine solche Weihestunde und Weihehandlung, durch welche wir gerüstet, gewappnet und vorbereitet werden sollen auf die Versuchungs= und Glaubenskämpfe in unserem Leben auf Erden.

4. Und wenn wir auch nicht geradezu fasten, so ist es doch gut, wenn wir in Bezug auf Essen und Trinken Maß und Ziel halten, damit unser Leib nicht beschwert und unsere Sinne nicht betäubt werden, sondern wir allezeit nüchtern und wacker seien, und uns der Feind nicht überrumple, wie ein schlafender Wächter oder ein achtloser Soldat überrumpelt wird.

Manches Scheltwort ist schon von den Lippen gefallen — unüberlegt und unüberdacht; manche Beleidigung, die langjährige Freunde trennte, verursacht worden, was nicht geschehen wäre, wenn man die Grenze der Mäßigkeit nicht überschritten gehabt hätte. Mancher Stoß, Schlag, Schuß, der den Thäter ins Elend und Verderben stürzte, war nur die Folge von Unmäßigkeit. Vor manchem Sündenfall wäre man bewahrt geblieben, wenn man von Jesu Fasten in der Wüste wenigstens Mäßigkeit gelernt hätte.

5. Hat es der Herr Selbst für nöthig gefunden, Sich durch Gebet auf den Kampf der Versuchung vorzubereiten, so sollen auch wir es thun und uns Morgens durch Gebet auf den Kampf des Tages, Sonntags durch den Gottesdienst auf den Kampf der Woche rüsten. Und sollten uns besondere Nöthen und Anfechtungen bevorstehen, für welche wir uns besonders vorzubereiten haben, so können wir uns den Herrn auch hierzu zum Vorbild nehmen, wenn wir uns Ihn nämlich vergegenwärtigen, wie Er Sich auf Seinen Kampf mit dem Satan durch Gebet vorbereitet, und wie Er Sich in Gethsemane durch jenes dreimalige Beten zur Uebernahme Seines letzten Todesleidens starkt. Denn das Gebet ist nicht bloß Schutzmauer, die das Böse abhält, sondern auch Kraftquelle, aus welcher der Christ Muth und Stärke schöpft, um, wenn die Macht des Bösen ihn ansicht, ritterlich kämpfen zu können.

Wie Christus, so haben sich auch andere fromme Werkzeuge Gottes in der Zurückgezogenheit auf ihren Beruf und ihre besondere Arbeit vorbereitet, so Moses, David, Elias, Johannes, Saulus, Luther. Und auch uns thut zuweilen ein ruhiges Stündchen stiller Sammlung in des Kämmerleins Einsamkeit gut. Wir kommen dadurch immer wieder zu uns selber und machen uns so gefaßter und geschickter für unsere allgemeine Lebensaufgabe und unsere besonderen Lebenskämpfe.

Nachdem wir nun gesehen haben, wie Sich Jesus auf Seinen Versuchungskampf mit dem Teufel vorbereitete, und wie auch wir uns auf ähnliche Kämpfe vorbereiten sollen, so wollen wir auch einen Blick werfen auf Christi Versuchungskampf selbst.

So reden wir

II. von dem Kampf selbst.

1. **Als Zeit der Versuchung benützte der Satan die Noth des Herrn.** Als es Jesum nach vierzigtägigem Fasten hungerte, da machte der Satan den ersten Angriff auf Ihn mit den Worten: „Bist Du Gottes Sohn, so sprich, daß diese Steine Brot werden." Damit wollte er sagen: Gott vom Himmel Selber hat Dich gerade kürzlich als Seinen Sohn erklärt; warum solltest Du im Besitze Deiner Gottes-Allmacht nun Hunger leiden? Ein Wort aus Deinem Munde — und aus diesen Steinen wird Brot. Aber Jesus, obgleich Er mit fünf Broten Tausende speisen, durch Sein Wort Kranke heilen und Todte auferwecken konnte, thut hier kein Wunder, will er Seine Allmacht nicht gebrauchen will auf des Teufels Geheiß: den Willen Gottes zu thun war Sein Werk, nicht den Willen des Teufels. Darum tritt Er dem Versucher fest entschlossen mit dem Kraftwort entgegen: „Es stehet geschrieben: der Mensch lebet nicht vom Brot allein, sondern von einem jeglichen Wort, das durch den Mund Gottes gehet." Damit wollte Er sagen: Wenn es Meines Vaters Wille ist, so kann Er Mich auch erhalten ohne Brot. Hat nicht auch Moses auf dem Berge Sinai ohne Brot gelebt? Er kann Mir auch auf andere Weise helfen, wenn Er will. Das ist Gehorsam. Den setzt Er des Teufels Angriff gegenüber. Das ist der erste Hieb auf des Versuchers Haupt.

2. **So benützt der Satan heutiges Tages noch die Noth der Menschen, um sie zu Fall zu bringen:** Nahrungsnoth, Arbeitslosigkeit, Krankheit, Verlassenheit. Er versucht, sie in solcher Lage zum Betrug, zum Diebstahl, zum Mord, zum Selbstmord zu verleiten. „Noth kennt kein Gebot," flüstert er dem Menschen in der Armuth ein; oder: „Schaff dich aus der Welt, dann bist du deinem Elend enthoben."

Nimm du dir aber deinen Heiland zum Vorbilde und bleibe auf Gottes Weg, auf dem Weg des Rechten und des Gehorsams gegen Gott und Sein Wort. Gebrauche kein unrechtes Mittel, dir aus der Noth helfen. Warte lieber und entbehre eine Zeitlang, wenn es Gottes Wille ist, als daß du dir auf unrechte Weise aus der Noth hilfst. Gebrauche in Krankheitsfällen auch keine Zauberei. Lieber nach Gottes

Willen leiden, als durch teuflische Zauberei sich Hilfe verschaffen wollen.

3. Den zweiten Angriff auf den Herrn macht der Teufel auf der Zinne des Tempels in der heiligen Stadt, wohin er Ihn gebracht hatte, mit den Worten: „Bist Du Gottes Sohn, so laß Dich hinab; denn es stehet geschrieben: Er wird Seinen Engeln über Dir Befehl thun, und sie werden Dich auf den Händen tragen, auf daß Du Deinen Fuß nicht an einen Stein stößest.“ Damit wollte er sagen: Dein Hauptzweck auf Erden ist, Israel zu zeigen, daß Du der Sohn Gottes, des Allmächtigen seist. Wenn Du Dich nun hier auf außerordentliche Weise hinabläſseſt, so wird das Volk sehen, daß Du wirklich der allmächtige Sohn Gottes bist, und so kannst Du auf schnelle Weise Deinen Zweck erreichen. Zudem hast Du ja auch die Zusage Gottes, daß Er Dich bei solchem Unternehmen beschützen werde.

Des Teufels Absicht bei diesem Vorschlage war dieselbe wie bei seinem ersten Angriff, nämlich den Herrn vom Weg des Gehorsams gegen Gott abzubringen und Ihn zum Ungehorsam zu verleiten. Der Weg Gottes war: Es sollte Jesus durch Lehren, Arbeiten und gottgewollte Wunder Israel von Seiner Gottessohnschaft überzeugen, und so auf langsamem Wege zum Ziele gelangen.

Diesen Gehorsamsweg setzt der Herr dem satanischen Ansinnen des Versuchers entgegen, wenn er demselben erwidert: „Wiederum stehet auch geschrieben: Du sollst Gott, deinen Herrn, nicht versuchen.“ Damit will Er die Ansicht aussprechen, daß Gott den Menschen auf dessen Pflichtweg beschütze und bewahre, und — wenn es sein muß — auch wunderbarerweise, aber ihm nicht beistehe, wenn er sich vorwitziger — oder muthwilligerweise in Gefahr begibt. Und Das sehen wir bei vielen Gelegenheiten in der Geschichte des Volkes Israels und im Leben Jesu und Seiner Apostel. Mit diesem Spruch versetzt der Herr dem Satan den zweiten Kopfschieb.

4. Nochmals wagt der Teufel seine Verführungskunst an dem Herrn. So lesen wir: „Wiederum führte Ihn der Teufel mit sich auf einen sehr hohen Berg, und zeigte Ihm alle Reiche der Welt und ihre Herrlichkeit; und sprach zu Ihm: Dies Alles will ich Dir geben, so Du niederfällest, und mich anbetest.“ Der Teufel wollte sagen: Du bist ge-

kommen, die Welt zu erobern; ich will sie Dir schenken ohne Mühe, Arbeit, Leiden und Sterben. Nur falle vor mir nieder, bete mich an und erkenne mich so als eine Macht an. Allerdings sollte Jesus das Psalmwort in Erfüllung bringen: „Die Erde ist des Herrn, und was darinnen ist; der Erdboden, und was darauf wohnet;" aber Er sollte Dies nicht durch einen Kniefall vor dem Satan thun, sondern durch mühevolle Arbeit und schmerzliches Leiden und Sterben. Das war Gottes Weg und für Jesum der Weg des Gehorsams. Diesen Weg geht Jesus und zieht, um Seinen Zweck zu erreichen, Mühe, Arbeit, Leiden und Sterben dem leichten und bequemen Weg des Kniefalls vor dem Satan vor. Diese feste, unumstößliche Entscheidung drückt der Herr aus in der befehlenden Entgegnung: „Hebe dich weg von Mir, Satan! denn es stehet geschrieben: Du sollst anbeten Gott deinen Herrn, und Ihm allein dienen." Der Herr wollte sagen: Alle Anbetung gebührt Gott allein, Niemandem sonst, am allerwenigsten dem Satan. Damit schnitt Er ihm alle Ehre, Macht und Recht ab und schickt ihn als überwundenen Feind vom Kampfplatz.

5. So verspricht der Satan heutiges Tages noch den Menschen goldene Berge, daß sie ihm dienen sollen. Aber wenn sie sich haben verleiten lassen und ihm, der sich als Engel des Lichtes verstellte, gefolgt haben, dann entlarvt er sich als hohnlachender, schadenfroher Teufel, und antwortet auf ihr Jammern und Klagen über ihr Elend: Das hast Du gethan! Es ist Deine Schuld! Mancher verlorene Sohn, manches betrogene Mädchen, mancher Verbrecher mußte Das schon erfahren. Darum seien wir auf der Hut und lassen uns von des Satans gleißnerischen Vorspiegelungen nicht verblenden, sondern geben ihm und seinen verführerischen Dienern den Abschied wie der Herr gethan. Dann wird er fliehen. Das sehen wir auch bei dem Herrn in der Versuchungsgeschichte. Und so dürfen wir auch noch reden

III. von Christi Sieg nach dem Kampfe.

1. Wir lesen: „Da verließ Ihn der Teufel; und siehe, da traten die Engel zu Ihm, und dieneten Ihm." Da er dem Herrn in keiner Weise beikommen konnte und nun eine dreifache Niederlage erlitten hatte, zog er sich beschämt vom Kampfplatz zurück und überließ dem Sieger das Feld.

Welch ein Unterschied in dem Ausgang beider Thatsachen: der Unterhandlung dort zwischen Adam und Eva und der

Schlange, und hier zwischen dem Herrn und dem Teufel. Dort mußten Adam und Eva sich vor Gott schämen und sich hinter die Bäume im Garten verstecken, und der Cherub trieb sie aus Eden hinaus und stellte sich an des Gartens Pforte, um sie an der Rückkehr zu hindern. Verloren war Unschuld, Glück, Heimath, Gemeinschaft mit Gott. Hier aber, in der Wüste, mußte sich der Satan schämen und flüchten: denn er war besiegt worden.

2. **Mit diesem dreifachen Sieg war Christi Kampf mit dem Fürsten der Finsternis, dem Räuber der Menschheit, eigentlich schon vollendet.** Und wo ihm der Herr später begegnete, sei es in den bösen Geistern, oder den gottlosen Menschen, so trat Er ihm als einem überwundenen Feind entgegen. Den bösen Geistern gebietet Er mit Macht, und sie müssen ausfahren. Seine Feinde, von Seiner Uebermacht und ihrer Herzensbosheit überzeugt, schleichen sich heimlich, beschämt von Ihm weg. Die Soldatenschaar in Gethsemane fällt auf Sein Wort erschreckt zu Boden. Auf Golgatha hilft Ihm das Bewußtsein Seines Sieges über den Fürsten der Hölle siegreich hinüber über jene dreistündige Finsternis, so daß er mit Seinem majestätischen Schlußwort: „Es ist vollbracht!" triumphirend der Welt Seinen Sieg über den Teufel und sein Gefolge: Sünde und Tod — öffentlich ankündigen konnte. Und dadurch hat Er uns die durch den Sündenfall verloren gegangene Gemeinschaft mit Gott, das Paradies der Gotteskindschaft auf Erden und der völligen Vereinigung mit Gott in Seinem himmlischen Reiche, wieder erworben.

3. **Dieselbe Siegeswonne wird Denen zu Theil,** die, wie der Herr, auf dem Weg des Gehorsams gegen Gott bleiben und lieber Mühe, Arbeit und Leiden auf dem schmalen Pfade erdulden, als im Dienste des Satans auf dem breiten Wege Sklaven vermeintlicher Freude und Freiheit zu sein. Auch für uns ist der Satan ein überwundener Feind. Und wenn uns auch Kampf, Anfechtung, Versuchung von Seiten des Satans nicht erspart bleiben — ebensowenig wie dem Herrn Selbst — so ist Sein Sieg auch unser Sieg, wenn wir dem Feinde glaubensmuthig entgegentreten.

Das frohe Bewußtsein, daß der Satan kein Recht mehr an uns hat, ist aber nur ein schwaches Abbild von der Siegesfreude, die uns beseelen wird, wann einst alle Anfechtungen des Satans, der Welt und unseres Fleisches überwunden und wir im wiedererworbenen himmlischen Paradies Bürger sein werden. Dann

ist im vollen Sinne des Wortes erfüllt: „Was Adam verdorben,
hat Christus erworben."   Drum:

> „Mache dich, mein Geist, bereit,
> Wache, fleh' und bete,
> Daß dir nicht die böse Zeit
> Plötzlich nahe trete;
> Denn es ist
> Satans List
> Ueber viele Frommen   .
> Zur Versuchung kommen."

Amen.

Reminiscere.

Matth. 15, 21-28.

Und Jesus ging aus von dannen und entwich in die Gegend Tyrus und Sidon. Und siehe ein cananäisch Weib ging aus derselbigen Grenze und schrie Ihm nach und sprach: Ach Herr, Du Sohn David, erbarme Dich mein! Meine Tochter wird vom Teufel übel geplaget. Und Er antwortete ihr kein Wort. Da traten zu Ihm Seine Jünger, baten Ihn und sprachen: Laß sie doch von Dir, denn sie schreiet uns nach. Er antwortete aber und sprach: Ich bin nicht gesandt, denn nur zu den verlornen Schafen von dem Hause Israel. Sie kam aber und fiel vor Ihm nieder und sprach: Herr, hilf mir! Aber Er antwortete und sprach: Es ist nicht fein, daß man den Kindern ihr Brot nehme und werfe es vor die Hunde. Sie sprach: Ja, Herr! Aber doch essen die Hündlein von den Brosamen, die von ihrer Herren Tische fallen. Da antwortete Jesus und sprach zu ihr: O Weib, dein Glaube ist groß! Dir geschehe, wie du willst. Und ihre Tochter ward gesund zu derselbigen Stunde.

1. Der heutige Sonntag hat einen gar schönen Namen. Er heißt Reminiscere, d. h. auf deutsch: Gedenke mein! Und zwar darum, weil man in der alten christlichen Kirche an diesem Sonntag als Eingangsspruch Psalm 25, 6 verlas: „Gedenke, Herr, an Deine Barmherzigkeit, und an Deine Güte, die von der Welt her gewesen ist."

2. Gedenke mein! das ist auch der Grundton des heutigen Evangeliums. Denn in demselben tritt uns eine arme bekümmerte Mutter vor Augen, die bittet, ruft und schreit: „Ach, Herr, Du Sohn Davids, erbarme Dich meiner!" Und der Heiland, der gesagt hat: „Bittet, so wird euch gegeben; suchet, so werdet ihr finden; klopfet an, so wird euch aufgethan," der stand zu dieser Seiner Verheißung. Allerdings mußte auch die Beterin diese drei Stufen des Gebetes durchmachen, ehe ihr Gebet erhört und ihr Hilfe zu Theil wurde. Ja, ihr Beten mußte sich gleichsam zum Kampfe gestalten, und sie mußte dem Herrn die Erhörung ihres Gebetes gleichsam ab-

ringen, wie einst der Erzvater Jakob that, als er mit dem Engel des Herrn rang und bittend sprach: „Ich lasse Dich nicht, Du segnest mich denn." 1. Mose 32, 26.

3. Unsere betende Kämpferin ist ein kananäisches Weib, das, durch die Krankheit ihrer Tochter bewogen, bei Jesu Hilfe sucht, von Ihm aber — da Er vorerst nur den Juden angehörte — mehrmals zurückgewiesen wurde, die aber in ihrem Glauben an den Herrn nicht irre ward, sondern mit demüthigem Bitten anhielt, bis sie Sein Herz erobert hatte; ähnlich wie ein Held thut, der, zurückgeschlagen, immer aufs Neue wieder angreift, bis die Burg erobert ist.

Somit wollen wir heute miteinander betrachten

Den Glaubenskampf des kananäischen Weibes mit dem Herrn.

Dabei wollen wir unser Augenmerk richten

I.   auf die Person der Kämpferin;
II. auf die Art ihrer Waffen;
III. auf die Herrlichkeit des Sieges.

Wir betrachten zunächst

I.   die Person der Kämpferin.

1. Die Person, die unserem Texte gemäß mit dem Herrn diesen berühmten Glaubenskampf führt, ist eine Heidin. Sie stammte von den Kananitern ab, die vor Israel Kanaan bewohnt hatten, und von denen noch eine große Anzahl übergeblieben war. Die Gegend, wo sie und ihre Stammesgenossen wohnten, war Phönizien, wo die Städte Tyrus und Sidon lagen, die im Alterthum sehr berühmt waren. Phönizien liegt nördlich von der Landschaft Galiläa am mittelländischen Meere hin. Die Heiden waren, namentlich in jener Zeit, streng von den Juden geschieden, und wurden von diesen aufs Tiefste verachtet. Allerdings war es für die Nachbarvölker Israels beinahe unmöglich, vom Glauben Israels unberührt zu bleiben. Die Religion der Juden mit ihrem Glauben an Einen unsichtbaren Gott mußte bemerkbar abstechen gegen die Vielgötterei der Heiden und die Anbetung gemachter Götzen und sichtbare Gegenstände der Natur. Somit dürfen wir annehmen, daß auch sie Etwas gehört hatten von der Hoffnung

Israels: daß ein Messias kommen solle, ein Nachkomme des auch bei den Heiden bekannten Königs David. Als dann dieser Davidssohn wirklich erschienen und aufgetreten war und unter Israel wirkte mit großen Thaten — Kranke heilte, Teufel austrieb, Todte auferweckte — da heißt es ja oft in den Evangelien: „Und dies Gerücht von Ihm erscholl in dasselbige ganze Land;" Matth. 9, 26, oder: „Und diese Rede von Ihm erscholl in das ganze jüdische Land und in alle umliegende Länder." Luc. 7, 17. Und als dieser Wunderthäter vollends ganz in die Nachbarschaft des Heidenlandes — in die Gegend von „Tyrus und Sidon" — kam und jenes Mütterlein in ihrer großen Noth von Ihm hörte, so ist es ja leicht begreiflich, daß sie sich rasch auf den Weg machte, bei Ihm Hilfe zu suchen. Und wirklich heimathlich muß für den Herrn der jüdische Gruß aus Heidenmund klingen: „Ach Herr, Du Sohn Davids, erbarme Dich mein!"

2. Am Anfang unseres Textkapitels lesen wir, daß Sich der Herr mit den Pharisäern und Schriftgelehrten herumgestritten hatte bezüglich der jüdischen Aufsätze, in Folge davon diese Ihm nachstellten, um Ihn zu greifen. Jesus aber, der da wußte, daß Seine Stunde noch nicht gekommen war, verließ sie und ging an die Nordgrenze Galiläas, um einerseits geschützt zu sein vor den Nachstellungen Seiner Feinde und andererseits, um ein wenig auszuruhen. Aber, wie wäre es möglich gewesen, daß Er, der große Helfer, dessen Ruhm und Wundermacht bereits die Grenzen des jüdischen Landes überschritten hatte, hätte verborgen bleiben können! Ein kananäisches Weib, deren Tochter „vom Teufel übel geplagt" wurde, hörte von Ihm und suchte Ihn auf. Die Vertreter der Juden, Seine Brüder dem Fleische nach, verfolgen Ihn, um Ihn zu tödten, eine Heidin erkennt Ihn an als den verheißenen und längst erwarteten Sohn Davids, und sucht sogar Hilfe bei Ihm. Siehe auch hier die Wunderwege Gottes! Ins Land der Juden herunter wäre wohl unsere Kananiterin nicht gekommen; da muß Jesus, um den Nachstellungen der Juden zu entgehen, an die Grenze des Heidenlandes kommen, damit sie Gelegenheit habe, Ihn in nächster Nähe aufsuchen zu können. „Weg hat Er allerwegen, an Mitteln fehlts Ihm nicht."

3. Große Hindernisse mußte diese Kananiterin überwinden, gleich von Anfang an schon, ehe sie sich noch aufmachte, zu Jesu zu gehen. Sie wußte, wie tief die

Heiden bei den Juden verachtet waren, und hätte darum denken
können, der jüdische Davidssohn werde sie, eine Heidin, gar
nicht anhören.   Auch werden ihre heidnischen Stammesgenossen
gewiß versucht haben, sie von dem Hilfesuchen bei einem Juden
zurückzuhalten.   Ebenso wohnte auch den Heiden der Haß gegen
die Juden inne um der Verachtung willen, mit der sie von den
Juden behandelt wurden.   Auch war der Weg von ihrem Hause
an zu dem Herrn immerhin ein bedeutender.   Alle diese Schwie=
rigkeiten überwand sie mit der muthigsten Entschlossenheit und
bewunderungswürdiger Kraft.   Das Schönste aber und das
Wunderbarste ist ihre Anrede an den Herrn.   „Sohn Davids"
nennt sie Ihn, und bittet Ihn um Hilfe.   Damit zeigt sie an,
daß sie Ihm prophetische, oder göttliche Macht zutraue, gerade
so, wie wir es von gläubigen Juden lesen.   Sie glaubt auch,
daß Seine Macht größer sei als die des Teufels.   Denn sie
bittet Ihn, ihre Tochter von der Macht des Teufels zu befreien.
Das, was sie von dem wahren Glauben wußte, wandte sie ge=
treulich an.

4.   Man könnte einwenden, daß die Kanani=
terin auch nicht zu Jesus gegangen wäre, wenn sie
nicht die Noth dazu getrieben hätte — die Krankheit
ihrer Tochter.   Das mag sein.   Aber viele andere Menschen
haben auch Noth im Haus, und große Noth, und lassen sich doch
dadurch nicht zu Jesu treiben, sondern bleiben hart, gefühllos
und unbußfertig.   Wie viele Kinder werden auch vom Teufel
übel geplagt, vom Unartsteufel, Ungehorsamsteufel, Hochmuths=
teufel, und doch lassen sich ihre Eltern dadurch nicht zum Gebet
für ihre Kinder antreiben, sondern haben Nichts als Klagen und
Jammern.   Manche Menschen sucht Gott heim mit Krankheit,
Noth und Todesfällen in der Familie, aber sie gehen doch nicht
heraus über die Grenze ihres gewohnten Leichtsinnes und heid=
nischen Sündenschlafes und befolgen nicht das Prophetenwort:
„Anfechtung lehrt aufs Wort merken." Jes. 28, 19.   Die Ka=
naniterin aber hat Das gethan.   Viele Menschen lassen sich auch
durch Kreuz= und Noth so niederdrücken, so einnehmen und so
muthlos machen, daß sie sich nicht mehr aufraffen können, ihre
Angesichter in gläubigem Vertrauen und kindlichem Gebet zu
Gott zu erheben.   Nicht so unsere Kananiterin, und sie ist eine
heidnische, schwergeprüfte Mutter.

5.   Aber sie sollte, ehe sie ihr Ziel erreichte, noch einen
harten Kampf bestehen.   Schritt vor Schritt nur konnte sie
dem Herzen des Messias der Juden nahe kommen und mußte

dasselbe erstürmen wie der Held eine Festung, ehe der Herr sie anhört und ihr gnädig wird. Aber die Waffen, die sie gebrauchte, wurden durch den Gebrauch nicht stumpf, sondern nur schneidiger und schärfer. Diese wundersamen Waffen wollen wir denn doch kennen lernen, und somit hinblicken

II. auf die Waffen dieser Kämpferin.

1. Eine Waffe nur hatte sie, und das ist ihr Glaube. Der ist das Schwert, mit dem sie den Herrn angreift, und das weiß sie geschickt zu gebrauchen. Damit greift sie Ihn an; damit schlägt sie drein, und damit vertheidigt sie sich.

Dieses Glaubensschwert bringt sie von zu Hause mit. Im Feuer der Trübsal und des Elendes hatte es der himmlische Meister ihr geschmiedet und bereitet. Mit ihrem Fortgehen von der Heimath, Jesum zu suchen, zog sie es aus der Scheide und schwang es hoch dem jüdischen Messias entgegen mit den Worten: „Ach Herr, Du Sohn Davids, erbarme Dich mein; meine Tochter wird vom Teufel übel geplagt." Alle Hindernisse überwindend — den weiten Weg und die hohe Scheidewand zwischen Heiden und Juden — kommt sie dem Herrn ganz nahe und tritt kühn und furchtlos auf den Sohn Davids zu. Der antwortete ihr nur mit Stillschweigen. Denn so lesen wir: „Und Er antwortete ihr kein Wort."

2. Nun denken wir uns in ihre Lage hinein. Mit fröhlicher Hoffnung auf sichere Hilfe, mit kindlichem Zutrauen zu dem liebreichen, freundlichen Helfer in Israel war sie herbeigeeilt und vertraut sie sich Demselben an: aber Der gibt ihr nicht einmal Antwort, geschweige denn Hilfe. Wer von uns wäre da weiter gegangen? Wer von uns hätte nicht gedacht: Von Dem Manne ist Nichts zu erwarten. Das Lob, das man Ihm spendet, ist übertrieben. Das Beste ist umzukehren und heimzugehen; vielleicht sind die Götter der Heiden barmherziger als der vermeintliche Helfer in Israel. So aber denkt unsere Glaubensheldin nicht; und so handelt sie nicht. Der Herr antwortet ihr nicht und geht weiter, hört auch nicht auf Seine fürbittenden Jünger, aber sie bleibt auch nicht stehen und schweigt nicht, sondern tritt ganz in Seine Nähe, gleichsam als wie zum Zweikampf und gebraucht jetzt ihre Glaubenswaffe als Angriffswaffe. Denn: „Sie kam aber und fiel vor Ihm nieder und sprach: Herr, hilf mir!" Sie fällt Ihm zu Füßen, versperrt

Ihm den Weg, als ob sie sagen wollte: Ich gehe nicht von der
Stelle, bis Du mich anhörst und mir hilfst. Ich habe so viel
von Deiner Güte gegen die Unglücklichen gehört, daß ich es nicht
glaube, daß Du mich so abspeisen und mich ungehört heimschicken
kannst. Ich muß Deine Gesinnung aus Deinem eigenen Munde
hören. Wer denkt da nicht an Jakobs Kampf am Fluß, als er
mit dem Herrn ringend sprach: „Ich lasse Dich nicht, Du segnest
mich denn." 1. Mos. 32, 26. Wer staunt nicht ob dem Glaubensmuth dieser Heldin? Wer von uns hat es ihr schon
nachgemacht, oder hat den Muth, es ihr nachzumachen? Ist es
nicht schon oft der Fall gewesen, daß, wenn uns Gott unsere
Bitte nicht sogleich gewährte, wir muthlos wurden, die Hände
sinken ließen, und wenn wir auch nicht gerade gegen Gott
murrten, doch vielleicht die Sache hoffnungslos fallen ließen
und dachten: Gott erhört uns doch nicht? Nicht also unsere
Glaubensheldin. Und — sie soll noch mehr geprüft werden.

3. Anstatt eines freundlichen Blickes, einer tröstlichen Antwort, oder gnädiger Hilfe stößt sie der Herr noch
mehr von Sich. Er öffnet zwar Seinen Mund und spricht,
aber was Er spricht, ist ein entschiedenes „Nein" und noch mehr
als Nein. Denn Er bezeichnet sie als Seiner Hilfe geradezu
unwerth und unwürdig. „Es ist nicht fein", spricht Er zu ihr,
„daß man den Kindern das Brod nehme und werfe es vor die
Hunde." Das ist gewiß mehr als einfache Weigerung, das ist
Zurückstoßung. Mit den Hunden vergleicht Er sie und ihr
Volk, die nicht ins Theil stehen durften, mit den Kindern —
dem Volke Israel. Damit wollte Er sagen, daß Er vorerst nur
da sei für Sein eigenes Volk; dem gehörten Seine Kräfte und
Seine Gnade, und die Hilfespendung an eine Heidin wäre eine
Beraubung des Volkes Gottes — der Kinder — zu Gunsten
Fremder oder Heiden — der Hunde. Doch gerade diesen
schneidigen Hieb schlägt sie, sich deckend und vertheidigend, so
geschickt zurück, daß er den Gegner, den Herrn Selber, trifft.
Dies liegt in ihrem herrlichen Wort an den Herrn: „Ja, Herr;
aber doch essen die Hündlein von den Brosamlein, die von ihrer
Herrn Tische fallen." Damit will sie sagen: Ja, Du hast
Recht, Herr, wir, die Heiden, können gemäß unserer Geschichte,
unserer Abgötterei und unserem gottlosen Leben wohl ganz
richtig mit den Hunden verglichen werden. Aber die Hunde
haben doch wenigstens das Hausrecht, wenn sie auch nicht das
Tischrecht haben. Wenn sie auch nicht an den Tisch sitzen dürfen, wie die Kinder, so dürfen sie sich doch unter den Tisch setzen,

und haben dann die Erlaubnis, die Brosamlein die von ihrer Herren Tische fallen, aufzuschnappen und aufzulesen. Sind wir Heiden nun Hunde, so habe ich wenigstens Anspruch auf Brosamen, die von Deinem und Israels Tisch fallen. Und ein einziges solches Brosamlein von Deiner Macht ist hinreichend, mir armem Mütterlein in meiner Noth zu helfen. Damit hatte sie dem Herrn Seine Waffe aus der Hand genommen und Ihn besiegt. Ihr Glaube, den sie dem Herrn entgegengebracht hatte, war im Kampf mit dem Herrn zum Glaubensmuth gewachsen und zeigte sich in dritter Instanz in seinem tiefsten Grund — der Demuth, ohne welche kein wahrer Glaube denkbar ist. Daher theilt der himmlische Vater dem Herrn, der wirklich vorläufig nur dem Volke Israel gesandt war, und der als Sohn in Allem nach des Vaters Willen handelte, mit, daß diese Heidin auch außerordentlicherweise in die Zahl der neutestamentlichen Israeliten aufgenommen werden könne, da sie, wenn auch keine Abrahamstochter der Abstammung nach — Abrahams Glauben bewiesen.

4. Daher müßt Ihr nicht denken, Jesus habe die Kananiterin zum Schein hingehalten, habe Sich hart gestellt oder verstellt: Nein. Es war Jesu wirklicher Ernst mit Allem, was Er bezüglich und zu der Kananiterin sprach; Er wußte, daß Er vorerst nur zu Israel gesandt war, und dieser Sendung wollte Er getreu bleiben, und wartete auch, bis Ihm der himmlische Vater während der Unterhandlung mit dem Weibe die Annahme derselben auftrug. Aber diese Hilfeverzögerung gereichte der Kananiterin zur Glaubensprüfung und Demuthsprobe; und darin bestand sie meisterhaft.

5. Nachdem die Juden später den Messias verworfen hatten, durften auch die Heiden in Christi Reich hereinkommen und mit den Gläubigen aus Israel theilnehmen an dem Sohne Davids. Auf diese Zeit bezieht sich Christi Weissagung: „Ich habe noch andere Schafe, die sind nicht aus diesem Stalle. Und dieselben muß Ich herführen, und sie werden Meine Stimme hören, und wird Eine Heerde und Ein Hirte werden." Luc. 10, 16. Bis dorthin aber sollte gelten, was Jesus während Seiner Wirksamkeit auf Erden Seinen Jüngern auftrug zu predigen. „Gehet nicht auf der Heiden Straße und ziehet nicht in der Samariter Städte; sondern gehet hin zu den verlornen Schafen aus dem Hause Israel." Matth. 10, 5. 6.

6. Weil aber unsere Kananiterin so außeror=
dentlich bei dem Heilande anhielt, so muthig und so
demüthig in ihrem Glauben bestand, so ließ Sich Gott her=
bei und nahm sie schon vorläufig an. Und so wird ihr
Glaube mit Hilfe gekrönt. Die Erhörung ihrer Bitte erscheint
uns gleichsam als Sieg ihres Glaubenskampfes.

Davon laßt uns noch reden. Also:

III. der Sieg der Kananiterin.

1. Dieser Sieg liegt in Christi Hilfe zusagendem Schluß=
wort: „O Weib, dein Glaube ist groß; dir geschehe, wie du
willst;" und der Bemerkung des Evangelisten: „Und ihre Toch=
ter ward gesund zu derselbigen Stunde." Darin gibt uns der
Herr den Schlüssel zum Verständnis der Geschichte und der Ka=
naniterin den Grund der Erhörung ihrer Bitte: Ihr Glaube
an Ihn ist Schlüssel und Grund.

Und die Hilfe selbst berichtet der Evangelist mit den Wor=
ten: „Ihre Tochter war gesund zu derselbigen Stunde." Auch
der Heimweg war für sie noch eine Glaubensprobe: Auf das
Zusagewort des Herrn muß sie heimeilen, und erst daheim sollte
sie die Erfüllung desselben schauen. Da angekommen, erkennt
sie, daß Zusagestunde und Hilfestunde dieselbe war.

2. So müssen auch wir erst heim kommen, ins
himmlische Vaterhaus kommen, ehe wir unsere
Lebens= und Glaubensproben recht verstehen kön=
nen. Hienieden verstehen wir die Wege Gottes, Seine Prü=
fungen und auch sogar Seine Hilfe nur halb oder oft gar nicht,
aber droben, wenn das Glauben ein Schauen geworden sein
wird, werden wir unser Leben mit allen seinen Leiden und
Kämpfen, mit all seinen Räthseln und dunkeln Führungen klar
vor uns liegen sehen und sie verstehen und Gott danken, daß Er
uns so und nicht anders geführt.

3. Daher wollen wir uns in die Wege Gottes,
auch wenn wir sie nicht verstehen, getrost fügen, in Noth
und Trübsal uns gläubig und zuversichtlich zu Gott wenden,
wie die Kananiterin gethan, und uns durch Nichts in unserem
Glauben irre machen lassen. Wenn wir das thun, wird auch
unser Glaube mit der göttlichen Hilfe gekrönt werden — einst=
weilen hienieden auf Erden und einst droben im Lande des
Schauens.

Einstweilen wollen wir festhalten an der Wahrheit, die „Schmolk" in dem Vers ausdrückt:

„Je größer Kreuz, je stärker Glaube;
Die Palme wächset bei der Last,
Die Süßigkeit fließt aus der Traube,
Wenn du sie wohl gekeltert hast;
Im Kreuze wächset uns der Muth,
Wie Perlen in gesalzner Fluth."

Amen.

Oculi.

Luc. 11, 14—28.

Und Er trieb einen Teufel aus, der war stumm. Und es geschah, da der Teufel ausfuhr, da redete der Stumme, und das Volk verwunderte sich. Etliche aber unter ihnen sprachen: Er treibt die Teufel aus durch Beelzebub, den Obersten der Teufel. Die andern aber versuchten Ihn und begehrten ein Zeichen von Ihm vom Himmel. Er aber vernahm ihre Gedanken und sprach zu ihnen: Ein jegliches Reich, so es mit ihm selbst uneins wird, das wird wüste, und ein Haus fällt über das andere. Ist denn der Satanas auch mit ihm selbst uneins, wie will sein Reich bestehen? dieweil ihr saget, Ich treibe die Teufel aus durch Beelzebub. So Ich aber die Teufel durch Beelzebub austreibe, durch wen treiben sie eure Kinder aus? Darum werden sie eure Richter sein. So Ich aber durch Gottes Finger die Teufel austreibe, so kommt je das Reich Gottes zu euch. Wenn ein starker Gewappneter seinen Palast bewahret, so bleibt das Seine mit Frieden. Wenn aber ein Stärkerer über ihn kommt und überwindet ihn, so nimmt er ihm seinen Harnisch, darauf er sich verließ, und theilet den Raub aus. Wer nicht mit Mir ist, der ist wider Mich; und wer nicht mit Mir sammelt, der zerstreuet. Wenn der unsaubere Geist von dem Menschen ausfähret, so durchwandelt er dürre Stätten, suchet Ruhe und findet sie nicht, so spricht er: Ich will wieder umkehren in mein Haus, daraus ich gegangen bin. Und wenn er kommt, so findet er es mit Besemen gekehrt und geschmückt. Dann geht er hin und nimmt sieben Geister zu sich, die ärger sind, denn er selbst und wenn sie hinein kommen, wohnen sie da und wird hernach mit demselbigen Menschen ärger denn vorhin. Und es begab sich, da Er solches redete, erhob ein Weib im Volk die Stimme und sprach zu Ihm: Selig ist der Leib, der Dich getragen hat, und die Brüste, die Du gesogen hast. Er aber sprach: Ja, selig sind, die das Wort Gottes hören und bewahren.

Der heutige Sonntag hat von alten Zeiten her den Namen Oculi, d. h. Augen, und zwar nach der altkirchlichen Psalmlektion: „Meine Augen sehen stets zu dem Herrn, denn er wird meinen Fuß aus dem Netze ziehen." Ps. 25, 15. Somit haben wir heute den Augensonntag. Und auch unser heutiges

Evangelium fordert uns zum rechten Gebrauch unserer Augen auf. Wir sollen unsere Augen aufthun und mit einem durch Gottes Wort erleuchteten Blick über die Welt, die Menschen und die Geschichte der Menschen hinsehen, damit wir das Reich der Finsternis und des Satans herausfinden und erkennen. Wir sollen die Spuren und die Thatsachen von dem Vorhandensein eines solchen Reiches sehen in der Geschichte des alt- und neutestamentlichen Reiches Gottes und namentlich auch zu unserer Zeit im Leben der Gemeinden und des einzelnen Christen. Aber wir sollen auch das Reich des Lichtes sehen — das Reich Gottes — und uns bemühen, in demselben zu verbleiben, wenn wir darinnen sind, und wenn wir uns durch des Satans List oder Macht daraus verloren haben, uns durch die Kraft des „Stärkeren" aus dem Satansnetz ziehen lassen.

Demnach wollen wir heute mit einander reden

Von dem Reich der Finsternis

und sehen

I. daß es ein solches gibt;

II. wie man davon frei wird;

III. wie man davon frei bleibt.

Wir wollen sehen

I. daß es ein solches gibt.

1. Die ersten Spuren von einem Reiche der Finsternis finden wir in der Geschichte des Sündenfalles. Dort lesen wir von der Schlange, die unsere Stammeltern in Sünde und Elend stürzte. An der Hand der Schrift lernen wir, daß dieses unheimliche Wesen einst ein Engel Gottes war, der aber in Ungehorsam von Seinem Schöpfer abfiel und noch andere Engel in seinen Fall mit hinein zog; daß er darum vom Himmel verstoßen wurde und seit jener Zeit mit seinen Mitgefallenen ein Reich der Finsternis bildet. Ferner, daß das Hauptbestreben dieses Wesens, das die Schrift Satan, Teufel, Menschenmörder von Anfang, Vater der Lüge, alte Schlange, nennt, dahin geht, dem Reiche Gottes zu schaden und die Liebesabsichten Gottes mit der Menschheit zu vereiteln; nämlich vorerst, Gottes Absicht, den Menschen Glückseligkeit im Paradiese zu bescheren, dann — nach dem Sündenfalle — dieselben zu erlösen, und endlich — nach geschehener Erlösung — ihnen die Erlösungsgnade

zukommen zu lassen.   Der Ausführung dieses Liebesplanes Gottes zu Gunsten der Menschheit stand der Satan immer gegenüber.

2. Dieses Satansreich hat einen unsichtbaren und einen sichtbaren Theil. Der unsichtbare Theil besteht aus einer Menge von bösen Geistern, die von dem Fürsten der Finsternis beherrscht werden und ihm auch einig und willig gehorchen.   Nach Pauli Bericht reicht dieses unsichtbare Finsternisreich in unsere Welt herein.   So sagt er Ephes. 6, 12: „Denn wir haben nicht mit Fleisch und Blut zu kämpfen, sondern mit Fürsten und Gewaltigen, nämlich mit den Herren der Welt, die in der Finsternis dieser Welt herrschen, mit den bösen Geistern unter dem Himmel.“   Wäre aber das Reich des Satans bloß ein unsichtbares, und die Feindschaft und der Haß desselben bloß gegen Gott, so brauchten wir uns nicht davor zu fürchten: aber es ist des Satans Reich auch auf Erden, und mitten im Reich Gottes drinnen, und des Satans und seiner Anhänger feindselige Macht und verderbendrohender Einfluß gilt auch uns.   Daß das Satansreich auch Anhänger und Glieder in der sichtbaren Schöpfung habe, und auch mitten im Reiche Gottes drinnen, ersehen wir sowohl aus dem alt- und neutestamentlichen Reiche Gottes, als auch aus dem gewöhnlichen Alltagsleben.

3. Die Wirkungen des bösen Feindes sehen wir an dem Geist des Ungehorsams der Leute vor der Sündfluth, „die sich von Gottes Geist nicht mehr wollten strafen lassen.“ 1. Mose 6, 3.   Auch die Rotte Korah, die sich auf der Reise Israels durch die Wüste wider Gott und Mosen empörte, zeugt von dem Vorhandensein des Satansreiches auf Erden. Der ganze Geist des ungehorsamen Israels, der es auch in die babylonische Gefangenschaft brachte, und der da tödtete die Propheten, die von Gott gesandt waren, ist Beweis davon, daß der Satan sein Reich hat nicht bloß in den bösen Geistern seines unsichtbaren Reiches, sondern auch auf Erden in den Herzen der Menschen.

4. Davon zeugt auch dieser Text. Da lesen wir: „Und Jesus trieb einen Teufel aus, der war stumm.   Und es geschah, da der Teufel ausfuhr, redete der Stumme.“   Daraus ersehen wir, daß der Teufel Macht hat, die Menschen nach ihren Leibes- und Geisteskräften so zu knebeln und zu beherrschen, daß sie nicht mehr ihrer selbst mächtig sind und ihm — gleichsam als Sklaven — dienen müssen.   Auch tritt uns der teuflische Geist

in dem Verhalten und den Reden der Feinde Christi in unserer Textgeschichte und namentlich auch in den persönlichen Angriffen des Satans auf den Herrn in Seinem Leben entgegen.

Beim Antritt Seines Lehramtes hatte Jesus diesem Teufel gegenüber zu stehen und hatte mit ihm zu kämpfen bis zum Tode. Während Seines letzten Leidens trat dieser Feind Gottes und der Menschheit besonders deutlich und offenbar hervor in der Bosheit der Vertreter Israels und der Verblendung des ganzen Volkes; deutlich tönt des Satans Stimme heraus aus dem schauerlichen Ruf: „Kreuzige, kreuzige Ihn!"

5. Und als später d i e A p o s t e l mit der Kunde der Erlösung für Alle unter Juden und Heiden auftraten, da vereinigte sich der hartnäckige jüdische Geist des Unglaubens mit dem spöttischen heidnischen Geist des Aberglaubens — beide im Dienst des Fürsten der Finsternis — um der Botschaft vom Lichte Bahn und Weg zu versperren. Und wie oft hat der Satan gegen Gott und Sein Reich gewüthet zur Zeit der Christenverfolgungen! Und wie oft wüthet er auf unseren Missionsgebieten in den feindlichen Bewegungen der Heiden gegen die Missionare und ihr Werk heute noch, um die Herrschaft über das geknebelte, in Sünden und Lastern liegende Heidenvolk zu behalten!

6. J a , e s i s t n i c h t n ö t h i g , s o w e i t i n d e r G e schichte der Welt zurückzugehen, oder Beweise für das Vorhandensein eines Teufelsreiches aus den Heidenländern zu holen: wir können solche in unserer unmittelbaren Nähe finden. Da sind vorerst die abgesagten Feinde Gottes, die ihren Unglauben nicht in Unthätigkeit für sich behalten, sondern in aller Rührigkeit durch List, Frechheit und Gewalt in Rede und Schrift verbreiten. Und namentlich sind es manche Zeitungen, die sich mit aller Macht befleißigen, mit dem Gift ihres Unglaubens Alles zu begeifern, in dem sie Göttliches wittern. Solche Zeitungen sind Teufelsagenten erster Klasse. Dazu gehören auch die thierischen Fleischesmenschen, „denen der Bauch ihr Gott ist", die ihr ganzes Glück in Essen und Trinken, Freude und Genuß des Lebens suchen. In wie Vielen herrscht dieser Geist als Geist des Leichtsinnes, der Schläfrigkeit und Nachlässigkeit in religiösen Dingen! Auch die selbstgerechten Pharisäer, die in ihrer geistlichen Verblendung die natürliche Sündhaftigkeit und die Nothwendigkeit einer geistlichen Erneuerung nicht sehen, stehen unter der Herrschaft des Teufels und sind Glieder des Reiches der Finsternis.

7. Ja, Alles was in Sünden empfangen und geboren ist und noch nicht wiedergeboren ist durch Wasser und Geist — durch die Taufe und selbstständige, persönlich überzeugte Absagung des Teufels und allen seinen Werken und allem seinem Wesen — gehört noch zum Reich der Finsternis und steht noch unter der Herrschaft des Teufels.

Darum steht das fest: Es gibt ein Reich der Finsternis mit bösen Engeln und Geistern, die, einig und bewußt, unter Befehl und Anführung des Satans unsichtbarerweise ihr Werk treiben. Dieses Teufelsreich hat aber auch unter den Menschen auf Erden Platz und Sitz gegriffen. Tausende und aber Tausende sind — wissentlich oder unwissentlich — Glieder darin. Ja, alle Menschen, die in diese Welt kommen, gehören diesem Finsternisreich an, und müssen sich davon befreien lassen, wenn sie nicht der ewigen Verdammnis anheimfallen wollen.

So wollen wir nun auch sehen

II. wie man vom Reich der Finsternis frei wird.

1. Kein Mensch wird durch seine natürliche Geburt ins Reich Gottes hineingeboren. Denn: „Was vom Fleisch geboren wird, das ist Fleisch." Joh. 3, 6. Daher ist jeder Mensch seiner Geburt nach ein Sünder, und gehört als solcher dem Reich der Finsternis an. Sobald aber durch den Sündenfall das Reich der Finsternis in diese Welt hereingekommen war, gab Gott den Menschen auch Mittel und Wege, von demselben frei zu werden. Er gab ihnen die Verheißung eines Erlösers. Daran sollten sie sich vorerst halten. Von Abraham an hatten sie im alten Testamente die Beschneidung, die Gott ansah als das Zeichen des Bundes, den Er mit Abraham und seinen Nachkommen — Israel — machte. Später kam das Gesetz und die Opfergottesdienste in Stiftshütte und Tempel dazu. Ueber Alles aber war es die immer und immer wiederholte Verheißung eines Erlösers, die Gott den alttestamentlichen Menschen gab als ein Mittel zum Freiwerden von dem Reiche des Satans. Wenn sie sich an diese verschiedenen Verordnungen Gottes hielten, in diese Ordnungen als in vorbereitende Wege und Mittel fügten, mit der gläubigen Hoffnung, daß am Ende der Vorbereitung die Erfüllung kommen würde und mit derselben der Erlöser Selbst: so sah sie Gott als Glieder Seines Reiches und nicht mehr als Glieder des Satansreiches an. Die alttestamentlichen Bücher berichten uns von vielen Solchen, die auf Gottes Verordnungen eingingen und denen die Geschichts-

schreiber das Lob zollen: „Sie thaten, was dem Herrn wohlgefiel." Wer sich aber dagegen sträubte, der verblieb im Reiche der Finsternis, war es ein einzelner Mensch — oder war es ein ganzes Volk.

2. **Auch in der neutestamentlichen Zeit haben wir Mittel und Wege,** durch welche wir von dem Reich der Finsternis, in dem wir von Natur sind, frei werden können. Sobald ein Kind in diese Welt hereingeboren wird, so kann es durch die heilige Taufe dem Reiche des Satans entrissen und in das Reich Gottes, das Reich des Lichtes, hineinversetzt werden. Das ersehen wir aus der ersten Tauffrage an die Taufpathen: „Entsaget ihr im Namen dieses Kindes dem Teufel, und allen seinen Werken, und allem seinem Wesen?" Allerdings muß dann das Kind, für welches die Eltern oder die Taufpathen Solches thun, auch in den Lehren des Reiches Gottes unterrichtet werden, damit es, wenn es aufwächst, auch so weit komme, daß es selber, nach eigenem Urtheil und selbstbewußter Ueberzeugung, jenem Finsternisreich entsage und sich für Gottes Reich entscheide. Solche Aufgabe und solchen Zweck hat der christliche Jugendunterricht in Familie und Schule, der gewöhnlich mit der Konfirmation seinen Abschluß findet. Zu solcher Entscheidung ist das heilige Abendmahl gleichsam das Siegel. Solche Entscheidung soll aber nicht bloß äußere Form sein, sondern soll die wahre Bekehrung des Herzens und Lebens in sich schließen. Wo dieses nicht der Fall ist, da gehört der Mensch — trotz äußerer Form — noch nicht dem Reiche des Lichts an und steht noch im Reich der Finsternis. Nur selbstbewußte Buße über die Sünde, herzlicher, demüthiger Glaube an den Heiland, der unsere Sünden gebüßt, bringt ins Reich Gottes hinein. Manche tummeln sich vorerst im Sündenschmutz des Satansreiches bis sie — nach Leib und Seele dem Verderben nahe — endlich reumüthig an die Brust schlagen wie der verlorene Sohn, den Dienst des Satans verlassen und wieder umkehren zum Gott ihrer Jugend. Durch die Gnade Gottes in Christo Jesu kann jeder Mensch vom Satansreich frei werden. Diese Gnade will das thun durch Taufe, Wort und Abendmahl — die Gnadenmittel der Kirche.

3. Wer aber dem Reiche des Satans entronnen und ein Glied des Reiches Gottes ist, der sehe zu, daß er auch ein Glied des Reiches Gottes bleibe. Denn es ist immer Gefahr vorhanden, wieder in das Reich des Satans zurückzufallen.

Daher wollen wir nun auch

III. sehen, wie man vom Reiche der Finsternis frei bleibt.

1. Das zeigt uns unser Text. Denn so lesen wir: „Wenn der unsaubere Geist von dem Menschen ausfähret, so durchwandelt er dürre Stätten, suchet Ruhe und findet ihrer nicht; so spricht er: Ich will wieder umkehren in mein Haus, daraus ich gegangen bin. Und wenn er kommt, so findet er es mit Besemen gekehrt und geschmückt. Dann geht er hin und nimmt sieben Geister zu sich, die ärger sind, denn er selbst; und wenn sie hineinkommen, wohnen sie da; und wird hernach mit demselbigen Menschen ärger denn vorhin.“ Wie durch die Kraft Jesu der böse Geist aus dem Stummen in unserem Text ausfuhr, so können heutiges Tages noch die bösen Geister, die in so mancherlei Form und Weise die Menschen bewohnen und beherrschen, ausgetrieben werden. Und zwar geschieht solches auch — und nur allein — auf dieselbe Weise und durch dieselbe Kraft wie im Evangelium: durch die Kraft des Stärkeren, der den Gewappneten überwindet und ihm seinen Harnisch nimmt — die Kraft Jesu. Wie dieser Stärkere den Teufel besiegte, lehrt uns die Passionsgeschichte: durch Seinen Tod am Kreuze. Und im Glauben an Ihn und Sein Verdienst kann jeder Sündendiener von seinen Sünden und Lastern frei werden. Diese Sünden und Laster sind die bösen Geister, die den Menschen beherrschen: der Geist der Lüge, des Zornes, der Rachsucht, der bösen Lust, der Völlerei. Wer aber diese Geister losgeworden ist, sehe zu und wache, daß sie nicht wieder zurückkommen und das Herz einnehmen, oft nur unter anderen Namen. Wie schwach das Herz des Menschen ist, sehen wir in Christi Angabe im Text; und manche Geschichte der Schrift ist Beleg dafür. Denken wir nur an David und Petrus. Auf der andern Seite wisse, daß der Feind listig und stark ist und alle Mittel und Gelegenheiten benützt, einen entronnenen Sklaven wieder einzufangen.

2. Wie Mancher, der einst dem Reiche des Satans den Abschied gegeben hatte und im Reiche Gottes sich glücklich fühlte, ist ihm in einer unbewachten Stunde wieder zum Opfer gefallen und ein siebenfacher Sklave seiner alten Sünde und vorigen Leidenschaft geworden. Für solche Zurückgefallene ist es dann schwerer, sich von dem Fall wieder zu erheben als das erste Herausgeben aus dem Reich der Finsternis war. Ein Kranker, der sich auf dem Wege der Besserung befindet, sich aber nicht in Acht nimmt und sich wieder erkältet,

wird gewöhnlich gefährlicher krank als er das erste Mal war. Darum muß ein dem Satansreich Entronnener doppelt wachsam sein, damit er von dem Fürsten der Finsternis und seinen Dienern nicht wieder gefangen werde.

3. Das einzige Mittel vom Satansreiche frei zu bleiben ist völlige Entschiedenheit des Herzens für den Herrn und Sein Reich, fortwährende Pflege des religiösen Lebens durch Lesen des Wortes Gottes, Genuß des heiligen Abendmahls und steten Gebetsumgang mit Gott; namentlich auch die Gemeinschaftspflege mit anderen Gläubigen und fleißige Mitarbeit am Reiche Gottes — an Sonntagsschule, Wohlthätigkeitsvereinen und sonstiger Gemeindearbeit. Man muß sich geistlich beschäftigen und thätig halten, dann hat der Satan keine Gelegenheit, sich an uns zu machen.

Jedes aber nehme die Mahnung mit: „Wer sich läßt dünken, er stehe, mag wohl zusehen, daß er nicht falle." 1. Korinth. 9, 10; und: „Wachet und betet, daß ihr nicht in Anfechtung fallet. Der Geist ist willig, aber das Fleisch ist schwach. Matth. 26, 41.

> „Mache dich, mein Geist, bereit,
>   Wache, fleh' und bete,
> Daß dir nicht die böse Zeit
>   Plötzlich nahe trete;
>   Denn es ist
>   Satans List
> Ueber viele Frommen
> Zur Versuchung kommen."

Amen.

Lätare.

Darnach fuhr Jesus weg über das Meer an der Stadt Tiberias in Galiläa. Und es zog Ihm viel Volks nach, darum, daß sie die Zeichen sahen, die Er an den Kranken that. Jesus aber ging hinauf auf einen Berg und setzte Sich daselbst mit Seinen Jüngern. Es war aber nahe die Ostern, der Juden Fest. Da hob Jesus Seine Augen auf und siehet, daß viel Volks zu Ihm kommt, und spricht zu Philippo: Wo kaufen wir Brot, daß diese essen? Das sagte Er aber, ihn zu versuchen; denn Er wußte wohl, was Er thun wollte. Philippus antwortete Ihm: Zwei hundert Pfennige werth Brots ist nicht genug unter sie, daß ein jeglicher unter ihnen ein wenig nehme. Spricht zu Ihm einer seiner Jünger, Andreas, der Bruder Simonis Petri: Es ist ein Knabe hier, der hat fünf Gerstenbrote, und zween Fische; aber was ist das unter so viele? Jesus aber sprach: Schaffet, daß sich das Volk lagere. Es war aber viel Gras an dem Ort. Da lagerten sich bei fünftausend Mann. Jesus aber nahm die Brote, dankte, und gab sie den Jüngern, die Jünger aber denen, die sich gelagert hatten; desselbigen gleichen auch von den Fischen, wie viel Er wollte. Da sie aber satt waren, sprach Er zu Seinen Jüngern: Sammelt die übrigen Brocken, daß nichts um- komme. Da sammelten sie und fülleten zwölf Körbe mit Brocken von den fünf Gerstenbroten, die übrig blieben denen, die gespeiset worden. Da nun die Menschen das Zeichen sahen, das Jesus that, sprachen sie: Das ist wahrlich der Prophet, der in die Welt kommen soll. Da Jesus nun merkte, daß sie kommen würden, und Ihn haschen, daß sie Ihn zum Könige machten, entwich Er abermal auf den Berg, Er selbst alleine.

1. Zweimal im Kreislaufe des Kirchenjahres kommen unter den vorgeschriebenen Evangelien Geschichten vor, die wunderbare Speisungen des Herrn enthalten; einmal ist es die Speisung der Viertausende mit sieben Broten (Marci 8, 1—9), ein andermal — nämlich in unserem heutigen Texte — ist es die Speisung der Fünftausende mit fünf Broten. Die Speisung der Viertausende ist Evangelium auf den sie=

benten Sonntag nach Trinitatis, die der Fünftausende das auf
den heutigen Sonntag, den Sonntag Lätare, vorgeschriebene.
Beide Sonntage sind Freudensonntage. Am siebenten Sonntag
nach Trinitatis feiern die meisten Landgemeinden ihr Ernte-
und Dankfest; das Getreide ist dann eingeheimst. Auch der
heutige Sonntag ist ein Freudensonntag.

2. Derselbe führt den Namen Lätare, nach
dem Anfang der alttestamentlichen Sonntagslektion: „Freuet
euch, mit Jerusalem und seid fröhlich über sie.“
Jes. 66, 10. Lätare ist ein lateinisches Wort und heißt auf
Deutsch: Freuet euch! Schon dem Namen nach muß daher
der heutige Sonntag ein Freudensonntag sein. Unser Text
gibt auch die Gründe an, warum er ein Freudensonntag ist.
Der eine Grund ist die wunderbare Speisung der Tausende
durch den Herrn; der andere liegt in dem Ausdruck: „Es war
aber nahe die Ostern, der Juden Fest.“

3. Wenn wir bedenken, daß jetzt ein harter, langer
Winter seinem Ende sich naht, und der liebe Frühling
mit seiner warmen Sonne und seinem neuen Leben herbeikommt,
so lassen wir uns herzlich gerne durch den heutigen Sonntagsnamen zur Freude auffordern, namentlich weil uns an demselben
die Thatsache mitgetheilt werden soll, daß Jesus so viele Menschen auf wunderbare Weise gespeist habe. Denn wir denken
dabei an so manche gnädige und auch wunderbare Durchhilfe
des Herrn, wenn es während dieses Winters da und dort auch
bei Manchem von uns knapp herging. Gott hat uns durch-
gebracht durch des Winters Kälte, und Manche auch gnädig
erhalten trotz Arbeitslosigkeit und geringem Verdienst. Darum:
Lätare! freuet euch!

4. Gerade in diesen Tagen betrachten wir das
Leiden Christi, wodurch Er uns Vergebung der Sünde
erworben hat. Ostern schließt die Erlösungsarbeit Christi ab.
Daher ist der Ausblick auf Ostern ein fröhlicher. Vergebung
der Sünden ist Hauptinhalt des Wortes Gottes, das da ist das
Brot des Lebens. Diese Sündenvergebung schafft uns der Herr
durch Sein Leiden vor Ostern. Solches wird uns heute angekündigt. Darum: Lätare! freuet euch! Der Herr versorgt
nicht bloß den Leib, sondern auch die Seele.

Auch zeigt uns unser heutiger Text, daß Gott, wenn es
nöthig ist, auch durch Wunder Seine Zwecke erreichen
kann, den Menschen Brot schaffen kann in der Wüste, sie er-

retten kann aus Gefahr und Sturmesnoth durch Sein allmäch=
tiges Wort.

Und so wollen wir denn heute mit einander reden über

Die Speisung der Fünftausende.

und dabei sehen

I. die väterliche Vorsorge des Herrn;

II. den tadelnswerthen Kleinglauben der Jünger;

III. den weltlichen Sinn des Volkes.

Wir sehen

I. Die väterliche Vorsorge des Herrn.

1. Nach unserem heutigen Texte finden wir
unseren Herrn und Heiland Jesum Christum im
Lande jenseits des Jordans, im Osten des eigentlichen
Kanaans. Der Grund, warum Er Sich in das unbewohntere
Ostjordanland zurückgezogen hatte, war der: Man hatte Jesu
den Märtyrertod Johannis des Täufers gemeldet und Ihm
mitgetheilt, daß sich Herodes auch nach Ihm erkundige. Jesus
aber wußte, daß Seine Zeit zu leiden und zu sterben noch nicht
da war und zog Sich deshalb nach dem Lande jenseits des
galiläischen Meeres zurück. Auch wollte Er daselbst von den
Anstrengungen Seiner Arbeit etwas ausruhen.

2. Aber, wie wäre es möglich gewesen, daß
Jesus hätte verborgen bleiben können! Hielten Ihn
ja Tausende in Israel für den großen Wunderthäter und gaben
Ihm das Lob: „Es ist ein großer Prophet unter uns aufge=
standen, und Gott hat Sein Volk heimgesucht." Luc. 7, 16.
Dort an der Nordgrenze des heiligen Landes, wo Jesus auch
allein sein wollte, suchte Ihn die Kananiterin auf, bewogen
durch die Krankheit ihrer Tochter; hier kommen Tausende aus
den Juden und gehen Ihm auch in das Land jenseits des Jor=
dans nach. Und Jesus läßt Sich finden. Er nimmt Sich der=
selben an; denn sie kommen Ihm vor, wie eine „Schafherde
ohne Hirten." Er heilt ihre Kranken und speist durch Seine
wunderbare Danksagung die ganze Menge mit fünf Gersten=
broten und zwei Fischen.

3. Herzgewinnend lautet das Wort im Text:
„Da hob Jesus Seine Augen auf, und siehet, daß viel Volk zu

Ihm kommt, und spricht zu Philippo: Wo kaufen wir Brot, daß Diese essen?" Noch ehe das Volk seine brodlose Lage recht erkannt, und während die Jünger rathlos die Noth besprechen, hatte der Herr schon den Mangel gesehen und den Plan zur Abhilfe gefaßt. Siehe da die gnädige und weise Vorsehung Gottes! In der ganzen Schöpfung tritt sie uns entgegen; in die Geschichte der Völker ist sie eingezeichnet; in das Menschenleben ist sie eingeschrieben.

4. Gott der Herr, der die Welt schuf — die Erde mit Allem, was in ihr und auf ihr ist; das Himmelsgewölbe mit Sonne, Mond und Sternen — richtete es in Seiner weisen Vorsehung so ein, daß Alles, was Er schuf, auch besteht. Dazu legte Er Gesetze und Kräfte in die Natur, damit dieselbe sammt allen Geschöpfen darinnen, erhalten bleibe. Die Einrichtung von Jahreszeiten, das Pflanzenreich mit seinem Wachsthum gemäß der Jahreszeiten, das Thierreich mit seiner den verschiedenen klimatischen Verhältnissen angemessenen Verbreitung über die Erde hin, die vom Schöpfer den Thieren verliehene Liebe der Alten zu den Jungen: Alles Dies bestätigt zur Genüge das Psalmwort: „Herr, wie sind Deine Werke so groß und viel! Du hast sie alle weislich geordnet, und die Erde ist voll Deiner Güter." Auch der Dichter hat Recht, wenn er sagt:

„Was unser Gott geschaffen hat,
Das will Er auch erhalten;
Darüber will Er früh und spat
Mit Seiner Güte walten;
In Seinem ganzen Königreich
Ist Alles recht und Alles gleich:
Gebt unserm Gott die Ehre!"

5. Und blicken wir erst in die Geschichte der Völker hinein, so sehen wir Gottes vorsorgende, ordnende, lenkende und durchführende Hand noch deutlicher. Nehmen wir nur einmal das Volk Israel. Gott läßt es zu, daß Joseph von seinen Brüdern nach Egypten verkauft wird. Denn sonst wären ja die Familie Jakobs und die Bewohner Egyptens Hungers gestorben. Moses muß an Pharaos Hof Kriegskunst und alle Weisheit der Egypter kennen lernen, damit er Israels Führer werden konnte. In Sauls Umgebung mußte der Hirtenknabe David königliche Sitten und Gebräuche sich aneignen, damit er fähig würde, später das Volk Israel zu beherrschen.

Israel selbst mußte, wie es verdient hatte, in die assyrische und babylonische Gefangenschaft wandern, damit auch diese heidnischen Völker mit dem wahren Gott bekannt würden. So hat Gott auch unter den anderen Völkern der Erde jeweils Einrichtungen gemacht, Anordnungen getroffen, Verhältnisse eintreten lassen, die, ohne daß es Jemand ahnte oder wußte, späteren Generationen — staatlich und auch kirchlich — Vortheil, Nutzen und Glück brachten. Gott rüstet jedes Volk aus mit dem, was es zur Erfüllung der Aufgabe, die Er ihm gestellt, nöthig hat, und lenkt vorbereitend, anbahnend, durch Krieg und Frieden, Tod und Leben, Niederlage und Sieg, das Geschick der Erdenvölker nach Seinem vorbedachten Rath und Zweck.

6. Auch sehen wir Gottes väterliche Vorsorge oder Vorsehung im Leben des Einzelnen, namentlich in dem frommer Gottesmenschen. Dem Propheten Elias am Bach Crith schickt Gott Morgens und Abends Raben, ihm Brot und Fleisch zu bringen. 1. Kön. 17, 6. Die Weisen aus dem Morgenlande beschenken das Jesuskind mit Gold: denn Joseph und Maria mußten bald nach Egypten wandern, wozu sie Reisegeld nöthig hatten. Und wie viele ähnliche Thatsachen aus der Geschichte der Apostel und der Missionsgeschichte könnten noch genannt werden, um zu zeigen, wie Gott treulich und väterlich, zum Voraus schon, für die Seinen sorgt.

7. Gott gibt dem Menschen das tägliche Brot vorerst auf dem gewöhnlichen Weg der Arbeit. Treten aber außergewöhnliche, außerordentliche Verhältnisse ein, so läßt Er uns das Brot für den Leib auch auf außerordentliche Weise zukommen. Das zeigt uns unser Text im herrlichsten Lichte. Jene Volksmenge hatte sich um Jesu willen in jene einsame, unbewohnte Gegend hinübergewagt. Dort waren sie den Tag über geblieben, sich ihre Kranken von Ihm heilen lassen, und auch um Seine Reden zu hören. Der Abend kommt herbei; sie haben Nichts mehr zu essen; sie würden verschmachten, wenn sie „ungegessen" — ohne vorher Speise zu sich genommen zu haben — die Heimreise antreten würden. Da war Noth; und die Noth war groß: über fünftausend Menschen sollen in der Wüste gespeist werden! „Aber Er wußte wohl, was Er thun wollte." Und was Er thun wollte, das that Er auch: Mit fünf Broten und zwei Fischen speist Er fünf Tausend Menschen. Diese Brote hätten, von sonst Jemandem ausgetheilt, kaum für dreißig Menschen ausgereicht, aber unter den Händen des Herrn reichen sie für Tausende. Das macht Sein Segen und Seine

Allmachtskraft. Das ist ein Wunder. „Denn so Er spricht, so geschiehts; so Er gebietet, so steht es da." Pf. 33, 9.

8. **Aehnliches sehen wir immer noch.** Ists nicht ein Wunder, daß jedes Frühjahr die Bäume ausschlagen und jeden Sommer die Saaten reifen? Ists nicht ein Wunder, daß alle Tage Tausende von Menschen und anderer lebendiger Geschöpfe von Gott mit Nahrung versorgt werden?

Hat nicht auch in unserem Leben schon Gott Seine Allmacht, Seine väterliche Vorsorge und Seine väterliche Vorsehung bewiesen? In Arbeitslosigkeit, in brodarmen Zeiten, wo wir mit trübem Blick in die Zukunft schauten, hatte Er Arbeit, Brot und Hilfe für uns bereit, ehe wir uns getrauten zu hoffen, und so erfüllt: „Ehe sie rufen, will Ich antworten: wenn sie noch reden, will Ich hören." Jes. 65, 24.

Aber wie schwer kommt es uns Menschen an, an Gottes getreue Vaterliebe und an Seine unbegrenzte Allmacht zu glauben! Das sehen wir auch an den Jüngern Jesu im Text.

Und so wollen wir auch reden

II. **über den tadelnswerthen Kleinglauben der Jünger.**

1. Die Jünger hatten von der Hochzeit zu Kana an, wobei Jesu Sein erstes Zeichen that und Seine Herrlichkeit offenbarte, bis zu dieser Gelegenheit schon manches Wunder ihres Herrn gesehen, und doch denken sie in dieser Verlegenheit und Noth nicht daran, daß ihr Herr und Meister auch hier wie sonst Mittel und Wege finden könne, der Noth abzuhelfen. Philippus rechnet, wie viel Geld man brauchen würde, um einem Jeden ein wenig Brots zukommen zu lassen. Andreas findet einen Knaben mit fünf Gerstenbroten und zwei Fischen; „aber", setzt er ausrufsvoll hinzu, „was ist das unter so Viele?"

Dies ihr Vergessen früherer Wunderhilfen ihres Meisters, dies ihr Kleinglaube ist tadelswerth. Und sie haben sich gewiß auch tief geschämt, nachdem der Herr auf so wunderbare Weise geholfen hatte.

2. „Was ist das unter so Viele?" So hat schon mancher Arbeiter geseufzt, wenn er am Wochen- oder Monatsschluß auf seinen Verdienst und auf die vielen Erfordernisse für die Familie hinblickte. „Was ist das unter so Viele?" So hat schon mancher Hausvater am Anfang des Winters traurig ausgerufen, wenn er den geringen Wintervorrath und seine zahlreiche Familie betrachtete. Doch, siehe, die Wochen, Monate, der Winter, gingen vorüber, und der Hausvater kam doch durch und seine Lieben mit ihm.

„Was ist das unter so Viele?" So mag sich wohl auch ein Waisenvater fragen, wenn er an die wenigen noch vorhandenen Liebesgaben in Kasse, Keller und Küche denkt und an die Hundert Waisenkinder, die alle Tage essen wollen und sonstige Bedürfnisse haben. „Was ist das unter so Viele?" So soll ein Jedes bezüglich der Waisen denken und in seinem Theile beitragen, daß den Waisen auch ihr Brot und ihr Unterhalt werde.

„Was ist das unter so Viele?" So wenig Geld in der Missions- und Erziehungskasse, und doch sollen die Lehrer an unseren kirchlichen Anstalten und die Missionare auf den auswärtigen Stationen auch ihren Gehalt haben. „Was ist das unter so Viele?" Einige Dutzend Missionare unter Millionen Solcher, die noch sitzen in Finsternis und Schatten des Todes! Sollten nicht die Gemeinden Sorge tragen, daß immer noch mehr Arbeiter unter die Heiden gesandt werden? Das Feld ist zu groß, und die Arbeit zu viel für so wenige Arbeiter. „Bittet den Herrn, daß Er Arbeiter in Seine Ernte sende." Luc. 10, 2. Auch zur Zeit Jesu schon gab es Leute, die sich mehr um das Leibliche als um das Geistliche kümmerten, und diese Verkehrheit auch in die Nachfolge Jesu mit hinein nahmen.

Somit müssen wir auch reden

III. von dem weltlichen Sinn des Volkes.

1. Der weltliche Sinn des Volkes ist aus Jesu tadelndem Wort ans Volk ersichtlich: „Wahrlich, wahrlich, Ich sage euch, ihr suchet Mich nicht darum, daß ihr Zeichen gesehen habt; sondern daß ihr von dem Brot gegessen habt, und seid satt geworden. Wirket Speise, die nicht vergänglich ist, sondern die da bleibet in das ewige Leben." Daraus ersehen wir, daß diese Tausende, die Tags vorher Jesu über das Meer hinüber ins Ostjordanland nachgefolgt waren, Solches nicht aus ganz reinem Trieb und Grund gethan hatten. Angezogen wurden sie zuerst von Jesu Wunderthaten, Jesu Ruf und Seinen gewaltigen Reden. Schritt für Schritt folgen sie Ihm, um mehr zu sehen und mehr zu hören. In der Noth in der Wüste, wohin sie sich gewagt hatten, speist Er sie mit Brot. Dadurch kommen die unreinen Gründe, die in ihrer Nachfolge mituntergelaufen waren, zum Vorschein. Denn: „Da nun die Menschen das Zeichen sahen, das Jesus that, sprachen sie: das ist wahrlich der Prophet, der in die Welt kommen soll." Einen

solchen Mann wünschten sie sich zum König. Ein König, der ihnen Brod geben könnte, der vielleicht Israels Feinde bekämpfte und ein Reich der Macht und des Glanzes aufrichtete, wie David und Salomo gethan: ein Brotkönig hätte ihrem weltlichen Sinne entsprochen. Jesus aber, der später vor Pilati Richterstuhl bekennt: „Mein Reich ist nicht von dieser Welt;" „da Er merkte, daß sie kommen würden, und Ihn haschen, daß sie Ihn zum König machten, entwich Er abermal auf den Berg allein." Daselbst verbrachte Er den größten Theil der Nacht im Gebet mit Gott, Seinem himmlischen Vater. Seine Jünger waren unterdessen auf das Meer gegangen, woselbst sie Noth litten von einem Sturm. In der höchsten Noth kam ihnen der Herr zu Hilfe. Und auch da muß Er den Kleinglauben der Jünger tadeln, wenn Er zum sinkenden Petrus sagt: „O du Kleingläubiger, warum zweifeltest du?"

Diesseits des Meeres wieder angekommen, stößt Er auf die Ihn suchende Volksmenge, denen Er den vorhin angegebenen starken Verweis geben muß, daß sie Ihn nur aufgesucht hätten, um wieder mit Brot gespeist zu werden. Mit ernsten Worten macht Er sie auf die unvergängliche Speise, die Er ihnen geben wolle, aufmerksam. Mit den lieblichsten Worten bezeichnet Er solche unvergängliche Speise, etwa: „Ich bin das Brot des Lebens." „Wer Mein Fleisch isset und trinket Mein Blut, der hat das ewige Leben." Joh. 6, 48. 54. Aber das können sie nicht begreifen und sagen: „Das ist eine harte Rede, wer kann sie hören?" Joh. 6, 60. Ja: „Von dem an gingen Seiner Jünger viele hinter sich und wandelten hinfort nicht mehr mit Ihm." Joh. 6, 66. Aber daß es die Jünger, die Zwölfe, bei allem ihrem Unverstand und ihrer Schwachheit mit ihrer Nachfolge aufrichtig und redlich meinten, ersehen wir aus dem Schlusse der Unterredung Christi mit dem Volk. Als Jesus so Viele Seiner Nachfolger weggehen sah, „da sprach Er zu den Zwölfen: Wollt ihr auch weggehen?" Da antwortete Ihm Simon Petrus: „Herr, wohin sollen wir gehen? Du hast Worte des ewigen Lebens; und wir haben geglaubt und erkannt, daß Du bist Christus, der Sohn des lebendigen Gottes." Durch dieses Bekenntnis, das Petrus im Namen aller zwölf Jünger aussprach, machten sie ihren Kleinglauben wieder gut und bezeugten die Aufrichtigkeit ihrer Nachfolge.

2. Der weltliche Sinn, den das Volk, das Jesus nachfolgte, an den Tag legte, ist auch heute noch anzu-

treffen. Manche halten sich zu christlichen Gemeinden aus unlauteren Gründen. Manche suchen sich dadurch ein guten Namen zu machen, vielleicht auch Vortheil für ihr Geschäft daraus zu ziehen, Andere denken ans Herrschen und Befehlen. Manche laufen mit, weil es Gebrauch und Sitte oder Gewohnheit ist. Alle diese halten nicht Stich, wenn es zur Entscheidung kommt. Nur Diejenigen fallen nicht ab, die sich einer christlichen Gemeinde nur aus dem Einen Grunde anschließen: um innerhalb und durch dieselbe geistlich genährt und so für den Himmel vorbereitet zu werden. Das sind dann Leute, die, wie die Jünger, trotz aller ihrer Schwachheiten und Fehler, bleiben und immer wieder zurecht kommen. Glücklich die Gemeinde, die viele solcher aufrichtigen Glieder hat!

3. So haben wir nun in der Betrachtung dieses herrlichen Wunders Christi die väterliche Vorsorge Gottes und Seine große Wundermacht kennen gelernt, und ebenso den Kleinglauben der Jünger, sammt dem weltlichen Sinn des Volkes, das Jesus damals nachfolgte. Gott sorgt auch väterlich für uns. Lasset uns nicht kleingläubig sein, sondern Ihm in allen Lagen des Lebens unerschütterlich vertrauen, und es mit dem Herrn halten redlich und getreulich, wenn auch Viele hinter sich gehen. Petri Bekenntnis soll auch das unserige sein: „Herr, wohin sollen wir gehen? Du hast Worte des ewigen Lebens; und wir haben geglaubt und erkannt, daß Du bist Christus, der Sohn des lebendigen Gottes."

Amen.

Judica.

Also hat Gott die Welt geliebt, daß Er Seinen eingebornen Sohn gab, auf daß Alle, die an Ihn glauben, nicht verloren werden, sondern das ewige Leben haben.

1. Dieses herrliche Wort stammt aus Jesu Mund. Der Herr hat es ausgesprochen in Seiner Unterredung mit dem Pharisäer Nikodemus, der in der Nacht zu Ihm gekommen war, Ihm einige Fragen vorzulegen und mit Ihm bekannt zu werden.

Jesus machte ihn aufmerksam auf die Nothwendigkeit der Wiedergeburt mit Seinem bedeutsamen Wort: „Wahrlich, wahrlich, Ich sage dir, es sei denn, daß Jemand von neuem geboren werde, kann er das Reich Gottes nicht sehen." Joh. 3, 4. Das konnte Nikodemus nicht begreifen. Daher geht Jesus über auf den Gegenstand, den unser Textvers enthält, auf die Liebe Gottes zu den Menschen, welche Liebe Gottes man sehen könne an der Dahingabe Seines Sohnes für die Welt — die Menschen.

2. Was Nikodemus da noch nicht begreifen und fassen konnte, das wurde ihm gewiß klar, als er und Joseph von Arimathia den blutigen Leichnam des Herrn vom Kreuze herabnahmen. Dort sind ihm wohl die Augen aufgegangen über Christi geheimnisvollen Vergleich: „Wie Moses in der Wüste eine Schlange erhöhet hat, also muß des Menschen Sohn erhöhet werden." Joh. 3, 14.

3. Wir, im neuen Bunde, sollen erleuchtetere Augen und besseres Verständnis haben sowohl bezüglich der Wiedergeburt des Menschen als auch der Liebe Gottes. Wir sehen Gottes unendliche Liebe schon im Reiche Seiner herrlichen Schöpfung, die um unsertwillen, uns zum Nutzen, da ist, noch mehr in Seinem Gnadenreiche, das Er zu unserer Errettung und Seligkeit in Seine irdische Schöpfung hineingebaut

bat; ja ein jeder Mensch sieht diese große Liebe Gottes, die da
segnet und für das Himmelreich droben erzieht, in seinem eigenen Lebensgang, in der Art und Weise, wie ihn Gott durch dieses Leben führt.

Nach diesen allgemeinen Gesichtspunkten lasset mich jetzt
zu euch reden über

Die Liebe Gottes;

und fragen:

I. woran wir sie erkennen;

II. was sie uns gewährt;

III. was sie von uns verlangt.

Wir fragen:

I. woran wir Gottes Liebe erkennen.

1. **Gottes Liebe** sehen wir zunächst in Seiner
herrlichen Schöpfung. Gottes Schöpfung ist zu unserer
Freude und zu unserem Nutzen da. Dazu hatte Gott den ersten
Menschen den schönen Paradiesgarten gegeben. Und obgleich
derselbe durch der Menschen eigene Schuld verloren gegangen
ist, will Gott doch in Seiner väterlichen Liebe den Menschen
auf der sündigen Erde neben den Dornen und Disteln auch Ro-
sen und Veilchen und fruchttragende, nützliche Pflanzen wachsen
lassen. Der Anblick der Natur in dem Gewande der wechseln-
den Jahreszeiten, die Betrachtung der Erde mit ihren lebendigen
und leblosen Kreaturen, der Aufblick zum Firmament mit seinen herrlichen Himmelskörpern: alles Dies gewährt Freude
dem, der Augen hat zu sehen, Ohren zu hören und ein Herz und
einen Geist zu verstehen. Und überdies sollen uns die Gegenstände in Gottes Schöpfung zum Nutzen dienen: Für uns reifen
die Saaten und die Baumfrüchte; uns sollen die Erzeugnisse der
drei Naturreiche der Erde zu Gute kommen; für uns fällt der
Regen, scheint die Sonne, der Mond und die Sterne. Nicht
nur Gottes Allmacht und Weisheit erkennen wir aus allem Diesem, sondern auch und hauptsächlich Gottes Liebe. Ein durch
Gottes Wort erleuchteter und geheiligter Blick in die Schöpfung
hinein kann leicht den Satz herausbuchstabieren: Gott ist die
Liebe! 1. Joh. 4, 16.

2. Gottes Liebe sehen wir hauptsächlich in Seinem Gnadenreich, das Er durch Seinen Sohn Jesum Chri-

tum in der Welt errichtet hat, davon redet auch Jesus in unserem Texteswort, wenn Er sagt: Also hat Gott die Welt geliebt, daß Er Seinen eingeborenen Sohn gab. Und auch der Apostel Johannes stimmt dem bei, wenn er behauptet: „Daran ist erschienen die Liebe Gottes gegen uns, daß Gott Seinen eingebornen Sohn gesandt hat in die Welt, daß wir durch Ihn leben sollen." 1. Joh., 4 9. Ja, so ist es. So lesen wir in den Evangelien. Die Weihnachtsgeschichte erzählt uns von dem Eintreten dieses eingeborenen Sohnes Gottes in die Welt. Der Engel verkündigt es den Hirten: „Euch ist heute der Heiland geboren." Dort wandelt die ewige Liebe Gottes persönlich auf Erden, in Jesu Christo, helfend, heilend, lehrend und betend. Blick hinein in die Leidensgeschichte Christi; gehe mit Ihm von einer Leidensstation zur andern. Siehe Ihn im Garten Gethsemane in jener schrecklichen, geheimnißvollen Nacht, wie Er betet, ringt und kämpft blutigen Todesschweiß schwitzend; tritt ein in des Hohenpriesters Palast und sieh, wie man Ihn verspottet und verspeit; betrachte Ihn in der Dornenkrone und dem Purpurkleid, so wie Ihn Pilatus auf Gabbatha, dem Hochpflaster, dem Volke mit dem mitleiderregenden Wort: „Sehet, welch ein Mensch!" vorstellt. Begleite den stillen Dulder, wie Er Sein Kreuz trägt, die Marterstraße hinaus, Golgatha zu. Dort stelle dich vor das aufgerichtete Kreuz und betrachte den leidenden und sterbenden Sohn Gottes, der dir von Seinem Kreuz herab gleichsam zuruft: „Dies that Ich für dich!"

Wenn Du dann an der Hand des Wortes Gottes lernst, daß Er dies Alles für dich — für uns Menschen — gethan hat, um uns vom zeitlichen und ewigen Verderben zu erretten; wenn du in Gethsemane, auf Gabbatha und Golgatha stehend mit überzeugtem Bewußtsein bekennen kannst:

> „Ich, ich und meine Sünden,
> Die sich wie Körnlein finden
> Des Sandes an dem Meer;
> Die haben dir erreget
> Das Elend, das Dich schläget,
> Und deiner Martern ganzes Heer!"

Dann ist dir Etwas klar geworden von der Liebe, die Gott den Menschen in Christo erzeigt hat und siehst du es in Seinem Gnadenreiche auf Erden verwirklicht: „Gott hat die Welt geliebt!" „Gott ist die Liebe!"

3. Dann bedenke: Gott gab Seinen Sohn für die
Menschen, d. h. nicht für liebe, gehorsame Kinder, für getreue
Freunde und Unterthanen — nein, für ungehorsame Kinder,
treulose Freunde und abgefallene Unterthanen: für Feinde.
Das gilt von Israel und von den Heiden, das gilt von allen
Menschen. „Gott hat uns geliebt, da wir noch Feinde waren."
Röm. 5, 10.

Auch vergiß nicht: das Gnadenreich, das Seine
Vaterliebe in diese Welt hineingestellt hat, ist noch da, und
in demselben will Er uns immer noch die Unterpfänder Seiner
Liebe mittheilen in Wort und Sakrament.

Drum: Jede Weissagung, die einst das Kommen des
Heilandes verkündigte, jede alttestamentliche Einrichtung, in
der Gott das Werk Christi vorbildete, jede Erzählung aus Jesu
Lehre von des Weihnachtsengels Botschaft an: „Euch ist heute
der Heiland geboren!" bis zu des Erlösers Siegesruf am Kreuz:
„Es ist vollbracht!"; jede Predigt von der Gnade Gottes in
Christo; jede schriftgemäße Taufhandlung; jeder gläubige
Abendmahlsgenuß — ist nichts Anderes als eine Bewahrhei=
tung und ein Beweis von Christi Wort im Text: „Also hat
Gott die Welt geliebt, daß Er Seinen eingebor=
nen Sohn gab."

4. Doch, wenn du die Liebe Gottes nicht sehen könntest
in Seiner Schöpfung um dich her, oder im Reiche Gottes auf
Erden; wenn dir diese Gebiete noch zu ferne lägen, so will ich
dir ein Gebiet zeigen, das dir so nahe liegt, daß du da nicht
ausweichen kannst, das du sehen und kennen mußt: dieses
Gebiet bist du selbst nach Leib und Seele. Siehe, ehe
du noch geboren warst, waren liebende Hände da, die für dich
sorgten; dich, als du heranwuchsest, pflegten: Gott pflanzte
Seine Vaterliebe über in die Herzen deiner dich liebenden
Eltern. Kaum hattest du das Licht der Welt erblickt, nahm
dich der himmlische Vater schon an als Sein Kind, als Glied
und Erbe Seines Reiches und nährte, stärkte und pflegte dich
seither mit dem leiblichen Brote der Nahrung und dem geist=
lichen Brote Seines Wortes und Sakramentes. Und: „In
wie viel Noth hat nicht der gnädige Gott über dir Flügel
gebreitet?" Wie viele Ebenezersteine Seiner Gnadenhilfe hat
Er seitdem schon an deinen Lebensweg hingesetzt? Und einst,
am Ende deiner irdischen Laufbahn, will Er dir noch den Him=
mel schenken, die Gemeinschaft mit Gott und allen Erlösten im

ewigen Leben. Wenn dein Herz nicht hart ist wie Stein, und nicht kalt wie Eis, wenn dein Auge nicht ganz blind und dein Verständnis nicht ganz verfinstert ist; so mußt du in deiner leiblichen und geistlichen Lebensführung die liebende Hand des himmlischen Vaters erkennen, die dich führt zu deinem eigenen Heil. Und wenn du mir entgegnest, Gott könne dich nicht lieb haben, weil dir Krankheit, Noth und Tod ins Haus kommen, so wisse, daß gerade solche Vorkommnisse Beweise dafür sind, daß Gott dich liebt; denn: „Welche Gott lieb hat, die züchtiget Er." Hebr. 12, 6. Darum glaube: Die Hand eines liebenden Vaters führt dich von der Wiege zum Sarg, aber auch noch weiter, über das Grab hinüber — in Seinen Himmel, in die Heimath der Seele hinein. Gott hat die Welt geliebt und liebt sie noch; liebt auch dich. Seine Schöpfung, Sein Reich auf Erden und auch unser Lebenslauf bezeugen es: **Gott ist die Liebe!**

Dies führt uns über zur Frage:

II. was uns die Liebe Gottes gewährt.

Zwei Dinge sind es, die wir dem Worte Jesu im Text als Antwort auf diese Frage entnehmen können: 1. Nicht verloren werden; 2. das ewige Leben haben.

1. Nicht verloren werden. Es ist schon ein schreckliches Unglück und Loos, wenn sich ein Kind im Menschengewühle, im Walde, oder in einer Einöde verliert; oder wenn es von Menschenräubern seinen Eltern entrissen wird und sein Leben unter fremden Menschen — vielleicht als Sklave — zubringen muß. Der einzige Trost ist, wiedergefunden, losgekauft und errettet zu werden.

Ein noch größeres Unglück geschah, als beim Sündenfall durch den „Mörder von Anfang" die Menschheit ihrem Schöpfer und Vater — Gott — entrissen und in die Sklaverei der Sünde gebracht wurde, und in Folge davon der Mensch in der Wüste der Welt — außerhalb der Gemeinschaft mit Gott — umherirrte und an ihm wahr wurde: „Euere Sünden und euere Untugenden scheiden euch und eueren Gott von einander." Jes. 59, 2.

Hätte Gott nun Seinen Sohn nicht gesandt, die verirrte Menschheit zu erretten, so wäre sie für Zeit und Ewigkeit verloren gewesen. Denn Niemand war da, der die Sündenschuld der Menschheit hätte abbezahlen können, Niemand, der die Kluft zwischen dem gerechten, heiligen Gott und

dem sündigen, abgefallenen Menschen überbrücken: Niemand,
der die verirrte, geraubte, von Gott getrennte Menschheit wie=
der mit Gott in Gemeinschaft hätte bringen können: Da sandte
Gott Seinen eingebornen Sohn, alles Dies zu thun. Und Er
that es auch. Er erlöste die Menschheit, überbrückte die Kluft
und machte die Gemeinschaft der Menschen mit Gott möglich.
Wie? „Nicht mit Gold oder Silber, sondern mit Seinem hei=
ligen, theuern Blut, und mit Seinem unschuldigen Leiden und
Sterben.“

Diese stellvertretende Erlösung Christi bietet
der himmlische Vater den Menschen an. Und wer sie
annimmt, geht nicht verloren. Hätte demnach Gott nicht Sei=
nen Sohn gegeben, so wäre die ganze Menschheit verloren
gewesen. Die Thatsache aber, daß Er Ihn gegeben, und so die
Erlösungsgnade geschaffen wurde, das Verlorenwerden der
Menschheit verhindert wurde, bezeugt und beweist Gottes Liebe.

2. Nicht bloß aber hat Gott durch die Sendung und
Dahingabe Seines Sohnes das Verlorenwerden der Menschen
verhindert, sondern Er gewährt auch denen, die die Er=
lösungsgnade annehmen, das ewige Leben. Das ist ja
ein herrliches Gut. Schon dieses irdische Leben hat hohen
Werth und wird auch hoch geschätzt, obgleich es nur kurze Zeit
währt. Jedem ist sein Leben lieb, und Jeder wünscht so lange
als nur immer möglich zu leben, trotz des Erdleides, das in
dieses irdische Leben eingeflochten ist und das, wenn köstlich,
nur Mühe und Arbeit ist. Ein unvergleichbares Gut aber ist
erst das ewige Leben; ein Leben, dem kein Tod ein Ziel, ein
Ende setzen kann. Und die ewig anhaltende Dauer dieses
Lebens ist noch nicht das ganze Gut, das in der Verheißung:
ewiges Leben liegt. Das Herrlichste dabei ist das Ausge=
schlossensein des Erdleides, das dieses irdische zeitliche
Leben in so mannigfacher Form enthält: Gott wird abwischen
alle Thränen von ihren Augen; und der Tod wird nicht mehr
sein, noch Leid, noch Geschrei, noch Schmerzen wird
mehr sein; denn das Erste ist vergangen. Off. 21, 4.
Noch mehr als Das. Ist diese untere Schöpfung Gottes trotz
der Sünde darin schon so schön, wie viel tausendmal
schöner muß jene obere erst sein, an welcher der Zahn
der Zeit und der Sünde nie genagt hat und nie nagen wird.
Jene obere Schöpfung enthält das neue Jerusalem mit den
zwölf Perlenthoren und den goldenen Gassen, das Vaterhaus
mit den vielen Wohnungen, die Hütte Gottes bei den Menschen.

Off. 21., wo die Gläubigen aller Zeiten, aller Sprachen und Nationen versammelt sind und in Sündlosigkeit und Vollkommenheit, im Anschauen Gottes die Freude, die Wonne, die Seligkeit ohne Aufhören genießen, die Gott den Seinen um Jesu, Seines Sohnes, willen, bereitet hat. „Das kein Auge gesehen hat, und kein Ohr gehöret hat, und in keines Menschen Herz gekommen ist, das hat Gott bereitet denen, die Ihn lieben." 1. Korinth. 2, 9.

All diese Herrlichkeit und Seligkeit hat Gott in Seiner Vaterliebe den Menschen verheißen und will sie ihnen zukommen lassen, wenn sie die Bedingungen eingehen, die Er in Seinem Worte gestellt. Und diese Bedingung ist in unserem Textvers enthalten.

Und so wollen wir sehen

III. was diese Liebe verlangt.

1. Die Bedingung, unter welcher Gott den Menschen das ewige Leben gewähren will, gibt Jesus im Textvers an, wenn Er sagt: „Auf das alle, die an Ihn glauben." Und Der, der damit gemeint ist, ist Jesus Christus. Gott verlangt von den Menschen, die selig werden, oder das ewige Leben haben wollen, daß sie an Seinen Sohn Jesum glauben. Das bezeugt Jesus Selbst an einer anderen Stelle: „Ich bin der Weg, die Wahrheit und das Leben; Niemand kommt zum Vater, denn durch Mich." Joh. 14, 6. Das behauptet auch Petrus, der Apostel des Herrn: „Es ist in keinem Andern Heil, ist auch kein anderer Name den Menschen gegeben, darinnen wir sollen selig werden, als der Name Jesus." Apg. 4, 12. Außer Christo gibt es kein Heil.

2. Damit aber die Menschen dieses Heiles theilhaft und dadurch selig werden, müssen sie von demselben hören, müssen sie darüber belehrt werden. „Wie sollen sie glauben, von dem sie nichts gehöret haben." „So kommt der Glaube aus der Predigt." Röm. 10, 15. 17. Es ist daher nöthig, daß die Menschen Kenntnis erhalten von den Hauptthatsachen, die mit dem Kommen Jesu in die Welt und mit Seinem Erlösungswerk zusammenhängen. Dazu gehören die messianischen Weissagungen, die sich von der ersten im Paradiesgarten durch das ganze alte Testament durchziehen bis zum Johanneshin-

weis: „Siehe, das ist Gottes Lamm, das der Welt
Sünde trägt." Ebenso auch ist nothwendig die Kenntnis
der Vorbilder auf Christum, namentlich die, welche der
Gottesdienst Israels darbietet. Hauptsächlich aber muß der,
der an Christum gläubig werden soll, bekannt werden mit der
Lebensgeschichte Jesu.

3. Wenn er aber alle diese Thatsachen weiß, so muß er
sie auch glauben als geschichtlich wahre Thatsachen, muß glauben, daß einst ein Mann Namens Jesus
wirklich gelebt habe, und daß Er Alles das wirklich gethan habe
und das Alles wirklich mit Ihm geschehen sei, was die Evangelisten von Ihm erzählen; muß glauben, daß die Berichte der
Evangelisten Thatsachen enthalten und keine Mährchen.

4. Aber auch Das ist noch nicht genug. Wir müssen
glauben, daß jener Mann Jesus der Sohn Gottes
war. Nur als Sohn Gottes hat Sein Werk auf Erden,
namentlich Sein Tod, erlösenden oder verdienstlichen Werth
für die Menschen. Jesus nennt daher auch im Text den von
Gott Gesandten „den eingebornen Sohn." Und Johannes
bezeugt: „Und das ist das Zeugnis, daß uns Gott
das ewige Leben hat gegeben, und solches Leben
ist in Seinem Sohn. Wer den Sohn Gottes hat,
der hat das ewige Leben; wer den Sohn Gottes
nicht hat, der hat das Leben nicht." 1. Joh. 5, 11. 12.
Nur der menschgewordene Sohn Gottes, der Gottmensch, konnte
den Menschen die Vergebung der Sünden erwerben. Daher
sagt auch Luther in der Erklärung des zweiten Glaubensartikels: „Ich glaube, daß Jesus Christus, wahrhaftiger Gott,
vom Vater in Ewigkeit geboren, und auch wahrhaftiger Mensch,
von der Jungfrau Maria geboren, sei mein Herr, der mich
verlornen und verdammten Menschen erlöset hat."

5. Aber auch Das ist noch nicht genug. Du mußt nicht
blos glauben, daß Jesus, der Sohn Gottes, für die Sünden der
Menschen gestorben ist, sondern du mußt glauben, daß Er
auch für Deine Sünden gestorben ist. Nur deine persönliche Sündenerkenntnis, dein persönlicher Glaube an den
sündentilgenden und gottversöhnenden Sohn Gottes verschafft
dir, was du zur Erlangung des ewigen Lebens brauchst, nämlich Vergebung der Sünden. Nur der Kranke, der das Heil-
mittel an seiner eigenen Person gebraucht, kann Hoffnung haben,
gesund zu werden. Der Hungrige muß selber essen, der

Durstige muß selber trinken, um zufrieden gestellt zu werden. Keiner kann dadurch an seinem Körper rein werden, daß ein Ander sich wäscht oder waschen läßt; so wird auch Keiner rein von Sünden dadurch, daß sich ein Anderer durch Christi Blut reinigen läßt. Jeder muß die geistliche Reinigung an sich selbst geschehen lassen. Und auch vor Gott muß einst Jeder selbst stehen und sich verantworten. Daher: nur der persönliche Glaube des Einzelnen macht selig.

6. Aber jedenfalls liegt diese Seligkeit, dieses ewige Leben, in deiner Hand. Gott bietet dir das Mittel, durch welches du das ewige Leben erlangen kannst, an, umsonst; du brauchst nur zuzugreifen. Wäre es aber nicht thöricht, wenn der ins Wasser Gefallene die Hand, die sich nach ihm ausstreckte, nicht ergreifen wollte; wenn der Gefangene nicht aus seiner Zelle, die man geöffnet, herausgehen wollte; wenn der Bettler die angebotene Gabe nicht annehmen wollte? Wäre es nicht thöricht, nicht schnöde undankbar, wenn wir die unendliche Liebe des guten himmlischen Vaters also verachteten, daß wir das Rettungsmittel vom Verlorenwerden, das Mittel und den Weg zum ewigen Leben—die von Gott gestellte Bedingung zur Erlangung der ewigen Seligkeit: zu glauben an Seinen eingebornen Sohn, an dessen stellvertretende Versöhnung, nicht annehmen wollten?

7. Möge uns die Betrachtung der Leidensgeschichte in dieser Passionszeit recht zu persönlicher Sündenerkenntnis und Buße, zu herzlichem persönlichen Glauben an Jesum, den Sohn Gottes treiben, so daß wir am Schlusse der Passionszeit, wie auch wohl Nikodemus bei der Kreuzabnahme, das Wort Jesu in unserem Text nicht bloß wissen, nicht bloß glauben in allgemeinem Sinn, sondern daß wir aus eigener, persönlicher Herzenserfahrung heraussagen können:

> „Also hat Gott die Welt geliebt,
> Daß Er aus freiem Trieb
> Uns Seinen Sohn zum Heiland gibt;
> Wie hat uns Gott so lieb!"

Amen.

Palmsonntag.

Leidensgeschichte nach den vier Evangelien.

Anmerkung: Wegen der alljährlich an diesem Festtage in betreffender Gemeinde Morgens stattfindenden Konfirmation wurde diese Predigt auf den Abend desselben und die Abende der Charwoche vertheilt.

Diejenigen von euch, die auch die Abendgottesdienste besuchen, wissen, daß wir schon seit Beginn der Passionszeit Abschnitte aus der Leidensgeschichte betrachten, und daß wir in diesen Betrachtungen bereits eine gute Strecke vorangekommen sind.

1. Ein kurzer Rückblick wird nicht ohne Nutzen sein. Wir verweilten mit Jesu und Seinen Jüngern in Bethanien. Dort, im Hause Simonis, des Aussätzigen, wurde Jesus von Maria, der Schwester des Lazarus, mit köstlichem Nardenwasser gesalbt. Diese Salbung deutet der Herr als eine Salbung zu Seinem Begräbnis. Das sehen wir aus Seinen Worten, mit denen Er Maria gegen den murrenden Judas in Schutz nahm: „Lasset sie mit Frieden. Sie hat ein gutes Werk an Mir gethan. Sie ist zuvor gekommen, Meinen Leichnam zu salben zu Meinem Begräbnis." Marci 14, 6—8. Bei jener Gelegenheit kam auch die bittere Wurzel, die im Herzen des Jüngers Judas Ischarioth wucherte, nämlich der Geiz, zum Vorschein. Da er heuchlerisch einwandte, man hätte die Salbe verkaufen und den Erlös davon den Armen geben können, vertheidigte der Herr Marias edle That und strafte seine gemeine diebische Gesinnung. Judas, der sich dadurch entlarvt sah, aber seiner Sünde nicht entsagen wollte, da er sich der Macht des Bösen schon zu weit hingegeben hatte, suchte nun an dem Herrn Rache zu nehmen. Denn so lesen wir: „Da ging der Zwölfen Einer, mit Namen Judas Ischarioth, zu den Hohenpriestern, und sprach: Was wollt ihr mir geben? Ich will Ihn euch verrathen. Und sie boten ihm dreißig Silberlinge. Und von dem an suchte er Gelegenheit, daß er Ihn verriethe." Matth. 26, 14—16.

2. Der erste Advent und der heutige Sonntag —Palmsonntag—erzählen uns den Einzug Christi in die Stadt Jerusalem. Unvergeßlich ist uns, was das Volk dem Herrn dabei entgegenrief: „Hosianna dem Sohne Davids; gelobet sei, der da kommt in dem Namen des Herrn, Hosianna in der Höhe!" Matth. 21, 9. Der Herr verweilt einige Tage in Jerusalem. Den Tag über lehrte Er im Tempel, und für die Nacht zog Er Sich immer wieder nach dem nahen Städtchen Bethanien zurück. In diese Zeit fallen auch die Gleichnisse des Herrn, in denen Er die Zerstörung Jerusalems und das Ende der Welt abbildete. Der Herr sprach sie aus während Er mit Seinen Jüngern auf dem Tempelberg saß.

3. Wir gingen im Geiste mit zweien Seiner Jünger — Petrus und Johannes — in die Stadt Jerusalem und sahen zu, wie sie nach ihres Meisters Befehl das Osterlamm bereiteten. Wir sahen den Herrn am Abend in den Saal treten, um es mit Seinen Jüngern zu essen. Wir hörten Ihn sagen: „Mich hat herzlich verlanget, dies Osterlamm mit euch zu essen, ehe denn Ich leide. Denn Ich sage euch, daß Ich hinfort nicht mehr davon essen werde, bis daß erfüllet werde im Reiche Gottes." Luc. 22, 15. 16. Wir sahen zu, wie Er Seinen Jüngern die Füße wusch und hörten Ihn traurigen Blickes zu ihnen sagen: „Einer unter euch wird Mich verrathen." Wir sahen den Judas hinausgehen, denn „es war Nacht" — draußen und in seinem Herzen. Eine erhabene Scene bot sich uns dann dar: Wir sahen im Geiste den Herrn das heilige Abendmahl einsetzen. Stets werden uns die Worte im Gedächtnisse bleiben, mit welchen Er Seinen Jüngern das Brot und den Wein reichte: „Nehmet, esset; das ist Mein Leib;" und: „Trinket alle daraus: das ist Mein Blut des neuen Testaments, welches vergossen wird für Viele zur Vergebung der Sünden." Matth. 26, 26—28.

4. Wir begleiteten den Herrn und Seine Jünger über den Bach Kidron nach dem Garten Gethsemane, gingen mit Petrus, Jakobus und Johannes in das Innere desselben, sahen den Herrn dort kämpfen und ringen und hörten Ihn beten. Wir stellten uns an Seine Seite und hörten Sein Ergebungswort: „Vater, nicht wie Ich will, sondern wie Du willst." Matth. 26, 39. Wir sahen zu, wie die Schaar — Judas der Verräther vorne an — den Meister band

und — während Ihn alle Jünger verließen und flohen — Ihn zu Kaiphas, dem Hohenpriester, führten. Wir folgten dem Zuge und gingen mit hinein in den Palast des Hohenpriesters. Dort hörten wir des Herrn majestätisches Wort auf des Hohenpriesters Frage, ob Er der Sohn Gottes sei: „Du sagst es. Doch sage Ich euch: Von nun an wirds geschehen, daß ihr sehen werdet des Menschen Sohn sitzen zur Rechten der Kraft und kommen in den Wolken des Himmels." Matth. 26, 63. 64. Wir hörten aber auch das schreckliche Urtheil, das die im Palaste anwesenden Hohenpriester und Schriftgelehrten über Jesum aussprachen: „Er ist des Todes schuldig." Matth. 26, 66. Aber es entging uns auch nicht, was während dieser Zeit draußen im Hofe des Palastes vorging. Dort blickten wir traurig auf Petrus, der auch dem Zuge gefolgt war, und hörten das demüthigende Menschenfurchtswort aus seinem Mund: „Ich kenne Ihn nicht." Wir gingen mit dem Herrn am Morgen vor den Rath der siebenzig Aeltesten — das weltliche Gericht in Israel — und vernahmen, wie auch hier das: „Er ist des Todes schuldig" über Ihn ausgesprochen ward. So war nun vom geistlichen und weltlichen Gericht in Israel das Todesurtheil über Jesum gefällt. Die Juden aber hatten zu jener Zeit keine Macht, Jemanden zu tödten. Ein von ihnen gefälltes Todesurtheil mußte vom römischen Landpfleger bestätigt werden; und der hatte auch die Macht, es zu vollstrecken.

5. So finden wir denn heute unsern Herrn vor dem Richterstuhle des römischen Landpflegers Pontius Pilatus, wohin Ihn die Juden gebracht hatten, damit von dort aus ihr Urtheilsspruch bekräftigt und vollstreckt würde. Dazu aber war es nöthig, daß Pilatus Jesum nochmals verhörte, um zu sehen, ob der Verurtheilte auch wirklich schuldig wäre. Dieses Verhör sammt der Bestätigung des von den Hohenpriestern und dem hohen Rathe über Jesum gefällten Todesurtheils soll heute Gegenstand unserer Betrachtung sein.

So wollen wir denn heute mit einander reden über

Jesus vor dem Richterstuhl des römischen Landpflegers Pontius Pilatus.

Dabei wollen wir hören

I. der Juden Anklage;

II. Pilati Verhör und Spruch.

Wir hören

I. der Juden Anklage.

1. Jesus wird überantwortet den Heiden.

„Und der ganze Haufe stand auf, und banden Jesum, und führ=
ten Ihn hin von Kaiphas vor das Richthaus und überantwor=
teten Ihn dem Landpfleger Pontio Pilato. Und es war frühe.
Und sie gingen nicht in das Richthaus, auf daß sie nicht unrein
würden, sondern Ostern essen möchten." Marci 15, 1. Joh.
18, 28. Matth. 27, 2. „Da ging Pilatus zu ihnen heraus
und sprach: „Was bringet ihr für Klage wider diesen Menschen.
— Sie antworteten und sprachen zu ihm: Wäre Dieser nicht
ein Uebelthäter, wir hätten Ihn dir nicht überantwortet. Da
sprach Pilatus zu ihnen: So nehmet ihr Ihn hin und richtet Ihn
nach eurem Gesetz. Da sprachen die Juden zu Ihm: Wir dür=
fen Niemand tödten; auf daß erfüllet würde das Wort Jesu,
welches Er sagte, da Er deutete, welches Todes Er sterben wür=
de." Joh. 18, 29—32.

Abends hatten sie Jesum im Garten Gethsemane gefangen
genommen. Die Nacht hindurch hatten sie Ihn verhört und
zum Tode verurtheilt — zuerst die Hohenpriester und Schrift=
gelehrten und dann der hohe Rath oder die Aeltesten. Morgens
ganz früh vereinigen sich Hohepriester und Aelteste zu einem
Haufen, um Jesum dem römischen Gerichte zu überliefern. So
wurde erfüllt, was Jesus in Seiner Leidensankündigung zu
Seinen Jüngern sagte: „Er wird überantwortet werden den
Heiden." Zu einem guten Zwecke hätten sie wohl nicht den
Schlaf gebrochen oder die Nachtruhe abgekürzt, aber um den
Herrn einzufangen und dem Tode zu überliefern, überwinden sie
den Schlaf und sind in aller Frühe schon bei der Hand. So ist
es noch. Wenn die Gläubigen so rührig und geschäftig wären,
das Reich Gottes zu bauen, wie die Feinde des Reiches Gottes
emsig und regsam sind, demselben zu schaden, so stände es in
unseren Gemeinden besser. Sind wir bereit, den Schlaf zu
brechen, einem Vergnügen zu entsagen, eine Lieblingsgewohn=
heit aufzugeben, wenn wir damit der Gemeinde oder der Sache
Gottes überhaupt nützen könnten? Wie viel mehr könnten wir
in unseren Sonntagsschulen, die gewöhnlich Morgens gehalten
werden, wirken, wenn man, um dem Herrn an der Jugend zu
dienen, auch so „frühe" auf wäre, wie in unserem Text die
Feinde Jesu, um Ihn zu verfolgen und Ihn zu tödten.

2. Von diesen Feinden Jesu heißt es: „Und sie gingen nicht in das Richthaus, auf daß sie nicht unrein würden, sondern Ostern essen möchten." Wir lesen im 3. Buche Mosis Kapitel 11—15, daß es den Juden verboten war, in ein aussätziges Haus zu gehen, einen Todten anzurühren, und noch andere Dinge zu meiden, damit sie nicht unrein würden. Aber daß sie unrein würden, wenn sie in ein heidnisches Haus gingen, davon lesen wir nichts in dem Gesetze Mosis. Das war einer der Aufsätze, die die Schriftgelehrten und Pharisäer gemacht, über welchen die Juden fester hielten als über dem Gesetze Gottes. Auf die Beobachtung solcher Gebräuche und Satzungen waren sie stolz. So war es auch bei den Anklägern Jesu größtentheils jüdischer Hochmuth, daß sie nicht in das Richthaus des heidnischen Pilatus gehen wollten unter dem Vorgeben als würden sie dadurch verunreinigt und könnten dann kein „Ostern" essen. Das Osterlamm hatten sie zwar den Abend vorher schon — zur Zeit, da Jesus es mit Seinen Jüngern feierte — gegessen. Unter diesem Osteressen verstehen sie die Opfermahlzeiten, die die Osterwoche hindurch bei Gelegenheit des Schlachtens der Opferthiere stattfanden. An diesen Ostermahlzeiten hätten sie, wenn sie wirklich unrein gewesen wären, nicht Theil nehmen dürfen. Aber das wären sie nicht geworden durch den Eintritt, in das heidnische Richthaus. Ihre Weigerung dort einzutreten beruht nur auf jüdisch-pharisäischem Hohmuthsdunkel und scheinheiliger Heuchelei. Lasset uns das noch deutlicher sehen. Sie machen sich ein Gewissen daraus, in ein heidnisches Richthaus zu gehen, aber rechnen sichs für keine Sünde an, Jesum unrechtmäßiger Weise zu verfolgen. Sie besorgen, durch das Eintreten in das heidnische Richthaus, sich zu verunreinigen, und denken nicht daran, daß ihre Herzen durch den Haß und Groll gegen Jesum schon längst durch und durch unrein waren.

So handeln die Menschen heutiges Tages noch. Mancher hält sich von der Gemeinde fern, weil Der oder Jener, den er der Gliedschaft nicht werth hält, dazu gehört; denkt aber nicht daran, daß er dadurch Gottes Gebot — am Sabbath Gottes Wort zu hören — und das Gebot Jesu von der Bruderliebe aufs Gröblichste verletzt. Mancher weigert sich zum heiligen Abendmahle zu gehen, weil er meint, Dieser oder Jener sollten nicht gehen dürfen, und weiß nicht, daß es vielleicht nur Selbstgerechtigkeit ist, in der er sich höher und mehr zu sein dünkt als der Andere. Ja Mancher geht so weit, daß er sich im Richten der Fehler und Sünden Anderer nur darum ergeht, um die Augen der Menschen von seinen eigenen abzuwenden.

3. **Pontius Pilatus, der römische Landpfle-
ger,** der Menschendiener, der es mit Niemand verderben wollte,
fügt sich in die sonderbaren Ansichten und Gebräuche der Juden und geht aus dem Gerichtsge-
bäude heraus, die Juden anzuhören. „Was bringet
ihr für Klage wider diesen Menschen?" redet er sie an. Diese
fühlen sich aufs Höchste beleidigt, daß er nach der Ursache fragte,
nach den Klagepunkte sich erkundigte, den Fall erst untersuchen
wollte, ehe er ihr Urtheil bestätige und vollstrecke. Aber so
mußte es kommen. Durch Pilati Verhör mußte Jesu Unschuld
an den Tag kommen, was nicht so offenbarlich geschehen wäre,
wenn er ihr Urtheil ohne Weiteres bestätigt und vollstreckt hätte.

Auf die Antwort der empfindsamen Juden: „Wäre dieser
nicht ein Uebelthäter, wir hätten Ihn dir nicht überantwortet,"
gibt ihnen Pilatus den Bescheid: „So nehmet ihr Ihn hin
und richtet Ihn nach eurem Gesetz." Pilatus wollte hier wie
später der römische Landpfleger Festus (Apg. 25, 16) sagen:
„Es ist der Römer Weise nicht, daß ein Mensch ergeben werde,
umzubringen, ehe denn der Verklagte habe seine Kläger gegenwärtig, und Raum empfange, sich der Anklage wegen zu verantworten." Damit spottet er der jüdischen Religion. Er will
diesen Hohenpriestern sagen: Ihr gebt vor, eine bessere Religion
zu haben als wir Römer. Aber das scheint hier nicht zuzu-
treffen. Wir Römer tödten Niemanden, außer er hat Gelegenheit gehabt vor den anwesenden Anklägern sich zu verantworten.
Ihr — fromme Juden! aber verlangt von mir, daß ich diesen
Mann tödten lassen soll, ohne daß ich weiß, was er Uebels
gethan, und ohne daß ich Ihm Gelegenheit gegeben habe, in
Seiner Sache zu reden. Wie mußten sich doch diese schein-
heiligen Juden schämen vor einem heidnischen Römer, der
„gerechter" dachte als sie. Aber sie sind um eine Antwort
nicht verlegen. „Wir dürfen Niemand tödten." Damit bezeichnen sie die Erfüllung der Weissagung Jakobs vom Scepter
Judas: „Es wird das Scepter von Juda nicht entwendet
werden . . . . bis daß der Held komme." 1 Mose 49, 10.
Israel ist machtlos, hat keine ausübende Gewalt mehr. Der
Held, der Messias, muß nun gekommen, muß da sein.

Wie oft machen auch Kirchenleute den Christennamen vor
den Unkirchlichen und Weltmenschen verächtlich. Dies geschieht
durch das ungerechte Wesen und Verfahren, das streitende Kirchenparteien jeweils den Unkirchlichen darbieten und durch das
heimliche Verleumden, in dem oft Gemeindeglieder ihre Freude

finden. Solch streitende Kirchenparteien und Gemeindeglieder sollten sich vor geraden und friedsamen Weltleuten schämen und an das Aergernis denken, das sie dadurch Jenen geben.

4. Hören wir nun die Anklage, welche die Obersten der Juden gegen Jesum verbrachten: „Diesen finden wir, daß Er das Volk abwendet, und verbietet den Schooß dem Kaiser zu geben, und spricht: Er sei Christus, ein König." Gar listig greifen sie es an. Sie hatten Ihn als des Todes würdig gefunden, weil Er sagte, Er sei Gottes Sohn. Hier aber klagen sie Ihn als Aufrührer und Empörer gegen den Kaiser an, als Einen der Selber König der Juden sein wolle, da sie wohl wußten, daß sich ein Heide und römischer Beamter nicht viel um ihre religiösen Streitigkeiten kümmern werde. Aber wie ungerecht ist diese Anklage. Als Ihn das Volk (Joh. 6, 15) „haschen und zum Könige machen" wollte, entwich Er auf einen Berg, um ihnen zu entgehen. Und nach Matth. 17, 27 gab Jesus Selbst den Zinsgroschen für Sich und den Petrus. Als einige Tage vor Seinem Leiden der Herr gefragt wurde: „Ist es Recht, daß wir dem Kaiser Zins geben oder nicht?" Luc. 20, 22; antwortete Er klar und deutlich: „Gebet dem Kaiser, was des Kaisers ist, und Gott, was Gottes ist." Und von dieser Antwort heißt es dort: „Sie konnten Sein Wort nicht tadeln vor dem Volk, und verwunderten sich Seiner Antwort, und schwiegen stille." Luc. 20, 25. 26. Aber diese klaren Thatsachen und Aussprüche verdrehen sie wissentlich und geflissentlich ins Gegentheil.

So machen es die Heuchler und Boshaftigen heute noch. Auf den Grund hin, daß die Menschen Nachtheiliges lieber glauben als Vortheilhaftes, erfinden die Boshaftigen Lügen über die Diener Gottes und sprengen sie aus. Und sind sie einmal ausgesprengt, so sorgt der Vater der Lügen dafür, daß der Unkrautsame reichlich ausgestreut wird und eine weite Verbreitung findet. Kein Christ, kein Diener Gottes, sei sein Wandel auch noch so rein, ist vor Lügen und Verleumdungen von Seiten der Heuchler und Boshaftigen sicher: „Haben sie den Hausvater Beelzebub geheißen; wie viel mehr werden sie Seine Hausgenossen also heißen." Matth. 10, 25.

5. Pilatus erfaßt die Anklage der Hohenpriester am rechten Punkte. Sie hatten Jesum beschuldigt, Er gebe Sich für den König der Juden aus. Daran hielt sich Pilatus als Statthalter des römischen Kaisers, dem Israel

unterwürfig war, und stellt an Jesum die Frage: „Bist Du der
Juden König!" Dabei verstand er aber einen solchen König
der Juden, wie ihn Israel jener Zeit in dem kommenden Mes-
sias erwartete: einen weltlichen König, der sein Volk von der
Fremdherrschaft befreie und die umliegenden Völker besiege.
Daß aber unter dem erwarteten Messias und König der Juden
ein geistlicher König zu verstehen sei, theilen die Hohenpriester
dem Pilatus nicht mit. Daher muß es Jesus Selber thun.
„Jesus antwortete: Mein Reich ist nicht von dieser Welt.
Wäre Mein Reich von dieser Welt, Meine Diener würden
darob kämpfen, daß Ich den Juden nicht überantwortet würde."
Joh. 18, 36.

Aus dieser Antwort und dem darauf folgenden
Wechselgespräch zwischen Pilatus und Jesum überzeugt sich
Pilatus von Jesu Unschuld, und, aus dem Richthause
heraustretend, spricht er Solches auch vor den Hohenpriestern,
den Aeltesten und dem Volk offen aus und bezeugt: „Ich finde
keine Schuld an diesem Menschen." Es wurde ihm jetzt klar,
daß sie Ihn aus Reid überantwortet hatten." Matth. 27, 18.

Von nun an versuchte Pilatus, sich entweder der Sache zu
entziehen oder Jesum zu befreien. Da er gehört hatte, daß
Jesus aus Galiläa, somit ein Unterthan des Königs Herodes
sei, so beschloß er, Ihn demselben zuzusenden — da derselbe
gerade zu Jerusalem war. Dadurch meinte er, sich aus seiner
unangenehmen Lage ziehen zu können. So wurde der Herr
dort hingesandt. Die Hohenpriester und Schriftgelehrten begleiteten Ihn. Dieser Herodes, der bei jenem Gastmahle den
treuen Johannes hatte enthaupten lassen, „ward froh, da er
Jesum sahe, denn er hätte Ihn längst gerne gesehen; denn er
hatte viel von Ihm gehört, und hoffte, er würde ein Zeichen
von Ihm sehen." „Er fragte Ihn mancherlei: Jesus aber
antwortete ihm nichts." Von Herodes kann man Nichts weiter
erwarten als das, was er that: „Er mit seinem Hofgesinde
verspottete Jesum." Aber in dieser Verspottung stellt
er dem Herrn ein Ehrenzeugnis aus, indem er Ihn in
einem „weißen Kleide" wieder zu Pilatus schickt. Pilatus
macht sich dieses Unschuldszeugnis zu Gunsten Jesu zu Nutzen
indem er zu den Juden sagt: „Ich habe Ihn vor euch verhöret,
und finde an dem Menschen der Sache keine, deren ihr Ihn
beschuldigt; Herodes auch nicht: denn ich habe euch zu ihm
gesandt; und siehe, man hat Nichts auf Ihn gebracht, das des

Todes werth sei." Er will Ihn daher „züchtigen und loslassen." Doch die Obersten Israels sind damit nicht zufrieden. Ihr Haß verlangt Sein Blut.

6. **Pilatus bedenkt sich auf einen andern Ausweg.** Er glaubt einen gefunden zu haben. „Auf das Osterfest hatte der Landpfleger die Gewohnheit, dem Volke einen Gefangenen loszugeben, welchen sie wollten. Er hatte zu der Zeit einen Gefangenen, einen sonderlichen vor andern, der hieß Barabas." Matth. 27, 15. 16. Dieser Gewohnheit gemäß handelt er jetzt. Vor das versammelte Volk stellt er Jesum und Barabas und spricht: „Welchen wollt ihr, daß ich euch losgebe? Barabam oder Jesum, von dem gesagt wird, Er sei Christus?" Matth. 27, 17. Er hoffte zuversichtlich, sie würden um Barabam bitten. Doch das von den Hohenpriestern und Aeltesten aufgestachelte Volk schrie und sprach: „Hinweg mit Diesem, und gib uns Barabam los!" Luc. 23, 18. Herodis Plan ist vereitelt. Ein anderer muß erdacht werden. Herodes ist vollkommen überzeugt, daß Jesus unschuldig sei. Aber er hat nicht den Muth, Ihn frei zu geben. Er will doch die Gunst der Hohenpriester und der Aeltesten und des Volkes der Juden um dieses geringen Angeklagten willen nicht verlieren. Er ist in großer Verlegenheit. Sein Gewissen sagt ihm, daß dieser Mann, dessen Kreuzigung verlangt wird, unschuldig sei. Und doch hat er nicht den Muth, dem Willen der Juden bestimmt entgegen zu treten.

Er wankt und gibt nach. Sein unruhiges Gewissen meint er durch eine abergläubische Handlung beschwichtigen und so die Schuld einer ungerechten Verurtheilung von sich abwälzen zu können. „Er nahm Wasser, und wusch die Hände vor dem Volk, und sprach: Ich bin unschuldig an dem Blut dieses Gerechten; sehet ihr zu!" Matth. 27, 24. Wasser wascht wohl den Schmutz ab, aber nicht den ungerechten Urtheilsspruch eines wankelmüthigen und menschengefälligen Richters. Durch seine Unentschiedenheit verleitet er bloß Israel zu noch größerer Schuld. Denn das ganze Volk antwortete und sprach: „Sein Blut komme über uns und unsere Kinder!" Matth. 27, 25. Ja, es kam über sie, dieses Blut, und auch über ihre Kinder, aber nicht zum Segen, sondern zum Fluch. Die Zerstörung Jerusalems zeigt uns das, und jedem Juden steht seitdem an der Stirne geschrieben und hängt ihm an der Ferse der Fluch, den das bethörte und verblendete Israel damals auf sich herabbeschwor.

So läßt sich der unentschiedene und wankel=
müthige Pilatus von der Volksmenge fortreißen.
Er verliert nach und nach seinen ganzen Halt und Grund, wird
zum Spielball des Haufens und thut dessen Willen, Jesum kreu=
zigen zu lassen.

7. Doch, wie ein Sinkender noch nach dem ge=
ringsten Gegenstande seine Hände ausstreckt, sich
zu retten, so macht auch Pilatus verzweifelte An=
strengungen, sein anklagendes Gewissen zufrieden
zu stellen oder Jesum, wenn es noch möglich wäre,
aus der Ankläger Hände zu befreien. Er läßt Jesum
geißeln. Die rohen Kriegsknechte zerfleischen mit ihren Draht=
geißeln den entblößten heiligen Rücken des Herrn. Sodann
hüllen sie den von Blut triefenden stillen Dulder in einen alten
Soldatenmantel, den sie Ihm spottweise als Königsmantel
anzogen, drücken Ihm mit ihren unbarmherzigen Händen eine
aus Dornen geflochtene Krone spottweise auf Sein mat=
tes, müdes Haupt, geben Ihm zum Hohne einen Stock — der ein
Königsscepter vorstellen soll — in die Hand, schlagen damit auf
die Dornenkrone, speien Ihm ins Angesicht, knieen vor Ihm
nieder und sprechen spottweise: „Gegrüßet seist Du, lieber
Judenkönig."

In solchem Aufzug, in solcher Gestalt — im Purpur=
mantel und die Dornenkrone auf dem Haupte — läßt Pilatus
Jesum aus dem Richthause heraus aufs Hochpflaster — Gabbatha
— führen, und in der Hoffnung, das Volk werde sich an Dessen
mitleidenerregenden Anblick sättigen und von der Forderung,
Er solle gekreuzigt werden, abstehen, stellt er Ihn der dort
versammelten Menge der Juden vor mit den Worten:
„Sehet, welch ein Mensch!" Joh. 19, 5. Doch die Antwort
der Juden — der Hohenpriester und des Volkes — auf diese halb
spöttische und halb bittende Vorstellung des Pilatus war nur
der tausendstimmige schauerliche Chor des aufgehetzten und übel=
berathenen Pöbelhaufens: „Kreuzige, kreuzige Ihn."

8. Hast du auch schon darüber nachgedacht, warum
jener Schmerzensmann verspottet, geschlagen, gemartert wird?
Jesaias gibt die Antwort, wenn er sagt: „Fürwahr, Er trug
unsere Krankheit und lud auf Sich unsere Schmerzen." „Er ist
um unserer Missethat willen verwundet, und um unserer Sünde
willen zerschlagen. Die Strafe liegt auf Ihm, auf daß wir Frie=
den hätten, und durch Seine Wunden sind wir geheilet." Jes.
53, 4. 5.

Unsere Sünden, unsere Missethaten, unsere Uebertretungen sind es gewesen, die Ihm solche Schmerzen verursacht haben. Unsere Lustsünden sind es, die mit Geißelhieben an Seinem Leibe gestraft werden; unser Stolz ist es, den er im Purpurmantel büßt; unser Hochmuth ist es, der Ihm die Dornenkrone flicht; unsere Augenlust, die Er mit bespeitem Antlitz sühnt!

Präge dir nur dieses Marterbild tief in deine Seele und werde dir dabei bußfertig bewußt:

> „Ich, ich und meine Sünden,
> Die sich wie Körnlein finden
> Des Sandes an dem Meer,
> Die haben dir erreget
> Das Elend, das dich schläget,
> Und deiner Martern ganzes Heer.“

9. Dies Marterbild will dir thatsächlich das herrliche Wort erklären, das Jesus zu Nicodemus sagte: „Also hat Gott die Welt geliebt, daß Er Seinen eingebornen Sohn gab, auf daß Alle, die an Ihn glauben nicht verloren werden, sondern das ewige Leben haben.“ Joh. 3, 16.

Dies Marterbild will dir zurufen: „Dies that Ich für dich, was thust du für Mich! Ist es demnach—da dein Heiland so unendlich viel für dich gelitten—nicht mehr als billig, daß du nun auch in wahrer Buße und demüthigem Glauben Seine Gnade annehmest und die Sünde, da sie deinem Heilande so viele Schmerzen verursachte, hassest und lässest.

Tritt her, o Weltmensch, der du deiner Lust fröhnest, und nichts Höheres kennst als Freude und Genuß; schaue dieses Marterbild an und laß es dir zurufen: „Mir hast du Arbeit gemacht in deinen Sünden und hast Mir Mühe gemacht in deinen Missethaten.“ Jes. 43, 24.

Alle Kranken, alle Leidenden, alle Sterbenden — blicket hin auf jenes Marterbild und tröstet euch mit dem gegeißelten und blutenden Heilande, der unsere Krankheit und Schmerzen auf Sich genommen und Sich anschickt, für uns zu sterben, um uns so den Weg durchs dunkle Thal des Todes zu bahnen und zu erleuchten.

Darum wollen wir Ihn auch herzlich so bitten:

> „Erscheine mir zum Schilde,
> Zum Trost in meinem Tod,

Und laß mich sehn Dein Bilde
  In Deiner Kreuzesnoth;
Da will ich nach Dir blicken,
  Da will ich glaubensvoll
Fest an mein Herz Dich drücken.
  Wer so stirbt, der stirbt wohl.“

Amen.

Karfreitag.

Fortsetzung der Passionsgeschichte nach den vier Evangelien.

„Und er trug Sein Kreuz und ging hinaus zur Stätte, die da heißt Schädelstätte, welche heißt auf Ebräisch Golgatha. Allda kreuzigten sie Ihn, und mit Ihm zwei andere zu beiden Seiten. Jesum aber mitten inne." Joh. 19, 17. 18.

1. In unserer Passionsbetrachtung am letzten Sonntag haben wir unseren Heiland vom Gerichte der Hohenpriester und Aeltesten vor den Richterstuhl des römischen Landpflegers Pontius Pilatus begleitet. Daselbst sahen wir zu, wie man Ihn geißelte und verspottete. Wir erblickten Ihn im Purpurmantel und in der Dornenkrone, in welcher Gestalt Ihn Pilatus dem Volke vorstellte mit den Worten: „Sehet, welch ein Mensch!" Wir vernahmen, daß Pilatus nach vergeblichen Versuchen Ihn frei zu bringen, dem Willen der Juden endlich nachgab und Jesum überantwortete, daß Er gekreuzigt würde.

2. Heute nun wollen wir den heiligen Dulder auf Seinem Todesgang — von Gabbatha nach Golgatha — begleiten, zusehen wie Er gekreuzigt wird und zuhören, was Er am Kreuze spricht. Somit betrachten wir heute

Die Kreuzigung Christi.

Und zwar

I. Seinen Gang nach Golgatha;

II. die Kreuzigung selbst;

III. Seine sieben Worte am Kreuz.

Wir betrachten

I. Jesu Gang nach Golgatha.

1. Das Todesurtheil der Hohenpriester und Aeltesten über Jesum ist vom römischen Landpfleger Pon-

tius Pilatus bestätigt, und soll nun auf dessen Befehl
vollstreckt werden. So lesen wir von Pilatus: „Da überant=
wortete er Ihn ihnen, daß Er gekreuziget würde," Joh. 19, 16.
Und ebenso: „Da sie Ihn verspottet hatten, zogen sie Ihm den
Mantel aus und zogen Ihm Seine Kleider an und führten Ihn
hin, daß sie Ihn kreuzigten." Matth. 27, 31.

Buchstäblich soll in Erfüllung gehen, was Jesajas von
Christo geweissagt: „Er trug unsere Missethat und lud auf
Sich unsere Schmerzen:" und was Johannes der Täufer ver=
kündigt: „Siehe, das ist Gottes Lamm, welches der Welt
Sünde trägt." Nach der grausamen römischen Gerichtsordnung
mußte Jesus Selber Sein Kreuz tragen.

Nicht unter heiliger Stille, wie solche in unserem Gottes=
hause zu herrschen pflegt, darf der heilige Dulder zur Todesstätte
hinauswandern. Nein, die ganze Stadt war auf den Füßen,
wie es bei solchen Fällen zu geschehen pflegt. So war es auch
bei Jesu Hinausgang nach Golgatha der Fall. „Es folgte Ihm
aber nach ein großer Haufe Volks." Luc. 23, 27.

2. Welch ungeheurer Gegensatz zwischen Christi Einzug
in die Stadt Jerusalem, einige Tage vorher, und Seinem Hin=
ausgang aus derselben! Als Zionskönig hatte man Ihn em=
pfangen; als Missethäter geleitet man Ihn hinaus. Grüne
Palmzweige hatte man auf Seinen Weg gestreut; jetzt hat Er
das harte, dürre Kreuz auf Seinen Schultern, um, am Ziel
Seines letzten Ganges angekommen, an demselben zwischen
Himmel und Erde zu verbluten. Mit fröhlichem Hosiannaruf
hatte man Ihn begrüßt, unheimlicher Lärm und Tumult um=
gibt Ihn bei Seinem Hinauszug.

So ist es noch. Heute rufen die Menschen Hosianna,
und morgen schon kreuzige ihn!

Der Herr, durch Wachen und Mißhandlung entkräftet,
sinkt wohl unter der Last des Kreuzes zusammen. Den römi=
schen Hauptmann kommt eine menschliche Rührung an, und er
lädt das Kreuz auf den Rücken eines Mannes Namens Simon.
„Und indem sie hinaus gingen, fanden sie einen Menschen von
Kyrene, mit Namen Simon; den zwangen sie, daß er Ihm
Sein Kreuz trug." Matth. 27, 32. Gezwungen, nicht willig=
lich, that Simon dem Herrn diesen Liebesdienst. So trägt
Mancher das Kreuz, das ihm Gott nach Seiner Weisheit aufer=
legt, ungern und mit Widerwillen, und vergißt Den zum Vor=

bilde zu nehmen, der der wahre Kreuzträger ist, der das Ihm vom himmlischen Vater auferlegte Leidenskreuz gerne und wil= liglich trug.

Simon hat scheints bei diesem Kreuztragen seine erste Bekanntschaft mit Jesu gemacht. So wird mancher Mensch auch durchs Kreuztragen erst mit Gott bekannt. Denn so Viele denken in guten Tagen nicht an Ihn, und nur „Anfechtung lehrt sie aufs Wort merken."

3. Der Herr wiederholt, was Er bei Seinem Einzug unter Thränen der Stadt Jerusalem als zukünftiges Schicksal angekündigt hatte. Der An= blick der Weiber, die Ihn beklagten und beweinten, gab Ihm Veranlassung dazu. Wir lesen: „Jesus aber wandte Sich nun zu ihnen, und sprach: Ihr Töchter Jerusalems, weinet nicht über Mich, sondern weinet über euch selbst und über euere Kin= der. Denn siehe, es wird die Zeit kommen, in welcher man sagen wird: Selig sind die Unfruchtbaren, und die Leiber, die nicht geboren haben, und die Brüste, die nicht gesäuget haben! Dann werden sie anfangen zu sagen zu den Bergen: Fallet über uns! und zu den Hügeln: Bedecket uns! Denn so man das thut am grünen Holz, was will am dürren werden!" Luc. 23, 28–31. Das war Sein letztes öffentliches Wort. Was Er am Kreuze sprach, war mehr persönlicher Art und galt mehr Seiner nächsten Umgebung.

Es ist dies ein Scheidewort furchtbaren Ernstes und hat sich auch in schrecklicher Weise erfüllt. Der Herr ver= gleicht darin die Bewohner der Stadt Jerusalem und das ganze jüdische Volk mit dürrem Holze, das fürs Feuer reif ist, und will sagen: Wenn ihr an Mir, dem grünen Holze — dem Un= schuldigen — also handelt, was für eine Strafe muß euch — die Schuldigen — erst treffen. Das Feuer des göttlichen Ge= richtes brach mit furchtbarer Macht über diese Schuldigen her= ein als die Römer, vierzig Jahre später, nachdem der Herr Dies ausgesprochen, Jerusalem belagerten, die Stadt und den Tempel dem Boden gleich machten, Tausende der Juden tödteten und die Ueberlebenden in die Sklaverei in alle Welt verkauften. All diese Schrecknisse standen vor Jesu Seele als Er in Jerusalem einzog und als man Ihn aus derselben zum Tode führte.

4. „Und da sie an die Stätte kamen, mit Namen Golgatha, das ist verdeutschet Schädelstätte, gaben sie Ihm Essig zu trin= ken mit Galle vermischt; und da Ers schmeckte, wollte Er nicht

trinken." Matth. 27, 33. 34. Sie sind am Ziele, am grausamen Ziele des langen Marterweges, allwo den Herrn das Schrecklichste erwartet — die Kreuzigung.

Der kommandierende Hauptmann läßt den traurigen Zug Halt machen. Die Kriegsknechte treffen die zur Kreuzigung nöthigen Vorkehrungen. Essig mit Galle vermischt — ein betäubendes Getränk — reichen sie dem Herrn, damit Er die Schmerzen nicht so fühlen solle. Er aber nahm es nicht an. Er wollte mit Bewußtsein leiden und sterben: wollte bewußtermaßen vollends den Leidenskelch, den Ihm der Vater verordnet, austrinken. So sollen auch wir, wenn es mit uns zum Sterben geht, uns Solches nicht auszureden suchen, sondern als Christen dem Tode fest und entschlossen ins Angesicht sehen und bewußtermaßen aus der Welt zu Gott gehen.

> „Unverzagt und ohne Grauen
> Soll ein Christ,
> Wo er ist,
> Stets sich lassen schauen;
> Wollt ihn auch der Tod aufreiben,
> Soll der Muth
> Dennoch gut
> Und sein stille bleiben."

5. Drei Kreuze sind errichtet, denn zwei Uebelthäter sollen mit Jesu gekreuzigt werden. Das schreckliche Werk der Kreuzigung ist geschehen. An dem mittleren ist der Herr angenagelt; rechts und links von Ihm je ein Uebelthäter. „Er ist unter die Uebelthäter gerechnet." Jes. 53, 12. Damit Jedermann Ihn kenne, und um die Ursache Seines Todes anzudeuten, heftete der römische Landpfleger eine Ueberschrift ans Kreuz Jesu, gerade über Dessen Haupt, lautend: „Jesus von Nazareth, der Juden König." Joh. 19, 19. Diese Ueberschrift war geschrieben in hebräischer, griechischer und lateinischer Sprache. Der Umstand, daß die Thatsache der Kreuzigung Christi in den drei damals bekannten Hauptsprachen geschrieben war, deutet an, daß nicht bloß Israel, sondern alle Völker an Christi Erlösung Theil haben sollen. Beim Thurmbau zu Babel wurden durch die Sprachenverwirrung die Menschen in Völker gespalten und von einander geschieden. Hier, unter Christi Kreuz, mit Einer Ueberschrift in den drei Weltsprachen auf Denselben Gekreuzigten hindeutend, sollen sie sich wieder vereinigen. Hochmuth hatte sie damals zerstreut, in Demuth sich beugend sollen sie unter Christi Kreuz wieder zusammenkommen. Christus soll ihr Einigungspunkt sein.

6. Auf die letzten Worte eines Sterbenden hat man ganz besonders Acht und prägt sich dieselben ein zum lebenslänglichen Gedächtnis. Das sollte ganz besonders hinsichtlich der Worte Christi der Fall sein, die Er am Kreuz gesprochen. Sieben Worte redete dieser Sterbende. Und es möchte wohl zu unserer Erbauung dienen und uns von Nutzen sein, wenn wir uns mit denselben bekannt machen und sie uns dem Gedächtnisse einprägen.

Das wollen wir jetzt thun und mit einander betrachten

II. die sieben Worte Jesu am Kreuz.

Christi erstes Wort am Kreuz.

„Vater, vergib ihnen, denn sie wissen nicht, was sie thun." Luc. 23, 24. Damit meint Er vorerst die Kriegsknechte, die beordert waren, das grausame Werk der Kreuzigung zu verrichten; sodann die Hohenpriester, die Aeltesten, das ganze Volk Israel sammt Pontius Pilatus, ja alle Menschen.

Die Kriegsknechte wußten nicht, daß sie in Jesu den Sohn Gottes kreuzigten. Aber waren nicht sie es gewesen, die Jesum williglich, aus freien Stücken, in roher Lust verspotteten und verhöhnten, was sie auch dem größten Missetäter nicht hätten thun sollen? War das keine Sünde? keine bewußte Sünde?

Die Obersten in Israel — die Hohenpriester und Aeltesten — wußten sie es nicht, daß Jesus unschuldig sei, daß Er eigentlich Nichts gethan habe, was der Strafe werth war, nur Gutes an Jedermann? Wußten sie es nicht, daß es nur Neid und vereinte Bosheit ihrerseits war, daß sie Ihn verfolgten, verurtheilten und in der Heiden Hände überantworteten?

Und Pilatus! Hatte er nicht wiederholt bezeugt: Ich finde keine Schuld an Ihm? Warum ließ Er Ihn nicht los? Daß er Ihn wider Gesetz, besseres Wissen und Gewissen zum Tode verurtheilte — aus Menschengunst — war das keine Sünde? kein bewußter Justizmord?

Und das Volk! Hatten nicht die Meisten von ihnen von Jesu Wohlthaten gehört oder solche selber gesehen oder waren Zuhörer seiner gewaltigen und herzgewinnenden Reden gewesen und hatten Ihm das Zeugnis gegeben: Es ist ein großer Prophet unter uns aufgestanden und Gott hat Sein Volk heimgesucht? Luc. 7, 16. Wenn sie nun trotz allem Dem rufen konnten: „Kreuzige Ihn!" und an Seiner Verspottung Theil nehmen konnten: War das keine bewußte Sünde?

Gewiß! Alle Diese hatten mehr oder weniger Bewußtsein von der Sünde, die sie begingen. Aber Jesus in Seiner großen, unergründlichen, rettenden Heilandsliebe will sagen: Vater! sie denken nicht daran, daß sie sündigen; sie überlegen nicht die Größe der Sünde, die sie begehen; sie sind verblendet durch Leidenschaft und Unwissenheit. Ich tilge mit Meinem Tod auch die Sünde der Unwissenheit, der Leidenschaft, der Verblendung, der Grausamkeit, des Neides, der Menschengunst. Darum: Vergib ihnen; Rechne ihnen die Mißhandlung und die Leiden, die sie mir anthun, nicht an!

Ja, alle unsere Sünden sind im Grunde Unwissenheits= sünden. Denn, wenn man beim Sündigen daran dächte, daß man dadurch den Heiligen Gott beleidigt und Gottes Straf= gericht auf sich lädt—so nähme man sich in Acht, bezähmte seine Glieder und beherrschte seine Leidenschaften. Daher freuen wir uns, daß der sterbende Erlöser in dieser Bitte: Vater, vergib ihnen, denn sie wissen nicht, was sie thun! auch uns und alle Menschen eingeschlossen hat. Es ist dieses erste Wort ein rechtes Hohepriesterwort, in welchem der Herr beim himmlischen Vater Fürbitte einlegt für alle Menschen.

Das zweite Wort. Das lautet: „Wahrlich, ich sage dir, heute wirst du mit Mir im Paradiese sein." Luc. 23, 43. Zu wem redet der Herr dies herrliche Wort? Wem verspricht Er darin das Paradies? Einem Seiner Jünger? Nein. Einem Mitgekreuzigten, einem Mörder — dem Schächer, der in seiner letzten Stunde Buße thut. In die Verspottung des Herrn von Seiten der Juden stimmte auch einer der Mitgekreu= zigten ein. Der andere Missethäter aber strafte ihn und sprach: „Und du fürchtest dich auch nicht vor Gott, da du doch in gleicher Verdammnis bist? Und zwar wir sind billig darinnen, denn wir empfangen, was unsere Thaten werth sind; Dieser aber hat nichts Ungeschicktes gehandelt." Und zu Jesu sprach er: „Herr, gedenke an mich, wenn Du in Dein Reich kommst." Auf diese Bitte antwortet ihm Jesus so freundlich: „Heute wirst du mit Mir im Paradiese sein."

Eine rechte Erquickung und Stärkung muß dieser Vorgang mit dem Schächer für den sterbenden Herrn gewesen sein, denn sonst war Alles um Ihn her lauter Angst, Betrübnis und Qual. Da waren die rohen Kriegsknechte, der spottende Pöbelhaufen und die höhnenden Obersten der Juden. Alle Seine Jünger hatten Ihn verlassen bis auf Johannes, der

unter dem Kreuze stand und Seinen Todeskampf mit ansah.
Ein Simon hatte Ihm Sein Kreuz getragen, aber nicht Simon
von Kana, sondern Simon von Kyrene. Nicht Simon Petrus
gewährt dem sterbenden Meister durch seine Gegenwart Trost
und Erquickung — nein: ein Missethäter, ein Gerichteter, der
um seiner Uebelthaten willen am Leben gestraft wird — ein
Sünder, der in der elften Stunde Buße thut.

Daß die Umkehr des Schächers rechter Art war,
sehen wir außer der gnadenvollen Zusage, die ihm Jesus zu
Theil werden läßt, daran, daß die zwei Grundbedingungen, die
zu wahrer Umkehr nöthig sind, bei ihm vorhanden waren, nämlich Buße und Glaube. Da der andere mitgekreuzigte
Missethäter auch miteinstimmt in den Spott der Juden, so
strafte er ihn darüber und setzt bei: „Wir sind billig darinnen,
denn wir empfangen, was unsere Thaten werth sind." Darin
sieht er seine Sünden ein und erkennt die Gerechtigkeit der
Strafe, die er dafür erleiden muß, an. Das ist Sündenerkenntnis und Buße.

Aus dieser Sündenerkenntnis und Buße heraus ermannt
er sich aber auch zum Glauben an Jesum, und zwar zu einem
starken, kühnen Glauben. Von einem Mitgekreuzigten bittet
er: „Herr, gedenke an mich, wenn Du in Dein Reich kommst!"
Und sein Glaube wurde nicht zu Schanden. Mehr als er gebeten verheißt ihm der Herr. Nicht bloß will der Herr seiner
gedenken, Er verspricht ihm auch Gemeinschaft im Paradiese.

Welch ein eigenthümlicher Unterschied tritt uns bei diesen
drei auf Golgatha Gekreuzigten doch vor Augen! Der Eine
spricht frevelhafte Lästerworte, der Andere flehentliche Buß-
worte, der Dritte majestätische Gnadenworte.

Das eine Kreuz zeigt uns den verstockten, hartnäckigen
Unglauben; das andere den bußfertigen, demüthigen Her-
zensgauben; das dritte, das in der Mitte, ist der rechte
Gnadenstuhl, von dem Segen, Heil, Rettung, ja ewiges
Leben ausgeht, trotz des elenden Zustandes Dessen, der daran
hängt.

Aber wir dürfen den Vorgang mit dem Schächer
nicht falsch verstehen und etwa denken: O, es ist noch lange
Zeit zur Buße und zur Umkehr, zum Denken an Tod, Ewigkeit
und Gericht; wenn ich einmal aufs Sterbebett komme, ist es noch
Zeit genug, ernste Gedanken zu fassen; der Schächer ist ja auch
noch angenommen worden. Allerdings ist es wahr, daß Gott
die Menschen, die in der elften Stunde bußfertig zu Ihm kom-

men, auch noch annimmt. Aber weißt du denn, wann diese elfte Stunde sein wird, und ob du, wenn sie da ist, noch fähig bist, Buße zu thun? „Es schickt der Tod nicht immer Boten, er kommt auch oft unangemeldt." Und wie oftmals ist es schon vorgekommen, daß, wenn Jemand plötzlich aufs Todesbett geworfen wurde, oder, wenn auch lang krank, die Buße und Hinkehr zu Gott bis auf die letzte Stunde hinausgeschoben, dann kein Bewußtsein mehr hatte und somit nicht mehr Buße thun konnte. Darum verschiebe Keines von uns die Buße und Hinkehr zu Gott. Warte nicht bis morgen, sondern thue es heute. Sage nicht wie Felix zu Paulus: „Wenn ich gelegene Zeit habe." Apg. 24, 25. „Heute, so ihr Seine Stimme höret, so verstocket eure Herzen nicht." Pf. 95, 7. Und daß man auch in der elften Stunde mit Bewußtsein noch unbußfertig und verstockt bleiben kann — trotz der Gnadengelegenheit zur Buße — zeigt der andere mit dem Schächer und Jesu gekreuzigte Missethäter und sehen wir an so vielen anderen Fällen, die wir selbst erlebt haben.

Das dritte Wort.

Bezüglich des dritten Wortes lesen wir: „Es standen aber bei dem Kreuze Jesu Seine Mutter und Seiner Mutter Schwester, Maria, Kleophas Weib, und Maria Magdalena. Da nun Jesus Seine Mutter sahe und den Jünger dabei stehen, den Er lieb hatte, spricht Er zu Seiner Mutter: Weib, siehe, das ist dein Sohn! Darnach spricht Er zu dem Jünger: Siehe, das ist deine Mutter! Und von der Stunde an nahm sie der Jünger zu sich." Gemäß Diesem lautet das dritte Wort Jesu am Kreuz: „Weib, siehe, das ist dein Sohn," und: „Siehe, das ist deine Mutter!" Wenn ein Vater am Sterben liegt, so nimmt er zuerst von den Fernerstehenden Abschied, dann von den Angehörigen, und dann kämpft er den Todeskampf allein. So auch Jesus. In den zwei ersten Bitten gedenkt Er der ganzen Menschheit indem Er beim himmlischen Vater Vergebung ihrer Sünden für sie erflehte und den Bußfertigen das Paradies verheißt. Nun verabschiedet Er Sich liebevoll von den Seinen: Seiner Mutter und dem Jünger, den Er lieb hatte—dem Johannes. Der Mutter spricht Er Johannes als Sohn zu, damit er sie an Seiner Stelle versorge. Nun hatte Er mit der Welt abgeschlossen, um die wenigen Augenblicke, die Ihm an Seinem Leben noch übrig waren, ausschließlich auf den Verkehr mit Seinem himmlischen Vater zu verwenden. Stand Ihm ja noch das Härteste bevor: die

Trennung des Leibes von der Seele—der Tod. Und da konnte
Ihn der Anblick Seiner Mutter nur stören, und zudem hatte Diese
ja schon genugsam erfahren, was ihr einst der greise Simeon
im Tempel angekündigt: „Es wird ein Schwert durch deine
Seele dringen." Luc. 2, 35. Der Herr vergaß die Seinen
nie. Im Garten Gethsemane, als die Kriegsknechte schon die
Hände ausstreckten, Ihn zu fassen und zu binden, schützte Er
Seine Jünger noch mit den Worten: „Suchet ihr denn Mich, so
lasset diese gehen." Joh. 18, 8. Hier, in der furchtbarsten
Qual, umgeben vom Lärm und Spott des Volkes, sieht Er noch
Seine Mutter und übergibt sie in die Fürsorge eines Jüngers:
„Wie Er hatte geliebet die Seinen, die in der Welt waren, so
liebte er sie bis ans Ende." Joh. 13, 1. So sollen auch wir
einander lieb haben.

Wie reich ist doch dieser arme Sterbende! Die
Kriegsknechte hatten Seine letzte irdische Habe noch unter sich
getheilt — Seine Kleider. Und doch hatte Er noch einen drei=
fachen Segen mitzutheilen: einen Segen für Seine Feinde,
einen Segen für einen armen Sünder, und einen Segen für
Seine Mutter.

Das vierte Wort.

Nun beginnt Sein Todeskampf. Den kämpft Er
allein. Nun muß Er eintreten ins dunkle Thal des Todes und
noch dazu das Gottverlassensein an unserer Statt
fühlen. Kein Wunder daher, wenn es Ihm, der mit dem Vater
von Ewigkeit her in innigster Kindesliebe vereinigt war, vor
diesem Kampfe in der Gottverlassenheit graute und Er schmerz=
lich ausrief: „Mein Gott, Mein Gott, warum hast Du Mich ver=
lassen?" Matth. 27, 46. Nicht Vater sagt Er, sondern Gott.
Denn nicht als der liebe Sohn steht Er jetzt Gott gegenüber,
sondern als der Sünder, der die Sünden der ganzen Welt auf
Seinen Schultern hat, und an dem Gott alle Strafe dafür aus=
übt, gerade als ob Er alle diese Sünden Selber begangen hätte,
denn Er ist der Menschen Stellvertreter. Diese Gottverlassen=
heit war eine Strafe, die Jesus an Stelle der Menschen auszu=
halten hatte. Um der Sünde willen mußte Gott Sein gnädiges
Vaterantlitz von den Menschen abwenden und sie verstoßen. Da
aber kommt Jesus und sagt: Deine Ungnade und Deinen ge=
rechten Zorn laß Mich erfahren; zürne Mir und sei mir ungnä=
dig anstatt ihnen. Der Vater nahm dieses Anerbieten an. Und
hier handelt Er demgemäß.

Dadurch, daß Jesus in Seinem Vertrauen zu Gott nicht wankend ward, sondern festhielt und betete: Mein Gott! bewirkte Er, daß um Seinetwillen Gott Sein väterliches Angesicht den Menschen wieder zuwandte. Und so dürfen wir in dunkeln Stunden auch rufen: Mein Gott, ich laß doch nicht von Dir, wenn Du Dein Antlitz auch eine Zeitlang verbirgst! Namentlich dürfen wir beim Eintreten ins dunkle Thal des Todes uns getrösten, daß Er das Gottverlassensein für uns gebüßt und wir im Todesthal nicht von Gott verlassen sind. Dieser Glaube ist der Schlüssel zum Verständnisse des Psalmwortes: „Und ob ich schon wanderte im finstern Thal, fürchte ich kein Unglück; denn Du bist bei mir; Dein Stecken und Stab trösten mich." Ps. 23, 4.

Das fünfte Wort.

„Darnach, als Jesus wußte, daß schon Alles vollbracht war, daß die Schrift erfüllet würde, spricht Er: Mich dürstet. Da stand ein Gefäß voll Essig. Sie aber füllten einen Schwamm mit Essig, und legten ihn um einen Ysop, und hielten es Ihm dar zum Munde." Joh. 19, 28. 29. Nicht bloß, daß Jesus hier den leiblichen Durst fühlt, was kein Wunder ist, wenn man an Seine Mark und Muskeln aussaugenden Schmerzen denkt: Mit Seinem Durstleiden hat Er die Unmäßigkeit der Menschen gebüßt. Und der Essig, den sie Ihm reichen, war kein Labetrunk für Ihn, und vermehrte Seine Schmerzen nur noch mehr. Dadurch, daß Er gedürstet, hat Er uns eine nieverfiegende Heilsquelle eröffnet, aus der wir allezeit schöpfen können Gnade um Gnade.

Das sechste Wort.

Der sterbende Erlöser kommt ans Ende Seiner Leiden. „Da nun Jesus den Essig genommen hatte, sprach Er: Es ist vollbracht!" Vollbracht hatte Er nun, wozu Ihn der Vater in die Welt gesandt hatte. Er hatte das Gesetz erfüllt und die Schuld des Gesetzes für die Menschen gebüßt; Gottheit und Menschheit ausgesöhnt, indem Er eine ewige Erlösung geschaffen. Mit diesem Ausruf: „Es ist vollbracht!" ist Alles erfüllt, was von dem Welterlöser von der Geschichte des Sündenfalles an bis zum Augenblick, wo Er am Kreuze hing — bis zum Essigtrank — geschrieben war. Alle Vorbilder des alten Bundes, die auf den Messias zielten: die eherne Schlange in der Wüste und alle Opfer im jüdischen Gottesdienst — finden hier ihre Verwirklichung. Voll-

bracht Sein Leben auf Erden, vollbracht Sein Leiden, vollbracht
Sein Kampf am Kreuz.

Das siebente Wort.

Und so konnte Er auch getrost Seinen Geist
dem himmlischen Vater anbefehlen. Davon berichtet
Lukas: „Und Jesus rief laut und sprach: Vater, Ich befehle
Meinen Geist in Deine Hände. Und als Er das sagte, ver=
schied Er." Luc. 23, 46. Das war ein Verscheiden, wie noch
keines vorher da war, ein Tod, wie die Schrift vorher noch
keinen gemeldet. Aus diesem Verscheiden allein erwuchs der
Menschheit Trost, und nur dieser Tod brachte ihr das Leben —
die Versöhnung.

Mögen auch wir am Ende unserer irdischen Wallfahrt
auf unser Leben hinblicken können — als ein im Gehorsam gegen
Gott und Glauben an den Gekreuzigten verbrachtes, und auch
so verscheiden, wie Er, mit dem Gebet auf den sterbenden Lip=
pen: „Vater, in Deine Hände befehle ich meinen Geist!"

> „Ich danke Dir von Herzen,
> O Jesu, liebster Freund,
> Für Deine Todesschmerzen,
> Da Du's so gut gemeint:
> Ach gib, daß ich mich halte
> Zu Dir und Deiner Treu,
> Und wenn ich nun erkalte,
> In Dir mein Ende sei."

Amen.

Oſtern.

Und da der Sabbath vergangen war, kauften Maria Magdalena und Maria Jakobi und Salome Specerei, auf daß sie kämen und ſalbeten Ihn. Und ſie kamen zum Grabe an einem Sabbather ſehr frühe, da die Sonne aufging. Und ſie ſprachen unter einander: Wer wälzet uns den Stein von des Grabes Thür? Und ſie ſahen dahin und wurden gewahr, daß der Stein abgewälzet war; denn er war ſehr groß. Und ſie gingen hinein in das Grab und ſahen einen Jüngling zur rechten Hand ſitzen, der hatte ein lang weiß Kleid an, und ſie entſetzten ſich. Er aber ſprach zu ihnen: Entſetzet euch nicht. Ihr ſuchet Jeſum von Nazareth, den Gekreuzigten. Er iſt auferſtanden und iſt nicht hie. Siehe da die Stätte, da ſie Ihn hinlegten. Gehet aber hin und ſaget es Seinen Jüngern und Petro, daß Er vor euch hingehen wird in Galiläa; da werdet ihr Ihn ſehen, wie Er euch geſagt hat. Und ſie gingen ſchnell heraus und flohen von dem Grabe; denn es war ſie Zittern und Entſetzen angekommen. Und ſagten niemand nichts; denn ſie fürchteten ſich.

1. Im Karfreitagsevangelium heißt es: „Und von der ſechſten Stunde an ward eine Finſternis über das ganze Land, bis zu der neunten Stunde;" Matth. 27, 45 „und die Sonne verlor ihren Schein." Luc. 23, 45. Dieſe Finſternis verſchwand; es ward Licht über Chriſti Haupte, und Er rief aus: „Es iſt vollbracht!" Die Trauer der dreiſtündigen Finſternis löſte ſich auf in die Siegeswonne des vollbrachten Kampfes.

2. Dieſe dreiſtündige Finſternis und die darauffolgende Siegeswonne iſt ein Abbild des traurigen Zuſtandes in welchem die Jünger des Herrn ſich befanden während der Zeit, da ihr Meiſter gekreuzigt war und im Grabe lag, und der innigen Freude bei der Botſchaft, Er ſei auferſtanden. Unklarheit und Zweifel hinſichtlich Seiner göttlichen Sendung und Seines Werkes hatte ſich in ihren Herzen feſtgeſetzt. Ihr

Zustand war ein unglücklicher. Dunkel war es in ihrem Innern. Da aber kam die liebliche Osterkunde: „Der Herr ist auferstanden!" Nun schwand die Unklarheit, und ihr Zweifel löste sich auf in die selige Gewißheit: „Der Herr ist wahrhaftig auferstanden!"

3. Diese Karfreitagstrauer ist ein getreues Abbild unseres ganzen Erdenlebens mit all seinen Leiden und Sorgen, Schmerzen und Räthseln, und die Osterfreude ein Abbild unserer Wonne beim Eintreten in das selige Jenseits, wo alle Leiden in Freuden und alle Räthsel in Gewißheit sich auflösen werden.

4. Ja, jene Finsternis am Karfreitag und das Ruhen des Leichnams Jesu im Grab den stillen Samstag über ist ein Abbild von unserer Grabesruhe, und die Osterfreude ein Abbild von der seligen Wonne, die die Gläubigen des Herrn am großen Ostermorgen der Auferstehung der Todten durchwehen wird.

Daher haben die Christen aller Zeiten das Osterfest als ein Freudenfest angesehen und gefeiert. Das wollen auch wir thun indem wir uns die Frage zu beantworten suchen:

Warum ist das Osterfest ein Freudenfest?

Zwei Antworten wollen wir geben:

I. weil es Trost bringt fürs Leben;
II. weil es Trost bringt fürs Sterben.

I. Das Osterfest ist ein Freudenfest, weil es Trost bringt fürs Leben.

1. Im Osterevangelium wird uns berichtet, daß einige Frauen, die Jüngerinnen des Herrn waren, am Ostermorgen zum Grabe Jesu in Josephs Garten gingen, in der Absicht, den Leichnam Jesu zu salben mit Spezereien, die sie bei sich trugen, und daß sie sich unterwegs mit der drückenden Frage beschäftigen: „Wer wälzt uns den Stein von des Grabes Thür?" Ferner wird uns angegeben, daß sie, „als sie dahin sahen, gewahr wurden, daß der Stein abgewälzet war." Weiter wird uns berichtet, daß sie, am Grabe angekommen, einen Jüngling in weißem Kleid zur rechten Hand sitzen sahen, der zu ihnen sagte: „Entsetzet euch nicht. Ihr suchet Jesum von Nazareth, den Gekreuzigten; Er ist auferstanden, und ist nicht hier."

Aus dem erjehen wir, daß die Ofterbotjchaft des Engels:
„Er ift auferstanden!" für die Frauen eine Botjchaft des Troftes
und der Freude war. Denken wir uns in ihre Lage und Ge=
fühle hinein. Aus edler, dankbarer Liebe waren fie dem Mei=
fter nachgefolgt; waren in den Tagen Seines letzten Leidens
nicht von Ihm gewichen, wie Seine Jünger thaten; hatten Ihn
auf Seinem Gang nach Golgatha begleitet; waren unter dem
Kreuze ftehen geblieben, was nur Einer der Zwölfe — Johan=
nes — that; hatten fich nicht vertreiben lassen als Joseph von
Arimathia und Nikodemus den Leichnam Jesu vom Kreuze
herabnahmen: fie hatten sehen wollen, wohin man Ihn begra=
ben würde. So lesen wir: „Es folgten aber die Weiber
nach, die mit Ihm gekommen waren aus Galiläa, und bejchau=
ten das Grab, und wie Sein Leib gelegt ward." Luc. 23, 55.
Nun war ihre ganze Hoffnung, die fie in Jesu gesetzt, vernichtet.
Sie hatten Ihn für den Messias gehalten, hatten Israels Erlö=
sung und die Aufrichtung eines israelitischen Königreichs von
Ihm erwartet — jetzt war Er gekreuzigt und begraben!

2. Aber doch hört, trotz der Gedankenverwir=
rung in ihrem Innern, ihre Anhänglichkeit und
Liebe nicht auf. Denn während der Grablegung Christi
fassen fie den Entschluß, den Leichnam nach dem Sabbath zu
salben. Denn so heißt es: „Sie kehrten aber um, und bereite=
ten die Spezereien und Salben, und den Sabbath über waren
fie stille nach dem Gesetz." Luc. 24, 56. Und kaum ist der
Sabbath vergangen, so sind fie morgens frühe schon auf dem
Wege nach dem Grabe, um dem geliebten Meister wenigstens
noch die letzte Ehre anzuthun: Seinen Leichnam zu salben.
Ein großes Hindernis stand ihnen noch im Wege: der große
Grabstein! „Wer wälzt uns den Stein von des Grabes Thür?"
so spricht sorgenvoll Eine zur Andern. Wer kann daher die
Ueberraschung schildern, die über fie gekommen sein muß, als
fie den Grabstein abgewälzt und das Grab leer fanden! Ja,
noch mehr: als ein Engel in weißem Lichtgewand ihnen ankün=
digt, der Gekreuzigte sei auferstanden und lebe! Wir, die wir
von Jugend auf, an jedem Karfreitag schon das Osterevange=
lium zum Voraus wissen, können uns kaum in die überraschende
Freude dieser Frauen hineindenken, als fie den Grabstein abge=
wälzt und das Grab leer fanden, und ihnen überdies der Todt=
geglaubte als lebend angekündigt wird.

3. In ganz besonderem Sinn aber mußte die
Osterbotschaft: der Herr ist auferstanden! den Jüngern

zur Freude gereicht haben. Sehen wir uns ein wenig
nach ihnen um. Im Garten Gethsemane „verließen sie Ihn —
Jesum — alle und flohen.“ Petrus kehrt um und folgt der
Schaar, die Jesum gebunden mit sich führte, nach bis in den
Palast des Hohenpriesters, „auf daß er sähe, wo es hinaus
wollte.“ Matth. 26, 58. Dort verleugnet er seinen Meister,
und will Ihn nicht mehr kennen. Der Herr geht Seinen Lei-
densweg. Vom Gericht in Israel bringt man Ihn vor den
Richterstuhl des römischen Landpflegers Pontius Pilatus. Von
dort führen Ihn die Kriegsknechte hinaus, „daß sie Ihn kreuzigten.“ Am Kreuze stirbt Er. Joseph von Arimathia und der
Rathsherr Nikodemus begraben Ihn. Der Meister liegt im
Grab. Alles schien nun aus und verloren zu sein. Der Jünger
süßeste Hoffnungen waren zertrümmert. Der, von welchem sie
hofften, „Er werde Israel erlösen,“ war schmählich vernichtet.
Was sollen sie jetzt denken? Sollen sie ihre bisher gehegte und
oftmals offen ausgesprochene Ansicht, Er sei der Sohn Gottes
und der verheißene König Israels, auf die Seite setzen und sich
als betrogen ansehen? Kaum können sie Solches thun. Denn
Seine Worte — das müssen sie ja anerkennen — trugen zu
deutlich den Stempel der Wahrheit. Und Seine Thaten und
Wunder — die hatten sie ja selber gesehen und ließen keinen
Zweifel übrig, daß sie Thaten des Sohnes Gottes waren. Jene
Stimme auf dem Verklärungsberg: „Dies ist Mein lieber Sohn,
an welchem Ich Wohlgefallen habe!“ hatten sie ja mit ihren
eigenen leiblichen Ohren gehört — kein Irrthum konnte da
obwalten! Und doch mußten sie auf der anderen Seite denken:
Warum konnte Er es nicht verhindern, Seinen Feinden in die
Hände zu fallen und zu untererliegen. An die Vorherverkündigung Seines Leidens und Sterbens, die ihnen aus Seinem
Munde oftmals, wiederholt, geworden war, dachten sie nicht.
Ihre Augen waren geblendet vom Karfreitagsdunkel des Leidens; ihr Glaube schwankte hin und her. Ungewißheit und
Zweifel bezüglich der göttlichen Sendung ihres Meisters kämpfte
in ihrem Innern mit dem, was ihnen von Ihm bis jetzt aner-
kannte und selige Wahrheit gewesen. Es war ein schrecklicher,
unglückseliger Zustand, in dem sie sich befanden. Sie glichen
einem ankerlosen Schifflein, das von den brandenden Wogen
zwischen Felsen und Klippen hin- und hergetrieben wird. Doch
— es sollte sich Alles aufklären. Die dunkeln Wolken ihrer
Traurigkeit sollten verschwinden vor der Ostersonne, die über
dem offenen, leeren Grab erschien.

4. Maria Magdalena, eine von den Frauen, die am Oſtermorgen zum Garten gingen, um den Leichnam Jeſu zu ſalben, kehrte, als ſie das Grab offen und leer fanden, ohne die andern Frauen, zur Stadt zurück, um den Jüngern Jeſu Solches anzuſagen. Petrus und Johannes eilen hinaus und finden es ſo, wie ihnen geſagt war. Sie theilen das den andern Jüngern mit. Der auferſtandene Herr, der Sich Maria Magdalena, die wieder zum Grab hinausgeeilt war, und auch den andern Frauen gezeigt hatte, erſcheint dem Petrus allein. (Luc. 24, 34. 1 Cor. 15, 5.) Nachmittags iſt Er bei den Emmausjüngern; des Abends erſcheint Er Seinen Jüngern in der Abweſenheit des Thomas, und acht Tage ſpäter in deſſen Dabeiſein. So hatten Ihn Seine Jünger alle geſehen. Wie ſich die Sonne am Morgen langſam den ſie umhüllenden Nachtwolken entwindet und dann hell und klar die Erde beleuchtet, ſo ſchwanden auch bei den Jüngern die ihren Geiſt umnachtenden Wolken des Zweifels nur langſam vor der Oſterkunde: „Der Herr iſt auferſtanden!" bis Er Selbſt, die Sonne des Lichtes und Lebens, ſichtbar vor ihnen ſtand, ihren Geiſt zu erleuchten und ihr Herz zu erfreuen. Nun wurde es ihnen klar, daß Er leiden und ſterben mußte, auf daß die Schrift erfüllet und ſo die Menſchheit erlöſt würde. Nun wich aber auch ihre Trauer und der Druck von ihren Herzen, denn ſie wußten, daß ihr Meiſter lebe und Alles ſeine Richtigkeit habe. Gerne wollen ſie nun wieder leben; gerne wollen ſie auch für ihren Meiſter arbeiten und wirken.

5. Auch uns will die Oſterbotſchaft Troſt bringen fürs Leben. Denn der Oſterſegen erſtreckt ſich nicht bloß auf die Jünger und die damals lebenden Gläubigen, ſondern reicht herauf bis auf unſere Zeit und hinaus bis ans Ende der Tage. Des Troſtes ſind wir Alle bedürftig. An traurigen, mühſeligen und beladenen Herzen fehlt es auch bei uns nicht. Wie die Jünger, ſo können auch wir oftmals die Wege Gottes nicht verſtehen. Du haſt dich vielleicht auch, wie ſie, dem Herrn und Seinem Reiche rückhaltlos hingegeben und anvertraut. Und doch iſt Kreuz, Noth und Trübſal ein ſteter Gaſt in deinem Hauſe, während es den Unkirchlichen und Gottloſen wohl gehet. Das macht dich irre. Es ſteigen Zweifel in deiner Seele auf, ob das Chriſtenthum auch etwas nütze; oder du machſt Gott ſtille oder laute Vorwürfe über Sein Weltregiment und die Lebensführung der Menſchen. Schon wie mancher Anfänger im Glauben iſt an dieſer Klippe geſcheitert!

Wer aber Geduld hat und wartet, dem geht aus dem Dunkel
solcher Unklarheit und Trübsal das selige Osterlicht der göttli=
chen Hilfe auf, das ihm seinen Lebenspfad erleuchtet, so daß er
wieder sehen kann, wo er steht und wohin er geht, und er auch
wieder zufrieden ist mit Gottes Führung, ohne sich zu stoßen an
dem Scheinglück der Weltkinder.

Wenn dann so die Trübsalswolken der Trauer, der Noth,
des Zweifels, der Unzufriedenheit, verschwunden sind, und die
Ostersonne der Zufriedenheit mit Gottes Wegen und Führun=
gen im Herzen aufgegangen ist, dann kehrt auch die Lust zum
Leben und zum Wirken wieder zurück. Dann geht man wieder
gerne an die Arbeit, die uns unser irdischer Beruf auferlegt
und greift gerne wieder an am Werke des Herrn in Seinem
Reich auf Erden.

6. Der Haupttrost aber, den uns das Osterfest mit
seiner Botschaft: „Der Herr ist auferstanden!" gewährt, ist
die Gewißheit der Vergebung der Sünden. Durch
Seinen unschuldigen Tod am Kreuze erwarb uns Christus die
Vergebung unserer Sünden: Denn Er brachte Sein eigenes
Blut als Versöhnungsblut dem Vater im Allerheiligsten dar.
Wie einst im alten Testament der Hohepriester, nachdem er am
großen Versöhnungstage die Bundeslade mit Thierblut be=
sprengt hatte — um dadurch Israel einstweilen zu versöhnen —
aus dem Allerheiligsten herauskam, um dem im Vorhofe ver=
sammelten Volke zu zeigen, daß das Versöhnungsopfer darge=
bracht und angenommen worden sei, und um das Volk zu seg=
nen: so mußte auch Christus, nachdem Er „durch Sein eigenes
Blut Einmal in das Heilige eingegangen, und eine ewige
Erlösung erfunden," Heb. 12, 9. wieder hervorkommen, den
Menschen anzuzeigen, daß der himmlische Vater Sein darge=
brachtes Versöhnungsblut als Sühnopfer für die Menschen
angenommen habe, und um den Menschen die vollendete Ver=
söhnungsgnade anzubieten, auch um das Predigtamt einzu=
setzen, das solche Gnade fort und fort anbietet. „Er ist um
unserer Sünde willen dahin gegeben, und um unserer Gerech=
tigkeit willen auferwecket." Röm. 4, 25. Den Trost der
Sündenvergebung bedürfen wir Alle. Denn wir sind Alle
Sünder vor Gott. Der Sündenstein liegt auf jedem Herzen.
Wie am Ostermorgen der Grabstein von Jesu Grab abgewälzt
wurde, so ist durch seine Auferstehung jener Sündenstein abge=
wälzt, und der Auferstandene verkündigt es der Menschheit, die
Sünde sei weggenommen — sei vergeben.

Wer das glaubt, in dessen Herzen kehrt Freude und Friede ein, es weicht die Traurigkeit, und fröhlicher Muth stärkt den Geist. Man weiß: Ich bin versöhnt mit Gott; Er ist mein Vater und ich sein Kind. „Nun wir denn sind gerecht geworden durch den Glauben; so haben wir Frieden mit Gott, durch unsern Herrn Jesum Christ." Röm. 5, 1.

Das Osterfest ist ein Freudenfest,

II. weil es Trost bringt fürs Sterben.

1. Christi Auferstehung ist uns ein Beweis, daß es ein Leben jenseits des Grabes, ein ewiges Leben gibt. Jesus weckte in Seinem Leben auf Erden mehrere Todte auf: den Jüngling zu Nain, das Töchterlein des Jairus und den Lazarus zu Bethanien. Aber alle diese lebten nach ihrer Auferweckung in der alten Weise und mußten hernach wieder sterben. So ist das Leben, das sie nach ihrer Auferweckung besaßen, nicht zum ewigen Leben zu rechnen, sondern war bloß eine Fortsetzung des durch ihren Tod unterbrochenen irdischen Lebens. Jesus war am Kreuz gestorben und war begraben worden. Nach Seiner Auferstehung zeigte Er Sich den Seinen wiederholt; nicht nur einmal, sondern öfters. Er lebte. Daraus ist vorerst ersichtlich, daß es ein Leben nach dem Tode des Körpers gibt. Und dann war Sein Leben nach der Auferstehung verschieden von dem vorigen. Sein Leib war nicht mehr gebunden an die Gesetze der Natur; Er hatte einen verklärten Leib. In diesem Leib fuhr Er auf zum Himmel.

In der Auferstehungsgeschichte wird uns von Engeln berichtet. Diese Wesen gehören nicht der Erde an; sie sind Geschöpfe einer anderen Welt, und, nach allem, was uns in Gottes Wort von ihnen berichtet wird, einer besseren, einer reinen.

2. An dieses Leben dachte Paulus als er schrieb: „Hoffen wir allein in diesem Leben auf Christum, so sind wir die elendesten unter allen Kreaturen." Röm. 15, 19. Die Thiere haben ein Leben, das nur dieser Welt angehört. Wenn es sich mit uns auch so verhielte, so hätten die Thiere ein noch besseres Loos als wir Menschen. Denn, wenn sie auch viel leiden müssen, so haben sie doch nicht das feine Gefühl, das ein Mensch hat, empfinden den Schmerz somit nicht so tief wie er, und weil ihnen das Selbstbewußtsein abgeht, so sind sie Vielem enthoben, dem der Mensch unterworfen ist. Paulus hat Recht,

wenn er behauptet, ohne ein ewiges Leben hoffen zu dürfen, wäre der Mensch die elendeste aller Kreaturen. Auf der anderen Seite aber ist es auch wahr, daß mit der Hoffnung auf ein ewiges Leben der Mensch die glücklichste aller Kreaturen ist. Versetzt uns nicht schon die Hoffnung auf etwas Angenehmes, Erfreuliches, das wir erwarten, in gute Stimmung und läßt uns alles etwaige Unangenehme und Lästige geduldig ertragen? Wie vielmehr die Aussicht auf ein ewiges, seliges Leben! Wenn dir das in Aussicht steht — Fortleben der Seele in einem seligen Jenseits, frei von Erdleid, in Gemeinschaft mit Gott und den Engeln — dann erträgst du gerne alles Ungemach, das dieses irdische Leben in sich schließt; hältst auch gern des Todes Kampf und Schmerz aus, weil du weißt, Das führt zum ewigen Leben. Christi Auferstehung ist Bürgschaft für den Artikel im Glaubensbekenntnis: „Ich glaube an ein ewiges Leben.“ So bringt uns die Osterbotschaft: Der Herr ist auferstanden! Trost fürs Sterben.

3. Dieser Trost wird noch vergrößert, wenn wir die Schriftlehre von der Auferstehung des Leibes glauben. Diese geht dahin, daß Christus am jüngsten Tage alle Todten auferwecken, ihre Leiber verklären und mit der Seele vereinigen wird. Diese Lehre ist in der ganzen heiligen Schrift begründet. Namentlich aber ist uns die Auferstehung Christi selbst der herrlichste Beweis für die Wahrheit dieser tröstlichen Lehre. Paulus sagt: „Christus ist der Erstling geworden unter Denen, die da schlafen.“ 1 Korinth. 15, 20. Ist Er, der Erstling, auferstanden, so werden die Andern auch folgen; hat sich das Haupt vom Grab erhoben, so zieht es auch die Glieder nach. ·

Christus Selbst hat die Auferstehung der Todten gelehrt. „Es kommt die Stunde, in welcher Alle, die in den Gräbern sind, werden Seine Stimme hören; und werden hervorgehen, die da Gutes gethan haben, zur Auferstehung des Lebens; die aber Uebels gethan haben zur Auferstehung des Gerichts.“ Joh. 5, 28. 29. Hiob schon tröstete sich mit der Aussicht auf die Auferstehung seines Leibes. Er sagt: „Ich weiß, daß mein Erlöser lebet, und er wird mich hernach aus der Erde auferwecken.“ Hiob 19, 25. Jesaias weissagt: „Deine Todten werden leben, und mit dem Leichnam auferstehen.“ Jes. 26, 19. Am Herrlichsten aber ist der Auferstehungstrost ausgedrückt in Pauli Wort: „Es wird gesäet verweslich, und wird auferstehen unverweslich. Er wird gesäet in Unehre, und wird auferstehen in

Herrlichkeit. Er wird gefäet in Schwachheit, und wird aufer=
stehen in Kraft. Er wird gefäet ein natürlicher Leib, und wird
auferstehen ein geistlicher Leib." 1 Korinth. 15, 42—44. Auch
unser Glaubensbekenntnis hat diesen tröstlichen Glaubenssatz:
„Ich glaube an die Auferstehung des Fleisches."

4. Diese beiden Glaubenslehren, ein ewiges
Leben und die Auferstehung des Fleisches, liegen
in der Osterkunde: Der Herr ist auferstanden! Der feste,
unerschütterliche Glaube daran gewährt uns Trost beim Ster=
ben, sowohl beim Sterben der lieben Unsern, als auch bei unse=
rem eigenen. Wenn Eins der Unsern im Glauben an Jesum
als den Versöhner abscheidet, so ist es nicht verloren, sondern
geht ein ins ewige Leben, und seinen Leichnam legen wir als
ein Waizenkorn zur Auferstehung in Gottes Acker. Denken wir
an unser eigenes Sterben, so ist uns dasselbe nichts Schreckliches
mehr; denn wir wissen, daß Gott das Versöhnungsopfer Christi
für unsere Sünden angenommen hat, wir daher mit Ihm ver=
söhnt sind. Als Versöhnte aber bringt uns der Tod ins ewige
Leben, und am jüngsten Tage wird Gott unseren Leib vom
Grabe auferwecken und mit der Seele zu ewiger seliger Gemein=
schaft verbinden.

5. So eigne dir denn den Trost, der in Christi
Auferstehung liegt, gläubig zu; dann wirst du deiner
Sorgen, deiner Zweifel und deiner Sündenangst los, und Ruhe,
Gewißheit und Gottesfrieden kehrt ein in dein Herz. Dein
Leben ist dir dann keine Last mehr, sondern eine Vorbereitungs=
zeit zu einer seligen Himmelfahrt, die uns mit dem Fürsten des
Lebens auf ewig vereint.

Solcher Osterglaube gewährt uns Trost fürs Leben und
Trost fürs Sterben. Drum:

> „Jesus lebt! mit Ihm auch ich;
> Tod, wo sind nun deine Schrecken?
> Jesus lebt, Er wird auch mich
> Von den Todten auferwecken;
> Er verklärt mich in Sein Licht;
> Dies ist meine Zuversicht.

Amen.

Quasimodogeniti.

Joh. 20, 19—31.

Am Abend aber desselbigen Sabbaths, da die Jünger versammelt und die Thüren verschlossen waren, aus Furcht vor den Juden, kam Jesus und trat mitten ein, und spricht zu ihnen: Friede sei mit euch; Und als Er das sagte, zeigte Er Ihnen die Hände und Seine Seite. Da wurden die Jünger froh, daß sie den Herrn sahen. Da sprach Jesus abermal zu ihnen: Friede sei mit euch! Gleichwie Mich der Vater gesandt hat, so sende Ich euch. Und da Er das sagte, blies Er sie an und spricht zu ihnen: Nehmet hin den heiligen Geist, welchen ihr die Sünden erlasset, denen sind sie erlassen, und welchen ihr sie behaltet, denen sind sie behalten. Thomas aber, der Zwölfen einer, der da heißet Zwilling, war nicht bei ihnen, da Jesus kam. Da sagten die andern Jünger zu ihm: Wir haben den Herrn gesehen. Er aber sprach zu ihnen: Es sei denn, daß ich in Seinen Händen sehe die Nägelmale und lege meinen Finger in die Nägelmale und lege meine Hand in Seine Seite, will ichs nicht glauben. Und über acht Tage waren abermal seine Jünger drinnen, und Thomas mit ihnen. Kommt Jesus, da die Thüren verschlossen waren, und tritt mitten ein und spricht: Friede sei mit euch! Darnach spricht Er zu Thomas: Reiche deinen Finger her und siehe Meine Hände, und reiche deine Hand her und lege sie in Meine Seite, und sei nicht ungläubig, sondern gläubig. Thomas antwortete und sprach zu Ihm: Mein Herr und mein Gott! Spricht Jesus zu ihm: Dieweil du Mich gesehen hast, Thomas, so glaubest du. Selig sind, die nicht sehen, und doch glauben. Auch viele andere Zeichen that Jesus vor Seinen Jüngern, die nicht geschrieben sind in diesem Buch. Diese aber sind geschrieben, daß ihr glaubet, Jesus sei Christ, der Sohn Gottes, und daß ihr durch den Glauben das Leben habt in Seinem Namen.

1. Der heutige Sonntag hat wie so mancher andere einen lateinischen Namen. Er heißt: Quasimodogeniti, d. h.: „als die jetzt Neugeborenen." Man las nämlich in der alten christlichen Kirche auf diesen Sonntag die Stelle aus dem ersten Briefe Petri: „Seid begierig nach der vernünftigen lautern Milch, als die jetzt geborenen Kindlein, auf daß ihr durch die-

(240)

selbige zunehmet." 1. Petri 2, 2. Diese Mahnung galt den Neubekehrten. Solche Neubekehrten aus Juden und Heiden wurden gewöhnlich auf Ostern getauft. Dabei trugen sie weiße Kleider. In denselben erschienen sie auch die Woche hindurch in den christlichen Versammlungen. Zum letzten Male trugen sie dieselben am Sonntag nach Ostern. Daher heißt dieser Sonntag auch der weiße Sonntag. An demselben nun wurde ihnen jene angegebene Stelle aus dem Petribriefe vorgelesen. Damit sollte ihnen bedeutet werden, daß, wie neugeborene Kindlein nach der Muttermilch verlangen und durch dieselbe wachsen und zunehmen, so auch sie nach dem Evangelium mit seiner angenehmen, süßen Heilsbotschaft verlangen und dadurch wachsen und zunehmen sollen an christlicher Erkenntnis und geistlicher Kraft. So war dieser Sonntag gleichsam eine Nachfeier zu Ostern.

2. Als Nachfeier zu Ostern hat ihn die christliche Kirche bis auf den heutigen Tag beibehalten. Sie betrachtet an demselben Jesu Erscheinung bei Seinen Jüngern nach Seiner Auferstehung. Denn, obgleich Jesus durch Seinen Tod am Kreuze die Sünden der Menschen gebüßt und durch Seine Auferstehung den Tod besiegt und so die Erlösung der Menschheit vollbracht hatte, wie auch Paulus sagt: „Er ist um unserer Sünde willen dahingegeben und um unserer Gerechtigkeit willen auferwecket:" Röm. 4, 25; so blieb Er nach Seiner Auferstehung doch noch 40 Tage auf Erden; und zwar um Seiner Jünger willen. Diesen hatte Er ja noch so „Vieles zu sagen", was Er ihnen vor Seinem Tode noch nicht mittheilen konnte, da sie es noch nicht verstanden hätten: „Ich habe euch noch viel zu sagen; aber ihr könnet es jetzt nicht ertragen," hatte Jesus vor Seinem Leiden und Sterben zu ihnen sagen müssen. Und doch — sollten sie Apostel, Botschafter in Christi Reich, werden, so mußten sie volle Einsicht in die Verhältnisse und die Beschaffenheit dieses Reiches haben. Diese zu erlangen, waren sie nach Ostern fähiger als vor derselben. Und so sehen wir den Herrn nach Seiner Auferstehung da und dort bei Seinen Jüngern erscheinen. Am Osternachmittag gesellt Er Sich zu den Emmausjüngern und erklärt ihnen die Schrift. Hier in unserem Texte erscheint Er den versammelten Jüngern, zuerst in der Abwesenheit des Thomas und dann, als derselbe dabei war.

So wollen wir denn mit einander betrachten

Ev.-Pr.—16

Jesu Erscheinung bei Seinen Jüngern bei verschlossenen Thüren — zuerst in Abwesenheit des Thomas und dann in dessen Gegenwart.

Dabei wollen wir sehen, wie Er ihnen

I. den rechten Osterfrieden bringt;

II. sie des höchsten Osterauftrages würdigt; und

III. ihnen zur wahren Osterfreude verhilft.

1. Jesus, der Auferstandene, bringt bei Seinem Besuch Seinen Jüngern den rechten Osterfrieden mit. Das ersehen wir aus dem Text: „Am Abend aber desselbigen Sabbaths, da die Jünger versammelt und die Thüren verschlossen waren, aus Furcht vor den Juden, kam Jesus und trat mitten ein, und spricht zu ihnen: Friede sei mit euch! Und als Er das sagte, zeigte Er ihnen die Hände und Seine Seite."

„Am Abend desselbigen Sabbaths": Das ist der Abend des Tages, an dem der Herr auferstand, also der Ostersonntagabend. Es kann wohl sein, daß diese Erscheinung in dem Hause stattfand, in welchem Jesus am Abend vor Seiner Gefangennehmung mit Seinen Jüngern das Osterlamm aß und das heilige Abendmahl einsetzte. Dort als einem allen Jüngern bekannten und befreundeten Hause hatten sie sich eingefunden.

Den Zustand ihrer Herzen erkennen wir am Deutlichsten aus der Angabe im Text: „und die Thüren verschlossen waren, aus Furcht vor den Juden." Verwirrung und Friedlosigkeit herrschte in ihren Herzen. Die Thatsachen der vorhergehenden Tage waren ja gewiß dazu angethan gewesen, sie in Unruhe, Verwirrung und Friedlosigkeit zu versetzen. Die schrecklichen Vorgänge im Garten Gethsemane, die schaudererregenden Berichte von ihres Meisters Leiden vor dem Gerichte der Hohenpriester, der Aeltesten und des Landpflegers, und über Alles Sein qualvoller, schimpflicher Tod am Kreuze: Das waren traurige, niederschlagende und entmuthigende Erinnerungen an Den, von welchem sie hofften, Er werde Israel von seinen Feinden erlösen und ein glänzendes Königreich der Juden aufrichten. Mit ihres Meisters Tod schienen ihnen alle diese Hoffnungen begraben zu sein. Eine Traurigkeit sondergleichen bemächtigt sich ihrer. Und doch war in ihrem Innern ein gewisses Etwas, das sie bei aller Trostlosigkeit, ohne daß sie es ahnten und wußten, die Hoffnung eines besseren Ausganges der Sache nicht aufgeben ließ. Aber — der Meister war todt und begraben. Wohl kommen die Frauen, die beim Grabe Jesu in Josephs Garten gewesen waren und berichten, „sie haben ein Gesichte der Engel gesehen, welche sagen, Er lebe." Aber das erschreckt sie nur, und macht ihre Verwirrung nur noch größer.

2. Da — in dieses Gedankengewirre von Furcht und Hoffnung, Glauben und Zweifel, in dieses Hin- und Herreden von allem Dem, das in jenen denkwürdigen Tagen in Jerusalem vor allem Volk geschehen war und von Dem, was am Ostermorgen der Freunde Jesu besonderes Gespräch bildete: Die Engelsbotschaft, Jesus sei auferstanden; da — auf einmal „kam Jesus, und trat mitten ein und spricht zu ihnen: Friede sei mit euch!" Welche Ueberraschung! Sie trauen ihren Augen und Ohren nicht, so sehr erschrecken sie. Der Todtgeglaubte und tausendfach Beweinte steht lebendig, leibhaftig vor ihnen und redet sie an mit dem wohlbekannten, sooftgehörten Gruße: „Friede sei mit euch!" Und damit sie sehen, Er sei es Selber, und was sie sehen, sei kein Geist, zeigt Er ihnen die Hände und Seine Seite. Und „da sie noch nicht glaubten vor Freude, und sich verwunderten," aß Er vor ihnen „ein Stück von gebratenem Fisch, und Honigseim." Luc. 24, 41.

3. Da wurden die Jünger froh, daß sie den Herrn sahen." Wenn der Vater am Abend zur Familie zurückkehrt, so freuen sich seine Kinder. Wenn der Freund nach langer Abwesenheit unverhofft wieder in den Freundeskreis tritt, so ist Jubel bei den Freunden. Wenn ein Todtgeglaubter plötzlich wieder auftaucht, so erregt das Erstaunen. Wenn man nun bedenkt, unter welch außerordentlichen Umständen Jesus zu Tode gebracht worden war, welche Hoffnungen Seine Anhänger von Ihm gehegt, und in welch tiefe Trauer die Jünger durch Seinen gewaltsamen Tod versetzt worden waren — und nun auf einmal Derselbe lebendig vor ihnen stand und sie freundlich anredete: Kein Wunder, daß Staunen die erste Wirkung Seiner Erscheinung bei den Jüngern war, und sie nur nach und nach aus ihrem verwirrten und unruhigen Zustande in den der Ruhe und des Friedens gelangten. Aber Seine Gegenwart und Sein Friedensgruß beschwichtigte die Wogen ihrer inneren Erregung wie dort auf dem Meer Sein Machtwort der tobenden Wasserfluth Ruhe gebot. Nun kehrt der frühere glückliche Friede wieder in ihr Herz ein, aber mit klarem Bewußtsein und höherer Werth-

schätzung desselben von ihrer Seite, nachdem sie denselben eine Zeitlang so schmerzlich entbehrt hatten.

4. „Friede sei mit euch!“ Dieser Friedensgruß gilt der ganzen Menschheit. Die Osterthatsache bringt der ganzen Menschheit Frieden. Jesus steht auf von dem Grabe. Das ist das Zeugnis, daß der himmlische Vater Sein Sühnopfer für die Menschheit angenommen habe und mit derselben nun ausgesöhnt sei. Nun soll Friede sein zwischen Ihm und der Menschheit. Das hat Gott durch die himmlische Heerschaar an Weihnachten schon ankündigen lassen mit: „Frieden auf Erden und den Menschen ein Wohlgefallen.“

„Friede sei mit euch!“ Dieser Friedensgruß und dieses Friedensgut soll allen Menschen zu Gute kommen. Jeder Mensch, der die Gnade, die Jesus durch Seinen Tod und Seine Auferstehung erworben hat, in wahrem Glauben annimmt, erhält von Gott Vergebung seiner Sünden sammt dem Bewußtsein der Gotteskindschaft und als Folge und Siegel der Sündenvergebung den Frieden mit Gott ins Herz. Das bestätigt Paulus wenn er schreibt: „Nun wir denn sind gerecht geworden durch den Glauben; so haben wir Frieden mit Gott, durch unsern Herrn Jesum Christ.“ Röm. 5, 1.

Zu den herrlichen Gaben, die der auferstandne Heiland den Jüngern bei Seinem ersten Besuche mitbrachte, gehört

II. das Amt, das die Versöhnung predigt.

1. Das ist in den Worten unseres Textes enthalten: „Da sprach Jesus abermal zu ihnen: Friede sei mit euch! Gleichwie Mich der Vater gesandt hat, so sende Ich euch. Und da Er das sagte, blies Er sie an und spricht zu ihnen: Nehmet hin den heiligen Geist! Welchen ihr die Sünden erlasset, denen sind sie erlassen: und welchen ihr sie behaltet, denen sind sie behalten.“

Damit daß Jesus Seinen Gruß: „Friede sei mit euch!“ wiederholt, will Er sagen: Bekümmert euch jetzt nicht mehr um all Das, was vorgefallen ist, daß ihr irre geworden seid an Mir, Mich verlassen habt, Mich verleugnet habt, den Boten Meiner Auferstehung nicht glauben wolltet: Das habe Ich euch alles vergeben und darüber könnet ihr ruhig sein. Ich habe jetzt Wichtigeres mit euch zu reden: „Wie Mich der Vater gesandt hat, so sende Ich euch!“ Der Vater hat Mich gesandt, will Er sagen, daß Ich die Menschen erlöse. Das habe Ich gethan. Mein Tod am Kreuz und Meine Auferstehung vom Grabe sind Beweise dafür. Diese Thatsache — die geschehene Versöhnung mit Gott — soll jetzt der Welt verkündigt werden. Das sollt ihr thun. Euch will Ich damit beauftragen. Somit tretet ihr von jetzt an in ein anderes Verhältnis zu Mir und zur Welt ein. Bis jetzt seid ihr Meine Jünger und Schüler gewesen, von nun an sollt ihr Meine Gesandten, Botschafter, Apostel sein. Damit hat Jesus das evangelische Boten- oder Predigtamt verordnet. Dafür sollen wir Gott allezeit danken. Denn was nützte uns die Erlösung durch Christum und die Frucht Seines Todes — Frieden mit Gott — wenn der Herr nicht Boten angestellt, nicht das Amt verordnet hätte, diese Erlösung zu predigen und diesen Frieden der Welt zu bringen. „Wie sollen sie aber hören ohne Prediger?" sagt Paulus. Röm. 10, 14. 15. Darum ist die Verordnung des christlichen Predigtamtes ein herrlicher Segen des Osterfestes. Zweck des Predigtamtes ist, den Menschen den Frieden zu bringen. „Wie lieblich sind die Füße Derer, die den Frieden verkündigen!" Röm. 10, 15 und Jes. 52, 7. Dieser Frieden ist der Osterfrieden, der Frieden, den Jesus der Welt durch Seinen Tod und Seine Auferstehung erworben, den Er auch Seinen Jüngern brachte, und den Gott jedem Menschen mittheilt, der die Bedingungen eingeht, die Er gestellt, nämlich zu glauben an Jesum als den Versöhner und die Versöhnung in wahrer Buße und Glauben anzunehmen: „Nun wir denn sind gerecht geworden durch den Glauben: so haben wir Frieden mit Gott, durch unsern Herrn Jesum Christ." Röm. 5, 1.

2. Den Menschen zu diesem Frieden zu verhelfen, dazu soll Alles dienen, was dem christlichen Predigtamte übertragen ist: die Predigt des Evangeliums und die Verwaltung der heiligen Sakramente. So lautet der Befehl, den Jesus Seinen Jüngern kurz vor Seinem Scheiden gab: „Gehet hin in alle Welt und predigt das Evangelium aller Kreatur." Marci 16, 15. Durch die Predigt des Evangeliums sollen die Menschen erkennen lernen, wie und auf welche Weise Jesus die Menschen erlöst habe und auch, wie und auf welche Weise die Menschen der Erlösungsgnade theilhaft werden und zum Seelenfrieden gelangen. Die Erlösung durch Christum ist uns kurz zusammengefaßt in dem Wort Pauli: „Er ist um unserer Sünde willen dahingegeben, und um unserer Gerechtigkeit willen auferwecket." Röm. 4, 25. Thatsachen und Stellen der Schrift belehren uns, daß wir dieser Erlösung, dieser Gnade — der Vergebung unserer Sünden — theilhaft werden durch

Buße über die Sünde und Glauben an Christum. Wenn zwei
Menschen sich mit einander aussöhnen und Frieden machen, so
bekennt Der, der gefehlt hat, sein Unrecht, und der Andere vergibt ihm, indem er ihm die Aussöhnung, die Verzeihung mündlich zusichert. Wenn eine Aussöhnung des Sünders mit Gott
stattfinden soll, so ist der Mensch der Theil, der gesündigt hat
und Gott der andere, der die Verzeihung gewährt. Da nun
Gott nach Seiner jetzigen Heilsordnung nicht mit uns redet,
daß wir es mit unserem leiblichen Ohr vernehmen oder hören
können — unmittelbar, so hat Er es so eingerichtet, daß wir
die Zusicherung, Versicherung und Gewißheit der Vergebung
unserer Sünden mittelbar — durch Vermittlung einer menschlichen Stimme — vernehmen, mit unserem leiblichen Ohr
hören, nämlich durch den Diener Christi am Evangelium. So
hat es Jesus in unserem heutigen Texte verordnet. „Und da
Er Das sagte, blies Er sie an und spricht zu ihnen: Nehmet
hin den heiligen Geist! Welchen ihr die Sünden erlasset,
denen sind sie erlassen; und welchen ihr sie behaltet, denen sind
sie behalten." Mit diesen Worten gibt Jesus Seinen Aposteln
und damit allen Dienern am Evangelium das Recht, Sünden
zu erlassen und Sünden zu behalten, und wenn sie Das thun,
so soll Das so angesehen werden, als habe es Gott im Himmel
Selber gethan. Aehnlich redet er zu Seinen Jüngern in der
Stelle Matth. 18, 18. „Was ihr auf Erden binden werdet,
soll auch im Himmel gebunden sein; und was ihr auf Erden
lösen werdet, soll auch im Himmel los sein." Diese Rechts-
übertragung des Herrn an Seine Diener, diese Verleihung des
Gebrauchsrechts eines Binde- und Löseschlüssels in der christlichen Kirche, ist geschehen, um unserem schwachen Glauben
aufzuhelfen und ihm einen leiblich hörbaren Halt zu geben,
nämlich das vom Diener Gottes gesprochene Wort, wodurch
uns die Vergebung der Sünden verkündigt, zugesagt und
zugesichert wird. Dieses Amt der Schlüssel übt der Pastor
gewöhnlich in der öffentlichen Beichte vor dem Abendmahle,
oder auch in seiner Privatseelsorge bei Kranken und Angefoch-
tenen aus. Wenn die Beichtenden ihre Sünden öffentlich bekannt und ihren Glauben an den Sünderheiland ausgesprochen
haben: so hat der Pastor das Recht und den Auftrag, denselben
anzukündigen, Gott habe ihnen um Christi willen ihre Sünden
vergeben. Und diese Ankündigung dürfen sie dann so fest
glauben, als habe sie Gott vom Himmel herab Selber gesprochen. Wenn aber der Pastor überzeugt ist, daß der Beichtende

mit seinem Sündenbekenntnis heuchelt, sei es aus Unversöhn=
lichkeit, Unbußfertigkeit oder gar Unglauben: so hat er das
Recht und die heilige Pflicht, demselben keine Vergebung der
Sünden zuzusprechen, sondern ihn zu warnen, zu mahnen und
ihm das heilige Abendmahl zu verweigern, so lange, bis er
Buße thut. Dadurch wird solchen Unbußfertigen der größte
Dienst geleistet. Sie werden abgehalten von dem unwürdigen
Abendmahlsgenuß — der den Fluch zur Folge hat — und es
wird ihnen besondere Gelegenheit und besonderer Anlaß gege=
ben, über ihren Seelenzustand nachzudenken. Somit ist diese
Einrichtung des Schlüsselamtes in jedem Falle eine Wohlthat
für den Menschen.

Es ist nicht Recht, wenn Unbußfertigen, Unversöhnlichen,
Falschgläubigen, Ungläubigen die Absolution und der Abend=
mahlsgenuß gewährt wird. Dadurch werden Beichte und das
Sakrament entwürdigt und verhöhnt. Wer aber Wort und
Sakrament in rechter Weise benützt, empfängt auch den Segen,
den der Herr in dieselben gelegt, nämlich Vergebung der Sün=
den und den Frieden des Herzens. Und wo diese Güter sind,
da fehlt auch die Freude nicht — Osterfreude folgt dem Oster=
frieden.

Somit wollen wir schließlich auch reden

III.   von der Osterfreude, zu welcher die Jünger durch
die Erscheinung gelangten.

1.   Das geschah durch den Glauben.

Ohne den Osterglauben waren die Jünger unglücklich und
konnten sich nicht freuen. Das sehen wir an ihnen in der Zeit,
in welcher sie aus Menschenfurcht, Kleinglauben, Zweifel und
Unglauben ihren Meister verlassen und verleugnet hatten. Alle
frühere Freude und Glückseligkeit war geschwunden, und Trauer
und Leid hatten ihr Herz eingenommen. Sobald sie sich aber
überzeugt hatten, daß ihr Meister lebe, und daß Sein Leiden
und Sterben nach Gottes Rathschluß geschehen sei: so kehrte
Freude und Glückseligkeit in ihr Herz zurück. Erst dann heißt
es von ihnen: „Da wurden die Jünger froh, daß sie den Herrn
sahen."

2.   Wie unglücklich muß sich erst Thomas ge=
fühlt haben, bei dem es am Längsten währte, bis er aus
seinem Zweifel heraus und zur Gewißheit kam. Als der Herr
Seinen Jüngern erschien, war Thomas nicht dabei. Dem
freudigen Bericht seiner Mitjünger: „Wir haben den Herrn

gesehen!" setzt er die aus dem Zweifel herausgeborene Bedingung entgegen: „Es sei denn, daß ich in Seinen Händen
sehe die Nägelmale, und lege meinen Finger in die Nägelmale
und lege meine Hand in Seine Seite, will ichs nicht glauben."
Erst nachdem ihn der Herr beim zweiten Besuch — acht Tage
später — überzeugt hatte, der Jünger Bericht sei wahr — Er
lebe und Er sei es wirklich — konnte er freudig ausrufen:
„Mein Herr und mein Gott!" Hätte er dem Bericht seiner
Mitjünger sogleich geglaubt, so hätte er sich seine Trauerzeit
um eine ganze Woche abkürzen können. Hätten die Jünger
das Wort ihres Meisters, worin Er ihnen Sein Leiden und
Sterben und Seine Auferstehung zum Voraus angekündigt
hatte, nicht außer Acht gelassen, sondern behalten und geglaubt,
so hätten sie sich alle Trauer während ihres Meisters letztem
Leiden ersparen können.

3. Nur der Glaube an Christum, den Gekreuzigten und Auferstandenen, gewährt Freude und
macht glücklich. Das sieht man an so manchen Menschen,
von denen man denken sollte, sie hätten alle Ursache glücklich zu
sein, und welche doch nicht glücklich sind. Mancher hat Alles,
was er zum Leben nöthig hat, und noch mehr — und ist doch
unglücklich und freudlos. Warum? Er hat keinen Heiland.
Aus Leichtsinn, Zweifel oder bewußtem Unglauben hält er sich
fern von Jesu und der Gemeinde der Gläubigen. Mancher hat
das Geld nach Tausenden — und doch wohnt keine Freude und
keine Zufriedenheit in Herz und Familie: es fehlt der Herr.
Mancher hat an der Quelle der Wissenschaft getrunken und
seinen Geist mit schönen und nützlichen Kenntnissen geschmückt
— und doch ist sein Herz öde: er kennt Den nicht, „der uns
gemacht ist von Gott zur Weisheit, und zur Gerechtigkeit, und
zur Heiligung, und zur Erlösung." 1. Corinth. 1. 30.

4. Auch der Gläubige hat manchmal Zeiten, in
denen sein Glaube schwach wird und wanken will —
und dann ist er unglücklich, und die Freude weicht. Sobald er
sich aber wieder ermannt und neues Zutrauen zu Gott faßt,
weicht die Traurigkeit und die Freude kommt zurück. Einst
aber — wenn der Glaube Schauen und die Hoffnung Wirklichkeit geworden sein wird, treten wir ein in den Genuß einer
Freude, die nie wieder der Trauer weicht — einer Freude, die
ewiglich währen wird. Das meint Jesus, wenn Er zu Seinen
Jüngern sagt: „Ich will euch wieder sehen, und euer Herz soll

sich freuen, und euere Freude soll Niemand von euch nehmen." Joh. 16, 22.

5. Hast auch du schon etwas erfahren von dem beruhigenden Osterfrieden und der beseligenden Osterfreude? Noch ist das Amt da, das die Versöhnung predigt und dir zum Frieden mit Gott und zur Freude an Ihm und Seinem Reiche verhelfen will. Laß dich dadurch in den Seelenzustand bringen, daß du mit Ueberzeugung sagen kannst:

> „Ich habe nun den Grund gefunden,
>   Der meinen Anker ewig hält!
> Wo anders, als in Jesu Wunden?
>   Da lag er vor der Zeit der Welt,
> Der Grund, der unbeweglich steht,
> Wenn Erd und Himmel untergeht!"

Amen.

Misericordias Domini.

Joh. 10, 12-16; 27-29.

Ich bin ein guter Hirte. Ein guter Hirte lässet sein Leben für die Schafe. Ein Miethling aber, der nicht Hirte ist, des die Schafe nicht eigen sind, siehet den Wolf kommen und verläßet die Schafe, und fleucht, und der Wolf erhascht und zerstreuet die Schafe. Der Miethling aber fleucht; denn er ist ein Miethling und achtet der Schafe nicht. Ich bin ein guter Hirte und erkenne die Meinen und bin bekannt den Meinen, wie Mich Mein Vater kennet, und Ich kenne den Vater. Und Ich lasse Mein Leben für die Schafe. Und Ich habe noch andere Schafe, die sind nicht aus diesem Stalle. Und dieselben muß Ich herführen, und sie werden Meine Stimme hören, und wird Eine Heerde und Ein Hirte werden. Denn Meine Schafe hören Meine Stimme, und Ich kenne sie, und sie folgen Mir; und Ich gebe ihnen das ewige Leben; und sie werden nimmermehr umkommen, und Niemand wird sie Mir aus Meiner Hand reißen. Der Vater, der sie Mir gegeben hat, ist größer, denn Alles; und Niemand kann sie aus Meines Vaters Hand reißen.

1. Der heutige Sonntag heißt mit seinem alten, lateinischen Namen Misericordias Domini, d. h. der Sonntag der Barmherzigkeit und Güte des Herrn. Diesen Namen hat er nach der Psalmlektion der alten Kirche: „Die Erde ist voll der Güte des Herrn." Ps. 33, 5. Von der Güte und Barmherzigkeit Gottes soll heute in den christlichen Kirchen gepredigt werden. Das ist einer der lieblichsten Gegenstände, über welche gepredigt werden kann. Man redet und liest in der Schrift von der Allmacht, der Gerechtigkeit, der Weisheit und von anderen Eigenschaften Gottes, und freut sich darüber. Aber am Liebsten hört man von der Güte Gottes gegen die Menschen. Und wie könnte Er Seine Güte gegen die Menschen besser bezeichnen und darstellen als unter dem Bilde eines Hirten. Diesen Namen legt Sich Jesus in unserem Texte Selber bei, wenn Er sagt: „Ich bin ein guter Hirte."

2. Wenn man aber von einem Hirten hört, so denkt man auch an eine Herde. Auch Jesus hat eine Herde. Er sagt von ihr, daß Er sein Leben für sie lasse und ihr das ewige

Leben gebe. Auch gibt Er die Kennzeichen an, an welchen Er Seine Schafe kennen will. Hauptkennzeichen sind nach Seiner Angabe die: „Meine Schafe hören Meine Stimme,“ und: „Ich kenne sie, und sie folgen Mir.“

Demgemäß wollen wir nun diesen Morgen mit einander reden

Von dem guten Hirten und Seiner Herde.

Dabei wollen wir fragen:

I. Wer ist der gute Hirte?
II. Wer sind Seine Schafe?

Wir fragen

I. Wer ist der gute Hirte?

1. Schon im Alten Testamente ist von einem guten Hirte die Rede. Wer kennt nicht den herrlichen 23. Psalm? „Der Herr ist mein Hirte, mir wird nichts mangeln. Er weidet mich auf einer grünen Aue, und führet mich zum frischen Wasser. Er erquicket meine Seele; Er führet mich auf rechter Straße um Seines Namens willen.“ Oder: „Er wird Seine Herde weiden, wie ein Hirte; Er wird die Lämmer in Seine Arme sammeln, und in Seinem Busen tragen, und die Schafmütter führen.“ Jes. 40, 11. Oder: „Denn so spricht der Herr Herr: Siehe, Ich will Mich Meiner Herde Selbst annehmen, und sie suchen. Wie ein Hirte seine Schafe suchet, wenn sie von seiner Herde verirret sind: also will Ich Meine Schafe suchen, und will sie retten von allen Oertern, dahin sie zerstreuet waren, zur Zeit, da es trübe und finster war.“ Hes. 34, 11. 12.

Der Hirtenberuf ist von altem Herkommen, reicht hinauf bis zu den Anfängen der Menschheit und galt stets als ein sehr ehrenvoller. Abel, der Sohn des ersten Menschenpaares war ein Schäfer. Abraham, Isaak und Jakob — die Patriarchen — waren Hirten. Moses hütete die Schafe Jethros, seines Schwähers, des Priesters in Midian in der Wüste am Berge Gottes Horeb. 2. Mose 3, 1. David, der königliche Psalmsänger, hütete die Schafe seines Vaters Isai auf den Feldern zu Bethlehem. 1. Sam. 16, 11. Der Prophet Amos war ein Hirte. Amos 1, 1.

2. Alle diese Hirten aber waren bloß Vorbilder von Dem, der in unserem heutigen Evangelium von Sich

sagt: „Ich bin ein guter — oder deutlicher: der gute — Hirte"; und auf Ihn zielen alle jene weissagenden Stellen, die wir vorhin vernommen haben. Er ist auch der gute Hirte: Er hat es bewiesen und beweist es immer noch.

3. Er hat Sich Seine Schafe erworben durch Seine Selbstaufopferung. „Ich lasse Mein Leben für die Schafe." Einst war das Volk Israel um seiner Sünden willen unter die Herrschaft der Philister gerathen. Die drückten sie hart. Da kam Christi großer Urahne, jener heldenmüthige Hirtenjüngling David von Bethlehem, auf den Kampfplatz und befreite Israel durch seinen siegreichen Zweikampf mit dem Riesen Goliath von der Herrschaft des Feindes, sammelte das zerstreute Israel zu einem herrlichen Königreiche und regierte es als königlicher Hirte.

So war die ganze Menschheit auch durch eigene Schuld unter die Herrschaft des Teufels gerathen und seufzte schwer unter dessen Druck. Da kam der Davidssohn, Jesus, von Bethlehem, nahm den Kampf mit diesem Wolfe auf und befreite die Menschheit mit Seinem stellvertretenden Erlösungstode aus dessen Gewalt. Die Art und Weise wie Er das gethan, hat uns erst kürzlich die Passions- und Ostergeschichte gelehrt.

Aus Denen, die Seine Erlösungsgnade annahmen, sammelte Er Sich ein Reich, das Er auch als königlicher Hirte regiert und durch den Hinzutritt von Gläubigen täglich mehrt. Die Glieder dieses Reiches sind Seine Schafe.

4. Diese beschützt und versorgt Er getreulich. Eine Schafherde ist vielen Gefahren ausgesetzt. Schafherden hält man gewöhnlich im Freien, weg von den Wohnungen der Menschen und dem angebauten Lande. So ist es der Fall im Morgenlande und auch in andern Ländern. In unbewohnten Gegenden aber hausen wilde Thiere, und die werden den Schafen gefährlich. Daher ist es eine der Hauptaufgaben eines Hirten, seine Schafe zu beschützen. Daß nicht ein jeder Hirte Dies thut, ersehen wir aus Jesu Auseinandersetzung selbst. Jesus redet von einem „Miethling". Von einem Solchen sagt Er: „Ein Miethling aber, deß die Schafe nicht eigen sind, siehet den Wolf kommen und verlässet die Schafe, und fliehet, und der Wolf erhaschet und zerstreuet die Schafe." Ein Miethling ist ein gedungener Knecht, den man für seinen Dienst bezahlt. Wohl kann auch ein Solcher in liebevoller Anhänglichkeit und gewissenhafter Treue die ihm anvertrauen Schafe gegen die Raubthiere und Diebe schützen und in der Gefahr vertheidigen,

aber doch kann man Solches von einem gedungenen Knecht nicht so natürlicherweise erwarten wie von dem Eigenthümer der Schafe. Christus hat Sich als Eigenthümer der Schafe erwiesen, als Einen, „Deß die Schafe eigen" waren. Er stand dem Erzfeinde der Menschheit, dem Mörder von Anfang — dem Teufel — Aug in Aug gegenüber bei der Versuchung in der Wüste; während Seiner Wirksamkeit den Satansdienern, den Wölfen in Schafskleidern — den Schriftgelehrten, Pharisäern und Sadducäern — und der Sünde und dem Tod in Seinem letzten Leiden: alle diese Feinde hat Er überwunden und Seine Schafe aus des Wolfes Rachen erlöst.

Ihn, den Erzhirten, sollen alle Seine Unterhirten zum Vorbilde nehmen. Sie sollen keine Miethlinge sein, sondern Hirten, denen die Schafe eigen sind.

5. **Auch christliche Gemeinden haben ihre Gefahren und Feinde.** Vielleicht ist es der Wolf falscher Lehre, die von da und dort in die Gemeinde eingeschleppt wird. Da soll dann der Gemeindehirte nicht schweigen, sondern die reine Lehre nur desto deutlicher darlegen und gegen die falsche Lehre furchtlos kämpfen. Der Wolf kann auch kommen in Gestalt ärgerlichen, anstößigen Lebens von Gemeindegliedern und Kirchenräthen, oder auch in Gestalt weltlichen Sinnes, der sich bei Gemeindeunternehmungen zeigt. Auch da soll der Seelenhirte kein stummer Hund sein, sondern seine Stimme muthig erheben, auch auf die Gefahr hin geschmähet, verspottet und weggeschickt zu werden. Oftmals findet muthiges Zeugnis Anklang, Zustimmung und Erfolg, von woher man es am Wenigsten geglaubt hat. Es ist besser und eines Hirten würdiger, furchtlos zu kämpfen als furchtsam zu fliehen.

6. **Ein guter Hirte versorgt auch seine Schafe.** Das hat Jesus, der Erzhirte, getreulich gethan. Er predigte jenen Tausenden, die Ihm vorkamen wie „eine Schafheerde ohne Hirten", das Evangelium, das Er vom Himmel gebracht, und versorgt sie noch außerdem mit Leibesnahrung, wie wir Solches aus den Erzählungen von der Speisung der Vier- und Fünftausende ersehen können. Und wie getreulich nahm Er Sich insbesondere Seiner kleinen Heerde — Seiner Jünger — an, damit es ihnen weder im Leiblichen noch im Geistlichen an irgend Etwas mangeln sollte. Mit der größten Liebe ging Er den Verlorenen und Verirrten nach, wie wir Dies sehen an der Behandlung der Zöllner, der Maria Magdalena, des Judas, des Petrus und Anderer.

So sollen auch Seine Unterhirten die Gemeinde in Liebe, Gewissenhaftigkeit, Weisheit und Treue mit geistlicher Speise versorgen. Diese Speise hat ihnen der Erzhirte Selbst in die Hände gegeben, damit sie dieselben austheilten: nämlich die Gnadenmittel: Wort und Sakrament. Das Wort Gottes sollen sie predigen, rein und lauter, Gesetz und Evangelium, so wie sie es in wahrer Hirtenweisheit für recht und gut finden. Die Sakramente sollen sie verwalten nach Christi Einsetzung und Nichts dazu thun und Nichts davon thun. Die Gnadenmittel werden ihre Wirkung nicht verfehlen. Von dem Erzhirten sollen sie auch die Liebe lernen, die den Verlorenen, den Schwachen, nachgeht und sie zur Herde zurückzubringen sucht. Dann erfüllt sich was der königliche Hirte David singt: „Er weidet mich auf einer grünen Aue, und führet mich zum frischen Wasser." Ps. 23, 2.

7. Ein guter Hirte führt seine Schafe auf rechter Straße und so dem ewigen Leben zu. „Ich gebe ihnen das ewige Leben, und sie werden nimmermehr umkommen, und Niemand wird sie Mir aus Meiner Hand reißen." Der gute Hirte Jesus Christus führte Seine Schafe auf rechter Straße, und Alle, die Ihm folgten, kamen zum seligen Ziel. Die, die Ihm nicht folgten und ihre eigenen Wege gingen, kamen um. Im Vorbild sehen wir das schon an Israels Wanderung durch die Wüste nach dem Lande Kanaan. Israel war dort eine Schafherde in der Wüste. Jehova war ihr Hirte. Er zeigte derselben den rechten Weg mittelst der Wolken- und Feuersäule. Er versorgte sie mit Manna und Felsenwasser und Wachtelfleisch. Von den heidnischen Völkern am Wüstenrand sollten sie ferne bleiben. Gehorsam dem Gebot Gottes, vermittelt durch Mosen, sollten sie in der unwegsamen Wüste die Richtung verfolgen, die ihnen Gott durch jenen Führer — die Wolken- und Feuersäule — angab, damit sie das Land der Väter — Kanaan — erreichten. Die Rotte Korah, welcher der Weg Gottes nicht gefiel und die sich deshalb empörte, kam unterwegs um. Ja, ganz Israel zog sich um seines Ungehorsams willen die schreckliche Strafe zu, daß Alle, die beim Auszug aus Egypten — mit Ausnahme Josuas und Kalebs — über zwanzig Jahre alt waren, sterben mußten, das Land der Verheißung nicht sehen durften. Nur das neue Geschlecht kam ans Ziel.

8. So wollen auch Jesu Unterhirten ihren Herden den rechten Weg zeigen und sie auch darauf führen, damit sie ans rechte Ziel — zum ewigen Leben —

gelangen möchten. Dieser Weg ist in Gottes Wort angegeben. Es ist der Weg der Buße über die Sünden, des Glaubens an den Sünderheiland und der „Heiligung des Lebens, ohne welche Niemand den Herrn sehen wird." Jesus sagt von diesem Weg: „Ich bin der Weg, die Wahrheit und das Leben, Niemand kommt zum Vater, denn durch Mich." Joh. 14, 6. Petrus legt Zeugnis von diesem Wege ab in dem herrlichen Worte: „Es ist in keinem Andern Heil, ist auch kein anderer Name den Menschen gegeben, darinnen wir sollen selig werden, als der Name Jesus." Apg. 4, 12. Wer diesen Weg geht, kommt zum Ziel — zum ewigen Leben — wer ihn nicht geht, erreicht es nicht, sondern geht ewiglich verloren.

Nun wollen wir auch fragen:

II. Wer sind die Schafe des guten Hirten?

1. Auf diese Frage antworten wir mit Jesu Behaup= tung im Text: „Ich erkenne die Meinen und bin bekannt den Meinen." Schon von Israel im alten Testamente galt dieses Wort: „Ich erkenne die Meinen". Alle Israeliten tru= gen das Zeichen des Bundes an sich zum Unterschied von den Heiden.

So kennt auch jeder Hirte seine Schafe. Das ist namentlich der Fall in Ländern und Gegenden, in denen die Schafe das ganze Jahr durch, oder wenigstens den größten Theil des Jahres, im Freien sind. Dadurch lernt er sie nach Aussehen und Eigenschaft so genau kennen, daß er sie leicht von einander unterscheiden, ja, daß er sie mit Namen rufen kann. Oftmals hat sie der Hirte auch mit den Anfangbuchstaben seines Namens auf die Haut oder das Fell bezeichnet, so daß sie noch leichter erkennbar sind.

So tragen auch die Christen das Mal= und Kennzeichen ihres Eigenthumsherrn an sich. Sie sind alle in Christi Tod getauft. Die Taufe auf Christi Kreuzestod ist das neutesta= mentliche Bundeszeichen. Alle, die getauft sind, tragen es an sich. Daran erkennt sie der Herr.

2. Wie die Schafe ihren Hirten kennen lernen und mit ihm bekannt werden, da sie ja täglich in seiner Nähe sind, so sollen auch getaufte Christen mit dem göttlichen Hirten Jesus bekannt sein. Sie sollen das Malzeichen, das sie als Christen kennzeichnet, nicht vergeblich tragen. Sie sollen mit dem Hirten Jesus Christus in inniger Herzens= und Lebensgemeinschaft stehen und das soll eigentlich das Kenn=

zeichen ihrer Zugehörigkeit zu Ihm sein. Es wäre widersinn-
lich und nutzlos, wenn ein Mensch in seiner Jugend durch seine
Taufe den Schafen Christi beigezählt worden wäre und das
Zeichen der Zugehörigkeit empfangen hätte, aber nachher eigen-
mächtig, leichtsinnig und stolz seinem Eigenthumsherrn entliefe.
Ein Solcher hätte die Gnade der Taufe vergeblich empfangen
und das ihm aufgedrückte Zeichen, sein Christenname, strafte
ihn Lügen und brandmarkte ihn als einen seinem Herrn Entronnenen. Das Schaf muß sich zum Hirten halten, mit ihm
bekannt werden und mit ihm bekannt bleiben. Tausende von
Christen sind wohl einst als Schäflein dem Hirten Jesus übergeben worden, und Er hat sie auch angenommen; aber sie sind
Ihm wieder entlaufen und irren nun in der Wüste der Welt
umher. Jesus Selber nennt Solche verlorene Schäflein, und
geht ihnen nach, um sie zur Herde zurückzubringen.

3. Auch von dem Gemeindehirten und seinen
Schafen, den Gemeindegliedern, gilt die Angabe
Christi im Text: „Ich erkenne die Meinen und bin bekannt
den Meinen.“ Der Gemeindehirte kennt gewöhnlich seine Gemeindeglieder. Er findet deren Namen im Kirchenbuche. Er
möchte sie aber auch näher kennen lernen und ihnen persönlich
bekannt werden durch gegenseitigen Verkehr. Im sonntäglichen Gottesdienst, am Abendmahlsaltar, bei der Sonntags-
schul- und sonstiger Gemeindearbeit will der Pastor seine Gemeindeglieder sehen. Dadurch prägen sie sich — nach Aussehen
und Charakter — seinem Gedächtnisse ein, so daß er sie kennt,
wenn er ihnen begegnet, und wissen kann, wie er sie zu behandeln hat. Leider gibt es auch gar Viele, die sich zur Gemeinde
zählen auf den bloßen Grund hin, weil ihre Namen im Kirchenbuche stehen und sie ihren Beitrag zur Erhaltung der Gemeinde
geben. Aber wenn sie der Pastor nicht hie und da in ihren
Häusern besuchte, oder zu Amtshandlungen zu ihnen gerufen
würde, so blieben sie ihm und er ihnen unbekannt. Sonntags-
und Festtagsgottesdienst, Sonntagsschule und Arbeit zum
Besten der Gemeinde sind die natürlichen Gelegenheiten, durch
welche Pastor und Gemeindeglieder gegenseitig bekannt werden
sollen.

4. Weiter spricht Jesus von Seinen Schafen:
„Meine Schafe hören Meine Stimme, und sie folgen
Mir.“ Das war der Fall bei Denen unter Seinen Jüngern
und Anhängern, denen es ernst war mit ihrer Nachfolge. Das
waren Seine Schafe. Viele hörten Ihn reden, aber folgten

Ihm nicht nach. Manche sagten: „Das ist eine harte Rede; wer kann sie hören?" Die Juden, zu denen Jesus in unserem Textkapitel redet, waren keine Schafe Christi. Er mußte ihnen bekennen: „Ihr glaubet nicht: denn ihr seid Meine Schafe nicht." Vers 26. Die Schriftgelehrten und Pharisäer, die Obersten in Israel, hörten wohl Seine herrlichen Reden im Tempel, aber sie gefielen ihnen nicht, und sie befolgten sie nicht. Daher gehörten sie auch nicht zu Seinen Schafen.

Oftmals lesen wir in den Evangelien, daß Jesus zu Dem und Jenen sagte: „Komm, folge Mir nach!" und daß es von Solchen heißt: „Sie verließen Alles und folgten Ihm nach." Diese hörten und folgten Seinem Ruf und waren deshalb von Seinen Schafen. Und wenn ihnen die Nachfolge auch manchmal schwer wurde, und es bei ihnen durch Fallen und Aufstehen ging, so blieben sie doch Seine Schafe. Aus Solchen erwählte Sich Jesus Seine zwölf Jünger und verordnete sie zu Aposteln und Unterhirten mit dem ehrenvollen Auftrag: „Weide Meine Schafe!" „Weide Meine Lämmer!"

5. Manche Gemeinde wäre besser daran, wenn sie auch mehr auf die Stimme ihres Hirten hörte und sein Mahnen, Bitten und Rathen befolgte. Oftmals hören Gemeindeglieder mehr auf die Stimme der Tadler, der Spötter, der Aufwiegler, der Rottengeister als auf die Stimme des rechtmäßigen Hirten.

6. In der Nachfolge des guten Hirten Jesus kommt es auch uns zuweilen schwer an, Ihm williglich zu folgen. Wenn Er uns Proben auflegt wie dem Abraham, den Er auf den Berg Moria gehen hieß, seinen einzigen Sohn dort zu opfern. Oder wenn Er uns durch unwegsame Lebenswüsten und auf Schmerzenswegen führt und uns Thränenbrot und Trübsalswasser vorsetzt. Doch, vertrauen wir Ihm nur getrost! Nachdem wir die rauhen Wüstenwege und traurigen Schmerzenspfade mit Ihm gegangen, führt Er uns auch wieder auf liebliche Auen, und nach dem Thränenbrot und Trübsalswasser gibts auch wieder angenehme Speise und Freudenwein. Und wenn es einmal zum letzten schweren Gang kommt, so fürchtet sich ein Schäflein Christi nicht, sondern spricht getrost und muthig mit David: „Und ob ich schon wanderte im finstern Thal, fürchte ich kein Unglück: denn Du bist bei mir, Dein Stecken und Stab trösten mich." Ps. 23, 4.

Lern von deinem Kinde singen:

Ev.-Pr.—17

„Weil ich Jesu Schäflein bin,
Freu ich mich nur immerhin
Ueber meinen guten Hirten,
Der mich wohl weiß zu bewirthen,
Der mich liebet, der mich kennt,
Und bei meinem Namen nennt."

„Unter Seinem sanften Stab
Geh' ich aus und ein und hab
Unaussprechlich süße Weide,
Daß ich keinen Hunger leide;
Und so oft ich durstig bin,
Führt Er mich zum Brunnquell hin."

„Sollt ich nun nicht fröhlich sein
Ich beglücktes Schäfelein?
Denn nach diesen schönen Tagen
Werd ich endlich heimgetragen
In des Hirten Arm und Schoß:
Amen, ja mein Glück ist groß!"

Amen.

Jubilate.

Joh. 16, 16—23.

Ueber ein Kleines, so werdet ihr Mich nicht sehen; und aber über ein Kleines, so werdet ihr Mich sehen; denn Ich gehe zum Vater. Da sprachen etliche unter Seinen Jüngern unter einander: Was ist das, das Er saget zu uns: Ueber ein Kleines, so werdet ihr Mich nicht sehen, und aber über ein Kleines, so werdet ihr Mich sehen, und daß Ich zum Vater gehe? Da sprachen sie: Was ist das, das Er saget: Ueber ein Kleines? Wir wissen nicht, was Er redet. Da merkte Jesus, daß sie Ihn fragen wollten, und sprach zu ihnen: Davon fraget ihr unter einander, daß Ich gesagt habe: Ueber ein Kleines, so werdet ihr Mich nicht sehen, und aber über ein Kleines, so werdet ihr Mich sehen? Wahrlich, wahrlich, Ich sage euch: Ihr werdet weinen und heulen, aber die Welt wird sich freuen, ihr aber werdet traurig sein; doch eure Traurigkeit soll in Freude verkehret werden. Ein Weib, wenn sie gebiert, so hat sie Traurigkeit, denn ihre Stunde ist gekommen; wenn sie aber das Kind geboren hat, denket sie nicht mehr an die Angst um der Freude willen, daß der Mensch zur Welt geboren ist. Und ihr habt auch nun Traurigkeit; aber Ich will euch wieder sehen, und euer Herz soll sich freuen, und eure Freude soll niemand von euch nehmen. Und an demselbigen Tage werdet ihr Mich nichts fragen.

1. Der heutige Sonntag hat einen gar schönen Namen. Er heißt Jubilate. Jubilate heißt auf Deutsch: Jauchzet! Diesen Namen hat er darum, weil man in der alten Kirche an diesem Sonntag den 66. Psalm verlas, der anfängt mit den Worten: „Jauchzet Gott alle Lande!"

2. Jauchzet Gott alle Lande! Das gilt schon von der Natur draußen in ihrem herrlichen Frühlingsschmuck, namentlich nach einem solch harten, schweren und langen Winter, wie der vergangene gewesen ist. Wiederum scheint Gottes liebe Sonne warm und freundlich auf die verjüngte Erde. Unsere Gärten, Wiesen, Felder und Wälder werden wieder grün; die Frühlingsblumen schmücken wieder den Erdboden; die Bäume sind geziert mit weißen und rothen Blüthen und bekommen

wieder ihr grünes Blätterdach, in welchem die Meistersänger der Natur ihrem Schöpfer fröhliche Loblieder erschallen lassen. Jedermann athmet wieder frisch auf. Mit neuer Freudigkeit geht man wieder an seinen Beruf. In die Brust eines Jeden kommt neues Leben, neue Lust und neue Hoffnung.

3. Jauchzet Gott alle Lande! Das gilt auch von der Kirchenjahrszeit, in der wir leben. Es ist jetzt die Zeit zwischen Ostern und Pfingsten. Die Passionszeit mit ihrer Trauer ist vorbei, und die selige Osterzeit mit ihrer Freude ist da. Die lieblichen Erscheinungen des auferstandenen Heilandes, und die Abschiedsworte, die Er zu Seinen Jüngern kurz vor Seinem Leiden und Sterben geredet, und welche die Texte der gegenwärtigen Sonntage bilden, deuten hinaus auf das Himmelfahrtsfest, das den Gläubigen eine Heimath im himmlischen Vaterhause in Aussicht stellt, und auf das Pfingstfest, das uns den Tröster, den heiligen Geist, verheißt. Wenn daher aus der Charfreitagstrauer und den Passionsthränen die Oster= Himmelfahrts= und Pfingstfreude herausgeboren ist wie die Frühlingswonne aus des Winters Eis und Schnee, so ist es nicht mehr wie billig, als daß die Christenheit mit fröhlichem Herzen singe: „Jauchzet Gott alle Lande! Lobsinget zu Ehren Seinem Namen, rühmet Ihn herrlich!"

4. Allerdings das rechte und vollkommene Jauchzen und Jubilieren findet erst statt droben im Lande der Vollkommenheit und der Sündlosigkeit, droben in der Heimath, wo „Gott wird abwischen alle Thränen von unsern Augen," wo alles Erdleid ein Ende haben und ewige Freude herrschen wird.

Hier auf Erden, im Lande der Unvollkommenheit, wechselt Freude immer wieder ab mit Leid wie Sonnenschein mit Regen. Auf jeden Sonntag folgt immer wieder ein Montag, auf Taborshöhen Gethsemanetiefen. Darauf macht auch Jesus Seine Jünger aufmerksam. Er bedeutet ihnen, daß die Freude die sie jetzt in Seiner Nähe genössen, in Leid umschlagen würde: denn Er würde von ihnen genommen werden. Er tröstet sie aber auch wieder mit der Hoffnung, daß ihr Leid in Freude verwandelt werden würde: denn „über ein Kleines" sollten sie Ihn wieder sehen.

5. Und da auch wir schon solche Abwechslung von Freude und Leid erfahren haben und noch erfahren, so möchte es auch für uns von Nutzen sein, wenn wir die Warnungs=,

Trost= und Mahnworte Jesu in unserem Texte mit einander betrachteten. Wir wollen das thun mit Zugrundelegung der Verszeilen:

> „Freude wechselt hier mit Leid;
> Richt hinauf zur Herrlichkeit dein Angesicht!“

und mit einander reden

I. über die Unbeständigkeit der irdischen Freude;

II. über die kurze Zeitdauer des irdischen Leidens;

III. über die selige Wonne der himmlischen Herrlichkeit.

Wir reden also

I. über die Unbeständigkeit der irdischen Freude.

1. „Ueber ein Kleines, so werdet ihr Mich nicht sehen.“ So sprach Jesus zu Seinen Jüngern in Seinen Unterredungen kurz vor Seinem Leiden und Ster=ben. Oftmals vorher hatte Er Seinen Jüngern mitgetheilt, daß Er leiden und sterben müßte und von ihnen genommen werden würde. Als Er Seine letzte Reise nach Jerusalem an=trat, sprach Er zu den Zwölfen: „Sehet, wir gehen hinauf gen Jerusalem, und es wird Alles vollendet werden, das geschrieben ist durch die Propheten von des Menschen Sohn. Denn Er wird überantwortet werden den Heiden; und Er wird verspot=tet, und geschmähet, und verspeiet werden; und sie werden Ihn geißeln und tödten; und am dritten Tage wird Er wieder auf=erstehen.“ Luc. 18, 31—33. Aber immer hieß es von den Jüngern: „Sie aber vernahmen deren keines, und die Rede war ihnen verborgen, und wußten nicht, was da gesagt war;“ oder gar wie Petrus dem Herrn vorwurfsvoll entgegnete: „Herr, schone Deiner Selbst, das widerfahre Dir nur nicht.“ Matth. 16, 22.

2. Und wer will es den Jüngern verargen, daß sie ihres Meisters Wort nicht verstehen konn=ten und wollten? Es war ihnen im Umgange mit dem Herrn so wohl wie guten Kindern bei ihren Eltern. Er war ihnen Alles, was zum Glück und zur Freude gehört: Lehrer, Freund, Rathgeber, Versorger. Wenn du es deinem Kinde immer und immer wieder vorsagst, es werde die Zeit kommen, daß du von ihm genommen wirst, und wenn es die Wahrheit

deiner Worte auf deinem Gesichte lesen könnte: das Kind glaubt es nicht, bis der Tod deine Worte verwirklicht. Gerade ebenso verhielt es sich mit den Jüngern. Sie konnten es sich gar nicht denken, daß sie je von ihrem Meister getrennt werden könnten, und sprachen daher unter einander: „Was ist das, das Er sagt zu uns: Ueber ein Kleines, so werdet ihr Mich nicht sehen."

3. **Wie bald aber ging Jesu Ankündigung in Erfüllung!** Wie bald mußten sie die Unbeständigkeit der Freude erfahren! Ehe sie es ahnten, war Gethsemane da, und ihr Meister wurde gefangen genommen, und sie stoben aus einander wie eine Schafherde vom Wolfe überrascht. Auf Gethsemane folgte schnellen Schrittes Golgatha: und ihr Herr, ihr Ein und Alles, ihre ganze Liebe, wurde ans Kreuz genagelt. Nur wenige Tage lagen zwischen Jesu Trennungsankündigung und deren Erfüllung. So war verwirklicht: „Ueber ein Kleines, so werdet ihr Mich nicht sehen."

4. **Freude wechselt hier mit Leid!** Die Unbeständigkeit der irdischen Freude, den schnellen Wechsel des Glücks, das rasche Umschlagen der Freude in Leid, erfahren auch wir. Heute sind wir noch beisammen im trauten Familienkreise — Mann und Frau, Eltern und Kinder, und fühlen uns glücklich in unserem lieblichen Heim: Ueber ein Kleines, und Eins oder das Andere liegt im Sarg und Grab! Es hat sich Einer ein Geschäft gegründet, hat gute Kundschaft und Credit: Ein unvorhergesehener Krach macht ihn über Nacht zu einem armen Manne. Einer hat durch erlaubte — und oft auch unerlaubte — Mittel eine hohe Stufe der Ehrenleiter erstiegen und steht in Ansehen und Macht. Siehe da! die Volksgunst wendet sich; er wird gestürzt und thut einen großen Fall. Denn heute rufen die Leute: „Hosianna!" und morgen: „Kreuzige ihn!" Volksgunst schlägt ins Gegentheil um: „Ueber ein Kleines!"

5. **Ueberblicken wir selbst unsere eigene Lebenszeit:** Die schöne harmlose Jugendzeit — wie schnell war sie verflogen! Die Eltern starben dahin, und die Kinder wurden zerstreut, manche in diese neue Welt herüber, und manche deckt bereits das Grab. Unsere Freudentage im Leben — wie sind sie weggeeilt und verflogen, und bald kommen — oder sind für Viele von euch schon da — die Tage, die dem Menschen nicht gefallen: die Tage des Alters mit ihren Gebre-

chen und Schwächen und mit dem Tod im Hintergrunde. Wenn wir zurückdenken, so erscheint uns unsere ganze Lebenszeit wie ein Gedanke, ein Schatten, ein Traum. Von der Wiege bis zum Sarge ist es nur: „Ein Kleines!"

6. Wie viel schöner wäre unser Familienleben, wenn wir uns stets dieses schnellen Wechsels bewußt wären! Wie viel freundlicher würden sich Ehegatten, wie viel liebevoller die Kinder die Eltern und sich unter einander behandeln! Es würden die Gesunden und Starken nicht auf ihre Kraft pochen, die Reichen sich nicht brüsten mit ihrem Geld, und die Hochgestellten nicht verächtlich auf die Geringeren herabsehen. Darum wollen wir uns das Leben in der Familie und auch in der Gemeinde so schön und lieblich machen wie es nur möglich ist; denn es ist kurz, und der Freudentage sind nicht sehr viele. Dagegen enthält jedes Menschenleben viel Leid und Schmerz. Aber wir wollen nicht verzagen; denn Jesus versichert Seine Jünger, daß das Erdleid nur von kurzer Zeitdauer sei.

So wollen wir nun reden

II. über die kurze Zeitdauer des irdischen Leidens.

1. Davon handelt Jesus im Text, wenn Er sagt: „Und aber über ein Kleines, so werdet ihr Mich sehen. Ihr werdet weinen und heulen, aber die Welt wird sich freuen; ihr werdet traurig sein, doch eure Traurigkeit soll in Freude verkehrt werden. Und ihr habt auch nun Traurigkeit; aber Ich will euch wieder sehen, und euer Herz soll sich freuen, und eure Freude soll Niemand von euch nehmen."

Mit diesen Worten tröstet Jesus Seine Jünger. Er thut ihnen kund, daß ihre Trauer nur kurze Zeit währen, ja sich in Freude verwandeln solle, und zwar durch das Wiedersehen nach der Trennung. Auch diese Vorherverkündigung ist in Erfüllung gegangen. Sie haben geweint und getrauert, sich abgehärmt und sich bekümmert, als ihr Herr und Meister gefangen genommen, verurtheilt und gekreuzigt wurde: Tief war ihr Schmerz, und groß war ihr Leid.

Und die Feinde, die Hohenpriester und Schriftgelehrten, die haben sich gefreut, die haben jubiliert; denn sie glaubten, nun seien ihre klugen Pläne gelungen, und ihre Zwecke erreicht.

1. Doch, der Jünger Trauer — wie auch der Feinde Freude — sollte nur von kurzer Dauer sein. Der Charfreitag — wenn auch schmerzlich — und der stille Sams-

tag — wenn auch traurig — sie gingen vorbei, und der selige Ostermorgen tagte. Der Engel verkündet die willkommene Botschaft: Der Herr ist auferstanden! Und: Der Herr ist auferstanden! gehts von Mund zu Mund. Der Herr zeigt Sich den Seinen. Die Frauen, die zum Grabe gegangen waren, sahen Ihn; Petrus sieht Ihn. Er erscheint den Jüngern bei verschlossenen Zimmern und draußen am traulichen See Genezareth. Wie wurden sie froh, daß sie den Herrn sahen, und wie erglühte ihr Herz bei Johannis seligem Ausruf: „Es ist der Herr!" Kurz nur war ihre Trauer gewesen: „Ueber ein Kleines" hatte sich das Leid in Freude verwandelt.

Und diese Osterfreude konnte Niemand von ihnen nehmen. Siehe Das in der Apostelgeschichte. In seligem Liebeseifer verkündigen sie Juden und Heiden Jesum den Gekreuzigten und lassen sich nicht schrecken durch Schläge, Gefängnis und Schwert. Jedermann wollten sie die fröhliche Botschaft bringen: „Also hat Gott die Welt geliebt, daß Er Seinen eingebornen Sohn gab, auf daß Alle, die an Ihn glauben, nicht verloren werden, sondern das ewige Leben haben." Joh. 3, 16.

3. Wie die Jünger, so haben auch wir unser Leid. Kreuz und Trübsal hat ein Jedes von uns. In jedes Menschenleben sind neben den Glücks- und Freudentagen auch Leid- und Trauertage eingewoben. Jeder Mensch hat sein eigenes Kreuz und jede Familie ihre eigene Last. Du findest keine einzige Familie, die ganz frei wäre von Leid. Du glaubst wohl manchmal, dein Loos sei das härteste, und dein Kreuz das schwerste, Andere hätten es besser oder gingen ganz sorgenlos durchs Leben. Darin aber täuschest du dich. In großen Häusern wohnt das Kreuz auch; Sammt und Seide bergen manchmal so großes Leid, wie du es in deinem Leben nie kennen lernst.

4. Bedenken wir auch, daß wir das Leiden oft nöthig haben. Manche Menschen kämen nicht zur Buße über ihre Sünden und zum Glauben an Gott, wenn ihnen Gott nicht Kreuz und Trübsal schickte. Daher nimmt Gott oftmals den Menschen in die Stille des Krankenzimmers oder sonst in Anfechtung, damit derselbe zum Nachdenken und zur Uebergabe seines Herzens an Gott gelange. „Anfechtung lehrt aufs Wort merken." Jes. 28, 19. Auch gläubige Christen bedürfen des Kreuzes — zur Prüfung und Läuterung. Wir sehen das an den Gläubigen der Schrift. Abraham, Moses, Hiob, Joseph, David, die Apostel des Herrn: Alle

hatten ihr Kreuz. „Moses war ein geplagter Mann vor allen Menschen auf Erden.“ „Wo kämen Davids Psalmen her, wenn er nicht auch versuchet wär'?“ Paulus und Barnabas ermahnten die Seelen der Jünger: „Daß wir durch viele Trübsal müssen in das Reich Gottes gehen.“ Ap. 14, 22. Damit wir nicht laß werden im Beten, nicht nachläßig im Bibellesen, nicht schläfrig im Glaubensleben, dazu schickt uns Gott Kreuz und Trübsal.

5. Oftmals denken wir, die Kreuzesschule währe zu lange, und die Geduld will uns ausgehen, und das Herz neigt sich zum Klagen und zur Unzufriedenheit, namentlich wenn die Noth anhält und das Kreuz immer schwerer wird. Aber ein gläubiger Hinblick auf die Erprobten der Schrift soll uns stärken. Noah hielt getrost aus in seiner Arche, Joseph in seinem Gefängnis, David in der Wüste, Daniel in der Löwengrube, Joseph und Maria in Egypten, die Apostel in ihren Nöthen, Gefahren und Banden: Ihr Vorbild gibt uns Kraft.

6. Wie den Jüngern gerade in ihrer tiefsten Betrübnis, als sie meinten, ihre ganze Hoffnung sei zu Schanden geworden, die Freude erschien und ihre Trübsal in Jauchzen verwandelte, so geschieht es auch mit uns. So erfüllen sich die alten Gottesverheißungen: „Ich habe dich einen kleinen Augenblick verlassen, mit großer Barmherzigkeit will Ich dich sammeln.“ Jes. 54, 7. „Den Abend lang währet das Weinen, aber des Morgens die Freude.“ Ps. 30, 6. Da ist ein Hausvater, der eine große Familie zu versorgen hat. Krankheit oder Arbeitslosigkeit macht ihn mittellos. Die Kinder hungern nach Brot. Aber des Vaters Glaube wankt nicht. Ehe er es ahnt, hat Gott Mittel und Wege, die ihm Hilfe bringen. Wie manche Wittwe, wie manches Waisenkind, wie mancher Fremdling hat es schon erfahren: „Wo die Noth am Größten, da ist Gott am Nächsten.“

Der Allmächtige kann Dies auch thun; Er hat es bewiesen durch Thatsachen in der Schrift. Er theilt das rothe Meer, gibt Israel Manna und Felsenwasser, befreit Hiskia von Sanheribs Heer, Daniel von den Löwen, Petrus von Herodis Schwert und stürzt die Feinde Seines Reiches ins Verderben.

Darum verzage nie, wenn du mit Noth und Trübsal heimgesucht wirst, und wenn das Kreuz auch scheinbar lange anhält: Gott schickt Hilfe zur rechten Zeit.

„Sollt es gleich bisweilen scheinen,
Als wenn Gott verließ die Seinen,
O, so glaub und weiß ich dies:
Gott hilft endlich doch gewiß!

„Hilfe, die Er aufgeschoben,
Hat Er drum nicht aufgehoben;
Hilft Er nicht zu jeder Frist,
Hilft Er doch, wenn's nöthig ist."

Dies gilt aber nicht nur von dem Leid und Kreuz, das uns jeweils trifft, sondern von dem ganzen Erdleid, das mit unserem Leben auf Erden verflochten ist. Einst hat das Leid der Erde ein Ende und macht der Freude im Himmel Platz; drum: „Richt hinauf zur Herrlichkeit Dein Angesicht."

Demgemäß wollen wir noch miteinander reden

III. über die selige Wonne der himmlischen Herrlichkeit.

1. „Und ihr habt auch nun Traurigkeit; aber Ich will euch wieder sehen, und euer Herz soll sich freuen, und eure Freude soll Niemand von euch nehmen." „Richt hinauf zur Herrlichkeit Dein Angesicht!" Das hat Jesus gethan. Von Seiner Taufe an, wo Er Sein Mittleramt antrat, bis zu Seinem Siegesruf am Kreuz: „Es ist vollbracht!" blickte Er stets hinaus auf den Tag Seines Eintritts in die himmlische Herrlichkeit, auf den Tag Seiner Himmelfahrt. Dieser Hinausblick stärkte Ihn bei Seiner mühevollen Arbeit unter dem halsstarrigen Israel, namentlich aber in Seinem letzten Kampf und Leiden und Seinem schmerzlichen und schmachvollen Tod am Kreuze. In der Sehnsucht nach dieser himmlischen Herrlichkeit seufzte Er auch: „Und nun verkläre Mich, du Vater, bei Dir Selbst, mit der Klarheit, die Ich bei Dir hatte, ehe die Welt war." Joh. 17, 5.

Mit Seiner Auffahrt ward Seine Sehnsucht gestillt und Sein Wunsch erfüllt. Er vertauschte das Erdleid mit der Himmelfreud', die Dornenkrone mit der Ehrenkrone.

2. So blickten auch die Apostel bei ihrer selbstverleugnenden Arbeit, bei ihren Anfechtungen, Kämpfen und Leiden stets hinauf nach der himmlischen Herrlichkeit. Das stärkte und ermuthigte sie zu wirken, zu dulden, zu leiden und auch als Blutzeugen zu sterben. Paulus schreibt: „Ich halte es dafür, daß dieser Zeit Leiden der Herrlichkeit nicht werth sei, die an uns soll geoffenbaret werden." Röm. 8, 18. In diesem gläubigen Hinaus- und Hinaufblick gingen die Apostel — Einer

nach dem Andern — ein zur seligen Wonne der himmlischen Herrlichkeit. Dann erst war ganz erfüllt, was ihnen ihr Herr und Meister in Aussicht gestellt, wenn Er im Text sagt: „Ihr habt nun Traurigkeit; aber Ich will euch wieder sehen, und euer Herz soll sich freuen, und eure Freude soll Niemand von euch nehmen."

3. Auch uns soll der Hinaufblick zur seligen Wonne der himmlischen Herrlichkeit Kraft, Muth, Ausdauer und Geduld verleihen, unseren Lebens- und Glaubenskampf zu kämpfen und unser Kreuz zu tragen, so lange es dem göttlichen Meister gefällt. Dieser Hinaufblick zum Ziel des Lebens, zur Gemeinschaft mit dem Herrn und den Seligen stärkt den Glauben, wenn er schwach werden will, kräftigt die Liebe, wenn sie erkalten will, belebt die Hoffnung, wenn sie ersterben will, ist der leuchtende Stern, der zur Heimath führt. In der Heimath dann wechselt nicht mehr Freude mit Leid; dort ist ewige Wonne, ewige Herrlichkeit. Im Anschauen des Herrn, ist dann erfüllt: „Euer Herz soll sich freuen, und euere Freude soll Niemand von euch nehmen."

Wohlan denn, meine Lieben, überschätzen wir die Freuden dieser Erde nicht! — sie sind unbeständig. Verzagen wir im Leid dieses Lebens nicht! — es ist bald vorbei. Blicken wir aber stets hinauf zur Heimath, zum Ziel! dort nur sind ewige Freuden.

Drum:

> „Himmelan, nur Himmelan
> Soll der Wandel gehn!
> Was die Frommen wünschen, kann
> Dort erst ganz geschehn,
> Auf Erden nicht:
> Freude wechselt hier mit Leid;
> Nicht hinauf zur Herrlichkeit
> Dein Angesicht!"

Amen.

Cantate.

Joh. 16, 5-15.

Nun aber gehe Ich hin zu Dem, der Mich gesandt hat, und Niemand unter euch fragt Mich: Wo gehest Du hin? Sondern, dieweil Ich solches zu euch geredet habe, ist euer Herz voll Trauerns geworden. Aber Ich sage euch die Wahrheit: Es ist euch gut, daß Ich hingehe; denn so Ich nicht hingehe, so kommt der Tröster nicht zu euch. So Ich aber hingehe, will Ich Ihn zu euch senden. Und wenn Derselbige kommt, Der wird die Welt strafen um die Sünde und um die Gerechtigkeit und um das Gericht. Um die Sünde, daß sie nicht glauben an Mich. Um die Gerechtigkeit aber, daß Ich zum Vater gehe, und ihr Mich hinfort nicht sehet. Um das Gericht, daß der Fürst dieser Welt gerichtet ist. Ich habe euch noch viel zu sagen, aber ihr könnets jetzt nicht tragen. Wenn aber Jener, der Geist der Wahrheit, kommen wird, Der wird euch in alle Wahrheit leiten. Denn Er wird nicht von Ihm Selber reden, sondern was Er hören wird, das wird Er reden, und was zukünftig ist, wird Er euch verkündigen. Derselbige wird Mich verklären; denn von dem Meinen wird Er es nehmen und euch verkündigen. Alles, was der Vater hat, das ist Mein. Darum habe Ich gesagt: Er wird es von dem Meinen nehmen und euch verkündigen.

Wie so mancher der Sonntage des Kirchenjahres so hat auch der heutige Sonntag einen lateinischen Namen. Cantate heißt er. Cantate heißt: Singet! Diesen Namen hat er darum, weil man in der alten Kirche auf diesen Sonntag den 98. Psalm als Lektion verlas. Derselbe beginnt: „Singet dem Herrn ein neues Lied; denn Er thut Wunder."

Ja, Wunder thut der Herr — und hat Er gethan — im Reich der Natur schon, noch mehr im Reiche der Gnade und im Leben der einzelnen Menschen. Ist es nicht ein Wunder des allmächtigen Gottes, daß jetzt die Erde wieder grünt, die Bäume wieder blühen, die Vögel wieder singen, die ganze Natur verneut und verjüngt uns wieder vor Augen steht? Noch vor einigen Wochen sah es ganz anders aus. Schnee und Eis bedeckten das Erdreich, kahl standen die Bäume da, und erstorben schien die ganze Natur zu sein. Der Allmächtige sprach Sein: „Es werde!" und „es ward."

2. Wunder — und noch viel größere und herrlichere — hat der Herr im Reiche der Gnade gethan. Denken wir nur an die großen Thaten, die uns die Festtage der ersten Kirchenjahrshälfte erzählten. Die Geburt Christi: Gott wird Mensch! Sein Tod auf Golgatha: der Sohn Gottes leidet und stirbt! Seine Auferstehung vom Grabe: der Tod kann den Fürsten des Lebens nicht halten! Seine Auffahrt zum Himmel: Eine Wolke nimmt den Sohn Gottes nach vollbrachtem Erlösungswerk auf Erden heim zum Vater. Und vorwärtsblickend sehen wir das Wunder des Pfingstfestes — die Ausgießung des Heiligen Geistes vor Augen.

3. Wunder — sichtbare Wunder — thut der Herr heute noch im Leben der einzelnen Menschen. Wenn durch die erleuchtende und überzeugende Kraft des heiligen Geistes und des Wortes Gottes ein Sünder von dem Weg des Verderbens auf den Weg des Lebens geleitet wird; wenn ein Lasterdiener umkehrt und Buße thut und von seinem bösen Wesen läßt; wenn ein erlöster, gläubiger Christ durch die Gnade Gottes auf dem rechten Wege erhalten bleibt und zum ewigen Leben gelangt: Sind das nicht auch Wunder Gottes, Wunder, die wir mit unseren leiblichen Augen sehen können?

So thut der Herr Wunder im Reiche der Natur, hat solche gethan und thut sie immer noch in Seinem Gnadenreiche und im Leben der einzelnen Menschen. Drum: „Singet dem Herrn ein neues Lied; denn Er thut Wunder."

4. Wenn die Jünger Jesu an Das gedacht hätten, so wären sie nicht so traurig geworden, als Jesus, ihr Meister, von Seinem Hingang zum Vater zu ihnen redete. Denn dann hätten sie gewußt, daß nur durch Seinen Hingang zum Vater — durch Seinen Tod und Seine Auferstehung — die Welt erlöst und das Reich Christi aufgerichtet werden konnte. In diesem Sinn sagt daher Jesus auch zu Seinen Jüngern: „Es ist euch gut, daß Ich hingehe: denn so Ich nicht hingehe, so kommt der Tröster nicht zu euch. So Ich aber hingehe, will Ich Ihn zu euch senden;" nämlich den heiligen Geist, der sie zum vollen Verständnis der Heilsthatsachen und Heilswahrheiten im Reiche Gottes führen werde.

Nach diesen allgemeinen Gesichtspunkten lasset uns miteinander reden über

Christi Hingang zum Vater.

Davon sagt Jesus zu Seinen Jüngern

I. Es ist auch gut, daß Ich hingebe; und verheißt ihnen von solchem Hingang

II. den Heiligen Geist.

Wenn Jesus zu Seinen Jüngern von Seinem Hingang zum Vater redet, und sie darüber traurig werden, so tröstet Er sie mit der Versicherung

I. Es ist euch gut, daß Ich hingehe.

1. Daß die Jünger traurig wurden, als ihnen Jesus mittheilte, daß Er bald von ihnen scheiden werde, ist leicht verständlich und natürlich. Denn in Seiner Nähe und unter Seiner Leitung und Versorgung war es ihnen so wohl wie guten Kindern bei ihren Eltern. Zudem hofften sie von Ihm, „Er werde Israel erlösen" und ein neues Königreich der Juden aufrichten. Auch hegten sie persönliche Wünsche und Hoffnungen bezüglich des Messiasreiches, wie sie und die Juden im Allgemeinen es erwarteten. An Das dachte Jesus, als Er zu ihnen sagte: „Es ist euch gut, daß Ich hingehe!" Durch Seinen Weggang von ihnen, durch ihr Alleingestelltsein, durch ihres Meisters tiefe Schmach und außerordentlichen Tod sollten sie veranlaßt werden, über das Werk Jesu auf Erden und über die Beschaffenheit des Reiches, das zu gründen Er gekommen war, mehr als vorher nachzudenken. Sie sollten verstehen lernen das Wort, das ihr Meister vor Pilatus aussprach: „Mein Reich ist nicht von dieser Welt." Auch sollten sie dadurch zur Selbsterkenntnis kommen und die Wahrheit des Wortes Jesu erfahren: „Ohne Mich könnet ihr nicht thun." Wenn wir die Jünger betrachten, wie sie uns nach Karfreitag und Ostern erschienen, so kommen sie uns vor, als hätte ihnen ihres Meisters Weggang — von Gethsemane an über Gabbatha, Golgatha und Josephs Garten — eine heilsame Lehre gegeben. So hatte der Herr Recht, wenn Er ihnen zum Voraus sagte: „Es ist euch gut, daß Ich hingehe." Ihr Leid und Kreuz brachte ihnen Nutzen.

2. „Es ist euch gut, daß Ich hingehe." Das gilt, wie von den Jüngern, so auch von uns. Auch uns bringt Leid und Kreuz oftmals Nutzen. Auch wir lernen oft durch

Anfechtung erst aufs Wort merken. Wenn Kinder, die das Glück gute Eltern zu haben, vielleicht nicht genugsam schätzen, derselben durch den Tod beraubt werden; wenn Eltern, die aus ihren Kindern Götzen machten, denselben ins Grab nach= sehen müssen; wenn der Genußsüchtige, dem weltliche Lust und Freude sein einziges Wünschen und Streben war, durch irgend welchen Unfall für den Genuß derselben unfähig wird; wenn der Mammonsdiener, dem sein Reichthum sein Gott ist, plötzlich großen Verlust leidet; wenn der Vielbeschäftigte, der weder Werktags noch Sonntags Zeit findet, an das Heil seiner Seele zu denken, auf das Krankenlager gelegt wird, wo er Zeit zum Nachdenken und zum Beten finden kann: Kann nicht in allen diesen — und vielen andern — Fällen auch gesagt werden, was Jesus zu Seinen Jüngern sagte: „Es ist euch gut, daß Ich hingehe?" daß ihr heimgesucht und geprüft werdet? Manche Kinder lernen ihre Eltern erst an deren Grab verstehen und schätzen, und mancher Eltern Herz hat nur der Tod eines lieben Kindes himmelwärts gezogen. In der Zurückgezogenheit von dem Geräusch der Welt hat schon Mancher auf langsamem Wege Frieden für sein Herz gefunden. Durch Verlust an irdischen Gütern hat schon Mancher nach den Schätzen gefragt, die „weder Motten noch Rost fressen und Diebe nicht nachgraben und steh= len." Schon Mancher hat in der Stille des Krankenzimmers das Beten und Bibellesen gelernt und ist als ein neuer Mensch — genesen an Leib und Seele — vom Krankenlager aufgestan= den. Wie Mancher hat am Grab Eines seiner Lieben ein neues, besseres, Leben begonnen! Wie manchen verlorenen Sohn hat die Noth zum Vaterhaus und Vaterherzen heimgetrieben!

3. Ja, auch die Gläubigen des Herrn bedürfen des Kreuzes; auch ihnen gilt das Wort Jesu: „Es ist euch gut, daß Ich hingehe." Durch das Kreuz lernen sie ihre Schwachheiten, Mängel und Unvollkommenheiten kennen. Das sehen wir deutlich an den Jüngern Jesu. Petrus meinte in seinem Selbstvertrauen und seiner Selbstvermessenheit, er könne mit seinem Herrn ins Gefängnis und in den Tod gehen: Schmählich wurde er zu Schanden; und seine Bußthränen bezeugen es, daß ihm diese demüthigende Erfahrung zum Besten diente. Ja, allen Jüngern gereichten die Tage des letzten Leidens ihres Meisters zum Besten. Da wurde ihr Glaube an Ihn geprüft, da wurden ihre Messiashoffnungen gesichtet und von den Schlacken gereinigt, da wurde ihre Liebe geläutert und erprobt. Nie hätten sie über ihr Verhältnis zu Jesu und die

Beschaffenheit Seines Reiches so nachgedacht, nie hätten sie ihre
Schwachheit und Menschenfurcht — überhaupt sich selbst — so
kennen gelernt, wenn ihr Meister nicht von ihnen genommen
worden wäre. So denkst auch du vielleicht, stark genug zu
sein, Alles zu ertragen und jeder Versuchung zum Bösen
widerstehen zu können. Du tadelst vielleicht Andere, weil
sie sich bei ihren Verlusten traurig und in ihren Versuchun=
gen nicht so stark zeigen, wie du dir denkst. Aber, wenn dich
Aehnliches trifft, wenn du gleiche Anfechtung zu bestehen hast,
so lernst du deine eigene Schwachheit kennen, und erst diese Er=
fahrung bringt dich zu dir selbst, führt dich zur Demuth und
Selbsterkenntnis und bewirkt so dein Heil. Manche Mängel,
Gebrechen, Fehler, böse Gewohnheiten, die uns noch ankleben,
würden wir ohne Kreuz gar nicht kennen lernen, und blieben im
Wahne, wir seien vollkommen. Verlust an irdischem Gut zeigt
dir vielleicht, daß dein Herz noch viel zu viel an der Welt hängt.
In einer Krankheit erst lernst du vielleicht erkennen, daß du un=
geduldig, unverträglich und undankbar bist. Wie beim Schmel=
zen des Metalls das Unreine zum Vorschein kommt, so offenbart
die Trübsal dem Gläubigen die ihm noch anklebende Sünde,
und Das ist ihm gut. Auch David sagt: „Es ist mir lieb, daß
Du mich gedemüthigt hast, auf daß ich Deine Rechte lerne.“ Ps.
119, 71.

4. „Es ist euch gut, daß Ich hingehe.“ Ja, es war
gut — ewig gut — daß Er hinging, nämlich nach Jeru=
salem, und daß Er dort litt und starb und eine vollgültige und
ewige Erlösung schuf. Was wäre aus der Menschheit gewor=
den, wenn Er nicht ans Kreuz gegangen wäre! Wir hätten
keinen Trost im Leben und keine Hoffnung im Sterben. Die
Hölle wäre unser Loos. So aber können wir getrost sagen:
„Tod, wo ist deine Stachel? Hölle, wo ist dein Sieg? Gott
aber sei Dank, der uns den Sieg gegeben hat, durch unsern
Herrn Christum Jesum.“ 1. Cor. 15, 55.

Jedoch ist das nicht der einzige Grund, warum Jesus zu
Seinen Jüngern sagt: „Es ist euch gut, daß Ich hingehe,“ und
nicht der einzige Nutzen Seines Hinganges zum Vater. Der
andere Grund und Nutzen Seines Hinganges liegt in den Wor=
ten Jesu: „So Ich nicht hingehe, so kommt der Tröster nicht zu
euch. So Ich aber hingehe, will Ich Ihn zu euch senden.“
Auch davon wollen wir reden, und somit hören

II. Christi Verheißung von der Sendung des heiligen
Geistes.

1. **Drei Aemter** sind es nach Christi Verheißung, durch welche der heilige Geist an den Menschen wirkt: **Das Trostamt, Strafamt und Lehramt.** Tröster nennt der Herr den heiligen Geist an vielen Stellen. Das Straf= und Lehr= amt schildert Er in folgenden Worten: „Wenn Derselbige kommt, der wird die Welt strafen, um die Sünde, und um die Gerechtigkeit, und um das Gericht: Um die Sünde, daß sie nicht glauben an Mich; um die Gerechtigkeit aber, daß Ich zum Vater gehe, und ihr Mich hinfort nicht sehet; und um das Ge= richt, daß der Fürst dieser Welt gerichtet ist. Ich habe euch noch Viel zu sagen; aber ihr könnet es jetzt nicht tragen. Wenn aber jener, der Geist der Wahrheit, kommen wird, der wird euch in alle Wahrheit leiten."

2. **Eines Trösters bedurften die Jünger nach ihres Meisters Weggang.** Sie waren so enge mit Ihm verwachsen, daß es sie tief und schmerzlich durchbeben mußte, wann ihr Meister immer und immer wieder von Seinem Weg= gang redete. Denn in jeder Noth wandten sie sich an Ihn, so lange Er bei ihnen war. Was sollten sie beginnen, wann Er nun von ihnen genommen sein würde? Der Herr fühlte mit ihnen, und verhieß ihnen einen stellvertretenden, bleibenden Tröster — den Heiligen Geist. Und der kam an Pfingsten. Derselbe war ihr Trost und ihre Kraft in jeder Lage ihres Apostelamtes. Er ist auch unser Tröster. In jeder Betrüb= nis und Noth, in Krankheit, in Anfechtung, ja in Todesnoth ist Er uns nahe mit Seinem tröstenden Einfluß, bestärkt uns in dem Bewußtsein unserer Gotteskindschaft und der Hoffnung auf ein seliges ewiges Leben.

3. **Der Heilige Geist tröstet** aber nicht bloß, Er **straft auch.** Sein Strafamt übt Er aus indem Er die Welt straft um die Sünde, nämlich um die Sünde des Unglau= bens: „daß sie nicht glauben an Mich." Die Sünde des Un= glaubens ist die Hauptsünde. Die Leute bei der Sündfluth glaubten dem Worte nicht, das ihnen Gott durch Noah sagen ließ; die Leute von Sodom verlachten das Wort, das ihnen durch Lot zukam; Israel wollte den Propheten nicht glauben, und ebenso wenig Jesu und Seinen Aposteln. Der Unglaube ist noch heutiges Tages die Hauptsünde unter den Menschen. Viele sind noch stolz auf ihren Unglauben und meinen, bloß die Ungebildeten und Unaufgeklärten, die Weiber und die Kinder könnten an die Bibel glauben, die Aufgeklärten und Gebildeten

seien darüber hinaus. Namentlich aber verwerfen sie den Glau=
ben an Jesum als den Sohn Gottes. Christus ist ihnen ein
Dorn im Auge. Solche straft der Heilige Geist ihres Unglau=
bens wegen. Während sie die Phrasen des Unglaubens ihren
Räthelsführern nachsprechen, bezeugt ihnen ihr Gewissen und
der verborgene Einfluß des Heiligen Geistes das Gegentheil.
Diese innere Stimme straft sie namentlich in stillen Stunden
der Einsamkeit. Mancher wirft, wenn die Noth an den Mann
kommt — wenns zum Sterben geht — die Maske des Unglau=
bens ab und wird dann noch gerettet, wie ein „Brand aus dem
Feuer." Der Unglaube schließt jedes und alles religiöse Leben
aus. Aus ihm werden nur Sünden und Laster geboren. Sein
Ende ist die Hölle.

Der Heilige Geist wird die Menschen auch strafen um die
Gerechtigkeit; nämlich um die Nichtannahme der Gerechtig=
keit, die Jesus durch Seinen Stellvertretungstod der Menschheit
erworben hat. Viele Menschen verwerfen sie aus Unglauben,
Andere auch aus Stolz, indem sie meinen, durch ihre eigene Ge=
rechtigkeit selig werden zu können. Im Gleichnis von der könig=
lichen Hochzeit sehen wir, wie es den Verächtern Christi ergehen
wird: Der König wird sagen: „Freund, wie bist du hereinge=
kommen und hast doch kein hochzeitliches Kleid an?" und Seinem
Knechte befehlen: „Werfet ihn hinaus in die äußerste Finsternis,
da wird sein Heulen und Zähnklappen." Matth. 22, 13.

Auch um das Gericht wird der Heilige Geist die Men=
schen strafen. An das Gericht wollen die Menschen nicht glau=
ben. Aber so war es immer. Die Leute vor der Sündfluth
wollten nicht glauben, daß Gott sie so richten werde, wie ihnen
Gott durch Noah ankündigen ließ, und wie es nachher durch die
Sündfluth geschah. Die Leute von Sodom und Gomorra
glaubten nicht, daß Gott ein solches Gericht an ihnen üben
werde, wie die heilige Geschichte es uns erzählt. Israel glaubte
den Propheten nicht, als sie ihnen das Gericht über Jerusalem
ankündigten. Die Menschen heutiges Tages wollen nicht an
das Weltgericht, das Christus einst halten wird, glauben.

Was den Fürsten dieser Welt bezüglich des Ge=
richtes betrifft, sagt Christus, daß derselbe eigentlich schon
gerichtet sei. Das zeigt uns die Erlösungsgeschichte Jesu. Da=
durch, daß Jesus auf dem Weg des Gehorsams gegen Seinen
Vater blieb, überwand Er den Satan, und zwar gilt das nicht
bloß von Seinem Kampf mit ihm in der Wüste, sondern von
Seinem ganzen Kampfe mit der Macht des Bösen in Seinem

Leben, Leiden und Sterben. Mit Seinem Siegesrufe: „Es ist vollbracht!" hatte Er den Kampf mit dem Satan beendet; denselben überwunden und ihm das gestohlene Gut — die Menschheit — wieder abgenommen und so ihn gerichtet. Von dort an ist er ein überwundener Feind. Beim Weltgericht wird der Sieg Christi über ihn nur öffentlich proklamirt und er dann seiner ewigen Strafe im feurigen Pfuhl übergeben werden. So sind auch alle Satansdiener bereits in ihrem Leben gerichtet. Dadurch, daß sie Jesu Gnade und Gerechtigkeit verwerfen, stellen sie sich auf des Satans Seite und sprechen sich dadurch selber das Urtheil. Ihr böses, unversöhntes Gewissen und ihre Angst vor einem Gericht, das sie vergeblich wegzuleugnen suchen, ist das Gericht, das der Heilige Geist in diesem Leben schon an ihnen übt. Das thut derselbe Heilige Geist, der die Gläubigen ihrer Gotteskindschaft versichert, welche sie des Gerichtes enthebt, und die sich ihnen in einem guten, versöhnten Gewissen und fröhlicher Seligkeitshoffnung kund gibt.

4. Der Heilige Geist übt auch ein Lehramt. Das war für die Jünger von der allergrößten Wichtigkeit. Wir ersehen das aus Jesu Ankündigungsworten. „Ich habe euch noch Viel zu sagen; aber ihr könnet es jetzt nicht ertragen. Wenn aber jener, der Geist der Wahrheit, kommen wird, der wird euch in alle Wahrheit leiten. Denn Er wird nicht von Ihm Selbst reden; sondern was Er hören wird, das wird Er reden; und was zukünftig ist, wird Er euch verkündigen. Derselbige wird Mich verklären; denn von dem Meinen wird Er es nehmen, und euch verkündigen." Die Jünger waren bereits über so Manches, was ihnen Jesus mitgetheilt hatte, verlegen und traurig geworden; wie viel mehr wäre das der Fall gewesen, wenn Er ihnen Sein angekündigtes Leiden und Sterben und ihre späteren Trübsale noch deutlicher ausgemalt und beschrieben hätte. Wohl hatten sie Manches, was ihr Meister dem Volke und ihnen noch besonders erklärt hatte, verstanden und begriffen; aber das volle Verständnis Seiner göttlichen Sendung und Seines stellvertretenden Erlösungswerkes hatten sie doch noch nicht. Dies sollten sie erst erhalten durch den Heiligen Geist, den Jesus ihnen zu senden versprach. Derselbe werde Jesum ihnen verklären, d. h. Seinem Wesen nach als wahrer Gott und wahrer Mensch und als der Mittler zwischen Gott und den Menschen.

5. Wie herrlich hat sich das erfüllt. Vergleichen wir nur den Erkenntniszustand der Jünger nach der Aus-

gießung des Heiligen Geistes mit dem vor derselben. Welch klares Verständnis der Person Jesu und Seines Werkes, wie überhaupt des göttlichen Heilsplanes zur Erlösung der Menschheit, erhellt aus Petri Pfingstpredigt, die wir ansehen dürfen als den Glaubens- und Bekenntnisausdruck aller Jünger.

6. Des Heiligen Geistes als des göttlichen Lehrers sind auch wir benöthigt, um Jesu Werk auf Erden, die Verhältnisse Seines Reiches und überhaupt Gottes Wort zu verstehen. Namentlich bedürfen wir des Heiligen Geistes zur persönlichen Aneignung der Gnade Gottes in Christo Jesu. Der Heilige Geist ist es, der die Buße in unserem Herzen und den Glauben an Jesum wirkt und Jesu Gnade uns mittheilt und zueignet. Ohne Ihn bleibt der Mensch unbußfertig und verhärtet, versteht Gottes Wort nicht, versteht namentlich Jesu Werk nicht und kommt nie zum fröhlichen Bewußtsein seiner Gotteskindschaft: „Der Geist Gottes gibt Zeugnis unserm Geist, daß wir Gottes Kinder sind." Röm. 8, 16.

Daher bitte jedesmal, wenn du dich anschickst, die Bibel zu lesen, die Predigt zu hören, oder das heilige Abendmahl zu genießen um den Geist der Wahrheit, Weisheit und des Verständnisses, damit dir solches Vorhaben und Vornehmen zum Segen gereiche.

Einst aber werden auch wir wie Jesus „hingehen zum Vater", und dann eintreten in das rechte Wunderland, in jene himmlischen Schöpfungen, wo das Cantate — das Singen zum Lobe Gottes — nie aufhören wird.

Einstweilen bitten wir:

> „Ach nimm das arme Lob auf Erden,
> Mein Gott, in allen Gnaden hin!
> Im Himmel soll es besser werden,
> Wenn ich bei Deinen Engeln bin:
> Da bring ich mit der selgen Schaar
> Ein ewig Hallelujah dar."

Amen.

Rogate.

Joh. 16, 23—30.

Wahrlich, wahrlich, Ich sage euch: So ihr den Vater etwas bitten werdet in Meinem Namen, so wird Er es euch geben. Bisher habt ihr nichts gebeten in Meinem Namen. Bittet, so werdet ihr nehmen, daß eure Freude vollkommen sei. Solches habe Ich zu euch durch Sprüchwort geredet. Es kommt aber die Zeit, daß Ich nicht mehr durch Sprüchwort mit euch reden werde, sondern euch frei heraus verkündigen von Meinem Vater. An demselbigen Tage werdet ihr bitten in Meinem Namen. Und Ich sage euch nicht, daß Ich den Vater für euch bitten will; denn Er selbst, der Vater, hat euch lieb, darum, daß ihr Mich liebet und glaubet, daß Ich von Gott ausgegangen bin. Ich bin vom Vater ausgegangen und gekommen in die Welt, wiederum verlasse Ich die Welt und gehe zum Vater. Sprechen zu Ihm Seine Jünger: Siehe, nun redest Du frei heraus und sagest kein Sprüchwort. Nun wissen wir, daß Du alle Dinge weißest, und bedarfst nicht, daß Dich jemand frage. Darum glauben wir, daß Du von Gott ausgegangen bist.

Rogate heißt der heutige Sonntag. Das Wort Rogate heißt auf deutsch: Betet! und erinnert an das Wort Christi in der Bergpredigt: „Bittet, so wird euch gegeben, suchet, so werdet ihr finden; klopfet an, so wird euch aufgethan." Matth. 7, 7. Demnach ist heute der Gebetssonntag. Allerdings soll jeder Sonntag ein Gebetssonntag sein. Jeden Sonntag soll man Gott Dank darbringen, daß Er uns eine Woche hindurch beschützet und versorget hat, und Ihn bitten, Er wolle uns auch ferner Seine Gnade zuwenden und uns geistlich und leiblich segnen. Der heutige Sonntag aber soll nach der Anordnung der alten Kirche in ganz besonderer Weise ein Gebetssonntag sein. Es soll an diesem Tage das Gebet Gegenstand der Predigt sein. Wir sollen an diesem Tage aufs Neue lernen, was das Gebet sei, wie man beten solle, und uns ergötzen an dem herrlichen Segen und Nutzen, welchen Gott dem gläubigen Gebet verheißen hat. So wollen wir denn heute mit einander reden über

Das Wesen und den Segen des Gebetes.

Dabei wollen wir fragen:

I. Was ist das Gebet?

II. Was gehört zu einem gottwohlgefälligen Gebet?

III. Worin besteht der Segen und Nutzen des Gebets?

Wir fragen

I. Was ist das Gebet?

1. Das wird uns im heiligen Psalmbuch deutlich gelehrt, wenn es Psalm 19, 15 also heißt: „Laß Dir wohlgefallen die Rede meines Mundes und das Gespräch meines Herzens vor Dir, Herr, mein Hort und mein Erlöser." Darnach ist das Gebet ein Reden des Menschen mit Gott. Die ganze Natur preist Gott, ihren Schöpfer: „Die Himmel erzählen die Ehre Gottes, und die Veste verkündiget Seiner Hände Werk." Ps. 19, 1. Der Vogel singt fröhlich sein Morgen= und Abend= lied, und die Blumen melden Gottes Lob in ihrem Glanz und Duft. Aber Dies geschieht von der Natur und diesen Kreaturen unbewußtermaßen. Der Mensch allein preist und lobt Gott mit Bewußtsein; Er allein kann Dies durch Reden thun. Der Mensch allein kann beten. Daher besitzen wir Menschen im Gebete ein Vorrecht, vor allen andern Geschöpfen der Erde und sind in diesem Stück den Engeln Gottes im Himmel gleichge= stellt.

2. Das Gebet aber ist noch mehr als ein Reden des Ge= schöpfes mit dem Schöpfer: es ist das Reden des Kindes mit seinem Vater. Soll aber der Mensch mit Gott als seinem Vater reden, so muß er vorher in das Kindesverhältnis zu Gott getreten, muß vorher ein Kind Gottes geworden sein. Das kann er nur werden durch den Glauben an Jesum Chri= stum. Ist er aber das geworden, so ist das Gebet nur eine Folge und Frucht des neuen Lebens. Denn wie ein gutes Kind unmöglich Tag für Tag an seinem Vater vorüber gehen oder bei ihm sein könnte, ohne mit ihm zu reden, so ist es bei einem Kinde Gottes ganz natürlich, daß es mit Gott, seinem himmlischen Vater, redet, d. h. betet. Das Gebet ist dann Ver= kehr zwischen Kind und Vater. Ungläubige, Unversöhnte beten nicht. Sie haben ja keinen versöhnten Gott — keinen Vater — im Himmel und fühlen und wissen sich nicht als Gottes Kinder.

Sie sind noch nicht durch Buße und Glauben in den Zustand der Gnade oder des neuen Lebens eingetreten. Sie sind noch geistlich todt. Denn das Gebet ist das Zeichen, die Aeußerung, der Pulsschlag des neuen Lebens. Wie der Puls anzeigt, daß leibliches Leben im Menschen vorhanden ist, so zeigt das Gebet an, daß ein Mensch geistliches Leben hat.

3. Da aber nur der Glaube an Jesum Christum zu Gottes Kindern macht, und wir nur um Christi willen Gott dem himmlischen Vater angenehm sind, so ist es ein wesentlicher Theil des Gebetes, daß es ein Gebet im Namen Jesu sei. Der Vater hat den Sohn lieb, und Sein Wohlgefallen ruht auf Ihm. Diese Liebe des Vaters zum Sohne geht über und erstreckt sich auf Alle, die an den Sohn glauben, und dieses Wohlgefallen Gottes ruht auf ihnen um ihres Glaubens willen an Christum. Wenn demnach ein Gläubiger betet, so ist es gleichsam als ob die Bitte von Christo — dem Sohne — Selbst käme. Und der Vater erhört ja gewiß Sein Kind. Das bestätigt der Herr in unseren Textesworten, wenn Er zu Seinen Jüngern sagt: „So ihr den Vater etwas bitten werdet in Meinem Namen, so wird Er es euch geben." „Denn Er Selbst, der Vater, hat euch lieb, darum daß ihr Mich liebet, und glaubet, daß Ich von Gott ausgegangen bin."

4. Jesus sagt auch zu Seinen Jüngern hier: „Bisher habt ihr Nichts gebeten in Meinem Namen." Er redet aber auch „von einem Tage, an welchem sie bitten werden in Seinem Namen." Dieser Tag ist der Tag der Pfingsten. An demselben empfingen sie den Heiligen Geist. Derselbe lehrte sie Christi Werk auf Erden zu verstehen, eignete ihnen die Erlösungsgnade zu und machte sie ihrer Kindschaft bei Gott gewiß. Erst dann sahen sie in Gott den himmlischen Vater, in Jesum den Mittler und in den Gläubigen Kinder Gottes. Dann erst konnten sie im Namen Jesu beten.

Das Gebet ist also nicht bloß das Reden des Geschöpfes mit seinem Schöpfer, sondern vielmehr das Reden des Kindes Gottes mit seinem himmlischen Vater.

Lasset uns nun auch sehen

II. was zu einem gottwohlgefälligen Gebet gehört.

1. Es muß an den wahren lebendigen Gott gerichtet sein. Ein Brief muß die rechte Adresse tragen, sonst kommt er nicht an den richtigen Ort und die richtige Per-

son, und es kommt auch keine Antwort zurück. Eine Bittschrift an den König oder den Präsidenten oder sonst eine einflußreiche Person muß den vollen Namen und Titel der Person tragen, an welche sie gerichtet ist; sonst kann sie nicht befördert werden. So auch das Gebet. Und weil so viele Menschen die rechte Adresse nicht wissen, oder auch nicht wissen wollen, so können auch so viele Gebete nicht erhört werden.

2. Die Heiden, die da meinen, „die Gottheit sei gleich den güldenen, silbernen, steinernen Bildern, durch menschliche Gedanken gemacht," (Apg. 17, 29) beten wohl viel, aber ihr Gebet wird nicht erhört; denn es kommt nicht an den rechten Ort — an den lebendigen Gott. Die Anrede trägt den Namen eines leblosen Wesens — eines todten Götzen. „Sie haben Mäuler, und reden nicht; sie haben Augen, und sehen nicht; sie haben Ohren, und hören nicht; sie haben Hände, und greifen nicht; Füße haben sie, und gehen nicht; und reden nicht durch ihren Hals." Ps. 115, 5–7.

3. Die Juden sind ein betendes Volk. Die alttestamentlichen Väter haben ihre Gebete an den lebendigen Gott, der Himmel und Erde gemacht hat, gerichtet mit gläubigem Hinausblick auf den kommenden Erlöser. Insofern war ihr Gebet ein Gebet im Namen Jesu und wurde auch erhört. Nach Christi Tod muß jedes gottwohlgefällige Gebet geschehen im Namen Jesu des Sohnes Gottes, der die Welt erlöste, und — weil der heilige Geist, vom Vater und vom Sohne gesandt, Christum in den Gläubigen verklärt und dieselben ihrer Gotteskindschaft versichert: im Glauben an den dreieinigen Gott — Vater, Sohn und heiligen Geist. Weil die jetzigen Juden Das nicht glauben und nicht thun, so ist all ihr Beten vergeblich. Auch die Muhamedaner glauben nicht an Jesum. Ihr Gebet zu ihrem erdichteten Gott wird nicht erhört.

Alle Gebete, die nicht im Glauben an den dreieinigen Gott, nicht im Namen Jesu durch den heiligen Geist geschehen, sind nicht gottwohlgefällig und können nicht erhört werden. Daher sind die Gebete so mancher geheimen Gesellschaften verwerflich, weil sie nicht an den Gott gerichtet sind, der Sich in der Schrift geoffenbart hat als Vater, Sohn und Heiliger Geist.

3. Das gottwohlgefällige Gebet muß ein demüthiges sein. Das sehen wir an all den frommen Betern, deren Bitten Gott erhörte. Da stelle dir den Zöllner im Tempel vor. Im Bewußtsein seiner Schuld getraute er sich nicht, seine Augen

zum Himmel zu erheben, sondern schlug an seine Brust und betete aus bußfertigem, demüthigem Herzen: „Gott sei mir Sünder gnädig." Luc. 18, 13. So demüthig war Abrahams Bitte für Sodom: „Ach siehe, ich habe mich unterwunden zu reden mit dem Herrn, wiewohl ich Erde und Asche bin." Auch Jakob in seinem Bekenntnis: „Ich bin zu gering aller Barm= herzigkeit und Treue die Du an Deinem Knechte gethan hast." 1. Mose 32, 10. So lesen wir im Propheten Jesaias: „Denn also spricht der Hohn und Erhabene, der ewiglich wohnet, deß Name heilig ist; der Ich in der Höhe und im Heiligthume wohne, und bei Denen, so zerschlagenes und demüthiges Geistes sind, auf daß Ich erquicke den Geist der Gedemüthigten, und das Herz der Zerschlagenen." Jes. 57, 15. Auch David ist derselben Ansicht. So sagt er Ps. 34, 19: „Der Herr ist nahe bei Denen, die zerbrochenen Herzens sind, und hilft Denen, die ein zerschlagenes Gemüth haben." Petrus schreibt 1. Pet. 5, 5: „Gott widerstehet den Hoffärtigen, aber den Demüthigen gibt Er Gnade." Bei allem Bewußtsein unserer Gotteskind= schaft sollen wir stets wissen, daß wir sündhaft und unrein sind und von uns selbst keine Würde oder Recht haben, mit Gott zu reden, sondern Solches bloß um Christi willen thun dürfen. Dieser Ansicht ist auch Luther, wenn er in der Erklärung der fünften Bitte schreibt: „Wir bitten in diesem Gebet, daß der Vater im Himmel nicht ansehen wolle unsere Sünde und um derselbigen willen solche Bitte nicht versagen; denn wir sind deren keines werth, das wir bitten, haben es auch nicht ver= dient; sondern Er wolle uns Alles aus Gnaden geben: denn wir täglich viel sündigen, und wohl eitel Strafe verdienen."

4. Soll unser Gebet Gott wohlgefallen, so muß es nach Jesu Beispiel in gottergebenem Sinn geschehen. Ein herrliches Beispiel dieser Art bildet Jesu Gebet im Garten Gethsemane: „Vater, nicht wie Ich will, sondern wie Du willst." Matth. 26, 38. Gott setzt auch uns oftmals einen bitteren Leidenskelch vor. Unsere Natur sträubt sich dagegen, und es fällt uns schwer, uns in den Willen Gottes zu finden. Eins deiner Lieben liegt auf dem Schmerzenslager. Du bittest Gott — wie es auch sein soll — um dessen Genesung, aber du möch= test jene gottergebene Bitte Jesu: „Vater, nicht wie Ich will, sondern wie Du willst" lieber ganz weglassen, oder, wenn du sie deinem Gebete beifügst, so thust du es mit Zittern und Za= gen oder mit dem stillen Wunsch im Herzen, es möchte Gott deinen Willen zu dem Seinigen machen.

5. Das Gebet muß ein gläubiges sein, wenn es Gott wohlgefallen und von Ihm erhört werden soll. Wenn ein Unglücklicher im Sinne hätte, Jemanden um Hilfe zu bitten, so würde er sich zweier Punkte zu versichern suchen, ehe er seine Bitte vorbrächte oder einschickte. Zuerst würde er sich erkundigen, ob die betreffende Person im Stande wäre — die Macht besäße — ihm zu helfen; sodann, ob sie wohl auch Willens wäre, ihm Hilfe angedeihen zu lassen. Auf diese zwei Gründe hin würde er dann Muth und Freudigkeit fassen, in seiner Angelegenheit voranzugehen. So müssen auch wir thun, um gläubig beten zu können. Wir beten zu Gott. Und die Schrift sagt uns, Er sei allmächtig und daher im Stande, uns zu helfen. Ebenso bezeugt sie uns, daß Er den Willen habe, uns zu helfen, weil Er uns liebt. „Er kann es thun als der allmächtige Gott und will es thun als unser lieber Vater." Auf diese beiden Gründe hin fassen wir Glauben und Zutrauen, uns mit unserer Bitte an Gott zu wenden, und erwarten zuversichtlich, daß Er uns unsere Bitte gewähre. Ohne diesen Glauben ist das Gebet nutz= und fruchtlos. Jakobus sagt: „Er bitte aber im Glauben und zweifle nicht. Der Zweifler denke nicht, daß er etwas von dem Herrn empfangen werde." Jak. 1, 6. 7.

6. Oftmals wird unser Glaube auf die Probe gestellt, und es ist dann erforderlich, daß wir im Gebet anhalten und nicht müde werden. Aufmunternde Beispiele dazu bietet uns die Schrift an vielen Stellen. Denken wir nur an Jesus in Gethsemane: „Geduldig Lamm, wie hältst du stille, Hältst in der Bitte dreimal an! Es ist Dein liebevoller Wille, Daß ich soll thun, wie du gethan. Hilft Gott nicht gleich aufs erste Flehn, So darf ich wieder vor Ihn gehn." Oder erinnere dich an das kananäische Weib, wie sie in ihrem gläubigen Gebete muthig, wie eine Heldin, vorwärts drang, bis sie das Herz des Heilandes erobert hatte. So stellt Gott auch uns auf die Probe. Oftmals denken wir, Gott habe uns vergessen, oder wolle uns nicht helfen. Halte nur getrost aus! trage Gott deine Bitte immer wieder aufs Neue vor! Endlich, wenn du nicht müde geworden bist, dein Glaube nicht gewankt hat, kommt Er mit Seiner Hilfe und gewährt dir deine Bitte.

> „Hilfe, die Er aufgeschoben,
>   Hat Er drum nicht aufgehoben;
>   Hilft Er nicht zu jeder Frist,
>   Hilft Er doch wann's nöthig ist."

7. Man soll aber nicht denken, das Gebet sei bloß ein Mittel für die Zeit der Noth und habe zu anderer Zeit keinen Werth. So wird es von vielen Menschen angesehen. Wenn es ihnen gut geht, so denken sie nicht ans Beten und üben es auch nicht. Kommt aber Noth und Krankheit ins Haus, und haben sie dann alle Mittel versucht, an allen menschlichen Thüren angeklopft, so wenden sie sich im äußersten Nothfall an Gott und klopfen an der Himmelsthüre an. Es ist ein Glück, daß Gott die Menschen auch in diesem Falle nicht von Sich stößt. Aber es ist das nicht der rechte Weg. Denke nur, wenn dein Kind Tag für Tag leichtsinnig und undankbar an dir vorbeiginge, nähme wohl Nahrung, Kleidung und Obdach von dir an, aber redete nie zu dir, außer, wenn ihm ein Unglück zugestoßen wäre — wenn es gefallen und verletzt wäre, oder wenn es krank geworden wäre. Wenn es dann käme und riefe: Vater, hilf mir! würdest du nicht sagen: So, jetzt kannst du reden; sonst konntest du es nicht; hast mir nicht gedankt für das, was ich dir gab; und auch jetzt kommst du nur, weil du in der Noth bist. Gerade eben so leichtsinnig und undankbar handeln die Menschen, die nur beten, wenn sie in der Noth sind, sich aber sonst um Gott nicht kümmern.

Daher ist es am Besten, wenn man allezeit und immer mit Gott in Gebetsumgang steht. Und damit man es nie vergesse, beobachte man geregelte Gebetszeiten — etwa Morgens und Abends, und versäume auch das Tischgebet nicht. Solche Ordnung erhält uns im Gebetsleben mit Gott, und weil wahrhaftes Gebet auch nachwirkt, so sind unsere Gedanken auch während unserer Beschäftigung bei Gott, und befolgen wir so: „Betet ohne Unterlaß!" 1. Thess. 5, 17.

„Gott! gib mir Deinen Geist zum Beten,
Zum Beten ohne Unterlaß,
Getrost im Glauben hinzutreten,
Wenn ich Dein Wort mit Freuden fass',
Und auch im Glauben hinzuknien,
Wenn ich in Furcht und Jammer bin."

Nun lasset uns auch noch sehen

III. welches der Segen und Nutzen des Gebetes ist.

1. Das Gebet bestärkt uns im Bewußtsein unserer Kindschaft bei Gott. Weil das Gebet nichts Anderes ist als ein Reden des gläubigen Christen — des Kindes Gottes — mit Gott

als dem himmlischen Vater, so erhält es uns in dem Bewußtsein, daß wir Gottes Kinder sind, und ist uns daher jedes Gebet eine Bestärkung im Glauben, daß wir Gott angehören.

Durch das Gebet holen wir uns Hilfe bei Gott. Da wir wissen, daß Er unser allmächtiger Vater ist, so wenden wir uns als Seine Kinder nach dem Beispiel der Gläubigen in der Schrift an Ihn um Hilfe und Errettung.

Durch das Gebet erbitten wir uns Trost von Gott. In Nöthen und Anfechtungen, in Krankheits- und Todesfällen haben wir keine andere Quelle des Trostes als in Gott, dem Vater alles Trostes. Aus dieser Quelle haben die alten Väter und die Gläubigen aller Zeiten geschöpft und sich an ihr gestärkt.

2. Das Gebet ist das festeste und heiligste Band, das eine Familie umschlingt und zusammenhält. Das gemeinsame Haus, der gemeinsame Tisch sind nicht hinreichend, eine Familie zu verbinden und zusammenzuhalten. Das Christenthum muß hinzukommen. Ganz anders steht es in einer Familie, in der man nicht nur mit einander arbeitet, ißt und trinkt, sondern auch mit einander betet. Selbst dann, wenn die Kinder von uns Eltern entfernt sind, unter fremden Menschen weilen, wissen wir uns mit denselben verbunden — durchs Gebet, das sie als Erbgut vom Vaterhaus mitbekommen haben.

Ja, das Gebet ist ein Gemeinschaftsmittel aller Gläubigen auf Erden. Wo diese auch wohnen mögen, was für eine Sprache sie auch reden mögen — Alle beten zu demselben Gott als dem gemeinsamen Vater: dort kommen alle ihre Gebete zusammen.

Das Gebet ist ein Schutzmittel gegen die Sünde und ein Stärkungsmittel für den Kampf, der uns verordnet ist. Ein Mensch, der betet, hegt gottselige Gedanken und ist der Sünde nicht so zugänglich wie ein Einer, der keine Gemeinschaft mit Gott hat. Schon Mancher wäre vor schwerem Sündenfall bewahrt geblieben, wenn er das Gebet nicht vergessen hätte.

Durch das Gebet stärkten sich die Gläubigen aller Zeiten und wappneten sich für die Kämpfe, in welche sie Gott stellte und führte. Das Gebet des Glaubens war Davids Schleuder und der Bogen Jonathans. Das Gebet Hiskias erlöste das belagerte Jerusalem von Sanheribs Heer; das anhaltende Fürbittgebet der Gemeinde zu Jerusalem befreite Petrus aus dem Gefängnis und dem Schwert des Herodes; und auch heu=

tiges Tages ist den Gläubigen das Gebet allein die Rüstkam=
mer, aus welcher sie ihre Waffen holen für die mannigfachen
Anfechtungen und Kämpfe, die sie zu bestehen haben.

Kennt auch ihr das Gebet aus persönlicher Erfahrung?
Ist das Gebet ein Haushaltungsartikel in eueren Familien,
oder ist es bei euch etwas Unbekanntes? Ein unglücklicher
Mensch ist Der, der das Gebet nicht übt, der nicht betet. Ein
unglückliches Haus, in dem man das Gebet nicht treibt; ein
solches Haus hat sich des Schlimmsten zu versehen, denn es fehlt
ihm Schloß und Dach und Wächter.

So wollen wir denn von dem heiligen großen Vorrechte
des Betendürfens fleißigen Gebrauch machen, Gott zur Ehre
und zum Lob und uns zum Nutzen und Segen.

> „Welch Glück, so hoch geehrt zu werden
>   Und im Gebet vor Gott zu stehn!
> Der Herr des Himmels und der Erden
>   Bedarf der eines Menschen Flehn?
> Sagt Gott nicht: „Bittet, daß ihr nehmet“?
>   Ist des Gebetes Frucht nicht drin?
> Wer sich der Pflicht zu beten schämet,
>   Der schämt sich Gottes Freund zu sein.“

Amen.

Himmelfahrt.

Luc. 24, 50-53.

Er führte sie aber hinaus bis gen Bethanien; und hob die Hände auf, und segnete sie. Und es geschah, da Er sie segnete, schied Er von ihnen, und fuhr auf gen Himmel. Sie aber beteten Ihn an, und kehrten wieder gen Jerusalem mit großer Freude; und waren allewege im Tempel, priesen und lobten Gott.

Nach Jerusalem an den Oelberg führt uns unser heutiger Text. Dort sollen wir heute im Geiste die Himmelfahrt Christi mitansehen. Der Herr hatte Seinen Jüngern oftmals angekündigt: „Ich bin vom Vater ausgegangen und gekommen in die Welt; wiederum verlasse Ich die Welt und gehe zum Vater." Joh. 16, 28. Diese Zeit Seines Heimgehens zum Vater war nun herbeigekommen. Durch Seinen Tod und Seine Auferstehung hatte Er Sein Werk, wozu Er in die Welt gekommen war — die Erlösung der Welt — vollbracht. Um Seiner Jünger willen war Er noch vierzig Tage auf Erden geblieben; denn Er hatte ihnen noch so viel mitzutheilen, was sie vor Seinem Leiden und Auferstehen noch nicht verstanden hätten. Um später Seine Apostel zu sein, mußten sie genaue Einsicht haben in Sein Erlösungswerk, mußten verstehen was Er zu den Emausgängern sagte: „Mußte nicht Christus Solches leiden, und zu Seiner Herrlichkeit eingehen?" Das Leiden und Auferstehen war geschehen. Aber sie sollten auch Zeugen Seiner Himmelfahrt, Seines Einganges in die Herrlichkeit sein. Zu diesem Zwecke führte Er sie hinaus gen Bethanien an den Oelberg, von wo aus Seine Himmelfahrt stattfinden sollte.

Dort sind die Jünger das letzte Mal um ihren Meister versammelt; dort verabschiedet Er Sich von ihnen; von dort fährt Er auf zu Seinem Vater. Die Jünger schauen Ihm anbetend nach. Auch wir wollen uns im Geiste unter sie stellen, des Herrn Himmelfahrt mit anschauen und über jenen heiligen, geheimnisvollen Vorgang nachdenken.

(286)

Somit betrachten wir heute

Die Himmelfahrt Christi.

Und zwar

I. die Vorbereitung darauf;
II. die Himmelfahrt selbst; und
III. die Folgen derselben.

Wenn wir die Himmelfahrt Christi betrachten, so richten wir unser Augenmerk hin

I. auf die Vorbereitung darauf.

1. Jesus hatte schon vor Seinem Leiden und Sterben Seinen Jüngern von Seinem Heimgang gesagt. Aber so wenig sie Seine Leidensankündigung verstanden, so wenig begriffen sie die Ankündigung Seines Heimgangs zum Vater. Ausdrücke Jesu wie: „Nun aber gehe Ich hin zu Dem, der Mich gesandt hat;" oder: „Es ist euch gut, daß Ich hingehe;" waren ihnen dunkel und unverständlich.

Namentlich aber sollten ihnen die vierzig Tage, die ihr Meister nach Seiner Auferstehung noch auf Erden blieb, dazu dienen, sie auf Seine Himmelfahrt vorzubereiten. Daraufhin deutet schon der Auftrag, den Jesus sogleich am Auferstehungsmorgen Maria Magdalena für Seine Jünger gab: „Gehe aber hin zu Meinen Brüdern, und sage ihnen: Ich fahre auf zu Meinem Vater und zu euerem Vater, zu Meinem Gott und zu euerem Gott." Joh. 20, 17. Und gewiß hat sie Jesus während dieser Zwischenzeit — von Ostern bis Himmelfahrt — nicht bloß über Sein Leiden, Sterben und Auferstehen, sondern auch über Seinen Heimgang in den Himmel belehrt. Schon in Seinem Unterricht, den Er den Emmausjüngern gab, sagte Er nicht bloß: „Mußte nicht Christus Solches leiden", sondern auch: „Und zu Seiner Herrlichkeit eingehen." Auch der Umstand, daß Jesus nach Seiner Auferstehung einen verklärten, nicht an die Gesetze dieser Welt gebundenen Körper trug, mußte ihnen sagen, ihr Meister werde bald in eine andere, Seinem verklärten Leibe ebenbürtige, Welt entrückt werden. Wenn Jesus zu Seinen Jüngern sagt: „Gleichwie Mich der Vater gesandt hat: so sende Ich euch;" und ihnen das Amt der Schlüssel überträgt: so will Er ihnen sagen, Sein Werk auf Erden sei jetzt vollbracht, das ihrige beginne jetzt. Deutlicher noch

mußten sie Jesu Absicht, gen Himmel zu fahren, daraus erken=
nen, daß Er, wie schon vor Seinem Leiden und Sterben, so
auch nach Seiner Auferstehung und namentlich bei Seinem letz=
ten Beisammensein mit ihnen kurz vor Seiner Himmelfahrt zu
ihnen redete von dem heiligen Geiste, den Er senden wolle.
Aus dem Allem konnten sie lernen, daß der Heimgang ihres
Meisters nahe sei.

2. Wie die Jünger, so sollen auch wir durch die
Berichte von den Erscheinungen Jesu bei Seinen
Jüngern, durch die Betrachtung Seiner Unterre=
dungen mit ihnen veranlaßt werden, unseren Blick
nach Oben, himmelwärts, zu richten. Die vergange=
nen Sonntage haben uns von einer Stätte berichtet, die für
die Seinen zuzubereiten, Jesus zum Vater zu gehen versprach.
Auch hörten wir von einem Vaterhaus mit vielen Wohnungen
und durften zu unserer Freude vernehmen, daß auch wir ein
Plätzchen in jenem Vaterhaus haben sollen. Denn so sagt
Jesus: „Vater, Ich will, daß, wo Ich bin, auch die bei Mir
seien, die Du Mir gegeben hast, daß sie Meine Herrlichkeit
sehen, die Du Mir gegeben hast;" Joh. 17, 24; und: „Wo Ich
bin, da soll Mein Diener auch sein." Joh. 12, 26. Diese
Versicherungen Jesu, diese Aussichten auf eine selige Heimath
sollen eine innere Sehnsucht, ein heiliges Heimweh nach dem
Himmel in uns erweckt haben, so daß wir heute in dankbarer
Erinnerung an Jesu stellvertretenden Tod und die uns dadurch
erworbene Sündenvergebung im Geist an den Oelberg treten,
um uns mit Jesu zu freuen, daß Er nun die Dornenkrone mit
der Siegeskrone und das Purpurkleid mit dem Herrlichkeits=
kleide vertauschen durfte.

3. So wollen wir denn denken, wir ständen jetzt mit Jesu
und Seinen Jüngern am Oelberg und könnten zusehen, wie Sich
der Herr von Seinen Jüngern verabschiedet und dann gen Him=
mel fährt. Mit diesen Gedanken und Empfindungen betrachten
wir dann

II. die Thatsache der Himmelfahrt Christi.

1. Dieselbe wird uns von den Evangelisten
also geschildert: „Er führete sie aber hinaus bis gen Betha=
nien; und hob die Hände auf, und segnete sie. Und es geschah,
da Er sie segnete, schied Er von ihnen, und fuhr auf gen Him=
mel." Luc. 24, 50. 51. Oder: „Und der Herr, nachdem Er

mit ihnen geredet hatte, ward Er aufgehoben gen Himmel."
Marci 16, 19. Oder: „Und da Er Solches gesagt, ward Er
aufgehoben zusehends, und eine Wolke nahm Ihn auf vor ihren
Augen weg." Apg. 1, 9.

2. Recht bezeichnend ist der Ort, die Stätte,
von wo aus die Himmelfahrt stattfand. Es war der
Oelberg. Apg. 1, 12. Unten am Oelberg war der Garten
Gethsemane. Dort drunten haben wir in der Leidensgeschichte
mit den Jüngern den Herrn in Seiner tiefen Erniedrigung gesehen: dort kniete Er im Gebet auf der Erde; dort kämpfte Er
jenen geheimnisvollen Seelenkampf, der Ihm blutigen Schweiß
auspreßte; dort wurde Er von Seinen Feinden gebunden; von
dort aus ging Er in Sein schmerzliches und erniedrigendes To-
desleiden — nach Gabbatha und Golgatha.

3. Jesus schied segnend von Seinen Jüngern. So lesen
wir im Himmelfahrtsberichte des Lukas: „Und Er hob die Hände
auf und segnete sie. Und es geschah, da Er sie segnete, schied
Er von ihnen." Zum Segnen war Er in die Welt gekommen;
segnend ging Er durch die Welt, und segnend schied Er von der
Welt. Schon den Patriarchen wurde Er als der Segenbringer
verheißen. „In Dir sollen gesegnet werden alle Geschlechter auf
Erden." 1. Mose 12, 3. Segen brachte der Herr auch, wo Er
hinkam und wo man Ihn aufnahm. Alle Seine Wunder hatten Segensspendung zum Zweck — leiblichen und geistlichen Segen. Zu Kana segnete Er das Wasser und verwandelte es in
Wein. In der Wüste segnete Er die wenigen Laibe Brot
und speiste Tausende mit denselben. Auf die Kinder legte Er
Seine Segenshände und weihte sie für Sein Reich. Die Kranken und Todten berührte Er mit Seiner Allmachtshand, und Gesundheit und Leben strömte von Ihm aus. Wo Er predigte:
auf dem Berge, am Meeresufer, in der Wüste, in der Synagoge,
im Tempel — der Zweck ist immer: Segnen will Er. Und wer
will den Segen Seines letzten Leidens — in Gethsemane, auf
Gabbatha und Golgatha — ermessen und ausdenken? Denn
dadurch hat Er eine Segensquelle geschaffen und erschlossen, die
ewiglich fließt, und allen Völkern der Erde zu Gute kommt.

4. Wie die Erzväter bei ihrem Tode ihre Kinder segneten und ihnen so gleichsam den Segen der
Verheißung mittheilten, so segnet auch Jesus die
Seinen — Seine Jünger — und theilt ihnen so den Segen
der geschehenen Erlösung mit, damit sie denselben weiter ver-

breiten sollen. Und damit sie wüßten, wie das geschehen solle, beauftragt Er sie mit der Predigt des Evangeliums und der Verwaltung der heiligen Sakramente. Denn so spricht Er: „Darum gehet hin, und lehret alle Völker, und taufet sie im Namen des Vaters, und des Sohnes, und des heiligen Geistes." Matth. 28, 19. Wo daher seitdem das Evangelium von Jesu Christo als dem Gekreuzigten und Auferstandenen gepredigt und die Sakramente nach Christi Einsetzung verwaltet worden sind: da wurde der Segen des scheidenden Heilandes weiter verbreitet.

5. Und damit die Jünger und alle Diener Christi zu diesem Amte tüchtig wären, und durch ihren Dienst die Menschen dieses Segens theilhaftig würden, verspricht Jesus Seinen Jüngern, ihnen den heiligen Geist vom Himmel herab zu senden. Segen theilte Er aus in Seinem Leben, segend schied Er von Seinen Jüngern, und einen Segen — den heiligen Geist — verspricht Er nach Seiner Auffahrt zu senden.

6. „Er schied von ihnen und fuhr auf gen Himmel," Luc. 24, 51; „eine Wolke nahm Ihn auf vor ihren Augen weg." Apg. 1, 9. Die Jünger sollten nicht bloß Zeugen Seiner Auferstehung, sondern auch Seiner Himmelfahrt sein. Sie sollten Ihn mit ihren leiblichen Augen gen Himmel fahren sehen, damit sie es aller Welt verkündigen könnten. Der Abschied von ihrem lieben Meister, dem sie so Viel zu verdanken hatten und mit dem sie so innig verbunden waren, mußte sie wehmüthig stimmen. Aber das ihnen durch Christi Belehrung gewordene klarere Verständnis von Dessen Werk auf Erden, und der herrliche Anblick ihres nun verklärten und mit Sieg gekrönten Meisters ließ sie die Wehmuth des Abschieds vergessen und erfüllte sie mit heiliger Freude. Sie wußten ja, daß die Trennung von Ihm keine ewige sein würde, ja, daß sie einst — und dann auf ewig — mit Ihm würden vereinigt werden.

7. Aehnlich verhält es sich mit dem Abscheiden gläubiger Christen. Wohl fühlen die Zurückbleibenden auch eine schmerzliche Wehmuth, aber diese wird gemildert durch die Hoffnung des Wiedersehens im Himmel. Christen „sind nicht traurig wie die Andern, die keine Hoffnung haben." 1. Thess. 4, 13.

Nun wollen wir auch noch hinblicken

II. auf die Folgen der Himmelfahrt Christi.

1. Die nächste Folge der Himmelfahrt Christi war die Thatsache, die uns von den Jüngern also berichtet wird: „Sie aber beteten Ihn an.“ Als sie ihren Meister auf der lichten Wolke gen Himmel fahren sahen, fiel der letzte Schleier von ihren Augen und klärte sich ihr geistliches Verständnis zu der vollkommenen Ueberzeugung, Er sei der Sohn Gottes. Und so beugten sie ihre Kniee und falteten ihre Hände, und beteten Ihn — den sie bisher als ihren Meister und Lehrer geliebt — an als Gott. Wie die Jünger, so dürfen auch wir nicht bloß in Jesu Namen zum Vater, sondern auch zu Ihm Selbst beten.

2. Nicht vergessen dürfen wir die Angabe des Lukas in seinem Himmelfahrtsbericht in der Apostelgeschichte, daß auch Engel bei Christi Himmelfahrt gegenwärtig gewesen seien. So schreibt er: „Und als die Jünger Ihm nachsahen gen Himmel fahrend, siehe, da standen bei ihnen zwei Männer in weißen Kleidern, welche auch sagten: Ihr Männer von Galiläa, was stehet ihr, und sehet gen Himmel? Dieser Jesus, welcher von euch ist aufgenommen gen Himmel, wird kommen, wie ihr Ihn gesehen habt gen Himmel fahren.“ Apg. 1, 10. 11. Dadurch sollten die Jünger, ehe sie von der Himmelfahrtsstätte weggingen, recht eindringlich an all Das erinnert werden, was ihnen Jesus von Seiner Wiederkunft zum Gericht mitgetheilt hatte. Engel kündigten Jesu Geburt an; Engel theilten den Frauen am Ostermorgen Seine Auferstehung mit; Engel sind bei Seiner Himmelfahrt gegenwärtig und weissagen Seine Wiederkunft; Engel werden Ihn bei Seiner Wiederkunft begleiten und Seine Diener sein.

3. Die Jünger, nach der Auffahrt ihres Meisters allein gelassen, schicken sich nun an, Dessen letzten Befehl zu befolgen. Der lautete: „Ihr aber sollt in der Stadt Jerusalem bleiben, bis daß ihr angethan werdet mit Kraft aus der Höhe.“ Luc. 24, 49. Und so heißt es von ihnen: „Sie kehrten wieder gen Jerusalem mit großer Freude.“ Luc. 24, 52. Oder wie wir in der Apostelgeschichte lesen: „Da wandten sie um gen Jerusalem, von dem Berge, der da heißt der Oelberg, welcher ist nahe bei Jerusalem, und liegt einen Sabbatherweg davon.“ Apgesch. 1, 12. Gewiß wären sie lieber auf dem Oelberg geblieben, als daß sie nach der Stadt

Jerusalem zurückkehrten. Hatte man ja in dieser Stadt ihren Meister getödtet. Mußten sie nicht fürchten, man werde auch sie nicht schonen? Und doch — sie kehren nicht bloß um gen Jerusalem: sie thun es „mit großer Freude." Sie wußten, es war ihres Meisters Gebot; und was sie eben erlebt, hatte sie der Furcht benommen. So soll auch uns des Herrn Anord=nung und Befehl über Alles gehen. Solcher Gehorsam macht uns getrost und furchtlos. Wir wissen, wir sind auf Gottes Weg.

4. Aber nicht zwecklos war ihre Rückkehr nach Jerusalem. Dort sollten sie „angethan werden mit der Kraft aus der Höhe"; dort sollten sie „mit dem Heiligen Geiste getauft werden", der ihr „Tröster" sein, der sie „in alle Wahr=heit leiten", Christum ihnen „verklären" und „ewiglich bei ihnen bleiben würde." Auf die Erfüllung dieser herrlichen Verhei=ßung bereiten sie sich nun auch vor. So lesen wir: „Und als sie hinein kamen, stiegen sie auf den Söller, und waren stets bei einander einmüthig mit Beten und Flehen." Apg. 1, 13. 14. Oder wie unser Evangelium berichtet: „Und waren alle=wege im Tempel, priesen und lobten Gott." Luc. 24, 53. Durch gemeinsames Gebet im engeren Kreise der Gläubigen und vereinte Andacht im Tempel bereiten sie sich vor auf den Tag der Pfingsten, an welchem ihnen der zur Rechten des Va=ters erhöhte Gottessohn vereint mit dem Vater jenen verheiße=nen Geist sandte, welcher jenes Wunder wirkte, das uns die Pfingstgeschichte berichtet.

5. Nicht bloß den Jüngern zu Gute hat Sich Jesus zur Rechten des Vaters gesetzt — auch uns zum Segen ist es geschehen. Für Alle ist Er als Hohe=priester, Verwalter der himmlischen Güter und König ins Heiligthum Gottes eingegangen. So lesen wir: „Christus ist nicht eingegangen in das Heilige, so mit Händen gemacht ist; sondern in den Himmel selbst, um zu erscheinen vor dem Angesichte Gottes für uns." Hebr. 9, 24. „Wir haben einen solchen Hohenpriester, der da sitzet zur Rechten, auf dem Stuhl der Majestät im Himmel; und ist ein Pfleger der heiligen Güter." Hebr. 8, 1. „Gott hat Ihn gesetzt zu Seiner Rechten im Himmel über alle Fürstenthümer, Gewalt, Macht, Herrschaft und Alles, was genannt mag werden, nicht allein in dieser Welt, sondern auch in der zukünftigen. Und hat alle Dinge unter Seine Füße gethan und hat Ihn gesetzt zum Haupt der Gemeine über alles." Eph. 1, 20—22. Und Christus sagt

Selber: „Mir ist gegeben alle Gewalt im Himmel und auf Erden.“ Matth. 28, 18.

6. **Durch Seinen Tod am Kreuze opferte Sich Jesus für die Menschen.** Durch Seine Himmelfahrt trägt Er gleichsam Sein Blut — wie im alten Bunde der Hohepriester im Tempel that — in das Allerheiligste und macht es vor Gott zu Gunsten der Menschheit geltend. Und dieser hohenpriesterlichen Fürsprache haben wir es zu danken, daß wir heute „noch nehmen dürfen Gnade um Gnade.“ Wie dieser Hohepriester schon in Seinem Erdenleben — in Seinem hohenpriesterlichen Gebet — für die Seinen betete, so setzt Er dieses Fürbittamt auch im Himmel fort. Als Verwalter der himmlischen Güter theilt er den bußfertigen Gläubigen fort und fort mit Vergebung der Sünden, Frieden ins Gewissen und Hoffnung auf ein ewiges Leben. Solche Gläubige sind Seine Unterthanen und bilden Sein Reich, die Er als König mit Seinem Geist, Seiner Gnade, Seinem Schutze und Seiner Hilfe unsichtbar regiert. Einst, wenn Alles gesammelt sein wird, was sich sammeln läßt, wird Er als sichtbarer König wieder auf Erden erscheinen. Dann werden auch Seine Feinde — wenn auch als zur Hölle Verurtheilte — Seine Königsgewalt erkennen müssen. „Setze Dich zu Meiner Rechten, bis Ich Deine Feinde zum Schemel Deiner Füße lege.“ Ps. 110, 1. „Darum hat Ihn auch Gott erhöhet und hat Ihm einen Namen gegeben, der über alle Namen ist, daß im Namen Jesu sich beugen sollen aller Derer Kniee, die im Himmel und auf Erden und unter der Erde sind, und alle Zungen bekennen sollen, daß Jesus Christus der Herr sei, zur Ehre Gottes des Vaters.“ Phil. 2, 19.

7. **Zu diesem fürbittenden und seligmachenden Hohenpriester blicke demüthig und glaubensvoll hinauf im Gefühl und Bewußtsein deiner Sünden:** und der Trost der Sündenvergebung wird dein Herz erquicken.

Zu diesem königlichen Hohenpriester erhebe betend deinen Blick in Anfechtung, Schwachheit und Noth: Er wird dich bewahren, stärken und erretten. „Denn wir haben nicht einen Hohenpriester, der nicht könnte Mitleid haben mit unserer Schwachheit, sondern der versucht ist allenthalben, gleich wie wir. Hebr. 4, 15.

Nachdem wir nun wissen, daß uns durch Jesu Himmelfahrt der Himmel zum Vaterhaus geworden ist, sollen wir nicht mehr diese Erde als unsere bleibende Stätte ansehen, sondern trachten nach dem, was droben ist, nach jener zukünftigen Heimath aller Kinder Gottes.   Der gläubige Aufblick dorthin tröstet und stärkt uns im Lebens= und Glaubenskampf.   Denn wir wissen, daß, wenn wir mit Ihm leiden, daß wir einst auch mit Ihm zur Herrlichkeit erhoben werden.   Denn es geht

"Durch Leid zur Herrlichkeit,
Vom Kreuz zur Krone!"

Amen.

Exaudi.

Joh. 15, 26—16, 4.

Wenn aber der Tröster kommen wird, welchen Ich euch senden werde vom Vater, der Geist der Wahrheit, der vom Vater ausgehet, der wird zeugen von Mir. Und ihr werdet auch zeugen, denn ihr seid von Anfang bei Mir gewesen. Solches habe Ich zu euch geredet, daß ihr euch nicht ärgert. Sie werden euch in den Bann thun. Es kommt aber die Zeit, daß, wer euch tödtet, wird meinen, er thue Gott einen Dienst daran. Und solches werden sie euch darum thun, daß sie weder Meinen Vater, noch Mich erkennen. Aber solches habe Ich zu euch geredet, auf daß, wenn die Zeit kommen wird, daß ihr daran gedenket, daß Ich es euch gesagt habe. Solches aber habe Ich euch von Anfang nicht gesagt, denn Ich war bei euch.

1. Die Jünger Jesu konnten vor ihres Meisters Verherrlichung, die durch Seine Auferstehung und Himmelfahrt geschah, Manches, namentlich was auf Sein Leiden Bezug hatte, nicht recht verstehen. Ja, Manches konnte ihnen Jesus noch gar nicht mittheilen, da sie es doch nicht begriffen hätten. Jesus Selbst sagt einmal zu ihnen: „Ich habe euch noch viel zu sagen, aber ihr könnets jetzt nicht tragen." Joh. 16, 12. Zwei Punkte waren es, über welche sie ins Reine zu kommen hatten. Nämlich, daß Jesus der Sohn Gottes — der verheißene Messias — sei, und daß Derselbe durch Leiden und Sterben die Menschen erlösen solle. Der erste Punkt war für sie nicht so schwer wie der zweite. Hie und da hören wir Ausdrücke der Jünger, die ihren Glauben an Jesum als den Sohn Gottes und den verheißenen Messias klar darlegen. Gleich am Anfang, als Jesus Seine Jünger berief, lesen wir von Andreas, daß er zu seinem Bruder Simon sagt: „Wir haben den Messias gefunden." Joh. 1, 41. In demselben Kapitel lesen wir: „Phillippus findet Nathanael, und spricht zu ihm: Wir haben den gefunden, von welchem Moses im Gesetz, und die Propheten geschrieben haben, Jesum, Josephs Sohn von Nazareth." Joh. 1, 45. Ebenso

Vers 49: „Nathanael antwortete und sprach zu Jesu: Rabbi, Du bist Gottes Sohn, Du bist der König von Israel."

2. Der Bericht des Johannes über die Hoch= zeit zu Kana schließt mit den Worten: „Und Seine Jünger glaubten an Ihn." Joh. 2, 11. Und im Namen aller Jünger legt Simon Petrus ein aus Erfahrung herausgereiftes Bekenntnis seines Glaubens an Jesum als den Sohn Gottes ab, wenn er sagt: „Herr, wohin sollen wir gehen? Du hast Worte des ewigen Lebens. Und wir haben geglaubt und er= kannt, daß Du bist Christus, der Sohn des lebendigen Gottes." Wenn auch diese klaren Aussprüche ihres Glaubens an Jesum durch ihre Wankelmüthigkeit während Seines letzten Leidens etwas verdunkelt wurden, so geschah das nur darum, weil sie sich den zweiten Punkt nicht zurecht legen konnten, nämlich den, daß Er durch Leiden und Sterben Sein Werk auf Erden vollbringen solle. Auch Das sehen wir namentlich an Petrus. Als Jesus Seinen Jüngern zeigte: „Wie Er müßte hin gen Jerusalem gehen, und viel leiden von den Aeltesten, und Hohenpriestern, und Schriftgelehrten, und getödtet werden", da heißt es von Petrus: „Und Petrus nahm Ihn zu sich, fuhr Ihn an, und sprach: Herr, schone Deiner Selbst, das widerfahre Dir nur nicht!" Matth. 16, 21. 22. Ein andermal, als Er wieder von Seinem Leiden und Sterben geredet hatte, heißt es: „Sie aber vernahmen des keines, und die Rede war ihnen verborgen, und wußten nicht, was das gesagt war." Luc. 18, 34.

3. Und jedesmal, wenn Jesus in Seinen Abschieds= reden Seines Leidens, Seines Weggenommenwerdens, Seines Hingangs zum Vater gedachte, wurden sie traurig und untröstlich. Daher verheißt Er ihnen den heiligen Geist, der sie über Seinen Hingang zum Vater trösten, aber auch von Ihm zeugen werde, so daß sie Seine Person und Sein Werk auf Erden klar und deutlich verstehen und eben darin Trost finden möchten. Darnach sollten aber auch sie Zeugnis ablegen von Ihm vor der Welt, Zeugnis von Seiner Gottheit und Zeugnis von der durch Ihn vollbrachten Versöhnung. Dabei würden sie viel leiden müssen, aber Er werde bei ihnen und mit ihnen sein. Und wie sie, so auch wir.

Somit lasset mich heute zu euch reden über

Das Zeugnis des Christen von Jesu.

Dabei wollen wir sehen, wie es ist

I. ein Zeugnis, das auf Erfahrung beruht, und

II. ein Zeugnis, das keine Verfolgung scheut.

Das Zeugnis des Christen von Jesu ist

I. ein Zeugnis, das auf Erfahrung beruht.

1. Das ersehen wir aus Jesu Angabe selbst. „Und ihr werdet auch zeugen, denn ihr seid von Anfang bei mir gewesen." Mit Recht konnte Jesus erwarten, daß Seine Jünger Zeugnis von Ihm ablegen würden, da sie vom Anfang Seiner Wirksamkeit an bei Ihm gewesen waren. Und daß sie bei Ihm gewesen waren, zeigen uns die Evangelisten in ihren Berichten über das Leben Jesu. Der Herr hatte sie berufen, den Einen vom Fischernetz, den Andern von der Zollbude weg. Sie hatten Seine Thaten gesehen und Seine Worte gehört. Sie hatten Ihn begleitet Schritt vor Schritt. Stets waren sie in Seiner Nähe. Sie hatten wie Niemand sonst Gelegenheit, Ihn in jeder Lage Seines Lebens auf Erden zu beobachten und Ihn kennen zu lernen als den Gottmenschen. Sie begleiteten Ihn auch auf Seiner letzten Reise nach Jerusalem, waren bei Ihm in jener denkwürdigen Nacht beim Osterlammessen und in Gethsemane. Sie sahen Ihn auch nach Seiner Auferstehung und waren gegenwärtig, als Er gen Himmel fuhr. So konnte auch Johannes sagen: „Das wir gehöret haben, das wir gesehen haben mit unsern Augen, das wir beschauet haben, und unsere Hände betastet haben vom Worte des Lebens — das verkündigen wir euch." 1. Joh. 1, 1.

2. Von Ihm haben die Jünger aber auch gezeugt. Dort am ersten neutestamentlichen Pfingstfeste steht Petrus vor jenen Tausenden zu Jerusalem und zeugt von Seinem Meister, Jesu von Nazareth, dem Gekreuzigten und Auferstandenen. Und so wie Petrus, so auch die andern Jünger. Und die meisten haben ihr Zeugnis von Christo noch mit ihrem Blute besiegelt. Ihr Zeugnis war ein Zeugnis der Erfahrung.

3. Aber nicht bloß die Apostel sollten Zeugnis ablegen von Jesu — jeder Christ ist dazu be=

rufen. Allerdings sind es da vorerst die Prediger des
Evangeliums. Die sollen Zeugnis ablegen von Jesu Christo
als dem Gekreuzigten und Auferstandenen, in welchem allein
das Heil der Menschen beschlossen liegt. Das aber können sie
nur dann thun, wenn es auch von ihnen heißen kann, wie von
den Jüngern im Text: „Ihr werdet auch zeugen; denn ihr seid
von Anfang bei Mir gewesen.“ Ihr Zeugnis, wenn es zu
Herzen gehen soll, wenn es überzeugen soll, muß ein Zeugnis
der Erfahrung in der Schule Jesu sein, muß aus überzeugtem
Herzen kommen. Wer an der Hand des Evangeliums das
Leben Jesu auf Erden mit den Jüngern gleichsam durchgelebt
und des Segens von Christi Leben und Tod persönlich theil=
haftig geworden ist, der kann dann aus seiner Herzens= und
Lebenserfahrung heraus zeugen von Jesu als von Dem, der die
Sünder annimmt, die Traurigen tröstet und sichere Hoffnung
auf ein ewiges Leben gewährt Dem, der an Ihn glaubt.

4. Jeder Christ hat die Aufgabe und die
Pflicht, von Jesu und für Jesum Zeugnis abzu=
legen. Das Vorhandensein von christlichen Gemeinden, von
christlichen Kirchen, in denen das Evangelium von Jesu gepre=
digt und die Sakramente nach Christi Einsetzung verwaltet
werden, die Einrichtung von Sonntag und Festtag: Alles
Dies sind Zeugnisse für den Herrn. Jeder Kirchen= und Abend=
mahlsgang ist ein Zeugnis für Ihn, hauptsächlich aber ein reiner,
frommer, gottseliger Lebenswandel im Umgang mit deinen Mit=
menschen und gewissenhafte Treue in der Ausübung deiner Be=
rufspflicht. Auch hast du Gelegenheit für deinen Heiland zu
zeugen, wenn Sein Wort, Sein Sakrament, Sein Name, Sein
Reich in deiner Gegenwart angegriffen oder verlästert wird. Da
sollst du nicht schweigen, sondern reden. Das kannst du aber
nur dann thun, wenn es auch von dir heißen kann, wie der Herr
in unserem Texte von Seinen Jüngern sagt: „Ihr werdet auch
zeugen; denn ihr seid von Anfang an bei Mir gewesen.“ Und:
„Ihr seid von Anfang bei Mir gewesen“, kann ja in gewissem
Sinne auch von euch Allen gesagt werden, sollte wenigstens ge=
sagt werden können. In euerer Kindheit schon seid ihr dem
Herrn in der Taufe übergeben worden; der christliche Unterricht
in Familie, Schule und Kirche sollte euch bei Ihm erhalten;
der sonn= und festtägliche Gottesdienst und der Genuß des heili=
gen Abendmahles sollte euch im Glauben an Ihn bestärken. So
sollte man doch annehmen dürfen, daß ihr durch alle diese geist=
liche Pflege, die von Kindheit auf bis auf den heutigen Tag an

euch geschehen und gethan worden ist, auch in persönliche Glaubens- und Lebensgemeinschaft mit dem Herrn getreten seid, und sollte man von euch erwarten dürfen, daß ihr aus selbstbewußter Ueberzeugung heraus sagen könnet: „Ich weiß, an wen ich glaube", und daß euer Zeugnis beruhe auf dem Schriftwort: „Ich glaube, darum rede ich." Pf. 116, 10.

5. Wie Viele lassen es am Zeugnis für den Herrn fehlen! Für deine politische Partei, deine weltlichen Gesellschaften, deine Familienehre trittst du ein, oft mehr als es recht und gut ist. Aber, wenn die christliche Kirche, Jesus und Seine Gnadenmittel von Spöttern und Wüstlingen in den Koth getreten werden: Das kannst du ruhig mit ansehen und anhören und hast kein Wort zur Vertheidigung deines Meisters und zum Zeugnis für Seinen Namen. Da schämt sich Mancher, ein Kirchgänger, ein Christ zu sein und schweigt entweder, oder stimmt noch in das weltliche Wesen und das gottlose Treiben mit ein, und denkt — wie so Manche verkehrterweise denken —: „Man muß mit den Wölfen heulen, wenn man bei ihnen ist." Das Beste für solche Leute ist, zu befolgen, was Psalm 1, 1 steht: „Wohl dem, der nicht wandelt im Rath der Gottlosen; noch tritt auf den Weg der Sünder; noch sitzt, da die Spötter sitzen;" d. h. von den Gottlosen wegbleibt. Bist du aber, ohne daß du es gesucht, in die Nähe von Gottlosen und Spöttern gerathen, oder führt dich dein irdischer Beruf unter sie, so sei ein Zeuge deines Herrn in Wort und auch in Wandel.

Daß aber solches Zeugen für dem Herrn nicht ohne Schmach, Spott und Leiden abgeht, ersehen wir aus Jesu Vorherverkündigung, die Er Seiner Aufforderung zum Zeugnis für Ihn beifügt. Auch davon wollen wir reden und sehen, wie das Zeugnis des Christen von Jesu sein soll

II. ein Zeugnis, das keine Verfolgung scheut.

1. Bezüglich dieser Thatsache spricht der Herr zu Seinen Jüngern: „Solches habe Ich zu euch geredet, daß ihr euch nicht ärgert. Sie werden euch in den Bann thun. Es kommt die Zeit, daß, wer euch tödtet, wird meinen, er thue Gott einen Dienst daran. Und Solches werden sie euch darum thun, daß sie weder Meinen Vater noch Mich erkennen. Aber Solches habe ich zu euch geredet, auf daß, wenn die Zeit kommen wird, daß ihr daran gedenket, daß Ich es euch gesagt habe. Solches aber habe Ich euch von

Anfang nicht gesagt; denn Ich war bei Euch." Gerade so ist
es gekommen, und gerade so ist es noch." Denken wir nur an
die Apostel des Herrn, und sehen uns in der Geschichte der
christlichen Kirche etwas um, und betrachten das Leben gläu=
biger Christen der Jetztzeit.

Petrus und Johannes wurden um der Heilung des Lah=
men am Tempel und um der Predigt von Jesu willen ins
Gefängnis gesetzt; Stephanus der Almosenpfleger wurde zu
Tode gesteinigt; Jakobus, Johannis Bruder, wurde von Hero=
des mit dem Schwert getödtet. Und wenn du wissen willst,
was Alles Paulus erduldet, lies nur seine Briefe, so z. B. das
elfte Kapitel in seinem zweiten Briefe an die Korinther. Wie
viele Tausende von Christen haben zur Zeit der großen Christen=
verfolgungen unter Kaiser Nero und anderen römischen Herr=
schern ihr Leben verloren. Als man vor und während der
Reformation die Anhänger der reinen Lehre des Evangeliums
verfolgte, in den Bann that — wie den Luther — oder auch
tödtete — wie den Hus und Andere — da wurde erfüllt, was
Jesus sagt: „Es kommt aber die Zeit, daß, wer euch tödtet,
wird meinen, er thue Gott einen Dienst daran." Von den
Verfolgungen der Christen lesen wir auch Jahr für Jahr in
den Missionsblättern. Auch da, wo das Christenthum schon
lange Jahrhunderte zu Hause ist, von wo man erwarten sollte,
daß Alle Christen wären, muß das Evangelium, seine Träger,
Diener und Bekenner Spott und Verfolgung leiden. Wenn
das auch nicht mehr mit Feuer und Schwert geschieht, sondern
mehr in Rede und Schrift — der Geist ist stets derselbe, näm=
lich: Haß gegen Christum. Nur ist der eingezwängt, einge=
schränkt und zurückgehalten durch das schützende Gesetz moderner
Bildung — auch eine Frucht des Evangeliums. Aber in den
letzten Tagen — kurz vor der Zeit von Christi Wiederkunft
zum Gericht — wird der Geist des Hasses gegen den Herrn und
Sein Reich mit großer Macht und Gewalt wieder hervorbrechen,
und das Märtyrerblut wird wieder in Strömen fließen. Leset
Das in den ernsten, erschütternden Worten Christi, wie wir sie
Kapitel 24 und 25 im Matthäusevangelium finden.

2. Solche Verfolgungen darf und soll ein
Christ nicht scheuen, noch viel weniger sich dadurch irre
machen lassen. Deshalb sagt auch Christus zu Seinen Jün=
gern: „Solches habe ich zu euch geredet, daß ihr euch nicht
ärgert." So wußten die Jünger, daß man sie später hassen
und verfolgen werde. Auch sahen sie das bereits an ihres Mei=

sters Beispiel. Auch Er wurde gehaßt und verfolgt und zuletzt getödtet. Und so, sagte Er zu Seinen Jüngern, werde es ihnen auch ergehen: „Der Jünger ist nicht über seinen Meister, noch der Knecht über den Herrn. Haben sie den Hausvater Beelzebub geheißen; wie viel mehr werden sie seine Hausgenossen also heißen?" Matth. 10, 24. 25. Aber nicht bloß nicht fürchten soll man sich vor den Verfolgungen um Christi willen, sondern soll furchtlos und muthig zeugen, so wie es der Meister auch gethan. Den Haß und Spott der Feinde Christi und Seines Reiches stillschweigend zu ertragen, ist wohl auch schon eine Aufgabe für einen Christen. Aber für den Herrn zu zeugen, mündlich oder schriftlich, erfordert schon mehr Muth und Kraft. Und wenn der Bekenner und Zeuge gewärtig sein muß, daß ihm sein Zeugnis Gefängnis, Leiden oder gar den Tod bringen könne — da muß dann schon ein hoher Grad von Glaubensfestigkeit und Zeugenmuth vorhanden sein, sich nicht zu fürchten, sondern standhaft seinen Glauben zu bekennen. Die Heilige Schrift, die Kirchengeschichte, insonderheit die Missionsgeschichte, stellen uns viele solcher Bekenner vor Augen. Bedenken wir nur das Zeugnis, das die Apostel vor dem hohen Rathe ablegten. Furchtlos steht Petrus, der an Pfingsten schon ein so herrliches Glaubensbekenntnis abgelegt hatte, vor jener hohen Behörde, die seinen Meister getödtet, und spricht: „Es ist in keinem Andern Heil, ist auch kein anderer Name den Menschen gegeben, darinnen wir sollen selig werden, als der Name Jesus." Und als man ihnen das Predigen von Jesu verbieten wollte, antwortete er: „Man muß Gott mehr gehorchen denn den Menschen. Der Gott unserer Väter hat Jesum auferwecket, welchen ihr erwürget habt und an das Holz gehänget." Apg. 5, 29. 30. Lesen wir nur das 7. Kapitel der Apostelgeschichte und vertiefen uns in die heldenmüthige Vertheidigung und das muthige Bekenntnis des Stephanus. Und furchtlos, muthig, ja todesfreudig steht Paulus vor der jüdischen und heidnischen Obrigkeit und bekennt und predigt seinen Glauben an Christum den Gekreuzigten und Auferstandenen. Todverachtendes Zeugnis für Christum finden wir auch namentlich unter den Märtyrern zur Zeit der großen Christenverfolgungen. Kinder und Greise, Frauen und Männer, Jungfrauen und Jünglinge bekannten freudig ihren Christenglauben und scheuten sich nicht vor Marter und Tod. Und kennt ihr jenen furchtlosen Zeugen, der in Worms vor dem Kaiser und den hohen Würdenträgern des Papstes mit kühnem Muth und heldenmüthiger Unerschrockenheit die reine Lehre des Evangeliums bekannte?

3. Auch wir sollen keine „stummen Hunde" sein, son=
dern den Mund aufthun und zeugen; sollen nicht unge=
rügt unsern Glauben an Gott und Seinen Sohn uns angreifen
lassen. Lege Protest ein, wenn man Wort und Sakrament,
Kirche und Christenthum vor dir verdammt: Rede und schweige
nicht! Schweigen wäre da Verrath. Tritt auch ein für die
reine Lehre des Evangeliums, und eifere gegen die Verwelt=
lichung der Kirche. In dieser Beziehung haben die Prediger
des Evangeliums einen schweren Stand. Denn sie hauptsäch=
lich sollen Zeugnis ablegen gegen die zunehmende Gottlosigkeit
und Genußsucht der Menschen, gegen die Schläfrigkeit und den
Geiz der Gemeindeglieder. Wenn sie das thun, haben sie ge=
wöhnlich schwere Kämpfe zu erwarten. Pharisäer und Sad=
ducäer, Pilatus und Herodes werden da gewöhnlich Freunde
und machen gemeinsame Sache gegen den treuen Zeugen. Ge=
meindeschäden aber und Nationalsünden müssen aufgedeckt und
gestraft werden. Das Verderben der un= und widerchristlichen
Gesellschaften muß offengelegt und ins Licht gestellt werden.
Wie schmählich lassen da oft Gemeindeglieder ihren treuen und
muthigen Hirten stecken, anstatt ihm beizustehen.

4. Aber alles Zeugnis für den Herrn und Sein
Reich muß in Liebe, Erbarmung und Demuth ge=
schehen. Jesus und Seine Apostel dienen uns hierin als
Vorbilder. Das Zeugnis in anderem Geiste hat keinen Erfolg,
sondern schadet nur.

5. So laß nun den heiligen Geist, den Geist der Wahr=
heit, vorerst in dir zeugen, und dich überzeugen von deiner
Sündhaftigkeit, aber auch von der Größe der Gnade Gottes in
Christo und von deiner Annahme bei Gott zu Gnaden. Dann
aber lege aus dieser seligen Erfahrung heraus auch muthig
Zeugnis ab von deinem Heiland und deinem Glauben an Ihn,
wie es die Apostel und die Gläubigen des Herrn aller Zeiten
gethan haben.

Damit dies geschehen möge, wünschen wir mit Bogatzky:

„Wach auf, du Geist der ersten Zeugen,
   Der Wächter, die auf Zions Mauer stehn,
Die Tag und Nächte nimmer schweigen,
   Die unverzagt dem Feind entgegengehn,
Ja, deren Schall die ganze Welt durchbringt
Und aller Völker Schaaren zu dir bringt!"

Amen.

Pfingsten.

Ap. 2, 1-13.

Und als der Tag der Pfingsten erfüllet war, waren sie alle einmüthig bei einander. Und es geschah schnell ein Brausen vom Himmel, als eines gewaltigen Windes, und erfüllete das ganze Haus, da sie saßen. Und man sahe an ihnen die Zungen zertheilet, als wären sie feurig, und Er setzte sich auf einen jeglichen unter ihnen. Und wurden alle voll des heiligen Geistes und fingen an zu predigen mit andern Zungen, nachdem der Geist ihnen gab auszusprechen. Es waren aber Juden zu Jerusalem wohnend, die waren gottesfürchtige Männer aus allerlei Volk, das unter dem Himmel ist. Da nun diese Stimme geschah, kam die Menge zusammen, und wurden verstürzt; denn es hörete ein jeglicher, daß sie mit seiner Sprache redeten. Sie entsetzten sich aber alle, verwunderten sich und sprachen unter einander: Siehe, sind nicht diese alle, die da reden, aus Galiläa? Wie hören wir denn ein jeglicher seine Sprache, darinnen wir geboren sind? Parther und Meder und Elamiter, und die wir wohnen in Mesopotamia und in Judäa und Cappadocia, Ponto und Asia, Phrygia und Pamphylia, Egypten und an den Enden der Lybien bei Cyrene, und Ausländer von Rom, Juden und Judengenossen, Creter und Araber: Wir hören sie mit unsern Zungen die großen Thaten Gottes reden. Sie entsetzten sich aber alle und wurden irre und sprachen einer zu dem andern: Was will das werden? Die andern aber hattens ihren Spott und sprachen: Sie sind voll süßen Weins.

1. Der heutige Sonntag ist ein Festtag und heißt Pfingsten. Auch die Juden im alten Testament hatten ein Pfingstfest. Die Bedeutung des alttestamentlichen Pfingstfestes ist verschieden von der des neutestamentlichen. Das alttestamentliche Pfingsten wurde von den Juden zum Andenken an die Gesetzgebung am Berge Sinai gefeiert. Auch verbanden sie damit ihr Ernte- und Dankfest, wobei sie die Erstlingsfrüchte ins Heiligthum brachten.

2. Wir Christen feiern Pfingsten zum Andenken an die Ausgießung des heiligen Geistes. Diese

geschah fünfzig Tage nach Ostern. Auch bei den Juden war der Zeitraum zwischen Ostern und Pfingsten — zwischen dem Auszug aus Egypten und der Gesetzgebung — fünfzig Tage.

3. **Das alttestamentliche Pfingsten gab das Gesetz, das neutestamentliche den heiligen Geist.** Das Gesetz sagt: du sollst! wo der heilige Geist wirkt, da heißt es: Ich will. Insofern ist das neutestamentliche Pfingsten die Erfüllung des alttestamentlichen. Darauf weist auch Gott durch den Propheten Hesekiel schon hin, wenn Er sagt: „Ich will euch ein neu Herz, und einen neuen Geist in euch geben; und will das steinerne Herz aus eurem Fleische wegnehmen, und euch ein fleischern Herz geben. Ich will Meinen Geist in euch geben, und will solche Leute aus euch machen, die in Meinen Geboten wandeln, und Meine Rechte halten, und darnach thun." Hes. 36, 26. 27.

Daher ist es wohl der Mühe werth, daß wir über die Bedeutung des neutestamentlichen Pfingsten — die Ausgießung des heiligen Geistes — nachdenken mit der herzlichen Bitte, daß Gott auch uns Seinen Geist schenken wolle.

So wollen wir denn mit einander reden über

Die Ausgießung des heiligen Geistes am ersten neu-testamentlichen Pfingstfeste.

Dabei wollen wir hinblicken

I. auf die Vorbereitung darauf;

II. auf die Thatsache selbst;

III. auf die Wirkung derselben.

Wir blicken also hin

I. auf die Vorbereitung zur Ausgießung des heiligen Geistes.

1. „Und als der Tag der Pfingsten erfüllet war, waren sie alle einmüthig bei einander." Damit will Lukas, der dieses schreibt, sagen: Als die fünfzig Tage, die auf Ostern folgen, herum waren, da geschah die Ausgießung des heiligen Geistes. Demnach muß Pfingsten und Ostern sammt der Zwischenzeit beider Feste mit der Ausgießung des heiligen Geistes in enger Verbindung stehen.

Und so ist es auch. Denn Pfingsten mußte Ostern voran=
gehen. Und Ostern konnte nur auf Charfreitag folgen. Durch
Das, was am Charfreitag und an Ostern geschah, wurde das Heil
—die Vergebung der Sünden—für die Menschen geschaffen, wie
Paulus sagt: „Er ist um unserer Sünde willen dahingegeben,
und um unserer Gerechtigkeit willen auferwecket." Röm. 4,
25. Dann erst konnte der Heilige Geist kommen. Denn Sein
Werk ist, Christum mit Seiner Arbeit den Menschen zu erklären
und ihnen den Segen von Christi Versöhnung zuzueignen. So
mußte also die Vergebung der Sünden durch Jesum zuerst ge=
schaffen sein: Er mußte sterben und auferstehen — ehe der Hei=
lige Geist kommen und sie den Menschen an= und zueignen
konnte.

2. Auch die Jünger, die als die Erstlinge aus Israel
den Heiligen Geist empfangen sollten, bedurften der Vor=
bereitung dazu. Sie mußten zuerst den Tod, die Aufer=
stehung und die Himmelfahrt Christi erlebt haben; erst dann
konnte der Heilige Geist ihnen Christi Wort erklären: „Mußte
nicht Christus Solches leiden und zu Seiner Herrlichkeit einge=
hen?" Luc. 24, 26.

3. Wie die Jünger müssen auch wir für den Em=
pfang des Heiligen Geistes vorbereitet werden. Zu
dieser Vorbereitung gehört vor Allem Unterricht in Gottes
Wort, namentlich in den großen Thatsachen, durch welche die
Erlösung der Menschen geschaffen wurde. Solche Thatsachen
sind: Geburt, Leben, Leiden, Sterben, Auferstehung und Him=
melfahrt Christi. Gelegenheit zur Bekanntschaft mit diesen
Thatsachen gibt uns namentlich die erste Hälfte des Kirchenjah=
res: der Weihnachtskreis, der Osterkreis und der Pfingstkreis.
Und wenn wir der Verkündigung dieser großen Thaten Gottes,
die uns diese Sonn= und Festtage vorführen, aufmerksam und
heilsbegierig zugehört haben, und treu gewesen sind mit dem
Maaß des Heiligen Geistes, das jedem aufrichtigen Hörer des
Wortes mitgetheilt wird, so will uns dann Gott heute, am
Pfingstfeste, noch ein größeres Maaß des Heiligen Geistes zu=
kommen lassen, und uns dadurch befähigen, die Erlösung durch
Christum immer besser verstehen zu lernen, wie Solches auch bei
den Jüngern der Fall war.

4. Damit uns heute der Heilige Geist geschenkt werden
könne, ist auch nöthig die Eintracht und der Friede,
wovon unser Text berichtet. Da heißt es von den Jüngern:

„Sie waren einmüthig bei einander." Vom Himmelfahrtsberg
waren sie gemäß Christi Befehl nach Jerusalem zurück gekehrt,
um da auf die Ausgießung des Heiligen Geistes zu warten und
sich noch besonders darauf vorzubereiten. Daß ihnen der Hei=
lige Geist gesandt werden würde, hatte ihnen Jesus versprochen.
Manche Stellen in Seinen Abschiedsreden enthalten solche Ver=
sprechen: „Wenn aber jener, der Geist der Wahrheit kommen
wird, der wird euch in alle Wahrheit leiten." Joh. 16, 13.
„Wenn aber der Tröster kommen wird, welchen Ich euch senden
werde vom Vater, der Geist der Wahrheit, der vom Vater aus=
gehet, der wird zeugen von Mir." Joh. 15, 26. Im heuti=
gen Sonntagsevangelium sagt Christus zu Seinen Jüngern:
„Aber der Tröster, der Heilige Geist, welchen Mein Vater sen=
den wird in Meinem Namen, derselbe wird es euch alles lehren,
und euch erinnern alles Deß, das Ich euch gesagt habe." Joh.
14, 26. Und Seinem Befehl an Seine Jünger kurz vor Sei=
ner Himmelfahrt „daß sie nicht von Jerusalem wichen, sondern
warteten auf die Verheißung des Vaters" fügt Jesus bei:
„Denn Johannes hat mit Wasser getauft; ihr aber sollt mit
dem Heiligen Geist getauft werden, nicht lange nach diesen
Tagen." Apgesch. 1, 4. 5. Auf die Erfüllung dieser Ver=
heißung bereiteten sie sich nun einmüthigen Sinnes „mit Beten
und Flehen" vor, und der Tag der Pfingsten fand sie noch ein=
müthig bei einander."

5. Solche besondere Vorbereitungszeit auf
Pfingsten und den Empfang des heiligen Geistes haben
auch wir alle Jahre, und hatten sie auch dieses Jahr.
Da sind die fünfzig Tage zwischen Ostern und Pfingsten, die
mit ihren Sonntagsevangelien auf Christi Heimgang zum
Vater und die Sendung des heiligen Geistes hinweisen. Da
ist das Himmelfahrtsfest, das uns den geöffneten Himmel, der
den Heiland aufnimmt, vor Augen stellt und verheißt: „Ihr
aber sollt mit dem heiligen Geist getauft werden, nicht lange
nach diesen Tagen." Die Zeit zwischen Ostern und Pfingsten
ist uns gegeben, daß wir eingehend und ernstlich über Jesu
vollbrachtes Erlösungswerk nachdenken, unser Herz, Gewissen
und Leben aufrichtig und gründlich prüfen und mit Gebet und
Flehen Gott um Seinen heiligen Geist bitten, damit Er in uns
wahre Buße über die Sünde und rechten Glauben an Gottes
Gnade in Christo wirke. Solche ernstliche Einkehr ins eigene
Herz und Gewissen macht uns stille. Und wenn Jeder in der
ganzen Gemeinde diese Vorbereitungszeit also benützt hat, so

muß ja dann heute eine heilige Stille und gottgeweihte Ein=
müthigkeit die ganze Gemeinde beseelen. Solche Leute sind
dann in der rechten Verfassung, des Pfingstgeistes theilhaftig
zu werden.

6. Wenn aber ein Herz voll ist von den Sor=
gen dieser Welt oder sich der Weltlust und dem
Vergnügen hingibt, da hat der heilige Geist
keinen Platz: Weltgeist und Gottesgeist sind verschiedene
Elemente.

Ebensowenig kann der Pfingstgeist da hinkommen, wo
Zank, Streit und Uneinigkeit herrscht. Wo das Herz voll ist
von Haß, die Familie in Zank und Streit lebt, und die Ge=
meinde vom Uneinigkeits= und Parteigeist beherrscht wird: da
bleibt der Pfingstgeist, der da ist ein Geist der Eintracht, des
Friedens, und der Liebe, fern.

Wollen wir uns demnach zum Empfang des heiligen Gei=
stes geschickt machen, so müssen wir den Sorgen=, Weltlust= und
Uneinigkeitsgeist aus Herz, Familie und Gemeinde austreiben.
Dann nur kann der Geist Gottes Einkehr bei uns halten.

Nun wollen wir auch sehen, wie es bei der Ausgießung
des heiligen Geistes an Pfingsten zuging. Somit blicken wir
hin

II. auf die Thatsache der Ausgießung des heiligen Geistes.

1. Diese wird im Text also geschildert: „Und
es geschah schnell ein Brausen vom Himmel, als eines gewal=
tigen Windes, und erfüllete das ganze Haus, da sie saßen.
Und man sahe an ihnen die Zungen zertheilet, als wären sie
feurig. Und Er setzte Sich auf einen jeglichen unter ihnen.“
Daraus ersehen wir, daß der heilige Geist über die Jünger
ausgegossen wurde hörbar und sichtbar — hörbar wie das
Brausen eines gewaltigen Windes, und sichtbar wie das Feuer.

2. Wie in der Schöpfung draußen beim Uebergang des
Winters zum Frühjahr heftige Stürme wehen, die oft
mit warmen Regengüssen begleitet sind, durch welche der Schnee
und das Eis schmilzen, und dann der liebliche Frühling erscheint;
so ließ Gott auch den Frühling in Seinem Gnadenreiche eintre=
ten durch die sturmartige Ausgießung des heiligen Geistes.
Frühling sollte es dadurch vorerst werden in den Herzen der
Jünger. Aber da war so Manches im Wege, das zuerst ent=
fernt werden mußte. Da war Menschenfurcht, Kleinglaube,
Zweifel, ja Unglaube. Das waren mächtige Eisblöcke, und es
erforderte eine gewaltige Kraft, sie zu entfernen.

3. Aehnliche gewaltige Winde und Stürme wehten manchmal über die christliche Kirche hin. Das waren die Verfolgungen der Christen durch die Juden und Heiden. Aber wie der Wind die Luft reinigt, so wurden auch durch jene Verfolgungen die Christengemeinden gereinigt von den Namenchristen und Heuchlern. Und wie sich durch Stürme die Eichbäume nur fester wurzeln, so wurden durch jene Trübsalsstürme die wahren Christen in ihrem Glauben an Christum nur desto fester gegründet. Nach solchen Stürmen folgten dann Zeiten der Ruhe und des Friedens, in denen die so geläuterte Gemeinde fröhlich wuchs und zunahm, wie die Pflanzen im lieblichen Frühling, nachdem die Stürme vorüber sind.

Solche Stürme kommen oft auch im Leben des einzelnen Menschen vor und reißen den Unglauben und den Leichtsinn ein und machen den Menschen geschickt, das stille, sanfte Säuseln des heiligen Geistes zu vernehmen, wenn der Sturm der Trübsal vorübergegangen und es im Herzen ruhig geworden ist.

4. Nicht bloß aber konnte man das Kommen des heiligen Geistes hören — man konnte es auch sehen. Ueber dem Haupte eines jeden Apostels schwebte eine zungenförmig gestaltete Feuerflamme. Da ist erfüllt, was Johannes der Täufer sagte: „Der aber nach mir kommt, ... der wird euch mit dem heiligen Geist und mit Feuer taufen." Matth. 3, 11. Daß der heilige Geist hier in der Gestalt von Feuerflammen dargestellt wird, zeigt an, daß Seine Wirkung ähnlich der des Feuers ist. Die nächste Wirkung aber des Feuers ist, daß es verzehrt, was ihm nicht gleichartig ist. Feuer ist das Bild der Reinheit. Demgemäß verzehrt das Feuer Das, was unrein ist. Aus diesem Grunde kann auch nur der heilige Geist Buße in uns wirken. Als reines göttliches Feuer zeigt Er uns die angeborene Sündhaftigkeit, die Größe, die Menge, die Schwere und die Schändlichkeit der begangenen Sünden, und überzeugt uns, daß wir in solchem unreinen Zustande vor dem heiligen Gott nicht bestehen können, dem alles Unheilige, Unreine, Sündhafte ein Greuel ist.

5. Dieser reine Heilige Geist zeigt uns aber auch den reinen, sündlosen Heiland und überzeugt uns, daß Derselbe unser Mittler und Stellvertreter sei; ja stärkt uns, daß wir uns aus dem Zustande der Zerknirschung, der Zerschlagung — der Buße, ermannen, uns Christi Verdienst zueignen und uns der Kindschaft bei Gott getrösten können.

6. Daß diese Feuerflammen die Gestalt von

Zungen hatten, deutet an, daß die Erlösung, die durch
Jesum geschehen ist, und die Gnade, die Er dadurch erworben,
den Menschen durch die Zunge mitgetheilt — gepredigt werden
soll. So hatte es auch Jesus bei Seiner Himmelfahrt den
Jüngern anbefohlen: „Gehet hin in alle Welt, und predigt das
Evangelium aller Kreatur." Marci 16, 15. Der Heilige Geist
wirkt immer in Verbindung mit dem Wort. Während das Wort
Gottes gelehrt, gelesen, gepredigt wird — die Menschen berufen
werden — wirkt der Heilige Geist in den Herzen Derer, die Ihm
nicht widerstreben, die Früchte des Wortes: Buße und Glauben
— die Erleuchtung und Das, was daraus hervorgeht: Die
Rechtfertigung des Sünders vor Gott und die Heiligung des
Herzens und des Lebens. Das lehrt auch Luther in der Erklä=
rung des dritten Glaubensartikels, wenn er schreibt: „Ich
glaube, daß ich nicht aus eigener Vernunft noch Kraft an
Jesum Christum, meinen Herrn, glauben oder zu Ihm kommen
kann; sondern der Heilige Geist hat mich durchs Evangelium
berufen, mit Seinen Gaben erleuchtet, im rechten Glauben ge=
heiliget und erhalten."

Nun wollen wir auch noch einen Blick werfen

III. auf die Wirkung der Ausgießung des heiligen Geistes.

1. Diese Wirkungen werden uns im Text also
beschrieben: „Und wurden alle voll des heiligen Geistes, und
fingen an zu predigen mit andern Zungen, nachdem der Geist
ihnen gab auszusprechen." Wie ganz anders erscheinen uns
jetzt die Jünger als früher. Ihr Verständnis ist erleuchtet.
Wie gering war ihre Erkenntnis vor Jesu Tod und Aufer=
stehung, und auch noch nachher. Noch kurz vor ihres Meisters
Himmelfahrt fragten sie Ihn: „Herr, wirst Du auf diese Zeit
wieder aufrichten das Reich Israel?" Ap. 2, 6. Markus be=
richtet: „Jesus schalt ihren Unglauben, und ihres Herzens Här=
tigkeit, daß sie nicht geglaubet hatten Denen, die Ihn gesehen
hatten auferstanden." Markus 16, 14. All dieser Unver=
stand, Kleinglaube, Zweifel, Unglaube, alle Menschenfurcht war
nun verschwunden. Die Rede, die Petrus an das Volk hielt,
zeigt uns, daß er nun Jesu Werk auf Erden klar und deutlich
verstand. Mit vollem Bewußtsein und Verständnis stimmt er
nun Seines Meisters Wort bei: „Mußte nicht Christus leiden
und zu Seiner Herrlichkeit eingehen." Luc. 24, 26. Wie klar
legt Petrus vor dem Hohenpriester und den Aeltesten zu Jeru=
salem in seiner Vertheidigung wegen der Heilung des Lahmen

am Tempel den Heilsweg dar, wenn er das herrliche Wort ausspricht: „Es ist in keinem Andern Heil, ist auch kein anderer Name den Menschen gegeben, darinnen wir sollen selig werden, als der Name Jesus." Ap. 4, 12. Dasselbe erleuchtete Verständnis sehen wir auch bei den andern Aposteln.

2. „Sie fingen an zu predigen mit andern Zungen." Der heilige Geist, den die Jünger nun empfangen hatten, befähigte sie, das Wort Gottes in Sprachen zu predigen, die sie vorher nicht erlernet hatten. Dadurch konnte Jeder in der dort versammelten Menge die Thaten Gottes in seiner eigenen Sprache hören und somit verstehen. Diese großen Thaten Gottes zählt Petrus in seiner Rede an das Volk auf. Sie sind: das Leben, der Tod, die Auferstehung und die Himmelfahrt Jesu sammt der Ausgießung des heiligen Geistes. „Ihr Männer von Israel", hebt er an, „höret diese Worte: Jesum von Nazareth, den Mann von Gott, unter euch mit Thaten, und Wundern, und Zeichen bewiesen, welche Gott durch Ihn that unter euch; Denselbigen habt ihr genommen durch die Hände der Ungerechten und Ihn angeheftet und erwürget." „Diesen Jesum hat Gott auferwecket; deß sind wir Alle Zeugen. Nun Er durch die Rechte Gottes erhöhet ist und empfangen hat die Verheißung des heiligen Geistes vom Vater; hat Er ausgegossen Dies, daß ihr sehet und höret." Ap. 2, 22—23; 32—33.

3. Auch waren die Jünger freimüthiger geworden. Noch nach Ostern hatten sich die Jünger aus Furcht vor den Juden in die Zimmer eingeschlossen. Hier treten sie frei und öffentlich und ohne Furcht auf. Petrus, der aus Menschenfurcht seinen Meister verleugnet hatte, tritt hier im Namen seiner Mitjünger vor die große Volksmenge und predigt Christum. Vor dem hohen Rath zu Jerusalem hat er den Muth zu sagen: „Man muß Gott mehr gehorchen als den Menschen." Ap. 5, 29.

4. Eine reiche Ernte wurde am Pfingstfeste eingeheimst. So lesen wir: „Die nun sein Wort gerne annahmen, ließen sich taufen; und wurden hinzugethan an dem Tage bei dreitausend Seelen." Ap. 2, 41. Die Juden brachten an ihrem Pfingstfeste, da es ihnen auch zugleich Ernte- und Dankfest war, die Erstlingsfrüchte in den Tempel. Das neutestamentliche Pfingsten ist in gewissem Sinne auch ein Ernte- und Dankfest. Drei Tausend Menschen wurden durch Petri Predigt Christen. Sie sind die geistlichen Erstlingsgarben, die

dem Herrn im Tempel des neuen Bundes — der christlichen Kirche — dargebracht werden.

5. Wenn wir in rechter Art Pfingsten feiern, so theilt uns Gott auch Seinen Heiligen Geist mit. Dadurch wird dann auch unser Verständnis erleuchtet, daß wir die großen Thaten Gottes — Tod, Auferstehung, Himmelfahrt Christi und die Ausgießung des Heiligen Geistes — besser verstehen lernen und uns der Gnade Gottes in Christo immer mehr getrösten.

6. An solch hohen Festtagen — wie Ostern und Pfingsten — strömen auch gewöhnlich viele Menschen nach den Gotteshäusern wie dort die Juden nach Jerusalem, und als jenes Wunderbare bei der Geistesausgießung geschah, nach der Stätte im Tempel, wo die Jünger sich befanden. Auch in unseren Gotteshäusern werden am Pfingstfeste in der Predigt die großen Thaten Gottes, die Petrus jener Volksmenge vorhält, in ihrem Zusammenhange der Gemeinde vorgeführt. Das ist auch heute geschehen. Wenn ihr dadurch zu besserem Verständnis derselben gekommen seid, dem Heilande näher gekommen seid; wenn Ungläubige, die vielleicht bloß des Gebrauches wegen zur Kirche gekommen sind, die Ueberzeugung gewonnen haben, daß nur das Christenthum den Völkern Heil bringe; wenn Leichtsinnige ernste und bleibende gute Eindrücke erhalten haben; wenn durch die Pfingstfeier — Gesang, Gebet, Predigt, Abendmahl — hier, und wo man sie beging, Gläubige gestärkt, Wankelmüthige befestigt, Ungläubige überzeugt, Leichtsinnige und Nachlässige aufgeweckt und angetrieben worden sind: so haben auch wir Ursache, heute Ernte- und Dankfest zu feiern.

Und damit Solches geschehe, bete ein Jedes ernstlich also:

„Geist vom Vater und vom Sohn, Weihe Dir mein Herz zum Thron;
Schenke Dich mir immerdar, So wie einst der Jüngerschaar.“

Amen.

Trinitatisfest.

Joh. 3, 1-15.

Es war ein Mensch unter den Pharisäern, mit Namen Nicodemus, ein Oberster unter den Juden, der kam zu Jesu bei der Nacht und sprach zu ihm: Meister, wir wissen, daß Du bist ein Lehrer von Gott gekommen; denn Niemand kann die Zeichen thun, die Du thust, es sei denn Gott mit ihm. Jesus antwortete und sprach zu ihm: Wahrlich, wahrlich, Ich sage dir: Es sei denn, daß Jemand von neuem geboren werde, kann er das Reich Gottes nicht sehen. Nicodemus spricht zu Ihm: Wie kann ein Mensch geboren werden, wenn er alt ist? Kann er auch wiederum in seiner Mutter Leib gehen und geboren werden? Jesus antwortete: Wahrlich, wahrlich, Ich sage dir: Es sei denn, daß Jemand geboren werde aus dem Wasser und Geist, so kann er nicht in das Reich Gottes kommen. Was vom Fleisch geboren wird, das ist Fleisch, und was vom Geist geboren wird, das ist Geist. Laß dichs nicht wundern, daß Ich dir gesagt habe: Ihr müsset von neuem geboren werden. Der Wind bläset, wo er will, und du hörest sein Sausen wohl; aber du weißt nicht von wannen er kommt und wohin er fähret. Also ist ein Jeglicher, der aus dem Geist geboren ist. Nicodemus antwortete und sprach zu Ihm: Wie mag solches zugehen? Jesus antwortete und sprach zu ihm: Bist du ein Meister in Israel, und weißest das nicht? Wahrlich, wahrlich, Ich sage dir: Wir reden, das Wir wissen, und zeugen, das Wir gesehen haben, und ihr nehmet Unser Zeugnis nicht an. Glaubet ihr nicht, wenn Ich euch von irdischen Dingen sage, wie würdet ihr glauben, wenn Ich euch von himmlischen Dingen sagen würde? Und Niemand fähret gen Himmel, denn der vom Himmel hernieder kommen ist, nämlich des Menschen Sohn, der im Himmel ist. Und wie Moses in der Wüste eine Schlange erhöhet hat, also muß des Menschen Sohn erhöhet werden, auf daß Alle, die an Ihn glauben, nicht verloren werden, sondern das ewige Leben haben.

1. Die erste Hälfte des Kirchenjahres — die Festhälfte — liegt hinter uns. Der Weihnachtskreis versammelte uns um die Krippe zu Bethlehem, und der Weihnachtsengel rief uns die frohe Botschaft zu: „Fürchtet euch

nicht; siehe, ich verkündige euch große Freude, die allem Volk widerfahren wird; denn euch ist heute der Heiland geboren, welcher ist Christus der Herr in der Stadt Davids." Luc. 2, 10. 11. — Der Osterkreis stellte uns unter das Kreuz Christi auf Golgatha und um die offene Gruft des Auferstandenen und wollte predigen: „Er ist um unserer Sünde willen dahingegeben, und um unserer Gerechtigkeit willen auferwecket." Röm. 4, 25. — Der Pfingstkreis wollte uns zeigen, daß wir zum Verständnis des Lebens und des Werkes Christi und zur Aneignung des Heiles in Christo den heiligen Geist nöthig haben, wie wir das auch an Seinen Jüngern sehen. Denn: „Niemand kann Jesum einen Herrn heißen, ohne durch den heiligen Geist." 1. Cor. 12, 3. „Welche der Geist Gottes treibet, die sind Gottes Kinder." Röm. 8, 14. So sehen wir in der ersten Hälfte des Kirchenjahrs, wie Gott der Vater Seinen Sohn sandte, den Menschen die Erlösungsgnade zu schaffen, und wie vom Vater und vom Sohne ausgehend der heilige Geist kommt, den Menschen diese Gnade zuzueignen und sie zu Kindern Gottes zu machen.

Daher singt die Kirche Gottes auf diesen Tag Lieder zum Lobe der göttlichen Dreieinigkeit, wozu uns auch der Apostel Paulus Anleitung gibt, wenn er den neutestamentlichen Segen ausspricht: „Die Gnade unsers Herrn Jesu Christi und die Liebe Gottes und die Gemeinschaft des heiligen Geistes sei mit euch Allen." 2. Cor. 13, 13.

2. Auch unser heutiges Evangelium redet von einem Gott, der Seinen Sohn gesandt hat zur Erlösung der Menschen, und von einem heiligen Geiste, der die Menschen erneuert — durch die Wiedergeburt. Solche Worte redet Jesus zu Nikodemus, der in der Nacht zu Ihm gekommen war, Ihm Seine Huldigung darzubringen und Ihm gewisse Fragen vorzulegen. Ueber diese Dinge wollen wir uns noch mehr Belehrung verschaffen, wenn wir mit einander reden über

Den Besuch des Nikodemus bei Jesu.

Und damit hinblicken

I.   auf den Nikodemus und seine Frage;

II. auf Jesum und Seine Antwort.

Wir blicken hin

I. auf den Nikodemus und seine Frage.

1. „Es war ein Mensch unter den Pharisäern, mit Namen Nikodemus, ein Oberster unter den Juden; der kam zu Jesu bei der Nacht, und sprach zu Ihm: Meister, wir wissen, daß Du bist ein Lehrer von Gott gekommen; denn Niemand kann die Zeichen thun, die Du thust, es sei denn Gott mit ihm."

Nikodemus heißt der Mann, gehörte zu den Pharisäern und war ein Oberster der Juden, d. h. ein Mitglied des hohen Rathes, des höchsten geistlichen und weltlichen Gerichtes in Israel. Die Pharisäer waren als eine religiöse Klasse oder Sekte die erbittertsten Gegner Jesu. Der Herr stand ihnen wiederholt gegenüber und mußte Sein Wehe über sie ausrufen. Und doch aus dieser Sekte treibt es Einen, Jesum zu besuchen, um sich mit Ihm über religiöse Gegenstände zu besprechen. Der Herr hatte durch Seine Aussprüche und Reden und durch die Wunder, die Er verrichtete, solchen Eindruck auf diesen hochgelehrten Mann gemacht, daß er den aufrichtigen Wunsch hegte, mit Ihm näher bekannt zu werden.

Der hohe Rath bestand aus siebenzig Männern, und war die höchste Behörde in Israel, sowohl in weltlichen als in geistlichen Angelegenheiten. Man nahm dazu die weisesten, besten und gewöhnlich auch die reichsten Männer. Einer dieser war unser Nikodemus.

2. Es war demnach der Besuch dieses Mannes bei dem Herrn ein ganz auffallender und außerordentlicher, da sonst nur geringe Leute mit dem Herrn zu verkehren pflegten. Allerdings gibt es Leute, die an diesem Nikodemus Vieles auszusetzen haben. Namentlich verargen es ihm Viele, daß er Nachts zu Jesu ging und nicht bei Tag. Wenn man sich aber in seine Umstände und die damaligen Verhältnisse hineindenkt, so wird man ihn milder beurtheilen, ja manches Nachahmungswürdige an ihm finden.

Die Juden, namentlich die Obersten des Volkes, die Schriftgelehrten, die Priester, die Rathsherren, haßten Jesum. Auch die Sadducäer, obgleich sie sonst den Pharisäern feindselig gegenüberstanden, hielten es mit Diesen gegen Jesum. Es war ein Erlaß ausgegangen, daß Jedermann, „der Jesum für Christum bekennete, in den Bann gethan würde." Joh. 9, 22. Joh. 7, 13.

Nun kommt Jesus auf das Osterfest, lehrt im Tempel, thut Zeichen und Wunder, gewinnt einerseits Viele vom Volk für Sich, erregt aber auch gerade deswegen den Haß der Hohen in Israel. In Nikodemus entsteht der Wunsch, diesen Mann zu sehen und zu sprechen. Wie sollte er das anfangen? Manche Andere hatten vielleicht denselben Wunsch, aber aus Furcht blieben sie ganz zurück. Nikodemus kam doch wenigstens bei der Nacht.

3. In jetziger Zeit kann man gefahrlos am hellen Tage an all die Plätze und Stätten gehen, an denen man von Jesu hört. Wie Viele versäumen am Tage und bei Nacht zu kommen. Mögen Viele oder Wenige Jesu anhangen und Ihm dienen, das ist ihnen gleichgiltig. Und wie viele Gemeindeglieder machen es solchen Leichtsinnigen und Unbekümmerten nach und stehen noch hinter dem furchtsamen und leidensscheuen Nikodemus.

Nikodemus war ein hochstehender, vornehmer und reicher Mann, und doch hielt er es nicht unter seiner Würde, den verachteten Nazarener aufzusuchen und sich von Ihm belehren zu lassen. Wie oft ist es der Fall, daß die Hochstehenden, Vornehmen und Reichen sich schämen, thätigen Antheil am Reiche Gottes zu nehmen, oder sich auf religiöse Dinge einzulassen, mit der hochmüthigen Ansicht, das sei nur für die Geringen und Ungebildeten. Auch reiche Gemeindeglieder sind oft von diesem Wahn angesteckt.

4. Das, was Nikodemus zu Jesu trieb, Das, was er von ihm wissen wollte, bringt er nicht in direkter Frage vor, sondern umschreibt es. Er redet Ihn also an: „Meister, wir wissen, daß Du bist ein Lehrer von Gott gekommen; denn Niemand kann die Zeichen thun, die Du thust, es sei denn Gott mit ihm." Das ist ein herrliches Zeugnis für den Herrn, und namentlich darum, weil es aus eines Pharisäers Mund kommt. Als einen von Gott gekommenen Lehrer bezeichnet er Ihn und gründet sein Urtheil auf die Wunder, die Er verrichtet. Niemand, meint er, könne solche Zeichen thun, außer Gott Selber begabe ihn mit Wunderkraft und beauftrage ihn dazu. In dieser seiner Anrede an den Herrn und seinem Zeugnis von Ihm liegt die indirekte Frage: Nun möchte ich doch eigentlich wissen, wer Du bist und warum Deine Lehrweise so verschieden ist von der unsrigen, da wir doch nach Amt und Würde und Herkommen auch als Vertreter und Erklärer des väterlichen Gesetzes und als die Frömmsten in

Israel angesehen sind? Und zwar ist Das bei Nikodemus nicht eingebildeter Hochmuth, sondern sein wirklicher, aufrichtiger Ernst.

5. Auch hierin stehen Manche in der Christenheit dem Nikodemus weit nach. Viele nehmen sich gar nicht die Mühe, ihre eigenen religiösen Ansichten mit denen von Jesu zu vergleichen. Sie lassen es sich nicht verdrießen, täglich die Marktpreise der verschiedenen Städte oder den Actienstand der mannigfaltigen Industriezweige mit einander zu vergleichen, aber in religiösen Dingen Vergleiche anzustellen, liegt ihnen zu ferne. Ja, manche regelmäßigen Kirchgänger versäumen, ihre persönlichen religiösen Ansichten an dem gepredigten Worte Gottes zu prüfen, geschweige davon, daß sie dieselben darnach gestalteten.

Demnach schlagen wir es dem Nikodemus sehr hoch an, daß er die Vorurtheile seines Standes überwindet und wenn auch nicht am Tage, so doch bei Nacht zu Jesu geht; und wollen uns nicht schämen, sogar von ihm zu lernen.

Nun wollen wir aber auch die andere Gestalt in unserer Erzählung näher anschauen und den Bescheid hören, der Nikodemus gegeben wird.

Somit blicken wir hin

II. auf Jesum und Seine Antwort.

1. Jesus hatte Sich dem Volke Israel bereits bekannt gemacht. In Galiläa, wo Er zuerst auftrat, hatte Er viele Thaten verrichtet und Seine Herrlichkeit geoffenbart, Seine Bergpredigt und andere Reden gehalten und war von dem Volke anerkannt worden als Einer, „der gewaltig predigt und nicht wie die Schriftgelehrten." Matth. 7, 29. Sein Ruf eilt Ihm voran durch Samaria nach Jerusalem, und das Volk, das zum Osterfest hinaufkommt, bestätigt denselben. Der Herr Selber kommt zum Fest. Er läßt Sich in religiöse Gespräche mit den Juden ein, überweist sie mit Schriftgründen aus Gesetz und Propheten und bekräftigt Seine Worte mit Zeichen und Wundern. „Und da Viele an Seinen Namen glauben," so mußte solches Alles Seine Gegner aufregen und sie zum Denken und Fragen veranlassen. Die Meisten ertrugen den großen Ruf, der Jesu vom Volke zu Theil ward, mit innerem Haß und verbissenem Grimm; Andere mit fragender Bewunderung, stiller Hinneigung und innerer Hochachtung.

Aber sie wagten es nicht, ihres Herzens Gedanken und Fragen zu offenbaren. Nikodemus thut es, und am rechten Platze. Wir wollen nun hören, welchen Bescheid er von dem Herrn erhält.

2. Neue Dinge bekommt er zu hören. Denn Jesus hebt an mit dem majestätischen Worte: „Wahrlich, wahrlich, Ich sage dir: Es sei denn, daß Jemand von Neuem geboren werde, kann er das Reich Gottes nicht sehen." Nikodemus kann Das nicht fassen. Er denkt an eine leibliche Geburt. Jesus wiederholt Sein Wort mit der hinzugesetzten Erklärung: „aus Wasser und Geist." Damit will Er ihn an die Wassertaufe des Johannes erinnern, die eine Bußtaufe war. Er will dem Nikodemus andeuten, daß der Anfang zum Verständnis des Reiches Gottes und zum Hineinkommen in dasselbe die Buße sei, die Erkenntnis der Sünden, solcher Art wie Johannes der Täufer sie lehrte und sie den Betreffenden in der Wassertaufe am Jordan versiegelte. Zugleich will Er ihn hinweisen auf die Antwort, die Johannes einst den Gesandten der Pharisäer gegeben: „Ich taufe euch mit Wasser zur Buße: der aber nach mir kommt, der wird euch mit dem Heiligen Geist und mit Feuer taufen." Matth. 3, 11. Nikodemus sollte dadurch veranlaßt werden, sich zu fragen, ob Der, der vor ihm stehe, nicht etwa der sei, der mit Geist und Feuer taufe, und auf welchen Johannes die Bußfertigen hingewiesen als zu dem Lamm Gottes, das der Welt Sünden trage und die Sünden vergebe. Und damit Nikodemus sehe, daß solche Bußforderung Alle Menschen angehe, und daß die Wiedergeburt, von der Er rede, nicht eine leibliche, sondern eine geistliche sei, fügt Er einen Ausspruch bei, der die Grundlage aller wahren religiösen Erkenntnis bildet, und der da lautet: „Was vom Fleisch geboren wird, das ist Fleisch; und was vom Geist geboren wird, das ist Geist." Damit aber Nikodemus sehe, daß auch er und alle seine Mitpharisäer gemeint seien, setzt der Herr hinzu: „Laß dich's nicht wundern, daß Ich dir gesagt habe: Ihr müsset von neuem geboren werden." Damit will Jesus sagen: Mit aller euerer eingebildeten, selbstgemachten Heiligkeit ist es Nichts. Mit all euerer Gelehrsamkeit habt ihr noch nicht einmal den eigentlichen Zweck des Gesetzes herausgefunden, noch viel weniger an euerem Leben ihn gezeigt, nämlich — Erkenntnis der Sünde. Darum müsset ihr allen eueren Hochmuth, eingebildete Heiligkeit und all euere Gelehrsamkeit fahren lassen, euch nur ansehen als vom Fleisch geborene Sünder, die der Buße bedürfen, und so ganz von Vorne anfangen.

In dieser Sündenerkenntnis werdet ihr dann das Werk Dessen, der nach Johannes kommen soll und der den Geist der Erkenntnis Seiner Person und Seines Werkes und zur Aneignung Seines Verdienstes giebt, besser verstehen. Wie der Heilige Geist Solches thut, das ist Sein Werk.

3. Kein Wunder, daß Nikodemus diese Dinge nicht verstehen kann und verwundert frägt: „Wie mag Solches zugehen?" Auch in jetziger Zeit hat er viele Kameraden, gelehrte und ungelehrte, die bezüglich dieses Punktes fragen: „Wie mag Solches zugehen?" Dies gilt namentlich von der „Wiedergeburt aus Wasser und Geist", die wir mit der Taufe — und gewiß nach Christi Sinn und Meinung in unserem Text — in Verbindung bringen. Wenn wir behaupten, daß durch die heilige Taufe ein Mensch — Kind oder Erwachsener — wiedergeboren wird, so giebt es Leute, die da ungläubig fragen: „Wie mag Solches zugehen?" Solchen Fragestellern antwortet Luther in seinem Katechismus mit den Worten: „Wasser thuts freilich nicht, sondern das Wort Gottes, so mit und bei dem Wasser ist, und der Glaube, so solchem Wort Gottes im Wasser trauet . . . . wie St. Paulus sagt zu Titus im dritten Kapitel: Durch das Bad der Wiedergeburt und Erneuerung des heiligen Geistes." Das Wasser ist bloß der Träger, wodurch der heilige Geist übermittelt wird. Und dieser heilige Geist vergibt die Sünde und bewirkt die neue Geburt. Wie der heilige Geist Das vollbringt oder thut, wissen wir ebenso wenig, wie wir uns manche Naturereignisse nicht erklären können, obgleich wir deren Vorhandensein und Wirkung anerkennen müssen.

Wie mag Solches zugehen, wenn dort ein Saulus racheschnaubend von Jerusalem nach Damaskus geht und als ein Christum predigender Paulus zurückkehrt? Wie geht es zu, wenn Einer plötzlich ein anderer Mensch wird und keinen Widerstand leisten kann? wenn ein verlorener Sohn sein Unrecht einsieht und sich gedrungen fühlt, ins Vaterhaus zurückzukehren? Wie geht es zu, wenn ein Mensch, der seiner Taufwiedergeburt durch sein Sündenleben Hohn gesprochen, in sich geht und zum Taufbundsgott zurückkehrt? Der heilige Geist ist es, Dessen Wirkung wir wahrnehmen, aber die Art und Weise der Wirkung nicht verstehen.

4. Ist aber die Wirkung des heiligen Geistes — die Wiedergeburt aus dem Geist — bei uns Allen wahrzunehmen? Sind die Anzeichen einer neuen Ge-

burt bei uns vorhanden? Neues Leben, das da beruht auf dem Bewußtsein der Vergebung der Sünden und überzeugter Gotteskindschaft; Lust und Liebe zu Gottes Wort und Gottes Reich, und gottgeheiligtes Streben nach dem himmlischen Kleinod, dem ewigen Leben? Wo Solches noch nicht vorhanden ist, da herrscht noch die alte Natur des Fleisches mit ihrer Unbußfertigkeit, ihrem Unverstand, Zweifel, Eigendünkel, Unglauben, in welchem Zustande der Mensch das Reich Gottes nicht sieht, auch wenn er Jesum leibhaftig vor Augen hätte, wie Nikodemus und Israel, und noch viel weniger hineinkommt.

5. Und damit Nikodemus, in dessen Seele es gewiß so nach und nach tagte, auch für die Zukunft am Leben Jesu Anhaltspunkte zur Erinnerung und zum Nachdenken habe, preßt ihm Jesus in sein Gedächtnis: „Niemand fährt gen Himmel, denn der vom Himmel hernieder gekommen ist, nämlich des Menschen Sohn, der im Himmel ist." Namentlich aber erinnert Er ihn an eine Thatsache aus dem alten Testament, aus der Geschichte Israels, und kündigt ihm an, daß sie in einer Thatsache im Leben des Menschensohnes ihre Erfüllung haben werde. Das ist enthalten in dem tiefsinnigen Wort: „Wie Moses in der Wüste eine Schlange erhöhet hat: also muß des Menschen Sohn erhöhet werden." Allerdings war dem Nikodemus die Thatsache — die Erhöhung der Schlange durch Moses — bekannt, aber er wußte nicht, daß sie ein Vorbild war, die ein Nachbild haben sollte, daß sie eine Weissagung war, der eine Erfüllung folgen müßte. Als der Herr am Kreuze hing, und Nikodemus Seinen Leichnam herabnahm, da wird er gewiß diesen Vergleich für richtig gefunden haben.

6. Auch wir müssen die Richtigkeit und das Bedeutsame des Ausspruches Christi anerkennen, wenn wir die beiden darin enthaltenen Thatsachen — die erhöhte Schlange und den erhöhten Menschensohn — mit einander vergleichen. Das Volk Israel wurde auf seiner Wanderung durch die Wüste nach dem Lande Kanaan zur Strafe für seinen Ungehorsam von giftigen Schlangen heimgesucht, und Viele wurden gebissen. „Da sprach der Herr zu Mose: Mache dir eine eherne Schlange, und richte sie zum Zeichen auf. Wer gebissen ist, und siehet sie an, der soll leben. Da machte Mose eine eherne Schlange, und richtete sie auf zum Zeichen. Und wenn Jemanden eine Schlange biß, so sah er die eherne Schlange an, und blieb leben." 4. Mose 21, 8. 9. Wie

Moses hier diese eherne Schlange erhöhte, so solle, sagt Jesus, des Menschen Sohn auch erhöhet werden. Und wenn wir uns aus der Leidensgeschichte an Christi Kreuzigung erinnern und uns den am Kreuz angenagelten Heiland vorstellen, so haben wir darin die andere Thatsache, von welcher Jesus redet — die Erhöhung des Menschensohnes. Die Bedeutung der ehernen Schlange und des am Kreuz erhöhten Menschensohnes ist ein und dieselbe, nämlich: Errettung vom Tode. Wer von einer giftigen Schlange gebissen war und zur ehernen Schlange hinaufsah, blieb am Leben. Und dasselbe gilt auch bezüglich des an's Kreuz erhöhten Heilandes. Vom Schlangenbiß der Sünde sind nicht bloß Viele, sondern Alle — Alle Menschen — verwundet. Und wie dort bei Israel nur Die am Leben blieben, die zur ehernen Schlange hinaufsahen, so können auch nur diejenigen Menschen vom ewigen Verderben errettet werden, die mit bußfertigem Herzen und demüthigem Glauben zum Kreuze Jesu aufblicken. Solcher Hinaufblick zeigt an, daß du dich als Gebissenen — als Sünder — anerkennst, und daß du dem dort am Kreuze erhöhten Menschensohn zutraust, daß Er dich heilen kann. Solcher Aufblick bringt Heilung und Leben — das ewige Leben. Wer diesen Aufblick nicht thut, ist ewiglich verloren.

7. Was wollen wir nun thun? In herzlicher Buße und demüthigem Glauben wollen wir zum Kreuze Jesu hinaufschauen — und damit nicht warten, sondern es heute noch thun — damit wir dem höllischen Verderben entrinnen und das ewige Leben im Himmel ererben möchten. Solcher Hinaufblick lehrt uns den Besuch des Nikodemus und seine Frage an den Herrn würdigen, gibt uns aber namentlich das rechte Verständnis zu der Antwort, die Jesus dem Nikodemus auf dessen Frage gegeben. Auch wir haben nun einen Besuch bei dem Herrn gemacht. Möge uns der Spruch, den Jesus dem Nikodemus ins Herz prägt, unser ganzes Leben durch vorleuchten: „Also hat Gott die Welt geliebet, daß Er Seinen eingeborenen Sohn gab, auf daß Alle, die an Ihn glauben, nicht verloren werden, sondern das ewige Leben haben." Amen.

Erster Sonntag nach Trinitatis.

Luc. 16, 19-31.

Es war aber ein reicher Mann, der kleidete sich mit Purpur und köstlicher Leinwand und lebte alle Tage herrlich und in Freuden. Es war aber ein Armer, mit Namen Lazarus, der lag vor seiner Thür voller Schwären und begehrte sich zu sättigen von den Brosamen, die von des Reichen Tische fielen. Doch kamen die Hunde und leckten ihm seine Schwären. Es begab sich aber, daß der Arme starb und ward getragen von den Engeln in Abrahams Schoß. Der Reiche aber starb auch und ward begraben. Als er nun in der Hölle und in der Qual war, hob er seine Augen auf und sahe Abraham von ferne und Lazarus in seinem Schoß, rief und sprach: Vater Abraham, erbarme dich mein und sende Lazarus, daß er das Aeußerste seines Fingers ins Wasser tauche und kühle meine Zunge; denn ich leide Pein in dieser Flamme. Abraham aber sprach: Gedenke, Sohn, daß du dein Gutes empfangen hast in deinem Leben, und Lazarus dagegen hat Böses empfangen; nun aber wird er getröstet, und du wirst gepeiniget. Und über das alles ist zwischen uns und euch eine große Kluft befestiget, daß, die da wollten von hinnen hinabfahren zu euch, können nicht, und auch nicht von dannen zu uns herüberfahren. Da sprach er: So bitte ich dich, Vater, daß du ihn sendest in meines Vaters Haus; denn ich habe noch fünf Brüder, daß er ihnen bezeuge, auf daß sie nicht auch kommen an diesen Ort der Qual. Abraham sprach zu ihm: Sie haben Mosen und die Propheten, laß sie dieselbigen hören. Er aber sprach: Nein, Vater Abraham; sondern wenn einer von den Todten zu ihnen ginge, so würden sie Buße thun. Er sprach zu ihm: Hören sie Mosen und die Propheten nicht, so werden sie auch nicht glauben, ob Jemand von den Todten auferstände.

1. Die Lebensbeschreibung eines Menschen schließt gewöhnlich mit dem Tode desselben, weiter geht sie nicht. Auch die Bibel gibt oftmals das Lebensende eines Menschen an mit den Worten: „Er starb und ward begraben." Heute aber haben wir ein Evangelium vor uns, in welchem die Geschichte zweier Menschen auch über das Grab hinüber, in ein anderes

Lebensgebiet, in eine andere Welt hinein, fortgeführt wird. Diese beiden Menschen werden „der reiche Mann und der arme Lazarus" genannt. Ihre Geschichte wird fortgeführt durch die Angabe: „Lazarus ward getragen von den Engeln in Abrahams Schooß;" und: „Als nun der reiche Mann in der Hölle und in der Qual war;" und durch das Wechselgespräch zwischen dem reichen Mann und Vater Abraham im Jenseits.

2. Daraus können wir ersehen, daß die Geschichte einer Menschenseele zwei Theile hat: einen Theil diesseits des Grabes und einen jenseits desselben. Der erste Theil ist uns gewöhnlich bekannt, oder wir können uns leicht damit bekannt machen, wenigstens nach den zwei Seiten hin, nach welchen die zwei Männer unseres Textes, oberflächlich genommen, von einander verschieden waren: der Eine war reich und der Andere arm. Was den zweiten Theil betrifft, so wissen wir bloß, daß es einen solchen gibt: eine Fortsetzung des Lebens der Seele nach dem Tode des Leibes, und daß diese stattfindet entweder in Abrahams Schooß — am Ort der Glückseligkeit, oder in der Hölle — am Ort der Qual.

3. Unser Evangelium zeigt uns auch, daß der Theil der Geschichte einer Menschenseele, der jenseits des Grabes liegt, seiner Beschaffenheit nach gerade das Gegentheil sein kann, von dem, der diesseits des Grabes liegt, und daß somit ein Mensch, den man in dieser Welt glücklich nennt, in der anderen unglücklich, und ein anderer, den man in dieser Welt als unglücklich bedauert, in der anderen Welt glücklich sein kann. Die Ursache dieser Gegensätze liegt in dem Wort, das Abraham in unserem Texte ausspricht: „Sie haben Mosen und die Propheten; laß sie dieselbigen hören."

Darüber wollen wir uns klar werden, wenn wir mit einander betrachten

Zwei über's Grab hinüber reichende Menschengeschichten von entgegengesetzter Beschaffenheit;

I. den Theil, der im Diesseits,

II. den Theil, der im Jenseits liegt; und sehen

III. was wir daraus lernen können.

Wir betrachten

I. den Theil dieser beiden Menschengeschichten, der dies-
seits des Grabes liegt, und zwar hören wir zuerst, was das
Evangelium vom reichen Mann und dann, was es vom armen
Lazarus von ihrem Leben auf Erden berichtet.

1. Das Leben des reichen Mannes auf Erden
wird uns folgendermaßen geschildert: „Es war aber ein reicher
Mann, der kleidete sich mit Purpur und köstlicher Leinwand,
und lebte alle Tage herrlich und in Freuden." Reich sein ist
keine Sünde. Die heilige Schrift selbst erzählt uns von Männern, die reich waren und doch Gott wohlgefielen. „Abraham
war sehr reich an Vieh, Silber und Gold." 1. Mose 13, 2.
David, Salomo und andere Könige Israels waren reich, und doch
erlangten sie ein besseres Loos als der reiche Mann im Evangelium. Auch gibt es heutiges Tages reiche Leute, die gute
und nützliche Glieder unserer Gemeinden sind und die Hoffnung
geben, daß sie nicht bloß hier, sondern auch in der anderen Welt
glücklich sein werden. Wer seinen Reichthum auf ehrliche Weise
besitzt und auf christliche Weise verwaltet, dem ist er nicht
Sünde. Auch das Tragen von Purpur und köstlicher Leinwand ist an und für sich keine Sünde. Die heilige Schrift
berichtet uns auch von Männern mit Kronen und feinen Gewändern geschmückt, und die der Herr doch zu den Seinen
zählte. Auch unter der Krone und in feinen Gewändern kann
ein demüthiges, gottergebenes Herz vorhanden sein. Reich sein
ist keine Sünde, kann aber dem Menschen zur Sünde gereichen.
Und das war beim reichen Mann in unserem Text der Fall.
Er war kein auffallend lasterhafter Mensch, sondern ein Mensch,
wie es Viele in der Welt gibt, und welche von der Welt oft für
ganz ehrbare und rechtschaffene Leute gehalten werden. Er
hatte seinen Reichthum vielleicht von seinen Eltern geerbt, oder
in seinem Geschäft erworben. Er hatte es ja; warum sollte er
es nicht gebrauchen! Er konnte es ja machen; warum sollte er
es nicht genießen! Und so gebrauchte er seinen Reichthum zur
Kleiderpracht und zum Wohlleben. Von den feinsten, kostbar-
sten und theuersten Kleiderstoffen nur kaufte er zur Augenweide
für sich selbst und zum Prangen vor den Menschen. Das Beste
und Feinste, was ein Feinschmecker ausfindig machen kann, kam
auf seinen Tisch. Die Großen und Reichen nur wurden zur
Tafel geladen, seine Pracht zu bewundern und seinen Ruhm zu
verbreiten. An die Armen dachte er nicht; an das Reich Gottes und seine Bedürfnisse am Allerwenigsten. Er gab nur,
wann er ehrenhalber mußte, und voraussetzen konnte, großes

Lob zu ernten. Gastmähler und Trinkgelage, Freudengenuß und Befriedigung aller Wünsche: so floß dem reichen Manne sein Leben lieblich dahin. An etwas Weiteres dachte er nicht. Tiefere Bedürfnisse hatte er nicht. Des Sabbaths bedurfte er nicht: er wurde ja nicht müde, daß er hätte ausruhen müssen. Einen Gott bedurfte er nicht: Danken für seinen Reichthum kam ihm nicht in den Sinn; und ums tägliche Brot zu bitten, hatte er nicht nöthig; er hatte ja genug und noch mehr darüber. Sein Gewissen quälte ihn nicht: er hatte es durch Lärm und Getöse der Freude übertäubt. Um einen Himmel kümmerte er sich nicht: er hatte ja den Himmel auf Erden. So lebte der reiche Mann dahin „herrlich und in Freuden", genoß das Leben, und der Bauch war sein Gott; aber Gott und den Himmel und seine eigene Seele vergaß er. So gereichte ihm sein Reichthum zur Sünde.

2. **Was lesen wir in unserem Text von dem armen Lazarus?** „Es war aber ein Armer, mit Namen Lazarus, der lag vor seiner Thür voller Schwären. Und begehrte sich zu sättigen von den Brosamen, die von des Reichen Tische fielen; doch kamen die Hunde und leckten ihm seine Schwären." Lazarus war arm. Arm sein ist ein hartes Loos. Wie viele Entbehrungen, Sorgen, Nöthen und Demüthigungen führt die Armuth mit sich. Der Arme hat oft nicht genug, sich satt zu essen, und muß, weil es ihm an den nöthigen Kleidern fehlt, immer zurückstehen. Arm sein ist keine Schande und keine Sünde, wenn man seine Armuth nicht durch Verschwendung oder lasterhaftes Leben selber verschuldet hat. Auch soll man bei der Beurtheilung der Armen immer bedenken, was Salomo in seinen Sprüchen sagt: „Reiche und Arme müssen unter einander sein; der Herr hat sie alle gemacht." Sprüche 22, 2.

Ein Armer, der gesund ist, kann sich immer noch durch seiner Hände Arbeit seinen Unterhalt verdienen, aber Lazarus war bei seiner Armuth auch noch krank, und mußte von dem Mitleiden Anderer leben. Das kostet Verleugnung des Stolzes und macht die Armuth noch drückender. Er hatte Niemanden, der ihm das Brot forderte, sondern mußte unter großen Schmerzen seinen elenden Körper anstrengen, das Mitleiden der Vorübergehenden anzuflehen. Zudem war sein Anblick für Jedermann abschreckend. „Er war voller Schwären." Sein Leib war mit Geschwüren bedeckt; die machten ihn den Menschen zum Abscheu. So lag er denn vor des reichen Prassers Thüre und hatte für sein zeitliches Leben keinen höhern Wunsch, als den: nur „ſich zu ſättigen mit den Broſamen, die von des Reichen Tiſche fielen" und zertreten wurden. Aber er konnte und durfte nicht ins Haus hinein; und werden die beſchäftigten Diener, oder die vornehmen Gäſte ihm von den übrigen Brocken herausgebracht haben? Wann er ſo — verlaſſen und hungrig — in ſeinen Schmerzen dalag, wie mancher Seufzer um Hilfe mag ſich da ſeiner beklommenen Bruſt entrungen haben! Wie mag er da wohl oft ausgerufen haben: „Ach Herr, wie ſo lange!" Wie wird er Gott gedankt haben, wenn hie und da ein mitleidiges Herz ihm eine Unterſtützung reichte, wenn die Hunde kamen, ihm die Schwären leckten und ſeine Schmerzen linderten! Wie wird er die Erlöſungsſtunde herbeigeſehnt haben!

3. **Solcher Fälle gibts noch viele.** Denn die Zahl der menſchlichen Gebrechen und Krankheiten iſt Legion. Die Welt iſt ein großes Krankenhaus. Die Sünde iſt ſchuld daran. Durch ſie kam alle Noth in die Welt, auch die Krankheiten und der Tod. Der Tod iſt für den Einen eine willkommene Erlöſung; für den Anderen eine ſchreckliche Ueberraſchung. So ſehen wir es auch in unſerem Evangelium. Der Tod kam zuerſt zu dem armen Lazarus. „Es begab ſich aber, daß der Arme ſtarb." Jetzt war er erlöſt. Jetzt brauchte er nicht mehr zu hungern und zu leiden. Jetzt konnte ſein müder Leib in der Erde ruhen. Von ſeinem Begräbnis wird Nichts bemerkt. Wer wird ſich auch um den Leichnam eines Menſchen kümmern, der lebendig ſchon ſeinen Mitmenſchen zum Eckel war! Man wird ihn wohl ſo ganz in der Stille fortgeſchafft haben. Wenige haben es wohl bemerkt, daß er todt und nicht mehr da war.

4. **Der Tod kam auch an und in den Palaſt des Reichen.** So heißt es im Text: „Der Reiche aber ſtarb auch, und ward begraben." Wie gerne wäre er in dieſem Leben geblieben, das er jetzt wider ſeinen Willen verlaſſen mußte! Sein großes Vermögen konnte ihn nicht vom Sterben erretten, und daß er ſo lange herrlich und in Freuden gelebt hatte, das erleichterte ihm das Sterben nicht, ſondern machte ihm den Abſchied von dieſer Welt nur um ſo ſchwerer. Jedenfalls aber wurde er prächtig begraben. Ein langer Zug Theilnehmer, in koſtbaren Kutſchen fahrend, begleitet den in theueren Sarg gelegten Leichnam nach ſeinem Grabgewölbe. Dort wird der Todte mit großem Gepränge beigeſetzt. Ein prächtiges Leichenbegängnis ſoll die Larve ſein, den Ernſt des Todes, die

Mahnung an Ewigkeit und Gericht, zu verdecken. Kaum aber ist die Leiche beigesetzt, so eilen die Theilnehmer an der Trauer= feierlichkeit von der Schreckensstätte des Kirchhofes weg, um sich so bald als möglich die düsteren Todesgedanken zu verscheuchen.

Beide — der arme Lazarus und der reiche Mann — sind jetzt gestorben und begraben. Und mit Dem schließt ihre Lebens= geschichte auf Erden. Doch wir haben am Anfang der heutigen Predigt gehört, daß Jesus die Geschichte dieser beiden Menschen noch über das Grab hinüber fortführt.

Somit wollen wir uns auch umsehen nach dem Theil der Geschichte dieser Beiden, der im Jenseits liegt.

II. Die Geschichte des reichen Mannes und armen Laza= rus im Jenseits.

1. „Lazarus ward getragen von den Engeln in Abra= hams Schooß." Von der harten Thürschwelle des Reichen und von dem schmutzigen Pflaster vor den Häusern weg trugen die Engel seine Seele an den Ort der Seligen in der Ewigkeit. Welch ein Wechsel! Warum wurde Lazarus solche Ehre zu Theil? Denkt ihr wohl, weil er arm gewesen war? weil er in der Welt so Viel gelitten hatte? Nein. Wenn dem so wäre, dann kämen Viele in den Himmel, die nicht hineinkommen. Manche sind arm und krank und verlassen, und es ergeht ihnen in dieser Welt übel; aber sie erlangen doch die ewige Seligkeit nicht. Warum? Lazarus kam an den Ort der Seligen, weil er sich durch sein Leiden zu Gott leiten und sich so dasselbe zum Besten dienen ließ. Er ließ sich durch sein armseliges Leben antreiben, zum seligen Leben im Himmel aufzublicken und sich darauf vorzubereiten. Bei ihm wurde wahr, was Gottes Wort vom Leiden dieser Welt sagt: „Anfechtung lehrt aufs Wort merken." Jes. 28, 19 und: „Herr, wenn Trübsal da ist, so suchet man Dich; wenn Du sie züchtigest, so rufen sie ängstiglich." Jes. 26, 16; oder: „Denn ich halte es dafür, daß dieser Zeit Leiden der Herrlichkeit nicht werth sei, die an uns soll geoffenbaret werden." Röm. 8, 18.

2. Das kann man nicht von allen Heimge= suchten und Unglücklichen sagen. Denn Viele sind arm, elend und unglücklich, aber ihre Armuth und ihr Elend macht sie nur bitterer gegen Gott und — gottloser. Sie thun nicht Buße, sondern werden hartschlägig und fallen noch tiefer ins Elend. Wie oft ist mit dem leiblichen Elend auch tiefe geistliche Gesunkenheit verbunden. Die Armen an der Straße

oder in den Armenhäusern, die Kranken und Verkrüppelten in den Krankenzimmern oder in den Hospitälern, die vom Elend Gedrückten und Heimgesuchten, sind nicht immer so gottselig und fromm wie Lazarus in unserem Evangelium, sondern gerade da findet man oft die tiefste Verworfenheit und die ärgsten Laster. Kein Armer, Kranker, Krüppel, Verlassener, soll daher denken, daß durch den Tod das irdische Unglück ohne Weiteres in himmlisches Glück verwandelt werde. Nein. Nur ernste Buße und herzlicher Glaube an den Sünderheiland bringt zur himmlischen Seligkeit. Das ist der Weg auch für die Armen und Unglücklichen.

3. Was berichtet unser Text von dem reichen Mann im Jenseits? „Als er nun in der Hölle und in der Qual war, hob er seine Augen auf, und sah Abraham von fern und Lazarus in seinem Schooß, rief und sprach: Vater Abraham, erbarme dich mein, und sende Lazarus, daß er das Aeußerste seines Fingers ins Wasser tauche, und kühle meine Zunge: denn ich leide Pein in dieser Flamme." Welch plötzliche, und welch schreckliche Veränderung! Nun hatte sich Alles für ihn in das volle Gegentheil verändert. Der zuvor den Himmel auf Erden gehabt, war jetzt in der Hölle und Qual; der zuvor die köstlichsten Getränke im Ueberfluß genossen und weggeschüttet hatte, lechzte jetzt nach einem Tröpflein Wassers und bekam es nicht; der zuvor den armen Lazarus für Nichts geachtet, ja vielleicht mit Eckel und Abscheu sich von ihm weggewandt hatte, erbat es sich jetzt als eine Gnade, daß Lazarus das Aeußerste seines Fingers ins Wasser tauchen möchte, um ihm damit die Zunge zu kühlen; und das wird ihm nicht gewährt.

Und damit er wisse, wessen er sich zu versehen habe, gibt ihm Abraham eine deutliche Antwort, aus welcher er erkennen konnte, daß ihm nicht unrecht geschieht. „Abraham aber sprach: Gedenke, Sohn, daß du dein Gutes empfangen hast in deinem Leben, und Lazarus dagegen hat Böses empfangen; nun aber wird er getröstet, und du wirst gepeiniget. Und über das alles ist zwischen uns und euch eine große Kluft befestiget, daß die da wollten von hinnen hinab fahren zu euch, können nicht, und auch nicht von dannen zu uns herüber fahren." Damit wollte Abraham dem reichen Manne zu verstehen geben, daß er an diesen Ort und in diesen Zustand nach eigener freier Wahl gekommen sei, Niemanden sonst beschuldigen und sich über die Pein in der Flamme nicht beklagen könne. Darin hat Abra-

bam Recht. Dem reichen Manne ließ Gott in der Welt
Alles nach Wunsch gehen, ließ ihn Alles genießen, was dieses
Leben Gutes zu bieten vermag. Ja, noch mehr als das
bot ihm Gott an. Er bot ihm die Schätze Seines Reiches und
in denselben die ewige Seligkeit. Nach diesen Schätzen aber
verlangte es ihn nicht. Für diese hatte er keinen Sinn, keine
Zeit und kein Bedürfnis. Da nun mit seinem Tode der Genuß der irdischen Güter aufhörte, und er sich für den Genuß
der himmlischen nicht geschickt gemacht hatte, so mußte er die
Folgen tragen, die die Vernachlässigung und Verwerfung der
angebotene Heilsgüter nach sich zieht — „Pein leiden in der
Flamme." Er hat sich solches Loos selbst gewählt.

Dies wird uns klarer, wenn wir die andere Bitte des
reichen Mannes und Abrahams Antwort darauf vernehmen.
„Da sprach er: So bitte ich dich, Vater, daß du ihn sendest in
meines Vaters Haus; denn ich habe noch fünf Brüder, daß er
ihnen bezeuge; auf daß sie nicht auch kommen an den Ort der
Qual." Nachdem Abraham die Bitte des reichen Mannes, daß
Lazarus zu ihm gesendet würde, um mit einem Tröpflein Wasser seine Zunge zu kühlen, abgeschlagen hatte, so brachte er eine
andere Bitte vor, nämlich die: es möchte doch Lazarus wenigstens zu seinen noch lebenden fünf Brüdern gesandt werden,
damit sie nicht auch an diesen Ort der Qual kommen müßten.
Aber auch diese Bitte wurde ihm abgeschlagen. Denn Abraham sprach zu ihm: „Sie haben Mosen und die Propheten; laß
sie dieselbigen hören." Und auf des reichen Mannes Einwen-
dung: „Nein, Vater Abraham; sondern wenn Einer von den
Todten zu ihnen ginge, so würden sie Buße thun," gibt Abraham seinen letzten Entscheid: „Hören sie Mosen und die Propheten nicht, so werden sie auch nicht glauben, ob Jemand von
den Todten auferstände."

Nun wollen wir die Lehren, die wir aus dieser Erzählung
ziehen können, kurz zusammenfassen und so sehen

III.   was wir aus der Erzählung vom reichen Mann und
armen Lazarus lernen können.

1.   Aus der letzten Bitte des reichen Mannes an
Vater Abraham wird uns klar, was sein Verderben
verursacht hatte. Lazarus sollte nach jener Bitte zu seinen
Brüdern gesandt werden, damit sie es glauben möchten, es gäbe
wirklich ein Fortleben der Seele nach dem Tode des Leibes,
eine Ewigkeit, ein Gericht und eine Hölle. An dieses hatte er

selbst nicht geglaubt.   Daher war er an diesen schrecklichen Ort gekommen.   Das glaubten auch seine Brüder nicht, und deshalb war ihm klar, daß auch sie an denselben Ort kommen müßten.

2. Was des reichen Mannes und seiner fünf Brüder Unglauben betrifft, so hatten sie darin zur Zeit Jesu viele Genossen und haben sie noch heutiges Tages.   Da war die ganze Sekte der Sadducäer, die das Fortleben der Seele nach dem Tode des Leibes, Ewigkeit, Gericht, Hölle, überhaupt ein Jenseits, leugneten.   Zur Belehrung dieser erzählte Jesus die Geschichte unseres heutigen Textes.   Auch in unserer Zeit ist es nöthig, den Menschen immer und immer wieder vorzuhalten, daß es eine richtende Ewigkeit gibt, weil Viele aus Leichtsinn und Wohlleben nicht daran denken, und Andere im Abfall von Gott und in bewußtem Unglauben das Vorhandensein des Jenseits in Abrede stellen. Der Herr hatte sich oftmals bemüht, die Sadducäer eines Besseren zu belehren, aber sie waren zu irdischgesinnt und zu fleischlich, als daß sie etwas Höheres hätten fassen können.   Denn: „Der natürliche Mensch vernimmt Nichts vom Geiste Gottes; es ist ihm eine Thorheit und kann es nicht erkennen." 1. Corinth. 2, 14.

3. Der reiche Mann in der Hölle und Qual meinte, seinen noch lebenden Brüdern könne dadurch am Besten geholfen werden, daß ein Verstorbener zu ihnen käme und sie warnte.   Er scheint der Ansicht zu sein, als ob „Moses und die Propheten" zu schwach wären, sie zu überzeugen, und daß das Kommen eines Verstorbenen aus dem Jenseits und dessen Zeugnis sie eher zum Glauben bringen könnte.   Darin aber war er im Irrthum: und wer so denkt wie er, täuscht sich ebenfalls.   Wir haben die Beweise gegen diese Ansicht in Gottes Wort.   Die Pharisäer und Schriftgelehrten sahen die Thaten Jesu zu einem großen Theil.   Glaubten sie nun?   Sie sahen den Lazarus, den Jesus von den Todten auferweckt hatte; sie erfuhren von den Hütern um Jesu Grab, daß Jesus wirklich von den Todten auferstanden sei — und doch blieben sie verstockt.   Sie mußten die Heilung der Lahmen an der schönen Thür des Tempels durch Petrus und Johannes anerkennen — aber nichtsdestoweniger verfolgten sie die Apostel und verhärteten sich noch mehr.

4. So sind die Leute jetzt noch.   Wenn heute Einer

von den Todten käme, so würden die Ungläubigen sein Zeug=
nis doch nicht annehmen, ebensowenig als sie Jesu und Seiner
Apostel Zeugnis annahmen. Daher bleibts bei dem, was
Abraham dem reichen Manne auf seine thörichte Bitte antwor=
tet: „Sie haben Mosen und die Propheten, laß sie dieselbigen
hören.“ Moses mit seinem Gesetz, seiner ehernen Schlange,
seinem Hinweis auf Christum in seinem Schlußwort an Israel;
die Propheten mit ihren Weissagungen auf Christum — das
war genug für Israel, dem Verderben zu entrinnen und in
Abrahams Schooß zu kommen. Moses und die Propheten im
alten Testament; Jesus mit Seiner Erlösung im neuen; Wort
und Sakrament, einem Jeden als Gnadenmittel angeboten —
ist hinreichend, der Hölle zu entgehen und die ewige Seligkeit
zu erlangen. Mehr brauchen wir nicht, und mehr wollen wir
nicht. Lasset euch darum auch nicht ein mit dem Betrug, den
die Spiritualisten treiben.

5. Auch soll sich Niemand der Hoffnung hin=
geben, als könne man im Jenseits noch zum Glau=
ben gelangen und sich retten lassen. Wenn dort
wirklich noch Gnadenzeit wäre, so sehen wir an dem reichen
Mann, daß er auch in der Hölle noch so verkehrt ist, wie er in
der Welt war: er thut nicht Buße, sondern klagt nur über die
Pein. Im Jenseits ist es zu spät, sich für den Ort der Seligen
geschickt machen zu wollen. Die Kluft zwischen Himmel und
Hölle scheidet die Seligen und Unseligen für immer. Bis zum
Tode nur währt die Gnadenzeit.

Darum benützet getreulich die euch gebotenen Gnaden=
mittel — Wort und Sakrament — auch das Leiden, das euch
Gott schickt, und lasset euch dadurch zur Buße führen, damit
wann euch Gott ruft, ihr als Kinder Gottes eingehen dürft zur
Ruhe der Seligen. Schiebt ja euere Vorbereitung auf den
Abschied nicht auf. Es möchte euch sonst der Tod überraschen
und unvorbereitet finden.

> „Zwei Ort', o Mensch, hast du vor dir,
>   Dieweil du lebst auf Erden;
> Die stehn dir nach dem Tode für,
>   Und Einer wird dir werden;
> Sobald du deine Zeit vollbracht,
>   Wird jener Ort dir aufgemacht,
> Den du dir hier erwählet.“

> „Der eine ist die Himmelshöh',
>   Da Gott, der Höchste, wohnet;

Der andre ist das Höllenweh,
　　Das allen Sündern lohnet;
Dort geht es wohl, hier übel zu,
　　Hier ist viel Pein, dort hat man Ruh',
Dort jauchzt man, hier ist Weinen."

„Darum, o Mensch, erkenne wohl,
　　Was dort sich wird begeben!
Denk', was man thun und lassen soll
Und ändre bald dein Leben!
　　O Gott, regier uns, Alt und Jung,
Daß wir durch Jesu Heiligung
　　Entfliehn der Qual der Hölle!"

Amen.

Zweiter Sonntag nach Trinitatis.

Luc. 14, 16-24.

Er aber sprach zu ihm: Es war ein Mensch, der machte ein groß Abendmahl und lud viele dazu. Und sandte seinen Knecht aus zur Stunde des Abendmahls, zu sagen den Geladenen: Kommt, denn es ist alles bereit. Und sie fingen an alle nach einander sich zu entschuldigen. Der erste sprach zu ihm: Ich habe einen Acker gekauft und muß hinaus gehen und ihn besehen; ich bitte dich, entschuldige mich. Und der andere sprach: Ich habe fünf Joch Ochsen gekauft, und ich gehe jetzt hin, sie zu besehen; ich bitte dich, entschuldige mich. Und der dritte sprach: Ich habe ein Weib genommen, darum kann ich nicht kommen. Und der Knecht kam und sagte das seinem Herrn wieder. Da ward der Hausherr zornig und sprach zu seinem Knechte: Gehe aus bald auf die Straßen und Gassen der Stadt und führe die Armen und Krüppel und Lahmen und Blinden herein. Und der Knecht sprach: Herr, es ist geschehen, was du befohlen hast, es ist aber noch Raum da. Und der Herr sprach zu dem Knechte: Gehe aus auf die Landstraßen und an die Zäune und nöthige sie herein zu kommen, auf daß mein Haus voll werde. Ich sage euch aber, daß der Männer keiner, die geladen sind, mein Abendmahl schmecken wird.

1. **Paulus schreibt an Timotheus.** „Gott will, daß allen Menschen geholfen werde, und zur Erkenntnis der Wahrheit kommen. Denn es ist Ein Gott, und Ein Mittler zwischen Gott und den Menschen, nämlich der Mensch Christus Jesus, der Sich Selbst gegeben hat für Alle zur Erlösung, daß Solches zu Seiner Zeit gepredigt würde." 1. Tim. 2, 4—6. So schreibt der Apostel Paulus an Timotheus, und damit will er sagen, Gott habe die Menschen so lieb, daß Er wünsche, es möchten alle Menschen selig werden; und um Solches den Menschen zu ermöglichen, habe Er Seinen lieben Sohn, Jesum Christum, gesandt, Sich für dieselben darzugeben und so der Mittler zwischen Gott und den Menschen zu werden. Auch sollte nach Seinem Wunsch diese Erlösung der Menschen durch Christum den Menschen gepredigt werden.

2. Das Mittel zur Seligkeit — Seine Gnade — hat Gott den Menschen erwerben lassen und läßt es ihnen in Predigt und Sakrament auch anbieten. Es kann den Menschen aber nur helfen, wenn sie es annehmen und an sich wirken lassen. Und zwar gilt diese Gnade nicht bloß Israel, nicht bloß diesem und jenem Volk oder Stamm, sondern Allen Völkern Aller Zeiten. So lehrt auch Christus, wenn Er sagt: „Also hat Gott die Welt geliebet, daß Er Seinen eingebornen Sohn gab, auf daß Alle, die an Ihn glauben, nicht verloren werden, sondern das ewige Leben haben." Joh. 3, 16.

3. Nachdem nun aber die Erlösung durch Christum geschehen, die Gnade Gottes erworben und den Menschen angeboten worden ist, haben alle Menschen diese Gnade auch angenommen? Man sollte glauben, daß zu einer solchen Gnade, die uns von Sünden erlöst und uns eine ewige Seligkeit in Aussicht stellt, alle Menschen mit Freuden zugegriffen hätten und zugreifen würden. Aber dem ist nicht so. Das lehrt uns auch unser heutiges Evangelium.

4. In demselben vergleicht Jesus Sein Gnadenreich mit einem Festmahl, das ein reicher Mann zurichten läßt. Zu dem bereitstehenden Festmahl oder „Abendmahl" werden die Gäste, die bereits davon wissen, gebeten, sich einzustellen. Aber sie wollen nicht kommen. Jeder entschuldigt sich. Der Gastgeber läßt durch seine Knechte die Armen, Krüppel, Lahmen und Blinden der Stadt hereinführen. Noch ist Raum da. Die Knechte müssen jetzt außerhalb der Stadt gehen und die herbeiholen, die sie auf den Landstraßen und an den Zäunen finden, damit sein Haus voll werde. Der Gastgeber droht, daß Keiner, der der Einladung nicht Folge geleistet habe, sein Abendmahl schmecken werde.

Nach diesen Gesichtspunkten lasset uns heute mit einander betrachten

Die Einladung zum großen Abendmahl.

Dabei wollen wir hinblicken

I.   auf das zubereitete Mahl;

II. auf die einladenden Knechte;

III. auf die eingeladenen Gäste.

Wir blicken hin

I. auf das zubereitete Mahl.

1. „Es war ein Mensch, der machte ein groß Abendmahl, und lud Viele dazu." Unter dem Menschen, der dieses große Abendmahl machte, verstehen wir Gott Selbst. Das große Abendmahl ist das Gnadenreich des neuen Bundes, das die Glieder desselben vorbereitet auf das Herrlichkeitsreich im Himmel. Abendmahl oder Spätmahl heißt es im Vergleich zu dem Frühmahl am Morgen des Welttages im Paradiese. Dieses wurde durch die Schuld des Menschen verdorben. Gott aber in Seiner großen Güte und Freundlichkeit machte ein anderes Mahl — ein Abendmahl.

2. Groß wird dieses Abendmahl genannt, weil Gott vier Tausend Jahre daran zubereitete. Sogleich nachdem das Frühmahl verloren gegangen war und Gott die Rettung des gefallenen Menschengeschlechtes angekündigt hatte, traf Er Anstalten und Einrichtungen, ein Abendmahl herzurichten. Diese Anstalten und Einrichtungen sind das Gesetz, die Opfergottesdienste Israels und die Weissagungen der Propheten. Endlich war die Zeit der Vorbereitung vorbei; die Zeit war erfüllt; Christus kam, und die Gnadentafel war gedeckt.

3. Groß ist dieses Abendmahl, weil alle Völker daran Theil haben sollen. Von diesem Mahle gilt was Jesus sagt: „Viele werden kommen vom Morgen und vom Abend, und mit Abraham und Isaak und Jakob im Himmelreich sitzen." Matth. 8, 11. Groß ist dieses Abendmahl, weil es den Theilnehmern so überaus reiche und herrliche Gerichte und Gaben bietet. Da sind Gaben und Güter für Alle: für Junge und Alte, für Reiche und Arme, für Gelehrte und Ungelehrte, für Gesunde und Kranke, für Fröhliche und Traurige, für Leidende und Sterbende. Was du bedarfst, kannst du da haben: Belehrung für deinen Geist, Kraft zum Lebens- und Glaubenskampf und — was die Hauptgabe ist — den Trost der Sündenvergebung, kraft dessen du aus einem armen Sünder ein Kind Gottes und ein Erbe des ewigen Lebens werden kannst.

Wo Gottes Wort rein und lauter verkündigt wird und die Sakramente nach Christi Einsetzung verwaltet werden, da ist dieser Festtisch gedeckt und werden diese Güter mitgetheilt und gegeben. Eine solche

Stätte ist vorerst der Tempel des Herrn, mit seiner Kanzel, seinem Taufstein und Altar.

Wir blicken hin

II. auf die einladenden Knechte.

1. „Und sandte seinen Knecht aus zur Stunde des Abend= mahls, zu sagen den Geladenen: Kommt; denn es ist Alles bereit." Schon während der Vorbereitungszeit auf dieses Abendmahl ließ Gott Sein Volk auf das= selbe aufmerksam machen. Die Patriarchen predigten von dem Namen des Herrn. Moses übergibt Israel das Gesetz, durch welches Erkenntnis der Sünde und Verlangen nach Erlösung gewirkt werden sollte. Die Propheten weis= sagen das Kommen eines Messias, der Israel erlösen sollte von allen seinen Sünden. Immer klarer und bestimmter werden solche Weissagungen und Schilderungen von der Person des Messias, mit dem das Gnadenreich anbrechen solle, bis endlich Johannes mit seinem Finger auf den Gekommenen hindeuten und sagen konnte: „Siehe, das ist Gottes Lamm, welches der Welt Sünde trägt!" und der Gekommene Selber Sein Volk einladen konnte mit den Worten: „Kommet her zu Mir alle, die ihr mühselig und beladen seid, Ich will euch erquicken;" Matth. 11, 28 — bis Er in unserem Evangelium sagen konnte: „Kommt; denn es ist alles bereit." Seine Reden, Seine Thaten und Wunder, Sein Leiden und Sterben waren nichts Anderes als Einladungen in Sein Gnadenreich.

Ja, in Seinem Leben auf Erden schon theilte Er Güter und Gaben aus: die Kinder segnete Er, die Wittwen tröstete Er, die Kranken heilte Er, die Todten weckte Er auf.

2. Und wie eifrig und getreu verrichteten nach Jesu Tod und Himmelfahrt Seine Apostel ihren Botendienst und luden Juden und Heiden zur Theilnahme an den Gütern im Gnadenreiche Gottes ein. Freudig und muthig fordert Petrus am Pfingstfeste die Menge zum Eintritt ins Reich Gottes und zum Mitgenuß der Heils= güter auf, wenn er spricht: „Thut Buße, und lasse sich ein Jeglicher taufen auf den Namen Jesu Christi; so werdet ihr empfangen die Gabe des heiligen Geistes." Ap. 3, 38. Furcht= los und mächtig ruft Paulus das Einladungswort des gött= lichen Gastgebers: „Kommt; denn es ist alles bereit!" unter Juden und Heiden in Asien und Europa hinein.

3. Auch heute noch sind Knechte Gottes da, die

zum Abendmahle im Reiche Gottes einladen. Das
sind die Prediger des Evangeliums. Die ermahnen die Men=
schen in Liebe und Ernst die Wege des Leichtsinns und Unglau=
bens zu verlassen, durch Buße und Glauben zu Christo zu kom=
men und ihrer Annahme bei Gott zu Gnaden gewiß zu werden.
Diese Ermahnung und Einladung richten sie aus an der Hand
der großen Thaten Gottes, wie sie uns das Kirchenjahr mit
seinen Fest= und Sonntagen vor Augen führt.

Deine Taufe und Konfirmation waren solch einladende
Boten. Das Glockenläuten am Sabbath des Herrn tönt dir
zu: Komm zum Hause Gottes; denn es ist alles bereit!

4. Auch schickt Gott jeweils außerordentliche
Boten. Wenn Er in deinem Hause einkehrt mit Noth, Krank=
heit und Todesfällen; wenn Er dir dein Liebstes ins Grab
legt: so sind das lauter Mahnrufe, die Welt mit ihrer Lust
und ihrem Wahn zu verlassen, und Bittrufe zur Theilnahme
an den Gnadengütern des Festtisches im Reiche Gottes, als an
Gütern, die nicht mit dem Tand der Zeit vergehen, sondern die
hinüberreichen über Tod und Grab, in die selige Ewigkeit
hinein.

Nun wollen wir auch hinblicken

III. auf die eingeladenen Gäste.

1. Gütig und freundlich hatte der reiche Gastgeber zu
seinem Festmahle einladen lassen, aber kalt und undank=
bar wurde seine Einladung aufgenommen. Denn also
lesen wir im Text: „Und sie fingen an Alle nach einander sich
zu entschuldigen. Der Erste sprach: Ich habe einen Acker
gekauft, und muß hinausgehen, und ihn besehen; ich bitte dich,
entschuldige mich. Und der Andere sprach: Ich habe fünf Joch
Ochsen gekauft, und ich gehe jetzt hin, sie zu besehen; ich bitte
dich, entschuldige mich. Und der Dritte sprach: Ich habe ein
Weib genommen, darum kann ich nicht kommen.“ Wir möchten
ausrufen: Ist das möglich! Können Gäste einem solch guten,
freundlichen Gastgeber die Einladung so unfreundlich abschla=
gen! Und aus was für Gründen! Der Eine hat einen Acker
gekauft — den muß er besehen; der Andere fünf Joch Ochsen —
die muß er in Augenschein nehmen: und darum soll sie der
einladende Diener entschuldigen. Der Dritte hat ein Weib
genommen und meint, dieser Umstand mache eine Entschuldigung
wegen des Wegbleibens unnöthig. Hätten die ersten Zwei ihre
gekauften Gegenstände nicht auch später noch besichtigen können?

hätte der Dritte wohl sein junges Weib verloren, wenn er sie zu Hause gelassen hätte und der Einladung gefolgt wäre? Oder hätte er sie nicht auch mitnehmen können?

2. Ganz so gehts heutiges Tages noch. Dem Rufe Gottes durch Seine Diener, Theil zu nehmen an den Gnadengütern Seines Reiches, begegnen die Menschen mit denselben Entschuldigungen. Ihre Aecker, ihr Vieh, ihre Haushaltungsangelegenheiten schätzen sie höher als Gott und Sein Reich und ihre eigene Seele. Man vergißt, was der Herr sagt: „Was hülfe es dem Menschen, so er die ganze Welt gewönne, und nähme doch Schaden an seiner Seele? Oder was kann der Mensch geben, damit er seine Seele wieder löse?" Matth. 16, 26. Man denkt nicht an Jesu Ausspruch: „Wer Vater oder Mutter mehr liebt, denn Mich, der ist Meiner nicht werth. Und wer Sohn oder Tochter mehr liebt, denn Mich, der ist Meiner nicht werth." Matth. 10, 37. Wie grundlos sind auch heutzutage die Entschuldigungen der Menschen hinsichtlich der Anforderungen des Reiches Gottes und der Pflichten gegen die eigene Seele. Denken wir nur an den sonntäglichen Gottesdienst und an das heilige Abendmahl. Wie leicht läßt man sich davon abhalten. Irgend welche Kleinigkeit läßt man als Grund gelten, vom Kirchenbesuch wegzubleiben. Unvollendete Werktagsgeschäfte, geringes Unwohlsein, unerwarteter Besuch, Aussicht auf Vergnügen, nimmt man als hinreichende Entschuldigung an, die Predigt zu versäumen, während man sich durch solche Umstände am Werktag nicht im Geringsten abhalten ließe, den irdischen Geschäften nachzugehen.

3. Was die Entschuldigungen betrifft, so hat der einladende Diener kein Recht, sie zu gewähren. Er hat nur den Auftrag Gottes auszurichten — das Nichtkommen hat der eingeladene Gast — wenn er kann — mit Gott auszugleichen. Aber Eins kann der Diener thun. Er kann das Betragen und die Antworten der eingeladenen Gäste seinem Herrn berichten. Das that der Knecht im Gleichnis. Die Folge davon war die: „Da ward der Hausherr zornig, und sprach zu seinem Knechte: Gehe aus bald auf die Straßen und Gassen der Stadt und führe die Armen, und Krüppel, und Lahmen, und Blinden herein." Die Hohen und Vornehmen in Israel — unter ihnen auch die Schriftgelehrten und Pharisäer — wollten Nichts von dem Herrn, Seiner Predigt und Seinem Reiche wissen, wiesen seine Einladung verächtlich und spöttisch

zurück. Die Pharisäer bezeugen Das selbst. „Da antworteten
ihnen die Pharisäer: Seid ihr auch verführt? Glaubt auch
irgend ein Oberster oder Pharisäer an Ihn? Sondern das
Volk, das nichts vom Gesetz weiß, ist verflucht.“ Joh. 7, 47—49.

4. Darum wandte sich Jesus an das gewöhn=
liche Volk. Aus dieser Klasse wählte Er Sich auch Seine
zwölf Jünger; und die Tausende, die Ihm nachfolgten, waren
auch aus dem gewöhnlichen Volk. Auch finden wir in Jesu
Leben Beweise genug, daß Er die Armen, Krüppel, Lahmen
und Blinden zu Sich kommen ließ und ist es wahr, wie es im
Liede heißt:

> „Wie Er Hilfe und Erbarmen
> Allen Kranken gern erwies,
> Und die Blöden und die Armen
> Seine lieben Brüder hieß.“

Wenn auch heute die Reichen, die Stolzen, die Aufgeklärten
und Weltweisen das Evangelium mit seinem Trost für arme
Sünder ausschlagen und verachten, so gibts Arme, Gedemü=
thigte und Mühselige, die mit Sehnsucht darnach verlangen.
In den Hütten der Armen, an den Betten der Kranken, in den
Häusern der Heimgesuchten und Betrübten: da ist Jesus mit
Seinem Evangelium willkommen. Denn: „Den Armen wird
das Evangelium gepredigt.“ Matth. 11, 5.

5. Auch der Knecht im Evangelium war mit
Seiner Botschaft bei den Armen, Krüppeln, Lah=
men und Blinden angenehm und hatte bei ihnen
auch Erfolg. Diese Unglücklichen strömten herbei. Der
Knecht tritt vor seinen Herrn und spricht: „Herr, es ist gesche=
hen, was Du befohlen hast; es ist aber noch Raum da.“ Noch
waren die Bänke und Stühle um die Festtafel her nicht alle
besetzt. Daher wird der Knecht von seinem Herrn nochmals
fortgeschickt mit dem Auftrag: „Gehe aus auf die Landstraßen,
und an die Zäune, und nöthige sie hereinzukommen, auf daß
Mein Haus voll werde!“

6. „Es ist noch Raum da.“ Das gilt auch heute
noch. Viele Millionen Menschen sitzen noch in Finsternis und
Todesschatten des Heidenthums: Alle Diese sind auch einge=
schlossen in den Liebesrathschluß Gottes. Ja, von der Christen=
heit selbst gilt der Klageruf der Knechte des Herrn: „Es ist noch
Raum da!“ Namentlich gilt das von so vielen unserer einge=
wanderten Landsleute und Glaubensgenossen. Dreimal so

groß müßte diese unsere große Kirche sein, wenn Alle, von denen man es ihrer Abstammung und ihrer Erziehung nach erwarten könnte, an unserem kirchlichen Wesen und Werk Theil nehmen würden. Und dasselbe Verhältnis findet hier zu Lande überall statt. Das Jagen und Rennen nach Besitz, nach Weltehre, nach Lust und Vergnügen ist schuld daran.

7. Darum müssen wir — ihr und ich — unsere Volks- und Glaubensgenossen immer ernster und eindringlicher bitten, herbeizukommen, sich an unserem Kirchenwesen zu betheiligen, um dadurch der geistlichen Schätze, Gaben und Güter des Reiches Gottes theilhaft zu werden.

Aber auch Die, die noch in finsterem Heidenthum sitzen, sollen eingeladen werden, ins Reich Gottes hereinzukommen. Mit Freuden sehen wir, wie ein Heidenland nach dem andern dem Christenthum erschlossen und von dessen Segnungen beglückt wird. Und es wird das Einladen und das Rufen zur Theilnahme an den Gütern des Reiches Gottes fortgehen, bis der Herr wiederkommen wird zum Gericht. Denn so hat Er es, als Er zum Himmel fuhr, Seinen Jüngern befohlen: „Gehet hin in alle Welt, und prediget das Evangelium aller Kreatur. Marci 16, 15.

Noch laden die Knechte Gottes zum Festmahl ein. Noch hört ihr deren Stimme. Gehorchet und folgt derselben, ehe es zu spät ist. „Heute, so ihr Gottes Stimme höret, verstocket euere Herzen nicht!“ Ps. 95, 7. Amen.

Dritter Sonntag nach Trinitatis.

Luc. 15, 1-10.

Es naheten aber zu Ihm allerlei Zöllner und Sünder, daß sie Ihn höreten. Und die Pharisäer und Schriftgelehrten murreten und sprachen: Dieser nimmt die Sünder an und isset mit ihnen. Er aber sagte zu ihnen dies Gleichnis und sprach: Welcher Mensch ist unter euch, der hundert Schafe hat, und so er deren eins verlieret, der nicht lasse die neun und neunzig in der Wüste und hingehe nach dem verlornen, bis daß er es finde? Und wenn er es gefunden hat, so leget ers auf seine Achseln mit Freuden. Und wenn er heim kommt, ruft er seinen Freunden und Nachbarn und spricht zu ihnen: Freuet euch mit mir; denn ich habe mein Schaf gefunden, das verloren war. Ich sage euch: also wird auch Freude im Himmel sein über einen Sünder, der Buße thut, vor neun und neunzig Gerechten, die der Buße nicht bedürfen. Oder welch Weib ist, die zehn Groschen hat, so sie deren einen verlieret, die nicht ein Licht anzünde und kehre das Haus und suche mit Fleiß, bis daß sie ihn finde? Und wenn sie ihn gefunden hat, rufet sie ihren Freundinnen und Nachbarinnen und spricht; Freuet euch mit mir; denn ich habe meinen Groschen gefunden, den ich verloren hatte. Also auch, sage Ich euch, wird Freude sein vor den Engeln Gottes über einen Sünder, der Buße thut.

1. Zwei Gleichnisse enthält das heutige Sonntagsevangelium, nämlich das Gleichnis vom verlorenen Schaf und das Gleichnis vom verlorenen Groschen. In den ersten zwei Versen ist der Grund angegeben, warum Jesus diese Gleichnisse ausgesprochen hat, nämlich: „Es naheten aber zu Ihm allerlei Zöllner und Sünder, daß sie Ihn hörten. Und die Pharisäer und Schriftgelehrten murrten, und sprachen: Dieser nimmt die Sünder an und isset mit ihnen." Zu Seiner Vertheidigung, den Pharisäern und Schriftgelehrten zur Belehrung und Beschämung und den Zöllnern und Sündern zum Trost und zur Aufmunterung sollten diese Gleichnisse dienen. Diesen Zweck faßt er an einer andern Stelle zusammen in dem herrlichen Wort: „Des Menschen Sohn ist gekommen, zu suchen und selig zu machen, das verloren ist." Luc. 19, 10.

2. Die Pharisäer und Schriftgelehrten mach=
ten es dem Herrn zum Vorwurf, daß Er Sich unter
die Zöllner mischte und ihnen erlaubte, mit Ihm zu ver=
kehren. Aber gerade dieser Vorwurf gereicht Ihm bei allen
Denen, die heilsbegierig sind und das Elend ihrer Sünden
fühlen, zum höchsten Preis. Ja, selbst die Engel im Himmel
stimmen ein in den Lobpreis der Gläubigen auf Erden über
den menschenfreundlichen Gottessohn, der die Sünder, die Buße
thun, zu Gnaden annimmt. Auch wir wollen in diesem Lob=
preis nicht zurückbleiben, und heute miteinander reden über

Die unendlich große Sünderliebe Jesu.

Diese wollen wir sehen

I. an dem, was Jesus zur Rettung der verlorenen Menschen gethan
hat; und

II. an dem, was Er zur Rettung jedes einzelnen Verirrten immer
noch thut.

Wir sehen die unendlich große Sünderliebe Jesu zunächst

I. an dem, was Jesus zur Rettung der verlornen Men=
schen gethan hat.

1. Das, was Jesus zur Rettung der verlore=
nen Menschen gethan hat, kann nicht besser aus=
gedrückt werden, als mit Jesu Wort an den Zöll=
ner Zachäus: „Des Menschen Sohn ist gekommen, zu suchen
und selig zu machen, das verloren ist." Luc. 19, 10. Durch
den Sündenfall verlor sich die Menschheit von Gott. Vor dem=
selben waren die ersten Menschen mit Gott im Paradiese zu=
sammen wie Kinder mit ihrem Vater; nach demselben waren
sie von Ihm getrennt und mußten auch das Paradies verlassen.
Sie waren für Gott verloren und Gott und das Paradies für
sie. Die in Sünde gefallene Menschheit ist das verlorne Schaf
und der verlorne Groschen in unserem Texte.

2. In diesem Zustande war der Mensch un=
glücklich. Im Schweiße seines Angesichts mußte er das Feld
bauen, das ihm „Dornen und Disteln" tragen sollte; und
Krankheit, Elend und Tod stellten sich als Folgen der Sünde
ein. Wir sehen diese Folgen des Sündenfalls bei Israel und
bei den Heiden. Wie konnte das auch anders sein? In welch

elender Lage befindet sich ein Schäflein, das sich von der Heerde
verirrt und sich vom Hirten verliert! Von Angst und Schrek=
ken getrieben eilt es über Felsen und Schluchten und zerreißt
sein schönes wollenes Fell an Stauden und Dornen, oder wird
gar eine Beute der wilden Thiere. Ein verlorengegangenes
Geldstück wird, von Erde und Schmutz unkenntlich gemacht, von
den Menschen mit Füßen getreten und theilt das Loos des
Kehrichts. Auch dem verlorenen Sohn — im nächsten Gleich=
nis — gings auf dem Felde draußen bei den Schweinen auch
nicht besser.

3. Jesus aber kam, das Verlorene zu suchen
und zu erretten. Der Hirte kam selber aus der Heimath
in die Wildnis der Welt, wo sich das verlorene Schaf — die
Menschheit — zwischen den Dornen und Hecken, Felsen und
Klüften des Götzendienstes und der Selbstgerechtigkeit herum=
trieb. In unendlicher Herablassung und selbstverleugnender
Liebe zieht Er unter Israel umher, das Ihm vorkommt „wie
eine Schafheerde ohne Hirten", Er predigt, heilt ihre Kranken,
weckt Todte auf und stirbt am Kreuze, um durch Sein Blut die
in Sünde und Tod verlorene Menschheit zu erretten und mit
Gott wieder zu vereinigen — sie „selig zu machen."

4. Vernehmen wir es nur Alle: Um die verlorene
Menschheit zu erretten und selig zu machen, verließ Jesus, der
Sohn Gottes, des Vaters Thron, ward Mensch wie ein anderer
Mensch, ertrug die Noth und das Elend der Erde und trank den
Kelch des bittersten Leidens und des schmachvollsten Todes.
Das heißt man Liebe — Hirtenliebe; der Hirte ließ Sein Le=
ben für Seine Schafe. Paul Gerhard hat Recht, wenn er
singt:

> „Nichts, nichts hat Dich getrieben
> Zu mir vom Himmelszelt
> Als das geliebte Lieben,
> Damit Du alle Welt
> In ihren tausend Plagen
> Und großer Jammerslast,
> Die kein Mund kann aussagen,
> So fest umfangen hast."

Die Sünderliebe Jesu erkennen wir aber auch

II. an dem, was Jesus zur Rettung jedes einzelnen Ver=
irrten heute noch thut.

1. Verlorene, Verirrte gibt es heute noch in
Menge.

Denken wir nur an die Tausende Unkirchlicher

unſerer Volks- und Glaubensgenoſſen in dieſem Lande. Ihr Thun und Treiben gibt Zeugnis, daß ſie verlorene Schafe der Kirche ſind, die ſich in Leichtſinn und Unglauben verirrt haben. Der Herr geht ihnen nach und ruft ſie, daß ſie das kirchliche Leben der Heimath hier in der Fremde nicht vernachläſſigen, ſondern fortſetzen möchten. Sobald ſie hier landen, finden ſie Kirchen und geordnete Kirchengemeinden vor, in welchen ihnen Gelegenheit geboten iſt, Gottes Wort zu hören und den Segen der Sakramente zu genießen. Wenn ſie dieſe Gelegenheit verſäumen, Jahre lang verſäumen, gibt ſie Gott doch nicht auf, der gute Hirte, dem ſie bei ihrer Konfirmation Treue gelobten, geht ihnen oft beſonders nach, ſchickt ihnen Elend ins Haus, Arbeitsloſigkeit, Krankheit, Todesfälle, damit ſie wieder an die Heimathskirche und den Jugendglauben denken und Kirchenglieder werden ſollen. Wie freundlich kommt eine chriſtliche Gemeinde ſolchen Fremdlingen und Verirrten entgegen! Man bewillkommt ſie und hilft ihnen in der Noth, man tauft ihre Kinder, begräbt ihre Todten und ſteht ihnen auf alle mögliche Weiſe bei. Das iſt auch ein Beweis der Sünderliebe Jeſu, die Er ſolchen Leuten durch Seine Diener und Gemeinden zukommen läßt.

2. Auch in den Gemeinden ſelbſt gibt es Verlorene und Verirrte. Manchmal werden ganze Familien im Kirchen- und Glaubensleben nachläſſig, bleiben nach und nach vom kirchlichen Gottesdienſt ganz weg und fallen in das leichtſinnige Weltleben zurück. Daß ihnen der Paſtor nachgeht, ſie ermahnt, ſie bittet, iſt nichts Anderes als ein Suchen des verlorenen Schafes, das der Paſtor im Auftrag des guten Hirten Chriſtus thut.

3. Daß ſich ein Chriſt noch weiter von Gott verirren kann, erſehen wir aus dem Gleichnis vom verlorenen Sohn. Wie Mancher verliert in böſer, gottloſer Geſellſchaft das väterliche Erbgut des Glaubens an Gott und Sein Wort und tauſcht dagegen Unglauben, Laſterhaftigkeit und ein böſes, anklagendes Gewiſſen ein. Auch Dieſen geht der gute Hirte nach, um ſie wieder zum Vaterhaus zurückzubringen. Wenn ſo ein verlorener Sohn, nachdem er ſein Geld verſchwendet und ſeine Geſundheit eingebüßt, nun daliegt im Spital — verlaſſen von ſeinen Freunden, die ihn, ſo lange ſeine Kaſſe voll war, ſtets zahlreich und ergeben umſchwärmten — und nun auf die Barmherzigkeit fremder Menſchen angewieſen iſt: da geht ihm vielleicht doch ſo etwas wie

Reue und Leid über seine Verirrungen und bösen Wege und der Wunsch nach Umkehr durch die Seele. Oder, wenn so ein junger Mann, der Arbeit ungewohnt, in der Noth sich an fremdem Gut vergreift und ins Gefängnis geschickt wird; oder, wenn er auch Arbeit findet, sie als eine große Demüthigung ansehen muß; oder, wenn so ein junger Brausekopf in der Hitze der Leidenschaft thut, was nicht recht ist, und schlägt, sticht oder schießt: hinter Schloß und Riegel sieht Mancher ein, daß sein Abfall von Gott, sein religiöser Leichtsinn schuld an dem Allem ist, und thut Buße, wie der verlorene Sohn im nächsten Gleichnis, der da spricht: „Ich will mich aufmachen und zu meinem Vater gehen und zu ihm sagen: Vater, ich habe gesündigt im Himmel und vor dir; ich bin nicht mehr werth, daß ich dein Sohn heiße."

4. Wie Mancher verliert sich in das Laster der Trunksucht, des Spielens und der Nachtschwärmerei, und, anstatt seinen Berufsgeschäften nachzugehen, vergeudet er nutzlos seine Zeit und bringt sich und seine Familie in Armuth und Schande. Gehe nur in die Armenhäuser, die Krankenhäuser, die Gefängnisse, da siehst du die Folgen dieser Sünden an solchen Verirrten. Auch für diese schlägt das Liebesherz Jesu, des Sünderheilandes; auch sie will er noch retten. Die Noth, in welche sie durch den Sündendienst gekommen sind, benützt Er als Mittel, sie zur Buße zu leiten. In einsamen, schlaflosen Nächten redet Er zu ihnen durch das Gewissen und Seinen Geist. Auch in die Krankenhäuser und Gefängnisse kommen Prediger des Evangeliums, um sich dieser Verkommenen anzunehmen. Mancher Lasterdiener verläßt diese Pflege- und Strafstätten als ein anderer Mensch, ein neuer Mensch, geheilt an Leib und Seele. Das Alles thut die Sünderliebe Jesu, die heute noch das Verlorene sucht, es zu erretten und selig zu machen.

Und wie erginge es den Gläubigen, wenn sie der gute Hirte nicht immer beschützte und leitete, ihnen die Gefahren nicht zeigte und ihnen nicht zu Hilfe käme? Auch sie haben die Sünderliebe Jesu nöthig und gingen ohne sie verloren.

5. Demnach hat die Kirche, durch welche Jesus den Menschen Seine Liebe zukommen läßt, noch immer vollauf zu thun, die Gläubigen zu erhalten und zu nähren, die Nachlässigen anzutreiben, die leichtsinnigen und ungläubigen Namenchristen aufzusuchen und zu ermahnen, den Lasterhaften und Verkommenen nachzugehen, damit sie nicht vollends versinken. Bei aller dieser Arbeit aber hat sie kein

anderes Mittel als das, was uns im Gleichnis vom verlorenen Groschen angegeben ist. Jene Frau zündet ein Licht an, kehrt mit dessen Hilfe das Haus, um das verlorene Geldstück zu suchen. So muß bei jedem Sünder, der errettet werden soll, Gottes Wort angewandt werden. Das zeigt den rechten Weg zur Umkehr. Das wirkt wahrhafte Buße über die Sünde; das zeigt dem Sünder auch, wie schwer und sauer es dem guten Hirten geworden ist, die vergebende Gnade zu erwerben und verleiht ihm den tiefen Ernst, der zu richtiger Zueignung der Gnade nöthig ist. Jesus nimmt nur die Sünder an, die Buße thun. Siehe das an Beispielen der Schrift. Petrus ging hinaus und weinte bitterlich. Nur daraufhin nahm ihn Jesus wieder als Jünger an. Welch tiefe Buße that Saulus in Damaskus! Wir sehen das aus seinen späteren Aussprüchen. Er nennt sich den „vornehmsten der Sünder". Siehe an Davids Buße und Reue in Ps. 32 und 51. Wir treffen oftmals die Judasreue an, die keine göttliche Traurigkeit ist, die die Seligkeit wirket, sondern die da ist eine Traurigkeit der Welt, der nur die bösen Folgen der bösen That leid sind, die aber darin keine Sünde, keine Beleidigung Gottes erkennt. Bei Gefallenen und Verirrten ist wohl zu unterscheiden, ob es Judasoder Petrusreue ist. Die Judasreue ist die, die nur über die äußeren unglücklichen Folgen der Verirrung trauert; die Petrusreue ist die Erkenntnis und das Bewußtsein, daß man gegen Gott und Sein Gebot gesündigt hat. Daher muß man mit der Zusicherung der Sündenvergebung vorsichtig sein. Bei Gefangenen, bei Kranken, die vorher leichtsinnig waren, prüfe man die Buße, ob sie echt sei, ehe man die Worte der Absolution ausspricht.

Auch nehme man es nicht allzu leicht in der allgemeinen Beichte, damit nicht oberflächliche, leichtsinnige Christen sich betrügen.

6. Aber wenn ein Sünder wirklich Buße thut — wenn der Hirte sein verlorenes Schaf — wenn die Frau ihren verlorenen Groschen — wieder gefunden hat, so ist Freude auf Erden und im Himmel. Wie freut man sich, wenn aus den Weltlichgesinnten unserer Volks- und Glaubensgenossen eine Familie sich in die Gemeinde aufnehmen läßt, oder wenn aus den Nachlässigen und Schläfrigen Einige aufwachen! Wie fühlt der Pastor sich belohnt, wenn Krankgewesene ihr Versprechen halten, sich der Gemeinde anzuschließen, und anfangen christlich zu leben! Welche Freude ist es für den Seelsorger,

wenn auf sein Mahnen und Bitten hin Trunkenbolde und
Spieler ihren Lastern entsagen und ihren Familien und der
Gemeinde werden, was sie ihnen sein sollen!

Welche Freude aber bei den Engeln Gottes im Himmel
über solche aufrichtige Bußfertige, die der Gemeinde Gottes
auf Erden beigefügt werden und Hoffnung geben, auch Glieder
der obern Gemeinde zu werden!

Darum:

„Kommet Alle, kommet her,
    Kommet, ihr betrübten Sünder!
Jesus rufet euch und Er
    Macht aus Sündern Gotteskinder;
Glaubt es doch und denkt daran:
    Jesus nimmt die Sünder an."

Amen.

Vierter Sonntag nach Trinitatis.

Luc. 6, 36—42.

Darum seid barmherzig, wie auch euer Vater barmherzig ist. Richtet nicht, so werdet ihr auch nicht gerichtet; verdammet nicht, so werdet ihr auch nicht verdammet; vergebet, so wird euch vergeben. Gebet, so wird euch gegeben. Ein voll, gedrückt, gerüttelt und überflüssig Maß wird man in euern Schoß geben; denn eben mit dem Maß, da ihr mit messet, wird man euch wieder messen. Und Er sagte ihnen ein Gleichniß: Mag auch ein Blinder einem Blinden den Weg weisen? Werden sie nicht alle beide in die Grube fallen? Der Jünger ist nicht über seinen Meister; wenn der Jünger ist wie sein Meister, so ist er vollkommen. Was siehest du aber einen Splitter in deines Bruders Auge und des Balkens in deinem Auge wirst du nicht gewahr? Oder wie kannst du sagen zu deinem Bruder: Halt still, Bruder, ich will den Splitter aus deinem Auge ziehen, und du siehest selbst nicht den Balken in deinem Auge? Du Heuchler, zeuch zuvor den Balken aus deinem Auge und besiehe dann, daß du den Splitter aus deines Bruders Auge ziehest.

Die Worte unseres heutigen Textes sind der Bergpredigt entnommen. Sie gehören zum Schlusse derselben. In der Bergpredigt zeigt Jesus, wie man selig werden kann, gibt den rechten Weg dazu an und warnt vor dem verkehrten. Er spricht aber auch den Wunsch aus, daß Diejenigen, die den von Ihm angegebenen Heilsweg betreten und gehen, sich unter einander und gegen alle Menschen so verhalten sollen, wie es mit seiner Lehre vereinbar ist und wie es Seinen Nachfolgern geziemt. Solche Verhaltungsmaßregeln enthält unser heutiger Text. Dieselben sind in verschiedenen Ermahnungen gegeben. Diese wollen wir kennen lernen. So wollen wir denn heute betrachten

Christi Ermahnungen in Bezug auf unser Verhalten gegen den Nächsten.

I. Die erste ist eine Ermahnung zur Barmherzigkeit;
II. die zweite eine Ermahnung zur Lindigkeit.

Wir betrachten zuerst

I. Christi Ermahnung zur Barmherzigkeit.

1. Diese lautet: „Darum seid barmherzig, wie auch euer Vater barmherzig ist." Diese Mahnung fordert uns zur Barmherzigkeit auf; und damit wir wissen, was Barmherzigkeit sei, gibt uns Jesus ein Muster oder Vorbild derselben indem Er uns Gottes Barmherzigkeit vor Augen stellt.

Von Gott aber sagt Jesus in dem Verse, der unserem Texte vorangeht: „Er ist gütig über die Undankbaren und Boshaftigen." Diese Güte Gottes haben wir in den letzten zwei Sonntagsevangelien deutlich gesehen. Gott macht in Seiner Güte ein großes, herrliches Festmahl und läßt in Seiner Freundlichkeit alle Menschen, die doch nichts anders als Sünder und Boshaftige sind, dazu einladen. In Seiner unendlichen Liebe und Erbarmung geht Er dem Verlorenen und Verirrten nach, um ihn wieder zurecht zu bringen. Die Güte Gottes ist es, daß wir heute Sein Evangelium hören dürfen.

2. Gott ist gütig schon in der Darreichung des täglichen Brotes. Alle Tage, jahraus, jahrein, deckt Er den Millionen Seiner Geschöpfe den Tisch. Er hats noch nie verseh'n, zu thun, wie Sein Wort es uns verheißt: „Aller Augen warten auf Dich; und Du gibst ihnen ihre Speise zu seiner Zeit. Du thust Deine Hand auf, und erfüllest Alles, was da lebt, mit Wohlgefallen." Pf. 145, 15. 16.

Und was wollen wir erst sagen von der großen, unendlichen Güte Gottes, in welcher Er uns Jesum, Seinen eingebornen Sohn, gesandt hat, damit Er uns erlösete von der Sünde und uns das ewige Leben erwürbe!

Gottes Güte ist es, daß uns heute noch die Erlösungsgnade angeboten und mitgetheilt wird. So ist Gott barmherzig und mitleidig gegen die Menschen, bietet ihnen Gnade und Versöhnung an und verleiht ihnen auch das tägliche Brot ohne ihre Würdigkeit und ihr Verdienst.

3. Die Barmherzigkeit Gottes sollen wir uns zum Vorbilde dienen lassen.

Die Barmherzigkeit zeigt sich zuerst als Mitleid. Gegenstände des Mitleids haben wir alle Tage vor Augen. Da sind die vielen körperlich Unglücklichen und die Kranken. Der Eine ist lahm, der Andere verstümmelt, ein Dritter hat nicht den vollen Gebrauch seiner Sinne. Siehe dich nur, wenn du auf der Straße gehst ein wenig um, und du wirst genug solcher Unglücklichen finden. Oder gehe einmal in ein Krankenhaus, wo die Kranken nach Dutzenden liegen, oder in ein Altenheim, wo gebrechliche und vom Alter gebeugte Greise und Greisinnen ihren Lebensabend zubringen, oder in ein Waisenhaus, wo oft Hunderte von Kindern, die keinen Vater und keine Mutter mehr haben, beisammen sind, um da erzogen zu werden. Der Anblick solcher Unglücklichen und Verlassenen soll dein Mitleid erregen, so wie es den Herrn jammerte, wann Er einen Unglücklichen sah, oder wie es den barmherzigen Samariter rührte, als er den unter die Mörder Gefallenen in seinem Blute liegend am Wege erblickte.

Mitleiden sollen wir auch haben mit den in Sünden Gefallenen und Lasterdienern, die vom rechten Wege abgekommen sind.

4. **Unser Mitleid und unsere Barmherzigkeit soll aber nicht bloß in Gefühlen oder Worten bestehen, sondern in Thaten, wie wir Solches auch bei Gott sehen.** Deshalb sagt Jesus in unserem Text: „Gebet, so wird euch gegeben.“

Den Armen, Bedürftigen, Verlassenen, Arbeitslosen, Kranken, Alten, Gebrechlichen, Waisen, hilft dein mitleidiges, mitfühlendes Herz allein nichts, auch deine tröstenden Worte allein helfen nichts: es muß auch deine Gabe dazu kommen. Damit du geben kannst, bedenke, wie Gott so gütig und freundlich gegen dich ist. Er hat dir gesunde, gerade Glieder zum Arbeiten gegeben; hat dir deine Gesundheit erhalten, daß du stets deiner Berufspflicht nachkommen kannst; hat deiner Hände Arbeit gesegnet; hat dich zu Etwas kommen lassen; du hast, was du bedarfst und noch mehr; du kannst deine Kinder selber erziehen und deine alten Eltern selber versorgen: die Dankbarkeit für alles Dies soll dir Hand und Tasche zum Geben öffnen.

5. **Auch die Art und Weise des Gebens können wir von Gott lernen.** Gott gibt von Herzen gerne und ohne Vergeltung dafür zu erwarten. Die Menschen geben oft, weil sie ihre Stellung und ihr Name vor der Welt, sozusagen, dazu zwingt; oder sie geben, um sich dadurch einen Namen zu machen, auch wohl, um eine Gegengabe dafür zu erhalten, oder gar, um dadurch Gewinn für sich daraus zu ziehen. Solches Geben verurtheilt der Herr in den unserem Texte vorangehenden Versen: „So ihr liebet, die euch lieben; was Dank habt ihr davon? Denn die Sünder lieben auch ihre Liebhaber. Und

wenn ihr eueren Wohlthätern wohl thut; was Danks habt ihr
davon? Denn die Sünder thun dasselbige auch. Und wenn
ihr leihet, von denen ihr hoffet zu nehmen; was Danks habt ihr
davon? Denn die Sünder leihen den Sündern auch, auf daß
sie Gleiches wieder nehmen." Gott giebt gerne, aus Liebe,
denn Er ist unser Vater. Wir können Ihm auch Nichts geben,
Ihm Seine Gaben zu vergüten, denn Er ist reich über Alles,
und Alles, was wir haben, haben wir von Ihm. Unseren
Dank aber können wir zeigen, und zwar darin, daß wir auch
gerne, williglich, absichtslos, geben, wo wir und so viel wir können. Nicht, als ob wir durch gute Werke selig werden wollten,
oder könnten — nein; aber solche gute Werke zeigen als Früchte
des Glaubens an, daß wahrer Glaube vorhanden ist in Denen,
die sie thun.

6. Gewiß dürfen wir bei diesem Geben auch
an das Geben für kirchliche Zwecke denken. Auch
da soll das Geben kein gezwungenes und gewinnsüchtiges, sondern ein williges, herzliches, aus Dankbarkeit fließendes sein.
Für den Segen des Wortes und der Sakramente bringt man
in diesem Opfern Gott Dank. Und ist schon jedes „Vergelts-
gott" gleichsam ein Lohn für den Geber, so geht beim Geben
für kirchliche Zwecke, namentlich für deine eigene Gemeinde,
wirklich in Erfüllung: „Gebet, so wird euch gegeben." Wenn
durch dein Geben das kirchliche Wesen deiner eigenen Gemeinde
gut gedeiht, so hast du selbst den Segen und den Nutzen davon.

7. Die Barmherzigkeit faßt aber nicht bloß das
Geben, sondern auch das Vergeben in sich. Das sehen
wir aus Christi Wort: „Vergebet, so wird euch vergeben."
Damit will Jesus Denen, die bei Gott um die Vergebung ihrer
Sünden anhalten, aber ihren Beleidigern nicht verzeihen wollen, sagen, daß sie bei Gott keine Vergebung erhalten können,
außer sie üben auch Vergebung an ihren Mitmenschen. Das
ersehen wir auch aus der fünften Bitte des Vaterunsers: „Vergib uns unsere Schuld, wie wir vergeben unseren Schuldigern."
Es ist diese Bedingung, an welche Jesus unsere Vergebung
knüpft, ganz leicht zu verstehen, wenn man bedenkt, daß in
wahrer Buße und Reue die Aussöhnung mit Feinden, Beleidigern und Beleidigten mit einbegriffen ist, und demnach das
Vorhandensein von Unversöhnlichkeit anzeigt, daß keine wahre
Buße da ist. Wo Buße ist, da ist auch ein versöhnlicher Sinn;
wo kein versöhnlicher Sinn ist, da ist auch keine Buße; aber
nur auf unsere Buße hin können wir gläubig auf Vergebung

durch Christum bei Gott erwarten. Es geht schon gegen die Vernunft zu glauben, Gott solle uns vergeben, aber wir sind nicht geneigt Andern zu vergeben. Das Gleichnis von dem unbarmherzigen Knecht zeigt uns, wie Gott mit Denen verfährt, die wohl die Erlassung ihrer Schuld von Gott annehmen, aber selbst keine Nachsicht an ihren Mitmenschen üben wollen. Dort spricht der König zu dem unbarmherzigen Knecht: „Du Schalksknecht, alle diese Schuld habe ich dir erlassen, dieweil du mich batest; solltest du denn dich nicht auch erbarmen über deinen Mitknecht, wie ich mich über dich erbarmet habe?" Und Jesus setzt dazu: „Und sein Herr ward zornig, und überantwortete ihn den Peinigern, bis daß er bezahlte Alles, was er ihm schuldig war. Also wird euch Mein himmlischer Vater auch thun, so ihr nicht vergebet von eueren Herzen, ein Jeglicher seinem Bruder seine Fehler." Matth. 18, 32—34. Das soll man bedenken im Beichtgottesdienst und wenns zum Sterben geht, damit man das heilige Abendmahl nicht unwürdig empfange, oder gar unversöhnt vor Gottes Richterstuhl trete. Darum: „Sei willfertig deinem Widersacher bald, dieweil du noch bei ihm auf dem Wege bist." Matth. 5, 25.

Die zweite Ermahnung Christi ist die

II. Ermahnung zur Lindigkeit.

1. Dieselbe hüllt Er in folgenden Ausspruch ein: „Richtet nicht, so werdet ihr auch nicht gerichtet. Verdammet nicht, so werdet ihr auch nicht verdammet. Was siehest du aber einen Splitter in deines Bruders Auge, und des Balkens in deinem Auge wirst du nicht gewahr? Oder wie kannst du sagen zu deinem Bruder: Halt stille, Bruder, ich will den Splitter aus deinem Auge ziehen; und du siehst selbst nicht den Balken in deinem Auge? Du Heuchler, ziehe zuvor den Balken aus deinem Auge; und besiehe dann, daß du den Splitter aus deines Bruders Auge ziehest."

2. In dieser Ermahnung verbietet der Herr das Richten und das Verdammen. Damit meint Er nicht die Gerichtspflege, wie sie in jedem einigermaßen zivilisirten Lande geübt wird. Diese muß sein. Gott hat zu diesem Zwecke die Obrigkeit eingesetzt. Paulus sagt: „Die Obrigkeit ist Gottes Dienerin dir zu gut. Thust du aber Böses, so fürchte dich; denn sie trägt das Schwert nicht umsonst, sie ist Gottes Dienerin, eine Rächerin zur Strafe über Den, der Böses thut." Röm. 13, 4.

3. Was Jesus meint, ist das Urtheilsprechen,

das sich die Menschen unberufenerweise unter einander und über einander erlauben. Da könnte man aber die Frage stellen: Wer hat dich zum Richter über deine Mitmenschen gesetzt? Wir wissen, daß Christus am jüngsten Tage wieder kommen wird, zu richten die Lebendigen und die Todten. Aber wir finden in der Schrift keine einzige Stelle, in welcher Gott den einen Menschen über den andern als Richter eingesetzt hat, außer was die gesetzliche Obrigkeit betrifft. Und doch gibt es unter den Menschen keine schlimmere Gewohnheit als das lieblose, unbarmherzige Aburtheilen über den Nächsten. Seine Gestalt, seine Fehler, sein Thun und Lassen, seine Haushaltung, seine Vermögensverhältnisse, sein Christenthum, Alles, was er hat und thut, unterzieht man der Besichtigung und der Prüfung und fällt sein Urtheil darüber. Solches Urtheil muß aber in den meisten Fällen nothwendigerweise ein unrichtiges sein. Denn die meisten Menschen sind von Natur so beschaffen, daß sie von dem Nächsten lieber böse als gut denken, und von dem, was die Leute sagen, lieber das Böse als das Gute, lieber das Nachtheilige als das Lobenswerthe glauben. Sodann sind die Menschen auch nach Begabung, Bildung und Stand so sehr verschieden, daß sie unmöglich die Fähigkeit haben können, sich in die Lage eines Andern hineinzudenken, was ja nothwendig ist, um ein richtiges Urtheil fällen zu können.

4. Daher kann es nicht anders sein, als daß durch solches Richten nur Streit und Unheil angerichtet wird, sowohl in Familien als Gemeinden. Freundschaften löst es und macht aus guten Nachbarn Feinde. Wer kann den Schaden berechnen, den solch voreiliges und ungeschicktes Aburtheilen und Kritisiren in christlichen Gemeinden jeweils schon angerichtet hat? Glieder gehen dadurch verloren, den Arbeitern an der Gemeinde, namentlich dem Pastor, wird die Arbeit erschwert und oftmals ist Predigerwechsel die Folge. Das steht fest: Das Familienleben und das Gemeindeleben wäre friedlicher, lieblicher, schöner, wenn man das Hin- und Hertragen, das gegenseitige Ausrichten und Durchhecheln unterließe. Und da das Leben ohnedies schon so viel Mühe, Sorge, Leid und Elend in sich schließt, so ist es gewiß thöricht, dasselbe durch diese Unart — liebloses Richten — noch mehr zu belasten und zu verbittern. Darum lasset diese Unart fahren und befolget Christi Mahnung: Richtet nicht!" Bedenket auch, was Paulus sagt: „Wer bist du, daß du einen fremden Knecht richtest? Er steht oder fällt seinem Herrn;" Röm. 14, 4. und:

„Darum richtet nicht vor der Zeit, bis der Herr komme, welcher auch wird ans Licht bringen, was im Finstern verborgen ist, und den Rath der Herzen offenbaren." 1. Corinth. 4. 5.

5. Wer sich aber durchaus des Richtens nicht enthalten kann, dem gibt unser Text hinlängliche Gelegenheit dazu, indem er den zum Richten geneigten Menschen auffordert, seine Richter= weisheit zunächst an sich selbst zu versuchen. Bei dir selbst darfst du den genauesten Maßstab anlegen, die schärfste Kritik üben und das strengste Urtheil fällen. Bei solcher Arbeit kommt dann auch Etwas heraus: Du lernst dich selbst kennen. Du kommst vielleicht zur Einsicht, daß du noch viel größere Fehler hast als andere Leute. Du thust vielleicht Buße darüber und bittest Gott um Vergebung und Kraft zur Besserung. Das macht dich demüthig. In diesem Zustand dann bist du fähig, zur Besserung deines Nebenmenschen etwas beizutragen. Du wirst dann nicht plump und unbarmherzig zufahren, sondern sanft, nachsichtig und geduldig. Denn du hast es an dir selbst erfahren, wie schwer es ist, seine Fehler zu sehen, und noch viel schwerer, sie abzulegen und ihrer loszuwerden. Nur ein solcher Mensch versteht Christi Gleichnis vom Balken und Splitter im Auge. Im anderen Fall bleibt man ein Heuchler und sieht nur den Splitter in des Bruders Auge, wird aber des Balkens im eigenen Auge nicht gewahr.

6. So wollen wir denn den himmlischen Vater in Seiner Güte gegen alle Seine Geschöpfe zum Vorbild nehmen, gerne geben, wo Noth ist, hauptsächlich für die Zwecke des Reiches Gottes. Auch wollen wir von Her= zen vergeben, wie Gott uns vergeben hat in Christo und uns täglich alle Sünde reichlich vergibt.

Das Richten wollen wir an uns selbst üben und das Rich= ten Anderer dem Herzenskündiger überlassen, der da recht richtet. Denn:

„So Jemand spricht: Ich liebe Gott,
Und haßt doch seine Brüder,
Der treibt mit Gottes Wahrheit Spott
Und reißt sie ganz darnieder.
Gott ist die Lieb und will, daß ich
Den Nächsten liebe gleich als mich!"

„Du schenkst mir täglich so viel Schuld,
Du Herr von meinen Tagen,
Ich aber sollte nicht Geduld
Mit meinen Brüdern tragen?
Dem nicht verzeih'n, dem Du vergiebst,
Und den nicht lieben, den Du liebst?" Amen.

Fünfter Sonntag nach Trinitatis.

Lukas 5, 1-11.

Es begab sich aber, da sich das Volk zu Ihm drang, zu hören das Wort Gottes, und Er stand am See Genezareth und sahe zwei Schiffe am See stehen, die Fischer aber waren ausgetreten und wuschen ihre Netze: trat Er in der Schiffe eines, welches Simonis war, und bat ihn, daß er es ein wenig vom Lande führete. Und Er setzte sich und lehrete das Volk aus dem Schiffe. Und als Er hatte aufgehöret zu reden, sprach Er zu Simon: Fahre auf die Höhe und werfet eure Netze aus, daß ihr einen Zug thut. Und Simon antwortete und sprach zu Ihm: Meister, wir haben die ganze Nacht gearbeitet und nichts gefangen; aber auf Dein Wort will ich das Netz auswerfen. Und da sie das thaten, beschlossen sie eine große Menge Fische, und ihr Netz zerriß. Und sie winkten ihren Gesellen, die im andern Schiffe waren, daß sie kämen und hülfen ihnen ziehen; und sie kamen und fülleten beide Schiffe voll, also, daß sie sanken. Da das Simon Petrus sahe, fiel er Jesu zu den Knieen und sprach: Herr, gehe von mir hinaus, ich bin ein sündiger Mensch. Denn es war ihn ein Schrecken angekommen und alle, die mit ihm waren, über diesen Fischzug, den sie mit einander gethan hatten; desselbigen gleichen auch Jakobum und Johannem, die Söhne Zebedäi, Simonis Gesellen. Und Jesus sprach zu Simon: Fürchte dich nicht; denn von nun an wirst du Menschen fahen. Und sie führeten die Schiffe zu Lande und verließen alles und folgeten Ihm nach.

1. **An den See Genezareth führt uns unser heutiges Evangelium.** Derselbe liegt im nördlichen Theile Palästinas — in Galiläa — und wird vom Jordan durchflossen. Seine Lage ich wunderlieblich; die Ufer prächtig grün, das Wasser hell und klar und fischreich. Der See und seine ganze Umgebung ist ein Bild der Freundlichkeit Gottes, der da will, daß wir uns des Schönen und Großen in Seiner Schöpfung freuen sollen. Der Name des Sees erinnert uns an so manche That, die Jesus dort verrichtete und an so manches Gleichnis, das Er dort erzählte.

2. **An dem Ufer dieses Sees sehen wir heute ein**

Schiff stehen, das dem Simon Petrus gehört. In dieses
steigt der Herr, denn das Volk drängt Ihn; Alle wollen den
großen Wundermann sehen und hören. Der Herr willfahrt
ihnen. Das Schiff dient Ihm als Kanzel, und der grasige
Uferboden als Kirchenraum. Er hält eine Schiffspredigt.
Nach derselben vergütet Er dem Eigenthümer des Schiffes den
Gebrauch desselben durch den segensreichen Fischzug, den Er
ihn thun läßt. Denn wer den Herrn aufnimmt, hat keinen
Schaden, sondern immer Segen. Diesen Segen nimmt Petrus
mit demüthigem Danke an und begibt sich dann in die Nachfolge Jesu.

Aus dem Allem können wir lernen. Wir können lernen
vom Volk, das sich zu dem Herrn drängt, das Wort Gottes zu
hören, und auch von Petrus, der den großen Fischzug thut und
dann dem Meister nachfolgt.

So wollen wir denn mit einander betrachten

Die Geschichte von Petri Fischzug.

Vier Mahnungen wollen wir daraus ziehen und diese an-
knüpfen an folgende Sprüchwörter:

I. „O Land, höre des Herrn Wort!" Jer. 22, 29.

II. „An Gottes Segen ist Alles gelegen." Sprüche 10, 22.

III. „Weißt du nicht, daß dich Gottes Güte zur Buße leitet?", Röm.
2, 4.

IV. Komm, „folge Mir nach!" 1. Joh. 1, 43.

I. O Land, höre des Herrn Wort!

1. Von den Leuten im Evangelium heißt es:
„Sie drangen sich zu Ihm zu hören das Wort Gottes." Das
waren Leute, von denen gilt, was Jesus in der Bergpredigt sagt:
„Selig sind, die da hungert und dürstet nach der Gerechtigkeit;
denn sie sollen satt werden." Matth. 5, 6. Lange hatte Israel
mit todtem Formenwesen zufrieden sein müssen, nun aber war
Der gekommen, dessen Worte Geist und Leben (Joh. 6, 3.) sind,
und der darum auch alle Aufrichtigen wie ein Magnet anzog.
Wenn sie auch noch nicht den starken Glauben an Ihn hatten,
wie ihn Petrus bezeugte: „Du bist Christus, des lebendigen
Gottes Sohn;" Matth. 16, 16; so gaben sie Ihm wenigstens
das Zeugniß: „Es ist ein großer Prophet unter uns aufgestan-

den" — Luc. 7, 16 — und glaubten von Ihm, daß „Er gewaltig predige und nicht wie die Schriftgelehrten." Matth. 7, 29.

2. Wie sich das Volk massenhaft zu Jesu drang, um das Wort Gottes zu hören, so sollte es auch heutiges Tages noch sein. Dies sollte um so mehr geschehen, da wir aus Jesu Lebensgeschichte wissen, daß Er nicht nur ein Prophet war, sondern auch der Sohn Gottes, der uns durch Sein Leben, Leiden und Sterben „erlöset hat von allen Sünden, vom Tode und von der Gewalt des Teufels" und uns diese Erlösungsgnade durch die Predigt Seines Wortes anbieten und mittheilen lässet, so daß wir dadurch Gottes Kinder und Erben des ewigen Lebens werden können.

Massenhaft drängen sich die Menschen nach anderen Plätzen, nach Plätzen der Unterhaltung und des Vergnügens. Jung und Alt, Klein und Groß, Arm und Reich strömt da zusammen. Und was nehmen sie von solchen Orten mit nach Hause? Ein ödes, leeres, unbefriedigtes Herz. Denn die Seele des Menschen kann nicht zufrieden gestellt werden durch Das, was diese Welt zu bieten vermag; sie will geistliche Nahrung; und die wird nur in der Predigt vom Worte Gottes geboten.

3. Darum sollten die Menschen sich schaarenweise nach den Stätten drängen, wo Gottes Wort verkündiget wird. Da lernen wir, daß wir nicht Geschöpfe sind wie die unvernünftigen Thiere, sondern Wesen, die eine unsterbliche Seele haben, einen Geist, der himmelwärts strebt — nach der Gemeinschaft mit Gott. Im Gottesdienst finden wir das Manna, das unsere Seele speist und unseren Geist nährt; und das gibt uns Kraft zum Lebens- und Glaubenskampf, Trost zum Leiden und Hoffnung auf ein ewiges Leben beim Sterben. Wer aus Erfahrung weiß und versteht, welch großen Segen die Predigt des Wortes Gottes gewährt, der möchte um keinen Preis den Segen des Gottesdienstes gegen den rauschenden, flüchtigen Genuß weltlichen Vergnügens vertauschen. Solcher Segen hält auch an und kann genossen werden zu allen Zeiten, in allen Lagen und auf allen Stufen des menschlichen Lebens: In der Jugend und im Alter, in Gesundheit und Krankheit, in der Traurigkeit und im Glück. Wenn Weltfreude und Weltlust dem Menschen gleichgiltig, ja zum Ekel sind, wie in Krankheit, Traurigkeit, oder im Alter; wenn ihn nichts Irdisches mehr aufheitern kann, so gereicht ihm Gottes Wort, wenn er es gläubig annimmt, zum angenehmsten Vergnügen und süßesten Genuß. Ja, wenn die Augen brechen

und die Sinne schwinden, so blickt der Christ kraft des Trostes und der Hoffnung, die er aus Gottes Wort gewonnen, mit dem Auge des Glaubens hinüber auf die Gefilde des ewigen seligen Lebens sich tröstend mit dem Psalmwort: „Ob ich schon wanderte im finstern Thal, fürchte ich kein Unglück: denn Du bist bei mir; Dein Stecken und Stab trösten mich.“ Ps. 23, 4.

Darum, wohlan, Hausväter, Hausmütter und junge Leute! nehmt euch das Volk, von dem unser Text sagt, daß es sich zu dem Herrn drang, das Wort Gottes zu hören, zum Vorbild und kommet auch ihr mit solcher Lust und solcher Begierde an „den Ort, wo Gottes Ehre wohnet“ und Sein Wort verkündigt wird. So fordert auch Jeremias das Volk Israel auf, wenn er ausruft: „O Land, Land, Land, höre des Herrn Wort!“ Das Wort Gottes schätzte auch Graf Zinzendorf sehr hoch. Das sehen wir aus seinem herrlichen Lied:

> „Herr! Dein Wort, die edle Gabe,
> Diesen Schatz erhalte mir;
> Denn ich zieh es aller Habe
> Und dem größten Reichthum für.
> Wenn dein Wort nicht mehr soll gelten,
> Worauf soll der Glaube ruhn?
> Mir ist's nicht um tausend Welten,
> Aber um Dein Reich zu thun!“

Nun wollen wir auch aus der Geschichte von Petri Fischzug die Wahrheit des christlichen Sprüchwortes herausfinden:

II. „An Gottes Segen ist Alles gelegen.“ Spr. 10, 22.

1. Das erkennen wir aus Petri Antwort auf Jesu Gebot: „Fahre auf die Höhe, und werfet eure Netze aus, daß ihr einen Zug thut!“ lautend: „Meister, wir haben die ganze Nacht gearbeitet, und nichts gefangen; aber auf Dein Wort will ich das Netz auswerfen.“ Als sachkundiger, erfahrener Fischer hatte Petrus die Nachtzeit zum Fischen gewählt. Er hatte alle Kunst und Mühe angewandt, um Erfolg zu haben: aber umsonst! Das Netz blieb leer; und als es Tag wurde, mußte er mit leerem Schiff ans Ufer zurücksteuern.

Das war vorbildlich für den Petrus. Der Herr hatte im Sinn, ihn zu Seinem Jünger und Apostel zu berufen und wollte ihm hierdurch zeigen, daß er in solcher Eigenschaft — als „Menschenfischer“ — nur Erfolg und Segen haben könne, wenn er sein Amt ausrichtete im Auftrage seines Herrn. Weil er in seinem Apostelamt Das gethan, fehlte ihm auch der Segen des

Herrn nicht. Denken wir nur an die drei Tausende, die durch seine Pfingstpredigt für das Reich Gottes gewonnen wurden.

2. Wie Petri Anstrengung und Mühe in jener Nacht erfolglos blieben, so geht es in manchem Menschenleben und mancher Familie. Man müht und sorgt sich ab, von morgens frühe bis abends spät, und kommt in seinen Vermögensverhältnissen doch nicht vorwärts. Warum? Jesus ist nicht im Schiff. Es fehlt der Segen des Herrn. Am Hochzeitstage lädt man den Herrn nicht zu Gaste. Man beginnt und führt das Familienleben ohne Gott. Man vergißt, was die Alten gesagt: „Bet' und arbeit', Gott segnet zu Seiner Zeit"; und „Morgensegen, Abendsegen ist Tagessegen auf allen Wegen." Man arbeitet wohl, aber man betet nicht, man wendet wohl den Werktag zum rechten Zwecke an, aber nicht den Sonntag. Man arbeitet in nächtlicher Dunkelheit religiösen Leichtsinnes oder gar Unglaubens, und der helle Morgen gläubigen Aufblicks zu Gott bei allem Thun ist noch nicht angebrochen. Daher müssen oftmals solche Leute erfahren was der Psalmist sagt: „Wo der Herr nicht das Haus bauet, so arbeiten umsonst, die daran bauen." Pf. 127, 1.

3. Allerdings, das Arbeiten mit Gott ist oft mit Glaubensproben verbunden, die unbedingten Gehorsam verlangen. Das sehen wir an der Probe, die Petrus zu bestehen hatte, nachdem er Jesum in sein Schiff aufgenommen hatte. Petrus wußte, daß sich die Fische gewöhnlich in der Nähe des Ufers aufhalten. Nun aber spricht Jesus zu ihm: „Fahre auf die Höhe, und werfet eure Netze aus, daß ihr einen Zug thut." Petrus soll nun gegen seine Handwerks- kenntnis sein Schiff vom Ufer weg ins hohe Wasser hineinleiten, um dort seine Netze auszuwerfen, und noch dazu am hellen Tage, da doch die Nacht die beste Zeit zum Fischen ist. Er hätte ent- gegnen können, als Fischer verstehe er das besser, und die Be- folgung des Auftrags Jesu gehe gegen die Vernunft und das Gesetz der Natur: Aber er geht nicht lange mit sich selbst zu Rathe, sondern spricht in echtem Jüngergehorsam: „Auf Dein Wort will ich das Netz auswerfen." Und das thut er auch.

4. Auch uns legt Gott zuweilen Glaubenspro- ben auf, wenn auch nicht in so auffallender Weise, wie dem Petrus. Manchmal glauben wir, die Art und Weise, wie Er uns führt, sei nicht die rechte, und nur schwer können wir uns darein finden. Anstatt uns zufrieden zu geben, fragen wir so gerne: Warum? Anstatt das zu thun, was wir nach Gottes

Wort und unserem Gewissen als das Richtige erkennen müssen, möchten wir gar gerne unseren eigenen Willen durchsetzen. Aber wir sollten stets im Sinne behalten, daß Gott uns am Besten kennt und auch am Besten weiß, was für uns und unseren Beruf gut und heilsam ist. Darum sollten wir Ihm auch in allen Lagen und Verhältnissen des Lebens kindlich vertrauen und gehorsam den Weg gehen, den Er uns anweist, wenn es uns auch noch so schwer ankäme. Dann dürfen wir auch versichert sein, daß Er uns mit Seinem Segen begleiten wird.

3. Das sehen wir an Petrus. „Und da sie das thaten, beschlossen sie eine große Menge Fische, und ihr Netz zerriß. Und sie winkten ihren Gesellen, die im andern Schiff waren, daß sie kämen, und hülfen ihnen ziehen. Und sie kamen, und füllten beide Schiffe voll, also, daß sie sanken." Das war der Segen des Herrn. Er hatte es in Seiner göttlichen Allmacht gefügt, daß eine so große Menge Fische an dem Orte sich befand, wohin Er den Petrus seine Netze auszuwerfen befohlen hatte. Das eine Schiff hat nicht Raum genug. Petri Gesellen müssen ihr Schiff noch herbeibringen, damit man die vielen Fische unterbringe. Ohne den Herrn hatte er die ganze Nacht gearbeitet, aber Nichts gefangen, mit dem Herrn werden ihm zwei Schiffe voll zu Theil.

So ist es schon in manchem Menschen und Familienleben anders geworden, und der Segen Gottes ist eingekehrt, als man der Arbeit auch das Beten beifügte, den Sonntag feierte und Gott sein Lebensschicksal anvertraute.

> „Nichts ist es spät und frühe,
> Mit aller meiner Mühe,
> Mein Sorgen ist umsonst;
> Er mags mit meinen Sachen
> Nach Seinem Willen machen,
> Ich stells in Seine Vatergunst".

Der Segen des Herrn aber soll uns zur Demuth veranlassen. Solcher Ansicht ist auch Paulus, wenn er sagt:

III. „Weißt du nicht, daß dich Gottes Güte zur Buße leitet?" Röm. 2, 4.

1. Zur Demuth ließ sich auch Petrus durch diesen reichen Fischzug führen. Denn so sehen wir im Text: „Da das Simon Petrus sahe, fiel er Jesu zu den Knieen, und sprach: Herr, gehe von mir hinaus; ich bin ein sündiger Mensch. Denn es war ihm ein Schrecken angekommen, und

Alle, die mit ihm waren, über diesen Fischzug, den sie mit einander gethan hatten." Petrus erkannte sich dieses großen Segens, den er Jesu allein zuschrieb, gar nicht werth; er schätzte sich zu sündhaft und gering, als daß er in Jesu Nähe bleiben könnte. Daher legte er kniefällig dieses demütbige Sündenbekenntnis ab. Aehnlich hat auch Jakob gehandelt, als er — auf seine zwei Heere hinblickend — bekannte: „Ich bin zu geringe aller Barmherzigkeit, und aller Treue, die Du an Deinem Knechte gethan hast." 1. Mos. 32, 10.

2. Nicht Jedem dient der Segen Gottes zur Demuth. Mancher wird gerade dadurch stolz und hochmüthig. Oft ist es der Fall, daß, wenn Gott einem Menschen Glück, Ehre, Reichthum zukommen läßt, solcher Mensch dadurch hochfahrend und hartherzig wird und lieblos dem Reiche Gottes den Rücken kehrt. Solche Leute können Reichthum und Ehre gar nicht ertragen, darum stürzt sie Gott auch oft wieder in Niedrigkeit und Armuth.

Lasset euch nie durch das Wachsen eures Vermögens, durch euer Emporkommen, zum Hochmuthe und zur Hartherzigkeit verleiten, sondern bleibet in dankbarem Bewußtsein, daß es nur Gottes Segen ist, demüthig gegen Gott und Menschen und bleibet auch euerer Kirche so getreu, wie ihr es in geringeren Verhältnissen gewesen seid. Dann befolgt ihr Pauli Mahnung, die man auch aus diesem Evangelium ziehen kann: „Weißt du nicht, daß dich Gottes Güte zur Buße leitet?" Dann seid ihr auch in der Nachfolge Jesu, in welche Petrus nach diesem wunderbaren Fischzuge eintritt.

IV. Höret auch die letzte Mahnung unseres Textes: „Komm, folge Mir nach!"

1. Mit diesem Worte berief Jesus gewöhnlich Seine Jünger. Dieses Berufungswort erging nun auch an den Petrus, wenn der Herr sagt: „Fürchte dich nicht, denn von nun an wirst du Menschen fangen." Der Herr wollte Petrus über das Gefühl und Bewußtsein seiner Sündhaftigkeit und Unwürdigkeit trösten und ihm Seine Gewogenheit zusichern. Zugleich wollte Er ihn zum Voraus aufmuntern, sich nicht zu fürchten, wenn ihm später in seinem Jüngeramte Schwierigkeiten und Trübsalen begegneten. So lange der Meister bei ihm war, fürchtete sich Petrus nicht. Nachdem er sich von seinem Fall — in den er durch Menschenfurcht gerathen war — erholt hatte, sehen wir ihn an Pfingsten furchtlos und muthig Christum bekennen vor Tausenden. Vor dem hohen Rathe zu

Jerusalem spricht er es frei heraus: „Man muß Gott mehr gehorchen als den Menschen." Als Menschenfischer bewährte er sich herrlich. Denken wir an die drei Tausende, die durch seine Pfingstpredigt Christen wurden, und an die Familie des Cornelius, die sich durch seine Predigt dem Christenthume anschloß.

2. Auch uns will der Herr der Furcht benehmen, wenn wir unser Sündenelend erkennen und uns darüber ängstigen. Er will uns unsere Sünden vergeben und uns auf unsere Buße und Bekenntnis durch die Diener der Kirche diese Vergebung zusichern. Das geschieht in der Beichte. Dann klagt uns unser Gewissen nicht mehr an, und wir haben von dem Satan und seinem ganzen gottesfeindlichen Heer nichts mehr zu fürchten.

3. Kraft solcher Furchtlosigkeit bezeugte Paulus den Hohen in Israel und unter den Heiden die Wahrheit des Evangeliums. In derselben Furchtlosigkeit legte der Reformator Dr. Martin Luther zu Worms vor Kaiser und Reich das herrliche Bekenntnis ab: „Hier stehe ich; ich kann nicht anders: Gott helfe mir!" Auch uns in unserem Amt und Beruf will Er Furchtlosigkeit und Muth zusprechen, damit wir freudig, fest und unerschrocken unsere Berufspflicht erfüllen möchten.

4. Petrus verstand den Ruf Jesu und folgte demselben. Denn so schließt der Text: „Und sie führten die Schiffe zu Lande, und verließen Alles, und folgten Ihm nach." Sowohl er als seine Gesellen — Jakobus und Johannes — waren jetzt vollkommen überzeugt, daß dieser Jesus, den sie auch früher schon gesehen und gesprochen hatten, wahrhaftig der Messias sei, und entschlossen sich nun, ihr Geschäft aufzugeben und immer bei ihm zu bleiben. Das war ein herrlicher Erfolg von Jesu Schiffspredigt. Drei Jünger hatte er gewonnen, und zwar die, die Ihm in Seinem Wirkungskreis stets am Nächsten standen, die auch das Kleeblatt im Jüngerkreis genannt werden.

Wenn auch nicht Jeder seinen weltlichen Beruf verlassen kann, wie Petrus und seine Gesellen gethan haben, so kann doch Jeder dem Herrn ebenso entschieden nachfolgen und Ihm dienen wie sie. Verlasse nur Jeder den Leichtsinn und Unglauben der Welt und halte sich in festem Glauben an den Herrn und verrichte redlich und getreu seine irdische Berufspflicht, so ist das auch dem Herrn gedient. Nicht nur Apostel und Geistliche bedarf man im Reiche Gottes, Jedermann darf Hand anlegen am

Werke des Herrn, sei es an der eigenen Gemeinde mit ihren ver=
schiedenen Anforderungen und Bedürfnissen, oder auch nach
Außen hin an der Arbeit der inneren und äußeren Mission.

> „Jesu geh voran
> Auf der Lebensbahn,
> Und wir wollen nicht verweilen,
> Dir getreulich nachzueilen;
> Führ uns an der Hand
> Bis ins Vaterland."

> „Ordne unsern Gang,
> Jesu, Lebenslang!
> Führst Du uns durch rauhe Wege,
> Gib uns auch die nöth'ge Pflege;
> Thu uns nach dem Lauf
> Deine Thüre auf."

Amen.

Sechster Sonntag nach Trinitatis.

Matth. 5, 20–26.

Denn Ich sage euch: Es sei denn eure Gerechtigkeit besser, denn der Schriftgelehrten und Pharisäer, so werdet ihr nicht in das Himmelreich kommen. Ihr habt gehört, daß zu den Alten gesagt ist: Du sollst nicht tödten; wer aber tödtet, der soll des Gerichts schuldig sein. Ich aber sage euch: Wer mit seinem Bruder zürnet, der ist des Gerichts schuldig; wer aber zu seinem Bruder saget: Racha, der ist des Raths schuldig; wer aber sagt: Du Narr, der ist des höllischen Feuers schuldig. Darum, wenn du deine Gabe auf dem Altar opferst, und wirst allda eindenken, daß dein Bruder etwas wider dich habe, so laß allda vor dem Altar deine Gabe und gehe zuvor hin und versöhne dich mit deinem Bruder, und alsdann komm und opfere deine Gabe. Sei willfertig deinem Widersacher bald, dieweil du noch bei ihm auf dem Wege bist, auf daß dich der Widersacher nicht dermaleins überantworte dem Richter, und der Richter überantworte dich dem Diener, und werdest in den Kerker geworfen. Ich sage dir: Wahrlich, du wirst nicht von dannen heraus kommen, bis du auch den letzten Heller bezahlest.

1. Unser heutiger Text ist ein Theil der Bergpredigt. In der Bergpredigt gibt uns Jesus den Weg an, auf welchem wir ins Himmelreich kommen oder selig werden können. Im alten Testamente schon hatte Gott Israel ein Mittel gegeben, durch welches sie auf diesen Weg geleitet werden sollten, aber sie mißbrauchten es, verkehrten es ins Gegentheil; und weil sie so diesem Wegweiser nicht folgten, geriethen sie in die Irre. Dieses Mittel, dieser Wegweiser, war das Gesetz. Den Zweck des Gesetzes gibt Paulus an, wenn er sagt: „Durch das Gesetz kommt Erkenntnis der Sünde." Röm. 3, 20. „Das Gesetz ist unser Zuchtmeister gewesen auf Christum, daß wir durch den Glauben gerecht würden." Gal. 3, 24. „Christus ist des Gesetzes Ende, wer an Ihn glaubet, der ist gerecht." Röm. 10, 4.

2. Das Gesetz war Israel gegeben, Erkenntnis der Sünde und Verlangen nach einem Sünden-

tilger, einem Heiland, zu wirken. Anstatt dessen aber
glaubten die Juden, wenn sie das Gesetz äußerlich erfüllten, so
müßte Gott mit ihnen zufrieden sein, und übersahen so den
tiefen, heiligen Ernst, der dem Gesetze Gottes zu Grunde liegt,
und in welchem es angesehen werden muß. Das thaten na=
mentlich die Schriftgelehrten und Pharisäer.

3. Daher hielt es der Herr für nöthig, sogleich
beim Anfang Seiner Wirksamkeit die Augen des
Volkes Israels auf jenen alttestamentlichen Weg=
weiser hinzulenken, denselben vom Schmutze pharisäischer
Aufsätze und Verkehrtheiten zu reinigen, damit er Israel wieder
hell und klar leuchten möchte. Das thut Er, indem Er in Sei=
ner Bergpredigt, in welcher Er das alttestamentliche Gesetz nach
dessen wahrer Bedeutung, nach dessen ursprünglichem Zweck und
Ziel erklärt. Dadurch mußte Er den Irrthümern und verkehr=
ten Ansichten der damaligen Gesetzesausleger — der Schriftge=
lehrten und Pharisäer — entgegentreten. Namentlich war
dies der Fall in der Hauptfrage, nämlich: wie der Mensch vor
Gott gerecht werde, wie er gottwohlgefällig leben und ins Him=
melreich kommen könne. Die Ansicht der Pharisäer und
Schriftgelehrten in diesen Dingen, ihre Lehre und ihr Leben,
verurtheilt der Herr als unzureichend, das Himmelreich dadurch
erlangen zu können und fordert zu einer besseren, vollkommene=
ren Gerechtigkeit auf, als sie besaßen. Wie diese bessere Gerech=
tigkeit beschaffen sein müsse, lehrt Er in unserem heutigen Text.
Auch wir sollen das wissen. Denn es gilt auch uns.

Daher wollen wir sehen,

**In welchen Stücken nach Christi Maßstab unsere Gerechtig=
keit besser sein muß als die der Schriftgelehrten und
Pharisäer.**

Drei Stücke sind es:

I.   Wir müssen eine bessere Erkenntnis der Sünde haben;

II. wir müssen einen besseren Glauben haben;

III. wir müssen eine bessere Liebe haben.

I. Wir müssen eine bessere Erkenntnis der Sünde haben.

1. Die Pharisäer und Schriftgelehrten glaub=
ten, eine äußerliche, buchstäbliche Beobachtung des

Gesetzes sei Erfüllung und Zweck desselben und mache vor Gott angenehm. Sie meinten, wenn Einer kein Gotteslästerer, kein Meineidiger, kein Sabbathschänder, kein Elternverächter, kein Mörder, kein Ehebrecher, kein Dieb im groben Sinn des Wortes sei, so habe er dem Gesetz volle Genüge gethan. Jesus belehrt sie, daß die Gebote Gottes viel ernster und tiefer zu verstehen und zu nehmen seien und zeigt ihnen das an einigen Geboten, die man nicht mißverstehen kann. Er nimmt zuerst das fünfte Gebot. „Ihr habt gehört, daß zu den Alten gesagt ist: Du sollst nicht tödten; wer aber tödtet, der soll des Gerichts schuldig sein. Ich aber sage euch: Wer mit seinem Bruder zürnet, der ist des Gerichts schuldig; wer aber zu seinem Bruder sagt: Racha, der ist des Raths schuldig; wer aber sagt: Du Narr, der ist des höllischen Feuers schuldig." Damit wollte der Herr sagen: Nach der oberflächlichen Auffassung dieses Gebotes wäre nur der des Gerichts schuldig, hätte nur der den Tod verdient, der einen Andern tödtet. Aber nach der wahren Auffassung, so wie Ich es ansehe, ist der stille Zorn im Herzen schon ein eben so großes Verbrechen wie der Todtschlag. Wenn sich Jemand von dem Zorn so hinreißen läßt, daß er denselben in drohenden und grimmigen Geberden zeigt und sich durch Schimpfworte Luft macht, „Racha" sagt, so soll das nach Meiner Ansicht, will der Herr sagen, solchen Verbrechen gleich gerechnet werden, die nach alttestamentlicher Gerichtsordnung nicht mehr von dem Ortsgerichte geschlichtet werden konnten, sondern nur von dem hohen „Rathe" zu Jerusalem, dem der Richterspruch über Tod und Leben oblag. Wenn aber Jemand sich so weit vergäße, daß er seinen Bruder Narr — Verstandloser, Gottgestrafter, Verdammter — hieße, so soll solcher Zornesausbruch nach Meinem Dafürhalten, will der Herr sagen, mit „dem höllischen Feuer" bestraft werden.

2. Das ist wohl werth, zu Herzen genommen zu werden. Wie Vieles dieser Art kommt auch bei uns vor, in unseren Familien, Gemeinden und im gewöhnlichen Alltagsleben. An Zorn, Haß und Schimpfworten fehlt es auch bei uns nicht. Denken wir nur an den vielen Streit, der in manchen Familien herrscht, an die vielen Feindseligkeiten, die oft zwischen Blutsverwandten oder Nachbarn vorhanden sind und sich manchmal sogar auf die Kinder vererben. Ziehen wir die Uneinigkeiten, Zerwürfnisse und Streitigkeiten, die so oft Gemeinden entzweien, in Betracht, und den Groll Derer, die im Handel und Wandel glauben übervortheilt worden zu sein: so

kommen wir zu dem Ausspruch: Zorn, Haß, Groll sind im
Ueberfluß vorhanden. Alle solche Zorn=, Haß= und Grollaus=
brüche sind Sünden, ja Todsünden. Denn man mordet nicht
bloß mit Messer, Gift oder Pistole. Haß ist auch Gift, böse
Worte sind auch Messerstiche. Mancher wird einst als Mörder
vor Gottes Richterstuhl stehen, den man in der Welt als solchen
nicht hätte bestrafen können. Der, der die Unschuld verführt
und sie dann ihrem Elend und ihrer Schande überläßt — ist
ein Mörder. Das Kind, das die Eltern darben läßt, und
sie ins vorzeitige Grab bringt; der Mann, der Weib und Kind
verläßt und so vielleicht der Gattin ein frühzeitiges Grab
bereitet — ist ein Mörder.

3. Daher, wenn der Herr uns nach diesem
Maßstabe mißt, nach diesen Forderungen prüft,
so besteht Keines von uns. Wessen Herz ist frei von
bösen, feindseligen Gedanken gegen Andere? wessen Mund rein
von gehässigen, zornigen Worten, die Menschen in der Hitze ein=
ander entgegenschleudern? wessen Auge von Zornesblicken, das
des Herzens grollende Wuth verräth? Wenn der Herzenskündiger
nach allen diesen Dingen frägt, so müssen wir uns Alle schämen
und ein Jedes muß bitten: „Herr, gehe nicht ins Gericht mit dei=
nem Knechte: denn vor Dir ist kein Lebendiger gerecht." Pf.
143, 2. Deshalb beten wir auch im Beichtbekenntnis: „Ich armer
Sünder bekenne Gott, meinem himmlischen Vater, daß ich leider
schwer und mannigfaltig gesündigt habe, nicht allein mit äußer=
lichen groben Sünden, sondern auch mit innerlicher angeborner
Blindheit, Unglauben, Zweifel, Kleinmüthigkeit, Ungeduld, Hof=
fahrt, sündlicher Eigenliebe, bösen Lüsten, Geiz, heimlichem Reid,
Haß und Mißgunst, auch andern bösen Begierden, wie das mein
Herr und Gott an mir erkennet, und ich es leider so vollkommen
nicht erkennen kann!" Diese Sündenerkenntnis ist tiefer und
daher besser als die der Schriftgelehrten und Pharisäer.

Diese Sündenerkenntnis ist es dann, die uns auch auf den
Weg bringt, auf dem wir zu einem besseren Glauben, als die
Schriftgelehrten und Pharisäer besaßen, gelangen und dadurch
eine bessere Gerechtigkeit erhalten, als sie hatten, nämlich die
Glaubensgerechtigkeit, die da liegt in Christo selbst. Denn „Er
ist des Gesetzes Ende, wer an Ihn glaubt, der ist gerecht." Röm.
10, 4. „Auf daß wir durch den Glauben (an Ihn) gerecht
würden." Gal. 3, 24.

II. Wir müssen einen besseren Glauben haben als die
Schriftgelehrten und Pharisäer.

1. Die Schriftgelehrten und Pharisäer glaubten durch äußere Erfüllung des Gesetzes den Himmel verdienen zu können. Weil sie den tiefen Ernst des Gesetzes nicht kannten, wußten sie Nichts von Sündenerkenntnis und Buße, und hatten daher auch keinen Begriff von Gnade. Wer sich bestrebte, gemäß der von ihnen über Alles hochgehaltenen überlieferten Satzungen dem Gesetz nachzukommen, hatte — nach ihrer Meinung — gewisse Aussicht aufs Himmelreich, namentlich, da er ja auch ein Abrahamsnachkomme war. Dieser Heiligkeits- und Selbstgerechtigkeitsdünkel ist das gerade Gegentheil von dem, was das Gesetz wirken sollte. Sündenerkenntnis und Verlangen nach einem Erretter sollte es wirken und so zu Dem hinleiten, bei Dem allein die Gerechtigkeit zu finden ist, die vor Gott gilt und den Eingang in den Himmel verschafft — zu Christo.

2. Wenn du dich nach dem Gesetz Gottes prüfst, und siehst, daß du es übertreten und dadurch Gottes Strafe verdient hast, so blick im Geiste nach Golgatha und glaube, daß der Sohn Gottes dort durch Seinen Tod deine Strafe erduldet, für dich das Gesetz erfüllt und die Gesetzesschuld abbezahlt habe. Du hättest den Tod erleiden sollen, aber Er starb für dich. Die Sühne, die Er dargebracht, rechnet Gott dir an und durchstreicht die Sündenhandschrift, die wider dich zeugt: so bist du mit Gott eben, oder für gerecht erklärt, als hättest du noch nie eine Sünde gethan. Dieses Gerechtigkeitszeugnis muß ja dann giltig sein, denn Gott Selber hat es dir ja ausgestellt. Denn so lehrt die Schrift, wenn sie sagt: „Gott hat Den, der von keiner Sünde wußte, für uns zur Sünde gemacht, auf daß wir würden in Ihm die Gerechtigkeit, die vor Gott gilt." 2. Cor. 5, 21. „Christus hat uns erlöset von dem Fluch des Gesetzes, da Er ward ein Fluch für uns." Gal. 3, 13.

Wer diese Gerechtigkeit besitzt, der ist geborgen im Leben wie im Sterben, in Zeit und Ewigkeit. Denn er weiß, er ist mit Gott versöhnt, und hat in diesem Glauben auch die feste Hoffnung, daß er mit seinem Tod eingehen darf ins Himmelreich droben. Er singt getrost:

> „Christi Blut und Gerechtigkeit,
> Das ist mein Schmuck und Ehrenkleid;
> Damit will ich vor Gott bestehn,
> Wann ich zum Himmelreich werd eingehn."

3. Solcher Glaube zeigt sich aber auch im Le-

ben. Er ist ein guter Baum und trägt gute Früchte. Diese Früchte heißen Liebe mit allem dem, das zur Liebe gehört, namentlich gemäß unserem Text: Versöhnlichkeit.

Daran ließen es die Pharisäer und Schriftgelehrten fehlen. Aber wie die Frucht zum Baum gehört, so gehört auch die Liebe und die Versöhnlichkeit zu der vor Gott giltigen Gerechtigkeit. Da die Pharisäer von Liebe und Versöhnlichkeit nichts wußten, so war ihre Gerechtigkeit auch nicht vollkommen, nicht hinreichend vor Gott.

Demnach muß

III. unsere Liebe besser sein als die der Schriftgelehrten und Pharisäer.

1. Ueber diesen Gegenstand nachzudenken, dazu gibt uns Jesus im Text Veranlassung, wenn Er sagt: „Wenn du deine Gabe auf dem Altar opferst, und wirst allda eindenken, daß dein Bruder etwas wider dich habe; so laß allda vor dem Altar deine Gabe, und gehe zuvor hin, und versöhne dich mit deinem Bruder: und alsdann komm, und opfere deine Gabe. Sei willfertig deinem Widersacher bald, dieweil du noch bei ihm auf dem Wege bist, auf daß dich der Widersacher nicht dermaleinst überantworte dem Richter, und der Richter überantworte dich dem Diener, und werdest in den Kerker geworfen. Ich sage dir: Wahrlich, du wirst nicht von dannen herauskommen, bis du auch den letzten Heller bezahlest.“

2. Der Schriftgelehrten und der Pharisäer Ansicht war, wenn Einer sich nur in der äußerlichen, von ihnen und ihren Vorgängern aufgestellten, Satzungen bewege, am Sabbath nicht arbeite, nach dem Heiligthum gehe, die vor= geschriebenen Opfer bringe und so den äußeren Namen eines Juden sich wahre: so sei Alles recht. Ob Einer auch seinen Feind tödlich haßte und solchen Haß, wann er ins Heiligthum ging, anzubeten und zu opfern, mit dorthin trug, und an seinem Feinde Rache übte, sobald sich ihm Gelegenheit dazu darbot: das vertrug sich nach ihrer Ansicht ganz wohl mit der Gerech= tigkeit vor Gott. Das sehen wir ganz deutlich an ihrem Verhalten gegen Jesum zur Zeit Seines letzten Leidens. In Haß und Neid und mit Mordgedanken bringen sie den Herrn zum Landpfleger Pontius Pilatus: „Sie gingen nicht in das Richthaus, auf daß sie nicht unrein würden, sondern Ostern essen möchten.“ Joh. 18, 28. Am Abend des Kreuzigungs= tages baten sie Pilatum, die Gekreuzigten durch das Beinbrechen schnell zum Tode zu bringen, damit sie nicht den Sabbath über —

der an jenem Tage um sechs Uhr anbrach — am Kreuze hängen sollten, weil das gegen das Gesetz gewesen wäre. So beobachten sie äußerlich das Gesetz, aber des Mordes auf ihrem Gewissen achten sie nicht. Darum hatten sie das achtfache Wehe, das der Herr Matthäi 23 über sie ausrief, wohl verdient. Und mit Recht bezeichnet der Herr ihre Gerechtigkeit als unzureichend und unvollkommen, und verlangt von Seinen Jüngern und Nachfolgern eine bessere — eine Gerechtigkeit, aus welcher wahre Liebe herausreift.

3. Wollen wir Jesu Jünger und Nachfolger sein, so muß unsere Gerechtigkeit nebst wahrer Frömmigkeit vor Gott auch wahre Liebe zu unserm Nächsten enthalten, und die muß sich namentlich in Versöhnlichkeit äußern. Christen sollen kein Unrecht gegen irgend einen ihrer Mitmenschen auf dem Gewissen behalten. Wer inne wird, daß ein Anderer Etwas gegen ihn habe, also nicht nur, wer da weiß, daß er Unrecht gethan, sondern überhaupt, wer nur erfährt, daß sein Bruder ihn in dem Verdacht eines Unrechtes habe, der soll alles Andere — und wäre es noch so wichtig — liegen und stehen lassen, und sich vor allen Dingen mit seinen Mitmenschen aussöhnen. Das macht Jesus an einem Beispiel deutlich. Weil Er zu Juden redet, so nimmt Er das Opferdarbringen als Gegenstand. Wenn du Gott ein Opfer darbringen wolltest, sagt Er, und hättest das Opfer bereits vor oder auf dem Altare, und es fiele dir dort ein, dein Bruder habe etwas gegen dich, so sollte dir die Aussöhnung mit deinem Bruder so wichtig und so nothwendig erscheinen, daß du das Opfer stehen oder liegen ließest — was du sonst unter keinen Umständen thun würdest — um zu deinem Bruder zu gehen und dich mit ihm auszusöhnen. Darnach könntest du dein Opfer vollbringen.

4. Wie viele Christen werden durch dieses Beispiel gerichtet. Wie Manche gehen zur Beichte und zum heiligen Abendmahl und tragen Haß und Groll im Herzen zum Altare hin und vom Altare weg! Andere bleiben lieber Jahre lang vom Abendmahle fern, als daß sie sich mit ihren Feinden aussöhnten. Vielleicht wollten sie es einmal gerne thun — wenn es zu spät ist!

Darum lassen wir Christi Aufforderung zur gegenseitigen Aussöhnung nicht fruchtlos an uns vorübergehen. Aller Weg geht durch diese Welt — vor das Gericht des heiligen, gerech-

ten Gottes. Wer seine Feindseligkeiten mit seinen Mitmen=
schen in seiner Lebenszeit nicht ausgleicht, oder wenigstens
seinerseits den ernsten Versuch macht, sie auszugleichen, der
nimmt dieselben mit sich hinüber vor das höchste Gericht, vor
das Gericht des allwissenden Gottes. Aber wisse auch: Gott
übt dort ein strenges Gericht. Und Er hat auch das Recht
dazu. So lange die Gnadenzeit währet, vergibt Er um Christi,
Seines Sohnes, willen, der ganzen Menschheit und jedem Ein=
zelnen darin, aus lauter Erbarmung, alle und jede Schuld.
Kann Er nun nicht auch mit Recht verlangen, daß die Menschen
unter einander sich vergeben? und ein strenges Gericht üben an
Denen, die das hartnäckig verweigern? Darum, sei du „will=
fertig deinem Widersacher" und mache dein begangenes Unrecht
gut durch Abbitte oder Wiedererstattung, und übe Verzeihung
gegen Jedermann und hauptsächlich, wo du darum angesprochen
wirst!

5. Sei aber deinem Widersacher b a l d willfertig; schiebe
die Beilegung der Streitigkeiten, die Beseitigung der Feind=
schaft nicht hinaus auf eine „gelegenere Zeit" wartend; denn
du bist mit deinem Widersacher bereits „auf dem Wege" zum
himmlischen Richter. Schnell könntest du oder er abgerufen,
und so du oder er unversöhnt vor diesem Richter gestellt werden.
Was dann? Und wenn du von deinem Widersacher als Be=
dingung zur Aussöhnung die äußerste Demüthigung von seiner
Seite verlangst, und er im Gebet zu Gott dich solcher Härte
wegen anklagt, so denke daran, daß Gott Macht hat, dich deiner
Hartnäckigkeit wegen in den „Kerker" — die Hölle — zu werfen,
von wo du nie wieder herauskämest. Denn, kannst du hier in
der Gnadenzeit bei Gott nichts abverdienen, so ist das im hölli=
schen Kerker — wo keine Gnade mehr herrscht — noch viel
weniger möglich: ganz und gar unmöglich.

6. Noch s i n d w i r m i t e i n a n d e r a u f d e m W e g e,
Familienglieder, Blutverwandte, Nachbarn, Gemeindeglieder.
Holen wir nach, was noch nachzuholen ist, ehe der eiserne Tod
den Mund für immer versiegelt und die Hand auf ewig zum
Versöhnungsdruck unfähig macht. Es ist etwas Schreckliches,
am Todesbette oder am Sarge eines Angehörigen oder Mit=
menschen zu stehen mit dem anklagenden Bewußtsein, er habe
durch unseren hartnäckigen Sinn — da wir uns nicht beigeben
wollten — die Feindschaft mit in die Ewigkeit hinüber nehmen
müssen. Oder, wenn du denken mußt, du habest denselben be=

leidigt, ihm wehe gethan, und kannst es ihm jetzt nicht mehr abbitten, weil sein Ohr geschlossen und seine Hände starr sind!

Darum: Heute, heute versöhnet euch! Gehet nicht aus diesem Gottesdienst, ohne den festen Entschluß gefaßt zu haben, allen Haß und Groll fahren zu lassen; und führt diesen Entschluß aus, ehe sich die Sonne heute zum Untergang neigt. Jedem und Allen möchte ich es unauslöschlich und unwiderstehbar ins Herz und Gewissen hineinrufen, was Paulus sagt: „Vergebet einer dem andern, gleichwie Gott euch vergeben hat in Christo!" Eph. 4, 32. Amen.

Siebenter Sonntag nach Trinitatis.

Marci 8, 1—9.

Zu der Zeit, da viel Volks da war und hatten nichts zu essen, rief Jesus Seine Jünger zu Sich und sprach zu ihnen: Mich jammert des Volks, denn sie haben nun drei Tage bei Mir verharret und haben nichts zu essen, und wenn Ich sie ungegessen von Mir heim ließe gehen, würden sie auf dem Wege verschmachten. Denn etliche waren von ferne gekommen. Seine Jünger antworteten Ihm: Woher nehmen wir Brot hier in der Wüste, daß wir sie sättigen? Und Er fragte sie: Wie viel habt Ihr Brot? Sie sprachen: Sieben. Und Er gebot dem Volk, daß sie sich auf die Erde lagerten. Und Er nahm die sieben Brote und dankete und brach sie und gab sie Seinen Jüngern, daß sie dieselbigen vorlegten; und sie legten dem Volke vor. Und hatten ein wenig Fischlein, und Er dankete und hieß dieselbigen auch vortragen. Sie aßen aber und wurden satt und hoben die übrigen Brocken auf, sieben Körbe. Und ihrer waren bei viertausend, die da gegessen hatten. Und Er ließ sie von Sich.

Das heutige Evangelium enthält ein Wunder. Es ist die Speisung der Viertausende mit sieben Broten. Schon einmal im Kirchenjahr hatten wir eine Speisungsgeschichte, nämlich am Sonntag Lätare, kurz vor Ostern. Dort waren es fünf Tausend Menschen und fünf Brote. Zwei Mal im Jahre — im Frühjahr bei der Aussaat und im Sommer zur Erntezeit — sollen die Menschen daran erinnert werden, daß Gott der Geber des täglichen Brotes ist. Denn das vergessen die Menschen so leicht, und schreiben den Ertrag des Feldes und den Fortschritt in ihrem Geschäft ihrem Fleiß, ihrem Verstand, ihrer Geschicklichkeit allein zu, anstatt Gott, dem Geber aller guten und vollkommenen Gaben, die Ehre zu geben. Auch sollen die Menschen durch die Betrachtung solcher Speisungsgeschichten lernen, Gott, dem Allmächtigen, zu vertrauen und zu glauben, Er werde sie versorgen und nicht umkommen lassen, und wenn Er es thun müßte durch ein Wunder. Dabei gibt Jesus aber auch thatsächliche Anweisung, daß man Seine Gaben dankbar, genügsam und sparsam anwenden und gebrauchen soll.

So wollen wir denn sehen,

was für Lehren wir aus dieser Speisungsgeschichte ziehen können.

Drei Lehren sinds:

I.   nicht kleingläubig zu sein, wie die Jünger, sondern

II. dem gütigen und allmächtigen Gott als Dessen Kinder zu vertrauen, und

III. als Gottes Haushalter mit Seinem Segen genügsam und sparsam umzugehen.

Die erste Lehre, die wir aus dieser Speisungsgeschichte ziehen können ist

I.   nicht kleingläubig zu sein, wie die Jünger Jesu.

1. Die Jünger Jesu waren kleingläubig. Als Jesus beim Anblick des vielen Volkes, das jetzt nichts zu essen hatte, Sein Mitleid ausdrückt und den Wunsch beifügt, Er möchte dasselbe nicht „ungegessen" oder hungrig von Sich weggehen lassen, so antworteten Ihm Seine Jünger erschrocken und kleinmüthig, ja beinahe vorwurfsvoll: „Woher nehmen wir Brot hier in der Wüste, daß wir sie sättigen?" Die Jünger hätten besser wissen sollen. Sie waren schon eine geraume Zeit bei Jesu gewesen, hatten Ihn schon manches Wunder verrichten sehen, waren dabei gewesen, als Er jene Fünftausende mit fünf Broten speiste und hatten Ihn auch bereits — mit mehr oder weniger klarem Verständnis — als den Sohn Gottes bekannt. Es ging ihnen wie den Israliten nach ihrem Auszug aus Egypten. Diese hatten die große Güte und Allmacht Gottes, mit welcher Er sie aus Egypten führte und von der Gefahr am rothen Meere befreite, erfahren, und doch waren sie bei jeder Gefahr und Noth immer wieder unwillig und kleinmüthig und murrten wider Gott und Seinen Knecht Mosen.

2. Brechen wir aber nicht den Stab über die Jünger — oder Israel; wir machen es ebenso. Auch wir stellen manchmal in unserem Kleinglauben und Zweifel ähnliche Fragen, und sollten es auch besser wissen.

Woher nehme ich Brot für die Meinigen? So seufzt mancher Hausvater, wenn er am Neujahr auf seinen geringen Verdienst, auf das lange Jahr und auf sein Häuflein Kinder hinblickt.

Woher nehme ich Brot für mich und meine Kinder? schluchzt eine Wittwe, die eben ihren Gatten zu Grabe geleitet und den letzten Rest Geldes zur Bestreitung der Beerdigungskosten ver= ausgabt hat.

Wie wird mirs ergehen, ruft der Arbeiter, wenn ich ein= mal alt und schwach werde, und nichts mehr thun kann?

Wo und wie werde ich Unterkommen und Arbeit finden — in einem fremden Lande, in einer unbekannten Stadt? spricht ängstlich der Fremdling.

Wer wird sich meiner annehmen, mich ernähren, mich klei= den, mich schützen, nachdem mir jetzt meine Eltern gestorben sind? weint jammernd das Waisenkind.

Wie wird mirs auf meinem langen Krankenlager noch er= gehen? die Kräfte sind geschwunden, das Ersparte ist verzehrt, und auf Gesundheit kann ich nicht mehr hoffen, seufzt traurig der Siechkranke.

In dieser und jener Form wird der Jünger kleingläubige Frage in mehr oder weniger klagendem Tone immer und immer wieder ausgesprochen und schwer ist es, sie zurück zu halten.

Oftmals liegt dieser Frage auch der Geiz zu Grunde. Mancher hat Vorrath genug und könnte es, wenn auch das Ge= schäft stockte, die Arbeit eine Zeitlang aufhörte, und das Feld nicht so reichlich wie in sonstigen Jahren trüge, lange aushalten. Aber dennoch klagen und murren solche Leute, als müßten sie nun Hungers sterben.

3. Jedes aber, das den Jüngern jene Klein= glaubensfrage nachspricht, sei es in wirklicher oder eingebildeter Noth, soll sich ernstlich fragen, ob solche Frage nöthig sei. Die Jünger hätten nicht nöthig gehabt, sie auszusprechen. Sie hätten an die vorherge= gangenen Wunderhilfen ihres Meisters denken, und glauben sollen, Er werde schon Rath wissen. Darum straft sie der Herr auch nachher, als Er vom Sauerteige der Schriftgelehrten und Pharisäer redete, und sie meinten, Er erwähne es darum, weil sie vergessen hatten, Brot mit sich zu nehmen. Er spricht zu ihnen: „Was bekümmert ihr euch doch, daß ihr nicht Brot habt? Vernehmet ihr noch Nichts, und seid noch nicht verständig? Habt ihr noch ein verstarret Herz in euch? Habt Augen und sehet nicht, habt Ohren und höret nicht? Und denket nicht daran? Da Ich fünf Brote brach unter fünf Tausend, wie viel Körbe voll Brocken hobet ihr da auf? Sie sprachen: Zwölf. Da ich aber die sieben brach unter die vier Tausend,

wie viele Körbe voll Brocken hobet ihr da auf? Sie sprachen: Sieben. Und Er sprach zu ihnen: Wie vernehmet ihr denn Nichts?" Marci 8, 17—21.

Auch wir haben uns schon ähnlicher Vorwürfe schuldig ge= macht. Gott hat uns schon unzählige Mal aus Noth und Ge= fahr errettet, und doch, wann eine neue Prüfung kommt, so stimmen wir das alte Klagelied wieder an und wollen verzagen und verzweifeln, und haben alle vorhergegangenen gnädigen Führungen und Gnadenerweisungen Gottes vergessen. Da könnte der Herr auch zu uns sagen: „Vernehmet ihr noch Nichts, und seid noch nicht verständig?"

Alle aber, die aus der Tiefe ihrer Noth heraus in gläubi= gem Sinne fragen: „Woher nehmen wir Brot?" woher soll Hilfe kommen, als allein von Dir, der Du der allmächtige Gott und unser himmlischer Vater bist: Die sollen es erfahren, daß Er heute noch derselbe Gott ist wie vor Alters, und zu den Ver= heißungen, die Er den Seinen gegeben hat, immer noch steht. Das lehrt uns auch der weitere Verlauf unserer Speisungsge= schichte.

So wollen wir denn die zweite Lehre aus der Speisungs= geschichte ziehen, nämlich

II. Dem gütigen und allmächtigen Gott als dessen Kin= der gläubig zu vertrauen.

1. Wir dürfen Ihm vertrauen, denn Er ist gütig. Von Jesu heißt es: „Zu der Zeit, da viel Volks da war, und hatten Nichts zu essen, rief Jesus Seine Jünger zu Sich, und sprach zu ihnen: Mich jammert des Volks, denn sie haben nun drei Tage bei Mir verharret, und haben Nichts zu essen; und wenn Ich sie ungegessen von Mir heim ließe gehen, würden sie auf dem Wege verschmachten." Im Propheten Jeremia (31, 20) sagt Gott: „Ist nicht Ephraim Mein theurer Sohn und Mein trautes Kind? Denn Ich gedenke noch wohl daran, was Ich ihm geredet habe, darum bricht Mir Mein Herz gegen ihn, daß Ich Mich sein erbarmen muß, spricht der Herr." Und der Psalmist sagt: „Wie sich ein Vater über Kinder erbar= met, so erbarmt sich der Herr über die, so Ihn fürchten." Ps. 103, 13. Jahr für Jahr versorgt Er die vielen Millionen Seiner Menschenkinder mit Nahrung und Kleidung, und Keins verdient es. Alle sind dessen unwürdig, die Frommen und die Gottlosen. Jesus sagt vom himmlischen Vater: „Er läßt Seine Sonne aufgehen über die Bösen und über die Guten,

und läßt regnen über Gerechte und Ungerechte." Matth. 5, 45. Auch den vielen Millionen Thieren deckt Er alle Tage den Tisch. Menschen und Thiere blicken zu Ihm auf und erwarten von Ihm ihre Nahrung. Wie auch der Psalmist sagt: "Aller Augen warten auf Dich; und Du gibst ihnen ihre Speise zu seiner Zeit. Du thust Deine Hand auf, und erfüllest Alles, was lebet, mit Wohlgefallen." Ps. 145, 15—16.

In Seiner Güte sorgt Er schon zum Voraus. Noch ehe wir von der Noth wissen, hat Er schon die Mittel bereit, uns in derselben zu erhalten. Noch ehe wir die Gefahr ahnen, hat Er schon Schutzmittel geschaffen, uns davor zu bewahren oder uns aus derselben zu erretten. Ehe der Erzvater Jakob von der Theuerung wußte, hatte Gott schon Joseph dorthin kommen lassen, damit das Volk der Verheißung nicht untergehe. Noch ehe Joseph und Maria eine Ahnung davon hatten, daß sie sich nach Egypten flüchten müßten, hatte sie schon Gott durch die Weisen mit Reisegeld versorgen lassen.

2. Wir dürfen Ihm vertrauen, denn Er ist allmächtig. Das sehen wir auch in unserem Text. Sieben Brote und ein wenig Fischlein hatten sie, und vier tausend hungrige Menschen waren zu speisen. Was war zu thun? "Was ist das unter so Viele?" Der Herr wußte Rath. "Er gebot dem Volk, daß sie sich auf die Erde lagerten. Und Er nahm die sieben Brote, und dankte, und brach sie, und gab sie Seinen Jüngern, daß sie dieselbigen vorlegten; und sie legten dem Volk vor. Und hatten ein wenig Fischlein: und Er dankte, und hieß dieselben auch vortragen. Sie aßen aber und wurden satt; und hoben die übrigen Brocken auf, sieben Körbe. Und ihrer waren bei vier Tausend, die da gegessen hatten." Diese sieben Brote hätten unter gewöhnlichen Umständen nur für einige Dutzend Menschen hingereicht: in der Hand des Herrn aber mehren sie sich wunderbar und gereichen Tausenden zur Sättigung. Wir staunen ob solchem Wunder. Und doch wiederholt der allmächtige Gott solche Wunder alle Jahre und alle Tage. In stiller Verborgenheit im Schooße der Erde mehret Er die Körnlein und segnet sie mit Wachsthum und Ge- deihen. Seine Allmacht ist es, die aus dem Waizenkorn Halme mit Aehren voll Körnern herauswachsen läßt. Seine Allmacht zeigt sich in dem angenehmen Wechsel der Jahreszeiten, in des Frühlings Grün, des Sommers Wärme, des Herbstes Früchten, des Winters Schnee. Seine Allmacht regiert die Himmelskör-

per, daß sie sich in den unwandelbaren Gesetzen bewegen, die Er ihnen verordnet. Die Völker müssen sich Seinem Willen fügen und die Großen der Erde sich Seiner Macht unterordnen, ob sie wollen oder nicht. Aber auch an dich denkt Er in Seiner Allmacht, und gebraucht sie in Seiner Güte und Liebe zu deinem Besten. Aehnliches that Er in unserer Textgeschichte: ja schon im alten Testamente indem Er Israel in der Wüste mit dem Wunderbrot, dem Manna, speiste, und mit Wasser aus dem Felsen tränkte. Auch du weißt dich vielleicht ähnlicher Wunderhilfen aus deinem Leben zu erinnern. Verlassen von Freunden befandest du dich auch gleichsam in der Wüste wie das Volk in unserer Erzählung, wußtest keinen Ausweg und keine Hilfe. Da auf einmal kam Arbeit und Brot. Du mußtest es bekennen: Das ist die Hand des Herrn! Es jammerte Ihn meiner!

Darum wollen wir nie verzagen, mag die Noth und die Trübsal auch noch so groß werden! Blicken wir in jeder Lage des Lebens getrost, gläubig und vertrauungsvoll auf zu dem allmächtigen Gott, wie gute Kinder zu ihrem Vater! Er wird, wann Seine Stunde kommt, Rath und Hilfe senden und uns nicht verderben lassen. Er kann es thun, denn Er ist der allmächtige Gott, und will es thun, denn Er ist unser guter Vater.

Die dritte Lehre, die wir aus der Speisungsgeschichte in unserem heutigen Evangelium ziehen können, ist

III. als Haushalter Gottes mit dem Segen Gottes genügsam und sparsam umzugehen.

1. Die Leute in unserer Erzählung sind zufrieden mit Brot und Fisch. Damit sind sie gesättigt. Es wäre nicht so viel Noth unter den Menschen, wenn man genügsamer wäre. Recht und billig ist es gewiß, daß ein Jeder — und so namentlich der, der harte Arbeit verrichten muß — hinreichende Nahrung und entsprechende Kleidung habe. Aber damit ist man jetzt gewöhnlich nicht mehr zufrieden. Man trachtet nach ausgesuchtem, feinem Essen und Trinken und vornehmer, der Mode entsprechender, Kleidung. Man will es in allen Stücken den Reichen und Vornehmen gleichthun. Diese Sucht, diese Ungenügsamkeit, macht unzufrieden und unglücklich. Ja, sie ist oft die Veranlassung zu Aufruhr und Empörung.

Wahre Genügsamkeit und die daraus folgende glücklichmachende Zufriedenheit ist aber nur da zu erwarten, wo man

mit seinem Stand und Beruf von Gotteswegen zufrieden ist
und Gott in solchem Stand und Beruf gerne dienet. Da wird
man sich dann auch um das Reich Gottes kümmern und nach
dessen Gütern trachten, und diese Güter werden dann der Segen
sein, der auch ein einfaches Mahl würzt. Man denkt oft, reiche
Leute, die die Mittel haben, alle ihre Wünsche befriedigen zu
können, seien gewiß vollkommen glücklich. Aber dem ist nicht
so. Das Glück ist nicht immer mit dem Reichthum und Wohlleben verbunden. Oft fehlt es gerade da. Sieh das beim
reichen Mann im Gleichnis. Nur dann, wenn reiche Leute auch
trachten nach dem Reiche Gottes und Seiner Gerechtigkeit, nach
dem Einen, was Noth ist, sind sie glücklich und zufrieden, sonst
aber nicht. Manche arme fromme Arbeiterfamilie ist glücklicher
als Die, die sich alle Tage in Sammt und Seide kleiden und
herrlich und in Freuden leben. Darum hat Paulus Recht,
wenn er sagt: „Es ist aber ein großer Gewinn, wer gottselig
ist und läßt ihm genügen. Denn wir haben Nichts in die Welt
gebracht: darum offenbar ist, wir werden auch Nichts hinaus-
bringen. Wenn wir aber Nahrung und Kleider haben, so lasset
uns begnügen." 1. Tim. 6, 6—8.

2. Auch sollen die Menschen mit dem Segen
Gottes sparsam umgehen. Das lehrt uns der Herr bei
Seinen wunderbaren Speisungen. Bei der Speisung der
Fünftausend heißt es: „Da sie aber satt waren, sprach Er zu
Seinen Jüngern: Sammelt die übrigen Brocken, daß nichts
umkomme." Und in unserem heutigen Evangelium wird uns
berichtet: „Sie hoben die übrigen Brocken auf, sieben Körbe."
Zwei Laster stehen gottwohlgefälliger Anwendung der Gaben
Gottes im Wege: der Geiz und die Verschwendung. Mit dem
Segen Gottes — Geld und Lebensmitteln — soll man nicht
geizen. Man soll nicht Schätze ansammeln und Güter auf-
häufen während die Arbeiter um uns her kaum zu leben haben
und die Armen Hunger leiden. Der Vermögliche und Reiche
soll wissen, daß es in Gottes Wort heißt: „Wohlzuthun und
mitzutheilen vergesset nicht, denn solche Opfer gefallen Gott
wohl." Hebr. 13, 16. Auch soll er nicht vergessen, daß es ein
Reich Gottes in der Welt gibt, das nach Gottes Willen und Anordnung durch irdische Mittel erhalten werden soll, und daß das
auch Ansprüche auf ihn habe. Beispiele aus der Schrift und
dem täglichen Leben belehren uns hinlänglich, daß Paulus wahr
redet, wenn er sagt. „Der Geiz ist eine Wurzel alles Uebels."
1. Tim. 6, 10.

Den Segen Gottes an irdischen Gütern soll man aber auch nicht verschwenden. Im Essen und Trinken genügt so viel, was den Hunger und Durst stillt. Wer über das hinausgeht, macht sich des Verschwendens und des Schlemmens schuldig und ist ein Unmäßiger. Auch da heißt es: „Was darüber ist, das ist vom Uebel." Vor der Unmäßigkeit, Schlemmerei und Völlerei warnt Gottes Wort an vielen Stellen: „Sei nicht unter den Säufern und Schlemmern." Sprüche 23, 20. „Wehe denen, die Helden sind Wein zu saufen, und Krieger in Völlerei." Jes. 5, 22. Verschwenden kann man den Segen Gottes auch durch Luxus im Hause und durch Kleiderpracht. Schrecklich rächt sich die Verschwendung. Armuth und Noth folgen ihr auf dem Fuße. Mancher Verschwender ist schon an den Bettelstab gekommen. Darum: weder geizen, noch verschwenden, sondern weise sparen, das meint der Herr, wenn Er Seinen Jüngern gebietet: „Sammelt die übrigen Brocken, daß nichts umkomme."

3. Wie könnten wir unsere Betrachtung über diese Speisungsgeschichte schließen, ohne noch eines Umstandes, der darin berichtet wird, Erwähnung zu thun. Der heißt: „Er dankte." Jesus, obwohl der Herr Himmels und der Erde, dankt Seinem himmlischen Vater für den geringen Vorrath. Daraus sollen wir das Danken lernen. Wie oft vergessen wir das bei gutem Verdienst und reicher Ernte; und wie schwer kommt uns das Danken erst an bei geringer Einnahme und spärlicher Ernte! Wer aber ein dankbares Gemüth hat und Gott für Seine Gaben wirklich dankt — mit Worten und Werken — dem schmeckt seine Speise doppelt gut, und der darf auch neuen Segens von dem Herrn gewärtig sein.

So wollen wir denn den Kleinglauben, welcher Quelle er auch entspringen mag, vertreiben durch kindlichen Glauben an den allmächtigen Gott, unseren lieben himmlischen Vater, von Ihm alle leiblichen und geistlichen Bedürfnisse erbitten und Ihm für Seine Gaben auch herzlich dankbar sein.

> „Nun danket Alle Gott
> Mit Herzen, Mund und Händen,
> Der große Dinge thut
> An uns und allen Enden;
> Der uns von Mutterleib
> Und Kindesbeinen an
> Unzählig viel zu gut
> Bis hierher hat gethan."

„Der ewig reiche Gott
   Woll uns bei unserm Leben
Ein immer fröhlich Herz
   Und edlen Frieden geben,
Und uns in Seiner Gnad
   Erhalten fort und fort,
Und uns aus aller Noth
   Erlösen hier und dort.“

„Lob, Ehr und Preis sei Gott,
   Dem Vater und dem Sohne,
Und Dem, der beiden gleich
   Im höchsten Himmelsthrone:
Ihm, dem Dreieinigen,
   Als es ursprünglich war
Und ist und bleiben wird
   Jetzund und immerdar:“

Amen.

Achter Sonntag nach Trinitatis.

Matth. 7, 15-23.

Sehet euch vor vor den falschen Propheten, die in Schafskleidern zu euch kommen, inwendig aber sind sie reißende Wölfe. An ihren Früchten sollt ihr sie erkennen. Kann man auch Trauben lesen von den Dornen, oder Feigen von den Disteln? Also ein jeglicher guter Baum bringet gute Früchte, aber ein fauler Baum bringet arge Früchte. Ein guter Baum kann nicht arge Früchte bringen, und ein fauler Baum kann nicht gute Früchte bringen. Ein jeglicher Baum, der nicht gute Früchte bringet, wird abgehauen und ins Feuer geworfen. Darum an ihren Früchten sollt ihr sie erkennen. Es werden nicht alle, die zu Mir sagen: Herr, Herr! in das Himmelreich kommen, sondern die den Willen thun Meines Vaters im Himmel. Es werden viele zu Mir sagen an jenem Tage: Herr, Herr, haben wir nicht in Deinem Namen geweissagt? Haben wir nicht in Deinem Namen Teufel ausgetrieben? Haben wir nicht in Deinem Namen viele Thaten gethan? Dann werde Ich ihnen bekennen: Ich habe euch noch nie erkannt, weichet alle von Mir, ihr Uebelthäter!

1. Wie die Evangelien vom vierten und sechsten Trinitatissonntag, so ist auch unser heutiger Textabschnitt aus der Bergpredigt genommen. Er steht beinahe am Schlusse derselben. Der Herr hatte in der Bergpredigt Seinen Zuhörern den Weg angegeben, auf welchem man selig werden kann, den einzigen Weg, den schmalen, den man gehen müsse, um zum ewigen Leben zu gelangen. Weil Er wohl wußte, daß Leute versuchen würden, Seine Lehren abzuschwächen, zu entstellen oder gar zu leugnen und den Seligkeitsweg weiter zu machen, so fügt Er Seiner Predigt eine Warnung bei und macht Seine Zuhörer auf solche gefährliche Leute aufmerksam. Darum redet Er in unserem Texte von „falschen Propheten, die in Schafskleidern kommen, aber inwendig reißende Wölfe sind." Solche falsche Propheten hatten Christi Zuhörer in nächster Nähe, nämlich die Schriftgelehrten und

Pharisäer. Der Herr hatte sie oftmals als solche bezeichnet und Seine Jünger und das Volk vor ihrem „Sauerteige" gewarnt.

2. Falsche Propheten hat es zu allen Zeiten gegeben, vor und nach Christus, und noch heutiges Tages gibt es solche. Gemäß Christi Weissagung werden namentlich noch in den letzten Zeiten solche Betrüger auftreten und Viele verführen.

Da auch wir von falschen Propheten umringt sind, von Sektenleuten, die die Lehre Christi mißbrauchen, und von den Römischen, die an Irrthümern und falscher Lehre festhalten, und da solche Sektirer und Falschgläubigen darauf ausgehen, Andere für ihre Sache zu gewinnen, so ist es gewiß vonnöthen, daß wir uns auch mit dieser Angelegenheit beschäftigen, um uns gegen sie zu schützen und zu vertheidigen.

Somit wollen wir heute mit einander reden

Von den falschen Propheten.

Dabei wollen wir sehen,

I. was wir nach Gottes Wort unter „falschen Propheten" zu verstehen haben;

II. wie wir uns gegen dieselben verhalten sollen.

I. Was haben wir nach Gottes Wort unter „falschen Propheten" zu verstehen?

1. Das wird uns klar, wenn wir sehen, was echte, wahre Propheten sind. Gott sandte Israel jeweils Propheten, dem Volke Seinen Willen kund zu thun. Oftmals beauftragte Er auch solche Propheten, einzelnen Personen oder einzelnen Städten, besondere Botschaften zu überbringen und mitzutheilen. In vielen Fällen war die Uebermittlung solcher Botschaften, das Ausrichten solcher Aufträge, mit Lebensgefahr verbunden. Um ein wahrer Prophet zu sein, mußte der Betreffende von Gott beauftragt sein und den Auftrag Gottes unverändert ausrichten, den Willen Gottes unverfälscht mittheilen und mußte Solches thun unbeirrt und furchtlos, ja auf die Gefahr hin, sein Leben zu verlieren. Oftmals weigerten sich solche Männer zu gehen. Moses wollte Anfangs durchaus nicht nach Egypten gehen, als Gott ihn beim feurigen

Busche dazu aufforderte, ging aber später doch und richtete
Gottes Auftrag getreulich aus. Jona entfloh aufs Meer, weil
er sich fürchtete, nach der Stadt Ninive zu gehen, um derselben
Buße zu predigen, kehrte aber doch später zurück und that, was
ihm befohlen war. Dagegen geht Elias ohne Zögern, furcht=
los dem König Ahab entgegen mit den Worten: „Ich verwirre
Israel nicht, sondern du und deines Vaters Haus, damit, daß
ihr des Herrn Gebote verlassen habt, und wandelt Baalim
nach." 1. Könige 18, 18. So fürchtet sich auch Nathan nicht,
dem Könige David offen zu bezeugen: „Du bist der Mann".
2. Sam. 12, 7. Johannes der Täufer tritt beherzt und furcht=
los vor den König Herodes hin und spricht: „Es ist nicht recht,
daß du deines Bruders Philippi Weib habest." Matth. 14, 4.
Die Propheten, welche Gott Selber berief und
welche die Aufträge Gottes an Sein Volk, oder
an einzelne Personen und Städte, unverändert,
getreulich und furchtlos ausrichteten, waren echte,
wahre Propheten. Oftmals warfen sich auch Männer sel=
ber als Propheten auf, ohne von Gott beauftragt und gesandt
worden zu sein — das waren dann falsche Propheten.
Auch lesen wir von Lügenpropheten, die dem Volk und den
Königen verkehrten Rath gaben und sie dadurch ins Verderben
stürzten. Die Geschichte des Volkes Israels zur Zeit der Könige
ist voll von solchen Beispielen.

2. In anderem Sinne hießen alle Diejenigen
Propheten, die Gottes Wort erklärten, was im alten
Testament sich bezog auf das Gesetz und die Weissagung von
einem kommenden Heilande. Weil zur Zeit Christi Diejenigen,
die von Berufs und Amts wegen dem Volke den Rath Gottes
mitzutheilen hatten, Dies nicht thaten, sondern dem Volke Men=
schensatzungen vortrugen, es nicht zur Buße aufforderten, es von
Johannes und von Christo abwendig zu machen suchten, nennt
sie der Herr falsche Propheten. Sie hatten den Namen, als
wären sie wahre geistliche Lehrer Israels, aber weil sie nicht
Gottes Wort, sondern Menschenwort lehrten, waren sie unechte
Lehrer oder „falsche Propheten".

3. Mit falschen Lehrern kamen auch die Apostel
in Berührung. Hie und da trafen sie Männer an, die bei
den Leuten unter denen sie lebten, viel galten, angesehen waren,
als wären sie „etwas Großes", die aber doch den Aposteln
widerstanden, da ihnen diese den Schafspelz abzogen und sie
vor dem Volke als „Wölfe" entlarvten. Als Petrus den

Gläubigen zu Samaria die Hände auflegte, damit sie den Heiligen Geist empfingen, bat ihn der Zauberer Simon, von dem das Volk behauptet hatte: „Der ist die Kraft Gottes, die da groß ist!" auch ihm die Macht zu geben, daß, so er Jemand die Hände auflege, derselbe den Heiligen Geist empfahe. Petrus, der wohl wußte, daß er Dies nur begehrte, um in einer neuen Maske das Volk zu belügen und zu betrügen und für sich Gewinn daraus zu ziehen, deckt ihm in scharfen Worten seines Herzens Bosheit und Heuchelei auf und ermahnt ihn Buße zu thun. Ap. 8, 18. Als Saulus und Barnabas auf ihrer Missionsreise die Insel Cypern durchzogen und nach der Stadt Paphos kamen, fanden sie daselbst den jüdischen Zauberer Bar Jehu oder Elymas. Der widerstand Paulus und seiner Predigt vom Evangelium und trachtete den heilsbegierigen Landvogt abwendig zu machen. Paulus stellt ihn bloß mit den Worten: „O du Kind des Teufels, voll aller List und aller Schalkheit, und Feind aller Gerechtigkeit, du hörest nicht auf abzuwenden die rechten Wege des Herrn. Und nun siehe, die Hand des Herrn kommt über dich, und sollst blind sein, und die Sonne eine Zeit lang nicht sehen." Und so geschah's auch. Denn: „Von Stund an fiel auf ihn Dunkelheit und Finsternis, und er ging umher und suchte Handleiter." Ap. 13, 6–11. Von falschen Propheten lesen wir auch Ap. 19, 13–17. „Es unterwanden sich aber etliche der umlaufenden Juden, die da Beschwörer waren, den Namen des Herrn Jesu zu nennen über die da böse Geister hatten, und sprachen: Wir beschwören euch bei Jesu, den Paulus predigt. Aber der böse Geist antwortete und sprach: Jesum kenne ich wohl, und Paulum weiß ich wohl, wer seid ihr aber? Und der Mensch, in dem der böse Geist war, sprang auf sie, und ward ihrer mächtig, und warf sie unter sich, also, daß sie nackend und verwundet aus demselbigen Hause entflohen."

4. Vor falschen Propheten warnt Paulus in seinen Abschiedsworten an die Aeltesten zu Ephesus, Ap. 20, 29: „Denn ich weiß, daß nach meinem Abschiede werden unter euch kommen greuliche Wölfe, die der Herde nicht schonen werden. Auch aus euch selbst werden aufstehen Männer, die da verkehrte Lehren reden, die Jünger an sich zu ziehen." Und wenn wir Pauli Briefe zur Hand nehmen, so sehen wir, daß noch zu Pauli Zeiten solche Wölfe und Betrüger auftraten, allerlei Irrthümer und falsche Lehren aufbrachten, und so die Gemeinden verwirrten. Auch die Geschichte der christlichen

Kirche berichtet uns von falschen Lehrern, die die Lehre des Evangeliums verdrehten, die Sakramente mißdeuteten und Unordnung und Spaltungen anrichteten. Luther mußte viel Herzeleid erfahren von solchen Irrlehrern aus dem eigenen Lager, die seine evangelische Freiheit mißverstanden und in ihrem fleischlichen Eifer viel Unheil stifteten. Denken wir nur z. B. an die „Bilderstürmer" zu Wittenberg, an den unglückseligen „Bauernkrieg", der Tausenden das Leben kostete, an die „Wiedertäufer" zu Münster in Westphalen.

5. Auch in der Zeit nach der Reformation bis herauf zu uns hat es immer Irrlehrer, falsche Lehrer, „falsche Propheten" gegeben, sowohl im Stande der Geistlichen als auch unter den Laien. Nicht immer treten die Irrlehrer so offen und plump auf, wie es in den oben genannten Vorgängen geschah, meistens sehen sie den wahren Lehrern und echten Dienern Gottes gleich, haben das äußere Ansehen wie die guten Hirten und wahren Christen, aber in ihrem Herzen sind sie Heuchler und Falschgläubige, und ihre Lehren sind ein Gemisch von Wahrheit und Irrthum, und auch ihr Lebenswandel hält die Lichtprobe des Evangeliums nicht aus. Wer aber ihre falsche Lehre und ihr heuchlerisches Getriebe durchschauen und erkennen will, der muß zuerst die reine Lehre kennen lernen, damit er sie an die Lehren und an das Leben solcher Leute als Maßstab anlegen und so das Irrthümliche entdecken kann. Der Apostel Johannes sagt: „Ihr Lieben, glaubet nicht einem jeglichen Geiste, sondern prüfet die Geister, ob sie von Gott sind: denn es sind viele falsche Propheten ausgegangen in die Welt." 1. Joh. 4, 1. Paulus schreibt im Epheserbrief (Kap. 4, 14): „Auf daß wir nicht mehr Kinder seien, und uns wägen und wiegen lassen von allerlei Wind der Lehre, durch Schalkheit der Menschen und Täuscherei, damit sie uns erschleichen und verführen."

6. Da wir die Lehre, die uns durch die Reformation wieder geworden und in unseren Bekenntnisschriften niedergelegt ist, als eine richtige Auslegung der heiligen Schrift ansehen, glauben und daran festhalten, so sehen wir uns von vielen Falschgläubigen umringt. Und weil diese uns beständig angreifen und bekriegen, ist es nöthig, daß wir sie uns näher ansehen, ihre Schlachtordnung und ihre Waffen kennen lernen, uns aber auch zum Gegenkampf rüsten, um nicht zu erliegen. Denn die Falschgläubigen und Sektirer sind in

ihren Sonderlehren gewöhnlich gut unterrichtet und wohl bewandert. Das können wir nicht immer von unseren Leuten behaupten. Man vergißt da zu oft: „Seid aber allezeit bereit zur Verantwortung Jedermann, der Grund fordert der Hoffnung, die in euch ist." 1. Pet. 3, 15.

7. Da unsere Kirche die Kirche der Reformation heißt, und oftmals angeklagt wird als eine neue, erst durch die Reformation entstandene, so ist es für jedes Glied der lutherischen Kirche nöthig, sich mit der Geschichte der Reformation bekannt zu machen, um zu sehen, daß die Reformation nur die Irrthümer und Mißbräuche, die sich durch die römischen Päpste eingeschlichen hatten, entfernte und so die Kirche wieder herstellte in ihrer ursprünglichen oder apostolischen Form. Auch sollten die Glieder unserer Gemeinden die Bekenntnißschriften unserer Kirche kennen lernen, um zu sehen, daß sie nichts Anderes sind als eine klare und deutliche Auslegung der heiligen Schrift und somit der richtige Weg zur Seligkeit. Wer da weiß, warum eine Reformation der Kirche nöthig war, wer bekannt ist mit den Ergebnissen der Reformation und mit der Grundlage der wiederhergestellten Kirche, der hat darin für sich selbst einen festen Standpunkt des Glaubens und Lebens und auch eine sichere Waffe gegen den Falschglauben der römischen Kirche und gegen die Irrlehren der Abtrünnigen, der Schwärmer, der Sektirer mit ihrer widergöttlichen Religionsmengerei und ihrer gleißenden Scheinheiligkeit. Er weiß was Diamant und was Glas, was echtes und was Flittergold ist. Die Thatsache, daß uns die Reformation die reine Lehre des Wortes, den rechten Gebrauch der Sakramente und schriftgemäße Gebräuche beim Gottesdienst wiedergegeben hat, ist ihm der alleinige Maßstab, nach welchem er die Lehren und Gebräuche der Andersgläubigen beurtheilt.

Nun wollen wir auch sehen

II. wie wir uns gegen falsche Propheten verhalten sollen.

Zwei Mahnungen gibt Jesus. Die erste heißt: „Sehet euch vor!" die zweite: „An ihren Früchten sollt ihr sie erkennen."

1. Sehet euch vor! Hätten Diejenigen, von denen wir in Gottes Wort und in der Kirchengeschichte lesen, daß sie falschen Propheten anhingen, gleich Anfangs sich vorgesehen und sich nicht mit ihnen eingelassen, so wäre es mit ihnen nicht so weit gekommen. Um vor schmeichelnden religiösen Verfüh-

rern sicher zu sein, ist vor Allem nöthig ein fester, selbstbewußter und überzeugter Entschluß, bei seinem Glauben verbleiben zu wollen. Dieser Entschluß muß seinen Grund haben in genauer Bekanntschaft mit der Lehre der eigenen Kirche. Nur dann kannst du, wenn solch ein gleißender Schönredner sich dir naht, deinen Glauben heruntersetzt und den seinigen dir anpreist „Grund und Verantwortung" geben und erfolgreichen Wider= stand leisten. Bist du aber selber in deinem Glauben nicht fest, so fällst du wie ein ununterrichtetes Kind dem Verführer zur Beute. Gottes Wort gibt uns viele dahin bezügliche War= nungszeichen. Dieselben sind wohl werth, daß man sie beachte. Sieh dir folgende Stellen näher an: „Wahrlich, wahrlich, ich sage euch: wer nicht zur Thür hinein gehet in den Schafstall, sondern steiget anderswo hinein, der ist ein Dieb und ein Mör= der." Joh. 10, 1. „Die da haben den Schein eines gottseli= gen Wesens, aber seine Kraft verleugnen sie; und solche meide. Aus denselben sind, die hin und her in die Häuser schleichen, und führen die Weiblein gefangen, die mit Sünden beladen sind, und mit mancherlei Lüsten fahren." 2. Tim. 3, 5. 6. Diese Leute, Geistliche und Laien, benützen listig die ihnen pas= senden Zeiten. Bei Gelegenheit von Krankheits= und Todes= fällen drängen sie sich mit erheuchelter Demuth und vorgeblicher Seelenliebe in die Familien unserer Gemeinden ein und suchen mit Hintansetzung aller Höflichkeit, Ehrenhaftigkeit und Wahr= haftigkeit den rechtmäßigen Pastor zu überbieten. Sie machen unseren Leuten vor, wir glaubten ja Alle an „Einen Gott"; „es sei Alles gleich." Ihr Hauptzweck ist, unsere Gemeindeglieder „abwendig zu machen" und sie für sich zu gewinnen, oder — wenn man den rechten Ausdruck gebrauchen will — zu „steh= len". Das Beste, was du zu deiner Sicherheit thun kannst, ist Das: Geh in deine eigene Kirche und halte deinen eigenen Glauben und deinen eigenen Pastor und deine eigene Gemeinde in Ehren. Ist Jemand krank, oder hast du sonst Bedürfnis und Verlangen nach geistlichem Rath, so laß es deinen eigenen Pa= stor wissen; er wird gewißlich kommen. Will sich dann ein verführerischer Schmeichler aufdrängen, so weise ihn freundlich aber bestimmt ab und theile ihm deine Grundsätze mit. Halte dich aber auch so, daß du jederzeit mit Ehren und gutem Gewis= sen den Gemeindepastor rufen lassen kannst und dich nicht schä= men mußt, ihm unter die Augen zu treten.

2. Die andere Mahnung, die Jesus bezüglich der falschen Propheten gibt, und die auch das Merkmal enthält,

an dem man dieselben kennt, heißt: „An ihren Früchten sollt ihr sie erkennen." Unter diesen Früchten verstehen wir die inneren und äußeren Folgen der Lehre solcher falschen Propheten. Da nur der wahre Glaube und die reine Lehre des Wortes Gottes richtige Folgen, d. h. gute Früchte, haben können, so müssen die Ergebnisse der falschen Lehre und das Festhalten an Irrthümern verkehrter Art sein. Der Hauptzweck unseres Glaubens und Festhaltens an der reinen Lehre ist die Vergebung der Sünden und die daraus sich ergebenden Folgen: wahrer Trost im Her-zen, echter Friede im Gewissen, feste Hoffnung auf das ewige Leben. Das kann falsche, irrthümliche Lehre nicht geben. Der Trost auf eine Beichte, die man ablegt ohne die Zerknirschung des Herzens, ohne wahre Reue und Buße, ist ein falscher Trost und wäre er dem Menschen von zehn Päpsten zugesprochen. Der Trost, den man sich einbildet zu haben auf sein Toben und Schreien und auf seine vermeintliche geistliche Vollkommenheit hin, ist ein fleischlicher Trost und gibt keinen wahrhaften, nach-haltigen Frieden. Nur der Trost ist eine Glaubensfrucht, der da beruht auf wahrhafter Buße und herzlichem Glauben, und der da gefolgt ist von fortwährendem Streben nach der Heili-gung, ohne welche Niemand den Herrn sehen wird." Hebr. 12, 14.

Von falscher Lehre kann auch nur falscher Trost kommen. Das ersehen wir aus Christi anderen Vergleichungen im Text. Die Dornen und Disteln und faulen Bäume sind nichts Anderes als die Lehre der falschen Propheten, die Lehren der Falschgläu-bigen. Wie aber Dornen und Disteln keine Trauben oder Fei-gen hervorbringen, und ein nichtsnutziger Baum kein gutes Obst tragen kann: so kann falsche Lehre nur falschen Trost geben; und falscher Trost führt nicht zum ewigen Leben.

3. Die Früchte, an denen man die falschen Propheten erkennen kann, sind aber auch schon oft äußerlich sichtbar. Denken wir nur an die falschen Propheten in Israel — die Baalspriester mit ihrem fleischlichen, unzüchtigen Leben; an die heuchlerischen Pharisäer und Schrift-gelehrten mit ihrer Herzlosigkeit; an die betrügerischen Zaube-rer zur Zeit der Apostel; an das zuchtlose Wesen der reißenden Wölfe in den Gemeinden Pauli; an das schreckliche Ende der Sektirer im Laufe der Kirchengeschichte bis auf unsere Zeit; an den traurigen Ausgang so mancher Schwärmer und Sonder-linge, wie wir es mit unsern eigenen Augen schon geschehen. Ruinirte Gemeinden, Schmach und Schande in Familien, schreck-

liches Ende von Verführern und Verführten: das sind äußere, sichtbare Früchte und Erkennungszeichen der falschen Propheten und ihres Treibens.

4. Jeder Prediger, der nicht die reine Lehre des Evangeliums predigt, die Sakramente nicht nach Christi Einsetzung verwaltet, der sein Amt in Lehre und Leben nicht nach Gottes Wort führt, dessen einziges Streben und Ziel nicht ist, Seelen für das Reich Gottes und das ewige Leben zu gewinnen: macht sich des Namens „falscher Prophet" schuldig.

Aber auch Gemeindeglieder, die Rottengeister und Aufrührer sind, die wie Korah in der Wüste, die Gemeindeglieder aufwiegeln und Parteien machen: sind falsche Propheten, und wenn sie noch so viel Macht und Einfluß in der Gemeinde besitzen.

Wenn sich einst am Gerichtstag solche falsche Propheten auch tausendmal auf ihr „Herr — Herr sagen" und ihre „Werke" stützen wollen: der Herr reißt ihnen solche Stützen um mit dem ernsten Entscheidungswort: „Ich habe euch noch nie erkannt, weichet alle von Mir, ihr Uebelthäter!" Matth. 7, 23.

5. Darum wollen wir uns immer fester gründen auf dem Grunde der Apostel und Propheten, da Jesus Christus der Eckstein ist, so daß wir Männer werden im Glauben, die sich nicht mehr wägen und wiegen lassen von allerlei Wind der Lehre. „Und lasset uns halten an dem Bekenntnis der Hoffnung, und nicht wanken: denn Er ist treu, der sie verheißen hat." Hebr. 10, 23.

> „Erhalt uns Herr bei deinem Wort
> Und wehr des Teufels Trug und Mord.
> Gieb Deiner Kirche Gnad und Huld,
> Fried, Einigkeit, Muth und Geduld."

> „Ach Gott, es geht gar übel zu,
> Auf dieser Erd ist keine Ruh!
> Viel Sekten und viel Schwärmerei
> Auf einem Haufen kommt herbei."

> „Den stolzen Geistern wehre doch,
> Die sich mit Macht erheben hoch
> Und bringen stets was Neues her
> Zu fälschen Deine rechte Lehr."

> „Gib, daß wir leben in dem Wort
> Und darauf fahren ferner fort
> Von hinnen aus dem Jammerthal
> Zu Dir in Deinen Freudensaal." Amen.

Neunter Sonntag nach Trinitatis.

Luc. 16, 1—9.

Er sprach aber auch zu Seinen Jüngern: Es war ein reicher Mann, der hatte einen Haushalter, der ward vor ihm berüchtigt, als hätte er ihm seine Güter umgebracht. Und er forderte ihn, und sprach zu ihm: Wie höre ich das von dir? Thue Rechnung von deinem Haushalten; denn du kannst hinfort nicht mehr Haushalter sein. Der Haushalter sprach bei sich selbst: Was soll ich thun? Mein Herr nimmt das Amt von mir; graben mag ich nicht, so schäme ich mich zu betteln. Ich weiß wohl, was ich thun will, wenn ich nun von dem Amt gesetzt werde, daß sie mich in ihre Häuser nehmen. Und er rief zu sich alle Schuldner seines Herrn und sprach zu dem ersten: Wie viel bist du meinem Herrn schuldig? Er sprach: Hundert Tonnen Oels. Und er sprach zu ihm: Nimm deinen Brief, setze dich, und schreibe flugs fünfzig. Darnach sprach er zu dem andern: Du aber, wie viel bist du schuldig? Er sprach: Hundert Malter Weizen. Und er sprach zu ihm: Nimm deinen Brief und schreibe achtzig. Und der Herr lobete den ungerechten Haushalter, daß er klüglich gethan hätte; denn die Kinder dieser Welt sind klüger, denn die Kinder des Lichts in ihrem Geschlechte. Und Ich sage euch auch: Machet euch Freunde mit dem ungerechten Mammon, auf daß, wenn ihr nun darbet, sie euch aufnehmen in die ewigen Hütten.

1. Unser heutiges Evangelium enthält ein Gleichnis. Jesus hat es ausgesprochen. Man nennt es das Gleichnis vom ungerechten Haushalter. Von dem ungerechten Haushalter ist angegeben, daß er die Güter seines Herrn leichtsinnig und gewissenlos verwaltete, und als er von seinem Haushalten Rechenschaft geben sollte, und das nicht vermochte, noch die List gebrauchte, daß er sich mit den Gütern seines Herrn gute Freunde machte, um zu der Zeit, wenn ihm das Haushalteramt genommen sein würde, sich auf ihren Beistand und ihre Unterstützung verlassen zu können.

2. Dieser leichtsinnige und ungerechte Haushalter wird uns von dem Herrn als Muster hingestellt, von dem

wir lernen sollen. Wir sollen lernen von diesem ungerechten Haushalter? Ja. Und wenn es vorerst nur das wäre, daß wir lernten, wie man mit anvertrautem Gute nicht umgehen soll. Schon dann hätte uns sein Beispiel viel genützt. Ja, noch mehr als Das sollen wir von ihm lernen. Die Klugheit, die er im Irdischen zeigt, sollen wir ihm nachahmen im Geistlichen. So wie er die ihm gegebene Frist wohlweislich und klug benützte, für seine Zukunft zu sorgen, so sollen auch wir unsere Lebensfrist benützen, damit wir, wenn dieselbe abgelaufen sein wird, ein Unterkommen finden in den „ewigen Hütten" des Himmels.

Diesem wollen wir weiter nachdenken, wenn wir uns die Frage zur Beantwortung vorlegen:

Was können wir aus dem Gleichnis vom ungerechten Haushalter lernen?

Zwei Wahrheiten sind es, die wir daraus lernen können:

I. Auch wir sind Haushalter, und wichtige Güter sind uns zur Verwaltung anvertraut;

II. Auch wir müssen einmal von diesen Gütern Rechenschaft ablegen.

I. Auch wir sind Haushalter, und wichtige Güter sind uns zur Verwaltung anvertraut.

1. „Er sprach aber zu Seinen Jüngern: Es war ein reicher Mann, der hatte einen Haushalter; der ward vor ihm berüchtigt, als hätte er ihm seine Güter umgebracht." Wenn wir fragen, wen wir uns unter diesem reichen Mann und diesem Haushalter zu denken haben, so sagt uns Gottes Wort, daß der reiche Mann Gott der Herr sei und der Haushalter jeder Mensch. Wie der reiche Mann seinem Haushalter die Güter seines Hauses übergeben hatte, damit er sie verwalte, so hat Gott jedem Menschen auch Güter anvertraut, damit er sie nach der Vorschrift Gottes anwende. Dem Einen gab Er in Seiner Weisheit Viel, dem Andern Weniger. Aber so verschiedenartig Er Seine Güter austheilt, so verlangt Er von einem Jeden dasselbe, nämlich: Treue! treue Verwaltung des Anvertrauten.

Manches Gut gab Gott allen Menschen gemeinsam. So z. B. gab Er jedem Menschen einen Leib und eine Seele.

2. Der irdische Leib — ein Wunderwerk der Allmacht und Weisheit Gottes, mit seiner aufrechtstehenden Gestalt, sei= nen gelenkigen Gliedmaßen, seinem seelenvollen, nach oben ge= richteten Auge — die Krone der Schöpfung! Allerdings, um der Sünde willen muß er sterben und verwesen, aber er hat die Verheißung, einst verneut, verjüngt, verklärt aus dem Grabe wieder aufzustehen. Ja, Paulus nennt ihn sogar einen Tem= pel des Heiligen Geistes. 1. Korinth. 6, 19. Dieser Menschen= leib ist ein herrliches, kostbares Gut und wohl werth, daß man ihn in Acht nehme und in Ehren halte.

3. Ein noch werthvolleres Gut, als er selbst ist, birgt dieser Menschenleib in sich — die unsterbliche Seele, die da ist ein Hauch aus Gott, und welche die Bestimmung hat, auf Erden den sterblichen Leib zu regieren und zu beherrschen und einst den Auferstehungsleib auf ewig zu bewohnen. Dar= um ist die Seele das höchste irdische Gut, das Gott dem Men= schen verliehen hat. Das ersehen wir auch aus Christi Aus= spruch: „Was hülfe es dem Menschen, so er die ganze Welt gewönne, und nähme doch Schaden an seiner Seele? Oder was kann der Mensch geben, damit er seine Seele wieder löse?" Matth. 16, 26.

4. Außer diesen beiden Hauptgütern hat uns Gott noch andere untergeordnetere Güter anver= traut, die wir umtreiben, anwenden und gebrauchen sollen zu unserem und anderer Menschen Nutzen; die wir so verwalten sollen, daß wir sie einst zu des Gebers Zufriedenheit mit Zinsen zurückgeben können. Irdischer Besitzthum ist ein solches Gut. Geld, Häuser, Aecker und Alles, was Geldeswerth hat, gehört dazu. Wer Reichthum besitzt, soll wissen, daß es auch Arme und Kranke, Waisen und Wittwen gibt, daß es auch ein Reich Gottes gibt, und soll denken an Christi Wort: „Was ihr gethan habt Einem unter diesen Meinen geringsten Brüdern, das habt ihr Mir gethan." Matth. 25, 40. Wer nicht Viel besitzt, der soll sich erinnern an der Wittwe zwei Scherflein, die in Jesu Augen so großen Werth hatten. Marci 12, 43.

Auch hohe Stellung ist ein großes irdisches Gut. Leute, die hohe Stellung in der Welt einnehmen, haben einst Rechen= schaft abzulegen, ob sie darin ihre Pflicht erfüllt haben. Dem Reiche Gottes und dem allgemeinen Menschenwohl können sie viel nützen durch Beförderung wahrer Aufklärung und Unter= drückung der Bosheit.

Namentlich muß auch wissenschaftliche Bildung als ein von Gott anvertrautes Gut angesehen werden. Welch großen Nutzen dieselbe für die Menschheit im Allgemeinen und für das Reich Gottes insbesondere abwerfen kann, sehen wir an den Volksmännern der alten und der neuen Welt und namentlich an Gottesmännern wie Paulus, Luther, Mühlenberg, dem Gründer der lutherischen Kirche Amerikas.

Niemand soll denken, weil er arm sei, oder gering, oder ungelehrt, er könne nicht unter die Haushalter Gottes gezählt werden. Denn Jeder besitzt die Hauptgüter, den Leib, die Seele, das Leben, die Lebenszeit und hat in seinem Wirkungskreis diesen Gütern entsprechende Pflichten zu erfüllen. Und Gott sieht nicht auf hohe Stellung, große Gaben und Reichthum, sondern nur auf die Art und Weise, wie du dein Gut und deine Gaben angewandt hast: Gott sieht auf die Treue. „Welchem Viel gegeben ist, bei dem wird man Viel suchen; und welchem Viel befohlen ist, von dem wird man Viel fordern." Luc. 12, 48. Nun sucht man nicht mehr an den Haushaltern, denn daß sie treu erfunden werden." 1 Korinth. 4, 2.

Im Gleichnis von den anvertrauten Pfunden war der Herr jener Knechte mit des zweiten Knechtes zwei Pfunden Gewinnes zufrieden und verlangte von ihm keine fünf, wie sie der erste mit seinen fünf Pfunden, die er erhalten hatte, erworben. Aber mit dem dritten Knechte war er unzufrieden, weil er sein Pfund gar nicht angewandt hatte — nicht treu gewesen war.

2. Wie gehen nun die Menschen mit den ihnen von Gott anvertrauten Gütern um? Mit ihrem Leben und ihrer Lebenszeit gehen sie um, als ob sie zehn Leben vor sich hätten und zehnmal siebenzig Jahre in der Welt bleiben dürften. Den schönen goldenen Morgen der Jugend verbringen sie in Leichtsinn, den Mittag des Lebens im Dienst der Welt und ihrer Eitelkeit, und am Abend der Lebenszeit auf Erden muß der große Arbeitsgeber, der gute Welthausvater, die vorwurfsvolle Frage an sie richten: „Was stehet ihr den ganzen Tag müßig?" Tausende kommen in diese Welt und gehen wieder aus derselben, ohne sich bewußt geworden zu sein, warum sie in der Welt waren.

Und mit dem Leib? Mit dem gehen Tausende um, als ob er von Eisen und Stahl und nicht von Fleisch und Blut wäre. Man gönnt ihm aus Geiz keine Ruhe, weder am Werktag noch am Sonntag; man nützt ihn aus bis auf den letzten Tropfen

Lebensjaft und Lebenskraft. Man übertreibt das Gebot Got=
tes: „Im Schweiße deines Angesichtes sollst du dein Brot essen,
bis daß du wieder zur Erde werdest, davon du genommen bist."
1. Mose 3, 19. Arbeiten und die Körperkräfte anstrengen ist
gottwohlgefällig und recht, aber, sich in Habgier ausbrauchen
und ausnützen wie Last= und Zugthiere, das ist zu viel. Tau=
sende vergessen auch, daß unser Leib ein Tempel Gottes sein soll
und entheiligen und zerstören ihn durch Sünden= und Lasterdienst.
Tausende von Lustgräbern befinden sich auf den Kirchhöfen.
Früher Tod, Mord und Selbstmord sind oft die Folgen von sol=
chem Mißbrauch des Leibes. Andere sind arbeitsscheu und träge
und vergraben ihr Pfund in die Erde. Solche sollen aber be=
denken, daß der Arbeitsgeber einst strenge mit den „Schalks=
und faulen Knechten" verfahren wird." Matth. 25, 26.

Und mit der S e e l e? Viele geberden sich, als ob sie gar
keine hätten, sorgen wohl für ihren Leib, daß er zu essen und zu
trinken hat, aber die Seele und deren Bedürfnisse vergessen und
versäumen sie. In ihrer weltlichen Gesinnung denken sie nicht
daran, daß die Seele kein Korn und kein Geld braucht, sondern
Gottes Wort. Ja, Manche gehen so weit, daß sie bewußterma=
ßen das Vorhandensein einer unsterblichen Seele im menschli=
chen Körper leugnen, und so auch unterlassen, sie auf Erden zu
bilden und sie für ihre nachweltliche, himmlische Bestimmung zu
befähigen. Aber, ob du eine Seele glaubst oder leugnest —
du hast doch eine, und die Rechenschaft dafür bleibt doch.

Und mit dem R e i c h t h u m? Wie Viele machen es wie
der reiche Mann im Evangelium, dessen Feld wohl getragen
hatte, und der nicht wußte, wohin er die Früchte sammeln sollte.
Sie vergessen die Armen, die Unglücklichen, das Reich Gottes,
behalten Alles für sich und gehen aus der Welt, ohne mit ihrem
Mammon Gutes gethan zu haben.

Mit den G a b e n oder geistigen Anlagen und Fähigkeiten?
Wie mancher Mißbrauch wird mit den Gaben des menschlichen
Geistes getrieben, mit den Sprach=, Kunst=, Forschungs=, Rede=
gaben. Die Inhaber derselben müssen einst auch Rechenschaft
geben, ob sie dieselben angewandt haben zum wahren Wohle
der Menschheit und zum Nutzen des Reiches Gottes oder sie ver=
geudet und mißbraucht haben.

Wir Menschen haben gar Nichts, weder Leibliches noch
Geistliches, weder Kleines noch Großes, was uns nicht von Gott
gegeben wäre, damit wir es als Seine Haushalter verwalteten.
Und weil dem so ist, hat Gott auch das Recht, Rechen=

schaft von uns zu verlangen, um zu sehen, ob wir in unserer Verwaltung treu gewesen sind. Dessen sollen wir alle= zeit eingedenk sein und uns stetiger Treue befleißen, damit uns der Tag der Abrechnung nicht unvorbereitet finde, überrasche und ins Elend stürze.

So wollen wir denn die andere Behauptung untersuchen und lernen:

II. Auch wir müssen einmal von den uns anvertrauten Gütern Rechenschaft ablegen.

1. Daran hatte der Haushalter in unserem Evangelium nicht gedacht. Er war in seinem Amte untreu. Untreue aber, klein oder groß, kommt an den Tag. So war es auch bei unserem Haushalter. „Er ward vor sei= nem Herrn berüchtigt, als hätte er ihm seine Güter umge= bracht." Die Folge davon kann man sich denken. „Sein Herr forderte ihn und sprach zu ihm: Wie höre ich das von dir? Thue Rechnung von deinem Haushalten; denn du kannst hin= fort nicht mehr Haushalter sein." Das hatte er nicht erwartet. Darauf war er nicht vorbereitet. Wie ein Donnerschlag muß diese Anklage und diese Aufforderung zur Rechenschaftsablegung in sein schlafendes, leichtsinniges Gewissen hineingetönt haben. Rechenschaft ablegen und ein ungetreuer Hausalter gewesen zu sein! Wie will er bestehen?

2. Aehnliche vorwurfsvolle Anklagen hat Gott auch heute noch Ursache gegen die Menschen vorzubringen. Vor Manchen könnte Er hintreten und sagen: Wie höre Ich Das von dir, daß du deinen Leib, der doch ein Tempel des heiligen Geistes sein soll, mißbrauchst durch Völlerei und Ausschweifung?

Wie höre Ich Das von dir, daß du die Seele, die Ich dir gegeben habe, ganz und gar vernachlässigest und nur für den Leib sorgst? Daß du deinen Verstand, mit dem du das Gött= liche erfassen und das Gute befördern sollst, nur anwendest auf das Irdische und Nichts thust für Mein Reich?

Wie höre Ich von dir, daß du mit deinem Geld und Gut geizest und hart bist gegen Nothleidende, und die Zwecke Meines Reiches nicht unterstützest?

Wie höre Ich von dir, daß du in deinem Amt und Beruf nachlässig bist, daß du darin leichtsinnig und gewissenlos han= delst?

Wie höre Ich von dir, daß du deine Kinder nicht aufziehst in christlicher Zucht und Ordnung?

Wie höre Ich von dir, daß du die lange Gnadenzeit, die Ich dir gegeben habe, unbenützt dahingehen ließest und trotz deiner grauen Haare noch so leichtfertig und so unvorbereitet bist auf den Abschied?

Wenn dann zu solch vorwurfsvollen Anklagen noch die Ankündigung und der Befehl zur Rechenschaftsablegung kommt; wenn der Hausherr zum Haushalter spricht: „Thue Rechnung von deinem Haushalten; denn du kannst hinfort nicht mehr Haushalter sein: muß da nicht Jeder, der untreu war, in Verlegenheit, in Angst und Noth gerathen?

3. Der Tag der Rechenschaft kommt für jeden Menschen. Es ist das der Todestag. Wie dem Haushalter in unserem Evangelium die Rechenschaftsablegung vorher angekündigt wurde, so werden auch wir jeweils an diese Thatsache gemahnt. Dazu gebraucht Gott gewöhnliche und außerordentliche Mittel. Er thut es durch die Predigt Seines Wortes, durch die Schläge des Schicksals — Krankheit und Todesfälle — durch die Anzeichen des herannahenden Alters, wie graue Haare und Abnahme der Körperkraft. Wer kann sie zählen die vielen Mahnungen und Rufe, die Gott in Seiner Güte und Freundlichkeit, auch in Seinem Ernst und Seiner Strenge, an einen Menschen ergehen läßt, von der Jugend bis ins Alter hinein!

Auch an uns sind solche Mahnungen schon oftmals ergangen; auch an unseren Herzen hat Gott schon oftmals angeklopft und uns an die Abrechnung vor Ihm erinnert. Wer sie nutzlos an sich vorbeigehen ließ, der läuft Gefahr, daß Gott einmal plötzlich vor ihn hintreten und sprechen wird: „Thue Rechnung von deinem Haushalten; denn du kannst hinfort nicht mehr Haushalter sein!"

4. Was thut nun der Haushalter, nachdem er die Ankündigung zur Abrechnung vernommen hatte? „Der Haushalter sprach bei sich selber: Was soll ich thun? Mein Herr nimmt das Amt von mir: graben mag ich nicht, so schäme ich mich zu betteln. Ich weiß wohl, was ich thun will, wenn ich nun von dem Amt gesetzt werde, daß sie mich in ihre Häuser nehmen. Und er rief zu sich alle Schuldner seines Herrn, und sprach zu dem ersten: Wie viel bist du meinem Herrn schuldig? Er sprach: Hundert Tonnen Oels. Und er sprach zu ihm: Nimm deinen Brief, setze dich und schreibe flugs

fünfzig. Darnach sprach er zu dem andern: Du aber, wie viel bist du schuldig? Er sprach: Hundert Malter Weizen. Und er sprach zu ihm: Nimm deinen Brief und schreib achtzig." „Was soll ich nun thun?" frägt sich der Haushalter, „mein Herr nimmt Amt und Brot von mir, arbeiten mag ich nicht und zu betteln schäme ich mich." Plötzlich kommt ihm ein Gedanke: ein kluger Gedanke! und den führt er auch aus. Die Schuldner seines Herrn werden gerufen und deren Schuldscheine zu ihren Gunsten geändert: Aus Hundert macht man achtzig oder fünfzig. So benützt er den kurzen Rest seiner Amtszeit, sich mit den Gütern seines Herrn Freunde zu machen, damit sie auch erkenntlich sein möchten, wenn er das Amt nicht mehr inne haben würde. So sorgt er weise und klug für die Zukunft.

4. Und diese Klugheit ist es, die Jesus den Kindern des Lichtes, den Gliedern Seines Reiches, zur Nachahmung in ihrem Theile, in ihren Angelegenheiten anbefiehlt, wenn das Evangelium berichtet: „Und der Herr lobte den ungerechten Haushalter, daß er klüglich gethan hätte. Denn die Kinder dieser Welt sind klüger denn die Kinder des Lichtes in ihrem Geschlecht." Damit will der Herr sagen: Wie die Weltleute, in kluger Benützung der Umstände, Zeit und Mittel, auf ihre Weise sich vor zeitlicher Noth und irdischem Verderben zu schützen suchen, so sollen auch Christenleute die ihnen zu Gebote stehenden Mittel benützen, damit sie, wenn Gott ihr Haushalteramt, das sie als Menschen und Christen haben, von ihnen nimmt, sie nicht dem ewigen Höllenverderben anheimfallen. Dieses soll der Christ namentlich dann thun, wenn Gott ihm kund gethan hat, daß Er ihn bald zur Rechenschaft ziehen werde. Mancherlei sind ja der Boten, die uns Gott schickt, uns an den Tod und seine Folgen zu mahnen.

Allerdings soll der Mensch nicht warten, bis ihm die letzte Gnadenfrist angekündigt wird, sondern sein ganzes Leben als Gnadenzeit ansehen und benützen in treuer Anwendung seiner ihm von Gott verliehenen Gaben. Jugend und Alter soll er dem Herrn weihen, seine Berufspflicht getreulich erfüllen, treu sein als Mensch und als Christ auf dem ihm von Gott angewiesenen Posten: dann hat er nicht nöthig zu erschrecken, wann es heißt: „Thue Rechnung von deinem Haushalten!"

5. Aber gesetzt — man war nicht treu; man hat seine Pflicht nicht gethan; man hat seine schöne Lebenszeit vergeudet, die von Gott verliehenen Gaben mißbraucht, und Gott

zeigt uns plötzlich an, daß wir nach wenigen Stunden oder Tagen vor Seinen Gerichtsschranken zu erscheinen haben! Was dann thun? Dann mach's wie's der kluge Haushalter gemacht hat: benütze die kurze Frist, um für deine Zukunft zu sorgen, aber nicht wie der Haushalter mit unrechten Mitteln, sondern auf die rechte Art und Weise. Allerdings mußt du dabei Das thun, dessen der Haushalter sich schämte: Du mußt betteln, und zwar bei Demjenigen, der dich ins Haushalteramt gesetzt hat. Das hätte der Haushalter im Evangelium auch thun sollen: er hätte seinem Herrn das Unrecht bekennen und abbitten sollen. Dann hätte er gewiß Verzeihung erhalten. Dazu aber war er zu stolz. Sei du darum noch klüger als der kluge Haushalter und schäme dich nicht, dich vor deinem Herrn zu demüthigen. Bekenne Gott dein Unrecht, was es auch sein mag, und bitte Ihn aufrichtig um Vergebung, und Er wird dir gnädig sein. Denn: „Wer seine Missethat bekennet, der wird Barmherzigkeit erlangen." Sprüche 28, 13. Und David sagt: „Ich sprach: Ich will dem Herrn meine Uebertretung bekennen. Da vergabst Du mir die Missethat meiner Sünde." Pf. 32, 5.

Aber jedenfalls ist es das Sicherste, das ganze Leben hindurch treu zu sein in Amt und Beruf, namentlich die uns von Gott zu unserer Seligkeit verliehenen Gnadenmittel gewissenhaft und getreulich zu gebrauchen, so daß wir einst an unserem Rechnungstag nicht zu Schanden werden, sondern um Christi Blutes willen zu Gnaden angenommen werden und eingehen dürfen in die „ewigen Hütten."

> „Thu Rechnung! diese will
> Gott ernstlich von dir haben.
> Thu Rechnung, spricht der Herr,
> Von allen deinen Gaben:
> Thu Rechnung, fürchte Gott,
> Sonst mußt du plötzlich fort;
> Thu Rechnung, denke stets
> An dieses ernste Wort!"

Amen.

Zehnter Sonntag nach Trinitatis.

Und als Er nahe hinzu kam, sahe Er die Stadt an und weinete über sie und sprach: Wenn du es wüßtest, so würdest du auch bedenken zu dieser deiner Zeit, was zu deinem Frieden dienet. Aber nun ist es vor deinen Augen verborgen. Denn es wird die Zeit über dich kommen, daß deine Feinde werden um dich und deine Kinder mit dir eine Wagenburg schlagen, dich belagern und an allen Orten ängsten. Und werden dich schleifen und keinen Stein auf dem andern lassen, darum daß du nicht erkannt hast die Zeit, darinnen du heimgesuchet bist. Und er ging in den Tempel und fing an auszutreiben, die darinnen verkauften und kauften, und sprach zu ihnen: Es stehet geschrieben: Mein Haus ist ein Bethaus; ihr aber habts gemacht zur Mördergrube. Und lehrete täglich im Tempel. Aber die Hohenpriester und Schriftgelehrten und die Vornehmsten im Volk trachteten Ihm nach, daß sie Ihn umbrächten. Und fanden nicht, wie sie Ihm thun sollten; denn alles Volk hing Ihm an und hörete Ihn.

1. Sechshundert Jahre vorher, ehe das sich zutrug, was uns unser heutiges Evangelium berichtet, klagte der Prophet Jeremia (9, 1): „Ach, daß ich Wasser genug hätte in meinem Haupte, und meine Augen Thränenquellen wären, daß ich Tag und Nacht beweinen möchte die Erschlagenen in meinem Volk!" Denn Jerusalem lag in Trümmern; der schöne Tempel, den Salomo einst gebaut hatte, war zerstört, und die Einwohner Jerusalems und Judäas waren in die babylonische Gefangenschaft weggeführt.

2. Doch sah es zur Zeit unserer Textgeschichte in Jerusalem und Judäa anders aus. Die Zeit der Gefangenschaft der Juden „an den Wassern Babels" hatte ein Ende genommen; die Juden hatten wieder zu ihrem geliebten Zion zurückkehren dürfen. Aufs Neue erhob sich Jerusalem auf dem alten heiligen Boden; Haus an Haus, Palast an

Palast reichte sich wieder und durch regen Gewerbfleiß der Bewohner stieg die Stadt wieder zum früheren Glanze. Aus dem Häusermeer heraus ragte der wiederaufgebaute Tempel, der sogenannte „zweite" Tempel, der aber dem „ersten", dem salomonischen, an Pracht und Herrlichkeit durchaus nicht nachstand. Denn ihm galt die Weissagung des Propheten Haggai (2, 10): Es soll die Herrlichkeiten dieses letzten Hauses größer werden, denn die des ersten gewesen ist, spricht der Herr Zebaoth." Diese Weissagung war auch in Erfüllung gegangen, und zwar in zweifachem Sinn.

Vorerst dadurch, daß der König Herodes, um sich bei den Juden angenehm zu machen, das Tempelgebäude inwendig und auswendig aufs Prächtigste schmückte; und dann darum, weil in diesem zweiten Tempel Christus der Herr Selbst leibhaftig wandelte. Aber trotz all der Pracht und Herrlichkeit, die der Anblick von Jerusalem darbot, trotz des Hosiannarufens des Volkes, konnte sich der Herr doch nicht freuen. Sein Herz war wehmütig gestimmt, und unter Thränen verkündigte Er der Bürgerschaft Jerusalems das schreckliche Loos, das sie einst treffen sollte.

3. Vierzig Jahre später sehen wir diese schreckenerregende Ankündigung erfüllt, als nämlich die Römer Jerusalem belagerten, den größten Theil der Einwohner tödteten, Stadt und Tempel zerstörten und die Uebergebliebenen in die Sklaverei verkauften.

4. Zum Andenken an dieses schreckliche Ereignis hat die Kirche in alten Zeiten schon angeordnet, daß am 10. Sonntag nach Trinitatis über das Evangelium, in welchem die Zerstörung Jerusalems angekündigt wird, gepredigt werden soll, damit die Christenheit immer wieder erinnert werde an Gottes Gerechtigkeit, die sicherlich geübt wird an Denen, die Gottes Gnade und Güte verachten, nicht Buße thun und so durch eigene Schuld verloren gehen.

5. Was beim Durchlesen unseres heutigen Textes jedes Menschenherz rühren muß, das sind die Thränen, die Jesus beim Anblick der heiligen Stadt weinte — Thränen des Mitleids über Israels Unbußfertigkeit, Hartherzigkeit und Verstockung. Und da solche Rührung vielleicht auch für uns von Vortheil sein könnte, so wollen wir heute betrachten

Jesu Thränen beim Anblick der Stadt Jerusalem.

Dabei wollen wir hinblicken

I. auf die Person, die sie vergießt;
II. auf die Leute, über die sie vergossen werden.

Wir wollen hinsehen

I. auf die Person, die solche Thränen vergießt.

1. Jesus ist es, der diese Thränen vergießt.
Er ist auf Seinem Todesweg. Er war hinaufgezogen nach
Jerusalem mit Seinen Jüngern, denen Er beim Beginn der
Reise mitgetheilt hatte: „Sehet, wir gehen hinauf nach Jerusalem, und es wird Alles vollendet werden, das geschrieben ist
durch die Propheten von des Menschen Sohn. Denn Er wird
überantwortet werden den Heiden; und Er wird verspottet und
geschmähet und verspeiet werden; und sie werden Ihn geißeln
und tödten, und am dritten Tage wird Er wieder auferstehen."
Von Bethanien her, wo Er den Lazarus von den Todten auferweckt hatte, war Er in der Nähe der heiligen Stadt angekommen und stand im Begriff, durch das Thal Kidron in die Stadt
einzuziehen zum Osterfeste, auf welchem Er werden sollte „das
Lamm Gottes, das der Welt Sünde trägt." Seine Jünger,
die Zwölfe, und eine große Volksmenge begleiten Ihn. Und
von Advent und von Palmsonntag her tönt noch in unserem
Geist der fröhliche Zuruf, und das begeisterte Jauchzen, mit
dem die Volksmenge den Herrn bewillkommnete: „Hosianna
dem Sohne Davids; gelobet sei, der da kommt in dem Namen
des Herrn, Hosianna in der Höhe!"

2. Da lag sie nun vor Ihm, die heilige Stadt,
der Stolz Israels, die alte Residenz der Könige Judas. Großartig und erhaben ragen aus dem Häusermeer hervor die all-
bekannten Hügel mit ihren Burgen und Palästen, namentlich
aber die Stätte der Anbetung — das herrliche Gebäude des
Tempels.

Doch, wie einst Jeremia über den Trümmern des ersten
Jerusalems und des ersten Tempels weinte, so füllt sich auch
Sein Herz mit Wemuth und Seine Augen mit Thränen, und
trotz der Sich Ihm darbietenden Pracht und des Ihn umjauch-
zenden Volkes bricht Sein Mund in einen Unheil verkündenden

Klageruf aus, dessen Inhalt das schreckliche Schicksal ausdrückt, das diese herrliche Stadt und deren Bewohner treffen sollte.

3. Dreimal lesen wir in den Evangelien von Thränen Jesu. Jesus weinte am Grabe des Lazarus. „Es gingen Ihm die Augen über," heißt es. Das Elend, das die Sünde in der Welt angerichtet, und die Macht, die der Tod als Folge der Sünde, in der Welt ausübt, preßten Ihm Schmerzensthränen aus. Im Garten Gethsemane, in jener furchtbaren Nacht Seines Seelenleidens, „opferte Er Thränen und starkes Geschrei" im Kampfe mit Sünde, Tod und Teufel. Vor Jerusalem angekommen, weint Er — wie unser heutiger Text berichtet — Thränen liebevollen Mitleides über Sein armes verblendetes Volk, das nicht erkannte die Zeit seiner gnädigen Heimsuchung.

4. Viele Thränen werden auf Erden geweint, gute und böse, werthvolle und werthlose. Eltern weinen, wenn ein Kind, das sie von Herzen lieb haben, für welches sie alles Mögliche gethan haben mit Mahnen und Warnen und Bitten, das aber doch nicht hören will, sondern den Weg des verlornen Sohnes geht, seinem eigenen Verderben entgegen. Menschen weinen bei großen Unglücksfällen, wenn die Elemente toben in Feuers- und Wassersnoth; wenn Gott Seine heilige Zuchtruthe über die Völker schwingt bei Krieg, Theuerung und ansteckenden Krankheiten, oder auch dem Einzelnen das Liebste vom Herzen nimmt und in des Todes Staub legt. Christen weinen als Solche, die Hoffnung haben. Ungläubige weinen aus Verzweiflung. Böse Kinder und stolze, eigensinnige Leute weinen vor Trotz und Zorn, wenn ihnen Etwas wider den Willen geht. Freunde weinen beim Abschied, „wenn sie von einander gehen." Auch werden Freudenthränen geweint — bei glücklichen Anlässen; auch Dankesthränen — für Wohlthaten, die man von Gott oder Menschen empfangen. Seltener als alle diese Arten von Thränen sind die Bußthränen, geweint von Menschen, die ihre Irrwege und Verkehrtheiten einsehen, ihr Unrecht erkennen und zur Ueberzeugung gekommen sind, daß sie wider Gott gesündigt haben. Solche Thränen hat David geweint, als er sich vor Gott demüthigte und bekannte: „Da ich es wollte verschweigen, verschmachteten meine Gebeine durch mein tägliches Heulen." Ps. 32. Bußthränen hat auch der verlorene Sohn geweint, als er aus dem Taumel seines Leichtsinnes und seiner Gottvergessenheit auf dem Felde draußen bei den Schweinen zu sich

kam und an seine Brust schlagend ausrief: „Ich will mich aufmachen und zu meinem Vater gehen und zu ihm sagen: Vater,
ich habe gesündigt im Himmel und vor dir." Luc. 15, 21.

5. Aber alle diese Thränen sind mehr oder
weniger eigene Thränen, eigene Noth oder eigenes Interesse betreffend. Dagegen sind die Thränen, die Jesus weint,
fremde Thränen, fremder Noth, fremdem Elend gewidmet.
Seine Thränen an Lazari Grab gelten dem Freunde und
fließen aus Betrübnis über die Macht der Sünde und des Todes. Seine Thränen in Gethsemane sind Thränen des Kampfes
mit den Feinden der Menschheit — Sünde, Tod und Teufel —
sind Thränen zum Besten der Menschheit. Seine Thränen
beim Anblick Jerusalems sind Thränen theilnehmender Liebe
und herzlichen Mitleides. Und mit den Thränen letzterer Art
haben wir es namentlich heute zu thun.

Nun wollen wir auch hinblicken

II. auf die Leute, über welche Jesus weint.

1. Die Leute, über welche Jesus weint, sind
Sein Volk, das Volk Israel; hauptsächlich die Einwohner der Stadt Jerusalem.

Das Volk Israel, das Gott wie kein anderes Volk der
Erde ausgezeichnet und gesegnet hatte, dem Er Sein Gesetz
gegeben, während die anderen Völker rings umher noch in
Finsternis und Todesschatten des Heidenthums saßen; das
Volk Israel, das allein die Ehre hatte, daß aus seinen Nachkommen Der hervorgehen sollte, durch welchen alle Völker der
Erde sollten gesegnet werden; das Volk Israel, dem Gott das
schöne Land Kanaan als Eigenthum gegeben und dem Er das
verheißene Heil durch Propheten immer wieder hatte ankündigen und durch den herrlichen Tempelgottesdienst mit seinen
Opfern und Ceremonien hatte abbilden und so Jahrhunderte
hindurch auf den Messias hatte vorbereiten lassen: Das sind
die Leute, über welche der Herr weint. Es ist das Volk Israel,
das das Glück gehabt hatte, den Vorgänger des Messias, Johannes den Täufer, auf das Lamm Gottes, das der Welt
Sünde tragen sollte, hinweisen zu sehen; Israel, das so hochbe-
gnadigt war, den erschienenen Messias, Jesum Christum, drei
Jahre lang unter sich wandeln zu haben, Zeuge Seiner Thaten
und Wunder zu sein, Seine herzgewinnenden Reden zu hören:
Das sind die Leute, über welche der Herr Thränen vergießt,
über welche Er traurig und schmerzvoll ausrufen muß: „Jeru-

salem, Jerusalem, die du tödtest die Propheten und steinigest, die zu dir gesandt sind, wie oft habe Ich deine Kinder versammeln wollen, wie eine Henne versammelt ihre Küchlein unter ihre Flügel; und ihr habt nicht gewollt. Siehe, euer Haus soll euch wüste gelassen werden." Matth. 23, 37. 38. Das sind die Leute, denen Er unter heißen Thränen des Mitleids das traurige Schicksal ankündigen muß: „Wenn du es wüßtest, so würdest du auch bedenken zu dieser deiner Zeit, was zu deinem Frieden dient. Aber nun ist es vor deinen Augen verborgen. Denn es wird die Zeit über dich kommen, daß deine Feinde werden um dich und deine Kinder mit dir eine Wagenburg schlagen, dich belagern und an allen Orten ängstigen, und werden dich schleifen und keinen Stein auf dem andern lassen, darum daß du nicht erkannt hast die Zeit, darinnen du heimgesucht bist."

2. Ein schreckliches Schicksal ist in diesen Worten Jerusalem angekündigt worden: Es soll belagert werden, erobert werden, seine Mauern und Häuser sollen geschleift werden. Und was ist bei solchen Begebenheiten das Loos der Bewohner? Und doch, sie ahnen es nicht; noch ist es vor ihren Augen verborgen. Das Gewitter ist noch ferne, und der Himmel noch heiter. Noch steht sie, die feste Davidsstadt, fest noch sind ihre dreifachen Mauern; noch ragen Tempel, Zionsburg und die Paläste hoch empor in ihrer Pracht, und fröhlich wogt das Volk in den Straßen sich zur Feier des Osterfestes anschickend. Aber der Herr sieht im Geist die Legionen römischen Kriegsvolkes bereits sich Jerusalem nähern, die schwarzen Sturmeswolken sich über der Stadt aufthürmen, sieht die Soldaten den Erdwall aufwerfen, die Mauern ersteigen, sieht das Würgen in den Straßen, den Tempel in Flammen und Israels stolze Hauptstadt geschleift.

3. Aus der Weltgeschichte und Kirchengeschichte wissen wir, daß diese Weissagung schrecklich in Erfüllung gegangen ist. Es war 37 Jahre, nachdem sie der Herr ausgesprochen hatte, als wegen des bevorstehenden Osterfestes Jerusalem wieder mit Fremden angefüllt war, daß das Römerheer, von Titus geführt, Jerusalem sich näherte und begann, es zu belagern. Zwei und eine halbe Million Menschen befanden sich in der Stadt; Viele hatten sich aus den durch die Römer bereits zerstörten nördlichen Provinzen hineingeflüchtet. Die Römer warfen einen hohen Erdwall um die Stadt herum auf, um über denselben auf die Befestigungsmauern und so in

die Stadt zu gelangen. Aber es wollte ihnen nicht gelingen, da die Juden von den Mauern herab sich verzweiflungsvoll ver= theidigten. Doch der Juden Gegenwehr ward immer schwächer, da Hungersnoth, ansteckende Krankheiten und blutige Parthei= kämpfe unter sich selbst ihre Zahl immer mehr verminderten. Auch gaben sich Viele in der Verzweiflung selber den Tod. Endlich — am 10. August des Jahres 70 nach Christi Geburt — gelang es den Römern die Mauern zu ersteigen und so in die Stadt einzudringen. Nun begann das furchtbare Werk der Einnahme und Zerstörung der Stadt. Gereizt durch den hart= näckigen Widerstand, den die Juden in vermeinter Hoffnung auf den jetzt kommenden Messias den eindringenden Römern entgegensetzten, war ihre Rache nur desto größer. Stromweise floß das Blut in den Straßen, und der Boden war mit Leich= namen bedeckt; denn weder Geschlecht noch Alter schützte vor dem grausamen Römerschwert. Das herrliche Gebäude des Tempels ging in Flammen auf. Die Häuser wurden zerstört; die Mauern dem Boden gleich gemacht, und was von Einwoh= nern übrig geblieben war, wurde in die Sklaverei verkauft. Gegen eine und eine halbe Million waren umgekommen. Diese Noth, dieses Elend, diese Greuelscenen — was Christus Alles voraussah — waren gewiß hinlänglicher Grund für Seine wehemüthigen Mitleidsthränen. Auch war jetzt in schrecklicher Weise erfüllt, was Israel in seiner Verblendung auf sich herab= beschworen: „Sein Blut komme über uns und unsere Kinder."

Das das Ende des jüdischen Staates; das das Schicksal eines Volkes, das Gott gnädiglich bevorzugt hatte vor allen andern Völkern der Erde, das aber in seinem Ungehorsam und seiner Hartnäckigkeit „immer den Irrweg wollte", und so Gottes angedrohter Strafe: „Siehe, euer Haus soll euch wüste gelassen werden", nicht entging.

4. „Was zuvor geschrieben ist, das ist uns zur Lehre ge= schrieben." Röm. 15, 4. Das gilt namentlich von der Geschichte des Volks Israel, und da insbesondere von dem traurigen Ende dieses Volkes, wie es uns in der Zerstörung Jerusalems gezeigt wird. Jedes Land, jedes Volk und jeder Einzelne kann daraus lernen: „Irret euch nicht; Gott läßt Sich nicht spotten. Denn was der Mensch säet, das wird er ernten." Gal. 6, 7.

Wie Jerusalem und Palästina, so hat Gott auch dies unser neues Vaterland reichlich gesegnet, in man=

nigfacher Weise. In kurzer Zeit hat es sich zu einem großen
Wohlstand aufgeschwungen. Wer nur arbeiten will, findet Beschäftigung und Brot. Vergleicht man den gegenwärtigen Zustand dieses Landes mit dem vor hundert Jahren: welcher
Unterschied in Ackerbau, Gewerbe, Handel, Schulwesen! welch
gewaltiger Fortschritt! Und über dies Alles wollen wir bedenken die bürgerliche und religiöse Freiheit, die wir in diesem
Lande genießen. Jeder, der sich dem Gesetze des Gemeinwesens
fügt, kann „im Frieden wohnen unter seinem Weinstock und
Feigenbaum." 1. Könige 4, 25. Namentlich sollen wir dankbar anerkennen und schätzen die religiöse Freiheit, die wir hier
haben. Zwanglos können wir unserem Glaubens leben. Ungestört können wir des Glaubens unserer Väter pflegen und der
Schätze genießen, die uns die Reformation erworben hat.

Sind wir dankbar für den Segen, den uns Gott in diesem
arbeitsreichen und ergiebigen Lande zukommen läßt? Schätzen
wir die bürgerliche und religiöse Freiheit, die wir
hier genießen? Gereicht nicht gerade die Freiheit Manchem
zum Verderben? Denkt nicht Mancher, er sei hier auch frei von
Kirche und von Gott? Tausende halten sich fern von der Kirche
in vermeintlichem Freiheitssinn und treten so die religiösen Er-
rungenschaften von zu Hause, den ganzen religiösen Jugendunterricht in der heimathlichen Schule und Kirche mit Füßen.
Ueber solch religiösen Leichtsinn, der in tausend Fällen in
Stumpfsinn, Unglauben und Gottesfeindschaft ausschlägt,
könnte Christus heute noch Thränen vergießen. Denn heute
noch ist „die Sünde der Leute Verderben", zeitlich und ewig.
Auch sogar in unsern Gemeinden selbst fände der Herr Ursache
zu klagen und Thränen. Unsere Gemeinden leiden an Schläfrigkeit, Weltsinn, Geiz, Lieblosigkeit, Streitsucht, Hochmuth.
Auch der Zustand so mancher Familie könnte Ihn zu Thränen
rühren, da so wenige wirklich christliche Heimstätten und Wohnungen des Friedens sind.

Wie Jerusalem und Israel, so warnt Gott auch uns.
Lassen wir Ihn nicht tauben Ohren predigen. Hören wir auf
Seine Mahnungen, ehe es zu spät ist, daß es uns nicht ergehe
wie Sodom und Gomorra, oder Jerusalem.

> „Jerusalem, Jerusalem, die du so hoch gethront!
> Du Wohnung Gottes, lieb und werth, du Himmel unterm Mond!
> Jetzt sammt den Deinen unterm Fluch geknechtet jämmerlich!
> Jerusalem, Jerusalem, stets weinen wir um dich!"

Amen.

Elfter Sonntag nach Trinitatis.

_____

Luc. 18, 9-14.

Er sagte aber zu etlichen, die sich selbst vermaßen, daß sie fromm wären, und verachteten die andern, ein solch Gleichnis: Es gingen zween Menschen hinauf in den Tempel zu beten, einer ein Pharisäer, der andere ein Zöllner. Der Pharisäer stand und betete bei sich selbst also: Ich danke dir, Gott, daß ich nicht bin wie die andern Leute, Räuber, Ungerechte, Ehebrecher, oder auch wie dieser Zöllner. Ich faste zwier in der Woche, und gebe den Zehnten von allem, das ich habe. Und der Zöllner stand von ferne, wollte auch seine Augen nicht aufheben gen Himmel, sondern schlug an seine Brust und sprach: Gott, sei mir Sünder gnädig! Ich sage euch: Dieser ging hinab in sein Haus gerechtfertiget vor jenem. Denn wer sich selbst erhöhet, der wird erniedriget werden; und wer sich selbst erniedriget, der wird erhöhet werden.

1. Man sollte glauben, daß alle Diejenigen, die dem Gottesdienste beiwohnen und Das, was darin gewöhnlich geschieht, mitmachen, Gott angenehm wären und demnach vom Gottesdienst den Segen mit nach Hause nähmen, den Gott verheißen hat, darin zu geben. Aber dem ist nicht so. Viele gehen vom Gottesdienste nach Hause so leer, wie sie kamen, während Andere durch denselben Gottesdienst gestärkt und erquickt worden sind. So wars schon am Anfang, zur Zeit, da man anfing zu „predigen von dem Namen des Herrn." So lesen wir im 4. Kapitel des ersten Buches Mosis, daß Kain und Abel, Adams Söhne, Gott Opfer darbrachten: Kain von den Früchten des Feldes — er war ein Ackermann — und Abel von den Erstlingen seiner Herde und von ihren Fetten — er war ein Hirte. Beide Brüder brachten Gott Opfer dar. Und doch war der Erfolg ihres Opfergottesdienstes nicht derselbe. Die Schrift berichtet also: „Und der Herr sah gnädiglich an Abel und sein Opfer; aber Kain und sein Opfer sah Er nicht gnädiglich an." Warum? Glaubt ihr, Gott habe größeres

Wohlgefallen gehabt an einem Schaf als an Feldfrüchten?
Nein! das war nicht der Grund. Den Grund lesen wir im
Hebräerbrief (11, 4): „Durch den Glauben hat Abel Gott ein
größer Opfer gethan, denn Kain; durch welchen er Zeugnis
überkommen hat, daß er gerecht sei, da Gott zeugete von seiner
Gabe." Der Grund von der Verschiedenheit des Erfolges ihres
Opfergottesdienstes lag in der Gesinnung des Herzens. Abel
brachte sein Opfer im Glauben, Kain nicht. Glaube aber setzt
Buße, Sündenerkenntnis und Demuth voraus. Und das sind
die Grundbedingungen eines gesegneten Gottesdienstes. Weil
Abel sein Opfer darbrachte in demüthigem Bewußtsein der
Sünde und mit dem Glauben, daß ihm Gott um des Opfers
willen gnädig sein werde, erklärte ihn Gott auf eine uns unbe=
kannte Weise für gerecht, d. h. für gerechtfertigt: „sah sein
Opfer gnädiglich an." Weil Gott Kains Opfer „nicht gnädig=
lich" ansah, so können wir aus dem Gesagten schließen, daß er
sein Opfer nicht im Glauben, also auch nicht in Buße und dem
Bewußtsein seiner Sündhaftigkeit — darbrachte, sondern in
Heuchelei, Unbußfertigkeit, Selbstgerechtigkeit und Hochmuth.

2. Aehnliches finden wir in unserem heutigen
Evangelium — in dem Gleichnis von dem Pharisäer und
Zöllner. Beide — der Pharisäer und Zöllner — sind im
Tempel beim Gottesdienst. Beide beten. Und doch ist Christi
Urtheil über sie ein gar verschiedenes. „Ich sage euch", spricht
Jesus, „Dieser (der Zöllner) ging hinab gerechtfertigt in sein
Haus vor jenem (dem Pharisäer)." Der Grund dieser Ver=
schiedenheit ist nach Christi Ausspruch zu urtheilen derselbe wie
bei Kain und Abel. „Denn", spricht der Herr, „wer sich selbst
erhöhet, der wird erniedriget werden; und wer sich selbst ernie=
driget, der wird erhöhet werden."

3. Auch heute noch ergeht es ähnlicherweise.
Von einem und demselben Gottesdienst geht ein Theil der
Theilnehmer reichgesegnet nach Hause, während der andere
Theil gar keinen Segen mit heimnimmt. Von einem und
demselben Abendmahle ißt und trinkt sich der Eine den Segen,
der Andere den Fluch. Der Grund davon ist auch hier in Jesu
Ausspruch enthalten: „Wer sich selbst erhöhet, der wird ernie=
driget werden; und wer sich selbst erniedriget, der wird erhöhet
werden."

Und so wollen wir heute sehen,

Daß die Demuth die Grundbedingung eines gesegneten Gottesdienstes sei.

Dabei blicken wir hin

I. auf den Pharisäer;

II. auf den Zöllner.

Wir blicken hin

I. auf den Pharisäer.

„Es gingen zwei Menschen hinauf in den Tempel, zu beten: einer ein Pharisäer, der andere ein Zöllner."

1. Der Pharisäer war im Tempel, beim Gottesdienst. Darin kann er gar vielen Christen als Vorbild dienen. Tausende von Christen vernachlässigen den Gottesdienst. Manche betreten nach ihrer Konfirmation die Kirche nie wieder. Andere kommen vielleicht des Jahres ein Mal. Auch die sogenannten regelmäßigen Kirchgänger lassen sich zu leicht vom Besuche des Gottesdienstes abhalten. Vielen ist es im Sommer zu heiß und im Winter zu kalt, und oftmals scheuen sie Regen und Schnee.

So sollte es aber nicht sein. Wenn die Leichtsinnigen und Ungläubigen — die auch gewöhnlich keine Glieder christlicher Gemeinden sind — die Kirche nicht besuchen, so sollten es doch die Gemeindeglieder thun. Und zwar regelmäßig, das ganze Kirchenjahr hindurch, nicht bloß an den Festtagen und außerordentlichen Gelegenheiten. Nur unabänderliche Ursachen sollen ein Gemeindeglied vom Besuche des Gottesdienstes abhalten können. Ein regelmäßiger Kirchgänger hat großen Vortheil vor dem unregelmäßigen. Er hört die großen Thatsachen der Erlösung, wie sie das Kirchenjahr bringt, im Zusammenhang, und lernt sie so besser verstehen. Auch gewöhnt er sich eher an die Predigtweise seines Pastors und wächst mit ihm und dem ganzen Gemeindewesen inniger und fester zusammen, als der, der die Kirche nur hie und da besucht. Der Pharisäer ging zum Tempel, ging in den Gottesdienst, und, wie aus dem Ganzen hervorgeht, regelmäßig. Darin kann er uns zum Vorbild dienen.

2. Der Pharisäer ging zum Tempel hinauf, um zu beten. Die Pflege seiner Religion, seines Glaubens, war der

Zweck seines Tempelbesuches. Keine unreligiöse Ursache trieb
ihn in das Heiligthum Israels. Viele gehen zur Kirche und
wissen nicht warum. Sie denken nicht daran, daß man kommen
soll, um zu beten. Manche suchen Unterhaltung und Zeitver=
treib und legen ihr Hauptgewicht auf Nebensächliches z. B.
Musik und Kunstgesang. Wohl sind solche Nebendinge als
Hilfsmittel beim Gottesdienst schön und angenehm, aber die
Hauptsache ist die Erbauung des innern Menschen durch Gottes
Wort, der Verkehr der Seele mit Gott: Man kommt, um zu
beten.

3. Der Pharisäer betete. Wir wollen hören, was er
betete: „Ich danke Dir Gott, daß ich nicht bin wie andere
Leute, Räuber, Ungerechte, Ehebrecher, oder auch wie dieser
Zöllner; ich faste zwei Mal in der Woche, und gebe den Zehnten
von Allem, das ich habe.“ Der Pharisäer dankt. Der Grund
seines Dankens ist, daß er nicht sei wie andere Leute: Räuber,
Ungerechte, Ehebrecher, Zöllner. Gewiß! wenn Einer von
solch groben Sünden und Lastern bewahrt geblieben ist, so ist
das hoch anzuschlagen und dankenswerth. Und auch Christen
sollen sich eines äußerlichen ehrlichen Wandels vor den Menschen
befleißigen, nicht als ob man damit den Himmel verdienen
könnte, sondern es soll ehrbarer Wandel die Folge und die
Frucht des innern Glaubenslebens sein. Christenleute sollen
es doppelt genau nehmen mit dem Mein und Dein und mit der
Treue im Ehestand. Religion und Kirchlichkeit dürfen nie
Deckmantel der Bosheit sein. (1. Petri 2, 16). Paulus sagt:
„Was wahrhaftig, was ehrbar, was gerecht, was keusch, was
lieblich, was wohllautet, ist etwa eine Tugend, ist etwa ein Lob,
dem denket nach.“ Phil. 4, 8. Es ist gewiß eine große Schmach
und Schande, wenn in einer christlichen Gemeinde Werke des
Fleisches gefunden werden wie Die, von welchen der Pharisäer
glaubt frei zu sein, und von welchen auch Paulus im Galater=
brief redet: „Offenbar sind aber die Werke des Fleisches als
da sind: Ehebruch, Hurerei, Unreinigkeit, Unzucht, Abgötterei,
Zauberei, Feindschaft, Hader, Neid, Zorn, Zank, Zwietracht,
Rotten, Haß, Mord, Saufen, Fressen, und dergleichen.“ Gal.
5, 19–21. Wenn solche Laster bei Ungläubigen und Unkirch=
lichen vorkommen, ist es schon schlimm, aber zehnmal schlimmer
ist es, wenn sie bei Kirchenleuten gefunden werden.

4. Aus des Pharisäers Gebet geht hervor, daß er fastete.
Allerdings, man fastet bei uns nicht. Das Evangelium und
unsere Kirchengesetze verlangen das nicht. Aber wie wenig

Selbstverleugnung wird bei uns geübt. Man ergeht sich in Unmäßigkeit im Essen und Trinken. Man will gut leben, und ist unzufrieden, wenn man nicht Alles hat wie die Vermöglichen und Reichen. Um des Mittagessens willen müssen die Dienst= boten oder sonstige Glieder der Familie am Sonntag vom Gottesdienste wegbleiben. Man ist nicht im Stande, sich eines Genusses zu begeben, um dadurch Andern die Gelegenheit zur Theilnahme am Gottesdienste zu verschaffen, noch viel weniger, um dadurch für das Reich Gottes Etwas zu ersparen.

5. Der Pharisäer gab den Zehnten von Allem, was er hatte, an den Tempel. Keine Gemeinde hätte Mangel, wenn jedes Glied dasselbe thäte. Unsere Anstalten und Mis= sionen wären immer wohl versorgt, wenn unsere Gemeinden den Pharisäer in diesem Stück nachahmten. Doch, da Solches nicht geschieht, so sollten wir aus dieser Gewohnheit des Phari= säers wenigstens ein wenig mehr Freigebigkeit für kirchliche Zwecke lernen. Aber solches Geben soll kein gesetzliches, son= dern ein Geben aus Liebe — ein freiwilliges sein. Alle diese Züge sind der Nachahmung werth.

6. Und doch ist am Pharisäer viel zu tadeln. Nämlich die hochmüthige, selbstgerechte Gesinnung, aus welcher die genannten lobenswerthen Thatsachen und Tugenden flossen und die Selbstüberhebung, mit der er sie Gott in seinem Ge= bete vorträgt. Wenn er dankt, daß er nicht sei „wie andere Leute, Räu= ber, Ungerechte, Ehebrecher, oder auch wie jener Zöllner," so hört man es seinen Worten an, daß sein Danken aus Selbst= überhebung und geistlichem Hochmuth kommt, nicht aus dem demüthigen Bewußtsein, daß es der Gnade und dem Schutze Gottes zuzuschreiben ist, wenn man von solchen Lastern bewahrt bleibt. Und sein stolzer, verächtlicher Seitenblick auf den Zöll= ner verräth vollends ganz seinen gänzlichen Mangel an Er= kenntnis der Sünde und rechtem Verständnis des göttlichen Gesetzes nach dessen tiefen Ernst und heiligem Zweck. Erkennt= nis der Sünde soll das Gesetz bewirken und Verlangen nach einem Erlöser. Nichts von dem sehen wir bei dem Pharisäer. Bei den wirklich Frommen des alten Testamentes finden wir diese Sündenerkenntnis und das Bewußtsein der eigenen Un= würdigkeit. David sagt: „Gehe nicht ins Gericht mit Deinem Knechte: denn vor Dir ist kein Lebendiger gerecht." Ps. 143, 2. Jesaias klagt: „Wir sind allenthalben wie die Unreinen, und

all unsere Gerechtigkeit ist wie ein unfläthig Kleid." Jes. 64, 6.
Hiob bekennt: „Ja, ich weiß fast wohl, daß also ist, daß ein
Mensch nicht rechtfertig bestehen mag gegen Gott." Hiob 9, 2.
Daniel betet: „Wir liegen vor Dir mit unserem Gebete, nicht
auf unsere Gerechtigkeit, sondern auf deine große Barmherzig=
keit." Dan. 9, 18. Diese Männer verstanden den tiefen Ernst
und die hohe Anforderung des Gesetzes, denn sie zeigen die
Frucht desselben: Erkenntnis der Sünde und wahre, ernste
Buße.

Wenn der Pharisäer fastet, so thut er nur seine Pflicht;
denn so hatte es Gott im alten Bunde geboten. Und wenn er
nach den Vorschriften seines Ordens zweimal in der Woche
fastet, anstatt nach Gottes Gebot nur einmal des Jahres, so
macht ihn das vor Gott nicht besser oder frömmer.

Wenn der Pharisäer den Zehnten gibt von allem, was er
hatte, so that er Dies nicht nach dem Gebote Gottes — denn
dieses verlangt nur den Zehnten von gewissen Gegenständen —
sondern nach den Aufsätzen der Pharisäer; und diese Aufsätze
haben vor Gott keine Geltung. Alle seine Werke, die er hier
aufzählt, sind nicht Früchte ernster Buße, kindlichen Glaubens
und herzlicher Liebe, sondern Werke, die einem selbstgerechten,
unbußfertigen und lieblosen Herzen entspringen, und gethan
worden sind, um damit den Himmel als Lohn zu verdienen.
Dagegen lehrt die Schrift: „Was nicht aus dem Glauben geht,
das ist Sünde." Röm. 14, 23. Und: „Wenn ihr Alles ge=
than habt, was euch befohlen ist, so sprechet: Wir sind unnütze
Knechte; wir haben gethan, das wir zu thun schuldig waren."
Luc. 17, 10.

7. Pharisäer gibts auch heute noch. In jeder
Gemeinde begegnen wir Leuten, die sich selbst vermessen in der
Meinung, daß sie fromm seien und verachten die Andern. Wenn
Sünden gestraft werden, so sehen sie sich nach Solchen um, auf
welche nach ihrer Meinung solches Strafen paßt; auf sich selbst
wenden sie es nicht an. Oftmals hört man Gemeindeglieder
sagen: Ich habe ein gutes Gewissen, habe Niemandem etwas zu
Leide gethan, ich bin zu jeder Stunde bereit zu sterben. Sogar
von Sterbenden, die also schon am Rande der Ewigkeit stehen,
hört man solche thörichte Selbstbekenntnisse. Gewiß ist für
einen gläubigen Christen dem Tode der Stachel genommen, da
er um Christi willen ein ewiges Leben hofft, aber bei aller Lust
„abzuscheiden und bei Christo zu sein", fühlt er seine eigene
Unwürdigkeit und den heiligen Ernst des Jenseits. Wer es

mit den Anforderungen des Gesetzes und mit der Heiligkeit Gottes — namentlich im Angesichte des Todes — noch oberflächlich und leicht nehmen kann, der gehörte noch nie zu den Gläubigen des Herrn und läuft Gefahr, beim Eintritt in die richtende Ewigkeit das Wort des Richters zu hören: „Ich kenne dich nicht; weiche von mir, du Uebelthäter."

Auch bezüglich des Gebens haben wir Pharisäer. Manche geben, um von den Leuten gelobt und gepriesen zu werden. Andere geben in der Meinung, dadurch ein Recht zu haben, in der Gemeinde zu befehlen und zu herrschen. Solche Leute richten oft viel Unheil und Schaden an. Anstatt zu denken, daß in Gottes Augen der Wittwe Scherflein so viel werth sind wie des Reichen große Münzen, brüsten sie sich mit ihren Gaben, sehen auf geringere Leute herab und bilden sich ein, daß sich nun Alles um sie drehen müsse. Dabei vergessen sie aber, daß sie mit ihren Gaben im Verhältnis nicht mehr geben als die Geringen und Armen mit ihrer kleinen Beisteuer.

Die pharisäische Gesinnung entbehrt in allen Stücken der Demuth und verhindert den Segen, den Gott den Seinen im öffentlichen Gottesdienst verleihen will.

Um zu sehen, daß die Demuth die Grundbedingung eines gesegneten Gottesdienstes sei, lasset uns auch hinblicken

II. auf den Zöllner.

1. Von diesem heißt es im Evangelium: „Und der Zöllner stand von ferne, wollte auch seine Augen nicht aufheben gen Himmel, sondern schlug an seine Brust und sprach: Gott, sei mir Sünder gnädig." Jeder Satz dieses Verses bezeugt des Zöllners Demuth. „Der Zöllner stand von ferne." Er war ein Zöllner. Die Zöllner hatten den Zoll an den Ueberfahrtsplätzen und die sonstigen Steuern der Bürger für die Obrigkeit einzusammeln und einzutreiben. Oftmals pachteten sie diese Zölle und Steuern für eine gewisse Summe Geldes und forderten·dann von den Bürgern so viel sie wollten. Dabei verübten sie viele Ungerechtigkeiten und Gewaltthaten. So wurden sie gewöhnlich reich; und der Reichthum verleitete sie zu vielen Sünden. Daher kam es auch, daß Zöllner und Sünder gleichbedeutende Namen waren. Zu dieser Klasse von Leuten gehörte der Zöllner im Gleichniß, und er machte darin gewiß keine Ausnahme.

2. Daß wir solches Leben und solche Thaten nicht gutheißen können, versteht sich von selbst.

Gottes Wort ist dagegen. Paulus sagt: „Die da reich werden wollen, die fallen in Versuchung und Stricke, und viele thörichte und schädliche Lüste, welche versenken die Menschen in Verderben und Verdammnis." 1. Timoth. 6, 9. Unrecht Gut besitzen ist eine schwere Gewissenslast und drückt namentlich dann schwer, wenn das Gewissen einmal aufwacht. Das war bei unserem Zöllner der Fall. Deshalb hatte er auch, als er zum Tempel kam, nicht den Muth, sich unter die vordersten Anbeter zu begeben: „Er stand von ferne." Sein Gewissen war aufgewacht, seine Ungerechtigkeiten, Gewaltthaten und Betrügereien standen vor seiner Seele und klagten ihn an. Er fühlte den Abstand zwischen ihm und dem gerechten, heiligen Gott so sehr und so tief, daß er sich nicht einmal für werth hielt, sich den gläubigen, frommen Anbetern im Tempel zu nahen. Und darum „wollte er auch seine Augen nicht aufheben gen Himmel". Er schämt sich seines gottlosen, lasterhaften Lebenswandels und seiner Ungerechtigkeiten so sehr, daß er sich nicht getraut, zum Himmel, zu Gott, aufzublicken: schuldbewußt schlägt er den Blick zu Boden. Aufrichtig bereut er seine Sünden und bekennt das auch von Herzen. Denn er schlägt an seine Brust und spricht: „Gott, sei mir Sünder gnädig!" In der Angst und Betrübnis seines Herzens bringt er nicht mehr heraus als dieses kurze Gebet. Es liegen aber darin die zwei Hauptbedingungen wahrer Umkehr, nämlich: Erkenntnis der Sünde und Verlangen nach Gnade. Er erkennt sich als Sünder an und bittet auch, Gott möge ihm gnädig sein.

3. Solche Sündenerkenntnis soll auch bei uns vorhanden sein, und namentlich sollen wir dieses Sündenbewußtsein haben, wenn wir im Hause Gottes sind, sei es beim gewöhnlichen Gottesdienst, oder sei es in der Beichte und beim Abendmahl. Daraus kommt dann die Buße, die über die Sünde trauert. Aber dabei sollen wir nicht stehen bleiben, sondern auch im Glauben aufblicken zu Gott und Ihn bitten, Er möge uns um Christi willen gnädig sein. So hat David gethan nach Psalm 51: „Gott, sei mir Sünder gnädig nach Deiner Güte, und tilge meine Sünden nach Deiner Barmherzigkeit. Wasche mich wohl von meiner Missethat, und reinige mich von meiner Sünde." Daher konnte er auch getrost sagen: „Wohl dem, dem die Uebertretungen vergeben sind, dem die Sünde bedeckt ist. Wohl dem Menschen, dem der Herr die Missethat nicht zurechnet." Ps. 32, 1–2. Alle, die wie David und der Zöllner ihre Sünden aufrichtig erkennen und bekennen,

und an Christum als den Mittler von ganzem Herzen glauben,
dürfen Gottes Barmherzigkeit und vergebende Gnade erfahren,
wie Er Solches durch den Propheten schon verheißen hat:
„Wenn eure Sünde gleich blutroth ist, soll sie doch schneeweiß
werden, und wenn sie gleich ist wie Rosinfarbe, soll sie doch wie
Wolle werden." Jesaia 1, 18.

4. Dieser beseligenden Sündenvergebung
wurde auch der Zöllner theilhaftig, nicht aber der
Pharisäer. Denn: „Wer seine Missethat leugnet, dem wird
es nicht gelingen; wer sie aber bekennet und lässet, der wird
Barmherzigkeit erfahren." Sprüche 28, 13. Das sehen wir
auch deutlich an Jesu Urtheil über die beiden Anbeter in unserem Gleichnis. Jesus spricht: „Ich sage euch: Dieser ging
hinab gerechtfertiget in sein Haus vor jenem." Um seiner
Buße und seines Glaubens willen vergab Gott dem Zöllner
seine großen und schweren Sünden und sprach ihn frei von aller
Schuld und Strafe. Darum konnte er beruhigt und mit dem
Frieden Gottes im Herzen hinabgehen in sein Haus. Dagegen
konnte Gott dem Pharisäer keine Sünden vergeben, weil er in
seinem selbstgerechten Hochmuthe keine zu haben glaubte und
daher auch keine bekannte. So ging er heim in sein Haus,
unversöhnt, wie er gekommen war. Die Demuth verhalf dem
Zöllner zum Bekenntnis seiner Sünden, zum Bitten um Gnade
und so zur Rechtfertigung vor Gott. Der Hochmuth verhin-
derte den Pharisäer an der Erkenntnis und dem Bekenntnis
seiner Sünden, an dem Rufen um Gnade und an der Rechtfertigung vor Gott.

5. So lasset uns denn mit unserem Gottesdienste und mit unserem ganzen Christsein aufrichtig und ehrlich sein. Treten wir allezeit mit demüthigem, bußfertigem und gläubigem Sinn vor Gott, und legen
wir unsere Gaben, seien sie groß oder klein, auf den Altar des
Herrn aus keinem anderen Triebe als dem der Dankbarkeit
gegen Gott für Seine große Güte. Mit dieser demüthigen
und heilsbegierigen Gesinnung wird uns der öffentliche Gottesdienst stets zum Segen gereichen.

Bedenke stets:

„Aus Gnaden! hier gilt kein Verdienen,
　　Die eignen Werke fallen hin.
Der Mittler, der im Fleisch erschienen,
　　Hat diese Ehre zum Gewinn:
Daß uns Sein Tod das Heil gebracht
Und uns aus Gnaden selig macht." Amen.

Zwölfter Sonntag nach Trinitatis.

Marci 7, 31-37.

Und da Er wieder ausging von den Gränzen Tyri und Sidon, kam Er an das galiläische Meer, mitten unter die Gränze der zehn Städte. Und sie brachten Ihm einen Tauben, der stumm war, und sie baten Ihn, daß er die Hand auf Ihn legte. Und Er nahm ihn von dem Volk besonders und legte ihm die Finger in die Ohren und spützete und rührte seine Zunge, und sahe auf gen Himmel, seufzete und sprach zu ihm: Hephata! das ist, thue dich auf! Und alsbald thaten sich seine Ohren auf, und das Band seiner Zunge ward los, und redete recht. Und Er verbot ihnen, sie solltens niemand sagen. Je mehr Er aber verbot, je mehr sie es ausbreiteten. Und wunderten sich über die Maße und sprachen: Er hat alles wohl gemacht; die Tauben macht Er hörend und die Sprachlosen redend.

1. Wäre Einer auch noch so reich an Geld und Gut, besäße aber nicht das Vermögen zu sehen, zu hören, zu sprechen, oder hätte nicht den vollen Gebrauch seiner Glieder: so müßte man ihn doch arm und unglücklich nennen. Und solcher Unglücklichen gibt es gar Viele. Wie Viele werden blind geboren, oder verlieren das Augenlicht durch einen Unfall und leben dann in dieser von dem herrlichen Sonnenlichte erleuchteten Welt als in einem dunkeln Kerker, ohne das Glück zu haben, diese schöne Schöpfung zu sehen. Wie Mancher hat in seinem Leben nie das Glück, die Stimmen seiner Mitmenschen zu vernehmen, oder die Stimmen liebender Angehörigen und Freunde. Aber recht traurig erst ist es, wenn ein Mensch der herrlichen Sprachgabe beraubt ist und nicht reden kann. Alle diese Unglücklichen verdienen unser Mitleid, und wenn sie arm sind, unsere Unterstützung. Es ist gewiß ein Gegenstand des Dankes gegen Gott und des Lobes der christlichen Thätigkeit, daß man in unseren Zeiten Einrichtungen und Anstalten getroffen hat, wodurch dem Mangel solcher Unglücklichen nachgeholfen, ihr Leiden etwas gelindert und so ihr Leben etwas verbessert werden kann.

(416)

2. Der Anblick eines solchen Unglücklichen soll uns immer an die Sünde erinnern. Denn jede Unvollkommenheit am menschlichen Körper ist eine Folge von der Sünde. Vor deren Eintritt in die Welt war Alles sehr gut.

Um aber das menschliche Elend zu lindern, ja ganz zu entfernen, dazu kam Jesus in die Welt. Und zwar will Er Dies thun, nicht bloß am leiblichen, sondern auch am geistlichen Elend. Ein Beispiel davon stellt uns unser heutiges Evangelium vor Augen.

Somit wollen wir heute mit einander betrachten

Die Heilung eines Taubstummen durch den Herrn.

Dabei sehen wir

I. das menschliche Elend, und

II. die göttliche Hilfe.

Wir blicken zuerst hin

I. auf das menschliche Elend.

1. Das menschliche Elend wird uns in unserem heutigen Texte unter dem Bilde eines Taubstummen dargestellt. „Und sie brachten zu Ihm einen Tauben, der stumm war, und sie baten Ihn, daß Er die Hand auf ihn legte." Taub sein ist schon ein großes Elend, aber noch dazu stumm sein, nicht sprechen können, das ist ein doppelt schweres Unglück. Und doch ist das nur ein Theil des Elendes, das auf der Menschheit liegt. Tausenderlei sind die Arten des Jammers, dem die Menschen unterworfen sind. Der Eine hat nicht den vollen Gebrauch seiner Sinne oder seiner Glieder; der Andere schleppt einen siechen Körper durchs Leben; ein Dritter bringt Jahre lang, seine halbe oder ganze Lebenszeit auf dem Krankenbett zu. Tausende von Menschen sind arm und ermangeln des täglichen Brotes. Wieder Andere sind von hartem und schwerem Hauskreuz darniedergebeugt. Alles dieses Elend wurzelt in dem größtem Elend, das Sünde heißt. Die Leibesübel, das Kreuz, das die Menschen zu tragen haben, die Unvollkommenheiten, die wir in der Natur auch sehen: Alles Dies hat seinen Ursprung in der Sünde.

2. Und doch sind diese Leibesübel nicht so groß und folgenschwer wie die Seelenübel. Es ist ja gewiß

ein unsägliches Unglück, wenn ein Mensch, dem sonst an seinem
Körper Nichts fehlt, nicht hören kann.   Wohl kann er gewisse
Arbeiten verrichten, aber zu manchen anderen Geschäften und
Berufsarten ist er doch unfähig.   Auch setzt ihn der Mangel des
Gehörs vielen Gefahren aus.   Manches Vergnügen, das ande=
ren Menschen das Leben verschönert, muß er entbehren.   Aber
tausendmal größer ist das Uebel geistlicher Taubheit.   Wenn
ein Mensch im Leben geistlicher Gleichgiltigkeit so weit gekom=
men ist, daß er die Stimme seines Gewissens nicht mehr hört,
der Predigt des göttlichen Wortes die Ohren und das Herz
verschließt; wenn die Kinder die Warn= und Mahnstimmen ihrer
Eltern in den Wind schlagen: so ist solche geistliche Taubheit
tausendmal schlimmer und gefahrbringender als die leibliche
Taubheit.

     3.   Der Mensch im Evangelium war stumm.
Die Sprache ist eine der größten Gaben Gottes.   Durch sie sind
wir im Stande, unsere Gefühle und Gedanken auszudrücken.
Die Sprache ist das Hauptmittel, dessen wir uns beim Unter=
richten bedienen.   Gottes Wort wird mittelst der Sprache ge=
predigt.   Ein Stummer ist in diesen Stücken viel im Nachtheil.
Seinen Schmerz kann er Niemandem klagen und seine Freude
Niemandem mittheilen.   Die Zeichensprache und das Schreiben
sind als Verkehrsmittel nur ein dürftiger Nothbehelf.   Das
Uebel aber ist doppelt groß, wenn der Stumme auch taub ist.
Und solch ein unglücklicher — ein Taubstummer — steht in un=
serem Texte vor uns.

     4.   Es gibt aber auch eine geistliche Stumm=
heit.   Wenn ein Mensch seine Zunge nicht gebraucht zum Beten,
Loben und Danken, so ist er geistlich stumm.   Mancher, der sich
Christ, Kirchenglied, nennt, oder gar einer der Mitarbeiter an
Gemeinde und Sonntagschule ist, betet nicht, weder Morgens
noch Abends, höchstens am Sonntag beim Gottesdienst.   Aber
ein Kind, das nicht stumm ist, redet mit seinen Eltern nicht bloß
am Sonntag, sondern auch sonst.   So solls auch ein Christ
machen; und er macht es so, wenn er ein Kind Gottes ist.

     Was leibliches Stummsein betrifft, wäre es für viele Men=
schen gut, wenn sie vom Sprachvermögen nicht so viel Gebrauch
machten, zuweilen stille wären wie die Stummen.   Bezüglich
des Gebrauchs der Zunge zum Beten, Loben, Danken, bedarf es
keiner Warnung.   Dazu kann man die Zunge nicht mißbrauchen.

     5.   Dem menschlichen Elend zu steuern, den
Jammer der Unglücklichen zu lindern, ist schon

Manches, Gott sei Dank, geschehen, und geschieht immer noch. Man hat Anstalten, in welchen die christliche Liebe sich solcher Unglücklichen annimmt und sie nach Leib und Seele pflegt. Man hat Anstalten für Blinde, Taubstumme, Krüppel, Krankenhäuser aller Art. Dieselben bedürfen unserer thatkräftigen Unterstützung im Beten und Geben. Die Leute, die ihre Kräfte und Zeit im Dienste an diesen Unglücklichen verbrauchen, thun denselben Dienst, den diejenigen dem Taubstummen im Text erwiesen, die ihn zu Jesu brachten und Ihn baten, Seine Hand auf ihn zu legen, damit ihm geholfen würde. Auch wir thun dasselbe, wenn wir solchen Unglücklichen zur Aufnahme in solche Anstalten verhelfen und zu ihrem Unterhalte dort beitragen. So führt man die Unglücklichen zu Jesu. Denn dort arbeitet man auch an ihrem Seelenheil. Auch sonst kannst du Menschen zu Jesu führen, wenn du sie aufforderst mit dir in die Sonntagsschule oder zum sonntäglichen Gottesdienst zu gehen und am Gemeindewesen theilzunehmen. So führte Andreas seinen Bruder Simon und Philippus den Nathanael zu Jesu.

Aber alle Hilfe, leibliche und geistliche, kommt von Gott. Die Menschen, die dabei thätig sind, sind nur Gottes Werkzeuge. Unmittelbar half der Herr als Er persönlich in der Welt war. Ein Beispiel davon haben wir im Text vor uns. Wir wollen sehen, wie es dabei zuging, und so miteinander reden

II. von der göttlichen Hilfe.

1. Das Erste, was der Herr mit dem Taubstummen thut, ist: „Er nahm ihn von dem Volke besonders." Das war aus doppelten Gründen nothwendig. Da war das Gedränge und der Lärm des vielen Volkes, das Jesu gewöhnlich nachfolgte. Um daher mit dem Taubstummen etwas anzustellen, mußte Er ihn allein haben, da Er nur durch Zeichen mit ihm verkehren konnte. Sodann wollte Jesus auch seiner armen Seele helfen, damit er auch geistlicherweise genesen möge. Um diesen Doppelzweck zu erreichen, nimmt ihn Jesus bei Seite, „vom Volke besonders."

2. Aehnlich behandelt Gott die Menschen heut zu Tage noch. Mancher, der die Sorge um sein Seelenheil vergessen oder wenigstens hintangesetzt, da er im Drang der Geschäfte oder auch im Genusse der Freuden dieser Welt keine Zeit dazu finden konnte, wird von Gott in die Stille, „vom Volke besonders" genommen. Dort in der Stille des Kranken-

zimmers, in langen, schlaflosen Nächten, hat er Zeit und Gele=
genheit, über sich nachzudenken. Vielleicht kommt ihm der Ge=
danke, daß er sich fragt, warum der Mensch eigentlich in der
Welt sei, was das Ziel des menschlichen Lebens sei. Vielleicht
denkt er doch darüber nach, was aus ihm werden würde, wenn
ihm die Krankheit zum Tode gereichte. Und so kann es der Fall
sein, daß er in sich geht, umkehrt, und an Leib und Seele geheilt
vom Krankenlager aufsteht. Solche Krankheit war dann keine
Krankheit zum Tode, sondern zum Leben. Dem Hauptmann
Naëmann von Syrien gereicht sein Aussatz zu leiblicher und
geistlicher Genesung. Paulus kam aus der Stille seiner leibli=
chen Blindheit in Damaskus als ein leiblich und geistlich Sehen=
der hervor. Darum habe wohl Acht auf die Stunden, in denen
Gott dich in die Stille nimmt, und wie du, um leiblich gesund
zu werden, dich ruhig verhalten mußt, so laß es auch in deinem
Geiste ruhig werden und lerne denken und beten.

3. Die weitere Art und Weise, wie Jesus den
Taubstummen behandelt, enthält der Text in fol=
genden Worten: „Er legte ihm die Finger in die Ohren
und spützete, und rührete seine Zunge.“ Das that Er, um den
Taubstummen wissen zu lassen, daß Er ihm an diesen Leibes=
gliedern helfen wolle, diese bedürften der Hilfe. Wie Jesus
durch dieses Verfahren dem Taubstummen zeigte, wo es ihm
fehlte, und wo er der Hilfe bedürfte, so zeigt Er auch uns in
unseren Krankheitszeiten, wo es uns fehlt, und wo wir Hilfe
nöthig haben. Der Eine hatte sein Ohr und Herz dem Worte
Gottes verschlossen — die muß die Einsamkeit des Krankenzim=
mers öffnen. Ein Anderer ist verstockt — dort lernt er reden —
reden mit Gott. In Gottes Schule lernt Jeder, was er nöthig
hat — lernt seine Fehler kennen und, wenn er die Schule be=
nützt, kann er auch davon frei werden. Man hat Gelegenheit,
den Hochmuth, den Zorn, den Eigensinn zu verlernen und De=
muth, Ruhe, Gottergebenheit sich anzueignen.

4. „Jesus sahe auf gen Himmel.“ Damit wollte
Er den Taubstummen aufmerksam machen auf den
Ort, woher allein Hilfe zu erwarten sei. Betend
sollte er dort hinaufblicken und mit Ihm von dort Hilfe ersle=
ben. Denselben Zweck will Gott auch bei uns erreichen, wenn
Er uns Noth, Kreuz zuschickt, sei es Krankheit oder sonst eine
Heimsuchung. Der Kranke soll von seinem Schmerzenslager
aus nach Oben blicken und von dorther, von Gott, sich Hilfe,
Gesundheit und Kraft erbitten. In jeder Noth blicke aufwärts

und laß dir den Zweck der Heimsuchung von Gott deuten. Wenn Gott bei dir anklopft mit Seinem Kreuz und mit dir reden will, so sage mit dem jungen Samuel: „Rede Herr, denn Dein Knecht höret;" und nimm, wie Zachäus, Jesum gerne in dein Haus auf, damit Er mit dir rede über das Eine, was noth ist.

5. „Jesus seufzte." Das Elend, das die Sünde über die Menschen gebracht, wovon auch dieser Unglückliche ein trauriges Bild war, ging Ihm zu Herzen, und das drückt Er aus in einem Seufzer. Solches Mitleiden zeigt der Herr in Seinem Leben öfters. Am Grabe des Lazarus gingen ihm die Augen über. Beim Anblick der ihrem Verderben entgegengehenden Stadt Jerusalem weint Er. Daher schreibt auch der Verfasser des Hebräerbriefes so schön und trostreich: „Denn wir haben nicht einen Hohenpriester, der nicht könnte Mitleid haben mit unserer Schwachheit, sondern der versucht ist allenthalben, gleichwie wir, doch ohne Sünde." Hebr. 4, 15. So jammert es Ihn heute noch, wenn Er die Menschen, um sie an ihr Seelenheil zu erinnern, züchtigen muß. Es schmerzt Ihn heute noch, wenn der Sünder in seiner Gottentfremdung und Verkehrtheit seinem Verderben entgegenirrt. In diesem Mitleiden beruht die Liebe, mit der Er als der gute Hirte dem verlorenen Schäflein nachgeht, es zur Heerde der Gläubigen zurückzubringen. Dieses liebevolle Mitleid trieb Ihn zu uns Menschen ins Sündenelend der Erde herab und ließ Ihn alles Das thun, was nöthig war, um uns zu erretten und selig zu machen. Er, der gute Hirte, ließ Sein Leben für die Schafe.

6. „Und Jesus sprach zu ihm: Hephatha! das ist, thue dich auf! Und alsobald thaten sich seine Ohren auf, und das Band seiner Zunge ward los, und redete recht."
Da sehen wir den allmächtigen Herrn und Gebieter der Welt. „Er spricht und es geschieht; Er gebietet, und es steht da." Ps. 33, 9. So wie Er am Anfang die Welt schuf durch Sein Allmachtswort: „Er werde!" so gebietet Er hier der Taubheit und der Stummheit dieses Unglücklichen zu weichen, und sie müssen gehorchen. Es ist hier derselbe allmächtige Gott, der durch Sein Wort den Blinden das Gesicht, den Kranken Gesundheit, den Todten das Leben gibt.
So macht Er heute noch die Kranken gesund an Leib und Seele, wenn sie nicht widerstreben; öffnet heute noch den geistlich Tauben das Ohr, daß sie Seine rettende Stimme ver-

nehmen; löst heute noch den geistlich Stummen die Zunge, daß
sie beten, loben und danken lernen.

7. Darum wenden wir uns in aller Noth und
Trübsal getrost an Ihn, unterwerfen wir uns gerne und
vertrauungsvoll Seiner Behandlung, auch wenn sie uns unver=
ständlich vorkommt: Der Erfolg zeigt den Meister und die Rich=
tigkeit Seiner Kur. Sein „Hephatha" thut heute noch Wunder.

Da die wunderbare Heilung des Taubstummen durch den
Herrn von Denen, die zugesehen hatten, dem Volke berichtet
wurde, so drückte das Volk seine Verwunderung darüber aus in
den Worten: „Er hat Alles wohlgemacht; die Tauben macht
Er hörend, und die Sprachlosen redend." Sie dachten wohl,
Jesus sei ein Prophet, wie die, die ihnen Gott vor Alters ge=
sandt. Aber weiter kamen sie in ihrem Glauben nicht. Sie
verwunderten sich über die geschehene Wunderthat sehr, aber
tiefer drangen sie nicht ein.

8. „Er hat Alles wohlgemacht!" Können wir immer
so sagen? Allerdings, so lange Er uns gibt und uns be=
schenkt, sind wir immer bereit, so zu bekennen. Aber, wenn Er
uns nimmt, was wir lieb haben, so kommt es uns schwer an,
jenem Bekenntnis beizustimmen und uns in Gottes Wege zu
finden. Oft währt es Monate und Jahre, bis wir die Füh=
rungen Gottes als richtig einsehen und anerkennen.

Droben im Lande des Lichts werden wir unser Leben mit
seinem Leid und Schmerz, seinen verschlungenen Gängen und
verborgenen Führungen erst ganz klar einsehen und als richtig
anerkennen; dann erst werden wir mit vollem Verständnis, ja
mit Triumphieren ausrufen: „Der Herr hat Alles wohlge=
macht!" Amen.

Dreizehnter Sonntag nach Trinitatis.

Luc. 10, 23-37.

Und Er wandte Sich zu Seinen Jüngern und sprach insonderheit: Selig sind die Augen, die da sehen, das ihr sehet. Denn ich sage euch: Viele Propheten und Könige wollten sehen, das ihr sehet, und habens nicht gesehen, und hören, das ihr höret, und habens nicht gehöret. Und siehe, da stand ein Schriftgelehrter auf, versuchte Ihn und sprach: Meister, was muß ich thun, daß ich das ewige Leben ererbe? Er aber sprach zu ihm: Wie stehet im Gesetz geschrieben? wie liesest du? Er antwortete und sprach: Du sollst Gott, deinen Herrn, lieben von ganzem Herzen, von ganzer Seele, von allen Kräften und von ganzem Gemüthe, und deinen Nächsten als dich selbst. Er aber sprach zu ihm: Du hast recht geantwortet; thue das, so wirst du leben. Er aber wollte sich selbst rechtfertigen und sprach zu Jesu: Wer ist denn mein Nächster? Da antwortete Jesus und sprach: Es war ein Mensch, der ging von Jerusalem hinab gen Jericho und fiel unter die Mörder; die zogen ihn aus und schlugen ihn, und gingen davon und ließen ihn halb todt liegen. Es begab sich aber ohngefähr, daß ein Priester dieselbige Straße hinabzog, und da er ihn sahe, ging er vorüber. Desselbigen gleichen auch ein Levit, da er kam bei die Stätte und sahe ihn, ging er vorüber. Ein Samariter aber reisete und kam dahin; und da er ihn sahe, jammerte ihn sein, ging zu ihm, verband ihm seine Wunden und goß darein Oel und Wein, und hob ihn auf sein Thier und führete ihn in die Herberge und pflegete sein. Des andern Tages reisete er, und zog heraus zween Groschen und gab sie dem Wirth und sprach zu ihm: Pflege sein, und so du was mehr wirst darthun, will ich dirs bezahlen, wenn ich wiederkomme. Welcher dünket dich, der unter diesen dreien der Nächste sei gewesen dem, der unter die Mörder gefallen war? Er sprach: Der die Barmherzigkeit an ihm that. Da sprach Jesus zu ihm: So gehe hin und thue desgleichen.

Unser heutiges Evangelium enthält verschiedene Dinge, die auf den ersten Anblick lose an einander gereiht erscheinen, bei näherer Betrachtung aber in innigstem Zusammenhang stehen.

Zuerst lesen wir, daß Jesus Seine Jünger selig preist, weil sie gewürdigt seien, das zu sehen und zu hören, was viele

Propheten und Könige vergeblich gewünscht hatten zu sehen und
zu hören.

Sodann wird uns erzählt, daß ein Schriftgelehrter an
den Herrn die Frage gestellt habe: „Meister, was muß ich thun,
daß ich das ewige Leben ererbe?"

Endlich hören wir aus Christi Mund das liebliche Gleichnis vom barmherzigen Samariter, der einem unter die Mörder
Gefallenen selbstverleugnende Liebesdienste erweist.

Damit wir alle drei Gegenstände recht verstehen lernen,
wollen wir die Frage des Schriftgelehrten an den Herrn ins
Auge fassen:

Was muß ich thun, daß ich das ewige Leben ererbe?

Drei Antworten wollen wir darauf geben:

I. glaube an Den, den die alttestamentlichen Propheten und Könige
wünschten zu sehen und nicht sehen durften;

II. dann hast du den barmherzigen Samariter;

III. und bist im Stande, auch Samariterdienst zu thun.

Die erste Antwort, die wir also auf jene Schriftgelehrten=
frage geben möchten, wäre die:

I. glaube an Den, den die alttestamentlichen Propheten
und Könige zu sehen wünschten und doch nicht sehen durften.

1. Groß ist die Zahl der alttestamentlichen
Gläubigen, die sehnsuchtsvoll dem Kommen des
Erlösers entgegenschauten; bis zu den Zeiten des Sün=
denfalles reicht diese Zahl zurück. Als Eva den Kain gebar,
glaubte sie, in ihm schon den verheißenen Erlöser — den Schlan=
gentreter — zu haben, weshalb sie ihn Kain, d. h. Waffe, nannte;
denn: „Ich habe den Mann, den Herrn", sprach sie. Sie schon
wünschte den Erlöser zu sehen, aber es währte noch vier Tausend
Jahre, bis er kam.

Die Erzväter hätten es für die höchste Ehre erachtet,
wenn sie Den hätten sehen dürfen, der Abrams Lohn, Isaaks
Hoffnung und Jakobs Heil sein sollte; aber sie mußten alle die
Augen schließen — und die Ehre ward ihnen nicht zu Theil.

Moses durfte wohl die Herrlichkeit Gottes auf dem Ge=
setzesberg Sinai schauen, aber den Erfüller des Gesetzes zu sehen,
war ihm nicht vergönnt. Das heilige Land durfte er wohl vom
Berge Nebo aus überblicken, aber den Propheten, den Gott
Israel in jenem Lande erwecken würde, durfte er nicht sehen.

David durfte wohl seine Harfe rühren zu Ehren Dessen, der „sein Sohn und auch sein Herr" sein sollte, aber Ihn sehen durfte Er nicht. Wohl war ihm vergönnet, seinen Sohn Salomo auf seinen Thron zu sehen, aber er mußte zu seinen Vätern schlafen gehen, ehe der rechte Friedefürst, der „ewig regieren soll", erschien.

Die Propheten durften wohl dem Volke Israel das Leben und Werk des verheißenen Messias genau und eingehend beschreiben: aber sie mußten alle zu ihren Vätern gesammelt werden, ehe „der Jungfrau Sohn", „der Held aus Juda" erschien.

Nur Johannes der Täufer war, wie die Jünger Jesu, gewürdigt, Den mit leiblichen Augen zu sehen, auf welchen so mancher gläubige Israelite des alten Bundes sehnsüchtig hinausgeblickt, ohne sein Hoffen erfüllt gesehen zu haben. Darum erhebt er auch so fröhlich seine Stimme, Israel auf den Gekommenen hinzuweisen als auf „das Lamm Gottes, das der Welt Sünde trägt."

2. Aber wir wollen nicht vergessen, daß die Ursache, warum Jesus seine Jünger selig preist, nicht allein im leiblichen, sondern auch — und noch vielmehr — im geistlichen, gläubigen Sehen und Hören lag. Denn Viele in Israel sahen Jesum mit leiblichen Augen und hörten Ihn mit leiblichen Ohren, und doch mußte Jesus Sein „Wehe" über sie ausrufen. Ueber Judas Ischarioth, einen der Zwölfe, der drei Jahre lang in Seiner Nähe gewesen war, Seine Thaten und Wunder gesehen und Seine herrlichen Worte gehört hatte, mußte Jesus seufzen: „Er wäre ihm besser, daß er nie geboren wäre."

Zum leiblichen Sehen und Hören mußte stets auch das geistliche, gläubige Sehen und Hören kommen, wenn es für das Reich Gottes einen Gewinn abwerfen sollte. Solches war der Fall bei Nathanael, der, Jesu ansichtig geworden, ausrief: „Rabbi, Du bist Gottes Sohn, Du bist der König von Israel;" und bei Johannes, der so schreibt: „Wir sahen Seine Herrlichkeit, eine Herrlichkeit, als des eingeborenen Sohnes vom Vater, voller Gnade und Wahrheit." Joh. 1. 14. Zachäus sah Jesum wohl von dem Maulbeerbaume aus, aber Jesus mußte noch in sein Haus einkehren, um ihm zum geistlichen, gläubigen Sehen zu verhelfen.

In diesem Sinne konnten auch die alttestamentlichen Gläubigen im Frieden entschlafen und selig sterben, da sie

feſt glaubten, daß der verheißene Erlöſer ſicherlich einſt kommen
würde: ſie ſahen den Kommenden mit den Augen des Glaubens.

Daher konnte Chriſtus auch nur Diejenigen von denen,
die Ihn in Seinem Leben auf Erden ſahen, ſelig
preiſen, bei denen zu dem leiblichen Sehen auch das geiſtliche
Sehen kam — die gläubige Ueberzeugung, daß Er der Sohn
Gottes war.

3. Dieſe Regel gilt auch für alle nach Chriſto
Lebenden — gilt auch für uns. Wenn wir auch nicht
das Glück haben, wie Johannes der Täufer und die zwölf
Jünger, den Herrn leiblich zu ſehen, ſo können auch wir Ihn
doch auch mit den Augen des Glaubens ſehen wie ſie
und wie die altteſtamentlichen Väter. In dem geſchriebenen
Evangelium ſehen wir Ihn als Den, der durch Sein reines
Leben und Sein unſchuldiges Leiden und Sterben uns erlöſt
hat von der Sünde und uns erworben hat Vergebung der
Sünden, Leben und Seligkeit.

4. Aber wie zur Zeit des alten Bundes Viele in Iſrael
die Vorbilder auf den kommenden Meſſias ſahen und die auf
Ihn bezüglichen Weiſſagungen wußten und doch nicht glaub=
ten; wie zur Zeit Chriſti Viele den Herrn ſahen und hörten
und doch verſtockt blieben, ſo ging es auch zur Zeit der Apoſtel
trotz deren kräftigen Zeugniſſes und trotz der mitfolgenden Zei=
chen und Wunder und des frommen Wandels der Gläubigen,
und geht es heutigen Tages noch ſo: Viele hören die Predigt
des Evangeliums, hören daß „Gott alſo die Welt geliebet, daß
Er Seinen eingeborenen Sohn gab, auf daß Alle, die an Ihn
glauben, nicht verloren werden, ſondern das ewige Leben
haben;“ ſehen die herrlichen Früchte des Chriſtenthums an gan=
zen Völkern und einzelnen Menſchen und — bleiben doch un=
gläubig und verſtockt. Auch heute noch hätte der Herr Urſache,
Thränen zu weinen und Sein „Wehe“ zu rufen über Völker,
Städte, Dörfer, Gemeinden und Einzelne; heute noch gilt des
Herrn Klage über Iſrael: „Mit ſehenden Augen ſehen ſie nicht,
und mit hörenden Ohren hören ſie nicht; denn ſie verſtehen es
nicht.“ Matth. 13, 13.

Wenn du aber von ganzem Herzen an Den glaubſt, der
im alten Teſtamente verheißen war und im neuen Teſtamente
gekommen iſt — an Jeſum Chriſtum — dann haſt du den rech=
ten barmherzigen Samariter, von dem der barmherzige Sama=
riter im heutigen Evangelium nur ein Abbild iſt.

So wollen wir nun untersuchen

II. in welcher Art und Weise Jesus der barmherzige Samariter genannt wird.

1. In unserem heutigen Evangelium hören wir von einem Menschen, der von Jerusalem nach Jericho reiste und unterwegs unter die Mörder fiel, die ihn schlugen, beraubten und halbtodt liegen ließen. Ferner wird uns berichtet, daß, nachdem ein Priester und ein Levite an dem Unglücklichen vorbeigegangen waren, ohne ihm zu helfen, ein Samariter kam und ihn vom Verderben errettete.

2. Dieser unter die Mörder gefallene Mensch ist ein Bild der ganzen Menschheit. In dem Jerusalem des Paradieses lebte der Stammvater der Menschheit — Adam. Der Teufel—der Mörder von Anfang — fällte ihn, zog ihn aus und beraubte ihn seines höchsten Gutes — der Unschuld und auch des Paradieses. So lag er denn da in der Wüste der Welt — beraubt, verwundet an Leib und Seele. Das alttestamentliche Leviten= und Priesterthum mit seinem Gesetz und seinen Opfern konnte der Menschheit nicht helfen; ihr Elend wurde dadurch nur noch mehr offenbar. Da kam aber der gute Samariter Jesus, der reiste desselbigen Weges und kam an die Stätte, wo der Unglückliche lag. Jesus trat mit Seiner Menschwerdung diesen Weg nach der Unglücksstätte — der Erde—an und sah so wie es der unter die Sünde gefallenen Menschheit erging. Ihr Elend — die Folge der Sünde in tausendfacher Form — erregte Sein Mitleid: „Es jammerte Ihn." Oefters lesen wir von Jesu im Evangelium: „Es jammerte Ihn des Volks;" ja sogar geweint hat Er, geweint an Lazari Grab und beim Einzug in die Stadt Jerusalem. Und durch Seine herablassende, selbstverleugnende, erbarmungsvolle Liebesarbeit in Seinem Leben, namentlich in Seinem Leiden und Sterben, schuf Er das Mittel, das der verwundeten und verderbten Menschheit Heilung bringt: Seine reinigende und wiederherstellende Erlösungsgnade.

3. Der Herr nennt im Gleichnis dieses Mittel Oel und Wein. Johannes bezeichnet es in seinen Briefen auch, wenn er schreibt: „Das Blut Jesu Christi, des Sohnes Gottes, macht uns rein von aller Sünde." 1 Joh. 1, 7. Dieses Oel ist der Trost des Evangeliums, dahin lautend, daß der Menschheit um des Blutes Christi willen ihre Sünden vergeben seien. Diese Gewißheit und Zusicherung lindert das

schmerzende Gemüth und befreit das belastete Gewissen. Und da jeder Mensch um der Sünde willen in ähnlichem Zustand wie der unter die Mörder Gefallene sich befindet, so bedarf auch ein Jeder dieses Trostmittels: der Vergebung der Sünden; Jedem will es aber auch der gute Samariter Christus schenken.

Der Wein, den der Sameriter dem halbtodten Unglücklichen in die Wunden gießt, ist die Kraft, die der Versöhnte durch die Zusicherung der Sündenvergebung — wie solches gewöhnlich in Beichte und Abendmahl geschieht — empfängt, und die Freude, die er über seine Annahme bei Gott zu Gnaden in seinem Herzen empfindet. Die Ueberzeugung der Vergebung seiner Sünden und das Bewußtsein seiner Gotteskindschaft lassen ihn täglich erstarken und befähigen ihn, auch seine Kreuz geduldig zu tragen.

4. Der barmherzige Sameriter bringt den verbundenen Unglücklichen in die Herberge, um ihn noch weiter zu pflegen und verpflegen zu lassen. Das Reich Gottes, das Gott durch Christum in die Wüste dieser Welt hineingebaut hat, ist diese Herberge. Die Pflege darin geschieht durch die Verkündigung des Wortes Gottes und die Spendung der Sakramente. Nur Diejenigen, die sich durch die Pflege, die in der Herberge der christlichen Kirche geschieht, reinigen, stärken und so erretten lassen von dem Schaden, den der Mörder von Anfang der Menschheit zugefügt hat, können Hoffnung haben, aus dieser irdischen Herberge in die himmlische versetzt zu werden, die — weil sie ewig währt — uns Heimath sein wird.

Wenn du dich von dem vom himmlischen Jerusalem gekommenen Samariter — Jesus Christus — hast reinigen und in die Herberge Seines Reiches — Seiner Kirche — bringen lassen, dann hat dich Seine Pflege so gekräftigt und kräftigt dich fortwährend noch, daß du auch Samariterdienste thun kannst.

Davon laßt uns auch noch reden, und somit sehen:

III. in welcher Art und Weise auch wir Samariterdienst thun können.

1. Jesus spricht zum Schriftgelehrten, der Ihn gefragt hatte: Wer ist denn mein Nächster? und der nach Anhörung des Gleichnisses auf Jesu Frage: „Welcher dünkt dich, der unter diesen Dreien, der Nächste sei gewesen dem, der unter die Mörder gefallen war?" geantwortet: „Der, der die Barmherzigkeit an ihm that:" „Gehe hin und thue desgleichen!" Dieser Auftrag gilt auch uns, wenn wir Christen, Glieder der

christlichen Kirche, sein wollen. Diesem Auftrage gemäß sollen wir Nächstenliebe üben an jedem Menschen, der unserer Hilfe bedarf, sei es leibliche oder geistliche. Wer einmal die heilende und stärkende Samariterliebe an seinem eigenen Herzen und Leben erfahren hat, der hat dann auch ein offenes Auge, das die leibliche und geistliche Noth seiner Mitmenschen sieht, ein gefühlvolles Herz, das die Noth der Mitmenschen mitempfinden kann, das rechte Verständnis, das sich in die Lage der Leidenden hineinzudenken vermag und auch eine willige Hand, die bereit ist anzugreifen, zu helfen und mitzutheilen: bereit ist zu selbstverleugnender That. Die helfende Liebe seines Herzens ist ihm Triebfeder, und die Freude am Liebeswerk ist ihm Lohn.

2. Gelegenheiten dazu bieten sich einem Jeden in Menge. Hospitäler, Waisenhäuser, Heimstätten für Alte und Gebrechliche, Emigrantenhäuser, Erziehungsanstalten für die Kirche in der Heimath und für die Mission bieten Jedem — Reich und Arm, Groß und Klein — Gelegenheit zur Ausübung von Samariterliebe. Auch im engern Kreise der Gemeinde gibt es Plätzchen genug, thätige Liebe zu üben. Da sind Arme, Kranke, Waisen, Wittwen; da ist die Sonntagsschule, da sind sonstige Einrichtungen, wodurch der Bestand der Gemeinde bewerkstelligt, und das innere und äußere Leben derselben erhalten wird. Die betagten Eltern, die nicht mehr arbeiten können; hilflose oder arme Geschwister oder Angehörige haben auch Samariterdienste nöthig. Wer nur will, kann seine Hilfe verwerthen. Und Liebe ist erfinderisch, sagt man.

So sehen wir in Jesu Christo — der im alten Testamente verheißen war und im neuen kam — den wahren Samariter, und daß Er das war, hat Er mit der That bewiesen. Und du kannst nichts Besseres thun, als den Rath befolgen, den Er dem Schriftgelehrten in der Erzählung gibt: „Gehe hin und thue desgleichen!" Amen.

Vierzehnter Sonntag nach Trinitatis.

Luc. 17, 11-19.

Und es begab sich, da Er reisete gen Jerusalem, zog Er mitten durch Samaria und Galiläa. Und als Er in einen Markt kam, begegneten Ihm zehn aussätzige Männer, die standen von ferne und erhoben ihre Stimme und sprachen: Jesu, lieber Meister, erbarme Dich unser! Und da Er sie sahe, sprach Er zu ihnen: Gehet hin und zeiget euch den Priestern. Und es geschahe, da sie hingingen, wurden sie rein. Einer aber unter ihnen, da er sahe, daß er gesund worden war, kehrete er um, pries Gott mit lauter Stimme und fiel auf sein Angesicht zu Seinen Füßen und dankete Ihm. Und das war ein Samariter. Jesus aber antwortete und sprach: Sind ihr nicht zehen rein worden? Wo sind aber die neune? Hat sich sonst keiner gefunden, der wieder umkehrete und gäbe Gott die Ehre, denn dieser Fremdling? Und Er sprach zu ihm: Stehe auf, gehe hin; dein Glaube hat dir geholfen.

Wie letzten Sonntag Morgen haben wir auch heute wieder eine Samaritergeschichte. Dort war es das Gleichnis vom barmherzigen Samariter. Aus demselben sollten wir Nächstenliebe lernen. Heute ist es die Heilung der zehn Aussätzigen durch den Herrn, unter welchen Aussätzigen ein Samariter war. Von diesem Samariter sollen wir Dankbarkeit lernen. Diese schöne Tugend wird uns in der heutigen Erzählung um so anschaulicher, da wir in derselben auch das Gegentheil — die Undankbarkeit sehen. Die Untugend der Undankbarkeit zeigen uns Neun von den Zehn, die der Herr geheilt hatte. Alle Zehn hatten Grund und Ursache genug, dem Herrn, der so Großes an ihnen gethan hatte, fußfällig und herzlich zu danken. Aber das thut nur Einer — und das war ein Samariter. Daher ist es nicht zu verwundern, daß der Herr so schmerzlich frägt: „Sind ihrer nicht Zehn rein geworden? Wo sind aber die Neune? Hat sich sonst Keiner gefunden, der wieder umkehrte und gäbe Gott die Ehre, denn dieser Fremdling?"

Die Undankbarkeit ist noch nicht ausgestorben. In allen

Klassen der menschlichen Gesellschaft kommt sie vor. Ja, gegen Gott sind wir Alle, mehr oder weniger, undankbar.

So wollen wir nun heute um die Dankbarkeit kennen zu lernen, und um dankbar zu werden, mit einander reden über

Die Undankbarkeit.

Dabei wollen wir

I. hinblicken auf den schnöden Undank der Neune im Evangelium, und dann

II. uns fragen, ob wir nicht auch so undankbar sind wie sie.

I. Wir blicken hin auf den schnöden Undank der Neune im Evangelium.

1. Den schnöden Undank dieser Neune erkennen wir aus der Größe und Schrecklichkeit der Noth, in der sie sich befanden und aus welcher der Herr sie errettet hatte. Sie waren aussätzig; und der Aussatz ist eine der schrecklichsten Krankheiten, die es gibt. Das Aussehen eines Aussätzigen ist so ekelerregend, daß es unmöglich ist, es hier genau zu beschreiben. Da der Aussatz ansteckend ist, so war es schon im Gesetze Mosis bestimmt, daß kein mit dieser Krankheit Behafteter in der Gesellschaft anderer Menschen bleiben durfte. Es mußte ein Solcher die Seinen und andere Menschen meiden, außerhalb der menschlichen Wohnungen sich aufhalten, und, falls er Jemanden sich ihm nähern sah, demselben von ferne schon warnen.

Und weil gemeinsames Unglück die Menschen vereint, so schaarten sich auch solche Leidensgenossen gewöhnlich zusammen. Der Aussatz ist unheilbar; keine menschliche Kunst und Wissenschaft hat je ein Mittel gegen denselben gefunden; nur Gottes allmächtige Wunderkraft hat jeweils damit Behaftete davon befreit. Aussätzige können alt werden, und ist darum diese Krankheit nur um so schrecklicher. Oftmals bestrafte Gott besonders schwere Sünden mit dieser schrecklichen Krankheit. Das sehen wir bei Mirjam, der Schwester Mosis und Aarons, die diese ihre Brüder verleumdet hatte; bei Gehasie, dem Diener des Propheten Elisa, den Gott für seine Lüge und seinen Betrug mit demselben Aussatz bestrafte, von welchem Er durch Elisa Naëmann, den Feldhauptmann des Königs von Syrien, befreit hatte.

Solche Unglückliche waren die zehn Aussätzigen, die nach unserem heutigen Evangelium dem Herrn begegneten. Sie standen von ferne, erhoben ihre Stimme und riefen: „Jesu, lieber Meister, erbarme Dich unser!" Gehorsam dem Gesetze standen sie von ferne, und mit Aufbietung aller ihrer Kräfte riefen sie dem Herrn zu, sich ihrer erbarmen zu wollen. Die Kunde von Jesu, daß Er Kranke heile und sich mit liebevollem Herzen der Unglücklichen annehme, war auch zu ihnen — auf die Straßen und Felder, in die Wälder, Wüsten und Höhlen, da sie sich aufhielten — hinausgedrungen; und um keinen Preis wollen sie jetzt die Gelegenheit der Nähe des Herrn unbenützt vorbeigehen lassen.

2. Das Unglück, das sie betroffen, die Noth, die sie drückte, trieb sie an, bei Jesu Hilfe zu suchen, sonst wären sie vielleicht auch nie zu Jesu gekommen. Denn so lange es dem Menschen gut geht, so lange er gesund ist, sich in Wohlstand und Glück befindet, denkt er gewöhnlich nicht an Gott. Aber wenn die Noth an die Hausthüre klopft, Krankheit ins Haus kommt, und das Elend ans Herz drückt, da erinnert sich Mancher an Gott als den Helfer, und finden auch den Weg zu Ihm. „Noth lehrt beten!" sagt das Sprüchwort. Und: „Herr, wenn Trübsal da ist, so suchet man Dich, und wenn Du sie züchtigest, so rufen sie ängstlich," sagt die Schrift. In diesem Stück handelten die Aussätzigen im Texte ganz richtig. Sie ließen sich durch ihre Noth zu Jesu treiben.

Und Jesus ließ Sich auch von ihnen finden und stand so zu der schon im alten Bunde gegebenen Verheißung: „Rufe Mich an in der Noth; so will Ich dich erretten, so sollst du Mich preisen." Ps. 50, 15.

3. Zwar mußten sie, um Hilfe zu erlangen, noch eine Glaubensprobe bestehen. Jesus, der gekommen war, nicht das Gesetz aufzulösen, sondern zu erfüllen, ehrt die Anordnung des alten Bundes in Bezug auf den Aussatz, und spricht Er zu den Aussätzigen: „Gehet hin und zeiget euch den Priestern." Da hätten sie nun denken können: Wir sind ja noch voll Aussatzes; wie können wir uns denn den Priestern zeigen? Aber einfältiglich und kindlich glaubten sie dem Worte Jesu und gingen hin. Sie wurden nicht zu Schanden. Denn so lesen wir: „Und es geschah, da sie hingingen, wurden sie rein."

4. Welches Glück war ihnen nun widerfahren! Sie waren gesund und rein! Nun hatten sie nicht mehr nöthig,

einen kranken, eckelerregenden Körper herumzuschleppen einem elenden Tod entgegengehend; nun lachte ihnen wieder die Gesellschaft der Menschen, die Lust des Lebens und der häusliche Herd entgegen. Welch beseligendes Gefühl muß einen Menschen bei solch plötzlichem Wechsel vom tiefsten Leid zur höchsten Freude durchdringen! Nur wer Aehnliches erfahren, kann ihr Glück mitempfinden. Das der Aussätzigen Noth; das Jesu Hilfe.

5. Nun aber wird dieses herrliche Gemälde, das uns errettete, glückliche Menschen und einen liebevollen, helfenden Heiland darstellt, verdunkelt durch den schwärzesten Charakterzug, der im Menschen vorhanden ist — den Undank. Anstatt daß sie nun Alle, wie sie vorher gemeinsam den Herrn um Hilfe angefleht hatten, gemeinsam, alle Zehn, zu demselben guten Herrn zurückgekehrt wären, um Ihm kniefällig den schuldigen Dank darzubringen, ist Neunen von ihnen jetzt der Rückweg zum Retter, der Weg zum Danken zu weit, was jetzt — da sie nun gesund waren — ja leichter gewesen wäre als vorher in ihrem kranken, elenden Zustande: Nur Einer kehrt zurück und dankt! „Und das war ein Samariter." Jene Neun kehren zu den Ihrigen zurück, ohne den Wohlthäter auch nur eines dankenden Blickes oder Wortes zu würdigen. Die Noth war ja vorbei; es war ja geholfen! Das ist schwarzer, schnöder, verabscheuungswürdiger Undank.

Doch, wir wollen nicht den Stab brechen über diese neun Undankbaren, sondern wollen unser eigenes Herz und Leben prüfen und sehen, ob wir nicht auch vielleicht so undankbar sind wie sie.

Demnach wollen wir uns nun

II. prüfen und fragen, ob nicht vielleicht auch wir undankbar sind wie sie.

Wenn wir das aufrichtig thun, so werden wir finden, daß wir Menschen undankbar sind gegen Gott und auch gegen einander.

1. Wir Menschen sind undankbar gegen Gott. So wie jene zehn Männer am Körper aussätzig waren, so sind wir Menschen alle aussätzig an der Seele. Wir sind Alle behaftet mit dem Aussatz der Erbsünde, der da ausbricht — wie der leibliche Aussatz in Geschwüren — in Thatständen. So gilt von jedem Menschen, was der Prophet Jesajas (1, 6) vom

Volke Israel sagt: „Von der Fußsohle bis aufs Haupt ist nichts Gesundes an ihm, sondern Wunden, und Striemen, und Eiter=beulen, die nicht geheftet, noch verbunden, noch mit Oel gelin=dert sind." Und wie jene Aussätzigen um ihres Aussatzes willen die Gesellschaft der Menschen und die Heimath meiden mußten, so hat die Sünde, die ins menschliche Geschlecht eindrang, die Menschen von der Gemeinschaft mit Gott getrennt, und von ihrer Paradies=Heimath ausgeschlossen. „Euere Untugenden scheiden euch und euern Gott von einander," sagt der Prophet Jesajas (59, 2).

2. Der Mensch ist in diesem verderbten Zustande auch nicht fähig, in die Gemeinschaft mit Gott und den Himmels=bewohnern zurückzukehren. Es muß ihn zuerst Jemand reini=gen und heilen, und es muß ihn Jemand für rein erklären. Beides ist geschehen. So schreibt der Apostel Johannes: „Das Blut Jesu Christi macht uns rein von aller Sünde." 1. Joh. 1, 7. Und Paulus: „So ist nun nichts Verdammliches an denen, die in Christo Jesu sind." „Wer will die Auserwählten Gottes beschuldigen? Gott ist hie, der da gerecht macht. Wer will verdammen? Christus ist hie, der gestorben ist, ja viel=mehr, der auch auferwecket ist, welcher ist zur Rechten Gottes, und vertritt uns." Röm. 8, 1. 33. 34. Jesus heilte die zehn Aussätzigen in unserem Evangelium durch Sein allmächtiges Wort vom leiblichen Aussatz. In Seinem Blute bietet Er den Menschen ein Reinigungsmittel vom geistlichen Aussatze, dem Aussatz der Sünde an — Sein Blut. Wie jene Aussätzigen dem Worte Jesu im Glauben Folge leisten mußten, so müssen alle Diejenigen, die vom Sündenaussatz frei werden wollen, das Sündenreinigungsmittel — Christi Blut — im Glauben annehmen. Und dieses Reinigungsmittel ist für Alle da, für Alle bereit; Jedermann darf es gebrauchen — wer nur will: Gott gab Seinen eingebornen Sohn, „auf daß Alle, die an Ihn glauben nicht verloren werden, sondern das ewige Leben haben." Joh. 3, 16.

3. Ist nun das Verhältnis zwischen denen, die dieses Reinigungsmittel schätzen und dankbar annehmen, und denen, die es verachten und undankbar verwerfen, nicht dasselbe wie das im heutigen Evangelium — Ein Dankbarer und Neun Un=dankbare — wie Eins zu Neun? Das sehen wir noch deutlicher, wenn wir bedenken, daß Viele gar nicht glauben, daß sie sünd=haft, unrein — geistlich aussätzig — sind und der Reinigung be=

dürfen. Ebenso, wenn wir in Betracht ziehen, daß Andere sich in die Ordnung Gottes: Buße über die Sünde und Glauben an den Sünderheiland — nicht fügen wollen und sich weigern, in Demuth und Gehorsam zum versöhnenden Hohenpriester zu gehen. Auch wollen wir nicht vergessen, daß es Leute gibt, die die Versöhnung durch Christum, wie sie uns namentlich beim Abendmahl zugesichert wird, annehmen — wie auch die Neune die Zusicherung ihrer Reinheit von Seiten des Priesters annahmen — und doch mit ihrem Leben es beweisen, daß sie Gott dafür nicht danken, gerade wie die Neune nach ihrer Heilung gethan. Und auch die, die es mit der Versöhnung durch Christum und der Vergebung ihrer Sünden ernst nehmen, lassen es oft am gebührenden Dank — namentlich an der wahren Heiligung des Lebens — fehlen. Neun undankbar — nur Einer dankt.

4. Da ist das **Kirchenjahr** mit seinen Sonntagen und Festtagen, die uns die großen Thaten Gottes verkündigen das Heil unserer Seele bezweckend; da sind die Sakramente mit ihrem unschätzbaren Segen: Schlagen nicht Tausende das Alles in den Wind? oder nehmen es hin als Etwas, das sich von selbst verstehe und wofür man nicht zu danken brauche?

Blick über dein **eigenes Leben** hin! wie manches Ebenezer — wie manchen Stein wunderbarer Gnadenhilfe — hat dir Gott an deinem Lebensweg aufgerichtet? Hast du ihm auch schon dafür gedankt? Du lagst krank auf deinem Lager; glaubtest dein Ende sei nahe; du riefst zu Gott in deiner Noth — wie es recht ist — und Gott erhörte dein Rufen; du wurdest wieder gesund. Du hattest versprochen, falls Gott dir hülfe, dein Leben Ihm zu weihen. Hast du dein Versprechen gehalten? Wohin ging dein erster Ausgang? In die Kirche? Zum Abendmahl? Oder zu Ball und Tanz und sonstiger Lustbarkeit? Wenn du das Letztere gethan hast, so bist du um kein Haar besser als jene Neun.

Morgens steht man auf und vergißt, Gott für Seinen Schutz und die Nachtruhe zu danken; Abends legt man sich zu Bette, ohne Gott für Seine Durchhilfe und Seinen Segen zu preisen. Man ißt und trinkt, arbeitet und erwirbt; man ist jung und wird alt: und dankt nicht für die Kraft in der Jugend und nicht für Gottes Beistand im Alter, nicht für Essen und Trinken und auch nicht für den Segen im irdischen Berufe. Ist man bei solchem Verhalten besser als jene Neune?

So sind die **Menschen auch gegen einander un-**

dankbar. Man ist in leiblicher Noth; ein Nachbar, ein Freund, ein gutherziger Mensch hilft aus. Wie oft trägt man dann zur Bewahrheitung des nicht gerade lobenswerthen Sprüchwortes bei: Undank ist der Welt Lohn! Oft geschieht das aus gedankenlosem Leichtsinn, oft auch mit schnödem Bewußtsein. Sind solche Leute besser als jene Neune?

5. Wenn uns nun unser heutiges Evangelium den Undank in so grellen Farben schildert, so geschieht das zu dem Zwecke, daß die Undankbaren dankbar werden sollen, wie es der eine Geheilte — der Samariter — war, von dem es heißt: „Einer aber unter ihnen, da er sahe, daß er gesund worden war, kehrte er um, pries Gott mit lauter Stimme und fiel auf sein Angesicht zu Seinen Füßen und dankte Ihm." Wie aber kann das geschehen? Für die große Gnade der Erlösung durch Christum werden wir nur dadurch dankbar, daß wir unser tiefes Sündenelend erkennen und uns vor Augen stellen, daß wir um unserer Sünde willen zeitlich und ewig verloren wären, wenn nicht Jesus gekommen wäre und uns durch sein bitteres Leiden und Seinen schmerzlichen Tod errettet hätte; wenn wir nicht in Seinem heiligen theuern Blute ein Mittel besäßen, das uns rein macht von unseren Sünden und uns zur Gemeinschaft mit Gott und den heiligen Engeln befähigt.

Wer einmal im Bewußtsein seiner Sündhaftigkeit und in der Angst vor Gottes strafender Gerechtigkeit und Heiligkeit mit Jesaias ausgerufen: „Wehe mir, ich vergehe; denn ich bin unreiner Lippen" Jes. 6, 5; wer einmal mit Paulus ernstlich geseufzt: „Wer wird mich erlösen von dem Leibe dieses Todes?" der ist dann dankbar, daß wir einen Heiland haben, dessen Blut uns rein macht von unserer Sünde und Unreinigkeit, und uns den Eingang ins ewige Leben ermöglicht.

Leute dieser Art schätzen auch die Einrichtungen und Mittel, durch welche den Menschen diese Gnade mitgetheilt werden: Sonntag, Wort und Sakramente. Sie vergessen gewiß auch den Dank nicht, den wir Gott für das tägliche Brot schuldig sind und üben auch die Dankbarkeit ihren Mitmenschen gegenüber.

So wollen wir denn die Undankbarkeit von ganzem Herzen verabscheuen und Alle von Grund unserer Seelen dankbar werden; und zwar zuerst und vor Allem dankbar gegen Gott für die Erlösung durch Christum, auch für das tägliche Brot, das wir von Seiner guten Hand empfangen, und niemals vergessen, uns auch gegen die Menschen, die uns Wohlthaten erwiesen haben, dankbar zu erzeigen.

Unser Wahlspruch soll sein: „Lobe den Herrn, meine Seele, und was in mir ist Seinen heiligen Namen; lobe den Herrn, meine Seele, und vergiß nicht, was Er dir Gutes gethan hat." Ps. 103, 1. Amen.

Fünfzehnter Sonntag nach Trinitatis.

Matth. 6, 24-34.

Niemand kann zween Herren dienen; entweder er wird einen hassen und den andern lieben, oder er wird einem anhangen und den andern verachten. Ihr könnt nicht Gott dienen und dem Mammon. Darum sage Ich euch: Sorget nicht für eurer Leben, was ihr essen und trinken werdet; auch nicht für euren Leib, was ihr anziehen werdet. Ist nicht das Leben mehr, denn die Speise, und der Leib mehr, denn die Kleidung? Sehet die Vögel unter dem Himmel an: sie säen nicht, sie ernten nicht, sie sammeln nicht in die Scheunen, und euer himmlischer Vater nähret sie doch. Seid ihr denn nicht viel mehr denn sie? Wer ist unter euch, der seiner Länge eine Elle zusetzen möge, ob er gleich darum sorget? Und warum sorget ihr für die Kleidung? Schauet die Lilien auf dem Felde, wie sie wachsen; sie arbeiten nicht, auch spinnen sie nicht. Ich sage euch, daß auch Salomo in aller seiner Herrlichkeit nicht bekleidet gewesen ist, als derselbigen eins. So denn Gott das Gras auf dem Felde also kleidet, das doch heute stehet und morgen in den Ofen geworfen wird, sollte Er das nicht vielmehr euch thun, o ihr Kleingläubigen? Darum sollt ihr nicht sorgen und sagen: Was werden wir essen, was werden wir trinken, womit werden wir uns kleiden? Nach solchen allen trachten die Heiden; denn euer himmlischer Vater weiß, daß ihr des alles bedürfet. Trachtet am ersten nach dem Reiche Gottes und nach seiner Gerechtigkeit, so wird euch solches alles zufallen. Darum sorget nicht für den andern Morgen; denn der morgende Tag wird für das Seine sorgen. Es ist genug, daß ein jeglicher Tag seine eigene Plage habe.

1. Der erste und nächste Zweck unsers Arbeitens, unserer Thätigkeit ist die Selbsterhaltung, die Erwerbung Dessen, was wir zur Nahrung, Kleidung, Wohnung, nöthig haben, oder kurz: Die Erwerbung des täglichen Brotes. Das bestätigt Paulus, wenn er sagt: „So Jemand nicht will arbeiten, der soll auch nicht essen. 2 Thess. 3, 10.

Und zwar sollen wir das tägliche Brot erwerben nicht nur für uns selbst, für unsere eigene Person, sondern auch für Diejenigen, die auf unsere Fürsorge angewiesen sind, Weib und

Kind und Pflegbefohlene. Damit stimmt auch der Apostel Paulus in seinem Ausspruch: „So aber Jemand die Seinen, sonderlich seine Hausgenossen, nicht versorget, der hat den Glauben verleugnet und ist ärger, denn ein Heide." 1 Tim. 5, 8.

2. Die Art und Weise, wie die Menschen diesen ihren Lebensunterhalt erwerben, ist verschieden. Aber Gott hat verheißen, Er wolle jeden Beruf segnen, wenn es nur ein ehrlicher und erlaubter ist.

Die Sorge für die Selbsterhaltung und die Versorgung der Angehörigen und Pflegbefohlenen ist somit nicht bloß erlaubt, sondern sogar geboten.

3. Jedoch verbietet der Herr in unserem heutigen Evangelium beim Streben nach diesem Lebenszweck. Eins, nämlich das ängstliche, oder, wie es Christus nennt, das heidnische Sorgen, das nach Seiner Ansicht seinen Grund habe im Mangel an Gottvertrauen, im Kleinglauben oder Unglauben, wobei der Mensch vergesse, daß er Gottes Kind sei, und daß der himmlische Vater für Seine Kinder sorge, nicht minder als ein irdischer Vater für seine Familie, und noch tausendmal besser. Und wir sagen, das kann Er auch, denn Er ist der allmächtige Gott, dem alle Mittel zu Gebote stehen.

> „Weg hat Er allerwegen,
> An Mitteln fehlts Ihm nicht,
> Sein Thun ist lauter Segen,
> Sein Gang ist lauter Licht;
> Sein Werk kann Niemand hindern,
> Sein Arbeit kann nicht ruhn,
> Wenn Er, was Seinen Kindern
> Ersprießlich ist, will thun."

Und so will ich heute zu euch reden

Vom ängstlichen oder heidnischen Sorgen

und euch auf Grund unseres Textes die Wahrheit folgender Behauptungen zeigen:

I. Heidnisches Sorgen ist eine lästige Plage;

II. Heidnisches Sorgen ist ein deutliches Zeichen unseres Kleinglaubens;

III. Heidnisches Sorgen verhindert uns an der Hauptsorge des Menschen.

Wir sehen

I. Heidnisches Sorgen ist eine lästige Plage.

1. Von Natur sind wir Alle zum ängstlichen, unchristlichen Sorgen geneigt; von Natur geberden wir uns Alle so, als ob kein allmächtiger Gott im Himmel wäre, der Sich als Vater das Sorgen vorbehalten hat. Der erste Schritt zur Besserung, zum Loswerden von diesen Sorgen, wäre demnach der, daß wir uns von der Wahrheit überzeugten, daß heidnisches Sorgen eine lästige Plage sei.

Zu diesem Zwecke blicke einmal in das gewöhnliche Alltagsleben hinein. Da ist Einer, der Ein Haus besitzt: nun möchte er gerne Zwei haben. Da ist ein Anderer, der Ein Tausend Thaler zurückgelegt hat: nun hat er Tag und Nacht keine Ruhe und möchte demselben gerne ein anderes Tausend beifügen. Ein Dritter hat Keller, Vorrathskammer und Kasse voll: und doch fürchtet er, Hungers sterben zu müssen. Wer Arbeit hat, ist besorgt, er möchte sie zu verlieren. Wer gesund ist, fürchtet krank zu werden. Und in dieser Schwarzseherei und Aengstlichkeit erfreut man sich nicht der Gaben Gottes in der Gegenwart, sondern sorgt und zittert wegen der Zukunft, wogegen es viel christlicher wäre, Das, was uns Gottes Huld und Gnade bescheret hat, in Dankbarkeit zu genießen und zu gebrauchen, getreulich unsere Pflicht zu erfüllen, ein Jeder in seinem Beruf, und die Zukunft Gott zu überlassen, wie auch die Alten schon gesagt haben: „Bet' und arbeit', Gott segnet zu Seiner Zeit'."

2. Heidnische Sorgen sind gleich dem Koth an den Flügeln eines Vogels, der den Vogel am leichten und fröhlichen Aufflug in die Lüfte hindert. Heidnische Sorgen sind Unkrautssamen auf dem Acker des Herzens, den der Satan dorthin aussät, oft sogar während der geistliche Sämann im Gottesdienst den Weizen des Wortes Gottes ausstreut; und dieser Unkrautssamen der Sorgen dieser Welt läßt den Weizen des Worts nicht wirken. Heidnische Sorgen sind gleich dem Gewichte, das zuweilen Gefangenen an die Füße befestigt wird, um sie am Entrinnen zu hindern. So hängen heidnische Sorgen wie ein Bleigewicht an deinen Füßen; und du schleppst es überall mit hin, wohin du gehst: In deine Küche, deinen Keller, deinen Garten, deine Felder, deine Werkstätte, deinen Laden. Heidnische Sorgen sind einem bösen Geist gleich, der Den, der sich mit ihm einläßt, überallhin verfolgt, wie den Mörder sein böses Gewissen; der ihn plagt im Wachen am Tag — bei der

Arbeit und der Freude, und im Schlafe bei Nacht — in wilden Träumen und gespenstigen Bildern; der ihn stört und hindert in fröhlicher Gesellschaft und ihn unterbricht, wenn er beten will.

3. Auch schädlich und gefährlich ist solcher Sorgengeist. Betrachte einen davon Besessenen in seiner Familie. Er selbst hat keine Ruhe, keinen Frieden und keine Freude, und auch seine Hausgenossen beraubt er dieser edeln Lebens- und Gottesgaben; sie essen zu Viel, brauchen zu Viel und arbeiten nicht genug. Und so wird der Familienkreis, der ein trauliches Heim, ein glückliches Paradies sein soll, zur Hölle, zum Ort der Unzufriedenheit, des Klagens, Scheltens, Murrens, Wühlens, wo man Gebet und Sabbath, Gott und Sein Wort vergißt.

Mancher von solchem Plagegeist Besessene hat schon von lauter Jagen und Rennen den Verstand verloren, oder bei gefüllter Kasse und voller Vorrathskammer sich verzweiflungsvoll sogar das Leben genommen.

4. Und sind solche Sorgen nicht auch nutzlos? Was richtet der Mensch aus mit seinen Sorgen, seinem Grämen, Jagen und Rennen, seiner Furcht und seinen Aengsten? Wenn Gott es für gut findet, dich heimzusuchen — und du hast es manchmal zu deinem eigenen Heile nöthig — so thut Er es, und wenn du dich auch davor fürchtest, wie das Kind vor der Ruthe, und dich krümmst wie ein Wurm. Wenn Gott dich in deinem Amt, Beruf, Geschäft oder Heimwesen segnen und beglücken will, so läßt Er Sich durch deine Ungeduld nicht treiben, sondern wählt Seine Zeit und wartet bis Seine Stunde kommt. Nicht wahr, du hast es auch schon erfahren, daß, wenn so eine Gefahr, vor der du dich so lange gefürchtet hattest, vorübergegangen war, du dachtest: Wie viel besser wäre es gewesen, wenn ich ruhig meine Pflicht gethan und vertrauungsvoll Gott hätte walten lassen? Daß Sorgen nutzlos sind, lehrt auch Christus in unserem Text, wenn Er sagt: „Wer ist unter euch, der seiner Länge eine Elle zusetzen möge, ob er gleich darum sorget?"

Daher ist es auch von dem Schöpfer ganz gut und weise eingerichtet, daß wir die Zukunft und namentlich die Zeit unseres Todes nicht wissen, worin für uns die Anweisung liegt, bei getreuer Ausübung unserer Berufspflichten und gottergeben gehorsamer Anwendung der Gnadenmittel uns stets bereit zu halten auf die Zeit, wann uns Gott abrufen wird, wie jener

Knecht im Evangelium wachend das Kommen Seines Meisters erwartete. Und auch der Tod kommt ohne unser Sorgen, läßt sich aber auch durch unser heidnisches Jammern nicht abhalten.

Nun wollen wir auch die andere Behauptung untersuchen, nämlich: daß

II. heidnisches Sorgen ein deutliches Zeichen unseres Kleinglaubens sei.

1. Davon überzeugen wir uns, wenn wir uns erinnern, was Christus davon im Texte sagt. „Sorget nicht für euer Leben, was ihr essen und trinken werdet; auch nicht für euern Leib, was ihr anziehen werdet. Ist nicht das Leben mehr, denn die Speise? und der Leib mehr, denn die Kleidung? Euer himmlischer Vater weiß, daß ihr das Alles bedürfet."

Damit will uns Christus belehren, daß, weil uns Gott, der Schöpfer, das Größere gegeben habe, nämlich das Leben, wir Ihm zutrauen dürfen, daß Er uns auch das Geringere geben werde, nämlich das, was zur Erhaltung des Lebens gehört — die Nahrung.

> „Was unser Gott geschaffen hat
> Das will Er auch erhalten;
> Darüber will Er früh und spat
> Mit Seiner Güte walten."

Hat uns Gott einen Leib gegeben, geschaffen nach Seinem Bilde, der, trotz der Sünde, in der Auferstehung verklärt werden soll in das ursprüngliche Bild Gottes: Sollten wir nicht glauben dürfen, daß Er uns auch Das dareichen werde, was dieser Körper an Kleidung nöthig hat? Und hat uns Gott bei unserer Geburt in dieses große Welthaus hineingethan, damit wir in demselben unsere Lebensaufgabe erfüllten: Sollten wir nicht auch kindlich erwarten dürfen, Er werde uns ein Plätzchen geben, wo wir mit dem lieben Unsern wohnen können?

2. Zu diesem Schlusse kommen wir auch, wenn wir glauben, was Christus in dem Wort sagen will: „Euer himmlischer Vater weiß, daß ihr deß Alles bedürfet." Das ist ein herrliches, tröstliches Wort. Daraus lernen wir unsere eigentliche Stellung, die wir in dieser Welt Gott gegenüber einnehmen, kennen, nämlich, daß wir Gottes Kinder sind und Gott im Himmel unser Vater. Jeder irdische Vater nun — wenn er anders Das ist, was man von einem solchen nach dem allgemeinen Begriff verlangt — sorgt für seine

Kinder, und keine Arbeit und keine Mühe ist ihm zu viel, ihnen den Lebensunterhalt zu erwerben; auch gewährt er seinen Kindern gerne ihre Wünsche, wenn er nur möglicherweise es vermag. Aber wie oft sind wir nicht im Stande, unseren Kindern das zu geben, was sie bedürfen; wir sind arm, schwach, ohnmächtig. Und oft thut es uns wehe, daß wir unseren Kindern ihre Bitten abschlagen müssen. Aber nun siehe! Gott ist allmächtig: Er kann Alles thun; Ihm stehen alle Mittel zu Gebot. Und überdies weiß Er und kennt Er auch unsere Bedürfnisse, Leiden und Nöthen. Auch ist Sein Herz ein Vaterherz, das allen Seinen Kindern treu entgegenschlägt in unendlicher Liebe und Erbarmung. „Er kann es thun als allmächtiger Gott und will es thun als unser himmlischer Vater."

3. Und damit wir Gottes allmächtige und treue Fürsorge mit leiblichen Augen sehen sollen, verweist uns der Herr auf Beispiele aus der Natur. An den Thieren und an den Pflanzen sollen wir Seine sorgende, liebevolle Vatertreue sehen. „Sehet die Vögel unter dem Himmel an: sie säen nicht, sie ernten nicht, sie sammeln nicht in die Scheunen; und euer himmlischer Vater nähret sie doch. Seid ihr denn nicht vielmehr denn sie? Und warum sorget ihr für die Kleidung? Schauet die Lilien auf dem Felde, wie sie wachsen: sie arbeiten nicht, auch spinnen sie nicht. Ich sage euch, daß auch Salomo in aller seiner Herrlichkeit nicht bekleidet gewesen ist, als derselben eine. So denn Gott das Gras auf dem Felde also kleidet, das doch heute stehet und morgen in den Ofen geworfen wird; sollte Er das nicht vielmehr euch thun, o ihr Kleingläubigen?" Damit will der Herr sagen: Sehet, der Vogel auf dem Zweige und die Lilie auf dem Felde können nicht arbeiten, können auch nicht beten und haben auch keine Seele; und doch gibt Gott dem Vogel sein Futter und sein Nest, und der Lilie ihren Schmuck und ihre Pracht. Sollte Er dir deine Nahrung und deine Wohnung und deine Kleidung vorenthalten — dir, der du arbeiten kannst, beten kannst und eine unsterbliche Seele hast? Und wenn du Dies nicht glaubst und Gott es nicht zutraust, dann bist du kleingläubig, sorgst heidnisch und geberdest dich, als gäbe es keinen Gott im Himmel.

4. Drum, armes, bekümmertes, sorgenvolles Menschenkind, laß dich die Vögel erheitern durch ihren fröhlichen Gesang und laß dich die Blumen ermuntern durch ihren lieblichen Schmuck! Und

wenn du auch nicht müßig gehen darfst wie der Vogel, und wenn du auch arbeiten und spinnen mußt, was die Lilie nicht thut; so sollst du wissen: Der gnädige Hausvater der Welt — Gott im Himmel — vergißt keines Seiner Geschöpfe. Noch mehr: Wenn Er der Geschöpfe, die weit unter dem Menschen stehen, so getreulich gedenkt, wie viel mehr wird Er der Geschöpfe gedenken, die über alle anderen erhaben sind, die nicht bloß für diese, sondern für die andere Welt bestimmt sind, und über dies noch beten können: „Unser täglich Brot gib uns heute!"

5. Der himmlische Vater läßt uns unsere Lebensbedürfnisse zukommen auf gewöhnliche Weise: durch unsere Arbeit, durch Aussaat und Ernte. Er kann es aber auch außerordentlicherweise thun, „wanns nöthig ist." Das lehrt uns Gottes Wort und die Geschichte der Menschheit und der christlichen Kirche. Israel versorgt Gott auf wunderbarer Weise mit Manna und Felsenwasser; dem Elias müssen die Raben auf Gottes Befehl Brot und Wasser bringen; Christus speist Tausende in der Wüste mit wenigen Broten und Fischen. Und manche Wittwe, manches Waisenkind, mancher Fremdling, mancher arbeitslose Hausvater hat es schon erfahren, daß Gott noch Wunder thut, „wanns nöthig ist."

> „So sei nun, Seele, Seine,
> Und traue Dem alleine,
>   Der dich geschaffen hat;
> Es gehe, wie es gehe,
> Dein Vater in der Höhe,
>   Der weiß zu allen Sachen Rath."

Auch wollen wir jetzt noch sehen

III. wie heidnisches Sorgen uns an der Hauptsorge des Menschen verhindert.

1. Was des Menschen Hauptsorge im Leben sein soll, drückt Jesus im Text mit dem Kernwort aus: „Trachtet am ersten nach dem Reiche Gottes und nach seiner Gerechtigkeit, so wird euch Solches Alles zufallen."

Mit diesem Wort macht uns Jesus aufmerksam auf das Reich Gottes, das Gott in diese Welt hineingepflanzt hat, damit wir uns durch die Güter, die Er uns in demselben zukommen lassen will, vorbereiten möchten auf das Reich, das Er für Seine Kinder im Himmel droben bereitet hat. Das Reich Gottes in der Welt ist die christliche Kirche; und die Güter darin sind die Gnadenmittel, Wort Gottes und die heiligen Sakramente. Durch diese schenkt Er uns die Gerechtigkeit Christi, nämlich Vergebung der Sünden um Christi Blutes willen, Gotteskindschaft ins versöhnte Gewissen und Hoffnung auf ein ewiges Leben. Haben wir diese Gerechtigkeit Christi, besitzen wir das beseligende Bewußtsein, daß wir Gottes Kinder sind, dann trauen wir Gott auch zu, daß Er, der uns diese hohen geistlichen Gaben in Seinem Reiche schenkt, uns auch die irdischen nicht vorenthalten werde und uns Das werde zufallen lassen, was wir für uns und die Unserigen an leiblichen Dingen nöthig haben, namentlich, da wir auch Gottes Anfangsgebot befolgen: „Im Schweiß deines Angesichtes sollst du dein Brot essen, bis daß du wieder zu Erde werdest, davon du genommen bist." 1. Mos. 3, 19. In dieser göttlichen Gesinnung und gottgeheiligten Lebensanschauung wissen wir auch zu unterscheiden zwischen christlichem, pflichtgetreuem Besorgtsein und heidnischem, kleingläubigem, ungöttlichem Sorgen.

2. Wenn wir die vorhin angegebene Gesinnung haben, dann wird uns auch klar, was Zweck und Ziel des Menschen ist, wir lernen begreifen, warum wir eigentlich in der Welt sind. Oder denkt ihr, wir Menschen seien nur da, um uns abzuarbeiten, abzuhärmen, irdische Güter zusammenzuraffen, uns dann hinzulegen und zu sterben? Nein, damit ist unser unsterblicher Geist nicht zufrieden; er braucht kein Geld und Gut; er verlangt mehr als das; er verlangt Güter, die jenseits des Grabes liegen — die Gemeinschaft mit Gott, der Quelle alles wahren Lebens; die ewige Seligkeit bei Gott und Seinen heiligen Engeln. Dieses Ziel zu erreichen soll Hauptsorge unseres Lebens und Strebens auf Erden sein. Wer aber jene heidnische Sorgen in seinem Herzen hat und sich von denselben treiben läßt, der läuft Gefahr, des Hauptzieles und Hauptlebenszweckes — der ewigen Seligkeit — verlustig zu gehen.

3. Um Dies deutlich einzusehen, stelle dich im Geist an deinen Sarg und an dein Grab und bedenke: Alles Irdische bleibt dann zurück: Dein Geld, deine Häuser, deine Aecker, deine Freunde, deine Angehörigen. Denn alles Dies ist irdisch und taugt nicht für die andere Welt — nur Eins geht mit dir, wenn du es hast: Die Gerechtigkeit Christi, ein durch Christi Blut versöhntes Gewissen. Hast du aber diese Gerechtigkeit, dieses versöhnte Gewissen nicht, dann hast du vergeblich gelebt, wer du auch im Leben gewesen, welche Stellung

du auch im Leben eingenommen, ob dein Leib im Leben in Sammt und Seide oder in grobes Kleid eingehüllt war. Wohlan denn! Laß das Reich Gottes mit seinen Gütern und Segnungen dein Hauptanliegen und deine Hauptsorge und die Erlangung der ewigen Seligkeit dein Hauptziel sein. Dabei verrichte aber in deinem irdischen Berufe getrost und getreulich deine Pflicht und erwarte im Leiblichen und Geistlichen den Segen allein von Gott.

Einst hat alles Arbeiten und alles Sorgen ein Ende — einst an unserem Lebensfeierabend. Dann bekommt der Leib und die Seele Ruhe. Den Leib legt man ins Grab; und die Seele gelangt zum himmlischen Frieden.

> „Es ist noch eine Ruh vorhanden;
> Auf müdes Herz und werde Licht!
> Du seufzest hier in deinen Banden
> Und deine Sonne scheinet nicht.
> Sieh auf das Lamm, das dich mit Freuden
> Dort wird vor Seinem Stuhle weiden,
>   Wirf hin die Last und eil' herzu!
> Bald ist der schwere Kampf vollendet,
> Bald, bald der saure Lauf geendet,
>   Dann gehst du ein zu deiner Ruh."

Amen.

Sechszehnter Sonntag nach Trinitatis.

Luc. 7, 11-17.

Und es begab sich darnach, daß Er in eine Stadt mit Namen Nain ging, und Seiner Jünger gingen viel mit Ihm und viel Volks. Als Er aber nahe an das Stadtthor kam, siehe, da trug man einen Todten heraus, der ein einiger Sohn war seiner Mutter; und sie war eine Wittwe, und viel Volks aus der Stadt ging mit ihr. Und da sie der Herr sahe, jammerte Ihn derselbigen, und sprach zu ihr: Weine nicht! Und trat hinzu und rührete den Sarg an, und die Träger standen. Und Er sprach: Jüngling, Ich sage dir, stehe auf! Und der Todte richtete sich auf und fing an zu reden, und Er gab ihn seiner Mutter. Und es kam sie alle eine Furcht an, und priesen Gott und sprachen: Es ist ein großer Prophet unter uns aufgestanden, und Gott hat Sein Volk heimgesucht. Und diese Rede von Ihm erscholl in das ganze jüdische Land und in alle umliegende Länder.

Die vorgeschriebenen Sonntagstexte stellen uns im Laufe des Kirchenjahres verschiedene Gegenstände vor Augen: „zur Lehre, zur Strafe, zur Besserung, zur Züchtigung in der Gerechtigkeit." 2. Tim. 3, 16. Oftmals mag Einer thörichterweise denken: Das geht mich heute Nichts an, das gilt Diesem und Jenem. Wenn vom Hochmuth gepredigt wird, oder vom Geiz, vom Unglauben, vom religiösen Leichtsinn, von der Unmäßigkeit und Verschwendung, mag Mancher in der Verkehrtheit seines Herzens sich einbilden, er habe Predigten über solche Gegenstände nicht mehr nöthig, er sei darüber hinaus, das gelte Andern. Heute aber kann Niemand solche Gedanken hegen; heute heißt es: „Hier ist Niemand ausgenommen." Das, was uns unser Text heute vorführt, geht Alle an, ist Allen gemeinsam. Da ist die Rede vom Tode: dem kann Niemand entrinnen, von dem kann sich Niemand loskaufen, nicht für Millionen. Da begegnen wir Thränen und Trauer: auch davon ist Niemand ausgeschlossen; auch starke Geister brechen oft im Schmerz zusammen und bedürfen dann des Trostes ebenso wie Andere. Wir hören da von einer Todtenerweckung durch den Herrn und sehen darin ein Abbild von der Auferstehung der Todten bei der Wiederkunft Christi, wobei „Alle die in den Gräbern sind, werden Seine Stimme hören; und werden hervorgehen, die da Gutes gethan haben, zur Auferstehung des Lebens, die aber Uebels gethan haben, zur Auferstehung des Gerichts." Auch davon kann sich Niemand ausschließen: Alle — Gute und Böse — werden auferstehen.

Somit will ich heute zu euch reden über

Drei Thatsachen, die allen Menschen gemeinsam sind.

Diese drei Thatsachen sind:

I. Alle Menschen müssen sterben.

II. Alle Menschen bedürfen jeweils Trost.

III. Alle Menschen werden einst auferstehen.

I. Alle Menschen müssen sterben.

1. **Dem Tode kann Niemand entrinnen.** Jung und Alt ist dem Tode verfallen. Wir lesen in unserem heutigen Evangelium von dem Tode und dem Leichenbegängnis eines Jünglings. Man sagt: „Die Jungen können sterben, und die Alten müssen sterben." Daß auch Junge sterben können, das trifft hier zu. So sehen wirs auch im gewöhnlichen Leben. Daß die Alten sterben müssen, das ist der Lauf der Welt. Alle geben Das zu. Der Säugling in der Wiege, die Kinder, die sich fröhlich tummeln ums Haus und im Garten, die Jungfrau, zur Blüthe entfaltet, der Jüngling, auf den die Eltern hoffnungsvoll und mit Stolz hinblicken, der Mann in seiner entwickelten Kraft, die Mutter, von glücklichen Kindern umspielt, der Greis, am Stabe dahinwankend: Alle sind dem Tode verfallen, früher oder später.

2. **Kein Stand schützt vor dem Tode.** Den Armen und Leidenden erlöst er von seinem Elend und reißt den Reichen und Gesunden aus seinem Erdenglück. Dem Tode erliegen die Geringen und Niedergestellten sowohl als die Hohen und die Herrscher der Völker. Der Tod nimmt dem Gelehrten die Feder aus der Hand, dem Landmann den Pflug, dem Handwerker seine Werkzeuge, dem Kriegsmann das Schwert und beraubt den König seines Scepters und seiner Krone. Alles, was Mensch heißt, muß dem Tode den schuldigen Tribut zahlen: „Wie durch einen Menschen die Sünde gekommen ist in die Welt, und

der Tod durch die Sünde, und ist also der Tod zu allen Men=
schen durchgedrungen, dieweil sie alle gesündigt haben." Röm.
5, 12. Und: „Der Tod ist der Sünde Sold." Röm. 6, 23.

3. Ueberall stellt der Tod sich ein. Aus unse=
rem Evangelium ersehen wir, daß jener Todesfall und jenes
Leichenbegängnis in der Stadt Nain stattgefunden habe. Die
Schönheit Nains hielt den Tod nicht ab, dort einzukehren. Dort
lags, das liebliche Nain, zwischen dem Jordan und dem mittel=
ländischen Meere, in der Nähe des geheimnisvollen Tabors und
nicht weit von den freundlichen Ufern des Sees Genezareth:
das Städtchen selbst umgeben von fruchtbaren Oelgärten und
lieblichen Gefilden. Aber auch das anmuthige Nain findet der
Tod. Nain, die „Liebliche", wandelt er in ein trauriges Thrä=
nenthal um. Kein Ort der Welt ist ihm zu schön, zu hoch, zu
nieder. Er kehrt ein in elenden Hütten und auch in herrlichen
Palästen; er schwebt über die Rosengehege und Blumenbeete
hinweg in die leichtgebauten Residenzen und bricht sich auch
Bahn durch Mauern und Riegel in die befestigten Burgen.
Ueberall stellt er sich ein: im kalten Norden und heißen Süden;
im Osten, wo die Sonne aufgeht und im Westen, wo sie hinab=
sinkt; auf dem Festland, den Inseln, dem Meere.

4. Die Geschichte der Menschheit hats bewiesen: „Ein Ge=
schlecht kommt und geht, um einem andern, das nach ihm kom=
men soll, Platz zu machen." Dieses Kommen und Gehen der
Menschengeschlechter, dieses Auftreten und Abtreten der Völker
auf dem Schauplatz der Erde wird fortgehen bis einst das letzte
Menschengeschlecht der Welt überrascht werden wird von dem,
der da kommen wird „zu richten die Lebendigen und die Todten."

4. Aber die Thatsache, daß Alle sterben müs=
sen, soll uns auch etwas lehren. Die beste Lehre ist die,
die im 90. Psalm steht und heißt: „Herr, lehre uns bedenken,
daß wir sterben müssen, auf daß wir klug werden;" und die,
die wir im Hebräerbrief finden, die also lautet: „Wir haben
hier keine bleibende Stätte, sondern die zukünftige suchen wir."
13, 14. Mit andern Worten: Wir sollen daran denken, daß
wir nicht ewig auf Erden bleiben dürfen, sondern einmal gewiß
dieselbe verlassen müssen. Auch sollen wir bedenken, daß der
Tod nicht Jeden ohne Weiteres in das selige ewige Leben
bringt, sondern bloß Diejenigen, die hier auf Erden nach dem=
selben gestrebt haben, die jene zukünftige Stadt in diesem Leben
ernstlich gesucht haben; Leute, der Loosung war:

> „Himmelan geht unsre Bahn,
>   Wir sind Gäste nur auf Erden,
> Bis wir dort in Kanaan
>   Durch die Wüste kommen werden;
> Hier ist unser Pilgrimstand,
> Droben unser Vaterland."

II. Alle Menschen, wenn in Trauer, bedürfen Trostes.

1. Unser Evangelium berichtet uns, daß der todte Jüng=
ling der einzige Sohn einer Wittwe war. Daher ist es leicht
begreiflich, daß sie traurig war und in ihrer Traurigkeit den
Thränen freien Lauf ließ. Alles hatte sie ja verloren; allein
und verlassen stand sie nun in der Welt da. Dunkel und
freudlos mußte ihr die Zukunft erscheinen. Willkommen war
ihr deshalb gewiß der theilnehmende Tröster, der sich ihr
näherte und so herzlich zu ihr sprach: „Weine nicht!" Manches
Trostwort hatte sie wohl an jenem Trauertage von theilneh=
menden Freunden schon vernommen, aber gewiß war keins so
tief in ihr Herz gedrungen und hatte sie so aufgerichtet, wie
diese beiden Wörtchen: „Weine nicht!" Denn wie vor Seinem
Machtwort Seine Feinde verstummten und die Mörderschaar in
Gethsemane erschrocken zu Boden fiel, so mußte Sein Trostwort
wirken wie kühlender Balsam auf eine brennende Wunde. Wie
die Blumen nach drückender Hitze durch den Thau sich erfrischt
aufrichten, so wird auch sie bei diesen Worten ihr thränenvolles
Auge zu dem Herrn erhoben haben, bereits etwas ermuntert,
aber doch noch mit der stummen Frage auf ihren Lippen:
Warum soll ich nicht weinen? „Schauet doch und sehet, ob
irgend ein Schmerz sei, wie mein Schmerz, der mich getroffen
hat?" Klagelieder 1, 12. Ihr Aufblick zu dem Herrn gibt
ihr Zuversicht; und vertrauungsvoll überläßt sie Ihm das
Weitere.

2. Aber nicht bloß Frauen, Mütter, Wittwen geben sich
dem Schmerze und der Trauer hin, wenn Leid über sie herein=
bricht, und sind dann des Trostes bedürftig: auch Männer
beugen oft in Trauer= und Unglücksfällen ernst
und nachdenkend ihr Haupt; auch über Männerwangen
rollen jeweils Thränen des Schmerzes und der Trauer, und
auch Männer haben in solchen Fällen tröstlichen Zuspruch und
Aufmunterung nöthig. Allerdings, so lange die Hausmutter
da ist und schaltet und waltet mit vorsorglicher Umsicht; so
lange die Kinder gesund und fröhlich den Tisch umgeben; so
lange das Geschäft seinen Gewinn abwirft und Friede im Lande

herrscht: kann ein Mann wohl stolz das Haupt hochhalten und kühn um sich blicken. Aber laß den Gatten an den Sarg der Gattin, den Vater an den Sarg eines hoffnungsvollen Sohnes, einer blühenden Tochter hintreten — ob nicht auch sein Herz erweicht, sein Haupt sich beugt und sein Auge sich mit Thränen füllt. Auch starke Geister werden durch solche Schicksale mürbe und sind dann Aufmunterung und Trostes benöthigt; auch sind sie in solchem Zustande für Zuspruch zugänglich.

3. Was aber gewährt uns wirklichen Trost? Der beste, wirksamste und anhaltendste Trost und zugleich Mahn= mittel in Krankheits=, Todes=, wie überhaupt allen Unglücks= fällen ist und bleibt Gottes Wort. Das wirkt oft Wunder. Der Leichtsinnige erinnert sich vielleicht dadurch wieder an den Gott seiner Jugend, den er vergessen. Der Ungläubige hat Gelegenheit, einzusehen, daß sein Natur= und Vernunftglaube ihm keinen Trost geben kann, in Krankheit und im Sterben ihn im Stich läßt und ihm kein Wiedersehen in einer anderen, bessern Welt in Aussicht stellt. Wie mancher Leichtsinnige ist am Kran= ken= und Sterbebette oder am Grab eines lieben Angehörigen aufgewacht und zum Nachdenken gekommen. Wie mancher Ungläubige hat am Sarg und Grab eines seiner Lieben den lebendigen Gott wiedergefunden; denn alles Andere gab ihm keinen Trost und keine Stärkung.

Wenn der Gläubige von Unglück, Krankheits= und Sterbe= fällen heimgesucht wird, so geht ihm das auch tief zu Herzen und schmerzt ihn sehr; aber er klagt nicht wie die, die keinen Trost und keine Hoffnung haben. Er verzweifelt nicht, sondern hält bei allem Schmerz und allen Thränen sein Herz offen für den Trost aus Gottes Wort. Wie Jesus jene Wittwe tröstete mit Seinem liebreichen, theilnehmenden Trostwort: „Weine nicht!" so tröstet dich Gottes Wort auch in deiner Lage und in deiner Noth, so daß du Muth fassen kannst und Kraft gewinnst zum Glauben, zum Hoffen, zum Dulden und stiller Ergebung.

4. In Noth, Kreuz, Krankheits= und Sterbe= fällen sind alle Menschen gleich: Alle haben Trost nöthig. Glücklich sind dann Diejenigen, die ihre Herzen offen haben für den Trost aus Gottes Wort. Nur das stärkt das Herz und gibt Hoffnung. Denn es richtet das Glaubensauge hinüber nach den seligen Gefilden des ewigen Lebens, wo sich die Gläubigen aller Zeiten und aller Nationen zusammenfin= den, und wo auch Die sind, von denen wir unter heißem Schmerz Abschied genommen haben, und die wir einst nach

vollbrachtem Lebenskampf wieder zu finden hoffen. Nur solcher Trost ist wirksam und anhaltend.

Laß demnach in Krankheits= und Todesfällen Gottes Wort dein Trost sein, und lies es mit den Deinen. Bei Leichenbe=gängnissen erachte die Predigt als Hauptsache und alles Andere als Nebensache. Auf diese Weise lernst du dich fassen und sam=meln, und Gott kann mit dir reden, wie Jesus dort bei der Wittwe gethan. Dann verstehst du was David sagt: „Das ist mein Trost in meinem Elende; denn dein Wort erquicket mich.“ Pf. 119, 50.

III. Alle Menschen, die gestorben sind, werden einst auf=erstehen.

1. Christus gibt Trost nicht nur mit Worten, sondern auch mit der That. Das lehrt uns unser Text in folgenden Worten: „Und Er trat hinzu und rührete den Sarg an: und die Träger standen. Und Er sprach: Jüngling, Ich sage dir, stehe auf! Und der Todte richtete sich auf, und fing an zu reden. Und Er gab ihn seiner Mutter wieder. Nun konnte sie ihre Thränen trocknen, denn sie hatte ihren Sohn wieder. Nur wenige Tage war sie von demselben ge=trennt gewesen.

Manches von euch denkt wohl: Ja, das war ein thatsäch=licher Trost; sie bekam ihren Sohn wieder; aber meine lieben Gestorbenen kommen nicht mehr! Und doch sollst auch du mit deinen Lieben, die der Tod von dir genommen hat, wieder ver=einigt werden. Der Unterschied zwischen dieser Wiederver=einigung und jener im Evangelium liegt nur in dem Zeitraum. Bei jener Wittwe war der Zeitraum vom Tode ihres Sohnes bis zur Wiedervereinigung mit ihm nur zwei oder drei Tage; bei uns währt es bis zu unserem Tode, bis wir die Unsern im Jenseits wiederfinden: und das mag ja viele Jahre sein. Und doch, wenn man so zurück denkt, über zehn oder zwanzig Jahre hin, so erscheint uns ja solcher Zeitraum auch ganz kurz „denn unser Leben fähret schnell dahin, als flögen wir davon.“ Pf. 90, 10. Sterben wir als Gläubige, dann kommen wir zu Denen der Unsern, die uns im Glauben vorangegangen sind. Die Vereinigung zwischen jener Wittwe und ihrem Sohn wurde doch später durch den Tod aufgehoben, aber die Vereinigung der Gläubigen im Himmel wird durch Nichts gestört werden; sie wird ewig währen.

2. **Auch der Leib soll an der Seligkeit im Himmel theilnehmen, und soll zu diesem Zwecke aus dem Grabe auferstehen.** Daß Gott die Todten auferwecken kann, davon ist die Todtenerweckung in unserem Evangelium Beweis. Wie der Herr diesen Jüngling vom Tode auferweckte, so wird Er einst alle Todten auferwecken, den Leib verklären und ihn mit der Seele vereinigen, damit er mit derselben der Seligkeit im ewigen Leben genieße. Das gilt von den Leibern der Gläubigen. Auch die Leiber der Gottlosen werden auferstehen, werden auch mit deren Seelen vereinigt werden, aber nicht zur Theilnahme an der ewigen Freude, sondern zur Theilnahme an der ewigen Höllenqual.

3. **Vom dem Zustande, in welchem die Seelen sich befinden, nachdem sie vom Leibe getrennt sind, lehrt Gottes Wort:** „Die Seelen der Frommen, welche an Christum glauben, sind in der Hand Gottes, und erwarten da die herrliche Auferstehung ihrer Leiber, und den vollen Genuß der ewigen Seligkeit." „Der Gottlosen oder Ungläubigen Seelen aber sind am Orte der Qual, und erwarten da unter Schrekken und Angst die schmachvolle Auferstehung ihrer Leiber, und das vollkommene Gefühl der ewigen Verdammnis."

4. **Wie es ein unumstößlicher Spruch Gottes ist:** „Du bist Erde und sollst wieder zur Erde werden," so ist es auch eine feststehende Ankündigung desselben Gottes, daß alle Todten einst auferstehen werden, und zwar die Guten und die Bösen. Christus spricht: Es kommt die Stunde, in welcher Alle, die in den Gräbern sind, werden Seine Stimme hören und werden hervorgehen, die da Gutes gethan haben, zur Auferstehung des Lebens, die aber Uebels gethan haben, zur Auferstehung des Gerichts." Joh. 5, 28, 29. Auch in unserem Glaubensbekenntnis haben wir diese Lehre in dem Satze: „Ich glaube an die Auferstehung des Fleisches."

Demnach, wenn unser heutiges Evangelium von einer Todtenerweckung berichtet, so geht diese Thatsache Alle an. Denn, wie Jesus machtvoll und majestätisch sich jenem Sarge näherte, wie Er, der allmächtige Sohn Gottes, jenem Todten zurief: „Jüngling, Ich sage dir, stehe auf!" so wird einst am jüngsten Tage, derselbe Sohn Gottes alle Todten auferwecken. Wie jener Jüngling sich lebendig aus seinem Sarge aufrichtete, so werden sich dann alle Todten aus ihren Grüften und aus allen Oertern, wo sie bis dorthin geschlafen haben, erheben. Dann ist erfüllt was Jesaias sagt: „Deine Todten werden leben!" Jes. 26, 19.

5. Somit kann sich heute Niemand ausschlie= ßen. Die drei Gegenstände, von denen wir heute gehandelt haben, gelten Allen.

Alle müssen sterben! Haltet euch bereit, damit euch Gott nicht unvorbereitet finde, sondern euch antreffe als getreue und wachende Knechte. Haltet auch in Trauerfällen Ohr und Herz offen für den Trost aus Gottes Wort, damit ihr Hoffnung habet.

Denket auch dankbar daran, wie hoch unser menschlicher Leib, trotz der Sünde, die in ihm wohnet, gewürdigt ist. Er soll einst auferstehen, verneut und verjüngt, und, mit der Seele vereinigt, ewig fortleben in Gemeinschaft mit Gott und Seinen Heiligen.

Die Gottlosen, die ihren Leib entheiligen durch Sünden= dienst, und sich durch Christi Blut nicht reinigen lassen, mögen erschrecken, wenn sie hören, daß sie sterben und auferstehen müssen.

Du aber begrabe gläubig und gottergeben einstweilen deine Todten in Gottes Acker mit fröhlichem, hoffnungsvollem Hinausblick auf jenen seligen Auferstehungsmorgen, an dem sich unsere Christenhoffnung erfüllen wird: „Es wird gesäet verwes= lich und wird auferstehen unverweslich. Es wird gesäet in Unehre, und wird auferstehen in Herrlichkeit. Es wird gesäet in Schwachheit, und wird auferstehen in Kraft. Es wird ge= säet ein natürlicher Leib, und wird auferstehen ein geistlicher Leib." 1. Corinth. 15, 42—44. Amen.

Siebenzehnter Sonntag nach Trinitatis.

Luc. 14, 1—11.

Und es begab sich, daß Er kam in ein Haus eines Obersten der Pharisäer auf einen Sabbath, das Brot zu essen, und sie hielten auf Ihn. Und siehe, da war ein Mensch vor Ihm, der war wassersüchtig. Und Jesus antwortete und sagte zu den Schriftgelehrten und Pharisäern und sprach: Ists auch recht, auf den Sabbath heilen? Sie aber schwiegen stille. Und Er griff ihn an und heilete ihn und ließ ihn gehen, und antwortete und sprach zu ihnen: Welcher ist unter euch, dem sein Ochse oder Esel in den Brunnen fällt, und er nicht alsbald ihn hinauszeucht am Sabbathtage? Und sie konnten Ihm darauf nicht wieder Antwort geben. Er sagte aber ein Gleichnis zu den Gästen, da Er merkte, wie sie erwähleten oben an zu sitzen, und sprach zu ihnen: Wenn du von Jemand geladen wirst zur Hochzeit, so setze dich nicht oben an, daß nicht etwa ein ehrlicherer, denn du, von ihm geladen sei, und so dann kommt, der dich und ihn geladen hat, spreche zu dir: Weiche diesem, und du müssest dann mit Scham unten an sitzen. Sondern wenn du geladen wirst, so gehe hin und setze dich unten an, auf daß, wenn da kommt, der dich geladen hat, spreche zu dir: Freund, rücke hinauf! Dann wirst du Ehre haben vor denen, die mit dir zu Tische sitzen. Denn wer sich selbst erhöhet, der soll erniedriget werden, und wer sich selbst erniedriger det, soll erhöhet werden.

„Die Welt liegt im Argen.“ 1. Joh. 5, 19. Das finden wir namentlich in unserem heutigen Evangelium bewahrheitet. In demselben treffen wir Jesum bei einem Gastmahl, das in dem Hause eines Obersten der Pharisäer an einem Sabbath stattfand, an welchem Gastmahle, außer Jesu und dem Gastgeber, viele Schriftgelehrte und Pharisäer theilnahmen.

Das Arge, in dem die Welt liegt, und die Sünde, der die Menschen dienen, sehen wir bei dieser Tischgesellschaft in mannigfacher Form und Gestalt. Vorerst tritt es uns in der Heuchelei, Falschheit und Bosheit des Gastgebers und seiner Freunde, die am Mahle theilnahmen, vor Augen. Wir ersehen diese Heuchelei und Falschheit aus der Bemerkung im Text: „Und

sie hielten auf Ihn." Die Pharisäer hatten nämlich einen unglücklichen Menschen — einen Wassersüchtigen — dorthin gebracht, um mit ihm Jesu eine Falle zu stellen. Da es Sabbathtag war, so wollten sie sehen, ob Er ihn an diesem Tag
heilen würde. Würde Er es thun, so könnten sie Ihn beim
Volk als Sabbathsschänder anklagen. Das wäre ihnen willkommen. Sodann ersehen wir das Arge, das die Menschen
beherrscht, bei dieser Tischgesellschaft in dem Hochmuthe, in
welchem die Gäste sich bestrebten, obenan zu sitzen. Das Elend
der Sünde tritt uns auch in dem Wassersüchtigen vor Augen.
Denn auch Krankheit ist ein Theil des Argen, in dem die Welt
liegt, und des Uebels, das um der Sünde willen auf dem Men-
schengeschlechte ruht.

Und inmitten dieser heuchlerischen und sündigen Tischgesellschaft sitzt Christus der Herr, der Heilige unter den Unheiligen, der Reine unter den Unreinen, aber auch bereit, der
Sünde entgegenzutreten und sie zu bekämpfen, wo Er ihr begegnete. Gelegenheit dazu bot sich. Und Er benützte sie.

Nach diesen Gesichtspunkten lasset mich nun zu euch reden
über

Jesus beim Gastmahle in des Pharisäers Hause, oder: Die Welt liegt im Argen.

Dabei sehen wir

I. zwei Charakterzüge der Sünde;

II. die Art und Weise, wie Jesus denselben begegnet.

I. Zwei Charakterzüge der Sünde.

Die Thatsache, daß die Welt im Argen liegt, sehen wir
unter Anderem an den bei dem Gastmahle in des Pharisäers
Hause anwesenden Pharisäern und Schriftgelehrten; und namentlich sind es zwei Züge, die uns dabei entgegentreten: die
Heuchelei und der Hochmuth.

1. Die Heuchelei sehen wir an dem Gastgeber und den
am Mahle theilnehmenden Pharisäern. Der Gastgeber lädt
Jesum zu dem Mahle ein unter dem Scheine Ihn zu ehren.
Der wahre Grund aber ist: Er will dadurch seinen pharisäischen
Genossen nur Gelegenheit geben, Jesum zu belauern und in die
Falle zu locken. Die pharisäischen Theilnehmer am Gastmahle
zeigen ihre heuchlerische Falschheit darin, daß sie jenen Wasser-
süchtigen dorthin bringen, scheinbar, als ob sie wünschen, daß

Jesus ihn heilen. möchte.　Im Herzen aber haben sie im Sinn,
falls Er das thue, Ihn beim Volke als Sabbathschänder anzuklagen, um Ihm so zu schaden.　Somit ist klar: Den Herrn zu
belauern, Ihn in die Falle zu locken, Ihm zu schaden — das
war Grund und Absicht der Einladung von Seiten des Gastgebers und auch Grund und Absicht, warum die am Mahle theilnehmenden Pharisäer jenen Wassersüchtigen dorthin bringen.
Das zeigt ihre Heuchelei und Falschheit.

2.　Gerade so sind die Menschen heute noch.　Dieselbe
Heuchelei und Falschheit findet man heutigen Tages noch.　Das
sieht man überall, wo nur Menschen beisammen sind.　Man
begegnet sich und begrüßt sich mit ausnehmender Freundlichkeit
und Höflichkeit; im Herzen aber hegt man gegenseitig Haß und
Neid.　Man sagt sich einander Schönes ins Gesicht, aber unter
der Maske sitzt der Spott.　Man wirft Fragen auf, bespricht
Gegenstände, spendet Lob — nur, um dem Angeredeten die
Zunge zu lösen.　Kann man aus den Antworten — vielleicht
aus einem unvorsichtigerweise geäußerten Worte — Etwas er-
haschen, das dem Betreffenden allenfalls schaden oder ihn in Verlegenheit bringen könnte, so benützt man dasselbe willkommen-
erweise.　Wenn der allwissende Gott die Gedanken des Herzens,
während der Mund redet, an die Wand schriebe, so daß man
dieselben mit den Worten des Mundes vergleichen könnte: welcher Unterschied, ja welcher Gegensatz träte da zu Tage! und
wie müßten die Heuchler und Falschen sich schämen!　Und doch
kommt solche Heuchelei überall vor: im gesellschaftlichen, poli-
tischen und auch im kirchlichen Leben.

3.　Der andere Charakterzug der Sünde, der bei dem
Gastmahl in des Pharisäers Hause zum Vorschein kam, war der
Hochmuth.　Dieser Hochmuth zeigt sich darin, daß sich die
Pharisäer, die am Gastmahl theilnahmen, um den Rang des
Sitzens stritten: „Jesus merkte, wie sie erwählten obenan zu
sitzen.“　Man sollte nicht denken, daß bei solch ausgesuchter,
hoher Gesellschaft solche niedrige und offenbare Eitelkeit vor-
kommen könnte.　Und doch kommt sie vor.

Auch dieser Zug des sündhaften Menschen tritt heute noch
zu Tage.　Den Stolz, den Hochmuth, die Eitelkeit trifft man
bei Reich und Arm, Vornehm und Gering, Jung und Alt;
leiblicher und geistlicher Hochmuth beherrscht die Menschen.
Der Hochmuth ist so recht die Sünde unserer Zeit.　Niemand
will mehr zu den Geringen gezählt werden; Jedermann will zu
den Großen und Reichen gehören.　Durch luxuriösen Haus-

halt, reiche Kleidung, hochgeschraubte Lebensweise will Eins das
Andere überbieten. Der Wettstreit um hohen Rang und Platz
ist allgemein: unter Nachbarn, Blutsverwandten und Freun=
den: in Kirchengemeinden mit ihren verschiedenen Einrichtungen
und Abtheilungen; in Konferenzen und Synoden kann man
ihn wahrnehmen. Die Stelle im Text: „Jesus merkte, wie sie
erwählten obenan zu sitzen," ist heute noch anwendbar.

Bei diesem Wettstreit um hohen Rang und Platz — was
für Mittel werden da oft angewandt? Lug und Trug, Ver=
leumdung und Todtschlag. Denn, weil man nicht mit ehr=
lichen Mitteln seinen Zweck erreichen kann, versucht man es
mit unehrlichen. Manchen dieser Art haben solche unehrliche
Mittel und krummen Wege in Schande und Verderben gebracht,
noch ehe der angestrebte Zweck erreicht war. Und — wenn
dann Einer seiner Ziel erreicht hat, die ersehnte Höhe erklom=
men hat: wie schnell fällt er oft wieder von seiner Höhe her=
unter, wenn die wiegenähnliche Volksgunst sich dreht und dem
einstigen Liebling und Auserwählten kalt den Rücken zuwendet.

So sehen wir zwei Hauptzüge der Sünde: die Heuchelei
und den Hochmuth jener Tischgesellschaft im Hause Simons des
Aussätzigen, von der unser Text berichtet, und haben diese Züge
auch bei den jetztlebenden Menschen wahrgenommen.

Nun wollen wir auch noch kennen lernen

II. die Art und Weise, wie Jesus denselben begegnet.

1. Jesus deckt beide Züge der Sünde, wie Er sie
bei jenen Pharisäern vorfand, auf; zuerst die Heuchelei und
dann den Hochmuth. Um ihre Heuchelei und Falschheit aufzu=
decken, stellte Er die Frage an sie: „Ist es auch recht, auf den
Sabbath heilen?" Er hatte jenen wassersüchtigen Menschen
sogleich gesehen, und dessen Elend war Ihm zu Herzen gegangen.
Die Pharisäer hatten eine so gute Meinung von Jesu, daß sie
überzeugt waren, Er könne keinen Unglücklichen sehen, ohne ihm
zu helfen. Darum hofften sie, Ihn diesmal sicher zu fangen,
und Ihn für einen Sabbathschänder erklären zu können. Sie
glaubten es sicher, Er werde den Wassersüchtigen heilen — auch
am Sabbath.

„Ist es recht, am Sabbath heilen?" fragt Er sie. Ihr
wisset ja doch, daß es Sabbath ist; dieser Wassersüchtige ist
Keiner von eurer Gesellschaft, daß er deshalb hier wäre; ihr
habt ihn hieher gebracht, daß ich Ihn heilen soll; nicht wahr?
Aber — da muß Ich euch fragen: Haltet ihr es für recht, daß

Ich es heute thue — am Sabbath? Jedoch, Ich weiß es, ihr habt dies Alles gethan, Mich zu versuchen; in euren falschen Herzen habt ihr diesen heuchlerischen Plan ausgebrütet. Das sind etwa die Gedanken, die jener Frage zu Grunde liegen. So entlarvt und bloßgestellt, stehen sie da wie böse Buben, deren Tücke verrathen sind, und schweigen stille. Der Herr aber folgt dem Zug Seines Herzens und heilt den Kranken und läßt ihn gehen. Nachdem Dies geschehen, rückt Er den falschen Heuchlern nochmals zu Leibe und fängt sie in ihrer eigenen Schlinge: „Welcher ist unter euch, dem sein Ochse oder Esel in den Brunnen fällt, und er ihn nicht alsbald herauszieht am Sabbathtage?" Damit wollte Er sagen: Nicht wahr, ein Thier würdet ihr am Sabbathtag vom Verderben erretten, namentlich wenn es euer Eigenthum ist, aber einem Menschen aus seinem Elende zu helfen, weigert ihr euch. Ist das euere Ansicht über Sabbathheiligung? Solltet ihr aber doch diesen Kranken hierhergebracht haben, daß Ich ihn heilen sollte, warum sagtet ihr nicht Ja, als Ich euch fragte, ob es recht sei am Sabbath heilen? Kranke heilen am Sabbath haltet ihr für eine Sünde, aber Mich versuchen, Mir eine Falle stellen, um Mir zu schaden oder um Mich zu vernichten, das ist bei euch keine Sabbathschändung! Heuchler seid ihr und Diener des Satans, des Vaters der Lüge und Verstellung. So deckt der Herr jenen Pharisäern ihre Heuchelei und Falschheit auf und legt ihr böses Herz bloß. Aber sie selbst schweigen in ihrer Verstocktheit stille.

2. Aehnlich verhalten sich die Menschen noch, wenn ihnen durch Gottes Wort oder durch sonstige offene Sprache die Falschheit ihres Herzens und ihre trügerische Heuchelei aufgedeckt wird. Wenn sie sich rächen können, so thun sie es. Geht das nicht, so schluckt man den Aerger hinunter und wartet auf eine Gelegenheit zur Rache. Das gesellschaftliche, staatliche und auch das kirchliche Leben kann Beispiele dieser Art zur Genüge aufweisen. Schon mancher Edle, Aufrichtige und Pflichttreue ist den Falschen und Heuchlern zum Opfer gefallen, bis endlich der Arm des Herrn solche Boshaftigen anhielt und entlarvte. Und wenn solche Entlarvung nicht hier geschieht, so geschieht sie sicher einst im Gericht vor Dem, der Augen hat wie Feuerflammen und der den Rath der Herzen offenbaren wird.

3. Wie mit der Heuchelei, so verfährt der Herr auch mit dem Hochmuth: Er deckt ihn auf. Jene pharisäischen Tischgenossen, die da meinten, sie seien die Weisesten und Gebildetsten, müssen es sich gefallen lassen, von Dem ge-

straft und belehrt zu werden, den sie weit hinangesetzt und als Nazarener gebrandmarkt hatten. Von Ihm müssen sie die Anfangsgründe wahrer Bildung und das Fundament echter Weisheit kennen lernen: die Demuth, in der man getrost wartet, bis man von Andern erhöht wird.

So deckt der Herr immer noch den Hochmuth und die Vermessenheit der Menschen auf. Er thut es durch Sein Wort und besondere Heimsuchungen. Die Heilige Schrift gibt uns viele Beispiele von Solchen, die in ihrem Hochmuthe sich vermaßen und Gott und Menschen Trotz boten, bis Gott ihrer Eitelkeit und ihrem stolzen Streben ein Ziel setzte mit Seinem: Bis hierher und nicht weiter. Denken wir z. B. an den König Pharao in Egypten, der da sprach: „Wer ist der Herr, deß Stimme ich hören müsse?" Die zehn Plagen und die Fluthen des rothen Meeres lehrten ihn diesen Gott kennen. Und der König Nebucadnezar, der sich auf Babylons hoher Zinne brüstete mit dem stolzen Ausruf: „Das ist die große Babel, die ich erbaut habe, durch meine große Macht, zu Ehren meiner Herrlichkeit", benahm der Allmächtige der Vernunft und warf ihn unter die Thiere, bis er Demuth gelernt hatte. Der große Napoleon glaubte in seinem stolzen Herzen, Gott im Himmel und den Königen und Völkern auf Erden Trotz bieten zu können, bis ihn Gott vor Moskow, bei Waterloo und auf St. Helena eines andern belehrte. Gott sorgt immer dafür, daß „die Bäume nicht in den Himmel wachsen."

Auch kleinere und geringere Leute, sobald sie in stolzem Wahne sich vermessen, werden von Gott gedemüthigt und in ihre Schranken gewiesen. Das haben gewiß auch schon Viele von uns schmerzlich erfahren müssen. Wenn wir aber nur in solchen Fällen immer — wenns vorbei war — mit dem Psalmisten sagen konnten: „Es ist mir lieb, daß Du mich gedemüthiget hast, daß ich Deine Rechte lerne." Pf. 119, 71.

4. So wollen wir denn von ganzem Herzen den Hochmuth und die Heuchelei meiden, aufrichtig und offen gegen einander sein, uns nicht über einander erheben, sondern in aller Demuth und Bescheidenheit vor Gott und Menschen wandeln, zufrieden mit der Stellung, die uns Gott im Leben angewiesen. Diese Gesinnung wird uns manche bittere Erfahrung ersparen und uns in Zeit und Ewigkeit glücklich machen.

Vergessen wir nicht, was Jesus am Schlusse unseres Textes sagt: „Wer sich selbst erhöhet, der soll erniedriget werden; und wer sich selbst erniedriget, der soll erhöhet werden."

Amen.

Achtzehnter Sonntag nach Trinitatis.

Matth. 22, 34-46.

Da aber die Pharisäer hörten, daß Er den Sadducäern das Maul gestopfet hatte, versammelten sie sich, und einer unter ihnen, ein Schriftgelehrter versuchte Ihn und sprach: Meister, welches ist das vornehmste Gebot im Gesetz? Jesus aber sprach zu ihm: Du sollst lieben Gott deinen Herrn von ganzem Herzen, von ganzer Seele und von ganzem Gemüthe; dies ist das vornehmste und größte Gebot. Das andere ist dem gleich: Du sollst deinen Nächsten lieben als dich selbst. In diesen zweien Geboten hanget das ganze Gesetz und die Propheten. Da nun die Pharisäer bei einander waren, fragte sie Jesus und sprach: Wie dünket euch um Christus? Weß Sohn ist Er? Sie sprachen: Davids. Er sprach zu ihnen: Wie nennet Ihn denn David im Geist einen Herrn, da er sagt: Der Herr hat gesagt zu meinem Herrn: Setze Dich zu Meiner Rechten, bis daß Ich lege Deine Feinde zum Schemel Deiner Füße? So nun David Ihn einen Herrn nennt, wie ist Er denn sein Sohn? Und niemand konnte Ihm ein Wort antworten, und durfte auch niemand von dem Tage an hinfort Ihn fragen.

Mancherlei sind die Gelegenheiten, durch welche das Volk Israel nach allen Klassen und Schichten Jesum kennen lernen konnte. Vor großen Volksmengen hielt Er die Bergpredigt und sprach Er Seine Gleichnisse. In Familien offenbarte Er Seine Herrlichkeit und redete von dem Einen, was noth ist. Vorletzten Sonntag sahen wir Ihn unter einer Menge Leidtragender und hörten Sein theilnehmendes Trostwort und Sein herrliches Machtwort. Letzten Sonntag stellte Ihn uns das Evangelium vor Augen, wie Er an einem Gastmahle in dem Hause eines Pharisäers theilnimmt und durch Seine tiefgehenden Mahnungen unter den Gästen Segen verbreitet. Unser heutiger Text zeigt uns Ihn im Gespräch mit den damals bekannten Hauptparteien in Israel — den Pharisäern und Sadducäern. Zwei gar wichtige Fragen sind es, die in dieser Unterredung vorkommen. Die erste stellt ein

Pharisäer an den Herrn, und der Herr beantwortet sie in herr=
licher Weise. Die andere stellt der Herr an die versammelten
Pharisäer, aber die können sie nur zur Hälfte beantworten.

Wir wollen diese beiden Fragen näher betrachten und
sehen, welchen Nutzen wir daraus ziehen können.

Gegenstand unserer Betrachtung sind also

Zwei wichtige Fragen.

I. Die erste Frage — die des Pharisäers an den Herrn lautet: „Mei=
ster, welches ist das vornehmste Gebot im Gesetz?"

II. Die zweite Frage — die des Herrn an die versammelten Pharisäer:
„Wie dünkt euch um Christus? Weß Sohn ist Er?"

Wir untersuchen

I. die erste Frage — die des Pharisäers an den Herrn:
„Meister, welches ist das vornehmste Gebot im Gesetz?"

1. Zur Zeit Jesu gab es außer den Pharisäern,
die Jesu viel zu schaffen machten, noch eine Sekte,
nämlich die der Sadducäer. Das waren Leute, die an
keinen Gott, keinen Himmel, keine Hölle, kein Gericht, kein
Fortleben der Seele nach dem Tode des Leibes, also auch keine
Auferstehung der Todten glaubten. Man nannte sie auch Epi=
curäer. Heut zu Tage nennt man solche Leute Ungläubige,
Weltmenschen, Rationalisten. Ihr Grundsatz war: „Lasset uns
essen und trinken: denn morgen sind wir todt." 1. Corinth.
15, 32. Diese Sadducäer hatten sich verabredet, den Herrn
mit ihren vorwitzigen Fragen und Fabeln zu versuchen, um Ihn
in die Enge zu treiben und vor dem Volke lächerlich zu machen.
Jesus hatte ihnen in schlagender Weise geantwortet: „Ihr irret
und wisset die Schrift nicht, noch die Kraft Gottes." Matth.
22, 29. Seiner Auseinandersetzung der Lehre von der Aufer=
stehung der Todten hatten sie nicht entgegnen können und sich
beschämt zurückziehen müssen.

So geht es auch heut zu Tage den Ungläubigen und Spöt=
tern noch. Einer sagt dem Andern die aufgeschnappten Schlag=
wörter ihres vermeintlichen Witzes und ihrer hohlen Weisheit
nach, und wenn's dann zum Beweisen kommt, so bleiben sie
stecken wie die Schulknaben an der schwarzen Wandtafel. Sie
spotten über die Bibel — und kennen sie in den meisten Fällen

nicht. Sie faseln über Welteristenz und Menschenherkunft und bedenken nicht, daß ihre Aussagen sie zum Thier stempeln.

2. Die Sadducäer hatte der Herr zum Schweigen gebracht. Die Pharisäer kommen ihnen zu Hilfe. So heißt es im Text: „Da aber die Pharisäer hörten, daß Er den Sadducäern das Maul gestopft hatte, versammelten sie sich." Die Pharisäer und Sadducäer waren ihren Grundsätzen und religiösen Anschauungen nach weit von einander verschieden, und doch in ihrer Feindschaft gegen Jesum vereinigen sie sich. So ist es immer gewesen. Pilatus und Herodes werden Freunde, als es galt den Herrn zu verspotten. Und heute noch kommt es vor, daß pharisäisch gesinnte Scheinheilige und freisinnige Ungläubige, die sich hie und da auch in die Gemeinden einschleichen, sich vereinigen, um Gutes, das Andere durchführen wollen, zu verhindern. In der Feindschaft gegen Christum und Seine Erlösung sind Heuchler und Ungläubige gleich; weder die Einen noch die Andern wollen Buße thun und Gnade annehmen.

Die Pharisäer im Text berathschlagen sich über Mittel und Weg, wie sie Jesu beikommen könnten, um Ihm das Ansehen, das Ihm Sein Sieg über die Sadducäer beim Volke eingebracht hatte, zu rauben. Endlich kommen sie zu einem Schluß. Ein Plan ist gefunden. Einer von ihnen, ein Schriftgelehrter, soll abgeschickt werden, um Ihn zu versuchen. Die spitzfindigste Frage der Juden soll er Ihm vorlegen. Kein Entrinnen soll diesmal möglich sein.

3. Der abgesandte Schriftgelehrte nähert sich dem Herrn und bringt seine wichtige Frage vor. Die lautete also: „Meister, welches ist das vornehmste Gebot im Gesetz?" Da die Juden, und darunter namentlich die Pharisäer, den wahren und eigentlichen Zweck des Gesetzes nicht mehr wußten, so gaben sie sich mit Nebendingen ab. Anstatt zu bedenken, daß jedes Gebot Gottes, gehöre es dem Sitten- oder Ceremonialgesetz an, sie zur Sündenerkenntnis und zur Buße führen sollte, stritten sie sich unter einander, welches derselben das größte, vornehmste und wichtigste sei.

So streitet man sich auch in der Christenheit oft über unwesentliche Dinge und vergißt dabei die Hauptsache, nämlich, die wahre Buße, den rechten Glauben und die brüderliche Liebe, welche Dinge doch keineswegs das Wachen über der reinen Lehre und den schriftgemäßen Gebräuchen der Kirche ausschließen.

4. **Jesus geht auf die Frage ein und gibt eine Antwort, die sie als eine unübertreffliche Meisterantwort anerkennen mußten.** Und damit sie nicht denken sollten, göttliche Angelegenheiten könnten durch die Vernunft bewiesen werden, schließt Er Seine Antwort in zwei den Schriften Mosis entnommene Sprüche ein und spricht: „Du sollst lieben Gott, deinen Herrn, von ganzem Herzen, von ganzer Seele, und von ganzem Gemüthe. Dies ist das vornehmste und größeste Gebot. Das andere ist dem gleich: du sollst deinen Nächsten lieben als dich selbst. In diesen zwei Geboten hanget das ganze Gesetz und die Propheten." 5. Mose 6, 5 und 3. Mose 19, 18.

Dieses Doppelgebot entspricht den Anforderungen der beiden Gesetztafeln: der Gottesliebe und der Nächstenliebe. Wer mit seinem ganzen Wesen, Willen und Verstand Gott liebt, so daß es für ihn nichts Höheres und Anbetungswürdigeres gibt als Gott, der hat die Gebote der ersten Tafel, die Gottesliebe fordern, erfüllt. Wer jeden seiner Mitmenschen so liebt wie sich selbst — man wünscht sich selbst ja nur immer Gutes und nie Böses — der hat die Gebote der zweiten Tafel, die Nächstenliebe fordert, erfüllt. Demnach hat der, der Gott liebt über Alles und den Nächsten wie sich selbst, das ganze Gesetz erfüllt, und ist daher dieses Doppelgebot, das größte von allen, da es jedes und alle anderen Gebote in sich schließt.

5. **Aber welcher Mensch kann jenen Anforderungen nachkommen?** Wer ist im Stande, Gott über Alles und den Nächsten wie sich selbst zu lieben? Der Mensch von Natur kann es nicht thun. Er ist durch die Sünde Gott entfremdet, ja Gottes Feind geworden. Auch ist er von Natur selbstsüchtig und eigenliebig und gönnt dem Nächsten nichts Gutes, ja wünscht ihm Böses. Das hätten auch die Schriftgelehrten wissen sollen. Und wenn sie aufrichtig, gründlich und ehrlich die Gebote Gottes, die Sitten= und die Ceremonialgesetze, überdacht und nach Ziel, Bedeutung und Zweck derselben gefragt hätten, so hätten sie finden müssen, daß kein Mensch sie halten kann, und hätten erkennen müssen, daß der Zweck des Gesetzes war, Israel zur Sündenerkenntnis und zur Buße zu führen, und Verlangen nach einem Erlöser in ihnen zu wecken. Anstatt dessen aber blieben sie an der äußeren Form — am Buchstaben — des Gesetzes hängen, hüllten die Gesetzesform nochmals in die steifen Formen von Menschensatzung ein, so daß sie vor lauter Schalen den Kern nicht mehr sahen. So

erkannten sie den tiefen Ernst Gottes, der den zehn Geboten zu Grunde liegt, nicht; sahen nicht die Heiligkeit Gottes, die aus denselben jedem Sünder entgegenblitzt, und die Gerechtigkeit Gottes, die jeden Uebertreter derselben mit dem Tode bedroht. Darum war auch die Gesetzesfrucht bei Israel keine Sündener= kenntnis und Buße, kein Verlangen nach einem Heiland, der die Gesetzesschuld tilge, sondern Hochmuth und Heuchelei. Der Herr fand an dem Feigenbaum Israel keine Frucht — nur Blätter. Der Weinberg Israel brachte keine süßen Trauben, sondern — Heerlinge. Jes. 5, 2.

6. Das Gesetz Gottes, wie es die zehn Gebote kurz ausdrücken, und wie es Christi Doppelgebot zusammenfaßt — in Gottes= und Nächstenliebe — gilt auch uns. Auch uns soll es vorerst Gottes Heiligkeit und Gerechtigkeit und unsere Sündhaftigkeit und Strafwürdig= keit zeigen, so daß wir Buße thun und uns nach Jemandem umsehen, der uns vom Fluch erlöse, den Gott auf die Ueber= tretung Seiner Gebote gesetzt. Wohl uns, daß wir Jemanden haben, der das gethan hat. Das ist Der, auf welchen Johan= nes der Täufer hinweist mit den Worten: „Siehe, das ist Got= tes Lamm, welches der Welt Sünde trägt." Joh. 1, 29.

Nicht umsonst sagt Jesus: „In diesen beiden Geboten hanget das ganze Gesetz und die Propheten." Das Gesetz zeigt dem Menschen seine Sünden, und die Propheten weisen auf Einen hin, der die Sünden wegnimmt. Um die Pharisäer nun zu veranlassen, weiter über diese Dinge nachzudenken und um ihnen den Schlüssel zum Verständnis des Gesetzes und der Propheten in die Hand zu geben, stellt Er eine Frage an sie, und zwar an Alle.

So hören wir nun und untersuchen

II. die Frage des Herrn an die versammelten Pharisäer.

1. Sie lautet: „Wie dünkt euch um Christus? Weß Sohn ist Er?" Schnell waren die Pharisäer mit einer Antwort bereit und sagten: „Davids." Es war unter Israel von Davids Zeiten her (2. Sam. 7.) schon allgemein bekannt, daß der Messias aus Davids Geschlecht kommen würde. In den Psalmen und in den Propheten konnten die Juden das finden. So begrüßt auch die Volksmenge den Herrn bei Seinem Einzug in die Stadt Jerusalem mit: „Hosianna, dem Sohne David!" Oftmals begegnen wir im Leben Jesu dem Ausdruck: „Jesu,

Du Sohn Davids, erbarme Dich meiner!" Und so war es auch
recht. Denn Seiner menschlichen Natur nach, als der Sohn
Marias, stammt Er von David ab. So wußte also ganz Israel,
daß der kommende Messias ein Nachkomme Davids sein würde.
Daher kam es dann auch, daß die Juden glaubten, der Messias
würde ein weltliches Königreich aufrichten, so wie einst David
that und Salomo eins besaß. Dabei aber vergaßen sie, daß
der Messias nicht ein bloßer Mensch, sondern Mensch und Gott
zugleich sein, menschliche und göttliche Natur haben würde.
Darauf hätten die Weissagungen sie schon hinleiten sollen. Als
David die Verheißung empfing, daß der Messias aus seinem
Geschlechte kommen würde, da sagt Gott: „Und Ich will den
Stuhl Seines Königreichs bestätigen ewiglich." 2. Sam. 7, 13.
Das hätte man von einem bloßen Menschen nicht sagen können.
Weil aber die Pharisäer, wie alle Juden, den Messias sich nur
als einen großen Propheten, oder König, und so nur als einen
Menschen dachten, so konnten sie auch auf Jesu Frage nur eine
halb richtige Antwort geben, und sagen: „Davids."

2. Jesu Frage an die Pharisäer: „Was dünkt
euch um Christus? Weß Sohn ist Er?" ist eine der wichtigsten
Glaubens- und Lebensfragen. Von der Beantwortung derselben hängt die Seligkeit des Menschen ab. Niemand sollte
sich beruhigen, bis er mit dieser Frage und der rechten Antwort
darauf im Reinen ist. Ja, wenn es keine Erbsünde gäbe, und
keine Thatsünden; wenn wir keine Sünder wären; wenn wir
uns den Himmel verdienen könnten! Ja, wenn Gott ein schwa-
cher Eli wäre, der Seinen Menschenkindern alle Uebertretung
Seiner Gebote nachsähe; wenn es keinen Richter gäbe; wenn
es in Gottes Reich nicht Gesetz wäre, daß in den Himmel kein
Unreiner eingehen kann: dann hinge von dieser Frage und
ihrer Beantwortung nicht so viel ab. So aber sind wir Sünder und können als Sünder nicht in den Himmel eingehen.
Wohl uns daher, daß Christus kam, um uns dazu fähig machen!

Und zwar: In welcher Eigenschaft kann Er das thun?
Etwa als Prophet, als welchen Ihn Israel erwartete und als
welchen Viele Seiner Anhänger Ihn verehrten? Nein! Kein
Prophet, kein Weiser, kein König, kein Mensch — auch der beste
nicht — konnte das Gesetz vollkommen erfüllen und das Verdienst
dafür den Menschen schenken, damit es die Schuld, die die Menschen durch Uebertretung des Gesetzes auf sich geladen hatten,
aufwöge. Kein Mensch konnte für die Menschen sterben, um
durch sein Blut ihre Sünden zu tilgen; denn für einen jeden

Menschen ist „der Tod der Sünde Sold.“ Jesus aber als der Sohn Gottes, ohne Sünde, konnte das Verdienst Seines frei= willigen Todes der Menschheit schenken und zurechnen.

3. Auf diese Thatsache will Jesus die Phari= säer auch aufmerksam machen, wenn Er auf ihre rasche Antwort noch eine Frage stellt, nämlich: „Wie nennt Ihn denn David im Geist einen Herrn, da er saget: Der Herr hat gesagt zu Meinem Herrn: Setze Dich zu Meiner Rechten, bis daß Ich lege Deine Feinde zum Schemel Deiner Füße? So nun David Ihn einen Herrn nennt, wie ist Er denn Sein Sohn?“ Jesus wollte sagen: In jenem Psalm (110) nennt David den Mes= sias, der doch Sein Sohn sein soll, auch Seinen Herrn. Wie ist es aber möglich, daß David seinen Sohn auch seinen Herrn nennt, da es ja nicht gewöhnlich ist, daß ein Vater seinen Sohn seinen Herrn heißt? Das konnten sie nicht begreifen, weil sie noch nicht zur Erkenntnis gekommen waren, daß der Messias eine menschliche und eine göttliche Natur haben würde. Nach der menschlichen war Er Davids Sohn, aber nach der göttlichen war Er der Sohn Gottes und als solcher Davids Herr. Da die Juden von ihrem Messias nur die Aufrichtung eines irdi= schen Reiches erwarteten, so hofften sie nur einen Sohn Davids. Daß aber ihr Messias kommen würde, Israel und alle Völker zu erretten von ihren Sünden — wozu Er auch die göttliche Natur bedurfte — wußten sie nicht. Daher konnten sie Jesu auf diese Frage auch kein Wort antworten.

4. Was willst du denn auf Jesu Frage: „Was dünkt euch um Christus? Weß Sohn ist Er?“ antworten? Bekenne mit Nathanael: „Rabbi, Du bist Gottes Sohn, Du bist der König von Israel:“ Joh. 1, 49: mit Petrus: „Du bist Christus, des lebendigen Gottes Sohn:“ Matth. 16, 16: und und mit Johannes: „Wir sahen Seine Herrlichkeit, eine Herr= lichkeit als des eingebornen Sohnes vom Vater, voller Gnade und Wahrheit;“ Joh. 1, 14: und: „Wer den Sohn Gottes hat, der hat das ewige Leben; wer den Sohn Gottes nicht hat, der hat das Leben nicht;“ 1. Joh. 5, 11. Oder gib deine Antwort mit Luthers Erklärung zum zweiten Artikel des christlichen Glaubens: „Ich glaube, daß Jesus Christus, wahrhaftiger Gott vom Vater in Ewigkeit geboren, und auch wahrhaftiger Mensch von der Jungfrau Maria geboren, sei mein Herr, der mich verlornen und verdammten Menschen erlöset hat, erworben und gewonnen, von allen Sünden, vom Tode und von der Ge= walt des Teufels, nicht mit Gold oder Silber, sondern mit

Seinem heiligen theuren Blut, und mit Seinem unschuldigen Leiden und Sterben; auf daß ich Sein eigen sei, und in Seinem Reiche unter Ihm lebe, und Ihm diene in ewiger Gerechtigkeit, Unschuld und Seligkeit, gleichwie Er ist auferstanden vom Tode, lebet und regieret in Ewigkeit. Das ist gewißlich wahr."

5. Wie die Gesetze, die Gott in die Natur hineingelegt, unveränderlich sind, so hat auch das Reich Gottes eine Verordnung, die kein Mensch ändern kann und die keine Ausnahme gestattet. Diese Verordnung schreibt vor, daß Niemand selig werden kann ohne durch Christum. Der Herr Selbst gibt diese Verordnung an mit den Worten: „Ich bin der Weg, die Wahrheit und das Leben; Niemand kommt zum Vater denn durch Mich." Auf dieses Reichsgesetz sich stützend sagt Petrus: „Es ist in keinem andern Heil, ist auch kein anderer Name den Menschen gegeben, darinnen wir sollen selig werden, als der Name Jesus." Ap. 4, 12. Zu Jesu aber kommen wir durch wahrhafte Buße über unsere Sünden und durch demüthigen Glauben an Sein Verdienst.

6. Wohlan denn, meine Mitchristen! Prüfen wir unser Herz, Gewissen und Leben genau nach Gottes Gesetz und lassen wir uns durch dasselbe zur Sündenerkenntnis und zu aufrichtiger Buße leiten. Freuen wir uns aber auch von ganzem Herzen, daß Davids Sohn und Davids Herr — Christus Jesus, der wahrhaftige Menschen= und Gottessohn — alle Gesetzesschuld, bezahlt, und alle Sünde gebüßt hat, und zwar für uns. Dieses Verdienst wollen wir mit Freude und Dank annehmen und uns desselben im Leben und Sterben getrösten.

> „Gelobet seist Du, Jesu Christ,
> Daß Du vom Himmel kommen bist
> Und hast für mich und alle Welt
> Bezahlt ein ewig Lösegeld!"

Amen.

Neunzehnter Sonntag nach Trinitatis.

Matth. 9, 1-8.

Da trat Er in das Schiff, und fuhr wieder herüber und kam in Seine Stadt. Und siehe, da brachten sie zu Ihm einen Gichtbrüchigen, der lag auf einem Bette. Da nun Jesus ihren Glauben sah, sprach Er zu dem Gichtbrüchigen: Sei getrost, Mein Sohn, deine Sünden sind dir vergeben. Und siehe, etliche unter den Schriftgelehrten sprachen bei sich selbst: Dieser lästert Gott. Da aber Jesus ihre Gedanken sah, sprach Er: Warum denket ihr so Arges in euren Herzen? Welches ist leichter zu sagen: Dir sind deine Sünden vergeben, oder zu sagen: Stehe auf und wandle? Auf daß ihr aber wisset, daß des Menschen Sohn Macht habe, auf Erden die Sünden zu vergeben, sprach Er zu dem Gichtbrüchigen: Stehe auf, hebe dein Bett auf und gehe heim. Und er stand auf und ging heim. Da das Volk das sahe, verwunderte es sich und pries Gott, der solche Macht den Menschen gegeben hat.

1. Das Evangelium des heutigen Sonntags berichtet uns von einem Wunder Christi. Es ist die Heilung eines Gichtbrüchigen zu Kapernaum. Der Herr war von jenseits des Jordans über das galiläische Meer herübergefahren und nach Kapernaum gekommen. Hier hielt Er Sich oftmals auf, weshalb Kapernaum auch „Seine Stadt" genannt wird. Jedesmal, wann Er dort war, versammelte sich viel Volks daselbst, um Ihn zu hören. Auch diesmal kommen viele Leute in Seine Herberge. Das Haus ist voll von Zuhörern. Da kommen, wie wir im Markus- und Lukasevangelium lesen, vier Männer, die auf einem Bette einen Gichtkranken tragen. Sie möchten ihn gerne zu Jesu ins Haus bringen, damit Er ihn heile. Doch — das Haus ist voll von Menschen, und sie können nicht hinein. Da steigen sie von Außen auf das ebene Dach, decken es an einer Stelle auf und lassen das Bett mit dem Kranken durch diese Oeffnung hinunter — gerade vor die Füße Jesu. In Jesu hatten sie den rechten Arzt gefunden. Er heilt den Kranken nach Leib und Seele. Und es scheint, als ob sich der Gichtbrüchige mehr der geistlichen als der leib=

lichen Heilung wegen zu Jesu habe tragen lassen. Das sehen wir daran, daß ihm Jesus zuerst seine Sünden vergibt — ihn so zuerst geistlich heilt — und ihn nachher erst von seiner Gicht befreit.

2. **Und diese geistliche Heilung ist jedenfalls die Hauptsache.** Wem sie zu Theil geworden ist, der kann — und hätte er auch einen siechen oder verkrüppelten Körper — doch glücklich sein und einst zum ewigen Leben eingehen; wem sie aber nicht zu Theil geworden ist, der ist im Leben unglücklich, und beim Tode ewiglich verloren, auch wenn er sich stets eines gesunden Körpers erfreut hätte. In den Himmel gehen nur bußfertige, gläubige, begnadigte Sünder ein. Ein solcher war der Gichtbrüchige in unserem heutigen Evangelium. Das vernehmen wir aus Jesu trostreicher Zusage: „Dir sind deine Sünden vergeben."

So wollen wir denn heute mit einander reden über

Die Vergebung der Sünden.

Dabei wollen wir sehen

I. daß wir Alle derselben bedürfen;

II. wie dieselbe für uns erworben ward; und

III. wie wir derselben theilhaft werden.

Wir sehen

I. daß wir Alle der Vergebung der Sünden bedürfen.

1. **Auch der Gichtbrüchige hat solche nöthig.** Sehen wir uns nach ihm um. „Und siehe, da brachten sie zu Ihm einen Gichtbrüchigen, der lag auf einem Bette. Da nun Jesus ihren Glauben sahe, sprach Er zu dem Gichtbrüchigen: Sei getrost, Mein Sohn, deine Sünden sind dir vergeben." Wohl war es die Absicht des Gichtbrüchigen, bei dem Herrn Heilung für seine Gicht zu finden. Aber es scheint, daß ihm noch mehr daran lag, durch Ihn von seiner Gewissenslast los zu werden. Wie sein früheres Leben beschaffen gewesen, wird nicht angegeben. Ob es ein besonders sündhaftes war — wir wissen es nicht. Aber, daß ihm während seiner langwierigen Krankheit sein Gewissen aufgewacht und seine Sündhaftigkeit ihm klar geworden war, darf man mit Zuversicht annehmen. Dort lag er nun auf seinem Bette vor dem Herrn. Demüthig und reuevoll blickt er zu Ihm auf. Der Herr schaut ihn prü-

fend an. Er liest in seinem Auge seine ganze Vergangenheit. Er sieht seine Reue, Trauer und Buße über seine Sünden, sein zerknirschtes Herz und sein beladenes Gewissen. Um ihn in seiner Niedergeschlagenheit zu ermuntern und ihn von seiner Sündenlast zu befreien, redet Er ihn freundlich an mit den Worten: „Sei getrost, Mein Sohn, deine Sünden sind dir vergeben." Dieser Gichtbrüchige war der Sündenvergebung bedürftig.

2. Bedürfen auch wir der Sündenvergebung? Bei der Beantwortung dieser Frage macht man gewöhnlich einen Irrthum. Man sucht gewöhnlich die Sünder bloß in den Gefängnissen oder in der verworfensten Klasse der Menschheit. Die Flucher, die Mörder, die Ehebrecher, die Diebe, das sind Sünder, die bedürfen der Buße und der Vergebung ihrer Sünden, denkt man. Wenn Sünden dieser Art namhaft gemacht und gestraft werden, so sieht man sich gewöhnlich in der Kirche um, um Jemanden zu finden, auf den sie passen, und um zu ermitteln, wer etwa gemeint sein könnte. Um Sünder in der Bibel zu finden, denkt man nur an Kain, den Brudermörder, an Absalom — den ungehorsamen Sohn Davids — an die große Sünderin in Simons, des Pharisäers Hause, an den Verräther Judas, an den verlorenen Sohn, oder an den Christenverfolger Saulus. Aber man vergißt Pauli trauriges Zeugnis, das er der gesammten Menschheit, und in derselben jedem einzelnen Menschen gibt, wenn er sagt: „Denn es ist hier kein Unterschied, sie sind allzumal Sünder, und mangeln des Ruhms, den sie an Gott haben sollten." Röm. 3, 23. Nach diesem Maßstab ist Abel so gut ein Sünder wie Kain, der Pharisäer so gut wie die Sünderin, der ältere Sohn des Hauses so gut wie der jüngere. Diese Wahrheit stempelt uns Alle zu Sündern und verdammt uns Alle vor dem gerechten und heiligen Gott. Wenn du es nicht glauben willst, so prüfe nur dein Herz, Gewissen und Leben an dem ewiggiltigen Prüfsteine Gottes — an Seinem heiligen Gesetz. Nimm dazu Christi Auslegung desselben, wie Er sie in der Bergpredigt gibt, zu Hilfe. Da wirst du finden, daß nicht nur Todtschläger, Ehebrecher und ähnliche Leute Sünder sind, sondern Jeder, der seine Mitmenschen haßt und ihnen nicht vergeben will, Jeder, der auch nur unreine Gedanken in seinem Herzen hegt. Ja noch mehr: Den Feind zu lieben, dem Widersacher Gutes zu thun und für ihn zu beten, ist des Meisters Forderung.

3. **Wie oftmals hast du dich geberdet als ob Geld und Gut dein Gott wäre.** Wie manches Fluchwort, das du vielleicht nicht für ein solches ansahst, wie manche Nothlüge, die du vielleicht nicht für Sünde hältst, ist deiner Zunge entschlüpft. Wie manche Arbeit thust du am Sonntag unter dein Vorwand als sei sie Notharbeit, die aber genauer betrachtet, dem dritten Gebot: „Am siebenten Tag sollst du kein Werk thun!" schnurstracks und verurtheilend entgegen steht. Und wer will die Thränen zählen, die ungehorsame Kinder ihren Eltern täglich auspressen? Wie viel unrechtes Gut ist oft unter Dem, was Menschen ihr Eigenthum nennen. Welcher Schreiber, und wäre es auch der schnellste in der Welt, wäre im Stande, all die bösen Worte aufzuzeichnen, die oft auch Christen absichtlich und unabsichtlich nur in einer Stunde aus dem Munde gehen? Und wenns erst aus Aufzeichnen der bösen Gedanken ginge: Wer vermöchte Das zu thun!

4. **Darum, wenn das Sonntagsevangelium oder die Epistel von Sünden und Sündern redet, so wisse, daß du damit gemeint bist,** und zwar ein Jedes von uns ohne Ausnahme. Wir Alle haben bei der Geburt die Erbsünde als Erbtheil mit ins Leben hinein bekommen; und wo die Erbsünde ist, da fehlt es gewiß auch nicht an Thatsünden.

Sind wir aber Sünder, so haben wir Gottes Gesetz übertreten und die Strafe verdient, die Gott auf die Uebertretung Seiner Gebote gesetzt hat. Gott läßt Israel durch Mose sagen: „Verflucht sei, wer nicht alle Worte dieses Gesetzes erfüllet, daß er darnach thue." 5 Mose 27, 26. Dieser Fluch ist ausgesprochen in dem Wort Pauli: „Der Tod ist der Sünde Sold." Röm. 6, 23. Demnach sind wir um der Sünde willen dem zeitlichen und ewigen Tode verfallen, und müssen dieses Urtheil über uns ergehen lassen, wenn uns nicht Jemand von diesem Gesetzesfluche befreit. Gottlob, daß wir Jemanden haben, der es gethan hat. Paulus nennt uns denselben, wenn er sagt: „Christus hat uns erlöset von dem Fluche des Gesetzes, da Er ward ein Fluch für uns: denn es stehet geschrieben: Verflucht sei Jedermann, der am Holze hänget." Gal. 3, 13.

Das führt uns hin

II. **auf die Art und Weise, wie die Vergebung der Sünden erworben ward.**

1. **Da blick nur hinein in das Leben Jesu,** wie es uns die Evangelisten schildern. Der Weihnachtsengel kün-

digt Ihn an als „Heiland", was so viel ist als Erretter. Dasselbe bedeutet auch das Wort Jesus. Darum sagt auch der Engel zu Joseph: „Deß Namen sollst du Jesus heißen; denn Er wird Sein Volk selig machen von ihren Sünden." Matth. 1, 21. Begleite Ihn in Seinem Leben auf Erden während Seiner dreijährigen Lehramtsthätigkeit und gehe mit Ihm auf Seiner letzten Reise nach Jerusalem; stell dich neben Ihn und siehe, wie Er im Garten Gethsemane betet, ringt und kämpft. Betrachte Ihn, wie Ihn Pilatus Israel vorstellt mit den Worten: „Sehet, welch ein Mensch!" Begleite Ihn, wenn Er, beladen mit der Bürde des Kreuzes, hinauswandert nach Golgatha. Sieh Ihn dort in jenen langen, bangen Stunden in unsäglichen Schmerzen zwischen Himmel und Erde hängen, bis Er endlich rufen durfte: „Es ist vollbracht!"

2. Laß dirs dann die Schrift selber erklären, was das Alles heißt, und warum und wozu das Alles geschehen ist. Da sagt dir dann Jesaias: „Fürwahr, Er trug unsere Krankheit, und lud auf Sich unsere Schmerzen. Wir aber hielten Ihn für Den, der geplagt und von Gott geschlagen und gemartert wäre. Aber Er ist um unserer Missethat willen verwundet, und um unserer Sünde willen zerschlagen. Die Strafe liegt auf Ihm, auf daß wir Frieden hätten und durch Seine Wunden sind wir geheilet." Jes. 53, 4. 5. Der Fluch lag auf der Menschheit um der Sünde willen, und auf Israel noch um der Uebertretung des Gesetzes willen. Aber: „Christus hat uns erlöset von dem Fluch des Gesetzes, da Er ward ein Fluch für uns: denn es stehet geschrieben: Verflucht sei Jedermann, der am Holze hänget," sagt Paulus. Gal. 3, 13.

3. Da aber die Menschen Gottes Gesetz übertreten hatten, so sollten sie auch dafür gestraft werden. Diese Strafe hatte Gott bestimmt, noch ehe die Sünde begangen war: „Denn welches Tages du davon issest, sollst du des Todes sterben!" Und die Austreibung der ersten Eltern aus dem Paradiese deutet an, daß durch die Sünde der Mensch auch die Gemeinschaft mit Gott verlor.

Da kam nun Jesus Christus, der Sohn Gottes, und erduldete an unserer Statt jene Strafe indem Er für uns am Kreuze starb. Diese Strafe hätten wir erleiden sollen. Er erlitt sie für uns. Die Sündenschuld, die auf der Menschheit lag, und die sie nie abtragen konnte, hat Er bezahlt. So ist Er unser Stellvertreter geworden. Sein Tod ist unser Tod; Sein Sieg unser Sieg. Sein Blut wird vom himmlischen Vater ange-

nommen als ein Lösegeld, womit all unsere Schuld bei Ihm
abbezahlt ist. Darum spricht Gott die Menschen so frei und
los von Sünden, als hätten sie nie irgendwelche Sünde gethan
noch gehabt. Diese Erlösung ist eine vollkommene und ewige.
Allen Menschen soll sie zu Gute kommen; und sie ist wirksam
und giltig für immer. Denn so sagt die Schrift: „Das Blut
Jesu Christi, des Sohnes Gottes, macht uns rein von aller
Sünde." 1. Joh. 1, 7. „An Ihm haben wir die Erlösung
durch sein Blut, nämlich die Vergebung der Sünden." Col.
1, 14. „Christus hat eine ewige Erlösung erfunden." Hebr.
9, 12. Durch diese stellvertretende Erlösung hat es uns Jesus
auch möglich gemacht, daß wir wiederum zur Gemeinschaft mit
Gott gelangen können. Das kann aber nur geschehen, wenn
wir uns die Erlösungsgnade auch zu Nutze machen. Wie Sol=
ches geschieht, wollen wir nun auch noch sehen.

So erkundigen wir uns nun auch schließlich noch

III. wie wir der Vergebung der Sünden theilhaft werden.

1. Das lehrt uns der Gichtbrüchige im Text.
Er ließ sich vorerst zu Jesu führen, um mit Ihm bekannt zu
werden. Er hatte eine Sehnsucht nach Jesu. Gehört hatte er
wohl schon von Ihm, aber er wollte Ihn selber kennen lernen
und Ihn mit Worten oder mit einem Hinaufblick zu Ihm bitten,
ihm leiblich und geistlich zu helfen. Auch mögen ihn die vier
Männer, die ihn zu Jesu trugen, aufgefordert haben, jenen
Schritt zu thun. Dabei zeigte er sich willig und war mit ein=
verstanden, daß sie ihn hintragen sollten. Diese vier Männer
erzeigen dem Gichtbrüchigen einen großen Gefallen. Was sie
aber auch thaten, und ein wie großer Liebesdienst es auch war:
es kam bei seinem zu Jesu Gebrachtwerden auf sein eigenes
Wollen und Wünschen, und als er vor Jesu lag, auf seinen per=
sönlichen Glauben an Jesum an. Er mußte in seinem Herzen
die Ueberzeugung haben, dieser Jesus könne ihm helfen, könne
ihn von seiner schweren Gewissenslast befreien und ihm auch
von seiner schmerzhaften Gicht helfen.

2. Denselben Weg muß jeder Mensch gehen,
um Gnade zu erlangen und der Vergebung der
Sünden theilhaftig zu werden. Durch das Lesen der
Schrift, durch christlichen Unterricht, durch die Predigt des
Wortes Gottes werden die Menschen auf Jesum aufmerksam
gemacht und eingeladen, zu Jesu zu kommen, um bei Ihm
Vergebung ihrer Sünden zu erhalten. Die Menschen müssen

aber auch willig sein zu kommen und vor allen Dingen glauben, daß bei Jesu Vergebung der Sünde zu haben sei. Dies setzt Erkenntnis der Sünden voraus. Solche sah Jesus in dem Auge des Gichtbrüchigen, wie auch den festen Glauben desselben an Ihn. Denn so heißt es im Text: „Da nun Jesus ihren Glauben sah, sprach Er zu dem Gichtbrüchigen: Sei getrost, Mein Sohn, deine Sünden sind dir vergeben." Wer zu Jesu kommen will, um Vergebung seiner Sünden zu holen, der muß vorher fest und gewiß überzeugt sein, daß er Sünden habe und der Vergebung derselben bedürftig sei. Sodann muß er den festen Glauben haben, daß Jesus der stellvertretende Versöhner sei, Macht habe und willig sei, ihm solche Sündenvergebung zu Theil werden zu lassen. Das ist Sündenerkenntnis, die da Buße wirkt, und Glaube, der vertrauungsvoll zu Jesu aufblickt.

3. Gewöhnliche Gelegenheiten, wobei wir zur Erkenntnis unserer Sünden und zur Buße über dieselben aufgefordert werden, bietet der regelmäßige Sonntags- und besonders der Beicht- und Abendmahlsgottesdienst. Aber Gott, „der nicht will, daß Jemand verloren werde, sondern daß sich Jedermann zur Buße kehre" (2. Pet. 3, 9) schickt dem Menschen auch oft noch besondere Zeiten der Heimsuchung, damit derselbe dadurch zur Buße gebracht werde. Solche Heimsuchungszeiten sind Noth und Krankheit. Bei dem Manne in unserem Text war es Krankheit. Er war mit der Gicht behaftet, vom Schlage gerührt. Hilflos lag er da und hatte nun Zeit, über sein vergangenes Leben nachzudenken. Und bei ihm kam etwas dabei heraus. Er ließ sich seine Heimsuchung zum Besten dienen. Er wurde sich seiner Sündhaftigkeit bewußt, und es verlangte ihn nach Vergebung seiner Sünden. Aehnlich verfährt Gott heute noch. Mancher kommt erst durch schmerzliches, langwieriges Krankenlager, oder auch durch plötzliche Heimsuchung zur Sündenerkenntnis, zur Buße und zum Glauben an Jesum. Benütze daher die gewöhnliche Gelegenheit, die dir Sonn- und Festtag bieten, und schickt dir Gott noch außerordentliche dazu, so laß Ihn Seinen Zweck an dir erreichen. Der liegt in dem Gotteswort: „Anfechtung lehrt aufs Wort merken." Jes. 28, 19.

4. Daß man aber auch die besten Gelegenheiten zur Erlangung der Sündenvergebung unbenützt vorübergehen lassen kann, sieht man an den Pharisäern in unserem Evangelium. Sie waren auch in der Nähe Jesu wie der Gichtbrüchige. Jesus schaute auch in ihr Herz wie in das dieses Kranken. Aber in den ihrigen entdeckte

Er nur Arges: kein Bewußtsein ihrer Sündhaftigkeit, kein Ver=
langen nach Gnade, sondern Haß, Stolz und Unglaube. Da=
her gingen sie auch leer aus. Ja, es gereichte ihnen diese
Gelegenheit noch zum Fluch, wie auch den andern Bewohnern
jener Stadt, die auch nicht Buße thaten, obgleich der Herr so
oft bei ihnen war und so viele Thaten unter ihnen verrichtete.
Betrübt muß der Herr ausrufen: „Und du Kapernaum, die du
bist erhoben bis an den Himmel, du wirst bis in die Hölle hin=
unter gestoßen werden: denn so zu Sodom die Thaten gesche=
hen wären, die bei dir geschehen sind, sie stände noch heutiges
Tages. Doch sage Ich euch: Es wird der Sodomer Lande
erträglicher ergehen am jüngsten Gerichte, denn dir.“ Matth.
11, 23. 24. So bleiben auch heute noch Viele verstockt und
gehen der Verdammnis entgegen trotz all der gewöhnlichen und
außerordentlichen Gelegenheiten, die ihnen zum Zweck der Buße
und Umkehr geboten sind.

5. Und doch ist die Vergebung der Sünde das
Hauptgut, das ein Mensch besitzen kann. Das wird
schon klar in dieser Welt. Wer Vergebung seiner Sünden hat,
hat Frieden mit Gott und ist sich der Kindschaft bei Gott gewiß.
Als Versöhnter mit Gott nimmt er gerne seine Erdenlast —
sein Kreuz — auf seine Schulter — wie der an Seele und Leib
geheilte Gichtbrüchige — und trägt sie geduldig während er der
himmlischen Heimath zuwandert.

Besitzest du dieses Hauptgut? Oder gehest du noch unbuß=
fertigen Herzens als Ungläubiger oder Selbstgerechter dahin?
Laß keinen weiteren Tag vorbeigehen, ehe du in dieser wichtigen
Sache Gewißheit erlangt. Es möchte dir sonst der Tod deine
Gnadenzeit abschneiden. Gib dir keine Ruhe bis du in Wahr=
heit sagen kannst:

> „Ich bin zu meinem Heiland kommen
> Und eil' Ihm besser zu;
> Ich bin auch von Ihm aufgenommen
> Und finde bei Ihm wahre Ruh;
> Er ist mein Kleinod und mein Theil,
> Und außer Ihm weiß ich kein Heil.“

Amen.

Zwanzigster Sonntag nach Trinitatis.

Matth. 22, 1-14.

Und Jesus antwortete und redete abermal durch Gleichnisse zu ihnen und sprach: Das Himmelreich ist gleich einem Könige, der seinem Sohne Hochzeit machte, und sandte seine Knechte aus, daß sie die Gäste zur Hochzeit riefen; und sie wollten nicht kommen. Abermal sandte er andere Knechte aus und sprach: Saget den Gästen: Siehe, meine Mahlzeit habe ich bereitet, meine Ochsen und mein Mastvieh ist geschlachtet, und alles bereit; kommt zur Hochzeit. Aber sie verachteten das, und gingen hin, einer auf seinen Acker, der andere zu seiner Handierung. Etliche aber griffen seine Knechte, höhneten und tödteten sie. Da das der König hörete, ward er zornig, und schickte seine Heere aus und brachte diese Mörder um und zündete ihre Stadt an. Da sprach er zu seinen Knechten: Die Hochzeit ist zwar bereitet; aber die Gäste warens nicht werth. Darum gehet hin auf die Straßen und ladet zur Hochzeit, wen ihr findet. Und die Knechte gingen aus auf die Straßen, und brachten zusammen, wen sie fanden, Böse und Gute; und die Tische wurden alle voll. Da ging der König hinein, die Gäste zu besehen, und sahe allda einen Menschen, der hatte kein hochzeitlich Kleid an, und sprach zu ihm: Freund, wie bist du hereingekommen und hast doch kein hochzeitlich Kleid an? Er aber verstummete. Da sprach der König zu seinen Dienern: Bindet ihm Hände und Füße, und werfet ihn in die äußerste Finsterniß hinaus, da wird sein Heulen und Zähnklappen. Denn viele sind berufen, aber wenige sind auserwählet.

Es ist ein Gleichnis, was unser heutiges Evangelium uns vor Augen stellt. Man nennt es das Gleichnis von der königlichen Hochzeit. Zu einem Hochzeitsmahle läßt der königliche Gastgeber einladen. Die Gäste wollen nicht kommen. Einige derselben verachten die Einladung, Andere vergreifen sich gewaltthätig an den Knechten. Der König bestraft die Verächter seines Hochzeitsmahles und läßt durch die Knechte von den Straßen holen, wen sie fanden, um den Hochzeitssaal zu füllen. Als er dann kam, um sich die Gäste anzusehen, muß er Einen, der es verschmähet hatte, das ihm vom Königs=

sohne angebotene Hochzeitskleid anzuziehen, hinauszuweisen. Das ist das Gleichnis. In diesem Gleichnis ist das Reich Gottes auf Erden, das Gnadenreich abgebildet. Der König ist Gott, der Herr. Der Königsohn ist Jesus Christus, der Sohn Gottes. Die Gerichte des Hochzeitsmahles sind die Gnadenmittel des Reiches Gottes: Wort und Sakrament. Die einladenden Knechte sind die Diener der Kirche. Die Hochzeit ist die Gemeinschaft der Gläubigen mit Christo, wie sie hier auf Erden beginnt und einst im Himmel sich zur Vollkommenheit gestaltet, wenn Christus kommt, Seine Braut, Seine Kirche, heimzuholen in dem himmlischen Freudensaal.

So wollen wir denn heute mit einander reden über

Die Einladung ins Reich Gottes.

Dabei wollen wir sehen

I. wie sie geschieht;
II. wie sie verachtet wird.

Wir sehen

I. wie sie geschieht.

1. Es war im Morgenlande Sitte, daß Derjenige, der ein Hochzeitsmahl zu veranstalten gedachte, Die, die er gerne dabei haben wollte, vorerst von seinem Vorhaben in Kenntnis setzte, damit sie Zeit hätten, sich zu entscheiden, ob sie kommen wollten. Wenn dann das Hochzeitsmahl fertig und die bestimmte Zeit herbeigekommen war, ließ man es diese so bereits Geladenen wissen und bat sie, jetzt zu kommen.

Aehnlich handelt der König in unserem Texte, der seinem Sohne Hochzeit machte. Wiederholt schickt er seine Knechte aus, die Gäste zur Hochzeit zu rufen: „Aber sie wollten nicht kommen." Auch die ermunternde Mittheilung: „Siehe, meine Mahlzeit ist bereitet, meine Ochsen und mein Mastvieh ist geschlachtet, und alles bereitet, kommet zur Hochzeit!" rührt sie nicht: Sie wollten eben nicht kommen. Und da sie in ihrem Widerwillen gegen das Hochzeitsmahl so weit gingen, daß sie sich an den einladenden Knechten thätlich vergriffen, sie höhnten und tödteten, so ist es gar kein Wunder, daß der König zornig ward, seine Heere ausschickte, die Mörder umbrachte und ihre Stadt anzündete.

2. Wenn wir dieses Gleichnis deuten und verstehen wollen, so müssen wir an den Liebesrath Gottes denken, gemäß dessen Gott will, daß die Menschen, die durch den Sündenfall aus Seiner Gemeinschaft gefallen waren, wieder mit Ihm vereinigt werden sollen. Diese Vereinigung, die einst im Himmel in der Vollkommenheit stattfinden soll, soll vorbereitet und angebahnt werden durch die Glaubensgemeinschaft der Gläubigen mit Christo in Dessen Reich auf Erden. Diese Gläubigen heißen Seine „Braut“, und Er heißt der „Bräutigam“. Eigentlich sollte die ganze Christenheit diese Braut sein. Da aber so Viele in der Christenheit des wahren Glaubens und des wirklichen christlichen Wesens entbehren, so gehören dazu nur Diejenigen, die an Jesum Christum wahrhaftiglich glauben, die wir im Glaubensbekenntnis die „Gemeinschaft der Heiligen“ und sonst auch „die unsichtbare Kirche“ nennen. Die Gemeinschaft dieser „Gläubigen“ oder „Heiligen“ oder „Glieder der unsichtbaren Kirche“ mit Christo in diesem Leben findet statt im Gnadenreich: die vollkommene Gemeinschaft aber wird erst stattfinden im Himmel — im Herrlichkeitsreich. Jene Gemeinschaft bereitet auf diese Vereinigung vor wie die Verlobung der Hochzeit vorangeht.

3. Zu diesem Gnadenreich nun lädt Gott der Herr im Gleichnis die Menschen ein. Auch dieses Gnadenreich mit seiner Vorfeier zur Hochzeit mußte vorbereitet werden, und wurde auch, während es vorbereitet ward, den Menschen angekündigt. Die Vorbereitungszeit währte viertausend Jahre: vom Sündenfall bis Christi Geburt. Innerhalb dieser Zeit wurden die Menschen auf verschiedenerlei Art und Weise auf die Zeit des neuen Bundes — die Zeit der Gnade — aufmerksam gemacht. Die Erzväter und Propheten versahen diesen Dienst. Namentlich wurde Israel eingeladen und aufgefordert, sich bereit zu halten, um theilzunehmen an den Gütern des neutestamentlichen Reiches. Das Gesetz sollte sie dazu erziehen, und die Opfer sollten ihnen dieselben abbilden. Namentlich aber waren es die messianischen Weissagungen, die mit der Verheißung eines Schlangentreters im Paradiese begannen und mit dem Johanneshinweis: „Siehe, das ist Gottes Lamm, welches der Welt Sünde trägt!“ schlossen, die Israel fortwährend daran erinnern sollten, daß Gott einen neuen Bund mit ihnen machen wolle.

4. Als dann die Zeit erfüllet war und der Königssohn auf Erden wandelte und wirkte, da hat Er Selber einge-

laden. Das that Er durch Sein Lehren und Seine Wunder.
Alle Seine Reden von Seinem ersten uns verzeichneten Messiaswort: „Wisset ihr nicht, daß Ich sein muß in dem das Meines
Vaters ist?" bis zu Seinem Siegesruf am Kreuz: „Es ist vollbracht!" waren nichts als Einladungen in Sein Gnadenreich.
Und wie eindringlich und herzlich hat Er eingeladen! „Kommet her zu Mir Alle, die ihr mühselig und beladen seid, Ich
will euch erquicken!" Matth. 11, 28. „Ich bin das Brot des
Lebens; wer zu Mir kommt, den wird nicht hungern." Joh.
6, 35. „Wen da dürstet, der komme zu Mir und trinke." Joh.
7, 37. Das sind Einladungsworte, die jeden Juden hätten
anziehen sollen. Und welche Einladung für Israel war erst
das Leiden und Sterben Christi! Der Königssohn zieht ein in
die Stadt Jerusalem wie es Sacharja geweissagt. Er wird
von Einem, der „Sein Brot aß" verrathen; als der „Verach-
tetste und Unwertheste" von Juden und Heiden verspottet, als
„das stille Lamm" zur Schlachtbank geführt; am Kreuze werden
„Seine Hände und Füße durchgraben"; Gott „gab nicht zu,
daß Sein Heiliger die Verwesung sahe." Wenn die Juden der
Zeit Christi das Osterlamm von Egypten her, das Opfern von
Thieren in Stiftshütte und Tempel, namentlich den Vorgang
am großen Versöhnungstag mit diesen Thatsachen hätten vergleichen wollen: so hätten sie mit Paulus erkennen müssen:
„Alle Gottverheißungen sind Ja in Ihm und sind Amen in
Ihm." 2. Cor. 1, 20. Christi Leben und Wirken, Leiden und
Sterben war die letzte Ankündigung an Israel, daß Gott der
Menschheit ein Gnadenmahl, ein Hochzeitsmahl zu machen ge-
denke. Mit Seinem Versöhnungstod hieß es: „Es ist Alles
bereit."

5. „Es ist Alles bereit!" so heißt es nun seit acht-
zehn Hundert Jahren in der Welt. Von der Apostel
Zeit bis jetzt haben die Diener Gottes die Menschen auf Erden
zur Gnadentafel in der christlichen Kirche eingeladen.

Auch an uns ist diese Einladung ergangen. In der Taufe
schon sind wir gerufen worden. Dort schon haben wir die Güter des Hochzeitsmahles genossen. Unsere Konfirmation und
erste Kommunion mit all dem damit verbundenen Unterricht
war eine solche gnädige Einladung und ein solcher Genuß der
Güter des Hochzeitsessens.

Jeder Sonntag mit seinem Glockenruf, jeder Gottesdienst
mit seiner Predigt, jede Abendmahlsankündigung, die wir ge-

hört, jedes Kirchenjahr mit seinen Festzeiten: Alles Dies war
nichts Anderes als Ruf und Einladung zur königlichen Hochzeit.

Auch außerordentlicherweise hat Gott dir gerufen und
dich eingeladen. Krankheit, Noth, Todesfälle in der Familie
waren solche außerordentliche Boten. Am Rufen, Einladen,
Mahnen und Bitten zur Theilnahme an den herrlichen Gütern
des Hochzeitsmahles hat es nie gefehlt. Aber am Kommen
und Theilnehmen der Geladenen hat es gefehlt und fehlt es
noch.

So wollen wir nun auch sehen

II. wie die Einladung zur königlichen Hochzeit verachtet
wird.

1. Darüber belehrt uns unser Text. „Und sie wollten nicht
kommen." „Aber sie verachteten das, und gingen hin, einer
auf seinen Acker, der andere zu seiner Handthierung. Etliche
aber griffen seine Knechte, höhneten und tödteten sie." Traurige, ja erschreckliche Thatsachen! In seiner großen
Güte und Freundlichkeit lädt der König zur Hochzeit seines
Sohnes ein. Aufs Herrlichste läßt er die Hochzeitstafeln her-
richten. Wiederholt läßt er die Geladenen bitten, zu kommen.
Doch — sie wollen nicht kommen, verachten die Einladung und
das Mahl, ja — sie vergreifen sich an den unschuldigen Knechten. Welche Roheit, welche Verblendung, welche Gottlosigkeit!
Ist es möglich, daß Menschen so handeln können! Kam es in
der Geschichte des Reiches Gottes je vor, daß Menschen also
gehandelt haben?

Ja, leider. Israel im Großen und Ganzen hat so gehandelt. Jahrtausendelang hatte Gott den Messias ankündigen
lassen, und als Er gekommen war, mußte der Evangelist sagen:
„Er kam in Sein Eigenthum, und die Seinen nahmen Ihn
nicht auf." Und am Schlusse Seiner irdischen Wirksamkeit auf
Erden mußte Er klagend rufen: „Jerusalem, Jerusalem, die du
tödtest die Propheten und steinigest, die zu dir gesandt sind;
wie oft habe Ich deine Kinder versammeln wollen wie eine
Henne versammelt ihre Küchlein unter ihre Flügel, aber ihr
habt nicht gewollt." Den Widerwillen, die Verachtung, den
Haß, den die Juden — insonderheit die Pharisäer und Schriftgelehrten — dem gnädigen Willen und der liebevollen Absicht
Gottes entgegensetzten, rügt auch Stephanus in seiner Verthei-
digungsrede an den Hohenpriester und die Juden, die ihn an-

geklagt hatten, wenn er sagt: „Ihr Halsstarrigen und Unbe=
schnittenen an Herzen und Ohren, ihr widerstrebet allezeit dem
Heiligen Geiste, wie eure Väter, also auch ihr. Welche Pro=
pheten haben eure Väter nicht verfolget, und sie getödtet, die
da zuvor verkündigten die Zukunft dieses Gerechten, welches ihr
nun Verräther und Mörder geworden sind?" Ap. 7, 51. 52.
Der Tod Christi, die Steinigung Stephani, die Verfolgung der
Apostel durch die Juden beweisen es zur Genüge, daß die Juden
allezeit die gnädige Einladung Gottes verachteten und von sich
wiesen.

Und so können wir es wohl verstehen, wenn Gott auch
ausführte, was im Gleichnis angedroht ist: „Da das der König
hörte, ward er zornig, und schickte seine Heere aus, und brachte
diese Mörder um, und zündete ihre Stadt an."

Wie dies geschehen ist, zeigt uns die Geschichte von der
Zerstörung der Stadt Jerusalem und die Zerstreuung Israels
in alle Welt.

2. Da aber Gott Gäste bei Seinem Hochzeits=
mahle haben wollte, so „sprach Er zu Seinen Knechten:
Die Hochzeit ist zwar bereitet, aber die Gäste waren es nicht
werth. Darum gehet hin auf die Straßen, und ladet zur
Hochzeit, wen ihr findet." Das hat Jesus Selber erklärt,
wenn Er zu den Pharisäern und Schriftgelehrten spricht:
„Darum sage Ich euch: Das Reich Gottes wird von euch
genommen, und den Heiden gegeben werden, die seine Früchte
bringen." Matth. 21, 43. Demgemäß handelten die Apostel,
wie wir aus der Apostelgeschichte ersehen: „Paulus aber und
Barnabas sprachen frei öffentlich: Euch mußte zuerst das Wort
Gottes gesagt werden, nun ihr es aber von euch stoßet, und
achtet euch selbst nicht werth des ewigen Lebens, siehe, so wen=
den wir uns zu den Heiden." Ap. 13, 46. So gingen die
Apostel in die Länder der Heiden und brachten ihnen die Kunde
vom Reiche Gottes. Und in Menge kommen die herein und
wurden gläubig, wie uns solches die Apostelgeschichte berichtet.

3. Wie begegnet man nun heutiger Zeit der
Einladung ins Reich Gottes, wie solche Einladung
gewöhnlich durch die Predigt des Evangeliums geschieht?
Wird sie überall mit Freuden aufgenommen? Folgt man
derselben überall? Oder begegnet man derselben auch noch
mit Widerwillen, Verachtung und Haß? — Auch heute noch
heißt es von Tausenden, wenn ihnen Gottes Diener die Bot=
schaft des Heils nahe bringen: Sie wollen nicht. Die Gründe

davon sind mancherlei. Der Hauptgrund ist Weltliebe. Die
Welt mit ihrer Lust und Freude hat sie so eingenommen, daß
sie den Genuß derselben höher achten als alles Andere. Ihr
Sinnen und Trachten ist so voll von Weltgenuß in seinen verschiedenen Formen, daß nichts Göttliches darin Platz hat.
Daraus folgt dann religiöse Gleichgiltigkeit. Alles andere hat
bei ihnen mehr Werth als geistliche Dinge. Mag der Sonntag
kommen, mögen die Festglocken läuten: Das hat für sie keine
Bedeutung. Ihre Aecker, ihr Vieh, ihr Geschäft: Das geht
vor; ja, das ist ihr Ein und Alles. Sie sind geistlich todt.
Tausende unserer Landleute, die in ihrer Jugend gottselig
erzogen worden sind, gehören zu dieser Klasse. Das Erbgut
vom Elternhause her haben sie im Leichtsinn verpraßt oder es
ihnen rauben lassen und dienen jetzt dem Mammon.

Jedoch bleibt es nicht bei Allen, die dem Ruf der Boten
Gottes nicht Gehör leisten, beim einfachen Leichtsinn und der
Weltlichkeit: Manche gehen einen Schritt weiter, nämlich zum
bitteren Haß und — wenn sie können — zur thatsächlichen
Verfolgung der Boten Gottes. Mancher treue Zeuge Gottes
wird jetzt noch verspottet in Stadt und Land, in Rede und
Schrift. Oftmals wird er verfolgt selbst von seinen eigenen
Gemeindegliedern, die die Wahrheit nicht hören wollen, von den
Heuchlern, die gerne versteckt bleiben wollen, von den halben
Christen, die es gerne auch mit der Welt halten möchten, mit
den Allerweltschristen, die kein entschiedenes Lehrbekenntnis
haben wollen, sondern gerne Alles verflachen möchten.

Wohl kann man jetzt in Christenlanden die Boten Gottes
nicht mehr tödten, aber es wird die Zeit kommen, wo man auch
das wieder thun wird. Große Christenverfolgungen stehen
nach der Weissagung Christi der Kirche Gottes noch bevor.

Dann schon — aber noch mehr bei der wirklichen Scheidung — wird es offenbar werden, wer in wahrer Buße, rechtem
Glauben und mit wirklichem Seelenhunger an der Gnadentafel
gesessen, oder wer es bloß zum Scheine gethan hat.

4. Nun denn, meine Lieben, noch ist die Gnadentafel für uns gedeckt; noch laden die Boten Gottes zur Theilnahme an den Heilsgütern ein. Versäumen wir nicht zu kommen. Denn wie bei einer gewöhnlichen Hochzeitsmahlzeit nur
die daran theilnehmen können, die — kommen und sich an den
Tisch setzen, so verhält es sich auch mit dieser Gnadenmahlzeit
im Reiche Gottes: Nur wer kommt, wird der Heilsgüter dersel-

ben — des Wortes und der Sakramente — theilhaftig. Wer nicht kommt, geht derselben verlustig.

Und dann, nur Diejenigen, die an dieser Gnadentafel des Reiches Gottes auf Erden gesessen sind und da die Heilsgüter genossen haben—nur die sind gewürdigt, sich auch an die Ehrentafel im Herrlichkeitsreich im Himmel setzen zu dürfen. Denn nur die Braut hat Hochzeit mit dem Bräutigam, aber keine Fremde. An der Gnadentafel findet das Verlobungsmahl statt, an der Ehrentafel die Hochzeitsfeier.

Aber vergessen wir ja nicht, daß wir zum Hochzeitsmahle nicht in unseren eigenen Kleidern erscheinen dürfen. Wir haben es auch nicht nöthig; denn der königliche Bräutigam will uns gerne mit Hochzeitsgewändern versehen. Williglich und dankbar wollen wir unsere Kleider ablegen und solch ein Hochzeitsgewand annehmen. Gern wollen wir unser schmutziges Sündenkleid hergeben und dafür das weiße, reine Kleid der Gerechtigkeit Jesu Christi eintauschen. Dieses Kleid ist dann das, in welchem wir zum Hochzeitsmahle zugelassen werden. Denn der Bräutigam hat es uns ja zu diesem Zwecke Selber geschenkt.

Welche Freude und Wonne aber wird es sein, droben einst die Seligkeit an der Ehrentafel mitgenießen zu dürfen!

„O wie unaussprechlich selig
Werden wir im Himmel sein!
Da, da ernten wir unzählig
Unsers Glaubens Früchte ein;
Da wird ohne Leid und Zähren
Unser Leben ewig währen.
Gott, zu welcher Seligkeit
Führst Du uns durch diese Zeit!"

Amen.

Einundzwanzigster Sonntag nach Trinitatis.

---

1. Korinth. 10, 1—5.

Ich will euch aber, lieben Brüder, nicht verhalten, daß unsere Väter sind alle unter der Wolke gewesen, und sind alle durch das Meer gegangen; und sind alle unter Mose getauft, mit der Wolke und mit dem Meer; und haben alle einerlei geistliche Speise gegessen; und haben alle einerlei geistlichen Trank getrunken; sie tranken aber von dem geistlichen Fels, der mit folgte, welcher war Christus. Aber an ihrer vielen hatte Gott keinen Wohlgefallen; denn sie sind niedergeschlagen in der Wüste.

„Was aber zuvor geschrieben ist, das ist uns zur Lehre geschrieben, auf daß wir durch Geduld und Trost der Schrift Hoffnung haben." Röm. 15, 4.

1. Das gilt vorerst von den f r o m m e n G l a u b e n s = m ä n n e r n, deren Leben uns die alttestamentlichen Geschichts= schreiber schildern: von dem gerechten Abel an, der durch Bruderhand fiel, bis zu dem furchtlosen Täufer Johannes, der seine Berufstreue mit seinem Blute bezahlen mußte. Aus ihrem Leben können wir „Geduld und Trost" lernen und uns so das, was uns von ihnen „zuvor geschrieben" ist, zu Nutzen machen.

Jener Ausspruch Pauli gilt aber auch v o n d e n g o t t = l o s e n P e r s o n e n, deren Leben und Thaten uns die heilige Schrift uns zur Warnung hinstellt. An Kain sollen wir lernen, wohin der Neid den Menschen führt. Das Schicksal der Leute bei der Sündfluth, der Bewohner Sodoms und Gomorras und Jerusalems soll uns zeigen, wie weit Diejenigen kommen, die sich vom Geiste Gottes nicht mehr strafen lassen und muthwillig ihr Herz verhärten.

„Was zuvorgeschrieben ist, das ist uns zur Lehre geschrie= ben." Das gilt aber namentlich v o n d e m V o l k e I s r a e l.

Die Geschichte dieses Volkes ist so reich an Thaten und Ereig=
nissen, die uns einerseits zur Geduld und zum Trost, anderer=
seits aber auch zur Warnung dienen können.   Zu solchen That=
sachen und Ereignissen gehören auch Die, welche unser Text
enthält, die vorkamen bei Israels Auszug aus Egypten und
seiner Reise durch die Wüste dem Lande Kanaan zu.

2.   Wie das Volk Israel dem versprochenen Heimaths=
lande Kanaan zuwanderte und dabei durch die Wüste reisen
mußte, so hat Gott den Gläubigen des neuen Bundes — d e m
n e u t e s t a m e n t l i c h e n I s r a e l — auch ein Heimathsland, in
Aussicht gestellt — das Kanaan des Himmels, aber um es zu
erreichen, müssen auch sie durch eine Wüste reisen — durch die
Wüste dieser Welt, und müssen wie Israel Meeres= und Wüsten=
gefahren und Reisebeschwerden bestehen und durchmachen.   Aber
wie Gott das alttestamentliche Israel aus Meeresgefahr und
Wüstennoth errettete und ins Land Kanaan brachte, so will Er
auch das neutestamentliche Israel Seiner Gläubigen aus allen
Nöthen und Anfechtungen erretten und es in das himmlische
Kanaan, die himmlische Heimath bringen.

Daher ist Israels Reise durch die Wüste sammt dem der=
selben vorangegangenen Durchgang durchs rothe Meer und all
den Ereignissen und Vorkommnissen auf der Wüstenreise vor=
bildlich.   Christenleute können daraus viel lernen: Geduld
und Trost, aber auch Warnung und Mahnung.   Dazu soll uns
unser heutiger Text dienen.

Wir wollen sehen,

**Was die Gläubigen des Herrn für ihre Reise nach der himm=
lischen Heimath vom Volk Israel aus seiner wunder=
baren Errettung am rothen Meere und seiner Reise
durch die Wüste nach Kanaan lernen können.**

Drei Gegenstände sind es, die wir daraus lernen können:

I.   Gottes erhabene, rettende Allmacht;

II.   Gottes leitende und schützende Treue;

III.   Gottes versorgende und segnende Güte.

Wir wollen lernen

I.   Gottes erhabene und errettende Allmacht; und zwar
an Israels wunderbarem Durchgang durch das rothe Meer.

1. Paulus führt den Korinthern die Ereig=
nisse und Vorkommnisse der Israeliten auf ihrem
Zug von Egypten nach Kanaan vor Augen. Dabei
beginnt er in unseren Textesworten mit dem wunderbaren Er=
eignis am rothen Meere: „Ich will euch, liebe Brüder, nicht
verhalten, daß unsere Väter . . . . . sind alle durchs Meer ge=
gangen." In dem 14. Kapitel des zweiten Buches Mosis wird
uns dieses Ereignis geschildert. Das Volk Israel war dem
Knechtschaftsland Egypten entronnen. Mit starker Hand hatte
sie Gott durch Seinen Knecht Mose ausgeführt. Er hatte den
König Pharao gezwungen, daß er Israel williglich ziehen ließ.
Kaum aber ist das Volk fort, so gereut es den König in seinem
verhärteten Herzen. Rasch entschließt er sich, es mit bewaffne=
ten Wagen und Reitern zu verfolgen und in die Sklaverei
zurückzuführen. Mit großer Heeresmacht nähert er sich dem
Volke, das sich am rothen Meere gelagert hatte. Da war nun
das Volk in großer Noth. Vertheidigen konnte es sich nicht.
Fliehen konnte es auch nicht. Denn Rechts und Links waren
hohe Berge, und vor sich hatten sie das rothe Meer. Israel
weiß keinen Ausweg und will schon verzagen. Da schafft Gott
einen Weg der Rettung. Denn: „Weg hat Er allerwegen, An
Mitteln fehlts Ihm nicht!" Auf Seinen Befehl mußte Moses
seinen Stab über das Meer ausrecken, das Wasser theilte sich
von einander und stand wie Mauern zur Rechten und zur Lin=
ken, so daß Israel auf dem so gebildeten Wege trockenen Fußes
hindurch gehen konnte. So war Israel gerettet. Gottes All=
macht aber bereitet Pharao und seinem Heere den Untergang.
Auch sie waren bis mitten ins Meer hineingegangen Israel ver=
folgend. Der Herr ließ Mose abermals seinen Stab übers Meer
hin recken, „daß das Wasser wiederkam, und bedeckte Wagen und
Reiter, und alle Macht des Pharao, die ihnen nachgefolget
waren ins Meer, daß nicht Einer aus ihnen über blieb." 2.
Mose 14, 28. So hatte Pharao den Herrn kennen gelernt, be=
züglich dessen er Mose gegenüber so vermessen gesprochen: „Wer
ist der Herr, deß Stimme ich hören müßte?" 2. Mose 5, 2.

Moses aber und ganz Israel sangen dem Herrn ein Dank=
lied: „Lasset uns dem Herrn singen; denn Er hat eine herrliche
That gethan, Mann und Roß hat Er ins Meer gestürzt." 2.
Mose 15, 21.

2. Aus dieser Erzählung können wir Geduld und
Trost lernen. In der Lage, in der Israel am rothen Meere
sich befand, sind auch wir vielleicht schon gewesen oder können

noch hinein kommen. Wenns auch nicht das rothe Meer war — so standest du vielleicht vor einem Trübsalsmeer, in dem die Wogen hoch gingen und dich zu verschlingen drohten. Vielleicht hatten Hindernisse und Schwierigkeiten dir den Weg nach Rechts und Links abgesperrt, und es verfolgten dich unbarmherzige Feinde, die dir nach Namen, Ehre, Eigenthum und Leben standen. Vielleicht warst du auch bereits daran, wider Gott zu murren und Ihm Vorwürfe zu machen: Siehe da! Gott fand einen Weg der Hilfe und Rettung. Sei es, daß Er dir kräftig beistand, mitten durch die Trübsal zu gehen, so daß du unbeschädigt bliebst wie Israel, oder daß Er die Trübsal verschwinden ließ, ehe du sie noch recht empfunden, die Hindernisse und Schwierigkeiten schwanden, wie der Nebel vor der Sonne und die Feinde sich in ihrer eigenen Falle fingen und so untergingen. Du aber standest da und mußtest bekennen: „Das ist vom Herrn geschehen, und ist ein Wunder vor meinen Augen." Pf. 118, 23.

3. Es gibt aber noch ein anderes Gedränge als das, in welches wir durch äußere Noth getrieben werden, und noch ein anderes Meer als das Meer der Trübsal: es gibt ein Gedränge, in welches wir durch das anklagende Gewissen und Gottes Gesetz und Strafgerechtigkeit hineingetrieben werden und ein Sündenmeer, das sich vor uns aufthut, wenn wir in ernster Buße unser Herz und Leben prüfen und uns unserer Sünden Menge vor Augen treten. Von solchem Gedränge und von solchen Wassern weiß auch David zu reden. „Denn, da ich es wollte verschweigen, verschmachteten meine Gebeine, durch mein täglich Heulen." Pf. 32, 3. „Denn ich erkenne meine Missethat, und meine Sünde ist immer vor mir." Pf. 51, 5. „Denn meine Sünden gehen über mein Haupt, wie eine schwere Last sind sie mir zu schwer geworden." Pf. 38, 5. „Gott, hilf mir; denn das Wasser gehet mir bis an die Seele. Ich versinke in tiefem Schlamm, da kein Grund ist; ich bin in tiefem Wasser, und die Fluth will mich ersäufen." Pf. 69, 2. 3. Aber auch aus solchem Gedränge und Meer will dich Gott erretten, und am jenseitigem Ufer, dem festen Boden der Gewißheit von der Vergebung der Sünden und der göttlichen Gnade, kannst auch du dann wie Israel dem Herrn einen Lobpsalm singen, und Gott preisen wie einst David that: „Lobe den Herrn, meine Seele, und was in mir ist, Seinen heiligen Namen; lobe den Herrn, meine Seele, und vergiß nicht, was Er dir Gutes gethan hat. Der dir alle deine Sünden vergibt und

heilet alle deine Gebrechen, der dein Leben vom Verderben erlöset, der dich krönet mit Gnade und Barmherzigkeit." Ps.
103, 1–4.

4. Wie für das Volk Israel seine Errettung am rothen
Meere der Anfang seiner Pilgerreise durch die Wüste
dem Lande Kanaan zu war, so ist für manchen Menschen seine
Rettung aus leiblicher Noth Veranlassung und Anfang seines
Anschlusses an die Gemeinde der Gläubigen und seines Strebens nach der himmlischen Heimath. Denn Manchem gereicht
leibliche Noth zu seinem inneren Heil. Jeder aber, der ein
Glied der Gläubigen, ein Glied des neutestamentlichen Israels
ist, muß einmal in jenem Sündengedränge gewesen und vor
jenem Sündenmeer gestanden sein und als ein Begnadigter
und Erlöster daraus hervorgegangen sein. Das geschieht durch
die Taufe, oder auch durch spätere Bekehrung, was ja durch
Israels Durchgang durchs rothe Meer vorgebildet ist. „Sie
sind getauft worden mit der Wolke und dem Meere." Auch
dieses wird durch die Allmacht Gottes bewirkt.

Wie wir an Israels Errettung am rothen Meere Gottes
Allmacht kennen lernen, so können wir an der Art und Weise,
wie Gott Israel durch die Wüste führt, Seine Treue, in der Er
die Seinen nicht verläßt, herauserkennen. Und so wollen wir
bei der Betrachtung der Reise Israels nach Kanaan reden

II. von Gottes leitender und schützender Treue.

1. Israel war nun wohl von dem Knechtschaftsland
Egypten und dessen habgierigem König befreit und auch dem
Meer entronnen, aber sie waren noch nicht in Kanaan — waren
in der weglosen, öden Wüste. Wer sollte ihnen die Richtung
anzeigen, die sie einschlagen und einhalten sollten, um ans Ziel
zu gelangen? Gott wußte Rath. Er verließ Sein Volk nicht.
Er blieb ihm getreu. Er versieht Sein Volk mit einem
Führer. Das war die „Wolken- und Feuersäule", von
der Paulus im Text redet, und von der wir in der Geschichte
von Israels Wanderungen in den Büchern Mosis lesen: „Und
der Herr zog vor ihnen her, des Tages in einer Wolkensäule,
daß Er sie den rechten Weg führte, und des Nachts in einer
Feuersäule, daß Er ihnen leuchtete zu reisen Tag und Nacht.
Die Wolkensäule wich nimmer von dem Volk des Tages, noch
die Feuersäule des Nachts." 2. Mose 13, 21. 22.

Diese Wolken- und Feuersäule war eine Wolke von säulen-
förmiger Gestalt. Als Wolkensäule stand sie hinter Israel,

nämlich am Tage, war dunkel und diente dem Volke als Schutz gegen etwa sie verfolgende Feinde. Als Feuersäule ging sie vor Israel her, nämlich bei der Nacht, leuchtete wie Feuer, und diente Israel als wegzeigender Führer. Wenn die Wolke sich erhob, so war das das Zeichen zum Aufbruch; wenn sie sich senkte, so sollte Israel sich lagern. In dieser Wolke wohnte Christus. Hier war Er noch, wie alles Alttestamentliche, in Dunkelheit geheimnisvoll verhüllt; im neuen Testament trat Er aus dieser Hülle und Dunkelheit heraus und wandelte als Mensch unter den Menschen.

2. Auch die Führung Israels mittelst dieser Wolken- und Feuersäule ist für die Glieder des neuen Bundes vorbildlich. Wie Israel durch die Wüste wandern mußte, um nach Kanaan zu kommen, so haben auch wir eine Wüste zu durchreisen, um nach der himmlischen Heimath zu gelangen. Diese Wüste ist die Welt. Denkt man an den Abfall der Menschen von Gott, an die allgemeine Gottlosigkeit des menschlichen Geschlechtes und an die wenige Gottesfurcht und Gottseligkeit, an das wenige wahre Leben — so ist es nicht zu viel, wenn man die Welt mit einer Wüste vergleicht. Und durch diese Weltwüste zieht die wahrhaft gläubige Christenschaar dem himmlischen Kanaan — der Heimath zu.

Auf dieser Reise haben wir auch einen Führer nöthig, sonst fänden wir den Weg nicht, einen Beschützer, sonst würden uns die Feinde verderben. Und wir haben einen Solchen. Derselbe Christus, der in der Wolken- und Feuersäule Israel leitete und beschützte, ist auch uns Leiter und Schutz. Er leuchtet uns durch Sein Leben auf Erden und durch Seine Lehre. Jeder Schritt in Seinem Leben: Sein Reden und Schweigen, Sein Thun und Lassen, Sein Verhalten gegen Freund und Feind, Sein Verhältnis zu Seinem himmlischen Vater im Beten und im Dulden — jeder Schritt von Seinem ersten selbstbewußten Messiaswort als zwölfjähriger Knabe an: „Wisset ihr nicht, daß Ich sein muß in dem, das Meines Vaters ist?" bis zu Seinem majestätischen Siegesrufe am Kreuz: „Es ist vollbracht!" kann uns in unseren verschiedenen Lebens- und Christenverhältnissen als Vorbild — und so als leitender, vorleuchtender Führer dienen. Wir werden uns niemals verirren und stets das Richtige treffen, wenn wir uns immer — und namentlich in schwierigen Fällen — Jesu Handlungsweise und Verhalten zum Vorbilde nehmen. Es gibt in der ganzen

Schrift kein reineres Leben, das uns als leuchtendes Vorbild vorleuchten könnte, als das Leben Jesu.

Eine Leuchte haben wir aber nicht bloß in Jesu Leben, indem es uns als Vorbild dient, sondern auch in Seinen Lehren — Seinem Evangelium, wie auch Israel außer der Wolken- und Feuersäule das Gesetz hatte. Und gilt schon von diesem Gesetz: „Dein Wort ist meines Fußes Leuchte und ein Licht auf meinem Wege;" (Pf. 109, 105) wie viel mehr soll diese Bezeichnung und dieser Zweck von dem Evangelium gelten. Erinnern wir uns an Pauli Vergleich: „Denn so das Klarheit hatte, das da aufhöret; wie viel mehr wird das Klarheit haben, das da bleibet." 2. Korinth. 3, 11.

3. Jene Wolke war aber nicht nur Feuersäule, die Israel als Leuchte den Weg zeigte, sie war auch Wolkensäule, die sie von nachfolgenden und verfolgenden Feinden trennte und so schützte. Schon beim Durchgang Israels durchs rothe Meer, lesen wir, trat die Wolkensäule zwischen den Zug Israels und das Heer der Egypter, so daß beide Heere auf dem Weg durchs Meer nicht zusammenkommen konnten. Aehnlichem Zwecke diente Israel die Wolkensäule durch die Wüste: trennte sie von den am Wüstensaume wohnenden und umherschweifenden Völkern und Horden, und deckte sie von hintenher, so daß sie von den Feinden nicht gesehen werden konnten und so beschützt waren.

4. So gewährt uns Christus mit Seinem Evangelium auch Schutz, indem es uns — wenn wir uns daran halten — von der zu nahen Gemeinschaft mit ungöttlichen Menschen und deren Treiben abhält, so daß wir von denselben nicht angefochten und verführt werden können und so bewahrt und geschützt bleiben. Wir kommen mit ungöttlichen Menschen im täglichen Leben allerdings in Berührung, aber wenn wir gläubige Christen sind, so sind wir innerlich von ihnen geschieden und das hält uns ab, mit ihnen genauere Gemeinschaft zu pflegen. An die Plätze der Lust und Weltfreude gehen wir nicht mit ihnen. So sind wir vor Ansteckung geschützt. Und weit vom Jäger weg, ist weit weg vom Schuß. David kannte diesen Schutz auch, denn er sagt: „Er deckt mich in Seiner Hütte zur bösen Zeit." Pf. 27, 5; und: „Er wird dich mit Seinen Fittigendecken, und deine Zuversicht wird sein unter Seinen Flügeln." Pf. 91, 4. Hätte das Volk Israel in der Wüste sich von den Moabitern (4 Mof. 25, 1) weggehalten, so wäre es nicht zu deren Götzendienst und zur Vermischung mit ihnen verführt worden. Mancher Gläubige wäre nicht gefallen, wenn er von

der Gesellschaft und den Lustplätzen der Weltlichgesinnten weggeblieben wäre. Mancher schon hat schmerzlich erfahren müssen: „Wer sich in Gefahr begibt, der verdirbt darin." Sir. 3, 27.

Um ans Ziel zu gelangen, war es für Jeden des Volkes Israels nöthig, **bei der Gemeinde zu verbleiben,** weil er sonst des Nutzens der Wolken- und Feuersäule verlustig gehen und sich leicht verirren oder auch von Feinden getödtet werden konnte. So ist es auch jetzt nöthig, sich zur Gemeinde zu halten; sonst möchte man sich in Unglauben, oder auch Schwärmerei verlieren und so die Heimath nicht erreichen, wie es auch von Israel heißt: „Viele sind niedergeschlagen in der Wüste."

Israel hatte aber auf seiner Reise durch die Wüste nicht bloß einen Führer nöthig, sondern auch Speise und Trank. Auch das verlieh ihnen Gott.

Somit dürfen wir auch reden

III.   von Gottes versorgender und segnender Güte.

1. Davon redet Paulus im Text, wenn er sagt: „Und haben alle einerlei geistliche Speise gegessen und haben alle einerlei geistlichen Trank getrunken." Unter dieser geistlichen Speise meint Paulus **das Manna,** das Gott dem Volke Israel in der Wüste vom Himmel fallen ließ, daher es auch Himmelsbrot genannt wird. Ohne dieses Manna hätte das Volk Israel in der Wüste umkommen müssen. Auch Wasser gab Gott dem Volke, und oftmals auf wunderbare Weise. Paulus redet daher im Text von geistlichem Trank. Unter diesem geistlichen Trank meint er das Wasser, das Gott dem Volke aus einem Felsen fließen ließ, nachdem ihn Moses auf göttlichen Befehl mit seinem Stab geschlagen hatte. Ohne dieses Wasser hätte Israel in der Wüste elend verschmachten müssen. So gibt Gott auch uns Speise und Trank zur **leiblichen Nahrung,** und wenn es sein muß, so schafft Er Brot auf wunderbare Weise, wie wir an der Speisung der Tausende durch Christum im Evangelium sehen.

Geistliche Speise bietet uns **Gottes Wort und das heilige Abendmahl.** Diese geistliche Speise theilen die Diener Gottes auf dessen Befehl den Hungrigen mit, wie einst die Jünger bei den wunderbaren Speisungen die ihnen von Jesu eingehändigten Brote dem Volke austheilten.

Diese geistliche Speise meint Jesus, wenn Er zu den Juden sagt: „Ich bin das Brot des Lebens." Joh. 6, 48. Er ist das rechte Manna, das wahre Himmelsbrot. Im Abendmahl gibt Er Sich als solches. Wir müssen aber auch kommen, und es genießen, sonst hilft es uns nichts. Den Juden hätte das Manna auf dem Felde nichts genützt, wenn sie es nicht geholt und gegessen hätten. So nützt dir Gottes Wort nur, wenn du es annimmst, und das Abendmahl, wenn du es genießest.

2. Wenn Paulus sagt: „Und haben alle einerlei geistlichen Trank getrunken; sie tranken aber von dem geistlichen Fels, der mit folgte, welcher war Christus," so erinnert er an die Thatsache, da Moses auf Gottes Befehl den Felsen schlug, und aus welchem dann Wasser herausquoll, womit Israel seinen Durst löschte. Jener Fels ist ihm ein Abbild von Christo, den er in der Wolken- und Feuersäule bereits sieht. So wie von jenem Felsen Wasser floß Israel zum Trank, so fließt von Jesu lebendiges Wasser den Gläubigen zum Trank und zur Erquickung. Das ist der Trost des Evangeliums, der uns die Vergebung unserer Sünden und das ewige Leben zusichert. Solcher Trost erquickt und stärkt uns, wie ein kühler Labetrunk den Durstigen in der Sommerhitze.

Von dem neutestamentlichen Felsen Jesus Christus fließt das Blut der Versöhnung, das uns im heiligen Abendmahle gereicht und mitgetheilt wird. Das ist der wahre geistliche Trank, der da stärkt und labt und den matten Pilger erquickt, daß er wieder frisch und muthig seine Straße zieht.

3. „Die Wolkensäule wich nimmer von dem Volk des Tages, noch die Feuersäule des Nachts." 2. Mos. 13, 22. „Und die Kinder Israel aßen Manna vierzig Jahre, bis daß sie zu dem Lande kamen, da sie wohnen sollten; bis an die Grenze des Landes Kanaan aßen sie Manna." 2. Mos. 16, 35.

So führt Christus, aus der verhüllenden Wolken- und Feuersäule herausgetreten, unter Seiner Leitung und Seinem Schutz das neutestamentliche Israel seiner Gläubigen durch die Wüste der Welt dem himmlischen Kanaan zu und weicht nicht von ihm, bis sie das Reiseziel erreicht haben. Mit dem Manna Seines Wortes und Sakramentes nährt Er uns die Jahre unserer Pilgrimschaft hindurch bis an die Grenze des himmlischen Kanaans, des Landes, da wir wohnen sollen ewiglich.

So haben wir keine Ursache verdrossen zu werden unterwegs. Der Herr geht ja mit, und das Manna fehlt nie. Bald werden wir am Ziele sein und in die Palmenstadt des Sieges und das Jerusalem des Friedens einziehen, wo wir ausruhen

von den Reisebeschwerden und uns erquicken an den herrlichen
Früchten des himmlischen Kanaans.

Bis dorthin sei unser Losungswort:

> „Himmelan geht unsre Bahn,
>   Wir sind Gäste nur auf Erden,
> Bis wir dort in Canaan
>   Durch die Wüste kommen werden;
> Hier ist unser Pilgrimstand,
> Droben unser Vaterland."

Amen.

Zweiundzwanzigster Sonntag nach Trinitatis.

Matth. 18, 23-35.

Darum ist das Himmelreich gleich einem Könige, der mit seinen Knechten rechnen wollte. Und als er anfing zu rechnen, kam ihm einer vor, der war ihm zehn tausend Pfund schuldig. Da ers nun nicht hatte zu bezahlen, hieß der Herr verkaufen ihn und sein Weib und seine Kinder und alles, was er hatte, und bezahlen. Da fiel der Knecht nieder und betete ihn an und sprach: Herr, habe Geduld mit mir, ich will dirs alles bezahlen. Da jammerte den Herrn desselbigen Knechts, und ließ ihn los, und die Schuld erließ er ihm auch. Da ging derselbige Knecht hinaus, und fand einen seiner Mitknechte, der war ihm hundert Groschen schuldig. Und er griff ihn an und würgete ihn und sprach: Bezahle mir, was du mir schuldig bist. Da fiel sein Mitknecht nieder und bat ihn und sprach: Habe Geduld mit mir, ich will dirs alles bezahlen. Er wollte aber nicht, sondern ging hin und warf ihn ins Gefängnis, bis daß er bezahlete, was er schuldig war. Da aber seine Mitknechte solches sahen, wurden sie sehr betrübt, und kamen und brachten vor ihren Herrn alles, das sich begeben hatte. Da forderte ihn sein Herr vor sich und sprach zu ihm: Du Schalksknecht, alle diese Schuld habe ich dir erlassen, dieweil du mich batest; solltest du denn dich nicht auch erbarmen über deinen Mitknecht, wie ich mich über dich erbarmet habe? Und sein Herr ward zornig und überantwortete ihn den Peinigern, bis daß er bezahlete alles, was er ihm schuldig war. Also wird euch Mein himmlischer Vater auch thun, so ihr nicht vergebet von eurem Herzen ein jeglicher seinem Bruder seine Fehler.

1. Das heutige Sonntagsevangelium enthält ein Gleichnis. Mann nennt es gewöhnlich das Gleichnis von dem unbarmherzigen Knecht. Hauptpersonen darin sind der barmherzige König, der seinem Knechte, weil er ihn bat, dessen große Schuld schenkte, und der unbarmherzige Knecht, der einen seiner Mitknechte, einer kleinen Forderung wegen, ins Gefängnis werfen ließ.

Unter diesem Könige haben wir Gott den Herrn, und unter diesem Knecht die Menschen zu verstehen. Und so sind es zwei Dinge, die wir aus diesem Gleichnis lernen können, nämlich: die Barmherzigkeit Gottes und die Unbarmherzigkeit der Menschen.

2. Veranlassung zu diesem Gleichnis gab Simon Petrus, der Jünger Jesu. Der Herr hatte nämlich kurz vorher die bedeutsamen Worte ausgesprochen: „Sündiget dein Bruder an dir, so gehe hin und strafe ihn zwischen dir und ihm alleine. Höret er dich, so hast du deinen Bruder gewonnen. Höret er dich nicht, so nimm noch einen oder zween zu dir, auf daß alle Sache bestehe auf zweier oder dreier Zeugen Mund. Höret er die nicht, so sage es der Gemeine. Höret er die Gemeine nicht, so halte ihn als einen Heiden und Zöllner." Daraufhin stellte Petrus die Frage an den Herrn: „Herr, wie oft muß ich denn meinem Bruder, der an mir sündiget, vergeben? Ists genug siebenmal?" worauf Jesus ihm antwortete: „Ich sage dir, nicht siebenmal, sondern siebenzigmal siebenmal." Und zur Erklärung dieser Antwort erzählt Jesus dem Petrus und den andern Jüngern das Gleichnis unseres heutigen Evangeliums, das Gleichnis von dem unbarmherzigen Knecht. Und da wenige Gleichnisse Christi so in das Zusammenleben der Menschen in der Welt, in den Gemeinden und den Familien, eingreifen wie dieses, so möchte es auch für uns von Nutzen sein, wenn wir es näher betrachten. Somit will ich euch diesen Morgen erklären:

Das Gleichnis von dem unbarmherzigen Knecht,

und reden

I. von der Barmherzigkeit Gottes;

II. von der Unbarmherzigkeit der Menschen.

Wir reden

I. von der Barmherzigkeit Gottes.

1. „Der König", der mit seinen Knechten Rechnung hält, ist Gott der Herr, der Schöpfer der Welt und der Menschen. Ist Er der Schöpfer der Welt, so ist die Welt Sein Eigenthum; und da Er auch den Menschen schuf, so gehört auch er Ihm an. Das bestätigt auch der Psalmist, wenn er sagt: „Die Erde ist des Herrn, und was darinnen ist, der Erdboden, und was darauf wohnet." Pf. 24, 1. Weil demnach der Mensch

Gott angehört, und zwar nach Leib und Seele, und weil Gott
dem Menschen die Kräfte des Leibes und der Seele gegeben hat,
ihm auch Zeit und Gelegenheit bietet, diese Kräfte zu gebrauchen, so hat Er auch ein Recht, dem Menschen Rechenschaft abzu-
fordern über die Art und Weise, wie er diese Kräfte und Güter
in seinem Leben angewandt hat, mit anderen Worten: Er hat
ein Recht, mit dem Menschen „zu rechnen". Solche Abrechnung
findet auf verschiedene Art und Weise statt und zu verschiedenen Zeiten. Die heilige Schrift stellt uns öfters solche Abrechnungen hin, und an ihnen können wir sehen, wie es dabei zugeht.
Gott rechnete mit seinem Volk Israel mehrmals ab. Nachdem
es die Mahn-, Bitt- und Strafworte der Propheten, die sie an
Gottes Wohlthaten erinnerten und ihnen ihren Abfall von Gott
vorhielten, nicht beachteten und nicht Buße thaten, so glich Gott
die Rechnung aus durch die Zerstörung Jerusalems und die Weg-
führung Israels nach Babel. Gott hielt Abrechnung mit dem
Könige Belsazar zu Babel. Das Resultat jener Abrechnung
schrieb im Auftrage Gottes jene unsichtbare Hand an die Wand
des königlichen Saales, in welchem Belsazar mit seinen gottlosen Gesinnungsgenossen schwelgte und die heiligen Tempelgefäße
entweihte, lautend: „Man hat dich gewogen und zu leicht erfunden." Dan. 5, 27. Jesus hält Abrechnung mit Petrus, als
Er ihn nach dessen dreimaliger Verleugnung anblickte; und
wiederum, als Er ihn draußen am See Genezareth fragte:
„Simon Johanna, hast du Mich lieb?" Joh. 21, 16. Mit
Saulus hält der Herr Abrechnung auf dessen denkwürdiger Reise
von Jerusalem nach Damaskus, wenn Er ihm zuruft: „Saul,
Saul, was verfolgst du Mich?" Ap. 9, 4. So hält Gott heute
noch mit dem Menschen Abrechnung. Er legt sie aufs Krankenlager, oder nimmt sie sonst in die Stille, um mit ihnen zu
reden. Er will mit den Menschen rechnen beim Jahresschluß,
in der Beichte vor dem Abendmahlsgang, oder am Schlusse
irgend einer Zeitperiode. Manche Menschen lassen ihre Abrechnung, ihr Insreinekommen mit Gott und ihrem Gewissen und
Leben anstehen, bis es zum Sterben geht. Ja Tausende und
Abertausende denken gar nicht an eine Rechenschaft so lange sie
leben, und überzeugen sich erst dann von der Thatsache, daß es
eine solche gibt, wenn die unglückliche Seele in der Ewigkeit vor
Gott treten und hören muß: „Thue Rechnung von deinem Haushalten!" Luc. 16, 2.

2. Wie es bei solchen Abrechnungen zugeht,
wissen Manche von uns aus Erfahrung. Manches Krankenla-

ger, manche Heimsuchung, manche Prüfung, die wir durchge=
macht haben, kann uns davon berichten, und unser Gewissen
kann es uns bezeugen. Bei solchen Gelegenheiten hält uns
Gott vor Seine Wohlthaten, die Er uns von Kindheit auf
erwiesen, die glückliche Jugendzeit mit all den Gelegenheiten,
die uns Familie und Schule bot in Schutz gegen das Böse und
zur Ausbildung unseres Geistes. Er frägt uns auch, ob wir
solche Gelegenheiten benützt haben, ob wir uns durch Eltern
und Lehrer vor dem Bösen haben bewahren und unseren Geist
haben ausbilden lassen, und ob wir die guten Jugendlehren
auch angewandt oder in den Wind geschlagen haben, wie der
verlorene Sohn gethan. Er frägt uns, was wir angefangen
haben mit unseren zehn Geboten, mit unserem Glauben, mit
unserem Vaterunser, mit unserem Tauf= und Konfirmations=
bund, mit dem Abendmahl des Herrn, wie wir unsere Sonn=
tage zugebracht haben. Auch will Er wissen, wie wir unsere
irdischen Güter anwenden oder angewandt haben, ob wir sie
verschwenden oder damit geizen.

3. Wenn nun Gott, bei irgendwelcher Gele=
genheit, so mit dem Menschen rechnet, glaubt ihr nicht,
daß auf Seiten des Menschen, auch des besten und frömmsten,
eine so große Schuld übrig bleibt, daß er sie nun und nimmer
bezahlen kann und wäre er auch so reich wie der König Salomo
oder Krösus, oder so fromm wie der Apostel Paulus. Denn
die Schuld, die in unserem heutigen Textgleichnis als zehn
Tausend Pfund angegeben ist, sind unsere Sünden. Es bleibt
uns demnach nichts Anderes übrig, als zu thun, was der Knecht
im Gleichnis that. Von dem heißt es: „Da fiel der Knecht
nieder und betete ihn an und sprach: Habe Geduld mit mir;
ich will dir alles bezahlen." Dann ist Gott aber auch gnädig
und vergibt. Auch das lesen wir im Gleichnis. „Da jam=
merte den Herrn desselbigen Knechts und ließ ihn los, und die
Schuld erließ Er ihm auch."

4. Das ist der einzige Weg, auf welchem unsere
ungeheure Schuld getilgt werden kann. Wir müssen vorerst
anerkennen, daß das Resultat der Abrechnung ein richtiges ist,
daß wir nach dem Gesetz Gottes, nach dem Evangelium Christi,
nach dem Zeugnis unseres eigenen Gewissens, kurz — nach dem
ganzen Urtheil Gottes Sünder sind, Sünder, die Gottes zeitliche
und ewige Strafe verdient haben. Solche Thatsachen und
solche Erkenntnis müssen wir aber auch vor Gott aufrichtig,
ohne Beschönigung, bekennen, wie David im Psalmbuch, und

wie der Zöllner im Tempel. „Darum bekenne ich Dir meine
Sünde, und verhehle meine Miſſethat nicht." Pſ. 32, 5. Und:
„Gott, ſei mir Sünder gnädig." Luc. 18, 13.

5. Wenn wir dieſen Weg, den allein richtigen, einſchlagen
und gehen, dann dürfen wir aber auch verſichert ſein,
daß Gott uns gnädig ſein und zu Seiner Verheißung
ſtehen wird. Und Seine Verheißung lautet: „Wenn euere
Sünde gleich blutroth iſt, ſoll ſie doch ſchneeweiß werden: und
wenn ſie gleich iſt wie Roſinfarbe, ſoll ſie doch wie Wolle werden." Jeſ. 1, 18. Das ſehen wir verwirklicht an ſo manchen
Beiſpielen der Schrift. David kann, nachdem er jene Bedingung erfüllt hatte, getroſt beifügen: „Da vergabſt Du mir die
Miſſethat meiner Sünde." Pſ. 32, 5. Und wie oft ſpricht
Chriſtus zu den Bußfertigen: „Dir ſind deine Sünden vergeben." Matth. 9, 2. Petrus und Paulus und nach ihnen
Tauſende von bußfertigen, gläubigen Sündern haben es erfahren, daß „Gott iſt barmherzig und gnädig und geduldig und
von großer Gnade und Treue! 2 Moſ. 34, 6.

Darum, wenn du mit deiner Abrechnung vor Gott bis
heute gewartet hätteſt, laß es nicht länger anſtehen! Heute
ergib dich Gott auf Gnade, gerade ſo wie du biſt! Warte
nicht länger! es möchte ſonſt einmal heißen: Zu ſpät! und du
möchteſt durch Aufſchieben vielleicht um deine Seligkeit kommen.
Die Gnadenzeit des Menſchen reicht nur bis zu deſſen Tode;
jenſeits des Grabes iſt keine Gnade mehr zu haben. Drum iſt
es ſo etwas Herrliches zu wiſſen: Ich bin verſöhnt mit Gott;
der gerechte, heilige Gott iſt mein lieber Vater und ich Sein
verſöhntes Kind, durch Seinen Sohn, Jeſum Chriſtum.

Nun wollen wir auch reden

II.   von der Unbarmherzigkeit der Menſchen.

1. Vorhin ſtand uns vor Augen das rührende Bild des
Königs, der den Knecht von ſeinem Fußfall aufrichtet und frei-
gibt; hier ſehen wir, wie ein Knecht ſeinen Mitknecht
würgt und ihn einer kleinen Forderung wegen in den Schuldthurm werfen läßt; und das Allerſchrecklichſte iſt, daß wir in
dem Knechte, der Solches thut, Den erkennen, den der gute
König auf dem erſten Bilde ſo gnädig behandelt hatte. Das
iſt gewiß eine große Unbarmherzigkeit, die dieſer Knecht an
ſeinem Mitknecht begeht. Soeben hatte er die Quittung für
die ungeheuere Summe, die er dem König ſchuldete, als Ge-

schenk erhalten, und war so dem verdienten Schuldthurm ent=
gangen: Da — beim Hinausgehen aus dem Abrechnungszimmer
begegnet er einem seiner Mitknechte, der ihm hundert Groschen —
eine im Verhältnis zu den ihm geschenkten zehn Tausend Pfun=
den, kleine Summe — schuldete; in barschem Ton fordert er
sofortige Bezahlung, und, obgleich der Mitknecht seine Zahlungs=
unfähigkeit bekennt, aber auch seine Zahlungswilligkeit kund
gibt, ließ er ihn doch in den Schuldthurm werfen, bis er
bezahlte, was er schuldig war: Das heißt man hart, unbarm=
herzig.

Kein Wunder daher, daß der König, dem Dies Alles von
den anderen Knechten hintergebracht wird, diesen hartherzigen
Knecht zurückrufen läßt, ihn in gerechtem Zorn mit den mark=
erschütternden Worten anredet: „Du Schalksknecht, alle diese
Schuld habe Ich dir erlassen, dieweil du Mich batest. Solltest
du denn dich nicht auch erbarmen über deinen Mitknecht, wie
Ich Mich über dich erbarmet habe?" ihm die geschenkte Schuld
wieder anrechnet und ihn zu deren Bezahlung in den Schuld=
thurm werfen läßt.

2. Und damit wir verstehen, was wir aus diesem
traurigen Vorgang lernen sollen, fügt Christus dem
Gleichnis bei: „Also wird Mein himmlischer Vater auch thun,
so ihr nicht vergebet von eurem Herzen ein Jeglicher seinem
Bruder seine Fehler." Daraus ersehen wir, daß es Christi
Wille ist, daß, wie Gott den Menschen ihre Sünden vergibt,
die Menschen unter einander auch Verzeihung üben sollen
bezüglich der Beleidigungen, die unter ihnen jeweils vorkom=
men. Und diese Beleidigungen und Fehler der Menschen unter
einander stehen zu unserer Sündenschuld gegen Gott in dem=
selben Verhältnis wie jene hundert Groschen zu den zehn Tau=
send Pfunden: die Beleidigungsschuld der Menschen unter
einander ist gering, die Sündenschuld der Menschen gegen Gott
ist groß.

3. Aber wie jener begnadigte Knecht, so machen es
die Menschen heute noch aufs Haar. Kleinigkeiten,
geringfügige Dinge sind es gewöhnlich, die die Menschen gegen
einander erbittern, die sie nicht vergessen können, Jahre lang
mit sich herumschleppen und oft noch auf die Kinder vererben.
Oft ist die Nähe des Todes nicht hinreichend, solche harten
Herzen zu erweichen und oft sterben solche störrige Sünder weg,

ehe sie sich ausgesöhnt haben und nehmen bewußtermaßen den
Haß und Groll mit in die richtende Ewigkeit hinüber. Man
läßt Jahre lang alle Tage die Sonne über seinem Zorn untergehen; man lügt Gott mit jedem Vaterunser an und fordert
frevelhaft Seine heilige Strafgerechtigkeit heraus; man meidet
Gottes Tisch Jahr für Jahr, oder man geht unversöhnt hin
und ißt und trinkt sich das Gericht; man steht auf von den
Stufen des Abendmahlsaltars, und erblickt man auf dem
Rückweg zum Sitz etwa einen unliebsamen Abendmahlsgast,
so kocht und wühlt es alsbald wieder im alten bösen Herzen.

Weil Der oder Jener Glied der Gemeinde oder eines
Wohlthätigkeitsvereins der Gemeinde ist — schließt man sich
aus oder gar nicht an; weil Der oder Jener mit der Leitung
der Gemeindeangelegenheiten betraut ist — zieht man seine
Hand ab, thut Nichts und tadelt und hindert noch überdies:
Alles aus Unversöhnlichkeit, Hartherzigkeit und Eigensinn.
Solches Verhalten und Gebahren wirkt wie ein Krebsschaden.
Er nagt am eigenen Herzen und vertreibt die eigene Zufriedenheit, hindert die Heiligung des Herzens und des Lebens und
steht über Alles dem ersprießlichen Wachsthum und Fortschritt
des Gemeindewesens hemmend im Wege.

4. So sollte es aber nicht sein. Wohl weiß man,
daß, wo Menschen — auch Christen — beisammen wohnen, zusammenleben, mit einander verkehren, gegenseitige Beleidigungen vorkommen; denn wir sind noch keine Engel. Jeder hat
seine Fehler. Wir sind ungeschliffenen, oder nur zum Theil
geschliffenen rauhen Steinen gleich, die sich aneinander reiben;
das schmerzt und thut weh, und man fühlt sich über einander
entrüstet. Fahre aber nicht schnell auf mit vorwurfsvoller
Zunge oder rächender Hand, sondern bedenke, daß auch du An-
stoß gibst und beleidigest durch deine Geberden, deine Worte,
deine Werke, dein Thun und Lassen, und daß auch Andere mit
dir Nachsicht und Geduld haben müssen. Wenn du Dies über-
legst und zu Herzen nimmst, so wirst du dich nicht so bald beleidigt fühlen und auch schneller und lieber vergeben.

Unser Leben hat ja ohnedies so viele Sorgen, Mühen und
Beschwerden, warum wollten wir uns denn noch mehr Last dazu
schaffen und uns das kurze Leben verbittern durch Hassen und
Grollen und gegenseitige Verfolgung! Nein! Wir wollen im
Gegentheil befolgen, was der Apostel sagt: „Vergebet Einer

dem Andern, gleich wie Gott euch vergeben hat in Christo."
Eph. 4, 32.

„Kommt, Brüder, laßt uns gehen,
  Der Abend kommt heran;
Es ist gefährlich stehen
  Auf dieser öden Bahn;
Kommt, stärket euern Muth,
  Zur Ewigkeit zu wandern,
Von einer Kraft zur andern;
  Es ist das Ende gut!"

Amen.

Dreiundzwanzigster Sonntag nach Trinitatis.

Matth. 5, 1-12.

Da Er aber das Volk sahe, ging Er auf einen Berg, und setzte Sich, und Seine Jünger traten zu Ihm. Und Er that Seinen Mund auf, lehrete sie, und sprach: Selig sind, die da geistlich arm sind; denn das Himmelreich ist ihr. Selig sind, die da Leid tragen; denn sie sollen getröstet werden. Selig sind die Sanftmütigen; denn sie werden das Erdreich besitzen. Selig sind, die da hungert und durstet nach der Gerechtigkeit; denn sie sollen satt werden. Selig sind die Barmherzigen; denn sie werden Barmherzigkeit erlangen. Selig sind, die reines Herzens sind; denn sie werden Gott schauen. Selig sind die Friedfertigen; denn sie werden Gottes Kinder heißen. Selig sind, die um Gerechtigkeit willen verfolgt werden; denn das Himmelreich ist ihr. Selig seid ihr, wenn euch die Menschen um Meinet willen schmähen und verfolgen, und reden allerlei Uebels wider euch, so sie daran lügen. Seid fröhlich und getrost, es wird euch im Himmel wohl belohnet werden. Denn also haben sie verfolget die Propheten, die vor euch gewesen sind.

Die verlesenen Textesworte bilden den Anfang der Bergpredigt. Die Bergpredigt hat Jesus am Anfang Seiner Wirksamkeit gehalten. Auf welchem Berge es war, ist nicht angegeben; jedenfalls war es in Galiläa. Drei Kapitel umfaßt die Bergpredigt und heißt auch Jesu Antrittspredigt unter Israel.

Bei der Betrachtung der Bergpredigt wird man unwillkürlich an die Gesetzgebung auf dem Berge Sinai erinnert. Einmal darum, weil beide Vorgänge — die Bergpredigt und die Gesetzgebung — auf Bergen stattfanden, und dann, weil Jesus in der Bergpredigt das Gesetz vom Sinai — die zehn Gebote — erklärt. Und doch tritt dabei auch ein großer Unterschied der äußeren Umstände beider Thatsachen zu Tage. Bei der Gesetzgebung wird uns von Donnern und Blitzen, Rauch und Erdbeben berichtet — auf dem Berg, auf welchem Jesus hier predigt, herrscht friedliche Stille. Dort am Sinai durch= bebt das Volk Israel unendliche Furcht und Schrecken vor der Majestät, Heiligkeit und Strafgerechtigkeit Gottes, so daß es von dem Berge flieht — hier umgibt die Volksmenge den Herrn in herzlichem Zutrauen und lauscht mit Heilsbegierde den Worten Seines Mundes.

Denken wir uns Ihn — den Holdseligsten der Menschen= kinder — in Seiner freundlichen Milde dort auf dem Berge sitzend, um Ihn her Seine Zwölfe, die Er kurz vorher Sich er= wählt hatte, und in weiterer Entfernung das Volk, das auf die Kunde von Seinen Thaten herbeigeströmt war: Alle mit Aug und Ohr an Seinem Munde hängend, der sich öffnete in lieb= lichen Worten, die das Herz erquicken und die Seele laben. Davon geben die Worte unseres Textes Zeugnis. In denselben gibt Jesus den Weg an, auf welchen man ins Himmelreich ge= langen oder selig werden kann. Denselben schildert Er als aus verschiedenen Stufen bestehend. Acht Stufen sind es und heißen auch die acht Seligpreisungen. Weil sie den Weg zur Seligkeit — zum Heil — angeben, so wollen wir sie den Heilsweg nennen. Und wenn wir denselben betrachten, so wollen wir demnach reden

Von dem Heilsweg.

Acht Stufen enthält er. Wir wollen sie uns näher an= sehen.

1. Die erste Stufe heißt: geistliche Armuth und wird uns in folgenden Worten geschildert: „Selig sind, die da geistlich arm sind; denn das Himmelreich ist hier." Geistlich arm ist Derjenige, der sich bewußt ist, daß er nichts Gutes habe, wofür ihm Gott die Seligkeit eintauschen könne, sondern viel= mehr sieht, daß er wegen Uebertretung der Gebote Gottes, Dessen Ungnade, Zorn und Strafe verdient und somit nöthig habe, Ihn um Gnade und Barmherzigkeit anzuflehen. Die heilige Schrift stellt uns in vielen Beispielen Leute dieser Art — Geistlicharme — vor Augen. David war ein solcher, als er, nachdem ihm Nathan seine Sünde vorgehalten hatte, be= kannte: „Ich habe gesündigt wider den Herrn," 2. Sam. 12, 13; oder wie er Ps. 51 bittet: „Gott sei mir gnädig nach Dei= ner Güte, und tilge meine Sünden nach Deiner großen Barm= herzigkeit. Wasche mich wohl von meiner Missethat, und rei= nige mich von meiner Sünde. Denn ich erkenne meine Misse=

that und meine Sünde ist immer vor mir." Der verlorne
Sohn im Gleichnis war nicht nur leiblich arm, sondern auch
geistlich arm. Das sehen wir aus seinem Bekenntnis: „Vater,
ich habe gesündigt im Himmel und vor Dir; und bin hinfort nicht
mehr werth, daß ich Dein Sohn heiße." Luk. 15, 21. Geist=
lich arm fühlt sich der Mensch, wenn er sich ernstlich und auf=
richtig nach Gottes Gesetz prüft, den Zustand seines Herzens
und die Beschaffenheit seines Lebens mit den Forderungen des=
selben vergleicht. Denn bei solchem Vergleich überzeugt er sich,
daß er die Gebote Gottes übertreten und Strafe verdient habe.
Solche Ueberzeugung heißt Sündenerkenntnis und ist der
Grund der geistlichen Armuth. In der Beichte stellen wir
solche Prüfung an; und Sündenerkenntnis und geistliche Ar=
muth sollen da immer das Ergebnis sein. Es ist dem Plane
Gottes mit Israel ganz entsprechend, daß Jesus Seine erste
Predigt unter Israel mit der Forderung geistlicher Armuth
oder Sündenerkenntnis beginnt. Sündenerkenntnis sollte ja
die Frucht und der Zweck des Gesetzes sein. Nach dieser Frucht
sollte Er doch fragen dürfen.

Hast du je in deinem Leben schon einmal deine Unwürdig=
keit, deine Armuth vor Gott und die Größe deiner Sündenschuld
mit klarem Bewußtsein erkannt, und hast du damit verglichen
Gottes Heiligkeit und Gerechtigkeit, wornach Er dich zeitlich und
ewig strafen müßte? Ist Dies bei dir der Fall, dann hast du
den Weg zum Heil wenigstens betreten. Wenn aber die Sün=
denerkenntnis rechter Art ist, so bleibt man auf dieser ersten
Stufe nicht stehen. Man schreitet auf dem Heilsweg weiter
voran. Man gelangt zum Leidtragen.

2. Diese zweite Stufe auf dem Heilsweg bezeichnet Jesus
mit den Worten: „Selig sind, die da Leid tragen; denn sie
sollen getröstet werden."

Wer erkannt hat, daß er Gottes Gesetz übertreten und ge=
sündigt hat und auf der andern Seite auch einsieht die vielen
Wohlthaten, die Gott ihm erwiesen — dem thut es leid, daß er
Gott betrübt und beleidigt hat, und er drückt solches Leid auch
aus in Worten und Werken. Wir sehen solches Leidtragen an
Beispielen der Schrift. Das ganze Volk Israel that oftmals
Buße über seine Verirrungen. Die Bewohner Ninive's thaten
Buße im Sack und in der Asche. Petrus weint bitterlich, als er
seinen Fall sah. Solche Reue drückt der Sünder gewöhnlich
auch in Worten aus, oder, wie wir gewöhnlich sagen, er „beich=
tet" Gott, bekennt seine Sünden vor Gott. Das geschieht,

wenn der Bußfertige im stillen Kämmerlein Gott sein Leid über seine Sünden klagt, oder wenn er in Gemeinschaft mit Andern in öffentlicher Beichte im Hause Gottes sein Sündenbekenntnis ablegt. Dem Leidtragen, der Reue über die Sünde muß aber auch der Wunsch und die Bitte um Vergebung derselben — der Glaube an die Versöhnung durch Christum — beigesellt sein. Und an all den Personen, deren Buße uns in der Schrift als echt dargestellt wird, sehen wir auch die Reue über die Sünde mit der Bitte um Gnade und Vergebung vereinigt. David fügt seinem Sündenbekenntnis in Psalm 51 bei: „Wasche mich wohl von meiner Missethat, und reinige mich von meiner Sünde." „Tilge alle meine Missethat." Auch wir fügen in der öffentlichen Beichte dem Bekenntnis unserer Sünden die Bitte um Gnade und Vergebung der Sünden bei. Und Gottes Wort versichert uns, daß wir nicht vergeblich bitten, sondern des göttlichen Trostes theilhaftig werden sollen. Auch in unserem Texte heißt es: Die Leidtragenden sollen getröstet werden. Ein über seine Sünden Leidtragender kann aber nur getröstet wer= den durch die Zusicherung von Seiten Gottes, daß ihm seine Sünden vergeben sind. David muß solche Versicherung in sei= nem Herzen empfunden haben. Denn er spricht: „Da vergabst Du mir die Missethat meiner Sünde." Pf. 32, 5. Und wie oftmals lesen wir, daß Jesus zu Kranken und Sündern sagt: „Dir sind deine Sünden vergeben." Solche Zusicherung der Sündenvergebung wird auch uns in der Beichte zugesprochen. Nichts ist im Stande einen Leidtragenden zu trösten als die Thatsache der Erlösung durch Christum. Jeder Sünder, der sich dieser Erlösungsgnade bewußt ist, gibt sich innerlich zufrieden und freut sich seiner Kindschaft bei Gott. Damit du diesen Trost nicht vergissest, läßt dir Gott die Zusicherung deiner Sün= denvergebung jeden Sonntag zu Theil werden, wenn dein Pastor im Namen des Herrn im liturgischen Theil des Gottesdienstes spricht: „Der allmächtige, barmherzige Gott hat Sich unser er= barmet, Seinen einigen Sohn für unsere Sünde in den Tod gegeben und um Seinetwillen uns verziehen, auch allen denen, die an Seinen heiligen Namen glauben, Macht gegeben, Gottes Kinder zu werden, und den Heiligen Geist verheißen."

3. Als Folge von Allem Dem tritt der so begnadigte Sünder auf die nächste Stufe des Heilsweges, die da heißt: Sanftmuth. Christus beschreibt sie im Text mit den Wor= ten: „Selig sind die Sanftmütigen; denn sie werden das Erdreich besitzen."

Wer die Leutseligkeit und Freundlichkeit Gottes erfahren, wer gesehen hat, wie gnädig ihn Gott behandelt — der ist dann auch sanft und milde gegen seine Mitmenschen, nicht aufbrausend, hitzig, jähzornig, oder gar rachsüchtig. Er gibt nach, wo es äußerst möglich ist und ohne Gewissensverletzung geschehen kann, gebraucht lieber Glimpf als Gewalt und läßt in allem seinem Thun und Lassen ein sanftmüthiges Wesen hindurchleuchten. Von Natur ist der Mensch nicht sanftmüthig, sondern rauh, hart, gebieterisch und herrschsüchtig. Nur die von Gott erfahrene Gnade ist im Stande, ihn sanft, milde und nachsichtig zu machen.

David denkt an die ihm von Gott geschenkte Gnade und ist sanftmüthig, milde gegen den Lästerer Simei. Wer seine eigene Sünde bereut, Leid darüber getragen und von Gott begnadigt worden ist, der sieht auch die Fehler, Vergehungen und Sünden Anderer mit Milde, Nachsicht und Schonung an. Durch Sanftmuth gewonnene Freunde besitzen wir als Freunde; durch Sanftmuth und Milde regierte Untergebene sind die getreuesten und zuverlässigsten; nicht das Gesetz vom Sinai, sondern das Evangelium von Jesu, der da ist sanftmüthig und von Herzen demüthig, gewinnt die Herzen der Menschen und macht Gott das Erdreich unterthan.

4. Wenn ein Mensch einmal aus der Knechtschaft der Sünde, durch Buße und Glauben, herausgetreten und in das Gnadenreich Christi eingetreten ist, so ist sein Sinnen und Trachten, Wünschen und Begehren nicht mehr auf das Zeitliche und Vergängliche, sondern auf das Unvergängliche und Himmlische gerichtet. Daher bezeichnet Jesus solche Leute mit den Worten im Text: „Selig sind, die da hungert und dürstet nach der Gerechtigkeit; denn sie sollen satt werden." So heißt denn die vierte Stufe des Heilsweges: Hungern und Dürsten nach der Gerechtigkeit. Das sind Leute, die nicht mehr zufrieden sind mit den Freuden und Gütern dieser Welt, die ja doch vergänglich und oft sündhaft sind, sondern sich sehnen nach den Schätzen und Genüssen des Reiches Gottes: Gerechtigkeit, Friede, Freude im heiligen Geist, welche Güter wahrhaft erquicken und ewig währen. Von solchen Gütern redet Christus, wenn Er spricht: „Kommet her zu Mir Alle, die ihr mühselig und beladen seid, Ich will euch erquicken," Matth. 11, 28; oder: „Wen da dürstet, der komme zu mir und trinke." Joh. 7, 37. Schon David kannte diese Güter und erquickte sich daran. Denn Ps. 23 sagt er: „Er weidet mich auf einer

grünen Aue, und führet mich zum frischen Wasser; Er erquicket meine Seele." Das Hauptgut im Reiche Gottes ist die Gerechtigkeit Jesu Christi, die uns, wenn wir sie uns bußfertig und gläubig schenken lassen, Vergebung der Sünden gewährt und ewiges Leben in Aussicht stellt. Dieses unschätzbare Gut wird uns im Reiche Gottes mitgetheilt, in Wort und Sakrament. Die Süßigkeit und Kraft aber, die darin liegt, kennt nur der, der es gekostet hat und es besitzt. Wer darnach verlangt, dem schenkt es Gott gewiß. Denn „die nach der Gerechtigkeit hungern und dürsten, sollen satt werden," und: „Die Hungrigen füllet Er mit Gütern."

> „Seele! willst du Dieses finden,
> Suchs bei keiner Kreatur;
> Laß, was irdisch ist, dahinten,
> Schwing dich über die Natur.
> Wo Gott und die Menschheit in Einem vereinet,
> Wo alle vollkommene Fülle erscheinet,
> Da, da ist das beste, nothwendigste Theil,
> Mein Ein und mein Alles, mein seligstes Theil."

5. Die fünfte Seligkeitsstufe heißt Barmherzigkeit. Davon redet Jesus, wenn Er sagt: „Selig sind die Barmherzigen; denn sie werden Barmherzigkeit erlangen."

In den Sprüchen, die die bisherigen Stufen des Heilsweges schildern, ist von der eigenen Noth — der Sündennoth — die Rede, in Bezug auf welche Noth der Mensch, der nach Heil sich sehnt und nach dem ewigen Leben trachtet, Gott bittet, Er möge Sich über ihn erbarmen. Auf dieser Stufe aber wird nun von dem gerechtfertigten Sünder, von dem Begnadigten oder Erlösten, verlangt, selber Barmherzigkeit zu üben, wie Gott sie an ihm geübt.

Wenn wir uns nach dem Wesen der Barmherzigkeit erkundigen, so sagt uns die Schrift, daß sie in Geben und Vergeben bestehe. Zur Barmherzigkeit, die in Geben sich äußert, gehört ein zartes, feines Gefühl, ein mitleidiges Mitempfinden der Noth und des Elendes anderer Menschen, ein theilnehmendes Herz, aber auch eine willige Hand, die gerne gibt, um Jesu willen, der so viel für uns gethan. Gelegenheiten, Barmherzigkeit zu üben, finden sich überall. Ein dankbares, liebevolles Herz und eine freigebige Hand entdecken sie alsobald. Und wo ein Wille ist, da ist auch ein Weg, sagt man. Herrliche Sprüche der Schrift ermuntern zur Uebung der Barmherzigkeit „Wer sich des Armen erbarmet, der leihet dem Herrn; der wird ihm wieder Gutes vergelten." Sprüche 19, 17. „Wer dieser Geringsten Einen mit einem Becher kalten Wassers tränket, in eines Jüngers Namen; wahrlich Ich sage euch, es wird ihm nicht unbelohnt bleiben." Matth. 10, 42. Und wie eingehend wird nach dem Gleichnis vom jüngsten Gericht in Matth. 24 der Weltrichter nach Werken der Barmherzigkeit fragen. Nicht als ob man durch gute Werke selig würde; nein! aber gute Werke sind die Früchte des Glaubens und des neuen Lebens eines begnadigten und gerechtfertigten Menschen; wo sie nicht sind, da ist auch kein neues Leben; aber, wo neues Leben ist, da sind auch gute Werke — Werke der Barmherzigkeit. Die Barmherzigkeit besteht aber auch im Vergeben. Der begnadigte, gerechtfertigte Sünder gedenkt stets daran, wie Gott in Seiner Freundlichkeit und Barmherzigkeit ihm vergeben habe, und dieses Bewußtsein treibt ihn, auch wieder Vergebung zu üben. Er weiß aus Gottes Wort die Mahnung: „Vergebet Einer dem Andern, gleichwie Gott euch vergeben hat in Christo." Eph. 4, 32. Und wie der Herr im Gleichnis (Matth. 18, 34) jenem unbarmherzigen Knechte seine ihm bereits geschenkte Schuld wieder anrechnet, so läßt Er auch dem Barmherzigen, der im Andenken an die ihm von Gott zu Theil gewordene Freundlichkeit, Verzeihung übt, Seine Gnade widerfahren. So hat es Jesus auch ausgesprochen, wenn Er sagt: „So ihr den Menschen ihre Fehler vergebet, so wird euch euer himmlischer Vater auch vergeben. Wo ihr aber den Menschen ihre Fehler nicht vergebet, so wird euch euer Vater euere Fehler auch nicht vergeben." Matth. 14, 15.

6. Die sechste Stufe des Heilsweges fordert ein reines Herz. Das drückt Jesus aus in den Worten: „Selig sind, die reines Herzens sind; denn sie werden Gott schauen." Unter Menschen mit reinem Herzen versteht die heilige Schrift solche, die ihre Herzen durch Christi Blut haben rein machen lassen von der Unsauberkeit der Sünde, die mit der ihnen von Gott geschenkten Sündenvergebung auch ihren Sinn geändert haben und sich bestreben, durch die Kraft des heiligen Geistes, den Lockungen der Welt Widerstand zu leisten, die Versuchungen zur Sünde zu bekämpfen und so ihr Leben Gott zu weihen. Schon David hat um ein solches Herz gebetet, wenn er fleht: „Schaffe in mir, Gott, ein reines Herz, und gib mir einen neuen gewissen Geist." Ps. 51, 12.

Denen mit reinem Herzen ist eine große Verheißung gegeben: „Sie werden Gott schauen." Menschen mit geheiligtem

Herzen und erleuchteten Sinnen sehen Gott immer klarer in Seinen Werken, in Seiner Weltregierung und in ihrer eigenen Lebensführung, auch geht ihnen über Gottes Wort stets neues Licht des Verständnisses auf. Aber dieses hier verheißene „Gottschauen" bezieht sich mehr auf das Anschauen Gottes im Himmel, das den Gläubigen in der Schrift in Aussicht gestellt wird. Darauf haben sich die Gläubigen aller Zeiten gefreut. „Ich aber will schauen Dein Antlitz in Gerechtigkeit; ich will satt werden, wenn ich erwache nach deinem Bilde." Pf. 17, 15. „Wann werde ich dahinkommen, daß ich Gottes Angesicht schaue!" Pf. 42, 3. „Wir wandeln im Glauben und nicht im Schauen." 2. Cor. 5, 7. „Wir werden Ihn sehen, wie Er ist." Die Seligkeit, die dieses Anschauen Gottes gewährt, ist unaussprechlich, und auf Erden können wir sie nur ahnen. Paulus spricht sich darüber so aus: „Das kein Auge gesehen hat, und kein Ohr gehöret hat, und in keines Menschen Herz gekommen ist, das Gott bereitet hat denen, die Ihn lieben." 1. Cor. 2, 9. Ist es nicht der Mühe werth, sich ein reines Herz schenken zu lassen, wenn man dadurch befähigt wird, Gott zu schauen und der himmlischen Seligkeit zu genießen? Aber nur die, die reines Herzens sind, haben solche Verheißung, die Andern nicht. Denken wir nur an den Mann mit dem unhochzeitlichen Kleide im Gleichnis.

7. Die siebente Stufe des Heilsweges gehört den Friedfertigen. Von denen sagt Jesus: „Selig sind die Friedfertigen; denn sie werden Gottes Kinder heißen."

Friedfertig ist Derjenige, der Frieden hat in seinem Herzen und der auch den Frieden um sich her liebt. Frieden in unseren Herzen erhalten wir nur durch die Versöhnung mit Gott. Wenn uns Gott auf unsere Buße hin und um unseres Glaubens willen an Seinen Sohn unsere Sünden vergibt, so schenkt Er uns auch zugleich den Frieden in unser Herz. Das bestätigt Paulus, wenn er sagt: „Nun wir denn sind gerecht geworden durch den Glauben, so haben wir Frieden mit Gott durch unsern Herrn Jesum Christ." Röm. 5, 1. Wer aber diesen Frieden besitzt, der liebt auch den Frieden um sich her. Er bemüht sich nach Pauli Anweisung zu leben: „Ist es möglich, so viel an euch ist, so habt mit allen Menschen Frieden." Röm. 12, 18. Auch sucht er Frieden herzustellen, wo Unfriede und Uneinigkeit herrscht. Welch hohen Werth haben solche Leute für Familie und Gemeinden! Das sind die besten Friedensrichter. Daß wir mehr davon in unseren Gemeinden hätten!

Den Friedfertigen erkennt Jesus eine inhaltsreiche Verheißung zu: „Sie werden Gottes Kinder heißen." Menschen schlagen es schon hoch an, wenn sie von hoher Abstammung sind. Aber wie viel höher ist es zu achten, ein Kind Gottes genannt zu werden. Den wahren Werth der Gotteskindschaft erkennen wir erst, wenn wir das Erbe der Gotteskindschaft antreten. Denn: „Sind wir Kinder, so sind wir auch Erben, nämlich Gottes Erben und Miterben Christi." Röm. 8, 17.

8. Die höchste Stufe des Heilsweges ist die Märtyrerstufe. Christus beschreibt sie mit folgenden Worten: „Selig sind, die um Gerechtigkeit willen verfolgt werden; denn das Himmelreich ist ihr."

Um der Gerechtigkeit willen Verfolgte finden wir zu allen Zeiten des Reiches Gottes, im alten und neuen Bund. Oftmals wurden solche auch getödtet und heißen dann Blutzeugen oder Märtyrer. Abel war ein solcher. Johannes der Täufer starb ähnlicher Weise. Der erste Blutzeuge in der christlichen Kirche war Stephanus, der von den Juden gesteinigt wurde. Apostelg. 7. Viel Märtyrerblut floß zur Zeit der großen Christenverfolgungen unter den römisch-heidnischen Kaisern; auch das der Apostel. Auf den verschiedenen Missionsfeldern in den Heidenländern müssen immer noch Viele um ihres Glaubens willen ihr Leben lassen. Nach Christi Weissagungen sollen vor Seiner Wiederkunft zum Weltgericht nochmals schreckliche Verfolgungen der Gläubigen stattfinden.

Allen den um Seines Namens willen Verfolgten, den Blutzeugen oder Märtyrern, verheißt Er als Gnadenlohn für ihre Standhaftigkeit das Himmelreich. Stephanus sah schon auf seinem Hinausgang zum Steinigungsplatze den Himmel offen. Aus Blutzeugen namentlich besteht jene unzählbare Schaar, die Johannes in der Offenbarung (Kap. 7, 9—14) vor dem Throne Gottes sieht, von der ein Aeltester bezeugt: „Diese sinds, die gekommen sind aus großer Trübsal . . . und haben ihre Kleider helle gemacht im Blut des Lammes." Nicht allen Gläubigen legt der Herr das Märtyrerthum auf, oder würdigt Er dessen, um sie so zur Seligkeit im Himmel zu führen — nur die, die Er Sich nach Seiner unergründlichen Weisheit dazu auserwählt, aber Alle, die den Heilsweg betreten, und in wahrem Glauben und christlicher Standhaftigkeit bis an ihr Ende darauf verharren, führt Er zum ewigen seligen Leben und erfüllt so sein Verheißungswort: „Ihrer ist das Himmelreich."

So sei nun eines Jeden Wunsch und Streben:

> „Daß mein Theil sei bei den Frommen,
>   Die Dir, Jesu, ähnlich sind
> Und aus großer Trübsal kommen;
>   Hilf, daß ich auch überwind'
> Alle Trübsal, Noth und Tod
> Bis ich komm zu meinem Gott."

Amen.

Vierundzwanzigster Sonntag nach Trinitatis.

Matth. 9, 18-26.

Da Er Solches mit ihnen redete, siehe, da kam der Obersten einer und fiel vor Ihm nieder und sprach: Herr, meine Tochter ist jetzt gestorben; aber komm und lege Deine Hand auf sie, so wird sie lebendig. Und Jesus stand auf und folgete ihm nach und Seine Jünger. Und siehe, ein Weib, das zwölf Jahre den Blutgang gehabt, trat von hinten zu Ihm und rührete Seines Kleides Saum an. Denn sie sprach bei sich selbst: Möchte ich nur Sein Kleid anrühren, so würde ich gesund. Da wandte sich Jesus um und sahe sie und sprach: Sei getrost, Meine Tochter, dein Glaube hat dir geholfen. Und das Weib ward gesund zu derselbigen Stunde. Und als Er in des Obersten Haus kam und sahe die Pfeifer und das Getümmel des Volks, sprach Er zu ihnen: Weichet, denn das Mägdlein ist nicht todt, sondern es schläft. Und sie verlachten Ihn. Als aber das Volk ausgetrieben war, ging Er hinein und ergriff sie bei der Hand. Da stand das Mägdlein auf. Und dies Gerücht erscholl in dasselbige ganze Land.

1. **Mancherlei Wunder sind in unserem Textkapitel berichtet.** Wir lesen da von der Heilung des Gichtbrüchigen, von der Auferweckung der Tochter des Jairus, von der Gesundmachung des blutflüssigen Weibes und von der Heilung zweier Blinden. In allen diesen Fällen war Christi Hilfe die Folge des Glaubens dieser Unglücklichen. Von dem Gichtbrüchigen heißt es: „Da nun Jesus ihren Glauben sah", nämlich des Gichtbrüchigen und derer, die ihn zu Jesu getragen hatten. Jairus wäre nicht zu Jesu gekommen, wenn er keinen Glauben an Ihn gehabt hätte. Zu der geheilten Frau im Text sprach Jesus: „Dein Glaube hat dir geholfen." Die zwei Blinden fragte Jesus, ehe Er sie heilte: „Glaubet ihr, daß Ich euch Solches thun kann?" worauf sie antworteten: „Herr, ja." Und, während Er ihre Augen anrührte, sprach Er: „Euch geschehe nach eurem Glauben."

2. Die Art und Weise, wie die Menschen zum Glauben an Jesum kommen, ist verschieden. Aber alle Die, die in diesen angegebenen Beispielen sich im Glauben zu dem Herrn wandten, waren auf einerlei Weise zum Glauben an Ihn geführt worden, nämlich durchs Kreuz. Von allen Diesen gelten die Aussprüche des Wortes Gottes: „Anfechtung lehrt aufs Wort merken;" Jes. 28, 19 und: „Herr, wenn Trübsal da ist, so suchet man Dich; wenn Du sie züchtigest, so rufen sie ängstiglich." Jes. 26, 16.

Wie in diesen Beispielen, so ist es heute noch. Die Menschen denken nicht an Gott, bis sie in der Noth sind und gerne Hilfe von Ihm haben möchten. Oftmals läßt Gott die Menschen lange in der Leidensschule, um ihren Glauben zu prüfen und zu läutern. Aber Das steht fest: Wenn der Mensch aufrichtig und herzlich glaubt und in diesem Glauben treu bleibt und nicht wankt, so erfährt er Gottes Hilfe. Das bezeugt Gottes Wort. „Keiner wird zu Schanden, der Deiner harret." Ps. 25, 3. „Wer an Ihn glaubt, der soll nicht zu Schanden werden." Röm. 9, 33.

Um uns in diesen Stücken noch näher unterrichten zu lassen, wollen wir nun die in unserem Texte hingestellten Personen, den Jairus und die kranke Frau, näher ansehen und so mit einander reden

Von dem Glauben an den Herrn;

und zwar

I.   von des Glaubens Anfang;

II. von des Glaubens Fortgang;

III. von des Glaubens Ziel.

I. Von des Glaubens Anfang.

1. Wir lesen in unserem Texte von einem Obersten oder Vorgesetzten der Schule. Derselbe kam zu Jesu und bat Ihn, mit ihm in sein Haus zu kommen, um sein sterbendes Töchterlein vom Tode zu erretten. Er meinte, wenn Er die Hand auf sie legte, so bliebe sie am Leben.

Der Herr war oftmals vorher in Kapernaum, wo Jairus wohnte, gewesen. Aber niemals wird des Jairus als eines Seiner Nachfolger erwähnt: Diesmal aber kommt er zu Jesu. Warum? Er hatte Trübsal zu Hause. Die trieb ihn. Sein

Töchterlein war krank und lag in den letzten Zügen. Wäre Das nicht der Fall gewesen, so hätte er sich vielleicht auch um Jesum gar nicht bekümmert und wäre auch nicht hingegangen, Ihn zu sehen und zu hören. Nun aber setzt er alle Vorurtheile seines Standes auf die Seite und begibt sich vor allen seinen jüdischen Volks- und Standesgenossen zu Jesu, ungeachtet des Spottes und Hasses derselben. Das Kreuz ließ ihn alles Dies überwinden. Das Kreuz trieb ihn zu Jesu.

2. **Dasselbe gilt wohl auch von dem blutflüssigen Weibe, dessen unsere Textgeschichte erwähnt.** Nachdem sie bei allen Aerzten Hilfe gesucht und keine gefunden hatte und ihr Elend immer größer wurde, geht sie in dieser äußersten Noth zu Jesu, um bei Ihm Hilfe zu suchen. Ohne diese Noth wäre sie vielleicht auch nicht mit Jesu bekannt geworden.

3. **So ist es noch heutiges Tages.** So lange man gesund ist, die Familienglieder wohl sind, so lange man Verdienst hat und das Geschäft gut geht: frägt man nicht nach dem Herrn. Man läßt die Sonntage und Festtage und Abendmahlsgelegenheiten unbenützt vorübergehen; man setzt sich zu Tische und beginnt und beschließt den Tag ohne Gebet. Man lebt dahin, als ob man bloß einen Leib, aber keine Seele habe; als ob man bloß dieser aber keiner anderen Welt angehöre. Nun aber wendet sich das Blatt. Es tritt Arbeitslosigkeit ein; der Verdienst verringert sich; das Geschäft stockt. Oder Krankheit und Seuche suchen die Familie heim. Dein Kind oder ein sonstiges Glied deiner Familie wird aufs Schmerzenslager gelegt; oder die Krankheit trifft dich selbst; oder auch, der Tod fordert vielleicht wirklich ein Opfer, und deine Familie wird in Leid und Trauer versetzt: In solchen Fällen kommt Mancher zu sich und fragt nach Gott. Man kniet sich vielleicht auch am Krankenbette nieder und vereinigt sich zum längst vernachlässigten Familiengebet. Oftmals ist ein Leichengottesdienst der Anfang zum längstunterlassenen Kirchenbesuch. Auch hat sich schon Mancher als gottloser und leichtsinniger Mensch aufs Krankenlager gelegt und ist als bußfertiger und gottergebener Christ aufgestanden. Gott hat allerlei Mittel und Wege, die verlorenen Schäflein zu Seiner Herde zurückzubringen. Eines Seiner hauptsächlichsten Mittel ist — Kreuz. Nur Wenige lassen sich durch Güte zur Buße leiten.

4. **Wenn demnach Kreuz und Trübsal in deinem Hause sich einstellen, so wisse, daß das Boten**

Gottes sind, durch welche Er dir zurufen will:
„Gib Mir, Mein Sohn, dein Herz und laß deinen Augen Meine
Wege wohlgefallen." Sprüche 23, 26.   Befolge dann das Beispiel des Jairus und der kranken Frau im Text und laß dich
durch das Kreuz zu Jesu führen.   Mancher ginge verloren, wenn
ihn Gott nicht auf diese Weise suchte oder gesucht hätte.   Es ist
dies allerdings ein außerordentlicher Weg.   Der gewöhnliche
Weg ist der der christlichen Erziehung in der Familie und der
religiösen Pflege in Schule und Kirche mittelst des Wortes und
der Sakramente.   Weil aber Viele das mißachten und in den
Wind schlagen, so muß Gott außerordentliche Wege und Mittel
anwenden, um sie auf den Weg des Lebens zu leiten und vor
dem ewigen Verderben zu schützen.   Denn: „Er will nicht, daß
Jemand verloren werde, sondern daß sich Jedermann zur Buße
kehre." 2. Petri 3, 9.   Durch solche Mittel bewogen, kehrte der
verlorene Sohn aus der Fremde ins Vaterhaus zurück.   Aehnliche Wege geführt, hat schon Mancher den Gott seiner Jugend
wieder gefunden und sich der Gemeinde des Herrn aufs Neue
angeschlossen.   So ist das Kreuz in vielen Fällen die Ursache
und Quelle des Glaubens.

Nun wollen wir auch reden

II.   von des Glaubens Prüfung.

1.   Wenn sich aber der Mensch in seiner Noth zu
Gott wendet, so gefällt es Gott oftmals, des Menschen Glauben zu prüfen.   Das sehen wir auch in unserer
Textgeschichte.   Jairus war in zuversichtlichem Glauben zu
Jesu gekommen und hatte Ihn gebeten: „Meine Tochter ist in
den letzten Zügen, Du wollest kommen, und Deine Hand auf sie
legen, daß sie gesund werde und lebe." Marci 5, 23.   Jesus
war auch sogleich bereit, mit ihm zu gehen.   Aber da dem
Herrn eine große Volksmenge nachfolgte und Ihn umdrängte,
so gings nur langsam vorwärts.   Dazu kam dann auch noch
die Heilung der kranken Frau unterwegs.   Durch Alles Dieses
wurde Jesus, der dem todtkranken Töchterlein des Jairus zu
Hilfe eilen sollte, aufgehalten.   Der Herr ließ der kranken
Frau, deren Leiden, wenn auch noch so beschwerlich, doch nicht
gerade unmittelbar tödlich war, und die Er auch nachher
noch hätte heilen können, noch vorher Hilfe angedeihen.   Jene
Hemmnisse und dieser Vorzug waren große und schwere Glau-
bensprüfungen für Jairus.   Er kannte die große Gefahr, in
welcher sein Töchterlein schwebte und wünschte sich und dem
Meister Flügel, um so schnell wie möglich Hilfe zu bringen, und

doch — der Meister verzieht und hilft einer weniger gefährlich Kranken vorher und läßt sich dabei mit den betreffenden Personen noch in eine Unterredung ein.

Nicht genug. „Da Jesus noch mit dem Weibe redete, kamen etliche vom Gesinde des Obersten der Schule, und sprachen: Deine Tochter ist gestorben, was bemühest du weiter den Meister?" Marci 5, 35. Das war eine weitere Glaubensprobe für Jairus. Er hätte nun auch wie seine Knechte denken können, das Töchterlein sei nun todt, und weitere Hilfe sei nicht mehr möglich, und der Meister darum nicht mehr nötbig. Aber diese Botschaft macht ihn nicht irre. Gläubigen Herzens schenkt er Christi Zuspruchswort: „Fürchte dich nicht, glaube nur!" Gehör. Getrost und voller Zuversicht geht er an des Meisters Seite der Trauerstätte zu.

2. Aehnliche Glaubensproben und Geduldsprüfungen hatten manche Gläubige vor ihm zu bestehen. Abraham mußte lange warten auf den Sohn der Verheißung, und als er da war, prüfte ihn Gott noch mit Seiner Aufforderung, ihn zu opfern. Joseph in Egypten mußte den Mundschenken das Gefängnis verlassen sehen, aber er sollte noch länger im Kerker schmachten. Jener achtunddreißigjährige Kranke am Teich Bethesda mußte wohl manchen seiner Leidensgenossen geheilt von Bethesda fortgehen sehen, aber seine Erlösungsstunde verzog sich Jahrelang.

Auch heute noch legt Gott Seinen Gläubigen ähnliche Glaubensproben und Geduldsprüfungen auf. Da liegt Einer auf seinem Krankenlager Monat für Monat oder auch Jahr für Jahr, während er wahrnimmt, daß andere Kranke gesund werden. Ein Anderer hat ein anderes Kreuz zu tragen und hofft und harrt auf die Zeit der Erlösung: doch Gott scheint ihn vergessen zu haben und mit Seiner Hilfe zu verziehen. Ein Glied der Familie ist auf bösem verderblichem Wege: die anderen Familienglieder versuchen ihr Bestes mit Mahnen und Beten: und doch bleibt die Besserung so lange aus. Eine Familie ist in Armuth und Dürftigkeit; man hofft von Tag zu Tag in Gebet und Flehen auf Arbeit und Brot: und doch wollen sich die Umstände nicht bessern. Dort liegt Eins auf dem Krankenlager. Man bittet Gott inbrünstig um Genesung: und doch — die Krankheit wird schlimmer anstatt besser. Das sind Glaubensproben und Geduldsprüfungen. In solchen Fällen können wir lernen von Jairus in unserem Text und von anderen Gläubigen der Schrift, die Gott prüfte und läuterte.

Wenn unser Glaube nicht matt wird, sondern an Kraft und
Stärke zunimmt, so läßt uns Gott, wenn Seine Stunde ge=
kommen ist, auch Seine gnädige Hilfe zu Theil werden.

> „Sollt es auch bisweilen scheinen,
> Als wenn Gott verließ die Seinen,
> O, so glaub und weiß ich dies:
> Gott hilft endlich doch gewiß!"

> „Hilfe, die Er aufgeschoben,
> Hat Er drum nicht aufgehoben;
> Hilft Er nicht zu jeder Frist,
> Hilft Er doch, wanns nöthig ist."

Das hat sich auch an Jairus herrlich erwiesen. Lange
mußte er warten, aber sein Glaube wurde nicht zu Schanden.
Und so können wir noch reden

III.   von des Glaubens Ziel.

1.   Jairus erreichte endlich in Begleitug des
Herrn seine Heimstätte.   Sie war, seit er sie verlassen,
zur Trauerstätte geworden.   Sein Töchterlein war gestorben.
Das bezeugte der Lärm und das Getümmel des Volkes.   Doch
der Herr wußte schon, was Er thun wollte.   Leben will Er
bringen an den Ort des Todes und Freude an die Stätte der
Trauer.   Dazu aber kann Er die lärmende Menge nicht brau=
chen.   Die weist Er weg mit Seinem Gebieterwort: „Weichet:
denn das Mägdlein ist nicht todt, sondern es schläft."   „Weicht,
ihr Trauergeister, denn mein Freudenmeister, Jesus, tritt her=
ein!" so heißt es jetzt.

Ja, Jairus Knechte hatten Recht, wenn sie sagten: „Deine
Tochter ist gestorben."   Das Töchterlein war todt.   Aber sie
hatten Unrecht, wenn sie ihrem Herrn riethen: „Bemühe den
Meister nicht mehr."   Denn ohne den Meister wäre jenes Haus
eine Todtenstätte und ein Trauerhaus geblieben, aber durch
Ihn wird es ein Haus der Freude und der Wonne.   Das erste
Anzeichen davon liegt in Seinem Trostwort: „Das Mägdlein
ist nicht todt, sondern es schläft."   Vor Ihm, dem Fürsten des
Lebens, ist der Tod nur ein Schlaf.   Wie eine Mutter am
Morgen ihr Kind weckt, so ist Jesus im Stande, einen Todten
zum Leben zurückzurufen.   Das thut Er auch hier.   Als Zeugen
dieser großen That nimmt Er außer den Eltern des gestorbenen
Töchterleins die Ihm an Nächsten stehenden Jünger mit Sich
ins Todtenzimmer hinein.   Dort liegt die Todte auf der Bahre.

Der Herr tritt hinzu, nimmt sie an der Hand und spricht Sein Machtwort: „Mägdlein, Ich sage dir: Stehe auf!" Und: So Er spricht, so geschieht es, und so Er gebietet, so steht es da. Pf. 33, 9. „Und alsobald stand das Mägdlein auf, und wandelte."

Nun hatte Jairus sein Ziel erreicht. Sein Glaube hatte ihm geholfen. Seine Tochter war ihm wiedergeschenkt. Er hatte erfahren: „Wir haben einen Gott, der da hilft, und den Herrn Herrn, der auch vom Tode errettet." Pf. 68, 21.

2. Wenn auch diese und die anderen Todtenerweckungen, die uns die Evangelisten berichten, einzig in ihrer Art dastehen, so krönt Gott auch heute noch den ausharrenden Glauben mit Seiner allmächtigen Hilfe. Manchen Eltern hat Er seitdem todtkranke Kinder auf gläubiges Gebet wieder zurückgegeben, und manchem armen Hausvater Brot und mancher verlassenen Wittwe einen Tröster verschafft. Auch du hast vielleicht Gottes Wunderhilfe schon erfahren. Denke nur über dein Leben nach. Wie manchen Ebenezerstein gnädiger Hilfe hat Gott wohl auch an deinen Lebensweg hingesetzt! „In wie viel Noth hat nicht der gnädige Gott Ueber dir Flügel gebreitet!"

Beispiele der göttlichen Wunderhilfe zeigt uns Gottes Wort und die Geschichte der christlichen Kirche in Menge. Moses fleht am rothen Meere zu Gott um Errettung von Phatao, der Israel verfolgte. Gott erhört ihn. Das Meer muß sich theilen, damit Israel auf dem Meeresboden trockenen Fußes durchziehen kann. Daniel ruft in der Löwengrube den Herrn an. Die Löwen dürfen ihm Nichts thun; und er darf auch wieder heraus. Dort in Jerusalem betete die Gemeine für den gefangenen und zum Tode verurtheilten Petrus unaufhörlich zu Gott. Gott schickt Seinen Engel, ihn zu befreien. Luther stellt sich vor Melanchthons, seines Freundes, Krankenbett und fleht um dessen Leben. Gott erhört ihn und läßt ihm diesen treuen Mitarbeiter. Monika hält Jahr für Jahr um die Bekehrung ihres in Leichtsinn lebenden Sohnes an. Gott gewährt ihr ihre Bitte. Und aus ihrem Sohne wird der große Kirchenvater Augustinus.

3. Darum, wenn dich Gott auch lange im Schmelztigel der Trübsal leiden läßt; wenn du dein Kreuz lange tragen mußt; wenn es auch scheint, als habe dich Gott vergessen und erhöre dein Gebet nicht: Halte nur aus! Wenn Gott Seinen Zweck erreicht hat, so kommt Er mit Seiner Hilfe, und oft von einer Seite her, von woher du es am Aller-

wenigsten erwartet hättest. Aber wir müssen in Gehorsam und Geduld warten, bis Seine Stunde schlägt. Noah mußte ein ganzes Jahr in der Arche verweilen: endlich durfte er heraus. Joseph und Maria mußten sich auf unbestimmte Zeit nach Egypten flüchten. Dort mußten sie bleiben, bis ihnen der Engel ankündigt, daß Herodes gestorben sei und sie wieder heimkehren dürften.

Unsere ganze Lebenszeit mit ihren Sorgen, Nöthen und Kämpfen ist eine Schule für den Glauben und die Geduld. Nur mit unserem Tode hört diese Schul- und Prüfungszeit auf. Wenn wir aber wie Jairus Jesu Zuspruchswort: „Fürchte dich nicht, glaube nur!" glauben und befolgen und Jesum nicht von unserer Seite lassen, so wird Er auch in unsere Sterbekammer hineingehen, ja durchs dunkle Thal des Todes, in jenes schöne herrliche Land, uns begleiten, wo man nicht mehr klagt und weint, nicht mehr leidet und kämpft, sondern theilnimmt an der Siegesfreude Derer, die überwunden haben.

Und wie Jesus jenes Töchterlein vom Tode ins Leben zurückrief, so wird Er einst, wenn Er wiederkommen wird, alle todten Schläfer der Erde aus ihren Grüften hervorrufen.

Einstweilen wollen wir in unseren Lebens- und Glaubenskämpfen getrost, muthig und hoffnungsvoll hinauf- und hinausblicken .aufs Ziel des Glaubens — aufs ewige Leben. Möge es uns vergönnt sein, daß ein Jedes von uns am Ende dieses kampf- und leidenreichen Lebens sagen könne: „Ich habe einen guten Kampf gekämpfet, ich habe den Lauf vollendet, ich habe Glauben gehalten. Hinfort ist mir beigeleget die Krone der Gerechtigkeit, welche mir der Herr an jenem Tage, der gerechte Richter geben wird." 2. Tim. 2, 7. 8.

> „Je größer Kreuz, je näher Himmel,
>   Wer ohne Kreuz, ist ohne Gott;
> Bei dem entlarvten Weltgetümmel
>   Vergißt man Hölle, Fluch und Tod;
> O selig ist der Mensch geschätzt,
>   Den Gott in Kreuz und Trübsal setzt!"

Amen.

Fünfundzwanzigster Sonntag nach Trinitatis.

---

1. Könige 18, 21.

Da trat Elia zu allem Volk, und sprach: Wie lange hinket ihr auf beiden Seiten? Ist der Herr Gott, so wandelt Ihm nach; ist es aber Baal, so wandelt ihm nach. Und das Volk antwortete ihm nichts.

„Wie lange hinket ihr auf beiden Seiten? Ist der Herr Gott, so wandelt Ihm nach; ists aber Baal, so wandelt ihm nach." Dieses ernste Wort hat einst der Prophet Elias ausgesprochen. Es galt dem Volke Israel, das zu Tausenden auf dem Berge Karmel versammelt war. Elias hatte sie durch den König Ahab dorthin bestellt. Es sollte dort entschieden werden, wer der rechte Gott sei, Jehova oder Baal. Es war nämlich damals böse Zeit in Israel. Der König Ahab hatte seiner Gemahlin Isebel, die eine heidnische Königstochter war, erlaubt, den Baalsdienst und den Astarte= oder Hainsdienst in Israel einzuführen. Schnell hatte dieser fleischliche Götzendienst alle Schichten Israels durchdrungen. Achthundertfünfzig Priester waren zur Pflege dieses Götzendienstes bestellt. Für diesen Abfall sollte König und Volk gestraft werden. Durch den Propheten Elias läßt der Herr eine Theuerung ankündigen. Diese kam und währte drei Jahre und sechs Monate. Als sie ihren Höhepunkt erreicht hatte, erscheint Elias, der sich die Theuerungszeit hindurch am Bache Crith aufgehalten — wo ihn Gott durch die Raben speisen ließ — und zu Zarpath — wo ihn eine Wittwe, deren Oelkrug und Mehlkad nicht leer ward, versorgte. Er verlangt, daß Ahab das Volk Israel und die Baalspriester auf den Berg Karmel bestelle. Ahab gehorcht. Tausende der Israeliten sammt dem Könige Ahab und den Baalspriestern fanden sich dort ein. Elias stellt sich vor das Volk und redet sie also an: „Wie lange hinket ihr auf beiden Seiten? Ist der Herr Gott, so wandelt Ihm nach ist's aber Baal, so wandelt ihm nach." Und da das Volk ihm Nichts antwortete, macht er ihm den Vorschlag, daß durch ein beiderseitiges Opfer entschieden werden solle, ob Jehova oder Baal der rechte Gott sei: „Welcher Gott mit Feuer antworten wird, der sei Gott."

Mit Hinzuziehung dieses Opferbeweises lasset uns heute mit einander überdenken

Elias Anrede an die Volksversammlung auf Karmel.

Wir sehen sie an

I. als ein Wort des Vorwurfes und der Beschämung;

II. als einen Ruf zur Buße und Entscheidung.

Wir sehen Elias Anrede an

I. als ein Wort des Vorwurfs.

1. Einen Vorwurf — und einen nicht geringen — hatte das Volk sammt ihrem gottlosen König verdient. Nicht genug, daß sie fort und fort festgehalten an Jerobeams Sünde, dem Kälberdienst, und wenn es Anfangs auch nur Bilderdienst war, es war doch im Laufe der Zeit förmlicher Götzendienst geworden: wenig Widerstand hatten sie Ahab und Isebel entgegengesetzt, als dieses gottlose Königspaar ihnen den Dienst des Baal und der Astarte aufdrängte. Vergessen hatten sie das erste Gebot: „Du sollst keine andere Götter neben Mir haben. Du sollst dir kein Bildnis noch irgend ein Gleichnis machen." Vergessen hatten sie die Geschichte ihres Volkes, die großen Wohlthaten, die Gott Israel erwiesen von dem Tage an, an welchem Er es mit starkem Arme aus Egypten führte, am rothen Meer errettete, durch die Wüste geleitete und ihm ein Land schenkte, da Milch und Honig floß. Vergessen hatten sie die vorigen Zeiten, da alle Nachkommen Jakobs in Einem Königreiche vereinigt waren. Auch war ihnen außer Sinn gekommen, wie hart und schwer ihre Voreltern immer gestraft und heimgesucht wurden, wenn sie von Gott abfielen und den Götzen dienten, sonst hätten sie sich gewahrt, als Ahab und Isebel den Baals= und Astartedienst einführten. Allerdings hatten sie mit Jehova, dem angeerbten Gott, noch nicht ganz gebrochen. Noch hatten sie Jerusalem mit seinem Tempel und seinen allgewohnten Gottesdiensten nicht ganz vergessen, aber der sinnliche, fleischliche Götzendienst

auf der anderen Seite hatte ihr Herz bestrickt und gefesselt. So war ihr Herz getheilt zwischen Baal und Jehova, wahrem Gottesdienst und Götzendienst.

Darum verdienen sie den Vorwurf, der in Elias Anrede: Was hinkt ihr auf beiden Seiten? lag. Elias will sagen: Ihr Nachkommen Abrahams und Jakobs, einstige Zugehörige zum Königreiche eines David, solltet nur dem Einen wahren Gott dienen — Jehova; und es sollte bei euch gar keine Frage sein, welchem Gott ihr dienen sollt: Josuas Wort, das er aussprach, nachdem er den Stämmen Israels ihr Erbtheil gegeben: Ich und mein Haus wollen dem Herrn dienen! hätte ein für alle Mal euer Losungswort und Panier sein und bleiben sollen.

2. **Und so mußte ihnen Elias Anrede auch zur Beschämung dienen.** Das fühlen sie wohl auch, denn sie antworten dem Propheten auf seine Anrede Nichts. Nicht nur Scham vor Ahab, nicht nur Eigensinn und Verstocktheit liegt in diesem Schweigen, sondern auch Scham vor sich selbst. Elias wollte ihnen zu verstehen geben, es sei eine Schmach und Schande, daß das Volk, das Gott durch ein reines Sittengesetz über den thierischen Schmutz des ungebildeten Heidenthums erhoben und auf eine höhere Stufe der Gotteserkenntnis gestellt, sich wieder in denselben Schmutz des Heidenthums zurückziehen ließ, die reinere Gotteserkenntnis verlor und so einen schmählichen Rück= schritt gemacht. Es sei eine Schmach, daß in dem Lande, das ihre Voreltern von heidnischen Völkern und von Götzen zu reini= gen hatten, nun deren Nachkommen selbst Götzenbilder erdichteten, Götzenaltäre bauten und Götzendienst trieben. Wenn noch ein Funken wahren Glaubens in Israel war, so mußten sie sich tief schämen, als sie der ernste Elias mit jenem Worte anredete.

3. **Was hinket ihr auf beiden Seiten?** So könnte man auch **heutiges Tages** in die Gemeinden hineinrufen — zum Vorwurf und zur Beschämung. Vorerst wegen der Unent= schiedenheit im Bekenntnis. Man nennt sich wohl lutherisch, aber man läßt die uns von Luther wiedergeschenkte reine Lehre bezüglich des Wortes und der Sakramente im Gemeindeleben nicht so recht durchdringen, man entlehnt so Manches von ande= ren kirchlichen Gemeinschaften, um, wie man meint, zu ergänzen und auszufüllen und sich dem Geist der Zeit und des Fortschritts anzubequemen: so neigt man sich nach dem Sektenwesen hin und — hinkt auf beiden Seiten.

Auch im Leben der Gemeinde und ihrer Thätigkeit zeigt sich oft ein gefährliches Hinken, nämlich ein Hinken nach der Welt

mit ihrer Lust und ihrer Geschäftsweise. Man macht das kirch=
liche Leben mit, aber auch die Lust und Freude der Welt. Kirch=
gehen, Abendmahlgehen und Theilnahme an Tanz und weltlicher
Lustbarkeit glaubt man ohne Bedenken vereinigen zu können.
Nach Art der Welt trifft man Einrichtungen und setzt Unterneh=
mungen durch, die sich mit Gottes Wort, dem kirchlichen Geist
und der Heiligkeit des Hauses Gottes nicht vereinbaren und
neben dem scheinbaren Vortheil und Nutzen Nachtheil und Scha=
den bringen.

4. Allem solchem getheiltem Wesen — dem Hin=
ken auf beiden Seiten — ist in der Schrift in entschie=
denen Worten das Urteil gesprochen. Der Gemeinde
zu Laodicea ließ der Herr in der Offenbarung schreiben: „Ich
weiß deine Werke, daß du weder kalt noch warm bist. Ach, daß
du kalt oder warm wärest! Weil du aber lau bist, und weder
kalt noch warm, werde Ich dich ausspeien aus Meinem Munde.“
Off. 3, 15. 16. Und Jesus sagt in der Bergpredigt: „Niemand
kann zweien Herren dienen. Ihr könnet nicht Gott dienen und
dem Mammon.“ Matth. 6, 24.

Unentschiedene Gemeinden bringen es nie zu etwas Rech=
tem. Laue, unentschiedene Christen laufen Gefahr, verloren zu
gehen. Die sogenannte goldene Mittelstraße ist in geistlichen
Dingen ein gefährlicher Weg. Darum: Rein ab und Christo
an!

5. Einer Gemeinde, der man Unentschiedenheit in
der Lehre oder Weltförmigkeit und Lauheit vorwerfen kann,
muß solcher Vorwurf zur Beschämung gereichen.
Ebenso muß sich ein Christ schämen, wenn man ihm mit Wahr=
heit sagen kann, daß er Gottesdienst und Weltdienst mit einan=
der vereinigen will. Wenn ein Mensch einmal sich seiner Sünde
wegen schämt, so ist das der Anfang zum Besserwerden. Bis
es aber dahin kommt, muß Gott manches Mittel anwenden.
Mancher kommt erst durch Noth und Kreuz dazu, daß er der
Welt mit ihrer Lust den Abschied gibt und sich in Buße und
Reue von ganzem Herzen dem Herrn zuwendet. Elias will das
Volk Israel durch einen Beweis der göttlichen Allmacht zur
Ueberzeugung ihrer Thorheit, zur Scham und zur Buße führen,
um ihnen so zu helfen.

So sehen wir denn Elias Anrede an jene Volksversamm=
lung auf Karmel nun auch an

II. als einen Ruf zur Buße und Entscheidung.

1. **Elias, als er sah, daß ihm das Volk nicht antwortete, macht ihm einen Vorschlag.** Er spricht zum Volk: „Ich bin allein überblieben ein Prophet des Herrn, aber der Propheten Baals sind vier hundert und fünfzig Mann. So gebet uns nun zween Farren, und lasset sie erwählen einen Farren, und ihn zerstücken und aufs Holz legen, und kein Feuer daran legen; so will ich den andern Farren nehmen, und aufs Holz legen, und auch kein Feuer dran legen. So rufet ihr an den Namen eueres Gottes, und ich will den Namen des Herrn anrufen. Welcher Gott nun mit Feuer antworten wird, der sei Gott. Und das ganze Volk antwortete und sprach: Das ist recht." So weit war es mit Israel gekommen: Gott soll ein Wunder thun, damit sie sehen, daß Er der rechte Gott sei; dann wollen sie an Ihn glauben. Als ob Er ein neuer Gott wäre, erst aufgekommen! Als ob Er noch nie ein Wunder gethan hätte! Nicht denken sie an die großen Thaten, die Jehova an ihren Vätern gethan von ihrem Auszug aus Egypten an bis zu ihrem Einzug ins verheißene Land und bis zu jenem Tag, an welchem ein undankbares, gottvergessenes Volk seinen Gott nicht mehr kennt, und ein Erkennungszeichen fordert. Hier gilt, was Gott durch Jesaias sagt: „Ein Ochse kennt seinen Herrn, und ein Esel die Krippe seines Herrn: aber Israel kennt es nicht, und Mein Volk vernimmt es nicht." Jes. 1, 3.

2. **Und ist es heutiges Tages besser?** Verlangen nicht auch heutiges Tages die Menschen Wunder und Zeichen, damit sie glauben könnten? Man will mit Augen sehen und mit Händen greifen, ob es und daß es einen Gott gebe, und ist blind bezüglich dessen, was uns Gott als Zeichen Seiner Allmacht sichtbarlich vor Augen stellt. Oeffne nur deine Augen und sieh die Natur an mit all dem Schönen und Erhabenen, das sie enthält, und dann stehe stille und denke darüber nach und frage, woher das Alles stammen mag, und wer das Alles in Gang halte und regiere. Und wenn du dann zu dem Schluß kommst, ja es müsse ein göttliches Wesen geben, das dies Alles geschaffen habe und erhalte, dann nimm die Bibel zur Hand und laß dich weiter belehren. Und du wirst dich bald wundern, wie du so lange hast blind und taub, oder unentschieden sein können, und wirst dich deiner Unwissenheit schämen. Das führt dich dann zum Ziel — zum Glauben an den rechten wahren lebendigen Gott, der Himmel und Erde gemacht hat.

3. Israel soll nun mit eigenen Augen die Ohnmacht ihrer Götzen und die Allmacht Jehovas sehen und die Verkehrtheit ihrer Herzen erkennen, Buße thun und sich entscheiden. Die Baalspriester legen ihren Farren auf ihren Altar. Sie beten und rufen; sie hinken um den Altar her und ritzen sich mit Messern, daß das Blut nachlief: Aber da war keine Stimme noch Antwort. Nun trat Elias vor das Volk und bauete den Altar Jehovas, der früher an dieser Stätte gewesen, aber durch Isebel zerstört worden war, wieder auf, richtete das Holz und seinen Farren zu und legte beides auf den Altar. Auch ließ er das Opfer dreimal mit Wasser begießen, und die Grube, die er um den Altar her gezogen, mit Wasser füllen, damit Niemand Betrug, wie es bei heidnischen Opfern gebräuchlich war, vermuthen könnte. Sodann betete er zu seinem Gott: „Herr, Gott Abrahams, Isaaks und Israels, laß heute kund werden, daß Du Gott in Israel bist, und ich Dein Knecht, und daß ich solches Alles nach Deinem Wort gethan habe. Erhöre mich, Herr, erhöre mich, daß dies Volk wisse, daß Du, Herr, Gott bist, daß Du ihr Herz darnach bekehrest.“ 1. Könige 18, 36. 37. Und der Herr erhörte Seinen Knecht. Denn: „Da fiel das Feuer des Herrn herab, und fraß Brandopfer, Holz, Steine und Erde, und leckte das Wasser auf in der Grube.“ Nun war kein Zweifel mehr. Hingerissen von solchem Beweis bricht die versammelte Volksmenge in das Bekenntnis aus: „Der Herr ist Gott, der Herr ist Gott!“

Auf solche Ueberzeugung hin folgte gewiß tiefe innere Scham über ihren Abfall von einem solchen allmächtigen Gott und über ihre Unentschiedenheit zwischen Ihm und einem ohnmächtigen Götzen. Solche Scham erzeugt Buße und führt sie zur Entscheidung.

4. So müssen auch heutzutage manche Gemeinden erst durch Beweise von der Richtigkeit und Ohnmacht, ja dem Schaden ihrer Halbheit und Unentschiedenheit im Bekenntnis und ihrer Weltförmigkeit im Gemeindeleben überzeugt werden. Durch Beweise: Nachtheil und Schaden zur Scham gebracht, thun sie dann Buße und stellen sich auf den rechten Bekenntnisgrund und fegen den alten Sauerteig der Weltförmigkeit aus.

Auch der Einzelne gibt Gott erst dann die Ehre, wenn er nach langem Umherirren im Baalsdienst der Welt und ihrer Lust in plötzlicher Heimsuchung die Unzulänglichkeit des irdischen Trostes, ja den tiefen Abgrund des Lebens ohne Gott erkennt. Solche Heimsuchungen sind dann auch Feuer vom Himmel, das den Sünder aus dem Taumel aufschreckt. So wurde auch Saulus aus seinem Irrthumsdunkel durch jenes Licht vom Himmel aufgeschreckt, that Buße und kam zur entschiedenen Ueberzeugung, daß Jesus von Nazareth der Messias sei. Und manchem Andern trat der Herr auch plötzlich entgegen, so daß er nicht anders konnte als die Hohlheit und die Nichtigkeit der Weltlust und Weltehre einzusehen und sich für die wirklichen Güter des Reiches Gottes zu entscheiden. Israel entschied sich, dem Herrn, dem Gott ihrer Väter, wieder anzugehören und zu dienen. Gott nahm es auch wieder an, und sandte ihm als Zeichen Seiner Gnade den langersehnten Regen.

So sollen auch wir in religiösen Dingen einen festen, ent-schiedenen Standpunkt einnehmen und nicht als unentschiedene Leute hin- und herschwanken. Das gilt von uns als Gemein-den, einzelne Glieder und Christen. Namentlich ist es nöthig, daß der Mensch sich entscheide, die Gnade Gottes in Christo Jesu anzunehmen und Gott anzugehören. Wer dies versäumt, oder wer sein Herz Gott geben will und auch der Welt — der geht verloren. Es gibt einen Weg zur Hölle. Die, die darauf gehen, dienen den Götzen des Unglaubens, des Leichtsinns, der Weltlust, oder meinen, ihr Herz und Leben zwischen Weltdienst und Gottesdienst theilen und so den genannten Mittelweg gehen zu können. Es gibt einen Weg zum Himmel — aber nur Einen — und das ist der, den Jesus Selbst angibt, wenn Er sagt: „Ich bin der Weg und die Wahrheit und das Leben; Niemand kommt zum Vater denn durch Mich." Und dieser Weg ist der Weg der Buße über die Sünden, des Glaubens an den Sünderheiland und der Heiligung des Lebens. Götzen gibts da keine zu verehren. Man dient nur Gott — und Ihm allein!

Da sagt und singt man entschieden:

„Gott nur gebühret Lob und Dank,
Anbetung, Preis und Ehre;
Kommt, werdet Gottes Lobgesang,
Ihr, alle Seine Heere.
Der Herr ist Gott und Keiner mehr!
Wer ist Ihm gleich, wer ist wie Er,
So herrlich, so willkommen?"

Amen.

Sechsundzwanzigster Sonntag nach Trinitatis.

Matth. 25, 31-46.

Wenn aber des Menschen Sohn kommen wird in Seiner Herrlichkeit, und alle heiligen Engel mit Ihm, dann wird Er sitzen auf dem Stuhl Seiner Herrlichkeit, und werden vor Ihm alle Völker versammelt werden, und Er wird sie von einander scheiden, gleich als ein Hirte die Schafe von den Böcken scheidet, und wird die Schafe zu Seiner Rechten stellen und die Böcke zur Linken. Da wird dann der König sagen zu denen zu Seiner Rechten: Kommet her, ihr gesegneten Meines Vaters, ererbet das Reich, das euch bereitet ist von Anbeginn der Welt. Denn Ich bin hungrig gewesen und ihr habt Mich gespeiset. Ich bin durstig gewesen und ihr habt Mich getränket. Ich bin ein Gast gewesen und ihr habt Mich beherberget. Ich bin nacket gewesen und ihr habt Mich bekleidet. Ich bin krank gewesen und ihr habt Mich besuchet. Ich bin gefangen gewesen und ihr seid zu Mir gekommen. Dann werden Ihm die Gerechten antworten und sagen: Herr, wann haben wir Dich hungrig gesehen und haben Dich gespeiset? oder durstig und haben Dich getränket? Wann haben wir Dich einen Gast gesehen und beherberget? oder nacket und haben Dich bekleidet? Wann haben wir Dich krank oder gefangen gesehen und sind zu Dir gekommen? Und der König wird antworten und sagen zu ihnen: Wahrlich, Ich sage euch, was ihr gethan habt einem unter diesen Meinen geringsten Brüdern, das habt ihr Mir gethan. Dann wird Er auch sagen zu denen zur Linken: Gehet hin von Mir, ihr Verfluchten, in das ewige Feuer, das bereitet ist dem Teufel und seinen Engeln. Ich bin hungrig gewesen und ihr habt Mich nicht gespeiset. Ich bin durstig gewesen und ihr habt Mich nicht getränket. Ich bin ein Gast gewesen und ihr habt Mich nicht beherberget. Ich bin nacket gewesen und ihr habt Mich nicht bekleidet. Ich bin krank und gefangen gewesen und ihr habt Mich nicht besuchet. Da werden sie Ihm auch antworten und sagen: Herr, wann haben wir Dich gesehen hungrig, oder durstig, oder einen Gast, oder nacket, oder krank, oder gefangen, und haben Dir nicht gedienet? Dann wird Er ihnen antworten und sagen: Wahrlich, Ich sage euch, was ihr nicht gethan habt einem unter diesen Geringsten, das habt ihr Mir auch nicht gethan. Und sie werden in die ewige Pein gehen, aber die Gerechten in das ewige Leben.

Die Worte, die unser heutiger Text berichtet, gehören zu der langen Unterredung, die Jesus mit Seinen Jüngern pflog, als sie mit einander auf dem Oelberg saßen, und die Jünger den Herrn auf die Schönheit und die Pracht des Tempels aufmerksam machten. Jesus that den Ausspruch: „Sehet ihr nicht das Alles? wahrlich, Ich sage euch: Es wird hier nicht ein Stein auf dem andern bleiben, der nicht zerbrochen werde." Matth. 24, 2. Daraufhin fragten Ihn die Jünger: „Sage uns, wann wird das geschehen, und was wird das Zeichen sein Deiner Zukunft und der Welt Ende?" Matth. 24, 3. Jesus gibt Seinen Jüngern auf diese dreifache Frage Antwort und beschreibt ihnen die Zeichen, die der Zerstörung Jerusalems und des jüdischen Staates, sowie auch Seiner Wiederkunft, vorangehen werden. Er nennt ihnen die Schrecknisse und Trübsale, die Israel, namentlich Jerusalem, werde aushalten müssen. Die Jünger sollten merken, daß die der Zerstörung Jerusalems vorangehenden Zeichen nur ein Vorbild seien von denen, die Seiner Wiederkunft und dem damit zusammenfallenden Weltende vorangehen würden.

Von der Zerstörung Jerusalems handelt das Evangelium des 10. Sonntags nach Trinitatis. Die Zeichen, die der Zerstörung Jerusalems und dem Ende der Welt vorangehen würden, haben wir am 2. Advent und letzten Sonntag betrachtet. Heute nun wird uns die Wiederkunft Christi zum Gericht vor Augen gestellt. Genau werden uns in dieser Schilderung alle Umstände angegeben, sowohl was den Richter und sein Urtheil betrifft, als auch was Bezug hat auf Die, die gerichtet werden.

So will ich nun heute zu euch reden über

Das Weltgericht.

Dabei wollen wir hören, was uns unser Text sagt

I. von dem Richter;

II. von dessen Urtheilsspruch;

III. von den höchst wichtigen Folgen des Urtheilsspruches.

Ev.-Pr.—34

Wir hören, was uns das heutige Evangelium mittheilt

I. von dem Richter.

Von dem Richter lesen wir: „Wenn aber des Menschen Sohn kommen wird in Seiner Herrlichkeit, dann wird Er sitzen auf dem Stuhle Seiner Herrlichkeit." Daraus ersehen wir Zweierlei: nämlich, daß Jesus wirklich einst kommen wird die Welt zu richten, und daß Er zu diesem Zwecke in Herrlichkeit erscheinen wird.

1. Jesus wird einst kommen zu richten die Lebendigen und die Todten. Allerdings, viele Menschen wollen das nicht glauben. Sie meinen, es seien, seit Jesus diesen Ausspruch gethan, schon so viele Menschengeschlechter da gewesen und wieder verschwunden, und Er sei noch nicht gekommen, und werde wohl auch nicht mehr kommen. Aber so dachten auch Viele von Seinem erstmaligen Kommen. Und doch auf einmal verkündigte der Engel: „Siehe, ich verkündige euch große Freude! Euch ist heute der Heiland geboren!" Die Menschen bei der Sündfluth wollten es auch nicht glauben, daß Gottes drohende Vorherverkündigung wirklich in Erfüllung gehen würde, bis die Sündfluth kam und sie alle hinwegraffte. Die Bewohner von Sodom und Gomorra achteten in ihrem Unglauben und Leichtsinn auch nicht auf Lots Warnung, bis an den Tag, an welchem Gott Feuer und Schwefel auf sie regnen ließ und sie Alle umbrachte. Hartnäckig stemmten sich die Juden gegen Christi drohende Weissagung von der Zerstörung Jerusalems und von dem Ende des jüdischen Staates. Und doch ist sie in Erfüllung gegangen. Der Tempel und Jerusalem wurden zerstört, das Land verwüstet und die Juden über alle Welt hin zerstreut. Ist das Alles in Erfüllung gegangen, so wird auch Das geschehen, was die Schrift von Jesu Wiederkommen und von Seinem Weltgericht am jüngsten Tage lehrt. Wie der Sämann nicht bloß den Samen aufs Feld säet, sondern später auch nachsieht, was daraus geworden ist, ob er auch Früchte getragen hat, so kommt auch Jesus einst auf dieses Saatfeld, die Erde, um nachzusehen, was der Same Seines Evangeliums, den Seine Diener ausgestreut haben, für Früchte getragen hat. Somit ist es bloß die natürliche Folge der Ernte auf die Saat, daß Christus einst kommen wird die Welt zu richten.

2. Zu diesem Zwecke wird Er erscheinen in Herrlichkeit. Es wird ein großer Unterschied sein zwischen

Seinem erstmaligen Kommen — dem bei Seiner Geburt, und Seinem letzten — dem am jüngsten Tage. Das erste Mal kam Er in die Welt als ein kleines, hilfloses Kindlein, wie andere Menschenkinder auch. Eine Krippe war Seine Wiege. In dem kleinen, verachteten Nazareth wuchs Er auf. Der Zimmermannssohn wurde Er genannt. Arme Fischer vom See Genezareth waren Seine Begleiter und die Geringen in Israel Sein Gefolge. Die Hohen in Israel verspotten und verspeien Ihn; Pilatus geißelt Ihn; dort trägt Er Sein Kreuz hinaus nach Golgatha; rohe Kriegsknechte nageln Ihn dran an. Als Missethäter und Ausgestoßener stirbt Er, gebrandmarkt von Seinem eigenen Volk. Seine Anhänger und Freunde verfolgt man als Staatsverbrecher und tödtet sie als gemeinschädliche Menschen.

Seine innere Würde — Seine Gottheit — erkannte Israel nicht. Nur Wenige waren es, die sagen konnten: „Wir sahen Seine Herrlichkeit, eine Herrlichkeit als des eingeborenen Sohnes vom Vater, voller Gnade und Wahrheit.“ Joh. 1, 14.

3. Auch Sein Reich besitzt keine äußere Herrlichkeit und Pracht. Denn es ist, wie der Herr auch Selber sagt, „nicht von dieser Welt.“ Auch die Gnadenmittel Seines Reiches sind äußerlich unscheinbar: Wasser, Brot und Wein und ein Buch. Ihr Werth ist ein verborgener und wird nur mit dem Auge des Glaubens geschaut, wie auch Jesu hohe Würde und wahres Wesen nur von Denen erkannt wurde, die an Ihn als den Sohn Gottes glaubten. Auch die äußere Gestalt der Kirche Gottes auf Erden hat nicht viel Hervorragendes und in die Augen Fallendes. Langsam und mit großer Mühe und Anstrengung nur entsteht ein Kirchengebäude. Nur was man übrig hat, glaubt man dazu hergeben zu können. Nur die übrige freie Zeit widmet man gewöhnlich dem Kirchenbesuch. Alles Andere setzt man den Angelegenheiten des Reiches Gottes vor. Prachtgebäude zu jedem anderen — irdischen — Zweck: zu Wohnung, Geschäft, Vergnügen — schießen wie Pilze aus dem Boden, und zum Geschäft und Vergnügen hat Jedermann Zeit und Mittel. Auch die Personen, die in dem Reich Gottes auf Erden arbeiten, werden mit ähnlichen Augen angesehen. Der gewöhnliche Menschenschlag hält nicht hoch von ihnen. Jeder, der sich in irgend welchen anderen Dingen hervorthut, wird höher geachtet als sie. Weltliche Gelehrte, Künstler, Politiker, Theaterspieler, Leute, die es verstehen, die Menge zu ergötzen — sei ihr Treiben und ihr Leben auch noch so anstößig

und entsittlichend: Das sind die Leute, denen man Lorbeeren streut. Aber auf das Gebiet des Reiches Gottes mit seinen selbstverleugnenden, in wahrer Wissenschaft gebildeten Arbeitern blickt man mit Unterschätzung oder gar Mißachtung hin. So ist die Herrlichkeit des Herrn und Seines Reiches allezeit eine verborgene gewesen.

4. Aber das soll nicht immer so bleiben. „Des Menschen Sohn wird kommen in Seiner Herrlichkeit, und alle heiligen Engel mit ihm, dann wird Er sitzen auf dem Stuhle Seiner Herrlichkeit." Diese himmlische Herrlichkeit ließ der Herr während Er auf Erden in der Knechtsgestalt wandelte, nur hie und da durchleuchten. Die Jünger sahen etwas davon auf dem Berge der Verklärung und bei Seinen Wundern. Die Geschichte Seiner Geburt, Seiner Auferstehung und Himmelfahrt ließen die Gläubigen einen kurzen Blick in diese Herrlichkeit des Sohnes Gottes thun. Mit dieser himmlischen Herrlichkeit umgeben, in unaussprechlichem Glanz und Wesen, wird Er am Weltende plötzlich in den Wolken des Himmels erscheinen, sichtbar in Seiner Majestät und Macht den Guten und den Bösen.

5. „Und alle heiligen Engel mit Ihm." Die himmlischen reinen Wesen, die so weit über uns erhaben sind, daß wo nur immer sie sich den Menschen näherten, diese in Furcht und Schrecken verfielen: die werden Sein Gefolge bilden.

6. „Und Er wird sitzen auf dem Stuhle Seiner Herrlichkeit." Die Krippe und das Kreuz hat Er dann vertauscht mit dem Stuhle Seiner Herrlichkeit, dem Richterstuhle. Alle Umstände und die ganze Erscheinung werden Ihn dem Blick der staunenden Menschen als Richter erscheinen lassen.

7. „Und werden vor Ihm alle Völker versammelt werden." Alle Todten werden auferstehen, und die dann noch lebenden Menschen werden verwandelt und den Auferstandenen beigesellt werden. 1. Cor. 15, 51. Diese Auferstehung und diese Verwandlung gilt von den Guten und Bösen. Denn so spricht Paulus: „Wir müssen Alle offenbar werden vor dem Richterstuhle Christi, auf daß ein jeglicher empfahe, nach dem er gehandelt hat bei Leibes Leben, es sei gut oder böse." 2. Cor. 5, 10. Dann wird sich das verheißungsvolle Trostwort Jesu erfüllen: „Hebet euere Häupter auf, darum daß sich euere Erlösung naht." Aber die Gottlosen werden rufen: „Ihr Berge fallet über uns, und ihr Hügel decket uns!" Dann hat die Gnadenzeit für die Menschen ein Ende. Die Predigt, das

Einladen ins Reich Gottes, hört dann auf. Das Gericht ist da. Lasset uns nun auch vernehmen,

II. den Richterspruch, den dieser Richter fällen wird.

Dabei achten wir zunächst auf die Vorbereitung zu diesem Urtheilsspruch, dann auf den Spruch selbst und endlich auf die Begründung desselben.

1. Bezüglich der Vorbereitung zu diesem Urtheilsspruch lesen wir im Text: „Und Er wird sie von einander scheiden, gleich als ein Hirte die Schafe von den Böcken scheidet. Und Er wird die Schafe zu Seiner Rechten stellen, und die Böcke zur Linken."

Jetzt leben die Menschen noch in buntem Gemisch neben und unter einander: Gute und Böse, Fromme und Gottlose, Gläubige und Ungläubige, Kinder Gottes und Kinder der Welt. Am jüngsten Tag aber werden sie in zwei Theile geschieden werden: der eine Theil nach Rechts, der andere Theil nach Links. Das wird eine Scheidung sein, so durchdringend und großartig, wie die Welt noch keine gesehen. Diese Scheidung wird Ehegatten, Eltern und Kinder von einander trennen, und zwar auf ewig. Auch wird diese Scheidung eine überraschende sein. Denn da werden Manche nach Links gehen müssen, denen man hier ein besseres Loos zugetraut, und Manche nach Rechts gehen dürfen, an welche man hier nicht gedacht. Manche, die hier mit einander am Konfirmationsaltare knieten, werden dort von einander geschieden sein. Denn vom Konfirmationsaltar weg gingen ihre Wege auseinander: das Eine ging den breiten, und das Andere den schmalen Weg. Es wird dann kommen, wie Christus es zuvor geschildert hat: „Zwei werden auf dem Felde sein, Einer wird angenommen, und der Andere wird verlassen werden. Zwei werden mahlen auf der Mühle, Eine wird angenommen, die Andere wird verlassen werden." Matth. 24, 40. 41.

2. Der Richtersprüche sind es zwei. Der eine, der Denen zur Rechten gilt, lautet: „Kommet her, ihr Gesegneten Meines Vaters, ererbet das Reich, das euch bereitet ist von Anbeginn der Welt." Diesem Richterspruch fügt Er noch die Erklärung bei: „Denn Ich bin hungrig gewesen, und ihr habt Mich gespeiset. Ich bin durstig gewesen, und ihr habt Mich getränket. Ich bin ein Gast gewesen, und ihr habt Mich beherberget. Ich bin nackend gewesen, und ihr habt Mich gekleidet. Ich bin krank gewesen, und ihr habt Mich besuchet. Ich bin gefangen gewesen, und ihr seid zu Mir gekommen."

In diesen Worten spricht der Herr Denen zur Rechten die Ererbung eines Reiches zu, das Er für sie schon von Anfang der Welt bereitet habe. Gott hat schon von Anfang an, sobald einmal die Sünde in der Welt war, Seinen Gläubigen die Seligkeit im Himmel verheißen. Denen im alten Testamente, wenn sie an die messianischen Weissagungen glaubten. Denen im neuen Testamente, wenn sie Jesum als den Gottversöhner annehmen. Diese Gläubigen nennt Er die Gesegneten Seines Vaters. Das ist in dem Sinn verstanden, in welchem Paulus sagt: „Gelobet sei Gott und der Vater unsers Herrn Jesu Christi, der uns gesegnet hat mit allerlei geistlichem Segen in himmlischen Gütern durch Christum." Ephes. 1, 3. Diesen geistlichen Segen hatte Gott den Völkern einst in dem Samen Abrahams verheißen: In dir sollen gesegnet werden alle Geschlechter der Erde." 1 Mose 12, 3. Dieser Abrahamsnachkomme erschien und brachte der Welt den Segen: Vergebung der Sünden, Leben und Seligkeit. Wer diese himmlischen Güter annimmt, ist darum ein Gesegneter des Vaters. Diese so Gesegneten sind Die zur Rechten.

3. Wo aber wahrer Glaube ist, da zeigt er sich auch in Werken der Liebe. Solche zählt der Weltenrichter Jesus in der Begründung und Erklärung Seines Urtheilsspruches auf. Sie sind beim Gläubigen so natürlich wie die Frucht dem Baume. Gelegenheiten zu solchen Liebeswerken bieten sich überall in Menge. Viel Noth und Elend gibt es in der Welt. „Arme habt ihr allezeit bei euch", sagt der Herr; und so ist es auch. In Stadt und Land, und oft in nächster Nähe, kann man Bedürftige finden. In Waisenhäusern und Krankenhäusern sind sie zu Dutzenden, ja Hunderten, anzutreffen. Gaben an Geld, Lebensmitteln und Kleidungsstücken sind da gut angelegt. Die Gläubigen benützen diese Gelegenheiten und thun so Gutes an ihren Mitmenschen, namentlich an den Unglücklichen.

Und Solches werden sie so selbstlos, bescheiden und demüthig thun, daß es ihnen am Gerichtstag unbegreiflich vorkommt, daß der himmlische Richter es erwähnt und es noch ansieht, als hätten sie es Ihm erwiesen, wenn Er sagt: „Was ihr gethan habt Einem unter diesen Meinen geringsten Brüdern, das habt ihr Mir gethan."

4. So lieblich und herrlich aber dieser Ausspruch des Weltenrichters für Die zu Seiner Rechten sein wird, so schrecklich lautet der andere für Die zu Seinen Linken.

Derselbe lautet: „Dann wird Er auch sagen zu Denen zu Seiner Linken: Gehet hin von Mir, ihr Verfluchten, in das ewige Feuer, das bereitet ist dem Teufel und seinen Engeln." Auch hier fügt Er eine Erklärung und Begründung bei, nämlich: „Ich bin hungrig gewesen, und ihr habt Mich nicht gespeiset. Ich bin durstig gewesen, und ihr habt Mich nicht getränket. Ich bin ein Gast gewesen, und ihr habt Mich nicht beherberget. Ich bin nackend gewesen, und ihr habt Mich nicht bekleidet. Ich bin krank und gefangen gewesen, und ihr habt Mich nicht besuchet." Verfluchte, mit Fluch Beladene, nennt sie der Richter, und zwar darum, weil auf ihnen als auf Ungläubigen der Fluch des Gesetzes noch ruht, während er von den Gläubigen um Christi Verdienstes willen weggenommen ist. Und während Diese mit Vergebung der Sünden und Hoffnung auf ein seliges ewiges Leben beschenkt und darum Gesegnete genannt werden, weist Er Jene als Verfluchte von Sich, da der Gesetzesfluch auf ihnen noch ungesühnt ruht. Da gilt dann noch: „Euere Sünden und Untugenden scheiden euch und eueren Gott von einander." Jes. 59, 2. und hier auf ewig. Die Entschuldigungen solcher Leute: „Herr, wann haben wir Dich gesehen hungrig, oder durstig, oder einen Gast, oder nackend, oder krank, oder gefangen, und haben Dir nicht gedienet?" weist der himmlische Richter mit heiligem Ernste zurück und spricht: „Wahrlich, ich sage euch: Was ihr nicht gethan habt Einem unter diesen Geringsten, das habt ihr Mir auch nicht gethan."

5. Das sind solche Leute, deren Herzen noch nicht erweicht worden sind durch Jesu selbstaufopfernde Liebe, die den großen Dienst, den Jesus der Welt durch Seine Menschwerdung und Seine stellvertretende Versöhnung am Kreuz erwiesen, noch nicht eingesehen und anerkannt haben. Weil sie noch keine Sündenvergebung erfahren haben, so können sie auch keine Liebe üben. Luc. 7, 47. Sie sehen keine Gelegenheit und so auch keine Nothwendigkeit dazu. Während sie in ihrem Hause Vorrath an Lebensmitteln und Kleidern haben, denken sie nicht daran, daß es auch Leute gibt, die Solches entbehren. Während sie sich an die wohlgedeckte Tafel und an den warmen Ofen setzen, fällt ihnen nicht ein, daß Andere hungern und frieren. Und wenn sie auch Tag für Tag durch die Straßen gehen oder in feinen Kutschen dahin fahren, so haben sie kein Auge und kein Ohr für das Elend, das sich rechts und links darbietet. Wohl wissen sie aus den Tageblättern,

wie die Verhältnisse in Politik und Handel stehen, aber die Gebiete christlicher Liebesthätigkeit sind ihnen unbekannt. Weil sie aber doch hie und da, so zu sagen, Ehren= oder vielleicht auch Geschäftshalber zu gemeinnützigen oder auch christlichen Zwecken beisteuern müssen, so wollen sie ihren Mangel an Liebe und ihre Herzlosigkeit mit solchen abgezwungenen Gaben zudecken. Dar= aus erklärt sich ihre Entgegnung: „Herr, wann haben wir Dich gesehen hungrig, oder durstig, oder einen Gast, oder nackend, oder krank, oder gefangen, und haben Dir nicht gedienet?" Der Herr aber läßt sie wissen, daß vor Ihm nur freie, selbstlose, aus dem Glauben kommende Liebeswerke, gethan an den Dürftigen, die Er als die Seinen ansieht, gelten, und keine Scheinwerke, dem Eigennutz und dem Ehrgeiz entsprossen.

Diese beiden Urtheilssprüche sind das letzte Wort, das der Herr mit der gesammten Mensch= heit reden wird. Die zur Rechten befolgen gerne die ihnen zu Theil gewordene Aufforderung, als Gesegnete des Vaters in das ihnen von Anbeginn bereitete Reich einzugehen. Und die zur Linken müssen sich dem Urtheilsspruch fügen, ob sie wollen oder nicht.

Und so wollen wir schließlich noch reden

III. von den höchst wichtigen Folgen des Urtheilsspruches.

1. „Und sie werden in die ewige Pein gehen, aber die Gerechten in das ewige Leben." Das ist die letzte Schei= dung, die Scheidung der Böcke von den Schafen, der Spreu von dem Weizen, der Ungläubigen von den Gläubigen, der Kinder des Teufels von den Kindern Gottes. Diese Scheidung ist eine ewige: ewige Pein und ewiges Leben. Mark und Bein erschütternd, wenn man daran denkt!

2. Nun hat alle Weltfreude der Irdischgesinnten und aller Spott und Haß der Gottlosen und Christusfeinde ein Ende. Sie haben auf das Fleisch gesät und ernten nun die entsprechende Saat: das Verderben. Schriftausdrücke schildern diese Pein. Christus redet „von einem Wurm, der nicht stirbt" und „von einem Feuer, das nicht verlöscht;" Marci 9, 43. 44, auch von einer „äußersten Finsternis, da Heulen und Zähneklappen sein wird;" Matth. 8, 12. Petrus redet „von einer dunkeln Finsternis in Ewigkeit." 2. Petri 2, 17. Paulus schreibt: „Sie werden Pein leiden, das ewige Verderben von dem Angesichte des Herrn und von Seiner herr= lichen Macht." 2. Thess. 1, 9. Johannes sah im Gesicht

„einen feurigen Pfuhl, wo sie gequält werden Tag und Nacht, von Ewigkeit zu Ewigkeit." Off. 20, 10. 14.

3. Nun hat aber auch alles Warten und Hoffen, Dulden und Leiden, ja alles Glauben der Gottesliebhaber und Christusfreunde ein Ende. Sie haben auf den Geist gesät, und dürfen jetzt auch vom Geist das ewige Leben ernten. Nun sind sie frei, ganz frei von der Sünde. Auf Erden haben alle Christen, auch die besten, immer mit der anklebenden Sünde zu kämpfen. Diese Sünde verdirbt uns oftmals unsere heiligsten Empfindungen und seligsten Stunden und führt uns oft in Versuchung. Dort aber, im ewigen Leben, sind wir von aller Versuchung zum Bösen, von allem und jedem Kampf mit der alten Adamsnatur — von aller und jeder Sünde — frei: „Wo Sünde nicht herrschen, noch anfechten kann." Dort besitzen die Gläubigen auch vollkommene Erkenntnis Gottes und Seiner Werke und Wege. So lange wir im Leibe wallen, gilt: „Unser Wissen ist Stückwerk, und unser Weissagen ist Stückwerk!" und „wir sehen jetzt durch einen Spiegel in einem dunkeln Wort."

Obgleich wir Menschen mit den uns von Gott geschenkten Gaben und Kräften in mannigfacher Weise das Wesen und den Nutzen der Werke Gottes in der Schöpfung erforschen können, so bleibt uns doch noch manches Unerklärliche übrig. Und wenn wir auch mit Hilfe des Geistes Gottes tief in das Verständnis des Wortes Gottes eindringen, so bleiben uns doch noch manche Geheimnisse desselben übrig. So z. B. das Geheimnis der Dreieinigkeit Gottes: Ein göttliches Wesen und doch Drei Personen. Oder denken wir an das Geheimnis von Christi zwei Naturen — einer menschlichen und einer göttlichen — und Seiner wahrhaftigen Gegenwart im heiligen Abendmahl. Dort aber „wird das Stückwerk aufhören," und das „Sehen von Angesicht zu Angesicht" beginnen und — ewig währen. 1. Korinth. 13, 9—12.

4. Hier verstehen wir auch oftmals die Wege, die uns Gott führt, nicht und sind nicht selten mit denselben unzufrieden. Dort aber wird es uns klar werden, warum uns Gott gerade solche und nicht andere Wege geführt hat, und wir werden sehen, daß Gottes Wege stets auf das Heil unserer Seelen abzielten, somit die richtigen waren.

Auf Erden haben auch die Gläubigen viel Kreuz und Trübsal mitzumachen. Dort hört alles Erdleid auf.

Dort wird „Gott abwischen alle Thränen von ihren Augen, und der Tod und Geschrei und Schmerzen wird nicht mehr sein. Denn das Erste ist vergangen." Off. 7, 17. Auch wird dort eine Herrlichkeit die Gläubigen erwarten, von welcher wir auf Erden nur eine schwache Ahnung haben. „Was kein Auge gesehen, und kein Ohr gehöret, und in keines Menschen Herz gekommen ist, das hat Gott bereitet Denen, die Ihn lieben." 1. Korinth. 2, 9. Auf Erden ist viel Haß und Streit. Dort aber ist nur Liebe, ganze, völlige Liebe, die nie aufhört. In der Welt ist das menschliche Leben ein Kommen und Gehen, ein Geborenwerden und Sterben — ein immerwährendes Sichtrennen. Dort aber ist keine Trennung mehr, sondern ewige Gemeinschaft der Erlösten mit Gott.

Nach dieser Freude und Wonne, nach dieser Glückseligkeit steht und strebt unser Geist. Und nur die Erreichung dieser Güter ist das Ziel unseres Lebens. Drum bete Jedes inniglich:

„O Gott, laß mir die Ewigkeit
    Sammt meiner Gnadenzeit auf Erden
Zum guten Kampf, der Niemand reut,
    Stets wichtiger und theurer werden!
Sie sei mein Schild in Kampf und Streit,
Mein Antrieb zur Gottseligkeit,
Die Würze meiner Lebensfreuden,
Der Balsam meiner Pilgerleiden,
    Im dunkeln Thal mein Freudenlicht;
    Im Tode meine Zuversicht."

Amen.

Siebenundzwanzigster Sonntag nach Trinitatis.

Matth. 25, 1-13.

Dann wird das Himmelreich gleich sein zehn Jungfrauen, die ihre Lampen nahmen, und gingen aus, dem Bräutigam entgegen. Aber fünf unter ihnen waren thöricht, und fünf waren klug. Die thörichten nahmen ihre Lampen, aber sie nahmen nicht Oel mit sich. Die klugen aber nahmen Oel in ihren Gefäßen, sammt ihren Lampen. Da nun der Bräutigam verzog, wurden sie alle schläfrig und entschliefen. Zur Mitternacht aber ward ein Geschrei: Siehe, der Bräutigam kommt, gehet aus, ihm entgegen! Da standen diese Jungfrauen alle auf und schmückten ihre Lampen. Die thörichten aber sprachen zu den klugen: Gebt uns von eurem Oele, denn unsere Lampen verlöschen. Da antworteten die klugen und sprachen: Nicht also, auf daß nicht uns und euch gebreche; geht aber hin zu den Krämern und kaufet für euch selbst. Und da sie hingingen zu kaufen, kam der Bräutigam, und welche bereit waren, gingen mit Ihm hinein zur Hochzeit, und die Thür ward verschlossen. Zuletzt kamen auch die andern Jungfrauen und sprachen: Herr, Herr, thue uns auf! Er antwortete aber und sprach: Wahrlich, Ich sage euch, Ich kenne euch nicht. Darum wachet; denn ihr wisset weder Tag noch Stunde, in welcher des Menschen Sohn kommen wird.

Unser heutiger Text enthält ein Gleichnis. Es ist das von den zehn Jungfrauen. Man rechnet es unter die schönsten, die der Herr ausgesprochen hat. Es enthält aber neben der lieblichen Anmuth auch einen tiefen Ernst und ist darum auch wohl geeignet, am Schlusse des Kirchenjahrs betrachtet zu werden.

Der Herr hat dieses Gleichnis ausgesprochen, als Er, kurz vor Seinem Leiden und Sterben, auf dem Oelberge sitzend zu Seinen Jüngern redete von der Zerstörung Jerusalems und des Tempels, von dem Ende des jüdischen Staates und dem Ende der Welt. Ernste Worte sind es, mit denen Er diese

Dinge schildert. Vieles davon hüllt Er in Gleichnisse ein. Auch die Abhaltung des letzten Gerichtes schildert Er in einem Gleichnis. Davon hörten wir vergangenen Sonntag. Das heutige Gleichnis hat auch Bezug auf das letzte Gericht. Der Unterschied zwischen dem des letzten Sonntags und dem des heutigen ist der: Dort schildert der Herr das Gericht, das der Menschensohn als der Weltrichter über alle Menschen — Gute und Böse, Gläubige und Ungläubige — halten wird; hier redet Er nur von Gläubigen und theilt auch die noch ein in Kluge und Thörichte. Denn Er handelt im heutigen Gleichnis von klugen und thörichten Jungfrauen.

Nach diesen allgemeinen Gesichtspunkten lasset mich heute als am letzten Sonntag im Kirchenjahre zu euch reden

Ueber das Gleichnis von den zehn Jungfrauen.

Dabei wollen wir sehen

I.   wen wir unter den zehn Jungfrauen und dem Bräutigam zu verstehen haben;

II.   was es heißt: „Der Bräutigam kommt!"

III.   was die Klugheit der klugen und die Thorheit der thörichten Jungfrauen zur Folge hat.

I.   Wen haben wir unter den zehn Jungfrauen und dem Bräutigam zu verstehen?

„Dann wird das Himmelreich gleich sein zehn Jungfrauen, die ihre Lampen nahmen und gingen aus dem Bräutigam entgegen."

1. Diese zehn Jungfrauen sind das Himmelreich oder das Reich Gottes, die christliche Kirche auf Erden, was wir im apostolischen Glaubensbekenntnis ausdrücken mit dem Satze: „Ich glaube an eine heilige christliche Kirche." Dazu rechnen wir alle Diejenigen, die getauft sind auf den Namen des dreieinigen Gottes, an diesen Gott glauben und ihre Zugehörigkeit auch bezeugen durch die Pflege des christlichen Glaubens und Lebens, wie es in der christlichen Kirche gemäß ihrer Verordnungen und Einrichtungen gewöhnlich geschieht. Nicht sind die dazugezählt, welche nach ihrer Taufe in Unglauben verfallen und gottlos geworden sind. Nur Glieder der christlichen Kirche, die wenigstens äußerlich mit derselben ver-

bunden sind und ihre Verbindung mit derselben noch nie bewußtermaßen, gottloserweise gelöst haben, gehören dazu. Die „Lampen" sind dann das äußere Zeichen der Zugehörigkeit zur christlichen Kirche. Alle zehn Jungfrauen hatten Lampen.

„Sie gingen aus dem Bräutigam entgegen." Die Kirche Gottes wird in der Schrift oftmals mit einer Braut, deren Bräutigam Christus sei, verglichen. „Die Braut steht zu deiner Rechten in eitel köstlichem Golde." Pf. 45, 10. Das ganze Hohelied Salomos handelt davon. „Wer die Braut hat, der ist der Bräutigam," sagt auch Johannes der Täufer. Auch die verklärte und verherrlichte Kirche im ewigen Leben wird mit diesem Namen bezeichnet. „Und ich, Johannes, sah die heilige Stadt, das neue Jerusalem, von Gott aus dem Himmel herabfahren, zubereitet als eine geschmückte Braut ihrem Manne." Offenb. 21, 2. „Komm, ich will dir das Weib zeigen, die Braut des Lammes." Offenb. 21, 9.

2. Der „Bräutigam" ist Christus der Herr. So lehrt auch jenes Gleichnis, in welchem der König seinem Sohne Hochzeit machte. Matth. 22. Christus ist jener Königsohn. Ihm als dem Bräutigam gehört die christliche Kirche als eine Gesammtheit von Gläubigen an. Das sind alle die, welche der Einladung in Sein Reich Folge geleistet haben. Ihm gehört die christliche Kirche als Braut an, sowohl im Zustande ihrer Niedrigkeit, in der sie auf Erden einhergeht, als auch im Zustande ihrer Verherrlichung nach Seiner Wiederkunft.

3. Seit der Herr von Seiner Wiederkunft geredet, seit die Engel bei Seiner Himmelfahrt den Jüngern verkündigten, Er werde einst wieder kommen, seit es die Apostel den Anhängern Christi, den Gläubigen des Herrn, weiter mittheilten: Christus werde einst wiederkommen und die Seinen zur Verherrlichung heimholen: sind die zehn Jungfrauen — die christliche Kirche — ausgegangen dem Bräutigam entgegen. Das Vorhandensein einer christlichen Kirche; jeder Gottesdienst, in dem man bekennt: „Von dannen Er kommen wird zu richten die Lebendigen und die Todten," bezeugen das schon. Da die Ungläubigen und Gottlosen an den gottesdienstlichen Uebungen und der Thätigkeit der christlichen Kirche gewöhnlich nicht theilnehmen, so sind sie gewöhnlich auch keine Glieder derselben. Demnach verstehen wir unter den zehn Jungfrauen, die ausgehen dem Bräutigam entgegen, nur Gläubige, allgemein ausgedrückt: Kirchenglieder.

4. Jedoch auch diese zehn Jungfrauen zerfal=
len in zwei Klassen: „Fünf unter ihnen waren thöricht,
und fünf waren klug.“ Auch wird angegeben, warum jene
fünf thöricht, und diese fünf klug waren: „Die thörichten nah=
men ihre Lampen, aber sie nahmen nicht Oel mit sich. Die
klugen aber nahmen Oel in ihren Gefäßen, sammt ihren Lam=
pen.“ Unter den thörichten Jungfrauen verstehen
wir die Namenchristen, die die äußeren Formen und Ge=
bräuche des Christenthums mitmachen, aber des wahren Wesens,
des wahren Verständnisses derselben entbehren und daher auch
keine wirklichen Theilnehmer des Segens sind, den diese For=
men, Gebräuche oder Verordnungen enthalten. Sie halten fest
am sonntäglichen Gottesdienst und besuchen denselben. Sie
thun das, weil es so Sitte ist, sie es gewohnt sind, oder weil sie
sich durch sonstige äußerliche Dinge, durch welche eine Gemeinde
ihren Glauben und Leben äußert und arbeitet, angezogen füh=
len. Sie nehmen auch Theil an der Gemeindearbeit und sind
oft von den Thätigsten an derselben. Aber Alles ist ihnen
etwas Aeußerliches, nichts als Form. Leute, die ihre
Kinder taufen lassen, damit dieselben eben einen Namen bekom=
men und weil es eben einmal so der Gebrauch ist; Leute, die
zum heiligen Abendmahl gehen, weil es eben wieder Zeit ist,
und die da essen und trinken, weil das eben einmal zum Abend=
mahlgehen gehört; Leute, die die Predigt anhören, weil sie
eben einmal da sind und nicht anders können, oder ihnen die
schönen Worte des Predigers oder sonstige Eigenschaften dessel=
ben gefallen, ohne aber weiter über Wesen, Bedeutung, Werth
und Zweck der Taufe, des Abendmahles, oder der Predigt des
Wortes Gottes nachzudenken: sind thörichte Jung=
frauen.

5. Leute aber, die am Sonntag festhalten, weil er eine
göttliche Einrichtung ist, dem Gottesdienst beiwohnen, weil sie
des Segens desselben bedürfen, ihre Kinder taufen lassen, weil
dieselben dadurch wiedergeboren werden, das heilige Abend=
mahl genießen, weil sie darin Christi Leib und Blut zur Verge=
bung ihrer Sünden empfangen, die Predigt gerne hören, weil
dieselbe Gottes Wort erklärt, und am Gemeindeleben und an
der Gemeindearbeit theilnehmen, weil sie dankbare Liebe zu
Gott und Seinem Reiche treibt: sind kluge Jungfrauen.
Sie haben den Namen und die Form — aber auch
das Wesen, Leben und den Geist, während die thörich=
ten nur Namen und Form haben.

6. Von beiden, den thörichten und den klugen Jungfrauen, heißt es im Evangelium: „Da nun der Bräutigam verzog, wurden sie alle schläfrig und entschliefen." Es war bei den Juden Gebrauch, daß der Bräutigam mit seinen Ehrengesellen die Braut mit ihren Ehrenjungfrauen am Abend abholte, und daß zu diesem Zwecke die Braut mit ihren Jungfrauen dem Bräutigam mit seiner Begleitung entgegenging. Dabei mag es ja oft vorgekommen sein, daß der Bräutigam etwas später ankam, als man erwartete. Auf diesen Hochzeitsgebrauch des Morgenlandes gründet sich dieses ganze Gleichnis und so auch diese Angabe von dem Verzug des Bräutigams.

7. Wenn es heißt: „Da nun der Bräutigam verzog, wurden alle schläfrig und entschliefen," so gilt dieses Schläfrigwerden und Schlafen von der ganzen Christenheit. Das läßt sich auch beweisen. Die christliche Kirche am Anfang, zur Zeit der Apostel, war wacker und lebendig und wartete mit bewußter, fröhlicher Hoffnung auf die Wiederkunft des Herrn. Diese Hoffnung war in derselben so lebendig, vielversprechend und trostreich, daß Viele meinten, der Herr würde noch zu ihren Lebzeiten erscheinen. Das war in der Zeit, als es von der christlichen Kirche noch hieß: „Die Menge aber der Gläubigen war Ein Herz und Eine Seele;" Ap. 4, 32; und da die Heiden den Christen noch das Zeugnis geben konnten: „Sehet, wie sie einander so lieb haben." Als zur Zeit der Christenverfolgungen Tausende von Christen um Jesu willen den Märtyrertod erlitten, und das Blut der Glaubenszeugen in Strömen floß: da war die Kirche des Herrn — Seine Braut — wacker und blickte mit vollem Bewußtsein und sehnsüchtiger Erwartung dem Kommen des Herrn — des himmlischen Bräutigams, entgegen.

8. Doch, als Er verzog, als Jahrhundert nach Jahrhundert dahinfloß, ohne daß Er erschien, wurde die Christenheit laß, träge und schläfrig. Zustände dieser Art finden wir in der Geschichte der christlichen Kirche häufig. Denken wir nur z. B. an die Gemeinden, die in der Offenbarung Johannis getadelt werden. Von der Gemeinde zu Ephesus heißt es: „Ich habe wider dich, daß du die erste Liebe verlässest. Gedenke, wovon du gefallen bist, und thue Buße, und thue die ersten Werke. Wo aber nicht, werde Ich dir kommen bald und deinen Leuchter wegstoßen von seiner Stätte, wo du nicht Buße thust." Off. 2, 4. 5. An die Gemeinde zu Sardes wird geschrieben: „Ich weiß deine

Werke; denn du hast den Namen, daß du lebest, und bist todt. Sei wacker, und stärke das andere, das sterben will; denn Ich habe deine Werke nicht völlig erfunden vor Gott. So gedenke nun, wie du empfangen und gehöret hast, und halte es und thue Buße. So du nicht wirst wachen, werde Ich über dich kommen, wie ein Dieb, und wirst nicht wissen, welche Stunde Ich über dich kommen werde." Off. 3, 1—3. Die Gemeinde zu Lao= dicea läßt der Herr wissen: „Ich weiß deine Werke, daß du weder kalt noch warm bist. Ach, daß du kalt oder warm wärest! Weil du aber lau bist, und weder kalt noch warm, werde Ich dich ausspeien aus Meinem Munde. Du sprichst: Ich bin reich, und habe gar satt, und bedarf nichts, und weißest nicht, daß du bist elend und jämmerlich, arm, blind und bloß. Ich rathe dir, daß du Gold von Mir kaufest, das mit Feuer durchläutert ist, daß du reich werdest, und weiße Kleider, daß du dich anthust, und nicht geoffenbaret werde die Schande deiner Blöße; und salbe deine Augen mit Augensalbe, daß du sehen mögest." Off. 3, 15—18. Das, was der Herr diesen Gemein= den angedroht, hat Er auch kommen lassen. Sie waren schläfrig geworden und ließen sich nicht aufwecken. Darum hat Gott den Leuchter Seines Evangeliums von ihnen weggestoßen, und so haben jene Gemeinden aufgehört.

Oder denken wir an die Jahrhunderte des deut= schen Mittelalters, die Paar Jahrhunderte vor der Refor= mation. Nacht und Finsternis war über die christliche Kirche hereingebrochen, und Alles schlief in Trägheit, Aberglauben und Unwissenheit. Luther mußte kommen und mit seiner Wächter= stimme die Christenheit aufwecken.

9. Auf wie manche Gemeinde paßt der Aus= druck im Text: „Sie wurden alle schläfrig und entschliefen!" Die Gemeinde ist da, ist vielleicht groß und reich. Aber sie hat kein Leben. Man pflegt des Gottesdienstes: aber Alles ist Form ohne wahres Leben. Man gibt: aber bloß für Ge= meindezwecke. Man hat keine Liebe für die weitergelegene Sache des Reiches Gottes, für Arme, Waisen, Mission. Die Lampe — die äußere Gestalt, das Gemeindewesen — ist da, glänzt auch recht schön: aber es ist kein Glaubensöl darinnen, und auch keine Liebesflamme, leuchtend und wohlthuend für Andere — keine Werke der Barmherzigkeit und der Liebe.

Das gilt auch von einzelnen Christen. Wie oft geschieht es, daß junge Leute, die Zierden und Muster geist= lichen Lebens und kirchlicher Thätigkeit in unseren Sonntags=

schulen und Konfirmandenklassen sind, wenn sie heranwachsen, nachlässig und schläfrig werden, namentlich wenn sie mit welt= lichgesinnten Kameraden in Berührung kommen. Auch heran= gewachsene Gemeindeglieder, die viel Glaubens= und Liebes= thätigkeit an den Tag gelegt, kommen oft in einen Zustand der geistlichen Schlaffheit, Schläfrigkeit und Unthätigkeit, daß man in ihnen kaum die früheren liebevollen und thätigen Gemeinde= glieder wiedererkennt.

10. Auch zur Zeit vor der Wiederkunft Christi wird in der Christenheit ein Zustand geistlicher Schläfrigkeit und Nachlässigkeit herrschen. Der Herr deutet dies an, wenn Er sagt: „Die Liebe wird in Vielen erkalten." Wie die Verfolgungssucht der Gottlosen und der religiöse Leichtsinn der Ungläubigen die Masse der gottentfrem= deten Menschen einnehmen wird, so daß sie an das Kommen Christi gar nicht denken und davon überrascht werden wie Men= schen vom Blitz in dunkler Mitternacht: so wird auch die Chri= stenheit in ihrem schläfrigen Zustande, in den sie durch langes Warten auf den Herrn verfallen sein wird, von dem kommen= den Heilande überrascht werden, wenn es heißen wird: „Der Bräutigam kommt."

II. Was heißt es: „Der Bräutigam kommt."

„Zur Mitternacht aber ward ein Geschrei: Siehe, der Bräu= tigam kommt, gehet aus ihm entgegen."

1. Wenn also die Bosheit der Gottlosen und die Glaubensprüfung der Christen ihren höchsten Grad erreicht haben wird und diese selbst im Zustande geistlicher Sicherheit sich befinden werden: dann wird es auf einmal heißen: Der Herr, der Richter der Welt, kommt! „Der Bräutigam kommt!"

Da wird die ganze Christenheit sich aufraffen, den Herrn zu empfangen: „Da standen diese Jungfrauen alle auf, und schmückten ihre Lampen." Aber nun wird der große, bis jetzt noch nicht so offenkundige, Unterschied der Chri= sten unter einander an den Tag treten. Das ersehen wir aus dem Text: „Die thörichten aber sprachen zu den klugen: Gebet uns von eurem Oel; denn unsere Lampen verlöschen." Lampen hatten sie wohl, aber das Oel versagte, und besondere Gefäße mit Oel darin, womit die klugen versehen waren, hatten sie nicht mitgenommen. Daher waren sie jetzt in großer Noth.

2. So werden am Tage der Wiederkunft

Ev.=Pr.—35

Christi gar Viele erfunden werden, die bloß dem Namen nach Christen gewesen sind, die Alles, was zum christlichen Glauben gehört, mitgemacht haben, aber nur äußerlich, der Form nach, denen aber der persönliche, überzeugte, selbstbewußte Glaube fehlt. Mit Christi Wiederkunft fallen alle Formen, und wer dann das Wesen nicht hat, der hat Nichts und ist betrogen. Solche Leute sind zu bedauern. Sie haben sich in ihrem Christenthum auch Manches kosten lassen; haben auch mitgearbeitet, das Reich Gottes zu bauen und auszubreiten. Aber es war ihnen keine Herzens=, sondern Gewohnheits= und Geschäftssache gewesen. Daher zerfällt und zerfließt ihr Christenthum mit Christi Wiederkunft in Nichts.

3. Die klugen Jungfrauen haben keine Noth. Ihr Christenthum hat im Namen, in der Form auch das Wesen, das Leben, die Kraft. Taufe, Abendmahl, Predigt des Wortes, brachte ihnen den Segen, den der Herr in Seine Gnadenmittel gelegt und war ihnen nicht bloße Form, sondern Segensträger. Ihr Christenthum hatte den Kern selbstbewußten, überzeugten Glaubens, und dieser Glaube allein ist echt und hält aus bis zum Ziele.

III. Was ist nun die Folge von der Klugheit der klugen und von der Thorheit der thörichten Jungfrauen?

1. „Und welche bereit waren, gingen mit hinein zur Hochzeit; und die Thür ward verschlossen." Sie haben jetzt ihr Ziel erreicht: die Vereinigung, die Gemeinschaft mit Gott. Das ist das Ziel der Gläubigen. Daraufhin lassen sie sich durch Alles, was Gott den Seinen in den Gnadenmitteln der Kirche mittheilt und gibt, vorbereiten. Die Aussicht auf dieses hohe Ziel läßt sie alle Hindernisse und Schwierigkeiten, die man ihnen und Seiner Kirche entgegensetzt, überwinden, ertragen und erdulden. Die Folge von der Klugheit der klugen Jungfrauen ist ihre Vereinigung mit dem Bräutigam im Hochzeitssaal; die Gemeinschaft mit Gott im Himmel.

2. „Zuletzt kamen auch die andern Jungfrauen, und sprachen: Herr, Herr, thue uns auf! Er antwortete aber und sprach: Wahrlich, Ich sage euch, Ich kenne euch nicht." Sie kommen zu spät. Die Thüre ist verschlossen. Die andern sind im Vollgenuß der himmlischen Freude und sie in trauriger Verlassenheit.

3. Daher ist es gewiß ernstlich nothwendig, daß wir uns heute, am Schlusse des Kirchenjahres fragen, wohin

wir gehören: zu den klugen oder thörichten Jungfrauen; ob
wir bloße Namenchristen oder Glaubens= und Lebenschristen
sind. Noch stehen die Kirchen offen, noch wird Gelegenheit
geboten, das Oel des Glaubens sich schenken zu lassen. Was
wir im vergangenen Kirchenjahr versäumt haben, das wolle
uns Gott vergeben. Wenn nächsten Sonntag ein neues Kir=
chenjahr beginnt, so soll uns damit ein neues Gnadenjahr er=
öffnet und uns aufs Neue Gelegenheit gegeben werden, uns auf
das Kommen des himmlischen Bräutigams zu rüsten.

Und so soll es heute zum Kirchenjahrsschluß hell erklingen,
das herrliche Lied von Nikolai, das unser Evangelium zum
Grundton hat:

    „Wachet auf!" ruft uns die Stimme
      Der Wächter sehr hoch auf der Zinne:
    „Wach auf, du Stadt Jerusalem!
    Mitternacht heißt diese Stunde,"
    Sie rufen uns mit hellem Munde:
      „Wo seid ihr klugen Jungfrauen?
    Wohlauf, der Bräutigam kömmt!
    Steht auf, die Lampen nehmt!
        Hallelujah!
      Macht euch bereit
      Zur Hochzeitsfreud,
    Ihr müsset ihm entgegengehn."

    „Zion hört die Wächter singen,
      Das Herz will ihr vor Freude springen,
      Sie wachet und steht eilends auf.
    Ihr Freund kommt vom Himmel prächtig,
    Von Gnaden stark, von Wahrheit mächtig,
      Ihr Licht wird hell, ihr Stern geht auf.
    Nun komm, du werthe Kron!
    Herr Jesu, Gottes Sohn!
        Hosianna!
      Wir folgen all
      Zum Freudensaal
    Und halten mit das Abendmahl."

    „Gloria sei Dir gesungen
      Von Menschen= und von Engelzungen,
      Im reinen, süßen Himmelston!
    Von zwölf Perlen sind die Thore
    An Deiner Stadt, wir stehn im Chore
      Der Engel hoch um Deinen Thron:
    Kein Aug hat je gespürt,
    Kein Ohr hat je gehört
        Solche Freude:
      Drum jauchzen wir
      Und singen Dir
    Das Hallelujah für und für!" Amen.